沟通的艺术

别输在不会表达上

刘文华　编著

中国出版集团
中 译 出 版 社

图书在版编目（CIP）数据

沟通的艺术．别输在不会表达上 / 刘文华编著．-- 北京：中译出版社，2019.8（2019.11 重印）
ISBN 978-7-5001-6011-3

Ⅰ．①沟… Ⅱ．①刘… Ⅲ．①心理交往－语言艺术－通俗读物 Ⅳ．① C912.13-49

中国版本图书馆 CIP 数据核字（2019）第 175734 号

沟通的艺术

别输在不会表达上

出版发行：中译出版社
地　　址：北京市西城区车公庄大街甲 4 号物华大厦 6 层
电　　话：（010）68359376　68359303　68359101
邮　　编：100044
传　　真：（010）68357870
电子邮箱：book@ctph.com.cn
总 策 划：张高里
责任编辑：顾客强
封面设计：青蓝工作室
印　　刷：河北远涛彩色印刷有限公司
经　　销：新华书店
规　　格：880 毫米 ×1230 毫米　1/32
印　　张：30
字　　数：550 千字
版　　次：2019 年 8 月第 1 版
印　　次：2019 年 11 月第 11 次

ISBN 978-7-5001-6011-3　　定价：149.00 元（全 5 册）

前　言

语言是人类所使用的最有效果的表达方式。无论是在工作上还是在生活中，那些表达能力强的人往往能让与他交往的人感受到愉悦，他们通常人缘好，与同事相处得融洽，深受领导赏识，获得升迁的概率比较大。反之，那些表达能力不是很好的人往往默默无闻，被人无视，有时甚至因为说错话而得罪人。

著名学者周国平曾说过："世上的确有一种人，嘴是身上最发达的器官，无论走到哪里，几乎就只带着这一种器官，全部生活由说话和吃饭两件事构成。"仔细观察你就会发现，这世上的成功人士至少有一半用舌头去创造成功的人生。三国时期的著名军事家诸葛亮凭借三寸不烂之舌打天下、吓敌军；现代企业家据理力争，为自己的企业迎来多轮融资，一次次创造辉煌！这些成功人士的共同点就是善于表达，被社会认同，受下属热爱。

毫无疑问，语言表达能力的强弱关系着人生能否成功。既然表达能力对一个人的未来发展有这么大影响，那么我们怎么才能拥有它呢？

其实，大部分人都有语言表达能力，只是你从未认真发掘过它，不知道如何使用它，才会把它埋没，让它不能在生活中充分发挥自己的作用。

如果你不想让自己输在不会说话上，就必须重视内心世界的经营和知识的扩充，用风趣儒雅的谈吐滋养自己，让自己由内而外地焕发光彩。善于表达的人总是深谙说话之道，他们知道在什么场合、面对什么样的人说什么话、该怎么说。

在当今社会，会说话已经成为一种竞争力，是生存的需要、事业的需要、感情的需要，也是走向幸福美好生活的捷径。

本书总结了一整套受欢迎的表达方式，包括礼貌、平和、微笑、倾听、得体的肢体语言等，掌握这些技巧，再面对交谈对象时就能做到妙语连珠、沁人心脾。

最后，衷心祝愿所有阅读本书的朋友都能掌握说话的艺术，成为一个真正会表达的人！希望本书能带给你与众不同的体验！

目　录

第一章
产生共鸣的话：才能走进对方的心

有的人，说出来的话很漂亮，却不能走进人心；有的人，寥寥几句朴实的话语，就能打动人心。当你了解对方心理时，再表达自己的观点，如同锦上添花、雪中送炭，让对方心旷神怡的同时增进彼此的关系。

以诚相待，才是打动对方的诀窍

真诚的语言，不论对说话者还是对听话者来说，都至关重要。说话的魅力，不在于说得多么流畅，多么滔滔不绝，而在于是否善于表达真诚。最能推销产品的人，不见得一定是口若悬河的人，而是善于表达自己真诚情感的人。

在说服对方时，用真诚的态度，会招人喜欢，易于被人接纳。入情入理的话，一方面显示说服者坦诚的态度；另一方面又尊重对方并为对方着想。这样无论在交易原则上，还是在人的情感上都进行了沟通，达成了共识，促使合作成功。

当松下电器公司还是一个乡下小工厂时，作为公司领导，松下幸之助总是亲自出门推销产品。每次在碰到砍价高手时，他总是真诚地说："我的工厂是家小厂。炎炎夏日，工人们在炽热的铁板上加工制作产品。大家汗流浃背，却依旧努力工作，好不容易才制造出了这些产品，依照正常的利润计算方法，应该是每件……"

听了这样的话，对方总是开怀大笑，说："很多卖方在讨价还价的时候，总是说出种种不同的理由。但是你说得很不一样，句句都在情理之中。好吧，我们就按你开出的价格买下来好了。"

松下幸之助的成功，在于真诚的说话态度。他的话充满情感，描绘了工人劳作的艰辛、创业的艰难，唤起了对方深切的同情，也换来了对方真诚的合作。

我们与人交谈时，秉持着一颗"至诚的心"，不流于巧言令色、油嘴滑舌，适当将自己最好的一面通过"说话"表达出来，才能建立良好的人际关系，使自己融入群体之中。

罗马诗人帕利里亚斯·赛洛斯说过："当别人真诚地对待我们的

时候，我们也要真诚地对待他们。”真正站在对方的立场上，为对方着想，并全面分析对方的利弊得失，说话真诚，语气亲切随和，不卑不亢，入情入理，这是成功打动对方的诀窍所在。

说话如果只追求动听，缺乏真挚的感情，开出的也只能是无果之花，虽然能欺骗别人的耳朵，却永远不能欺骗别人的心。一位著名演说家曾说：“在演说和一切艺术活动中，唯有真诚，才能使人怒；唯有真诚，才能使人怜；唯有真诚，才能使人信服。”

与人交谈，贵在真诚。只有你与人交流时能捧出一颗恳切至诚的心，一颗火热滚烫的心，才能让人感动，才能动人心弦。

美国总统林肯就非常注意培养自己说话的真诚情谊。他说：“一滴蜂蜜要比一加仑胆汁能吸引更多的苍蝇。人也是如此。如果你想赢得人心，首先就要让他相信你是他最真诚的朋友。那样，就会像一滴蜂蜜吸引住他的心，也就是一条坦然大道，通往他的理性彼岸。”

林肯在一次竞选辩论中曾说：“你能在所有的时候欺骗某些人，也能在某些时候欺骗所有的人，但你不能在所有的时候欺骗所有的人。”这句著名的格言，成为林肯的座右铭，对于我们也有借鉴之处。

如果能用得体的语言表达你的真诚，你就能很容易赢得对方的信任，与对方建立起信赖关系，对方也可能因此喜欢你说的话，轻易答应你提出的要求。

人与人之间，无论是雇主关系，还是朋友关系；无论是亲戚还是顾客，相互之间都应真诚相待。那么，我们该如何换来他人对我们的真诚呢？答案很简单，只有七个字，那就是：用真诚换取真诚。

拳王阿里因为年轻时不善于言辞而影响了自己的知名度。一次，阿里参赛时膝盖受伤，观众大失所望，对他的印象更加不好了。当时，阿里并没有拖延时间，而是要求立即停止比赛。阿里对此解释说："膝盖的伤还不至于不能进行比赛，但为了不影响观众看比赛的兴致，我请求停赛。"

在这之前，阿里并不是一个多有人缘的人，但是由于他对这件事的诚恳解释，观众开始对他产生良好的印象。他为了顾全大局而请求比赛暂停的真诚，是在替观众着想，由此也深深地感动了观众。阿里以一句发自内心的真诚之语挽回了观众对自己的不良印象，也换来了观众对他的支持与喜爱。

一个人能成功，很多时候并不在于他能滔滔不绝地吹嘘自己，而是他能为他人着想，关心他人的利益，用自己的真诚换来他人的信任。

这样表达最有效

没有人乐意与虚伪奸诈之人深交。人们都希望对方能真诚对待自己，而真诚相待是相互的，你若想要别人真诚对待你，就要从真诚对待别人做起。

不失时机地赞美，拉近彼此的距离

有位生性高傲的企业家，一般陌生人很难接近他。他生硬冷漠的面孔常使人望而却步。

有个外地来的推销员听说了他的脾气，一见面就微笑着递上一支烟说："处长，一进门就有人告诉我，处长是个爽快人，办事认真，富有同情心，特别是对外地人格外关照。我一听，高兴极了。我就爱和这样的领导共事，痛快！"

企业家的脸上立刻露出一丝笑容。推销员接下来谈正事，果然大见成效。

赞美往往能拉近彼此的距离，不管双方是否相识，也无论男女老少、尊卑贵贱，其实都喜欢被人赞美。渴望得到别人的赞美是人的天性。赞美能带给他人成就感和自信心，是一种接近他人的有效方法。

生活中，我们曾见过不恰当的颂扬和奉承，激起的只是对方的疑虑甚至厌恶。诚如雨果所言："我宁可让别人侮辱我的好诗，也不愿别人赞美我的坏诗。"因此，赞美也要恰当，做到恰如其分，要讲究艺术和技巧。

有的人不喜欢别人赞美他显而易见的优点，因为他认为这些优点是很自然的事情，没有必要加以恭维。相反，如果是赞美他不为人知的优点，他会很有成就感，会感到十分受用。

著名记者弗里德·凯利说："对洛克菲勒这位石油大王，倘若有人称赞他善于打理琐碎的家庭经济，他一定会乐不可支。同时，他也很喜欢听人家说他对教会和主日学堂是怎样地热心。"

一次，在凯利发表的谈话中，说了两句赞美洛克菲勒的言辞时，他立刻变得非常兴奋。

这些便是洛克菲勒个人所关心的独特的虚荣。相反，如果有人当面赞美他的商业和领袖才能，在他听来反而会觉得没有诚意甚至是愚蠢的。

赞美别人并非是不讲原则，否则，就有阿谀奉承之嫌了。真正明智之人对于无休止的恭维和艳羡也并不喜欢。我们绝对不可以随随便便地恭维别人。对于那些摸不清底细的人，最好是慢慢地深入了解，等到找出他们喜欢的赞扬方式，再使用这一策略也不迟。

在与人交往的过程中，恰当地运用你的赞美，你会发现人们是那么尊重与欢迎你，你也会因此获得许多朋友。

赞美不是献媚。赞美的目的是帮助别人发现自身的价值，获得一种成就感。赞美是发自内心的欣赏，赞美与献媚的动机完全不同，献媚是为一己私利骗取他人的信任，而赞美则是发自内心的真实情感体验的表达。赞美可以消除彼此之间的隔阂，加深彼此之间的关系。赞美是赠给别人的一缕阳光，献媚是为他人设下的陷阱。

赞美和献媚有本质的不同，但就外在的表现方式来看，二者常常被人混淆。故而赞美应该讲究策略，如果策略运用不当，使人误将赞美认为是献媚，就远远背离我们的初衷了。

在赞美别人时，考虑到以下几个方面会得到更好的效果。

(1) 背后赞美是一种至高的技巧

在各种恭维的方法中，背后称赞人是一种至高的技巧，也是最使人高兴、最有效方法。你很欣赏某个人时，可以将赞美他的话跟一个与他熟悉的人讲，过不了多久，你的赞美之词就会传到他的耳朵里。这样一来，他会对你产生好感，也会更加信任你的赞美是发自肺腑的。

(2)“先否定，后肯定”的赞美效果更好

很多人在赞美别人的时候只是平铺直叙，效果有限。如果尝试采取从否定到肯定的赞美方法，也许效果会更好。比如，一般评价人时常说“我佩服别人，也一样佩服你”；从否定到肯定的评价则是“我很少佩服别人，你是例外。”

（3）借助他人之口的赞美更让人信服

借助别人之口，间接地赞美人是非常有效的赞美手段，它会使人相信，你是真心实意地，也是发自内心地认可他、欣赏他。

在聚餐的时候，你碰到以前的同学，这位同学事业有成，春风得意。你说：“你现在这么有钱，身边肯定有不少女孩子吧。”这些话不但显得你没有内涵、势利，还可能引起误会。不妨这样说：“听说你刚开了一家公司，大家都说你能力强。祝贺你啊！”你用别人的话带出你的赞美和鼓励，这样不但能明确地传达你的意思，还能使对方自然而然地接受赞美。

（4）夸人夸到点子上才能事半功倍

夸人夸到点子上，有时候能起到双倍的赞美效果。

去公园遛弯，你看了老同学，她正抱着孩子看广场上的风筝。你说：“嗨，老同学，好久不见，还是那么漂亮。”其实这个时候她刚生完孩子，身材臃肿，面容暗黄，听到你这话可能略微开心，但更可能觉得你虚伪。你不妨说：“这是你家宝宝吗？真的好可爱！”那么她一定会乐得合不拢嘴，要知道，夸赞一个孩子远比夸赞那位妈妈本身更让她开心。

（5）称赞不被人注意的地方效果会更好

常言道：“好话听三遍，听了鬼也烦。”大家总是很容易注意到别人的一技之长，赞美其专长的人自然最多，而你如果再“锦上添花”就显得可有可无了。比如，一位美女天天都听别人夸她漂亮，她自己心里总会觉得没趣。你不如换个角度，仔细地观察一下她一些不被人注意、可她本人又很在意的地方，然后进行称赞，效果会更好。

（6）公开的赞美能满足虚荣心和荣誉感

批评要在私底下批评，而赞美却要在众人面前称赞，要让周围的人都知道你十分欣赏和肯定他的所作所为，让周围的人都不得不一起称赞他，满足他的荣誉感和自尊心。

这样表达最有效

赞美对方，可以使对方获得满足感、自尊心和自信心，为你们营造融洽的关系，建立良好的沟通平台。

关注对方的感受，才能打破沟通障碍

每个人都有被尊重和被认同的需求。人们是否感受到自己被尊重、被认同，很大程度上取决于自身的感受有没有被人关注。

如果你爱上一个人，你就会对她的感受和情绪非常敏感，想尽办法让她时时刻刻都感觉到你很关心她，在乎她。如果你对着一个陌生人，根本就不会注意他，也就不会关注他的感受。

一家公司有设立了两个销售部。

甲销售部的一个销售人员问自己的部门主管："我每天都努力工作，为什么总找不到顾客？"

主管很不耐烦地回答说："如果这么容易找到顾客，我还要找你干什么？"

销售人员听完后没有说话，心里很沮丧。

乙销售部的一个销售人员也问自己的部门主管："我每天都努力工作，为什么总找不到顾客？"

主管拍拍销售人员的肩膀，说："好问题！这说明你是一个既勤快又爱思考的人，遇到这样的困惑，你是怎么想的？"

销售人员沉思了一会儿，说："我想，也许是我对顾客不了解，总是发现不了他们的需求。"

主管又问："那你有没有什么办法呢？"

销售人员想了想，顿悟道："明白了，我知道该怎么做了。谢谢您！"

主管满意地点了点头。

关注对方的感受，才是真正地尊重对方、重视对方。只有关注对方感受，才能让对方从心里接受你，信任你，愿意听取你的意见和建议。关注对方的感受是一把钥匙，能够打开与人交往的大门。

如果我们不去理会他人的感受，也不理解他人的想法，就容易让对方感觉不舒服。即使是自己认为快乐、幸福的东西，如果不考虑对方是不是喜欢，愿不愿意接受，就强加于人，对方往往是不会领情的。

在现实生活中，人们的感受常常不容易被发现。有时，人们还会把自己的感受刻意隐藏起来。这是人们保护自己的习惯，也成为交往的阻碍。我们也只有关注对方感受，才能打开对方的心门。

被尊重就像空气和水一样时刻被需要，无论谁都如此。这种需求并不会因为年龄增长、感情加深、关系密切而减少，相反，这种需求会更强烈。

当你和很熟悉的人相处，开始觉得“无所谓”时，你要有一种“紧张感”：提醒自己时刻关注他的感受，千万不要“口无遮拦，语出伤人”。

当你尊重和认可了他人，你会收获很多。比如，事情进展得更顺利，节省更多的时间，减轻更多的压力。同时，你会乐于聆听别人的意见，获得更多启发或方法，增加更多成功的可能性，也会为你赢得他人的尊重与认可。

每个人的一生都会面对许许多多的陌生人。对于我们的亲人、朋友付出关心并不难，然而，要对陌生人付出关心，就不是一件简单的事情了。但是，关心对方才能赢得对方，才能打破沟通的障碍。

“魔术之王”塞斯顿，前后周游世界数十年，一再创造出各种幻象，令观众如痴如醉、惊奇不已，受到数千万人的欢迎，获得了巨大的成功。

塞斯顿说，不是他的魔术知识高人一等。他认为关于魔术的书已经有几百种，而且有相当多的人知道的魔术同他一样多，但他却有其他人所没有的独到的优点：他在舞台上能够展现自己的个性，有打动观众的独特风格。

塞斯顿是一位表演天才，了解人类的天性。他的每个手势、每种声调、每一次提起眼眉，都是提前演习好了的，因而他的每一个动作也都配合得天衣无缝。更为重要的是，塞斯顿真心关心观众的感受，能够为观众付出所有的热情。

有些技艺高超的魔术师认为观众是一群笨蛋，能够被自己骗得团团转。但是，塞斯顿却完全不那样认为。他每次上台时，都会对自己说："感谢这些人看我的表演，是他们使我过上了舒适的生活。我一定要尽力为他们演出最好的节目。"塞斯顿就是这样一位用关心赢得观众喜爱的艺术家。

实际上，如果你能够真心实意地关心别人，那么你的生活将顺利很多，别人对你的帮助必将使你大为受益。

在生活中，大多数人往往苦叹不知如何与陌生人消除彼此的隔阂，进而使双方熟悉，开始交往。每个人都想博得他人的关心与认可，但是却忽略了对别人的关心与认可，结果也没人关心自己。人与人之间的关系是相互的。你敬我一尺，我就敬你一丈。你不关心别人，别人也不会关心你。

假如你只想让别人注意自己，让别人对你感兴趣，你就永远也不会有许多真挚而诚恳的朋友。如果你试着用心去关心别人，那么即便是陌生人也会成为朋友。要使别人喜欢你或者培养真正的友情，得到别人的帮助，生活更加愉快，那么就请从改变自身开始：真诚地关心别人，爱护别人。

这样表达最有效

你关心和爱护对方，对方感受到你在意他和尊重他，就会乐意与你交往，同时也会反过来关心和爱护你。

情感上有共鸣，更容易达成谈话目的

人与人的沟通，很难在一开始就产生共鸣。当我们试图说服别人，或对别人有所求的时候，最好从对方感兴趣的话题谈起，不要太暴露自己的意图，要让对方一步步地赞同你的想法。在对方深入了解你之后，便会不自觉地认同你的观点。

伽利略年轻时就立下雄心壮志，要在科学研究方面有所成就。他希望得到父亲的支持和帮助。

他对父亲说："父亲，我想问您一件事，是什么促成了您同母亲的婚事？"

"我看上了她。"父亲平静地说。

伽利略又问："那您有没有钟意过别的女人？"

"没有，孩子。家里的人要我娶一位富有的女士，可我只钟情于你的母亲。她从前可是一位风姿绰约的姑娘。"

伽利略说："您说得一点也没错，她现在风韵犹存。您不曾钟意过别的女人，因为您爱她。您知道，我现在也面临着同样的处境。除了科学以外，我不可能选择别的职业，因为我喜爱的正是科学。别的对我而言毫无用途、也毫无吸引力。难道要我去追求财富、追求荣誉？科学是我唯一的需要。我对她的爱犹如对一位美貌的女子的倾慕。"

父亲说："像倾慕女子那样？你怎么会这样说呢？"

伽利略说："一点儿没错，亲爱的父亲，我已经18岁了。别的学生，哪怕是最穷的学生，都已想到了自己的婚事，可我从没想过那方面的事。我不曾与人相爱，我想今后也不会。别的人都想寻求一位标致的姑娘作为终身伴侣，而我只愿与科学为伴。"

父亲始终没有说话，仔细地听着。

伽利略继续说："亲爱的父亲，您有才干，但没有力量，而我却兼而有之。为什么您不能帮助我实现自己的愿望呢？我一定会成为一位杰出的学者，获得教授身份。我能够以此为生，而且比别人生活得更好。"

父亲为难地说："可我没有钱供你上学。"

"父亲，您听我说，很多穷学生都可以领取奖学金，这钱是公爵宫廷给的。我为什么不能去领取一份奖学金呢？您在佛罗伦萨有那么多朋友。您和他们的交情都不错，他们一定会尽力帮助您的。也许您能到宫廷去把事办妥，他们只需问一问公爵的老师奥斯蒂罗·利希就行了。他了解我，知道我的能力……"

父亲被说动了："嘿，你说得有理，这是个好主意。"

就这样，伽利略最终说动了父亲，并通过努力实现了自己的理想，成了一名伟大的科学家。

也许你曾有过这样的体会，当你知道对方是自己的同乡或校友时，即使是初次见面，也能轻松愉快地与他交谈。有时，如果以对方身边的第三方为话题，那么，谈话也许会更顺利。

某食品公司的业务员秦小姐，每当与人交谈不顺利时，就会巧妙地将话题转向对方的家庭或孩子。有一次，她接待了一位表情严肃、不苟言笑的客户。

秦小姐说："令郎现在读小学吧？"听到这句话，那位客户严肃的表情立刻化为乌有，笑着回答："是啊！小家伙可调皮了。"

秦小姐就是以那位客户的孩子作为话题，成功地完成了在洽谈之前的"情感交流"。

与陌生人交流，要把握好火候，既要以情感人又要以客观事实为依据，避免让人感觉你是在不切实际地空谈。

若要更好地与人交流，可从以下几个方面着手。

（1）介绍特长，促进了解

一般情况，介绍的内容除姓名、工作单位以外，最好还要介绍别人的特长。如："这是李先生，我们单位的'吉他高手'。""这是王小姐，曾是市里模特冠军。"这种介绍对促进双方了解，建立友谊是非常有益的。

（2）给予客观评价

对被介绍的人做一个简单、中肯的评价，是比较好的介绍方法。如："钱先生在机械自动化研究方面很有见地，提出过很多新观点，希望你们能合作。"这种评价式的介绍，能给对方产生良好的第一印象，从而为结识奠定基础。

（3）平铺直白的叙述

介绍他人，要避免拐弯抹角、故弄玄虚，要用简明的语言直接陈述。如："这位是我的同学小蒋，搞软件的。"

（4）通过别人引荐

两位陌生人初次相见，可以通过别人介绍达到相识相交的目的。"张先生，这位是……""我来给你引荐一下，这位是小刘，在××公司上班。"这种介绍，既能打破冷场，又能表现出对人的尊重。

这样表达最有效

在情感上引起对方共鸣，能够有效消除对立，赢得信任，营造融洽气氛。如此，说服对方就水到渠成了。

思想上的共鸣，更能触动对方的心弦

如果一个人特意要去结识一个从未打过交道的陌生人，应当把这一过程当成一次人生的挑战，事先做好充分的准备。可以通过多种渠道了解对方的背景、经历、性格、喜恶，在对对方基本情况了如指掌的前提下，设想有可能出现的问题，做好以不变应万变的心理准备。然后，在交往之中针对对方的特点有的放矢、投其所好，令其产生“相见恨晚”之感，从而赢得对方信任。

一次，在李莲英的保荐下，醇亲王特地在宣武门内太平湖的府邸接见盛宣怀，向他询问有关电报的事宜。

盛宣怀以前没有见过醇亲王，但与醇亲王的门客“张师爷”从交甚密，盛宣怀从他那里了解到醇亲王两个方面的情况：其一，醇亲王跟恭王不同，恭王认为中国要跟西洋学，醇亲王则认为中国人不比西洋差；其二，醇亲王虽然好武，但自认为书读得不少，颇具文采。

盛宣怀了解情况后，就到身为帝师的工部尚书那里抄了些醇亲王的诗稿，背熟了好几首，以备“不时之需”。毕竟“文如其人”，盛宣怀还从醇亲王的诗中悟出了些醇亲王的心思，胸有成竹之后，盛宣怀前来谒见醇亲王。

当他们谈到电报这一名词的时候，醇亲王问：“那电报到底是怎么回事？”

“回王爷的话，电报本身并没有什么了不起，全靠活用，所谓‘运用之妙，存乎一心’，如此而已。”

醇亲王听他能引用岳武穆的话，不免另眼相看，随即问道：“你也读过兵书？”

“在王爷面前，怎么敢说读过兵书？不过英法内犯，文宗皇帝西狩，忧国忧民，竟至于驾崩。那时如果不是王爷神武，力擒三凶，大局真不堪设想了。”盛宣怀略停了一下又说，“那时有血气的人，谁不想洗雪国耻，宣怀也就是在那时候，自不量力，看过一两部兵书。”

盛宣怀三句话不离醇亲王的“本行”，他接着又把电报的作用描绘得神乎其神。醇亲王也感觉飘飘然，后来醇亲王干脆把督办电报业的事托付给了盛宣怀。

与人交谈，若能使对方产生思想上的共鸣，碰撞出激烈的火花，就表明你的话打动了对方，触动了对方的心弦。这就能很容易地与对方建立起良好的交往关系。

同样的话在不同的时间，不同的场合说，就会产生不同的效果。要想使自己的话在对方的心里有一定的分量，就必须把握说话的最佳时机。这就需要我们用耳朵认真听，用眼睛仔细看，用大脑全面分析，寻找最合适的机会表达想法，那么成功的沟通就不是难事了。

找准时机，把话说到人心里去，自然能促进沟通的顺利进行。如果在此基础上，我们能掌握说话的方法，把一句话说好、说巧，符合对方的“品味”，那必将会使谈话锦上添花。不恰当的说话方式不仅会影响表达效果，甚至可能给自己带来不必要的麻烦，这就应了我们经常听到的一句话：“祸从口出。”

明代开国皇帝朱元璋，出身贫寒，少年时代就给地主家放牛，为了填饱肚子甚至出家为僧。但朱元璋胸有大志，历尽坎坷，终于成就了一代霸业。

朱元璋当上皇帝后，一天，当年一块儿玩耍的伙伴前来拜见。他见到朱元璋高兴极了，生怕朱元璋忘了自己。于是，他指手画脚地在金殿上高声说：“我主万岁！您还记得吗？那时候，咱俩都给人家放牛。有一次，我们在芦苇荡里把偷来的豆子放在瓦罐里煮着吃。

还没等煮熟，大家就抢着吃，把罐子都打破了，撒了一地的豆子，汤都泼在了泥地里。你只顾从地下抓豆子吃，结果被红草根卡住了喉咙。当时，还是我出的主意，让你吞下一把青菜，才把那红草带进了肚子里。”

当着文武百官的面，自己当年的狼狈相被人和盘托出，朱元璋又气又恼，只好喝令左右：“哪里来的疯子，来人，把他轰出去。”

会说话的人能一句话说得人笑，不会说话的人一句话说得人跳。话不投机半句多，言逢知己千句少。要想在沟通中处于优势，首先要打开对方的心门，能把话说到对方的心坎里。

我们可以提前做些功课，多了解对方一些情况，从对方所思所想入手，定能“言到功成”。

这样表达最有效

从对方的特点入手，迎合对方的特点，你才更容易与对方搭建起顺畅的沟通平台。

迎合对方的兴趣，谈话也会变得愉快

每个人都有自己感兴趣的东西。比如，有的人喜欢篮球，有的人喜欢军事，有的人喜欢音乐，有的人对演艺圈的八卦新闻感兴趣，有的人对书法绘画感兴趣，有的人对烹调食物感兴趣，有的人对神秘现象着迷，等等。总之，每个人都有一项或多项的兴趣，会说话的人在说服别人的过程中，懂得迎合别人的兴趣。

初次见面的人，如果能用心了解对方的兴趣、爱好，就能缩短双方的距离，加深对方的好感。对不懂行的人来说，似乎觉得谈论嗜好是非常无聊的，殊不知热爱此道的人，却觉得有无限的乐趣。兴趣爱好截然不同的人，无异于是处在两个世界。要他们在一起闲谈的话，彼此都会觉得实在乏味。

要想得到对方的好感，我们应该设法了解对方的兴趣，然后才能使谈话变得有趣。平时我们与别人谈话，如果发现彼此兴趣相投，不由自主地会产生几分亲近感，谈话也就变得十分愉快。

有一位酷爱高尔夫球运动的保险公司业务员，碰到了喜欢高尔夫球的客人，就大谈打高尔夫球的话题，很少提及保险方面的事情，结果反而在这些人中签下了许多保险单。彼此情投意合了，自然会成为好伙伴。

无论是在哪种场合下与人交际，总是可以通过很多渠道了解到对方的喜好。对他人喜好之物表示兴趣，就可以顺利地沟通。

要想迎合对方的兴趣，不适合主动挑起话题，更多的要用暗示，表明是不经意和他人的兴趣爱好相一致，这样才能令他人兴奋。如果主动挑起话题，往往达不到效果。比如说，面对一个喜欢写诗的人，你如果主动去和他大谈特谈写诗，他可能很厌烦，因为这方面他是专家，你所说的在他看来一句都说不到点子上。如果你无意中表示出兴趣来，让他来谈诗，你们的关系就会很迅速地融洽。不经意地表达出和别人一样的兴趣爱好，会让别人主动趋近自己。

著名口才大师卡耐基说："即使你喜欢吃香蕉、三明治，但是你不能用这些东西去钓鱼，因为鱼并不喜欢它们。你想钓到鱼，必须下鱼饵才行。"

说服别人的诀窍就在于，迎合他的兴趣，谈论他最为喜欢的事情。聪明的人在说服别人的时候，懂得迎合别人的嗜好，这样能让对方感觉到受重视、受尊重。当然，这个"迎"，一定要迎合得巧妙，不能让对方看出任何破绽。愚蠢的人在说服别人的时候，只谈论自己，从来不考虑别人。这样的人永远不会得到别人的认同。

你要别人怎么待你，就得先怎样待别人。那么，如果你想让别人对你感兴趣，那就要先对别人感兴趣。

一些人在推销节油汽车时，一见顾客就开门见山地说明这种汽车可为顾客省很多汽油等等，结果往往会招致反感，吃闭门羹。

杨茜是一位节油汽车推销员。她常常会这样开头："先生，请教一个您所熟悉的问题，增加利润的三大原则是什么？"

客户对这种话题肯定十分乐意回答。他会说："第一，降低进价；第二，提高售价，第三，减少开销。"

杨茜会立即抓住第三条接下去说："您说的句句是真言。特别是开销，那是无形中的损失。比如，汽油费，一天节约 20 元，您想过吗？如果贵店有 3 辆车，一天节省 60 元，一个月就有 1800 元。发展下去，10 年可省 21 万元。如果能够节约而不节约，岂不等于把百元钞票一张张撕掉？如果把这一笔钱放在银行，以 5 分利计算，一年的利息就有 1 万多元。不知您高见如何，觉得有没有节油的必要呢？"

听了杨茜的话，对方就会自觉地想到不能再"浪费"下去了，而要设法用节油车以解除这种恶劣状况，最终购买她的节油汽车。

这样表达最有效

拥有共同的爱好与兴趣，表明我俩是“一伙儿的”，是迅速拉近两人关系的捷径。

接受对方的观点，沟通才能顺利进行

我们生活在社会群体中，人与人之间发生矛盾、产生误解是常有的事。如何处理好这方面的问题，我们的祖先留下了许多闪光的思想和可供借鉴的经验。明代朱衮在《观微子》中说过：“君子忍人所不能忍，容人所不能容，处人所不能处。”在为人处世上动辄发怒使性子的人，最终毁掉的不仅仅是自己的风度，还包括自己的前途。

被人误解，不要太委屈，错的是别人，不是自己，相信事情的真相终会大白。当我们做错了事，免不了受到责备时，先冷静下来，从自我意识中深刻地反思，这样就不至于发生争吵。

在人与人相处的过程中，有的人常会抱怨、批评对方难以沟通，认为别人无法理解自己的想法，因而产生诸多争执。这是因为他们对沟通的真实意义有认知上的错误，他们认为沟通就是要让别人接受自己所希望、所预期的一切结果，但他们往往却忘了要体察别人的需求和想法。

人与人相处时，如果彼此意见相左，应该先放下自己的看法、意见，以接纳的心去倾听对方真正的想法与需要，然后再看自己的想法与对方想法之间的差异。然后，依据自己对对方的了解，以其能理解及接受的语言模式来表达自己的看法。沟通对象的认知取决于其教育背景、生活环境、过去的经历以及他的情绪等因素。如果没有意识到这些问题的话，用对方无法理解的语句来表达意见，只会让对方思路杂乱，那样的沟通将会是没有结果、没有成效的。

尊重说话者的观点，可以让对方知道我们一直在听，而且我们也听懂了他所说的话。虽然我们不一定同意他的观点，但是我们还是很尊重他的想法。若是我们一直无法接受对方的观点，就很难和对方彼此接纳，或建立融洽的关系。除此之外，尊重说话者的观点，也能够帮助说话者建立自信，使他更能够接受别人不同的意见。

要做到接受别人的观点，首先自己要有很高的修养，有大度的胸怀，能忍让他人，能宽容他人，能求同存异，少计较个人得失，多考虑大局利益。

每个人都有自己的立场与价值观。当对方说话时，我们必须站在对方的立场，仔细地倾听他所说的每一句话，即使不认同也要包容，不要用自己的价值观去指责或评判对方的想法。我们要包容那些意见跟我们不同的人，要试着去接受别人的观点，这样才能与对方保持良好的沟通。

阳朱到宋国去，住在旅店里。旅店主人有两个妾，其中一个漂亮，一个丑陋。可是长得丑陋的受到宠爱，而长得漂亮的却受到冷落。阳朱问其缘故，年轻的店主回答："那个长得漂亮的自以为漂亮，但是我却不觉得她漂亮；那个长得丑陋的自以为丑陋，但是我却不觉得她丑陋。"阳朱转而对弟子说："你们要记住！品行贤良但却不自以为具有了贤良品行的人，到哪里去不会受到敬重和爱戴呢？"

是非往往是由偏见造成的，人们喜欢自以为是，以自己的观点去否定对方，而不设身处地地为对方着想。刚刚肯定随即就是否定，刚刚否定随即又予以肯定；依托正确的一面，同时也就遵循了谬误的一面；依托谬误的一面，同时也就遵循了正确的一面。因此，智者不走划分正误是非的道路，而是观察比照事物的本然，也就是顺着事物自身的情态。

很多人希望把自己的观点告诉别人，希望把自己好的建议给到别人。很多时候，人们往往觉得自己的观点和建议很有道理，而且明明是对对方有好处的，但是对方却总是不相信，即使自己说得再有道理，对方也好像总是将信将疑，不能彻底相信。

沟通中，如果只愿意给别人灌输自己的观点而不愿意听取别人的意见，那么会阻碍沟通的进行。

如何能让一个人心甘情愿地接受自己的意见和建议，得到自己的帮助呢？最好的说服不是在嘴上说服，而是从心上说服。为了解决这个问题，我们在这里介绍给大家一个以平等思维说服人的模式。利用平等思维说服，对方会觉得你提给他的建议是他自己的选择，而不是被你说服了。

(1) 真心接受对方的观点

每个人在成长过程中，学到了不同的东西，有各自不同的经验，形成了自己的一套知识和经验系统。基于这套知识和经验系统，形成了稳定的判断事物的标准。他所有的选择都是基于这种标准判断的。

当你想把自己的观点介绍给别人，试图劝服对方的时候，首先要接纳和理解对方的观点。这时候，对方才会跟你和谐相处，才容易接受你的观点。当你发现对方的观点明显偏激、不完善甚至是愚蠢时，只是因为你不了解他的判断标准或他的判断依据而已。

(2) 展示另外的选择

短期来看，人们看待事物和评判事物的标准是稳定的。但从长期来看，人们在不断地接受着新知识和新经验，新的知识和经验都会不断地影响着人们的心，改变着人们的判断标准。

要想改变一个人的判断，可以有两种方法：一是改变这个人所依据的条件；二是改变这个人的判断标准背后的知识和经验系统。

改变人所依据的条件是一个短时间解决问题的好办法。由于人们有不同的知识和经验系统，他们看问题的角度也往往不同，所以，他们在看待同一事物的时候，往往会看到不同的结果，依据这些结果来判断事物，他们当然会得出不同的结论。

改变人的判断标准背后的知识和经验系统，就要长期让这个人接受正向的熏陶，这就是所谓的近朱者赤、近墨者黑的道理。

（3）尊重对方的选择

当对方已经看到了我们提供的选择的时候，他如果还是选择原先的做法，我们当然要尊重对方。

这样表达最有效

如果我们无法接受说话者的观点，那我们可能会错过很多机会，而且无法和对方建立融洽的关系。就算是说话的人对事情的看法与感受，甚至所得到的结论都和我们不同，他们还是可以坚持自己的看法、结论和感受。

站在对方的角度，说服会更容易些

现在流行一种说法："心态决定一切。"意在提醒人们无论做什么事都需要拥有良好的心态，否则，话难讲，事难成。每个人都拥有自己的喜怒哀乐，都有别于他人的心理活动。与人沟通时，如果忽视了这种心态因素，信口开河，往往会出现"人际危机"，最终使自己遭人厌弃。有效地沟通，必须从正确的"心态"开始。

佳明常常去某市出差。第一次来到这座城市时，他住进了一家宾馆。当他退房时，服务台小姐一脸严肃地说："你先在这里等一下。我们要检查一下房间，看看有没有东西损坏或丢失。"接着又冷冰冰地说："几天前，有个客人偷走了浴室的毛巾，还有个客人把床单烧了个洞……"佳明一听这话，脸有点儿挂不住了，觉得服务台小姐是在含沙射影地鄙视他，简直是在侮辱他的人格。于是，他表示抗议。可服务台小姐不买账，声称她只是在照章办事，并没有侮辱他的意思。

第二次来时，佳明在另一家宾馆却感受到了截然不同的待遇。退房时，服务台小姐微笑着说："先生，请您稍等，我们去看看您是否有东西落在房间里了。"他边等待边琢磨，恍然大悟，这位小姐表达的意思与上次那位小姐所表达的不正是一样的吗——都是检查房间有无东西损坏或丢失。但显然，后面这位小姐的说话技巧要高明许多。这便是沟通的魅力，或者说是谈话心态的魅力。此后，每次出差，他都住进这家宾馆。

通过比较，我们不难发现，前面那位服务台小姐的谈话心态是存在严重问题的。首先，她的心态没能突破自我，或者说利益出发点始终在围绕自身，没有顾及对方的感受。这在人际交往中，是很愚蠢的。相对而言，后面那位小姐的话语就好多了，她能站在对方的角度来思考，从对方的心态出发，同样的目的，但让对方听来顺耳、舒畅，既达到了自己的目的又巧妙地维护了对方的自尊，让人乐于接受。

沟通时良好的心态是相当重要的。它会像旗帜一样指引着你去与人交流，也会推动着你语言的溪泉潺潺流淌。想要修炼成沟通高手，拥有更和谐的人际关系，潜心培养并迫使自己时时保持积极的心态，至关重要。

无论穷困潦倒，还是春风得意，我们时刻都不要忘了换位思考，想想别人，反思自己。只有这样，我们才能用理解和宽容对待每一个人，才能把敌人变成朋友，把朋友变成手足。

在工作中，面对客户、同事和上司，我们是否具备一种换位思考能力，时刻从他们的角度出发思索自己怎样去做呢？在做每件事情的时候，我们是否都能够像关心自己的亲人一样去关心他们的利益、满足他们的需求呢？所有这些，都直接决定着我们工作的效率和业绩。

只有从对方的角度出发，抓住对方的利益点，我们才能牢牢地把握主动权，或者投其所好，或者打其软肋，进可以攻，退可以守，从而应对自如，稳操胜券。

在摩根一生中，曾经有过很多合作伙伴。在各行各业，争着想与他合伙做生意的人大有人在。可就在这样有利的情况下，摩根还是给了每个合作伙伴非常优厚的条件。在通常情况下，摩根和合作伙伴的利润分成都是四六分成，即摩根四成，别人六成。

有位朋友向他建议道："既然有这么多人愿意和你合作，你拿六成也不过分，最少也要五五分成呀。"

摩根笑着说："我拿六成，没有多少人会和我合作；但我拿四成，几乎所有的人都抢着与我合作。单个看，我似乎吃了亏。但是，总体上看，我获得了多少个四成啊！”

站在对方的位置上，为别人着想。同样的处事风格，也体现在华人首富李嘉诚身上。

跟随李嘉诚多年的洪小莲，在谈到李嘉诚的合作风格时，曾经这样说：“要照顾对方的利益，这样人家才愿与你合作，并希望不止一次合作。凡与李嘉诚合作过的人，哪个不是赚得盆满钵满的？”

对此，李嘉诚曾说：“人要去求生意就比较难。生意跑来找你，你就容易做。如何才能让生意来找你？那就要靠朋友。如何结交朋友？那就要善待他人，充分考虑到对方的利益。”在生意场上，李嘉诚从来都只有朋友没有敌人，这不能不说是一个奇迹。

不管面对的是竞争对手，还是合作伙伴，我们都应该多站在对方的角度去考虑问题，考虑他们在想些什么、想得到什么、不想失去什么，然后制定自己的策略。只有这样，我们才能把握主动、因势利导，打开一扇扇通往成功的大门。

这样表达最有效

从对方角度考虑问题，才能真正顾及对方的利益得失，才能让对方感觉到你是真诚地与其交往。最终，赢得对方的信任。

第二章

话说到心坎上：与人相处事半功倍

与人交往，最主要的方式就是沟通。把话说到对方的心坎上，对方才会乐意与你进一步沟通，最终达到谈话的目的。“把话说到心坎上”，能让你在复杂的职场与社会中更加如鱼得水，游刃有余。

正话反着说，效果也许更好

现实生活中，有的人非常不讲道理。对于这种人，我们是不是就没有办法说服他们了呢？答案当然是否定的。话语可以拨动人们的心弦。有时是正拨，有时是反拨，在一定的语言环境里，反拨往往能表达出强烈的感情，甚至比正面的话显得更有分量，还能表现出一种滑稽风趣的特色，起到“四两拨千斤”的效果。

只要能把握分寸，摸清底细，思路再开阔一点儿，头脑再灵活一点儿，说话时语气再柔和一点儿，就一定能把这种人扳回头。正话反说就是一种有效的办法。

秦朝宫廷里有个乐使名叫优旃。他滑稽、多谋，常用幽默讽刺的语言批评朝政。

秦始皇死后，胡亥继位。胡亥一登基便打算把整个咸阳的城墙油漆一新，这实在是一件劳民伤财的事。

有一天，优旃乘机问：“听说皇上准备油漆城墙，有这件事吗？”

“有。”胡亥说。

“好得很！”优旃说，“即使皇上不说，我也要请求这样做了。漆城墙虽然辛苦了百姓而且要多派税捐，但城墙漆得油光光、滑溜溜的，敌人进攻时怎么也爬不上来，多好啊！要把城墙漆一下不难，难的是找不到一间大房子让漆过的城墙在阴凉处晾干。”

优旃的一席反话，使胡亥打消了油漆城墙的念头。

正话反说，有时以亦庄亦谐的形式表达，显得轻松活泼，悦耳动听。

后唐庄宗李存勖没做皇帝之前宵衣旰食，励精图治，做了皇帝之后便沉溺于声色犬马，纵情玩乐了。

一次，庄宗率大队人马到中牟县射猎，踏倒了大片庄稼。当地县令前来劝阻，一下子扫了庄宗的兴致。庄宗下令杀死县令。这时，庄宗跟前的戏子敬新磨站出来，指着县官训斥道："你这糊涂的东西，亏你还当县官！难道你不知道皇上爱打猎吗？"庄宗见敬新磨向着自己说话，高兴得直点头。

敬新磨斥责更带劲："你这糊涂的东西，应该把这片田地空起来，让皇上在这儿高高兴兴地打猎，你为什么让老百姓在这儿种庄稼呢？难道你怕老百姓饿肚子吗？怕朝廷收不了税吗？皇上打猎事大，百姓饿肚子事小，国家收不上税事小，难道这点道理也不懂吗？"

庄宗听后如坐针毡，便指使部下把县令放了。敬新磨巧责皇帝，智救县令，说的全都是反话。他数落县令那番话，有意把意思说反了，听来义正词严，品评别有滋味。

晋平公射鸦雀，没有射死，叫小内侍襄去捕捉，襄没有捉到。平公大怒，把襄关押起来，还扬言要杀了他。叔向听了这事，连夜进宫去见平公，平公把这事告诉了他。叔向说："大王你一定要把他杀掉。从前，我们的先君唐叔在树林射猎兕牛，一箭就射死了，用它的皮做成一副大铠甲，因为才艺出众被封为晋君。现在您继承我们先君唐叔当国君，射只小鸦雀还射不死，捕捉又没捉到，这是在宣扬我们国君的耻辱啊！请您务必赶快杀了他，免得让这件事传到远方去。"晋平公听了很不好意思，于是命人立即把小内侍襄放了。

叔向正话反说，用晋的先祖唐叔勇射兕牛而封晋君的故事，巧妙地对比出晋平公射雀不死还要杀人的无能，使平公悟出了话味，幡然悔过。

正话反说，在修辞学上叫作反语，就是人们通常说的反话。反话，使用和本意相反的语句来表达本意。用正面的话表达反面的意思，或用反面的话表达正面的意思。

汉朝丞相萧何杀了韩信之后，又抓住了蒯通。刘邦要蒯通承认勾结韩信谋反之事，蒯通拿功当罪，历数了韩信“十罪三愚”：

十罪是：一不该明修栈道，暗度陈仓；二不该去杀章邯等三秦王，取了关中之地；三不该涉西河，虏魏王豹；四不该渡井陉，杀除余和赵王歇；五不该擒夏悦，斩张同；六不该袭破齐历下军，击走田横；七不该夜堰淮河，斩周兰、龙且二大将；八不该广武山小会战；九不该九里小埋伏；十不该追项王于阴陵道上，逼他乌江自刎。

三愚是：韩信收燕赵、破三齐，拥精兵四十万，那时不反，如今才反，这是第一愚；汉王驾出成皋，韩信在修武，统大将二百余员，精兵八十万，那时不反，如今才反，这是第二愚；韩信九里山前大会战，兵权百万，那时不反，如今才反，这是第三愚。

蒯通以迂为直，明处说罪，暗里摆功，道愚是虚，表忠是实，使用和本意相反的言辞来表白意思。

巧妙地运用反语，不仅可以救人，还可以讽谏，劝导别人，表达自己的正确主张。

这样表达最有效

很多时候，若想能举重若轻、易如反掌地达到自己想要达到的目的，尤其是要表达自己的愤懑、不平或劝诫时，不妨正话反说一下，往往能收到意想不到的效果。

虚心求教，拉近人际关系的捷径

时刻保持一种虚心求教的态度，才能不断地学习，不断地进步。虚心请教的最大好处就是：通过学习别人的经验和知识，可以大幅度地减少犯错概率，缩短摸索时间，使我们更快地走向成功。

一个对佛学有很深造诣的人，去拜访一位德高望重的老禅师。

老禅师的徒弟接待他时，他很是瞧不起，心想："我的佛学造诣很深，你算老几？"

后来，老禅师出来了，十分恭敬地接待了他，并亲自为他沏茶。可在倒水时，杯子已经满了，老禅师还不停地倒。

他十分疑惑地问："大师，杯子已经满了，为什么还要往里倒呢？"

大师回答说："是啊，既然已经满了，为什么还倒呢？"

原来，禅师的意思是，"既然你已经对佛学造诣很深了，为什么还要来我这里求教呢？"

这就是我们常说的"空杯心态"的起源，引申出来的意思是说好的心态是做事的前提。如果想学到更多的东西，就必须先把自己想象成"一只空着的杯子"，而不是目中无人、骄傲自满。

进入陌生的工作环境，肯定会有很多不懂的事情，这个时候就要虚心请教，问问题前先多观察身边的现象，多动脑子。在请教别人时，应当带着谦虚的态度。因为你在询问的同时也是在和同事沟通，增进情谊，这是与人交流的过程，而不是一个单纯的获取答案的过程。

你的上司的周围有的是赞美声和一张张笑脸。作为下属的你如果也去这么做，就不会引起上司的特别注意。因此，明智的做法是虚心请教，你可以恭恭敬敬地掏出笔记本和铅笔，真心诚意地请他指出你应该如何努力，也可以谈论上司值得骄傲的东西，向他取经。这样做会引起他的好感，使他认为你是一个对他真心钦佩、虚心学习、很有发展前途的人。

对于初创企业来讲，只有加强与同类企业的沟通，注意吸收他们在发展中的经验和教训，才能少走弯路。因为有些问题对于经历过的企业来说非常简单、非常明白，但对于初次遇到的企业可能就不知所措。只要抱着谦虚学习的态度，虚心请教，问题可能就会迎刃而解。多问一句、多学一点，要比你整天冥思苦想省事、省力得多。

一位年轻人来到了小河边，看到三个年老的长者在河边垂钓。过了一会儿，一位老者起身，说："我要到对岸去。"于是，老者蜻蜓点水般在水面上飞快地点了几下，就过去了。年轻人很惊讶。过了一会儿，又有位老者也像第一位老者一样过去了。年轻人看呆了。又过了一会儿，第三位老者也起身从水面过去了。这下，年轻人认为自己也可以像他们一样蜻蜓点水而过，谁知他"扑腾"掉到了水里。三位老者把年轻人救起，问他为什么掉到水里。年轻人把他的想法说了出来。三位老者哈哈大笑："年轻人，我们在这条河上走了几十年了，对河里的每一块石头都非常熟悉，所以，我们可以很轻松地过河。你不熟悉，就一定会掉到水里去的。"

别人成功和失败的经验是我们最好的老师。那些自以为是的人不肯虚心向人请教，结果只能处处碰壁，会像这个年轻人一样掉进水里。

每个人在生活和工作中都有自己的优点和长处，都有值得别人学习和借鉴的地方。年轻人要尊重老同志，虚心请教，遇事要征求他们的意见；在和领导沟通中，要向领导虚心地请教，要有诚意地问自己的领导，自己的弱点在哪里，应该如何提高和改进等，从而在领导那里得到一些指导。只有不断地虚心请教，个人才能得到快速地成长。

虚心向别人请教和学习，可以发现自己的不足之处，学到许多处理问题和思考问题的经验、方法，是保持清醒头脑、认清自己位置、积极进步发展的良方。

人总是喜欢证明自己正确，谁也不希望自己栽的花开得不好或者开不出来，换句话说，人们不希望自己投资错了，更不希望自己白白投资，这叫栽培引起的“期待效应”。让某个人帮助你就是让他“栽培”你，随着“期待效应”的显现，他就会越来越喜欢你。

一个人的力量总是渺小的，一个人所能知道的极其有限，总有在某方面比自己强的人，总有自己不懂的事，要虚心向别人请教。不要让虚荣心堵住了自己的嘴，否则也就堵住了开启智慧的大门。

尹金成是韩国有名的企业家。他在开始做生意时，几乎什么都不懂，开发了一件新产品，往往不知道该如何定价。于是，他就跑到零售商那里去请教，因为他认为如何定恰当的价钱应该是常与消费者接触的零售商最清楚。

在零售商那里，尹金成出示了新产品，问他们：“像这样的东西可以卖多少钱?”他们都会坦诚地告诉他行情。照着零售商的话去做都没错，不必付学费，也不用伤脑筋，没有比这个更适合的。当然，不是什么事情都这样简单，可这是基本的原则。能虚心接受他人的意见，能虚心去请教他人，才能集思广益。

如果我们能培养这种“虚心”，能虚心接受他人的意见，虚心向他人学习，离成功就不远了。学会了在工作中虚怀若谷的精神，是会受益终身的。只有具备了这样的态度，你才能认识到自己的不足，你才会虚心学习别人的经验，为你的成功赢得砝码。

这样表达最有效

虚心是一种低姿态，能够赢得别人的信赖和支持，从而为与他们合作打下基础。不懂得虚心，一味表现与炫耀自己的人，只能处处树敌，步步被动。

说到点上，对方才能心服口服

如果有人问我们是否会说话，可能所有人都会觉得莫名其妙。只要不是哑巴，我们两三岁的时候就会说话了。不过，那时的我们只是具备了说话的能力。如何把话说得更好、更到位，却绝非我们想象的那般简单。

纵观古今中外的风云人物，有的人具有良好的口才。他们正是凭着一副三寸不烂之舌，在各自的领域里挥洒自如，春风得意。

只有拥有了良好的口才，我们才能充分地拓展自己的学识和才华，使个人的魅力熠熠生辉，从而事半功倍，业绩卓著。

当然，并非每个人都能口吐莲花。我们也没必要个个都像相声演员那样滔滔不绝，但至少我们要把话说到点子上。

陈明和刘晓是某单位的两个专职司机。前不久，单位精减人员，两个人必须有一人下岗。于是，单位搞了一个竞争上岗，让两个人分别谈自己对将来工作的想法。

陈明第一个上场，开始自己的演讲。他说如果自己将来能开车，一定会把车收拾得非常干净利索，遵守交通规则，而且保证领导的安全，同时要做到省油，不给单位增加负担，等等。陈明滔滔不绝地讲了半个多小时，终于讲完了。

轮到刘晓上场了，他只讲了三分钟没到，就下来了。他说他过去遵守了三条原则，现在他仍遵守三条原则。如果能继续为单位开车，他还会遵守三条原则。这三条原则是：听得，说不得；吃得，喝不得；开得，使不得。

众领导一听，"好！这个司机说得好！"

刘晓说得好在什么地方呢？首先，听得，说不得，意思是说领导坐在车上研究一些工作，往往在没公布之前都是保密的。司机只能听，不能说，不能泄密。第二，吃得，喝不得。因为工作原因，司机经常要陪领导到这儿开个会，到那儿参加个庆典，难免有这样那样的饭局。这时候，司机该吃就吃，但绝对不喝酒，这叫保护领导的生命安全。第三，开得，使不得。司机是开车的，但是只要领导不用的时候，司机也决不为了一己私利而开公车，公私分明，不给领导脸上摸黑。

这样的司机，哪个领导不喜欢？于是，刘晓留了下来。

显而易见，刘晓留下来，并不是靠自己开车的技术，而是靠话说到了点子上。正是贴切地揣摩了领导的要求，把话说到领导的心窝里，使他获得了一个工作的机会。

一天中午，一位衣着华贵的太太走进了一家时装店。她看上了一套时装，试了试非常合身，但看看标价，又犹豫了一下，把衣服放了下来。显然，她觉得价格太贵，有些犹豫不定。

这时，站在一旁的服务员轻描淡写地说了一句话："刚才某某部长夫人也看上了这套时装，和您一样也觉得这件时装有点贵，刚离开没一会儿。"

话音刚落，那位太太当即买下了这套时装。

这位服务员能让那位太太下定决心买下时装，可谓用心良苦。她巧妙地抓住这位太太"自己所见与部长夫人略同"和"部长夫人嫌贵没买，而自己要比部长夫人更强"的攀比心理，用激将的方法达到了自己的目的。

话不在多，而在于能否说到点子上。在关键时刻，简简单单的一句话，只要能说到点子上，就往往能起到四两拨千斤的奇效。

工欲善其事，必先利其器。我们要搏击人生，良好的口才就是我们不可或缺的利器之一。但是，我们拥有良好的口才，并不一定就非要咄咄逼人、锋芒犀利地与人争辩。那样的话，我们和街头泼妇又有何异？

真正懂得说话艺术的人，总是当言则言，当止则止，即使得理，也要饶人，只有这样才能让人心服口服。

好马出在腿上，好人出在嘴上。无论是从政还是经商，练就一副铁齿铜牙都将使我们如鱼得水、如虎添翼。只有尽快地掌握说话的艺术和技巧，把话说到点子上，我们才能在人生舞台上尽快地脱颖而出、展现自我。

这样表达最有效

无论在职场还是在商场，每一个环节都离不开口才。尤其是在商场上，我们每进行一场交易，都少不了一番舌战。而那些胜出者，无不是口才出众、巧于言辞的人。

好言相劝往往胜过恶语相加

在小洛克菲勒还是科罗拉多州一个不起眼人物的时候，美国发生了历史上最激烈的罢工，并且持续达两年之久。

愤怒的矿工要求科罗拉多燃料钢铁公司提高薪水，小洛克菲勒正负责管理这家公司。

由于群情激愤，公司的财产遭受破坏，军队前来镇压罢工者，因而造成流血，不少罢工工人被射杀。那样的情况，可以说是民怨沸腾。

但是小洛克菲勒后来却赢得了罢工者的信服。他是怎么做的呢？小洛克菲勒花了好几个星期结交朋友，并向罢工者发表演说。

小洛克菲勒在演说中说："这是我一生当中最值得纪念的日子，因为这是我第一次有幸能和这家大公司的员工代表见面，还有公司行政人员和管理人员。我可以告诉你们，我很高兴站在这里，有生之年都不会忘记这次聚会。假如这次聚会提早两个星期举行，那么对你们来说，我只是个陌生人。由于两个星期以来，我有机会拜访整个南区矿场的营地，私下和大部分代表交谈过。我拜访过你们的家庭，与你们的家人见面，因而现在我不算是陌生人，可以说是你们的朋友了。基于这份互助的友谊，我很高兴有这个机会和大家讨论我们的共同利益。由于这个会议是由资方和劳工代表所组成，承蒙你们的好意，我得以坐在这里。虽然我并非股东或劳工，但我深觉与你们关系密切。从某种意义上说，我也代表了资方和劳工。"

通过那次演说，小洛克菲勒不但平息了众怒，还为自己赢得了不少赞赏。

如果小洛克菲勒不采用演说的方法，而采用另一种方法，与矿工们争得面红耳赤，用不堪入耳的话骂他们，或用话暗示错在他们，用各种理由证明矿工的不是，那么只会招惹更多的怨愤和暴行。

商界人士都知道，对罢工者表示出一种友善的态度是必要的。

怀特汽车公司的某一个工厂有两三百名员工，他们因要求加薪而举行罢工。当时，公司的总裁罗伯·布莱克没有采取动怒、责难、恐吓或发表霸道谈话的做法，而是在报刊上刊登了一则广告，称赞那些罢工者"用和平的方法放下工具"。由于发现罢工监察员无事可做，布莱克便买了许多球棒和手套，让他们在空地上打棒球。有些人喜欢保龄球，他便租下了一个保龄球场。

布莱克先生富有人情味的举动，得到的当然是富有人情味的反应。那些罢工者找来了扫把、勺子和垃圾推车，开始把工作附近的纸屑、烟头、火柴等垃圾扫除干净。你很难想得到，一群罢工工人在争取加薪、承认联合公司成立的时候，同时清除工作附近的地面。这在漫长、激烈的美国罢工史上是绝无仅有的。这次罢工终于在一星期内获得和解，并没有产生任何不快或遗憾。

著名律师丹尼·韦伯斯特被许多人奉若神灵。虽然他的声誉如日中天，但他那极具权威的辩论始终充满了温和的字眼，他在辩论中经常出现这些话语："这有待陪审团的考虑""这也许值得再深思""这里有些事实，相信您没有疏忽掉""这一点，由您对人生的了解，相信很容易看出这件事的重大意义"。没有恫吓，没有高压手段，没有强迫说明的企图。

韦伯斯特用的都是最温和、平静、友善的处理方式，但仍不失其权威性，而这正是他成功的最大助力。

一头熊在与同伴的搏斗中受了重伤，来到一位守林人的小木屋外乞求得到援助。

守林人看它可怜，便决定收留它。晚上，守林人耐心地、小心翼翼地为熊擦去血迹、包扎好伤口，并准备了丰盛的晚餐供熊享用，这一切令熊无比感动。

临睡时，由于只有一张床，守林人便邀请熊与他共眠。就在熊进入被窝时，它身上那难闻的气味钻进了守林人的鼻孔。

“天哪！我从来没闻过这么难闻的味道。你简直是天底下第一大臭虫！”守林人大嚷道。

熊没有说什么，当然也无法入眠，勉强地挨到天亮后向守林人致谢上路。

多年后，熊与守林人再次相遇。

守林人问熊：“你那次伤得好重，现在伤口愈合了吗？”

熊回答道：“皮肉上的伤痛，我已经忘记。心灵上的伤口却永远难以痊愈！”

我们有时也许激怒了他人，或者被人激怒。当你被人激怒，并且说了一大堆气话之后，你确实可以消除自己的愤怒情绪，让自己得到一些轻松，但是他人对你印象恶劣，你就是用尽所有办法也很难使他人信服于你。

一位受过高级训练的护士，向两位为外科手术大伤脑筋而中断手术的外科医生，提出一个出色的建议：“为什么不试一试呢？”其中一位外科医生厉声回答她：“因为我们记得上个礼拜你漏记了一位病人的病史。”那位护士被羞得满脸绯红，无言以对。

想想那些好责备的双亲、专横跋扈的上司、唠叨不休的妻子。我们都应该认识到一点：人的思想不易改变。你不能强迫他们同意你的观点，但你完全有可能引导他们，只要你温和友善。

这样表达最有效

恶言恶语是说话，好言相劝也是说话，但二者产生的效果却截然相反。能说会说的人绝对不会采取前者去处理事情，那样反而使事情更糟。

说话留余地，才是最巧妙的“台阶”

在北京的一家著名饭店，一位外宾吃完一道茶点后，顺手把精美的景泰蓝食筷悄悄“插入”自己的西装内衣口袋里。

这一切被一位服务小姐看在眼里。她不露声色地迎上前去，双手擎着一只装有一双景泰蓝食筷的绸面小匣子说：“我发现先生在用餐时，对我店景泰蓝食筷爱不释手。非常感谢您对这种精细工艺品的赏识。为了表达我们的感激之情，经餐厅主管批准，我代表本店，将这双图案最为精美并且经严格消毒处理的景泰蓝食筷送给您，并按照大酒店的‘优惠价格’记在您的账簿上。您看好吗？”

外宾当然明白这些话的弦外之音，当即表示了谢意后，解释道：自己多喝了几杯酒，头有点晕，误将食筷放入口袋里。并借此“台阶”说：“既然这种食筷不消毒就不好使用，我就‘以旧换新’吧！哈哈。”说着，外宾取出内衣口袋里的食筷恭敬地放回餐桌上，接过服务小姐给他的小匣，不失风度地向付账处走去。

谈话时，我们要提醒自己，给自己留下余地，让自己可进可退，这好比在战场上一样，进可攻，退可守。这样，有了牢固的后方，出击对方，又可及时地退回，自己依然处于主动的地位。这样，虽然不能保证自己就一定会处于战无不胜的地位，但是至少可以保证自己不会败得一败涂地。

事物都有自己存在的道理，人事也有自己存在的情理。说话时，如果违背了常情常理，就会给别人留下口舌。因此，在谈话时，要记住话不要说过了头，违背常情常理。

也许是爱因斯坦的“相对论”深入人心的缘故，人们考虑问题都喜欢来个相对思考，对于绝对的东西，在心理上有一种排斥感。

比如，你斩钉截铁地说："事实完全就是这个样。"此时，别人心里会想："难道一点也不差?"也许你表达的是事实，可是他心理老是琢磨"难道一点也不差"的时候，他对你话语的领悟就会有点南辕北辙了。你倒不如这样说："事实就是这个样子。"

如果是连我们自己都还没有彻底弄清楚的事情，或者是代表个人看法，就更不要用那些表示绝对的字眼，那样会因为你的绝对化而引起他人的怀疑，甚至引起他人的反感。在我们的周围，有很多这样的人，他们过分地相信自己。

一次，两个陌生人第一次见面，闲聊谈起了大家都关注的问题"道德与法制的关系"。其中一个说："这个问题只是智者见智、仁者见仁的问题。"而另一个接着说："在这个社会，必须讲法制，用不着讲道德。"从后者的谈话来看，他的意思是说，在现在的社会，人心不古，只讲道德，对有些人是没有用的，因此必须用法制来解决问题。但是，他的话过于绝对，引起对方的不满，对方立即反驳他："社会不讲道德是不行的。"最后，那个人只好把自己的话又解释了一遍。

在谈话时，即便是我们绝对有把握的事，也不要把话说得过于绝对，绝对的东西容易引起他人的挑刺。而现实是，如果对方有意挑刺，还真能挑出刺来。与其给别人一个挑刺的借口，不如把话说得委婉一点。同时，如果我们不把话说得绝对，我们还可以在更为广阔的空间与对方周旋。当我们为了某个目的与他人谈话时，话就要说得圆润一些。话说得太直，会激恼对方，即便是理在己方。说得圆润一点，能给我们留下一定的回旋余地，从容地达到我们谈话的目的。

这样表达最有效

说话太直，犹如带有棱角的石头，很容易伤人。委婉是一种既温和婉转又能明确表达的谈话艺术，能够诱导对方去领会你的话，去寻找那言外之意。这顾及到了对方的自尊心，使对方更容易赞同与接受你的说法。

选好与对方沟通的切入点

一位年轻女子在一个首饰店的柜台前看了很久。售货员问了一句："这位女士，您需要什么？"

"我随便看看。"女子的回答好像有点心不在焉，可她仍然在仔细观看柜台里的陈列品。此时，售货员如果还找不到和顾客共同的话题，就很难营造买卖的良好气氛，可能就会使到手的生意泡汤。

然而，细心的售货员忽然间发现女子的上衣别具特色："您这件上衣好漂亮呀！"

"噢！"女子的视线从陈列品上移开了。

"这种上衣的款式很少见，是在隔壁的百货大楼买的吗？"售货员满脸热情，笑呵呵地继续问道。

"当然不是。这是从国外买来的！"女子终于开口了，并对自己的回答颇为得意。

"原来是这样，我说怎么在国内从来没有看到这样的上衣呢。说真的，您穿这件上衣，确实很吸引人。"售货员不失时机地称赞道。

"您过奖了。"女子有些不好意思了。

"只是……对了，可能您已经想到了这一点，要是再配一条合适的项链，效果可能就更好了。"聪明的售货员终于顺势转向了主题。

"是呀，我也这么想，只是项链很昂贵，怕自己选得不合适……"

"没关系，我来帮您参谋一下……"

聪明的售货员正是巧妙运用了沟通的艺术，搭起相识的桥梁，然后顺势引导那位陌生的顾客，最终成功地推销了自己的商品。

初次与陌生人见面，就要找到一个合适的话题，使谈话融洽自如。好话题，是初步交谈的媒介，深入沟通的基础，开怀畅谈的开端。

寻找与陌生人交谈的技巧，一般情况下，是从天气、籍贯、兴趣和衣着等方面着手，而且这些问题也不易触及对方敏感处。

成功的交谈有赖于对话题的选择，话题选得恰当，交谈就融洽自如；话题选择得不恰当，交谈就受到阻碍。所谓话题，就是谈话的中心。话题的选择反映着谈话者品位的高低。选择一个好话题，可使谈话的双方找到共同的语言，往往就预示着谈话成功了一大半。好话题的标准是：至少有一方熟悉能谈，大家感兴趣爱谈，有展开探讨的余地。要使交谈顺利进行，就要找到双方共同感兴趣的话题，而不能只从自己的兴趣出发，要更多地从对方的兴趣着手。

比如，你对足球情有独钟，而对方则爱好摄影。这时，你就不要津津乐道地讲足球比赛，最好以摄影为话题。如果你对摄影略知一二，那肯定谈得投机；如果不太熟悉，那也是个学习的机会，可静心倾听，适时提问，借此增长知识，开阔眼界。一个话题只有让对方感兴趣，交谈才有可能深入下去。

交谈中除注意选择话题外，还应该学会适时发问。发问可以引导交谈按照预期的目的进行，调整交谈的气氛。由于人的知识水平不同，所处的社会环境不同，我们必须仔细观察，了解对方的身份，以使提的问题得体、不唐突。精妙的提问能使你获得所需的信息、知识和利益，并且能够证明你十分重视对方的谈话，从而激起对方的兴趣，向你提供更多的信息。

交谈中最忌讳的就是一方滔滔不绝地高谈阔论，一味地说教，借题发挥，炫耀自己。交谈时要注意以平等的态度礼貌待人，应设法使在座的每个人都有机会参与谈话，这是对人的一种理解和尊重。因为无论在座者的身份地位如何、性格爱好如何，都希望别人不要忽视他。

在交谈中，要充分重视对方的谈话。听对方说话时，目光要始终亲切地注视对方，用眼神和表情表示出你热诚专注的态度，要聚精会神、专心致志地听，不要随意打断对方的谈话。这样，对方就会觉得受到尊重，并认为你对他的话产生兴趣，对你也会产生好感。

有时，对方谈论的一些话题对你来说已十分熟悉，出于礼貌，应保持耐心，不要露出不耐烦的神色。有时，对方谈的话题对你而言完全陌生，很难听出趣味，但出于尊重对方，也应静心倾听。

听人说话，不能只是被动地接受，听者应细心体会对方的感觉，及时地作出积极的反应，以鼓励对方继续谈话的兴趣。在对方谈话时，可用赞同、复述对方话语、简短评论、提问等有声语言来表示，比如，“你说得对”“确实是这样”“我也有同感”“你说得太有趣了”等，还可以用点头、微笑等态势语言来示意。目的是表明自己在用心倾听、积极思考，对方会受到鼓舞，提高说话的兴致，这样会将交谈愉快地进行下去，自己从中也可获得更多的信息。

听话比说话要快，在听话的过程中总有一定的时间空隙，一个注意倾听且善于倾听的人，会利用这些间隙暗自思考，回味对方说话的内容，进行分析、归纳和概括，明确中心，切实抓住要点。一般来说，交谈中对方说话是直截了当的，其说话的意图和内涵是比较容易理解和把握的。但是，在人际交往中，出于种种原因，有时候对方的某些意思是通过委婉含蓄或闪烁其词的话语表达出来的。这潜藏其中未明白说出的深意就是平常所说的言外之意，倾听者必须留意对方说话的语气、声调、用词、神态和谈话的背景，并通过仔细地去体会对方的言外之意，才能真正理解对方说话的意图，从而作出正确的判断和回应，以加强双方交流沟通的效果。

交谈中的语言往往是临场发挥的，这就需要高度的机智灵活性。尤其是在各种有目的的谈判中，或是针锋相对的辩驳中，要求谈话者要有机敏的应变能力。

为了进行愉快的交谈，还需要设法营造出一个轻松和谐的谈话氛围。有些人与熟人在一起谈天说地，无拘无束，兴致很高；而一见陌生人，就紧张拘谨，无法张嘴说话。其实，一个人说话的胆量大小，说话水平发挥得如何，往往与所处的环境气氛有关。交谈的气氛沉闷压抑，人的情绪提不起来，觉得乏味，自然也就失去了谈话的兴趣；而交谈的气氛宽松，人的兴致便高，谈兴也较浓，就会放下包袱，畅所欲言。而且，在宽松的气氛中，也容易说服对方接受自己的观点，使交谈获得意想不到的效果。

善于运用新鲜、生动活泼的话语，化平淡为有趣，化沉闷为笑声，能为交谈增添一份轻松、祥和、快乐的气氛，让听者在说笑中明白某件事和某种道理。

每个人都会在人际交往中遇到很多的陌生人。只要你主动、积极地同对方交流、沟通，并用心摸索、试探，总会找到对方感兴趣的话题。

这样表达最有效

由于交谈的对象、气氛、环境不同，谈话的内容和方式也应灵活机动，不断调整。能够在任何条件下，坦然与人交谈并取得别人的好感，这就是谈话的技巧。

第三章
幽默谈吐更迷人：增强人际吸引力

幽默的言辞是人与人相处过程中最佳的润滑剂，它既能缓解尴尬的局面，又能平息对方的怒气。一个笑话，一句玩笑，就能让气氛活跃起来。幽默风趣的人是天然磁场，他们总是人缘很好，吸引着身边的人。

幽默风趣，沟通中的润滑剂

如果说生活中离不开盐的话，那么沟通中也就离不开幽默。有了它，单调乏味的沟通有时也会变得趣味横生，具有神奇的魅力。

汉武帝晚年很希望自己能长生不老。一天，他与一个侍臣闲聊："相书上说，一个人鼻子下面的'人中'越长，寿命就越长；'人中'长一寸，能活一百岁。不知是真是假？"

东方朔听了这话，知道汉武帝又在做长生不老之梦，脸上露出一丝讥讽的笑意。汉武帝见东方朔似有讥讽之意，喝道："你居然敢笑话我！"

东方朔毕恭毕敬地回答："我怎么敢笑话皇上呢？我是在笑彭祖的脸太难看了。"

汉武帝问："你为什么笑彭祖呢？"

东方朔说："据说彭祖活了八百岁，如果真像皇上所说，'人中'长一寸就活一百岁，彭祖的'人中'就该有八寸长了，那么，他的脸岂不是太难看了吗？"

汉武帝听了，不禁哈哈大笑起来。

东方朔以幽默的语言，用笑彭祖的办法来劝汉武帝。整个批驳机智含蓄，风趣诙谐，令怒不可遏的汉武帝转怒为喜，并且愉快地认输。

生活中没有一个人不喜欢风趣幽默的语言。在中国的传统文艺晚会上，相声小品之所以一直成为最受欢迎的节目之一，就在于它的表现形式离不开幽默，那幽默的语言强烈地感染观众的心。幽默的话还能抓住听者的心，使对方平心静气，也可以使一些深刻的思想表达得更加生动和形象。

作家普里兹文说："生活中没有哲学还可以应付过去，但是没有幽默则只剩下愚蠢的人才能生存。"幽默是我们精神生活中不可缺少的重要元素。幽默可以使人有一个愉快的心情，可以活跃沟通的氛围，使我们沟通得更加顺畅。如果生活中没有幽默，那么就没有良好的沟通，如果没有和谐的沟通，那么这个社会将到处充满争吵，矛盾将不可调和。

幽默的语言就如润滑剂，可以有效地降低我们在沟通中产生的摩擦，从而化解冲突和矛盾，从容地消除沟通中的不利因素，使我们的人际关系变得和谐。

一个幽默的人能使枯燥的会议变得妙趣横生，能使沉闷的聚会变得轻松愉快，能使上司严肃的面孔松弛下来，能使拘谨的下属缓和紧张的心情，能使陷入僵局的谈判很快达成共识。有时适当地开个玩笑，会使生活更加的色彩斑斓。幽默是生活中一道快乐的风景线，会让我们在人际交往中更轻松愉快。

生活中离不开幽默，幽默可以增添生活情趣。幽默不仅可以给人们增添无限快乐，还可以帮自己走出尴尬的境地，使气氛更加融洽和谐。

第二次世界大战时期，英国为了请求美国共同抗击德国并给予经济援助。英国首相丘吉尔便到华盛顿会见美国总统罗斯福，罗斯福热情地接待了他，并安排他住在白宫。

在会见期间的一个早晨，丘吉尔刚洗完澡，赤身裸体地想去穿衣服，却意外地碰见了罗斯福。这时，双方都很尴尬，然而丘吉尔却以一句风趣而又语带双关的话，不仅解除了尴尬，而且还顺利获得了美国的军事援助。丘吉尔说："总统先生，大不列颠的首相在您面前是没有什么需要隐瞒的。"

在这样一个令人尴尬的场合，丘吉尔恰当的幽默使气氛顿时变得轻松起来，不仅维护了彼此的面子，还拉近了双方的距离。幽默是睿智的表现，它是一个人个性、风度、思想、素质的体现。如果让幽默走进我们生活的各处，也能收到意想不到的效果。

在人际交往中，机智风趣、谈吐幽默的人往往会拥有更多的朋友，我们谁都不愿动辄与人争吵或者与郁郁寡欢、言语乏味的人交往。幽默可以将烦恼变为欢畅，使痛苦变成愉快，将尴尬转为融洽，并牢牢地吸引住对方。

在日常的生活中，沟通的双方难免会闹点小摩擦，吵几句嘴，发生一点小误会。如果我们斤斤计较，因为一点小事就不欢而散，不仅解决不了问题，还会扩大矛盾，增加隔阂，伤害感情。假如能运用一点幽默，结果就会大相径庭。幽默能消除陌生人之间下意识的敌意，拉近彼此的心理距离。幽默能化解尴尬、熄灭一触即发的怒火，使关系和谐。无论是谁都愿意和一个有幽默感的人相处，而不愿和一个整天板着脸毫无趣味的人相处。

幽默使人与人之间的交往融洽，让尴尬中神经紧绷的人瞬间轻松，让即将发怒的人一笑释怀。幽默缩短了人与人之间的心理距离。

获取幽默语言的途径很多。首先要用"趣味思维方式"捕捉生活中的喜剧因素。"趣味思维"是一种"错位思维"，不按照普通人的思路想，而是"岔"到有趣的一面去。其次要在瞬息构思上下功夫，掌握必要技巧。幽默风趣是一种"快语艺术"，它突破惯性思维，遵循反常原则，想得快，说得快，触景即发，出人意料之外，又在情理之中。

有位将军问一位战士："马克思是哪国人？"战士想了一会儿说："法国人。"将军说："哦，马克思搬家了。"对于这常识性问题都答不出来，将军当然不悦，但这一"岔"，构成了幽默，其实也包含了对战士的批评教育。

再次要注意灵活运用修辞手法。极度的夸张、反常的妙喻、顺手拈来的借代、含蓄的反语，以及对比、拟人、移就、拈连、对偶等修辞方法都能构成幽默。

最后要注意搜集素材。我们的生活丰富多彩，提供了许多有趣的素材，这些素材无意识地进入我们记忆仓库的也很多。我们如果做个“有心人”，就会使自己的语言材料丰富起来。

这样表达最有效

恰到好处的幽默，是智慧的一种外在表现，也是一种高情商的体现。幽默的魅力就在于：话不需直说，但却让人通过曲折含蓄的表达方式心领神会。

培养幽默感，融洽你的谈话氛围

幽默有时让人感到神秘。有人想学，却无法学会；有人没怎么学，却脱口而出。那么，幽默是不是与生俱来、天赋而生的呢？经过研究发现，幽默是人的独特性的气质，和游戏一样，是人的本能。在对一些具有幽默感的人进行研究之后发现，幽默确有某种遗传基因存在。我国著名相声表演艺术大师侯宝林和他的两个儿子，著名喜剧表演艺术家陈强和他的儿子陈佩斯，都可以作为幽默是天赋的证明。虽然有遗传的因素存在，但幽默感并不神秘。它主要还是在后天的社会实践中培养和训练而成的。

幽默是形象思维，因而联想和想象是不能没有的。不但要研究幽默名家的作品和来自民间的幽默精品，而且还要广泛地了解各种艺术形式，增强自己的艺术敏感性，训练自己由此及彼、由表及里地在各个意象间构建想象的能力。

当然，法无定规，幽默没有现成的模式可以遵循。我们面对的是变动不息的人群，所以幽默也只能因人、因事而异，才能达到效果。

幽默感的内在构成，是悲感和乐感。悲感，是幽默者的现实感，就是对不协调的现实的正视。乐感，是幽默者对现实的超越感，是一种乐天感。悲感，让幽默者可以勇于面对现实，正视人生的弱点。乐感让幽默者在别人或者他们自己的弱点面前产生“突然的荣耀感”，给幽默者以信心和勇气，在困境中竖起胜利的风帆。

由痛苦到快乐，一定要具备某种超越精神。只有超越了现实，才能俯视现实，对待困难采取乐观的态度。

在社会生活中，人们有可能会遭遇到不公正的待遇。一般来说，这种情形是暂时的，一旦真相大白，含冤者就会昭雪。如果我们学会幽默，就会在所谓的委屈之外发现令人无比快乐的东西。

意大利著名作曲家罗西尼听人说，他的一批有钱的爱慕者准备去法国为他建一座雕像。感动之余，他问道："他们准备花多少钱？""听说一千万法郎吧。"罗西尼大为吃惊，"如果他们肯给我五百法郎，我愿意亲自站在雕像的底座儿上！"

诙谐风趣的人生往往为淡然处世、淡泊名利、超脱的人所享有。试想想，如果罗西尼没有这样谦恭，而是对用一千万法郎雕像欣喜若狂，也决不会有这般的幽默感。

没有幽默感的人不会积极地看待这个世界，不会乐观地看待自己的生活。当然乐观不是盲目的，而是有所依附，是一种透彻之后的豁达。乐观地看待你的生活，幽默便会自然而生。

生活中大多数人都喜欢幽默的人，喜欢幽默的话。那些机智的妙语中蕴含着人生的大智慧，能让人开怀一笑。每个人都希望自己成为一个幽默的人，能以诙谐幽默的语言给他人带去快乐，也给自己带来轻松。但是很多人却哀叹自己没有幽默细胞，学习他人似乎也学不来，于是就认定幽默乃天生注定，是人的天赋。

其实，只要平时注意观察、模仿、学习，幽默感还是可以培养的，只要我们用心学就会发生改变。培养幽默感，可以从以下几个方面着手。

（1）培养良好的个性才能学会幽默

幽默给我们带来快乐，让我们化解尴尬，增进人们之间的关系。幽默不是油腔滑调，也非嘲笑或讽刺。浮躁的人难以掌握幽默，装腔作势的人难以掌握幽默，钻牛角尖的人难以掌握幽默，捉襟见肘的人难以掌握幽默，迟钝笨拙的人难以掌握幽默。所以，要培养幽默感首先要培养良好的个性。只有从容，平等待人，超脱潇洒，游刃有余，聪明透彻才能学会幽默处世。

(2) 陶冶情操，学会乐观宽容

拥有乐观精神的人才会使用幽默。我们要善于体谅他人，拥有一颗宽容之心，凡事不斤斤计较，如此，才能培养出幽默细胞。

乐观、宽容的态度是幽默的精髓之所在。学会幽默就要以乐观宽容的态度对待他人。乐观的心态会传递，宽容让我们的生活更加和谐。如果生活中多一点乐趣，多一些笑容，也就会少一点摩擦。

(3) 不断积累知识，形成幽默的语言习惯

拥有渊博的知识，才能急中生智，以幽默的话语应对自己一时的失语。若是知识贫乏之人，也许就不能脱口而出机智的话，摆脱尴尬的境地。一个人有了丰富的知识，有审时度势的前提，谈话的内容才会丰富，妙语连珠，并且作出恰当的比喻。我们要培养幽默感就必须广泛涉猎，充实自我。日常生活中要不断积累，多读、多看、多听、多学，在自己所处的环境中多练习使用幽默的语言，形成幽默的语言习惯。

这样表达最有效

每个人都希望自己成为一个幽默的人，能以诙谐幽默的语言给他人带去快乐，也给自己带来荣耀。只要平时注意观察、模仿、学习，幽默感还是可以培养的，只要我们用心学就会发生改变。

玩笑没分寸，“玉帛”变“干戈”

开玩笑不仅可以减少尴尬，还可以制造一种轻松的气氛，让我们在平淡的生活中过得有滋有味。但是我们知道，放调味料是有一个限度的，如果滥用，味道过重，就会让人难以下咽。所以，我们在开玩笑时也要掌握好分寸，否则结果便会适得其反。

愚人节那天，正在外地出差的郑先生接到朋友的电话。朋友气喘吁吁地说：“你爱人出车祸了，已经被我送进了医院，你赶快回来。”郑先生立刻急急忙忙赶回。回到家中，见爱人正在做饭，才知道自己被朋友骗了。郑先生立刻打电话给朋友，生气地说：“你玩笑开得太过分了！”谁料朋友不但不对自己的行为道歉，反而说：“愚人节开玩笑很正常。”郑先生听后十分生气，啪的一声挂掉电话，此后再也不理会这位朋友了。

熟悉的朋友之间常常会相互取乐，说话也不拘小节，以体现彼此之间的亲密关系。不过，凡事总要有个度，掌握不好尺度，就会好心办坏事。郑先生的朋友只是想开个玩笑，但是拿郑先生的妻子开出车祸玩笑，却一点也不好笑。这样，不仅没有给大家带来快乐，还与朋友之间关系变得僵化。可见，开玩笑之前，一定要清楚对象能否接受得了，掌握好尺度。

过分地开玩笑总不是一件很值得提倡的事。“喜欢开玩笑”不能说是一种能力，也并不代表人的积极性格，更不体现人的良好素质。相反，老是喜欢开玩笑的人容易失去他人的信任，到头来会落个不受别人尊重、难以获得信任的下场。当然，偶尔开个健康的玩笑是可以暂时起到活跃气氛的作用，但如果经常热衷于同人开玩笑或开些低级庸俗的玩笑，那就极不可取了。

我们应该具有幽默感而不是过分地开玩笑。前者是一种高明的智慧，后者只有较低的格调。具有幽默的人与喜欢开玩笑的人都能使气氛轻松，但两者的区别在于，前者是以爱来感染别人，使人际关系变得融洽自然，而后者是以开玩笑者的“快乐”建筑在被开玩笑人的“戏弄”之上的方式来博人一笑，往往容易造成人际关系的紧张。

玩笑必须是善意的促进鼓励而不是恶意的取笑攻击。否则，既损伤人的自尊心，又影响人的声誉，引起当事人的不满和得不到谅解是难免的。在生活中一个不尊重别人的人也必然得不到别人的尊重和理解。

开玩笑原本是一件好事，恰到好处的玩笑可以让大家开怀一笑，活跃一下严肃的气氛，消除对方的紧张感和敌意，拉近人们彼此之间的距离。许多大人物都是开玩笑的高手，能在不同的场合与不同的人们交流的很融洽。然而，许多玩笑者原本没有恶意，开得玩笑却不恰当，往往弄巧成拙，搞得对方不愉快，反而影响双方的感情。

每个人的性格都是不一样的，有些人喜欢开玩笑，你越是跟他开玩笑，他越是觉得你把他当朋友，这种人开得起玩笑；有些人正好相反，天生严肃认真、不苟言笑，你稍微说得过了一点，他就当真，这种就属于开不起玩笑的人。对于后者，你最好还是不要冒这个险，万一他没笑，反而较真起来就不好玩了。

开玩笑要把握好分寸，把握好一个度和界限。掌握好分寸的玩笑会给别人带来快乐，但是过度的玩笑可能造成别人的反感、误解甚至仇恨，因而要掌握好开玩笑的分寸，即关乎自己的形象，也会对彼此之间的关系产生影响。

乱开玩笑可能会给别人带来很大的麻烦，有时过火的玩笑甚至会造成无法挽回的后果。生活中，我们常会开玩笑调节气氛，但是一定要注意把握住分寸、对象、场合，否则玩笑就会伤人。

玩笑的目的是活跃气氛，讲出来的笑话不能让大家感到尴尬。凡有损他人形象、取笑他人的玩笑都是不可取的。

个人的隐私是不想被外人知道的，也是不可随便拿来调侃的，在开玩笑时一定要注意。别人与你分享自己的隐私是对你的信任，如果以此作为玩笑的谈资是会破坏气氛的，甚至会使你们的关系僵化。

拿别人最重要的事情来开玩笑，往往会引起争执，这是对别人极不尊重的表现，所以别人非常在意的事情也不可作为开玩笑的内容。

这样表达最有效

要掌握好为人处世的分寸，就要注意根据不同的环境、不同的对象的具体情况，确定我们的言行。凡事三思而后行，使自己总能保持一种分寸感，就能使言行恰到好处，有利于巩固和发展人与人之间的友好关系。

巧用幽默，开启“机智人生”

据说，李鸿章有一个远房亲戚，胸无点墨却热衷科举，一心想借李鸿章的关系捞个一官半职。

他在考场上打开试卷，竟无法下笔。眼看要交卷了，他便“灵机一动”，在试卷上写下“我乃李鸿章中堂大人的亲妻（戚）”，指望能获主考官录取。

主考官批阅这份考卷时，发现他竟将“戚”错写成“妻”，不禁拈须微笑，提笔在卷上批道：“所以我不敢娶（取）你。”

“娶”与“取”同音，主考官针对他的错字，来了个双关的“错批”，既有很强的讽刺意味，又极富情趣。

一语双关可谓是幽默最厉害的招式之一，但它又不只是“幽默”而已，同时还隐含了“智慧”成分。“一语双关”恰如其分，活脱脱地表达出对人及事的看法，除了使人们“不禁莞尔”或“哈哈大笑”以外，更是“机智人生”的呈现。

所谓双关，也就是你说出的话包含了两层含义：一个是这句话本身的含义，另一个是引申的含义，幽默就从这里产生出来。也可说是言在此而意在彼，让听者不只从字面上去理解，还能领会言外之意。

一只猴子死了去见阎王，要求下辈子做人。阎王说：“你既要做人，就得把全身的毛拔掉。”说完就叫小鬼来拔毛。谁知只拔了一根毛，这猴子就哇哇叫痛。阎王笑着说：“你一毛不拔，怎么做人?”

这则寓言表面上是在讲猴子的故事，却很幽默地表达了“一毛不拔，不配做人”的道理，虽然讽刺性很强，却也委婉、含蓄。

谁不喜欢富有幽默感的人呢？每个人的内心都喜欢阳光与欢乐。

一个富有幽默感的人，能使他人在与之相处时享受到轻松愉快的气氛，从而增添与之相处的乐趣。幽默是一种说话的艺术。懂得幽默的人，往往三言两语就能使人忍俊不禁。

比较常见的幽默技巧主要有以下几种。

（1）曲解法

所谓曲解，就是从另外一个角度进行解释，在对话中故意歪曲对方话语的本意，或故意装聋听不清而回答，将两个表面上毫不沾边的东西联系起来，造成一种不和谐、不合情理、出人意料的效果，从而产生幽默感。它常常利用语词的多义、同形、谐音、同音等条件来构成。

（2）巧妙解释法

即对加以巧妙的解释而造成幽默效果。说话时，故意不把要表述的观点直接表述出来，而是隐蔽地蕴含在另一个似乎无关的观点中，让谈话对方经过思考，顿悟你所要真正表达的意思，它往往能够给人留下无穷的回味。

（3）自嘲法

在公共场合，难免会出现尴尬的场面，这时我们就应该学会自嘲，化解尴尬的局面。

（4）夸张法

要想幽默，最常用的手法就是夸张。相声演员姜昆说过："好家伙，那月饼硬得一摔马路可以砸出俩大坑！"这就是夸张，它带给我们的是回味无穷的幽默。夸张手法的运用往往能够恰到好处地放大幽默的细节，达到很好的效果。

（5）"以其人之道，还治其人之身"

"以其人之道，还治其人之身"也是一种幽默的手法。它可以化解人们之间的矛盾，让别人认识到自己的错误之处，从而化解双方的矛盾，使气氛缓和。

(6) 补充说明法

先肯定对方的说法或顺承对方的意思加以回答，然后再补充说明，使之符合逻辑。

这样表达最有效

一个具有幽默感的人，能时时发掘事情有趣的一面，并能欣赏到生活中轻松的一面，建立起自己独特的风格和幽默的生活态度。这样的人，很容易令人想去接近他；这样的人，使接近他的人也分享到轻松愉快的气氛。

自嘲式幽默，轻松化解尴尬

爱因斯坦是位著名的科学家，但他从不注重自己的着装。

爱因斯坦第一次来到纽约时，在大街上遇到了当年的一位老朋友。

这位朋友见爱因斯坦衣服破旧，便说："你看你的大衣，又破又旧，换件新的吧，怎么说你也是知名人物呀！"

爱因斯坦笑了笑："没关系，没关系。我刚来到纽约，这儿没有人认识我。"

几年后，爱因斯坦和他的相对论都已声名远播。巧的是，爱因斯坦又和他的那位朋友在街上相遇了。更巧的是，爱因斯坦还是穿着那件"又脏又破"的大衣。

这一次，爱因斯坦不等朋友开口，便自嘲道："这次更不用买新大衣了，全纽约的人都已经认识我了。"

美国社会学家麦克·斯威尔说："在别人嘲笑你之前，先嘲笑你自己。"如果你嘲笑的是自己，试问有谁会大力反对？你把"自己"当作嘲笑的对象，不但可以消除紧张、焦虑的情绪，更可以提升自我的修养。

一次，著名国画大师张大千在宴席上，向京剧表演艺术家梅兰芳敬酒时说："梅先生，你是君子——动口，我是小人——动手。"在这里，张大千根据自己的工作特点，自嘲地将自己喻为"小人"，顿时活跃了宴会气氛。

一个人要承认自己的"缺点"实在不是一件容易的事。要知道，人总有不完美的地方，坦白承认自己的缺点，就能把"缺点"化为个人独有的特点。

英国作家杰斯塔东是个大胖子，由于“体积”过大，行动往往不太方便。但是，像罗慕洛不以矮为耻一样，杰斯塔东也不以胖为耻。有一次，他对朋友说：“我是个比别人亲切三倍的男人。每当我在公共汽车上让座时，便足以让三位女士坐下。”

当处于非常窘迫的境地时，机智地进行自我褒贬而产生的幽默，是摆脱窘境的好方法，也是展示人格魅力的法宝。同时也能给对方一种轻松感，使沟通气氛变得更加和谐，更有利于沟通活动的顺利进行。

在一些社交场合，运用自嘲可以放松自己的情绪，为你社交的成功增添许多风采。当然，自嘲要避免采取玩世不恭的态度。具有积极因素的自嘲包含着自嘲者强烈的自尊、自爱。自嘲实质上是当事人采取的一种貌似消极实为积极的促使交谈向好的方向转化的手段。

幽默的一条重要原则就是宁可取笑自己，绝不轻易取笑别人。海利·福斯第曾经说过：“笑的金科玉律是，不论你想笑别人怎样，先笑自己。”自嘲，也是自知、自娱和自信的表现，本身也是一种幽默。这种自嘲式的幽默往往更能化解纠纷，使得紧张的氛围趋于轻松。而把自己的缺点暴露出来，调侃一番，不仅不会将自己的缺点放大，还会拉近彼此的距离，给自己的魅力加分。

在人际交往中，我们经常会遇到一些意想不到的事情，或是自己失言失态，或是对方对自己的言行有看法，或是周围的环境出现了我们没有考虑到的因素。总之，这些猝不及防的情境往往会令我们狼狈不堪。这个时候，最有效的解决方法，就是用幽默来摆脱尴尬。

在我们遇到尴尬的沟通逆境时，如果能适当地使用自嘲的方式创造幽默感，不仅能有效地摆脱自己的尴尬处境，也能给对方一种轻松感，从而使沟通气氛变得和谐，更有利于沟通活动的顺利进行。

在日常生活中，谁都有缺点失误，难免会遇上尴尬的处境，人们往往都喜欢遮遮掩掩。其实，这样反倒会引起更加恶劣的效果，还不如来点自我解嘲，使得即将发生的纠纷趋于平静。

洛伊是20世纪20年代到80年代美国著名的影星，在这期间，她一直活跃在银幕上。洛伊的形象在大家心目中一直是完美的，但她在晚年的时候却日渐发胖。朋友多次邀请她一起去海滨浴场游玩，她都以各种理由推辞了。

一次，一位记者向洛伊提出这样的问题：“洛伊女士，您是不是因为自己太胖，怕丢丑才不去海滨游泳的？”

没想到洛伊却爽快地答道：“是的。我怕我们的空军驾驶员在天上看见我，以为他们又发现了一个新古巴。”

所有在场的人听到后都发出了阵阵笑声，大家不自觉地鼓起掌来。

洛伊用自嘲的口吻、夸张的比喻化解了自己的尴尬，既没有被记者牵着鼻子走，又很好地活跃了招待会的气氛，同时还给大家留下了一个良好的印象，显示出自己豁达的心胸和人格魅力。

当你在与人交谈而陷入尴尬的境地时，自嘲可以使你从尴尬的境地脱身出来。自嘲不仅是豁达的表现，还是自信的表现。因为，只有有足够自信的人才敢拿自身的失误做文章，继而把它放大、夸张，最后又巧妙地引申发挥、自圆其说，博得众人一笑。

这样表达最有效

自嘲的人是智者中的智者，高手中的高手。自嘲就是要拿自身的失误、不足甚至缺陷来“开涮”，对丑处不予遮掩，反而把它放大、夸张、剖析，然后巧妙地引申发挥、自圆其说，博得一笑。一个人如果没有豁达、乐观、超脱、调侃的心态和胸怀，是无法做到自嘲的。

陷入冷场，用幽默给谈话加点温

在社交场合，出现冷场是每个人都不愿看到的局面。如果不及时打破这种沉默的场景，那么必然会影响到交际气氛，进而影响到交际的效果。

小靖曾有过一次痛苦的爱情经历。她爱男朋友爱得如醉如痴，可是，她的男朋友却脚踏几只船，最终抛弃她跟别的女孩子浪漫去了。

一次，小靖与第二位男朋友小夏约会时，小夏问她："你对爱情中的普遍撒网，重点逮鱼，怎么看?"

没想到小夏话一出口，小靖不但没搭理他，脸色霎时变得很难看。

小夏明白自己误入了情人的"雷区"，赶紧补充道："啊，请别介意，我是说，我有一个讽刺对爱情不忠的故事献给你，故事说有一个对太太不忠的男人，经常趁太太不在家把情妇带回家过夜，但又时常担心太太会发觉。所以，有一天晚上，他突然从梦中惊醒，慌忙推着身边的太太说：'快起来走吧，我太太回来了。'等他的太太也从梦中清醒，他一下子傻了眼。"

还没等小夏讲完，小靖已被他的幽默故事给逗得喜笑颜开。

小夏运用故事首先转移了谈话的方向，然后用幽默的感染力，淡化了因说话不慎而给小靖带来的不快情绪，从而自然而巧妙地把可能出现的"冷场"给过渡过来，赢得了心上人的开心一笑。

有时候，冷场是由对方造成的，这时候，我们就应该采取措施，调动对方，打破冷场。

寻求共同点是一个不错的方法。如果是对方对此话题不感兴趣，这时就要转移话题，寻找双方共同感兴趣的话题和双方可以接受的观点。这些话题最好就是身边的，具体而生动的。当双方谈话进行得不顺利时，如果外面有刺耳的汽笛声，你就可以说："这么大的噪音，真够人受的了。"对方也有同样的感受，可能他因此就又同你交谈起来了。

一位记者去采访一位科学家。到了科学家那儿，记者看到墙上挂着几张风景照，于是就谈起了构图、色调……原来这位科学家爱好摄影。他兴致勃勃地拿出了自己的相册，谈话气氛非常融洽。正是由于这种气氛，使后面的正题采访进行得非常顺利。

在谈话开始的时候，你就要一直把注意力集中在眼前正在交谈着的一切信息上，抓住每一个要点，思考每一句话的意义，从眼前开始去不断扩展谈话的题材，那么你思想的源泉就会不断涌出，谈话的线路也就畅通无阻。

交谈时的"冷场"，并不总是出现在开始，有时你与对方谈着谈着，他（她）突然沉默起来，你也忽然感到无话可说了。这多半是因为你们的注意力没有高度集中在交谈上，没有在眼前所见所闻中扩展你们的思想，或者没有把你们的思想和眼前的一切联系起来，所以本来谈得很好的话题，突然"断路"了。

能够做到专心致志地谈话，积极对谈话内容作出反应，不断"刺激"谈话的发展，提高谈话的热度，那么，你们的谈话就会在一来一往，你言我语，谈笑风生中进行。

如果你与对方的志趣不同，当然很容易使人感到"话不投机半句多"，难以产生共鸣。不过，不同中未必就一定找不到任何共同点。

比如，你爱读书写字，他（她）爱唱歌跳舞，可能共同的话题要少一点，但你们总要看电影、看电视吧。你不谈读书写字，也不谈唱歌跳舞，而是从评价当前国内外的电影、电视节目入手，总可以找到共同语言吧？你们可以围绕电影、电视中的情节、人物、表现手法、表演艺术等等交换看法。

在讨论这些的过程中，各自对人生、对社会、对是非的观念都可以展示出来，从而达到互相了解的目的。如果他（她）连对艺术的兴趣也没有，你们还可以谈谈时事新闻、轶闻趣事、最近的热门话题，或者谈谈工作中遇到的问题等等。

如果你们的工作相同或相近，那话题就更多了。你可以谈工作中的甘苦成败，谈你遇到的那些不好解决的问题，还可以谈衣、食、住、行等大众话题。

以下的建议和方法可以教会你在无话可说的时候说什么，避免无话可说的情景出现。

(1) 不要退缩

无话可说时，不要退缩，也不要灰心。你是可以做些什么的。在心里默默地责怪自己或对方于事无补，你应该尝试一些新的东西、新的话题，虽然这在开始的时候很困难。

(2) 注意当下

把注意力集中在此时此刻的事情，注意到你在说什么，你在想什么，你的情绪是什么，对方又在说什么、想什么，他的情绪是什么，你们之间在做什么。即便你们的话题是涉及过去、未来或者其他人，你的注意也要放在眼下的交流。特别要注意的是情绪，它往往是无话可说的罪魁祸首。

(3) 想好再说

花时间和精力想想你想和对方交流些什么。不要不经过大脑开口就说，而又没有主题。当然了，没有刻意准备的交流是日常生活的一部分。但有时候如果你多考虑一下交流的技巧会让你的生活更惬意。特别是当别人不理解你或不重视你的时候，为交流做些准备是必要的。

（4）耐心倾听

交流过程中要给对方一些时间和空间。不要打断他的话或者接话茬。要知道你是希望和别人交流而不是演讲，独白，或争吵。学会真正倾听别人。

（5）别和感觉争辩

记住：对有些人来说，感觉就是事实。你的朋友可能和你的感觉不同，和他们的感觉争辩你永远也赢不了。如果他们是感觉型的人的话，你只有去寻找你们的相同点。

（6）正视误解

面对这样的事实：你所理解的东西可能并不是人家要表达的。向你的朋友重复一遍她的话，说出你的理解，并征求她的意见。这会清除误会，也为深入交流打好基础。

这样表达最有效

沉稳适时地化解冷场尴尬的场面，必将为沟通的深化铺平道路。

含蓄的幽默能减少沟通的“摩擦系数”

意大利音乐家帕格尼尼急匆匆地在街上奔跑。他要赶到一家大剧院演出，但是车子在路上坏了。他急急忙忙拦下一辆马车，一边催车夫快点，一边向车夫问价。

马车夫一看上车的是大名鼎鼎的音乐家，便说道：“先生，您要付我10法郎。”

帕格尼尼吃惊地问道：“你这是开玩笑吧？”

“当然不是，每人花10法郎买一张票去听你用一根琴弦拉琴。我这个价格不算多。”

“那好吧，我付你10法郎，不过你得用一个轮子把我送到剧院。”

车夫听完后哈哈大笑起来，说道：“真不愧是大名鼎鼎的音乐家，你的要求我是没有办法做到了，那就收你1法郎吧。”

音乐家帕格尼尼对于车夫的漫天要价，没有义愤填膺，断然拒绝，而是先同意付款，然后提出了一个令车夫无法做到的条件：用一个轮子把他送到剧院。这便委婉地起到了反击车夫的作用，而且幽默的语言也让车夫欣然地降价，这比起动口动手的效果要好得多。

与幽默相联系的是智慧。在沟通中，要善于使用幽默的技巧，需要具有一定的智慧。对于一个才疏学浅、举止轻浮、孤陋寡闻的人来说，是很难生出幽默感来的。具体来说，产生幽默的条件至少应包括以下几个方面：广博的知识和社会经验；敏锐的洞察力和想象力；高尚优雅的风度和镇定自信、乐观轻松的情绪；良好的文化素养和语言表达能力。

要使自己的思维超乎常理，其智慧就在于随机应变。这一方面有赖于思维的敏捷度，而掌握恰当的幽默方式也必不可少。

幽默是运用智慧、聪明与种种搞笑的技巧，使人发笑、惊异或啼笑皆非，并从中受到教育。幽默不仅是智慧的迸发、善良的表达，更是一种胸怀、一种境界。幽默是人们适应环境的工具，是人类面临困境时减轻精神和心理压力的方法之一。

生活中，我们常常对发生在身边的幽默一笑了之，来不及感悟其中的人生哲学，又匆匆将它们忘掉。生活中的每个人都应当学会幽默。多一点幽默感，少一点气急败坏、少一点偏执极端、少一点你死我活。

幽默可以淡化人的消极情绪，消除沮丧与痛苦。具有幽默感的人，生活充满情趣。许多看来令人痛苦烦恼之事，他们却应付得轻松自如。用幽默来处理烦恼与矛盾，会使人感到和谐愉快，相融友好。

幽默不是油腔滑调，也非嘲笑或讽刺。正如有位名人所说："浮躁难以幽默，装腔作势难以幽默，钻牛角尖难以幽默，捉襟见肘难以幽默，迟钝笨拙难以幽默。只有从容、平等待人、超脱、游刃有余，才能幽默。"

幽默是一种智慧的表现。它必须建立在丰富知识的基础上。一个人只有有审时度势的能力，广博的知识，才能做到谈资丰富，妙言成趣，从而做出恰当的比喻。要培养幽默感必须广泛涉猎，充实自我，不断从浩如烟海的书籍中收集幽默的浪花，从名人趣事的精华中撷取幽默的宝石。

要善于体谅他人，要使自己学会幽默，就要学会雍容大度，克服斤斤计较，同时还要乐观。乐观与幽默是亲密的朋友，生活中如果多一点趣味和轻松，多一点笑容和游戏，多一份乐观与幽默，那么就没有克服不了的困难，也不会出现整天愁眉苦脸，忧心忡忡的痛苦者。

培养深刻的洞察力，提高观察事物的能力，培养机智、敏捷的能力，是提高幽默的一个重要方面。只有迅速地捕捉事物的本质，以恰当的比喻，诙谐的语言，才能使人们产生轻松的感觉。当然在幽默的同时，还应注意，重大的原则总是不能马虎，不同问题要不同对待，在处理问题时要具有灵活性，做到幽默而不俗套。

含蓄的幽默能有效地减少我们沟通的“摩擦系数”，打开局面，拉近距离，活跃气氛，增进了解，沟通思想，产生共鸣。

有个人到一家饭店和朋友用餐，他点了一只老鳖。菜端上来后，夹菜时却发现盘中的老鳖少了一条腿，他们觉得这只老鳖肯定不新鲜了。于是就把服务员叫来，服务员无法解释，只好找来了老板。

老板看过后面有难色。

这位顾客说：“老板，据我了解老鳖是一种残忍的动物。难道我点的老鳖是因为和它的同伴打架而被咬掉了一只腿?”

老板听后笑了笑，说道：“没错！我猜也是这个原因。”

顾客巧妙地说：“那么，就请给我调换一只打了胜仗的老鳖吧!”

老板欣然地给这位顾客调换了一只“打了胜仗的老鳖”。

顾客用了幽默的方式委婉地提出了自己的想法。这种方式没有取笑他人，没有批评他人，也没有伤及他人的自尊，既维护了饭店的声誉，又维护了自己的利益，老板当然会很爽快地答应他的要求。

其实，很多时候委婉地表达，不仅能化解别人的难堪，也会为自己解决实际问题。

这样表达最有效

含蓄的幽默是一种难度较大幽默方式，它不仅要求有高水平的话术，还要求说话有高雅且含蓄的幽默感。需要指出的是，含蓄的幽默需要以了解听众的想象力和理解力，以免听众感受不到幽默。

用幽默化解纷争，一语双赢

1944 年，富兰克林·德兰诺·罗斯福第四次连任美国总统。一位记者采访他，请他谈谈这次连任的感想。

罗斯福没有回答，很客气地先请这位记者吃一块“三明治”。记者觉得这是殊荣，十分高兴地吃了下去。总统微笑着又请他吃第二块“三明治”。他觉得总统的好意不便推却，又吃了下去。不料，总统又请他吃第三块，他简直受宠若惊，虽然不想吃，但还是勉强吃了下去。哪知罗斯福在他吃完之后又说：“请再吃一块吧！”记者一听啼笑皆非，因为他实在吃不下去了。

罗斯福微笑着说：“现在，你不需要再问我对第四次连任的感想了吧，因为你自己已感觉到了。”

这则笑话体现了罗斯福的睿智，他幽默地替自己解了围。

现代人际沟通中，幽默的运用越来越重要，幽默甚至被誉为“无国籍的亲善大使”。无论你从事什么职业，幽默都能使你顺利地改善困难的处境，在社交场合建立起和谐的人际关系，让你成为一个能克服障碍、得到别人喜欢和信任的乐观之人。

在人际交往中，难免遇到许多棘手的问题或尴尬的场面，恰当地运用幽默，能产生神奇的效果。

在一个小镇上，一家酒馆老板脾气暴躁，听不得半句坏话。

有一次，一个过路人在此喝酒，刚喝一口，就忍不住叫了出来：“酒好酸。”老板听后大怒，吩咐伙计拿起棍子打人。

这时，又进来一位顾客。这个人问：“老板为什么打人？”老板说：“我卖的酒远近驰名。这人偏说我的酒是酸的。你说他该不该打？”这个人说：“让我尝尝。”刚尝一口，眼睛和眉毛都挤在一起，脱口说道：“你还是把他放了，打我两棍子吧。”

大家哄堂大笑。一句诙谐的话语平息了一场纠纷。

幽默是一种高级的智慧，能够化解对方的怒火，减轻对方的怒气。善用幽默能够有助于达到我们的目的。

幽默的语言可以使我们内心的紧张和重压释放出来，化作轻松一笑。在沟通中，幽默可以化解冲突和矛盾，并能使我们从容地摆脱沟通中可能遇到的困境。

一位女士怒气冲冲地走进食品商店，向营业员嚷道：“我叫我儿子在你们这儿称的果酱，为什么缺斤少两？”

营业员先是一愣，随即很有礼貌地回答：“请您回去称称孩子，看他是否长胖了。”

这位女士转念一想，立刻恍然大悟，脸上怒气全消，心平气和而又不好意思地对营业员说：“噢，对不起，误会了。”

这里，营业员小姐认准了自己不会称错，便剩下一种可能，即小孩把果酱偷吃了。如果明说“我不会搞错的，肯定是你儿子偷吃了”，或者“你不找自己儿子的麻烦，倒问我称错没有，真是莫名其妙”，这样非但不能平息顾客的怒气，反而会引发一场更大的争论。

营业员用幽默委婉的语气指出女士所忽视的问题，既维护了商店的信誉，又避免了一场争吵，赢得了顾客的好评。

幽默本身不会使我们高兴，但它是快乐的催化剂。如果你想通过幽默的力量来平息人生的风暴，与别人建立和谐的关系，并达成你的人生目标，那么请你赶紧将这力量付诸实践。

当你把幽默付诸实践时，你能判断别人如何反应，必要的时候改变一下方法。以幽默的力量来连接并引导你的个人生活、家庭和事业，然后看看结果如何。

钢琴家波奇，有一次在美国密歇根州的福林特城演奏，发现观众不到五成。他很失望。但走向舞台的脚灯时，他却对听众说：“福林特这个城市一定很有钱，我看到你们每个人都买了三个座位的票。”于是，演奏厅里充满了笑声。

生物学家格瓦列夫正在讲课。突然一个学生在下面学鸡叫，课堂上顿时一片哄笑。这时，格瓦列夫却镇定自若地看了看自己的挂表，不紧不慢地说：“我这只表误事了，没想到现在已是凌晨。不过请同学们相信我的话，公鸡报晓是低等动物的一种本能。”这种幽默的批评对学生起了警告作用。

幽默有时是文雅的，有时是具有暗示作用的，有时是高级的，有时是低级趣味的。切忌在沟通中开低级趣味的玩笑并自以为幽默。低级趣味的幽默一般形如讥笑，而一句普通的讥讽言语会让人当场丢脸，以致双方反目成仇。因此，在人际沟通中，一定要注意幽默的品位与格调。

使用幽默的谈话方式，应当因地、因时、恰如其分地使用。如果大家正聚精会神地研究讨论一个严肃的问题，而你突然插进了一句全无关系的笑话，不但不会令人发笑，反而让人觉得无趣。

如果一味地说俏皮话，无限制地幽默，其结果也会适得其反。譬如你把一个笑话反复讲了三五遍，起初人家还以为你很风趣，到后来听厌了之后，会让人感觉呆板、无聊。

如果你的幽默带着恶意的攻击，以挖苦别人为目的，还是不说为妙。再好的糖衣，如果里面包的是毒药，也会置人于死地。

任何人都喜欢聆听生动、形象、幽默、活泼的话语，因为它们总是那么有趣，通俗易懂，听着轻松、愉快。但是谈话生动、妙语连珠，有一副伶牙俐齿的人毕竟不多。要想能说好听的话，必须花相当大的工夫去积累语言的素材，去训练表达的技巧。注意以下几个方面，可以让你的幽默更有效果。

(1) 恰当运用熟语

所谓熟语，是在社会上流传甚广的俗语、谚语、歇后语及成语等，交谈或辩论中巧妙运用这些熟语，能大大增强语言的表现力。

（2）自嘲

一位名人曾如是说："在别人嘲笑你之前，先嘲笑你自己。"把自己当作嘲笑的对象，不但可以消除紧张、焦虑的情绪，而且可以提升自我的修养。

（3）推陈出新

重复多次使用某些词句，别人听久了会厌烦的。这时，适当在旧词上稍稍变通或改变一下说法，就能推陈出新。

（4）扩大知识面

幽默是一种智慧的表现，它必须建立在丰富知识的基础上。一个人有审时度势的能力、广博的知识，才能做到谈资丰富，妙言成趣，从而做出恰当的比喻。

（5）乐观对待现实

学会宽容大度，克服斤斤计较，同时还要乐观。乐观与幽默是亲密的朋友，生活中如果多一点趣味和轻松，多一点笑容和游戏，多一点乐观与幽默，那么就可以克服困难，成为一个乐观者。

这样表达最有效

用生动形象、委婉含蓄的语言，友善地提出自己对现实问题的见解，能使对方在愉快的情境中、欢乐的笑声中接受批评教育，从而改正自己的缺点和错误。

化被动为主动应对嘲笑

有一位著名的丑角叫吐鲁斯。在一次演出幕间休息的时候，一个很傲慢的观众走到他的身边，讥讽地问道："丑角先生，观众非常欢迎你吧？"

"还好，"吐鲁斯谦虚地答道。

"要想在马戏班中受欢迎，丑角是不是就必须具有一张愚蠢而又丑怪的脸蛋呢？"

"确实如此，"吐鲁斯回答说，"如果我能生一张像先生您那样的脸蛋的话，我准能拿到双薪。"

这位傲慢的观众的脸蛋，同吐鲁斯能不能拿双薪，其实是无丝毫内在联系的，但幽默地吐鲁斯却巧妙地把它们联系在一起，产生了强烈的幽默感，对这位傲慢的观众进行了讽刺。

在社交场合中，有时会遇到别人有意或无意抢白你，奚落、挖苦、讥讽你，面对这些情况你该怎么办？有随机应变能力的人，能调动自己的智慧，化被动为主动，使尴尬烟消云散。"兵来将挡，水来土掩"，可视不同的对象选择不同的应付办法。

俄国寓言作家克雷洛夫，皮肤生得较黑，但偏偏又喜欢穿黑衣服。一天，他在路上遇到了两个穿得花里胡哨的公子哥儿。其中有一个见到了克雷洛夫，就阴阳怪气地对他的同伴说："看啊，飘来了一朵乌云！"克雷洛夫应声答道："怪不得青蛙高兴得叫了。"克雷洛夫如法炮制，接过话头儿，教训了对方。

若判明来者意图不善，是怀有恶意、故意挑衅的话，你可以"以眼还眼，以牙还牙"，有理、有节、有礼貌而巧妙地回敬对手，针锋相对，将“原话”顶回。

著名律师汤姆被选为议员以后，仍然穿着乡下人的服装从农庄到了波士顿。当他在一家旅馆客厅里休息时，听到一群衣冠楚楚的绅士淑女在议论他：“啊，来了一个地道的乡巴佬，我们过去逗逗他。”于是，他们就走过去，把汤姆围起来，向他提出一些怪问题，嘲弄他。汤姆站起来，郑重地说：“你们仅仅从我的衣着看我，不免会看错了人，以为我是一个乡巴佬。而我呢，因为同样的原因，以为你们是绅士淑女。其实，我们都错了。”这一句话，揭露了对方“金玉其外，败絮其中”的为人，使嘲弄者反受到了嘲笑，同时也提醒他们不要犯以貌取人的世俗错误。

有的时候，可能会遇到棘手犯难的问题。对此，若以幽默诙趣的方式回答，往往会“化险为夷”，改变窘态。在“山重水复”的时候，转为“柳暗花明”，使尴尬的局面消失在谈笑之中。

俗话说：“防人之心不可无，害人之心不可有。”练就随机应变的语言表达能力很重要，但切不可主动进攻、出口伤人，而且自我防卫要注意有礼貌。

在与人交往的过程中，难免会遇到一些心胸狭隘、不顾及别人情面的人。他们可能会在你偶然犯错误或者失态的情况下，嘲笑你的不慎或者失误，从而使你难堪。往往这个时候，我们都会显得手足无措，不知如何是好。下面的几种方法能帮助你摆脱困境，还能帮你赢回自信。

（1）隐含锋芒法

当来自对方的嘲笑是出于无知或轻浮时，你也可以不直接进行反击，通过说明事实真相的方式，就能心平气和地给对方的失礼行为加以分量不轻的教训。这种方式看似平常，但是既有很强的教育作用，又能显示说者的风度雅量。

这种应对方法，不是那么锋芒毕露，咄咄逼人，而是在平心静气，甚至是在谈笑风生之中，通过陈述事实，说明道理，揭露对方的无知。当情况点明时，对方已经无地自容了。有时候，这种方式比直接反驳的效果更好。

（2）以牙还牙法

如果嘲笑者是蓄意挑衅，污辱人格，拿人的生理缺陷寻开心，这时被嘲笑者不必客气，要以其人之道还治其人之身，以强烈刺激性的语言给他们来点教训，使对方“哑巴吃黄连”。

对于他人有意侮辱人格的嘲笑应以眼还眼，以牙还牙，进行自卫还击，可以收到一招制胜的效果。

（3）幽默解窘法

当对方嘲笑的是自己的确存在的事实时，如果自己矢口否认，反而是在欲盖弥彰；如果恼羞成怒，也会错上加错。这时，不妨采取幽默方式给以应对，使自己体面地从窘迫中走出来。

幽默解窘法虽然可以为自己解窘一时，但是有护短和狡辩之嫌。因此，它只能作为权宜之计，暂时给自己一个台阶下，进而要从对方的嘲笑中认识到自己存在的问题，并下决心改正，这才是正确地做法。

（4）强忍自激法

如果对方的嘲笑并不涉及自己的人格，而且说的又是事实，只不过是用语尖刻了一点，使自己的面子有些过不去时，你大可不必进行反击。此时，你不如将对方的羞辱化作动力，下决心改变事实，提高自己，最终为自己挽回面子。当你扬眉吐气之时，对方也会感到自愧。

这样表达最有效

如果有人用过于唐突的言辞使你受到伤害，或叫你难堪，你应该含蓄应对，或装聋作哑、拐弯抹角、闪烁其词，或顺水推舟、转移“视线”、答非所问，谈一些完全与其问话“风马牛不相及”的事，用这种委婉曲折的方法反驳对手，肯定会取得奇特的功效。

第四章
和气地讲道理：克制自己的不良情绪

每个人都会遇到不如意的事，产生不良情绪。而那些懂得克制自己情绪的人往往能在人际交往的过程中保持理智，刚柔并济，用最平和的方式完成谈话。

宽容和尊重是最好的相处方式

1863年7月，盖茨堡战役展开。在敌军陷入了绝境时，林肯下令给米地将军，要他立刻出击敌军。但米地将军迟疑不决，用尽了各种借口，拒绝出击。结果，敌军顺利逃跑了。

林肯勃然大怒，他坐下来给米地将军写了一封信，表达了他的极端不满。但出乎常人想象的是，这封信林肯并没有寄出去。

在林肯逝世后，人们在一堆文件中才发现了这封信。也许林肯设身处地地想了米地将军当时为什么没有执行命令，也许他想到了米地将军见到信后可能产生的反应，米地可能会与林肯辩论，也可能会在气愤之下离开军队。

木已成舟。把信寄出，除了使自己一时痛快以外，还有什么作用呢？

尖锐的批评和攻击，所得的效果都是零。批评就像家鸽，最后总是飞回家里。当我们想指责或纠正别人时，他们会为自己辩解，甚至反过来攻击我们。

一天，丈夫回到家，发现屋里乱七八糟，到处是乱扔的玩具和衣服，厨房里堆满碗碟，桌上都是灰尘……他觉得很奇怪，就问妻子："发生了什么事了？"妻子回答："平日你一回到家，就皱着眉头对我说：'一整天你都干什么了？'所以今天我就什么都没做。"

不要指责他人，并不是说放弃必要的批评。这里的原则是要抱着尊重他人的态度，以对方能够接受的方式来批评。

一家工厂的老板，这天巡视厂区，看到几个工人在库房吸烟，而库房是禁止吸烟的。他没有马上怒气冲冲地对工人们说："你们难道不识字吗？没有看见禁止吸烟的牌子吗？"而是稍停了一下，掏出自己的烟盒，拿出烟给工人们，并说："请尝尝我的烟！不过，如果你们能到屋子外去抽的话，我会非常感谢的。"工人们则不好意思地掐灭了手中的烟。

我们喜欢责备他人，常常是为了表现自己的高明。有时，也有推卸责任的目的。在你想责备别人时，请马上闭紧自己的嘴，对自己说："看，坏毛病又来了！"这样，你就可以逐渐改掉喜欢责备人的坏习惯。

有的人只相信自己，不相信别人，让人避而远之；有的人总喜欢严厉地责备他人，使对方产生怨恨，不觉中使彼此的沟通难以进行，事情也办得一团糟。成功人说，只有不够聪明的人才批评、指责和抱怨别人。

在交涉场合中，往往有些人会不顾及别人的面子，当众指出你的不足与缺点，使你手足无措，陷入尴尬的境地。面对这种情况，你可以运用以下几种方法应对。

(1) 请难应变法

当你处于窘境之时，可以反问对方一个问题，让对方来回答，从而把对方和听众的注意力都转移到你提出的问题上，这就是请难应变法。

(2) 有意曲解法

在与人交涉的过程之中，当你遭到恶意攻击并陷入难堪境地时，你可以抓住对方语言中的某个词或某句话，进行有意曲解，这样做既可以解脱窘境，还可以用来嘲讽对手。

被人当场指责实在是让人难堪至极，若和对方针锋相对地去争辩，也会有失风度。你若故意曲解对手的话语，不但让对手苦不堪言，自己也可以体面地下了台。

(3) 超常想象法

在与人交涉时，当你因做错事或说错话而受到对方的指责时，若一味地去狡辩，只会影响你的形象，此时，你应发挥超常想象，在困境中展示你的才智和应变能力，将问题转移。

受到客人指责时，简单道歉或辩解是不能迅速化解客人心中不满情绪的。发挥超乎常人的想象，始终避开正面交锋，并借助偶然的因素所造成的失误构成某种歪曲的推理，可以有效化解客人的不满。

（4）逆向释因法

面对对方的攻击，如果你能借用对方的说理和推理方法反向攻击，便能从困境中解脱出来。从相反的方向攻击，可以轻而易举地制服对方。

（5）歪问歪答法

与人交涉时，若顺着对方问话老老实实地作答，有时就会陷入对方设置好的陷阱。所以，针对对方提出的怪问题，你不妨来个歪问歪答，巧妙过关。

这样表达最有效

如果我们谦虚一些，严格要求自己一些，这对自己只有好处，绝无坏处。成功的经验告诉我们：学会宽容和尊重，才能更好地与人相处。

对方蛮不讲理，你更要保持理智

20 世纪 30 年代，一位英国商人伯纳尔向香港著名的茂隆皮箱行订购了 3000 只皮箱，总共价值 20 万港币。

双方签订的合约中明确规定，全部的货物要在一个月之内交付，如果逾期，卖方必须赔偿英商 10 万元港币的损失费用。

在日夜赶工之下，茂隆皮箱行经理冯灿在一个月内如期向英商交货。

没想到交货的时候，一开始就存心讹诈赔偿费用的伯纳尔，无计可施之余，居然莫名其妙地质疑："你们的皮箱夹层使用了木板，这批货不是我们要的皮箱，你们必须重做'真正的皮箱'！"

面对伯纳尔的无赖行径，冯经理怒不可遏，双方多次交涉无效后，只好闹上法院。然而，同为英国人的法官有意偏袒伯纳尔。所幸，冯灿委托的律师罗锦文冷静处理，赢得了最后的胜利。

在最后辩论过程中，罗锦文面对强词夺理的奸商和具有排华情结、心怀偏颇的法官，随手从口袋里掏出了一只英国出品的金表，高声问法官："法官先生，请问这是什么表？"

只见法官神气地说："这是大英帝国的名牌金表，可是我提醒你，这金表与本案毫无关系！"

"当然有关系！"罗锦文高举金表，继续大声说道："这是一只金表，我们尊敬的法官已有定论，恐怕没有人表示异议了吧？但是，我想请问各位，这块金表除了表壳是以少量黄金打造以外，内部机件都是黄金材质的吗？"

法官和伯纳尔这才发觉，他们中了律师的"圈套"。但是，为时已晚，自己言之确凿的回答，早已成为对方最有利、最无可辩驳的证据。

罗锦文抓准时机地继续说："既然金表中的部分零件允许非黄金材料，那么，皮箱中的部分材料为何非要全都是皮制品呢？我们可以很明显地知道，在这个皮箱案中，纯粹是原告伯纳尔无理取闹，存心敲诈而已！"

于是，在众目睽睽之下，伯纳尔哑口无言。法庭不得不判伯纳尔诬告罪，并罚款5000元港币了结此案。

生活中，我们难免会遇到蛮横无理的人，此时，不要一味强调自己的立场，应该避开双方相持不下的情况，为自己找到绝佳的出口。懂得以巧妙的迂回战术避实就虚，用对方的逻辑来打败对方，这才是聪明人获得胜利的关键因素。

有的时候，明明你是对的，理在你这里，但是为了保全别人的脸面，即使有理也不一定要气壮。

在一家餐馆里，一位顾客粗声大气地嚷着："小姐，你过来，你过来！"他指着面前的杯子，满脸怒气地说："看看，你们的牛奶是劣质的吧，看把这杯红茶都糟蹋了！"

"真对不起！"服务小姐笑道，"我立刻给您换一杯。"

新红茶很快端来了。茶杯跟前仍放着新鲜的柠檬和牛奶。小姐把红茶轻轻放在顾客的面前，又轻声地说："我是不是能向您建议，如果在茶里放柠檬，就不要加牛奶，因为有时候柠檬会造成牛奶结块。"顾客的脸一下就红了。他匆匆喝完茶，走了出去。

有人笑着问服务小姐："明明是他没理，你为什么不直说呢？他那么粗鲁地叫你，你为什么不给他一点颜色瞧瞧？"

服务小姐说："正因为他粗鲁，所以我要用婉转的方式对待。正因为道理一说就明白，所以用不着大声。理不直的人，常用'气壮'来压人。理直的人，要用'气和'来交朋友。"

客人们都佩服地点头笑了，对这家餐馆也增加了许多好感。

有理不在声高。“理直气和”往往比“理直气壮”会收到更好的处世效果。

在社交活动中，有的人蛮横不讲道理，如果你一再忍让，他还会得理不饶人，这时，你也要来点硬的，以牙还牙，但是，要讲求点艺术。

(1) 态度冷静

遇事最忌讳的就是浮躁。一语不合，就脸红脖子粗，暴跳如雷，这是泼妇骂街之术。智者必须态度镇静，行若无事。一般的吵架，谁的声音高便算谁有理，谁的来势猛便算谁赢了；可是真正的智者，乃能避其锋而击其懈。你等他骂得疲倦、无话可说的时候，轻轻地回敬一句，就会让他再狂吼一阵。

(2) 旁敲侧击

他偷东西，你骂他是贼；他抢东西，你骂他是盗，这是笨人的方法。旁敲侧击，在紧要的地方只要一语便可。越要打击他，你越要原谅他，即便说些恭维话也不为过，这样的方法才能显得你所说的句句是真实确凿，让旁边的人看起来也佩服你的度量，并让对方自惭形秽。

(3) 言语委婉

说人要说得微妙含蓄。你说他一句要使他不觉得是挨骂，等到想过一遍后才慢慢觉悟这句话不是好话，让他笑着的面孔由白而红，这才是智者。如果说得委婉，则首先不要说出不堪入耳的脏话。再者，最好不要加入种种难堪的名词，称呼起来总要客气。即使他是极其卑鄙的小人，你也不妨称他先生。越客气，语言越有分量。

(4) 预设埋伏

说话之前，你便要想想看，他将用什么话回应你。有长远考虑的人，便会处处留神，或是先将他要讥讽你的话替他说出来，或是预先安设埋伏，令他讥讽回来的话失去效力。他讥讽你的话，你替他说出来，这就如同缴了他的械一般。预先安设埋伏，便是在要攻击你的地方，你先轻轻地埋下话根，然后他讥讽过来就等于枪弹打在沙包上，对你产生不了伤害。

这样表达最有效

跟蛮横无理的人硬“杠”，即便赢了也是“杀敌一千，自损八百”。不如避开锋芒，从对方的逻辑上下手，以子之矛、攻子之盾，往往能收到奇效。

对方故意刁难，“以柔克刚”化解敌意

1982年秋天，在美国洛杉矶召开的中美作家会议上，美国诗人艾伦·金斯伯格对中国作家蒋子龙说：“作家先生，请您猜个谜语，怎么样？”蒋子龙微笑着点点头。

不料，艾伦·金斯伯格又说：“我这个谜语可是讲了20年，一直没有人能破得了的！”继而他的脸上显现出一副得意而又狡猾的样子。

蒋子龙不甘示弱地对他说：“我从3岁开始就猜谜语，还没有我猜不破的谜语。”

“那好，谜语是这样的：把一只2.5公斤的鸡放进一个只能装0.5公斤水的瓶子时，您用什么办法把它拿出来？”

蒋子龙略加思索，沉着冷静地说：“您怎么放进去，我就怎么拿出来。您既然是凭嘴一说就把鸡装进去了，那么我就用语言这个工具再把鸡拿出来。”

艾伦·金斯伯格无言以对。过了一会儿，他竖起大拇指说：“您是第一个猜中这个谜语的人。”

制作这个谜语能够表现出诗人的丰富想象力，而蒋子龙则根据对方的思路，也凭借自己的想象，沉着机智地用语言这个工具再把鸡拿出来，成为第一个猜中这个谜语的人。这不能不说得益于他的冷静与智慧的言语策略。

阿基诺夫人竞选菲律宾总统时，深得选民们的信赖。竞选对手马科斯不服，在媒体上讥讽阿基诺夫人缺乏经验，说：“最合适女人的场所是厨房。”

阿基诺夫人听说后，沉稳地反唇相讥：“我承认我的确没有经

验，我没有马科斯那种欺骗、说谎、盗窃或暗杀政敌的经验。我不是独裁者，不会撒谎，不会舞弊。我虽然没有经验，但我有的是参政的诚意。选民们需要的就是一个和马科斯完全不同的领袖。”

阿基诺夫人面对马科斯充满敌意的丑化与嘲笑并没有直接进行反驳，而是先承认自己的弱势，承认自己缺乏经验，接着又指出，马科斯富于经验，而经验又是些什么乌七八糟的东西呢？这样，马科斯的攻击顿显苍白，优势与劣势在瞬间转化了过来。

在人与人的交往中，并不是每个人都会对你和颜悦色、欣赏有加。总是无法避免地遭遇到对自己充满敌意的人，也许是因为一些莫须有的传闻，也许是因为情感、经济等利益的冲突，也许是因为对问题的主观看法和立场不同。如果对方的敌意只是沉默的，倒还好一些。可是，如果对方的敌意以责难、污辱甚至人身攻击的方式爆发出来，挑战别人忍耐的极限，在面对这样的人挑战你的时候，你是选择大发雷霆、强硬对抗，还是冷静地面对，巧妙地处理呢？这时，逃避当然是懦夫的行为，我们不能容忍自己的形象和尊严被人玷污。但是，面对面地与其争吵、甚至谩骂，只会使彼此的矛盾升级，造成无法收拾的后果。

英国首相威尔逊在一次群众大会上做演讲时，反对者在下面大喊。其中，有一人大喊“垃圾”，对威尔逊进行人身攻击。为了不使一场严肃的演讲变成可笑的争吵，威尔逊用平静的口气说道：“先生，您关心的问题，我们一会儿再讨论。”

威尔逊幽默巧妙地使用了“代换法”来对付人身攻击。别人说威尔逊是“垃圾”，威尔逊就把“垃圾”代换成对方“特别感兴趣的问题”。如此巧妙地反戈一击，自然会令那位自作聪明者成为众人讥笑的对象。

面对尖锐的敌意，不急于一逞口舌之快，而是理智地采取暗示、幽默反讽、侧面提示等方法，把极具威胁的敌意化于无形，你刚我柔，把万钧压力消弭于无形中。

在与人交往时，运用以下的几种方法就能化解敌意，甚至能化敌为友，进而使我们在社交中建立更好的关系。

(1) 用幽默来转化

在与人交往的过程中，充满敌意的一方，为了污蔑对方，常常赋予对方某一丑化的形象。此时，反戈相击，又不费吹灰之力的办法就是，将丑化的形象代换给对方。

(2) 从侧面提示对方

不直接劝解对方放弃敌对态度，而通过与正题不相干的话题委婉地暗示对方，使其意识到自己的敌对态度并不利于事情的解决，从而能收到直接劝解所起不到的作用。

(3) 以退为进

以退为进，先承认自己在某一方面的劣势，然后再反唇相讥，揭露对方所谓优势的不正当性，从而反衬出自己的劣势才是真正的优势。

(4) 争取多数人的支持

在人数众多的交际场合，应把握大多数人的心理特征，争取他们的理解与支持，使少数敌对者处于孤立的地位，这样一来，他们就不敢放肆了。

这样表达最有效

当你面对别人故意刁难和挑战时，你身处的局面难免会很尴尬，进退两难。首先不要发怒，要冷静地面对责难，然后迅速地找到对方的思考逻辑，并且用同样的方式请对方予以解释，使对方知难而退，从而化解难题。

心平气和地交谈，化解意气之争

某个政党有位刚刚崭露头角的候选人，被人引荐到一位资深的政界要人那里，希望这位政界要人能告诉他一些在政治上取得成功的经验，以及如何获得选票。

正式谈话前，这位政界要人提出一个条件："你每次打断我说话，就得付5美元。"

候选人说："好的，没问题。"

"现在，马上可以开始。"

"很好。第一条是，当你听到人们对自己的诋毁或者污蔑，一定不要感到愤慨。随时都要注意这一点。"

"噢，我能做到。不管人们说我什么，我都不会生气。我对别人的话毫不在意。"

"很好，这就是我经验的第一条。但是，坦白地说，我是不愿意你这样一个不道德的流氓当选的……"

"先生，你怎么能……"

"请付5美元。"

"哦，啊！这只是一个教训，对不对？"

"哦，是的，这是一个教训。但是，实际上也是我的看法……"

"你怎么能这么说……"

"请付5美元。"

"哦！啊！"他气急败坏地说，"这又是一个教训。你的10美元赚得也太容易了。"

"没错，10美元。你是否先付清钱，然后我们再继续？因为，谁都知道，你有不讲信用的赖账的'美名'……"

“你这个可恶的家伙！”

“请付5美元。”

“啊！又一个教训。噢，我最好试着控制自己的脾气。”

“好，我收回前面的话，当然，我的意思并不是这样。我认为你是一个值得尊敬的人物，因为考虑到你低贱的家庭出身，又有那样一个声名狼藉的父亲……”

“你才是个声名狼藉的恶棍！”

“请付5美元。”

这是这个年轻人学会自我克制的第一课，他为此付出了高昂的学费。

最后，那个政界要人说：“现在，就不是5美元的问题了。你要记住，你每一次发火或者你为自己所受的侮辱而生气时，至少会因此而失去一张选票。对你来说，选票可比银行的钞票值钱得多。”

生气会对自己造成伤害，然而，伴随生气而来的恶言恶语还有可能对别人造成更大的损害。

语言可以伤人于无形，你一时不经大脑，脱口而出的话语，有可能成为别人终身的阴影。当我们情绪不佳的时候很容易说出伤人的话，这个时候我们要及时弥补自己犯下的错误，向被你伤害的人以你认为最好的方式说声“对不起”。

一位年轻人在年迈的富人家里担任钟点工，每天除了清洁工作，还有半个小时的“陪读”任务。

一天，这名年轻人不小心把花瓶与笔筒的位置放反了。这原本不是什么大事，年迈的富人却大发雷霆，指着年轻人的鼻子大骂笨蛋。

年轻人一言不发地忍耐着，因为他相当同情这名老人，除了骂人的舌头外，他已别无利器。

在将近十分钟的咒骂后，老人好不容易平息下来，要求年轻人进行每天的例行公事——读一段故事给他听。

年轻人翻着书，找到一个相当吸引人的章节，上面写着："南洋所罗门岛上的一些土著，每当树木长得过大，连斧头都砍不了时，他们就会对着树木集体叫喊，直到树木倒下为止。喊叫扼杀了树木的生命，比任何刀棍、石头都还具有杀伤力；正如那些尖酸、刻薄、粗鲁的言语，往往会刺伤人的内心。"

年迈富有但性格怪僻的老人听了这个故事，沉默许久。当年轻人把咖啡送到他面前，准备为他加糖时，老人抬起头来，脸上出现难得的慈祥笑容，亲切地说："不用加糖了，你的故事已经为我加了糖！"

一时之气，造成自己的火山爆发是小事，但是对那些被火山余烬灼伤的人们，却有可能造成难以弥补的伤害。

盛怒之下，体内血球不知道要伤损多少，血压不知道要升高几许，总之是不利于健康的。而且血气沸腾之际，理智不大清醒，言行容易过分，于人于己都不相宜。

为别人所犯下错误生气，你无疑是在拿别人的错误来惩罚自己，想一想，这是多么划不来。为突来的情绪生气，你发了一场熊熊的无名火，想一想，这对别人来说，又是多么的不公平。

如果不能控制自己的脾气，那么至少要懂得控制自己的嘴巴。生气时，请不要随便开口，你在这时吐出来的话，往往都不会是好话。

你常生气吗？如果生气是你的常态，建议你找出自己的"情绪温度计"，或来一场"与怒气的心灵对话"，彻底赶走怒气。经常生气就像不断的小感冒，严重影响工作和生活。

这样表达最有效

他人气我我不气，我本无心他来气。倘若生气中他计，气出病来无人替。

和人抬杠，自己难免吃亏

一般情况下，抬杠的结果会使双方比以前更相信自己的观点是绝对正确的，但是你永远也赢不了争论。要是输了，当然你就输了；即使赢了，实际上你还是输了，因为你伤了对方的自尊，对方会对你产生怨恨之情。

哥儿俩出外打猎，看见远处飞来一只大雁，两人就张弓搭箭准备射雁。

哥哥说："现在的雁肥，射下来煮着吃。"

弟弟反对："大雁还是烤了吃，又香又酥。"

哥哥急了："我说了算，就是煮着吃！"

弟弟也不让步："这事儿该听我的，非烤不行！"

两人争执不下，一直吵到村里的长辈面前。

老人家给他们出了个主意：射下来的大雁，一半煮着吃，一半烤着吃。哥儿俩都同意了。等到他们再回去射雁的时候，那只大雁早已飞得无影无踪了。

无谓的争论除了会破坏大家的感情外，毫无意义。带有偏执的、明显攻击性的争吵，就像恶魔一样，吞噬着人们之间的友情。辩论双方因固执地坚持自己的观点而争吵得面红耳赤、难分胜负，往往为芝麻大的事钻牛角尖，结果两败俱伤。

本杰明·富兰克林说："如果你老是抬杠、反驳，也许偶尔能获胜，但那只是空洞的胜利，因为你永远得不到对方的好感。"

你自己要衡量一下，是宁愿要一种表面上的胜利，还是要别人对你的好感。你可能有理，但要想在争论中改变别人的主意，一切都是徒劳。

爱抬杠的人一般表现为不给别人发言的机会，并经常对别人说的话发表不同意见，其实这是一种自恋和逆反心理的表现。

有自恋心理的人特别在乎自己的感觉，不会换位思考，更不会替他人着想。自己往往喜欢扮演一种救世主的姿态，觉得什么事都应该自己说了算，别人都应该听他的。有逆反心理的人往往是由一种成长经历未完成的情绪所致，以往没有得到表述，没有得到尊重的机会，希望能在后天中寻求补偿。

想要表现自己的与众不同，赢得他人的尊重和重视，可以采用其他的办法。爱抬杠只会破坏你在他人心目中的形象，让别人觉得你是一个“杠头”。

不要以为“快言快语”就是好口才。事实上有很多的“败嘴”恰恰就是败在他自我感觉良好的“快言快语”上。“快言快语”容易学，但在快言快语下不出语失，那可就难了。真正既能快言快语，又能很少出语失的人毕竟都是一些语言天才。凡夫俗子，逢人逢事未思发语，其结果自然正误难料。

切记，不要跟人抬杠。你的看法也许很正确，但不能因此就认为别人的看法不正确。坚持自己的意见与容纳别人的意见不是矛盾的。

有个人曾对相熟的朋友说，他不会和同学中的某个同学再合作了。朋友很惊讶，就问他：“你们是同学，生意上又可以互惠互利，为什么呢?”

那个人说：“这么多年了，我那个同学还是一点长进都没有。我听着他嚼口香糖的声音就想吐，还有我拉他去跟人家谈判，出来后我真为有这样的同学而丢人。他的形体语言太夸张了，总是喜欢跟别人唱反调，一直到双方都十分尴尬才住嘴，让对方觉得我们跟人家不在一个层次上，怎么做生意啊!”

其实，那位同学人不错，也有不少其他优点，但修养、个性上的这些小问题竟然给他带来如此大的负面影响，真是出人意料。

我们和人抬杠、辩论、反驳，有时或许会取得胜利，但这种胜利是最为空洞的。我们要关注于自我修养的提升，这对于我们今后的人生或者发展都会获益良多。

这样表达最有效

和人抬杠，你输了，至少会丢了面子，当然会吃亏；你赢了，会使对方丢了面子，让对方对你怀恨在心，自然也是一种吃亏。所以，无论何时，避免和人抬杠才是明智的选择。

求同存异，创造出“和”的局面

在沟通过程中，最基本的一条原则就是求同存异。所谓求同就是追求共同目标，有共同喜好。所谓存异就是指在某些问题上，如果双方观点不能达成一致，应该允许对方拥有不同观点，保留自己的意见，而不是强求对方接受自己的观点。

一家化妆品公司的推销员去拜访一位老客户，没想到客户主管一见到推销员就说：“你怎么还好意思来推销你们的产品？”

这句话把推销员说愣了。经过询问，推销员才明白，原来，客户主管认为他们刚购进的化妆品并不适合北方人的肤质，而此化妆品正是这位推销员推荐的。

推销员很快镇定下来，微笑着说：“其实我和您的观点一样，如果这批化妆品不适合北方人保湿的要求，那你们就会退货，对不对？”

“是的。”

“按照北方的气候，化妆品保湿效果应该在 12 小时左右，对不对？”

“是的，但是在使用你们的化妆品后，不到 10 个小时，实验模特的脸就有紧绷的感觉了。”

推销员没有马上为自己辩解，只是问了一个问题：“这个房间的温度是多少度？”

“我们的空调室温设定在 24℃。”

“房间因为加装了空调又没有开窗，几乎处于全封闭环境中，空调房间的温度比一般室外的温度还要低，是这样吗？”

客户主管点点头。

推销员继续说："我们这一款产品，所设定的保温度是在常温状态下对皮肤所起的保温作用，不同的温度环境下肯定有一点差别，但并不代表我们的产品没有做到12小时的保湿效果。"

客户主管听后，便恍然道："你说得有道理。"

最后，双方的合作不但没有终止，这位客户主管还追加了一批货物。

如果推销员一味强调自己的产品多么好，产品没有达到效果，那是你们的环境所致，和产品的质量没有关系，这样说肯定会引起对方的愤懑和争辩。相反地，推销员通过引导，让对方承认产品没达到效果是因为他们的使用环境不合适，这就能顺利地引导对话向良性的方向发展。

在生活中，两个性格相投的人很容易成为好朋友，可是即使关系很融洽，希望成为亲密无间的好友也很难。原因何在？这是因为人心是非常复杂的，人与人即使意气相投，也不可能透彻地了解和理解对方。因为每个人都是独立存在的，由于生活环境、知识、人生阅历的不同，必然产生差异，观点不可能完全相同。即使是同一个人，脾气也会随着外界环境的变化而改变，更不用说是两个人了。

希望成为好朋友，百分之百地了解对方是不可能的，所以要懂得包容，给别人一定的空间，学会求同存异。与朋友相处，应该坦诚相见，求同存异。不能要求朋友完全按照自己的思维方式去思考或办事，也不能要求朋友和自己有完全相同的兴趣爱好。实际上，正是因为性格、爱好的不同，才能够相互吸引，互相学习。如果我们处处强求对方和自己一致，只会造成对立。只有相互尊重、相互理解、才能使友谊更稳固、更持久。

有时候，朋友之间难免会发生争执。我们在谈话的时候，应该注意，尽量不要把谈话的重心放在"异"上，而应该放在"同"上。

与别人交谈，不要先讨论你们观点不同的一面，而是应该不断强化与对方相同的一面。这样才能拉近彼此的距离，达到你的目的。

在人际沟通中，不管是与关系很好的朋友，还是初次见面的陌生人，都应该坚持以求同存异的原则进行沟通。这是对别人的尊重，也是给自己带来好人缘的重要方法。懂得了这一点，你在人际沟通中就能够如鱼得水，游刃有余，灵活自如地处理各种人际关系。

公司的经营者通常会欣赏和重用任劳任怨、负责尽职的员工；而对满腹牢骚、得过且过的员工，经营者则不重用并感到头痛，甚至想把这样的员工辞掉。而曾任本田公司副总经理的西田通弘则反对把后者开除。他认为上上之策是：一方面容忍，一方面要尽力把不满情绪减至最低程度。

他举了这样一个例子来说明他的观点。

森林并非整整齐齐只栽种一种树木。一个茂密完整的森林必定包括五六十公尺高的挺拔大树、三十公尺的次高树木、一二十公尺的低矮的树木以及杂草等。假如只栽种挺拔的大树，把矮树与杂草全都铲除的话，留下来的大树就会逐渐衰弱，最后枯黄死亡。同样的道理，如果把不合己意的异己分子开除的话，就像在森林里铲除矮树与杂草一样，企业就难以长久地发展。

人的弱点之一就是希望别人欣赏、尊重自己，而自己又不愿意去欣赏和尊重别人。人非常容易看到别人的缺点而很难看到别人的优点，我们必须克服这些人性的弱点。客观地观察别人和自己，你会惊奇地发现，原来自己还有许多不足，而身边的人都有值得你学习、借鉴的地方。我们不能因为别人有一点比你差的缺点就去否定别人，而应该因为别人有一点比你强的优点而去欣赏和尊重别人，肯定别人。

用欣赏人、尊重人的方式去处理人际关系有许多好处：其一，成本最低，不用花费金钱去请客送礼，不用伪装自己去浪费感情；

其二，风险最低，不必担心当面奉承背后忍不住发牢骚而露馅，不必担心讲假话，提心吊胆，梦寐不安；其三，收获最大，因为你能真心尊重和欣赏别人，你便会去学习别人的优点去克服自己的弱点，使自己不断地完善和进步。

人与人之间往往由于经历、立场等方面的差异，对同一个问题，会产生不同的看法，当同事之间因为工作原因发生分歧时，千万不要过分争论，不能强求他人接受你的观点。面对问题，特别是在发生分歧时要努力寻找共同点，争取求大同存小异。

这样表达最有效

人与人沟通的过程中，不管双方的分歧有多大、矛盾有多深，总会有一些共同语言、利益以及愿望等等。一个人要会利用这些共同点，创造出“和”的局面，心平气和地与人讨论，这才是可遵循的交友之道。

出言不逊，只会使情况恶化

人们常说：“言语伤人，胜于刀枪。”许多人常以“嘲弄”他人或者与他人“斗嘴”为乐。有些虽然是属玩笑性质，但总让人觉得不妥，毕竟“尖酸刻薄”“有失厚道”的言语批评，会使听者产生不悦；严重的，遭到杀身之祸，后悔莫及。

2006年德国世界杯快要结束时，最后一场法意冠军争夺战中，齐达内用光头撞倒马特拉齐的那让人目瞪口呆的一幕，留给全世界球迷一个疑问：“怎么了?”

从现场画面中我们可以看到，马特拉齐并没有对齐达内动手，肯定是出口伤人的语言！究竟马特拉齐说了些什么话，惹得一向动作优雅的齐达内做出如此惊人的举动?

这事在网上传得沸沸扬扬，关于马特拉齐对齐达内究竟骂了什么流传着两种版本：其一是电视台通过解读“唇语”来破译得出一个答案：“你姐姐是个妓女!”其二是某国电视台解说员在赛后公布的说法：“你是意大利养出来的一条忘恩负义的狗!”

不管答案是什么，有一点是肯定的，马特拉齐出口伤人了。能让齐达内这样被人称为“喜怒不形于色、非常能控制自己的人”失控和爆发，可以想象语言污辱与冒犯的程度。

有些时候，侮辱的语言比暴力还要具有更大的威胁。在情绪高涨，比如盛怒之时，为求发泄，人们通常会讲一些伤害对方的话。这种“无理之失”所构成的伤害、祸害，往往令人难以想象。大概许多人都会有这种经验。如果言语轻率不慎的话，导致误会曲解、牵连的可能性极大。

在古代社会，因为说错话而招致灾祸的例子不胜枚举。尤其是在古代尊卑有序的体系中，说话稍有不慎就会大祸临头。在现代社会，因为说错话、说不当的话、说不负责任的话，而给自己带来不好的影响和结果的例子，也屡见不鲜。不要以为仅仅是一句话而已。一句不适当的话可能给你带来不希望的改变或是结局。管好自己的嘴巴才能说明你是个聪明人。俗话说："祸从口出。"一个不小心，就会为自己招来祸端。

不管是什么样的人，只要被一些不中听的话激怒，都可能会因情绪状态失控，而口出狂言，大打出手，甚至弄得鼻青脸肿。

我们时常可以听到这种说法，"不能美言，则免开尊口。"我们不该当面指责，更不要冷嘲热讽，而应语气委婉，抱着"不在乎说什么，而在乎怎样说"的态度。

在现实生活中，因词不达意、语言尖刻抑或"刀子嘴豆腐心"而惹人生厌的人比比皆是。激昂慷慨，言人所不敢言，对方自会发生辛辣的反应；晦涩难懂，言辞拙讷，对方自会发生苦涩的反应；一味诉苦，到处乞怜，对方自会发生寒酸的反应；好放冷箭，伤人为愉，伤人越甚，越以为快，对方自会发生创痛的反应。

英国女王的丈夫菲力普亲王以大嘴无遮拦而著称于世。他总是在大庭广众之下出语伤人。

有一次，菲力普亲王去英格兰北部的索尔福德大学参观。在那里，菲力普亲王和十几岁的小胖子安德鲁交谈上了。安德鲁告诉亲王自己长大后想坐火箭上太空的远大理想。安德鲁和其他在场的人都原以为亲王会说一些鼓励的话，不料，亲王却给他大大地泼了一头冷水，说他应该首先减肥。

后来，安德鲁对于此事是这样说的："他对我说'如果你想坐在那里面上天的话，就应该首先减肥'。我对他那样说感到很难受，但我还是笑了一下，假装这只是一个玩笑。"

安德鲁的妈妈对自己的孩子受到了欺负感到火冒三丈，对媒体说："我真不敢相信，像他那样一个大人物竟然会说出这样令人恶心的话来。"

可想而知，菲力普亲王并无恶意的出言不逊，会给自己的形象带来何种伤害。

为避免出口伤人，说话宜三思而后"语"，不宜心直口快；宜和风细雨，不宜含沙射影。说话之前，先得考虑这样一个问题：他愿不愿意听你说话。愿意听你就说，不愿意听还是免开尊口为妙。同时，要善于换位思考，你的"金口玉言"如果是对方说给你听，你是愉悦还是心生不快？如此，便会渐渐改掉这种不受欢迎的毛病。

德国军队向来以纪律严明著称。在一本德国老兵的回忆录中，有条耐人寻味的军规：一名士兵可以检举同伴的错误，被检举人也有权反驳。但如果长官发现检举和反驳的士兵曾在近期发生过冲突，那么两个人都会受罚。发生过冲突的人至少要等一周，等情绪完全冷静下来，才可以告对方的状。

永远不要在盛怒之下出口伤人。人在愤怒的时候，头脑处于极度不理智的状态，说话也往往不假思索，不顾后果。

这样表达最有效

一定要做到凡事三思而"说"，经过思考才能下结论。做一个有理智的人，才能扭转乾坤。

第五章

批评有分寸：教你怎么说话不伤人

批评给人的印象通常是消极的，可大多数人总想通过消极的批评达到积极的效果，这当然非常困难。尤其是尖酸刻薄、言辞激烈的批评，更让人难以接受。反之，有技巧、有分寸的批评却能变消极为积极，让人容易接受，焕发热情。

及时沟通协调，才能实现共赢

在工作协作的过程中，我们经常会遇到各种各样的障碍。拨开这些障碍所散播的迷雾，我们会发现，其实在很多情况下，是我们并不清楚合作方想要的到底是什么。如果我们无法满足对方的需求，就容易使问题复杂化。

霍利的部门负责策划和组织一项大型活动，其中大量琐碎的工作需要某个部门来协助。然而，双方在事前沟通的时候遇到了很多障碍。那个部门的负责人既不说不给支持，也不说给予支持，而是不断地诉苦，说部门里面的人手本来就不够用，现在的工作也很繁杂。

霍利对此很纳闷。他想，既然这位同事这么为难，那他为什么又不明确拒绝呢？后来，通过搜集来自第三方的信息，霍利终于搞清楚了，原来那位负责人只是希望自己能够出现在主办方的名单里，仅此而已。

原因找到了，问题也就迎刃而解了。

其实，无论你处在什么工作岗位上，首先要与同事多沟通，因为你个人的视野和经验毕竟有限。况且，随着社会分工的越来越细，这种沟通协调也是必需的。

当然，同事之间有摩擦是难免的，即使是一件事情有不同的想法，我们也应具有“对事不对人”的原则，及时有效的调解这种关系。不过从另一角度来看，此时也是你展现自我的好机会。用成绩说话，真正令同事刮目相看。即使有人对你有些非议，此时也会“偃旗息鼓”。当然有了成绩，也不应滋生骄傲的情绪，好像觉得“高人一等”。我们应该意识到：工作中要有一种团队合作精神，成绩是大家共同努力的结果。

同事是我们职业生涯中的重要关系之一。不少人把同事当成可有可无、无关紧要的人来对待，也实在是一个大错误。当你心情不好的时候，当你遇到难题的时候，当你遇到危机的时候，当你需要帮助的时候，同事是你不可或缺的伙伴和依靠。再者，人生在世而有机会能够在一起相处共事，实在是一种缘分，自应善加珍惜。

你对别人是否出自真诚的关心，迟早会被别人所洞知。何况关心也并不需要你付出多大的力量或使对方得到什么好处。其实，有时一句嘘寒问暖或关怀问候的话，也会令人受用不尽，赢得同事的接纳与好感。

人既然是因为有缘才相聚，同事遭遇困难时，你应尽一己之力，为其排忧解困。助人是换取别人助你的先决要件，同时也是建立良好人际关系的基础。

在与同事相处互动中，难免会由于不同意见、观念或利害冲突而争辩。不过要懂得心平气和、理直气柔的道理，且能自己适时退让一步，以消弭无意的纷争，确保互动关系不会遭到破坏。因为口舌争辩是没有胜利者的，即使你能说得对方哑口无言，对方也会因自尊心受损而怀恨在心，即使赢了也是输。

在平时工作中，与同事相处，要相互欣赏、相互理解、相互信任，而不能相互瞧不起，相互不买账，相互抬杠子，甚至对方反对的我就拥护，对方拥护的我就反对，这些都不是职业人的职业表现。

既然是同事，就是说大家要一起做事。那么与人合作，就必须知道对方想要的或者所期望的是什么，能满足的就要认真满足；如果不能满足，就要采取相应措施予以弥补。

每一天甚至每一件事，我们都有跟其他人合作的可能。和谐顺畅的合作关系当然是我们所期待的。但是，如果我们觉察到合作中出现了某些问题，就需要高度重视了，因为很可能是合作方想要的东西我们没有满足。

在我们寻求同事协助的时候，如果遇到了障碍，你首先应该做的就是马上去了解对方想要什么，然后想办法满足，要让对方知道他很重要。

人与人之间、同事之间要常沟通信息，这样才有利于团结。一个优秀的企业，强调的是团队的精诚团结、密切合作，因此同事之间的沟通十分重要。同事之间要想沟通好，必须开诚布公、相互尊重。如果不能敞开心扉，藏着掖着，话到嘴边留半句，那还是达不到沟通的效果。

然而，同事之间最容易形成利益关系，如果对一些小事不能正确对待，就容易形成沟壑。日常交往中我们不妨注意把握以下几个方面来融洽关系，建立良好的沟通基础。

(1) 以大局为重，多补台少拆台

同事之间由于工作关系而走在一起，就要有集体意识，以大局为重，形成利益共同体。特别是在与外单位人员接触时，要形成“团队形象”的观念，多补台少拆台，不要为自身小利而损害集体大利，最好“家丑不外扬”。

(2) 对待分歧，求大同存小异

同事之间由于经历、立场等方面的差异，对同一个问题往往会产生不同的看法，引起一些争论，一不小心就容易伤和气。因此，与同事有意见分歧时，首先不要过分争论。客观上，人接受新观点需要一个过程，主观上往往还伴有“好面子”“好争强夺胜”等心理，彼此之间谁也难服谁，此时如果过分争论，就容易激化矛盾而影响团结。面对问题，特别是在发生分歧时要努力寻找共同点，争取求大同存小异。实在不能一致时，不妨冷处理，表明“我不能接受你们的观点，我保留我的意见”，让争论淡化，同时不失自己的立场。

(3) 在发生矛盾时，宽容忍让，学会道歉

同事之间经常会出现一些磕磕碰碰，如果不及时妥善处理，就会形成大矛盾。俗话说，冤家宜解不宜结。在与同事发生矛盾时，要主动忍让，从自身找原因，换位为他人多想想，避免矛盾激化。如果已经形成矛盾，自己又的确不对，要放下面子，学会道歉，以诚心感人。退一步海阔天空，如有一方主动打破僵局，就会发现彼此之间并没有什么大不了的隔阂。

这样表达最有效

现代合作关系的最佳合作方式就是共赢，要想达到双方的共赢，就必须找到所谓的共同利益点，这个点的关键就是首先知道对方想要的是什么，也就是把对方想要的作为共赢点。

批评是一门艺术，怎么悦耳怎么说

春秋时期，楚庄王的一匹爱马死了。他非常伤心，下令以上等棺木装殓，行大夫礼节厚葬。文臣武将纷纷劝阻，却无济于事。最后，楚庄王说："谁敢再劝阻，我就杀死他。"

优孟知道后，直入宫门，仰天大哭。楚庄王不知道他葫芦里卖的什么药，迫不及待地问是怎么回事。

优孟说："这匹死去的马是大王最喜欢的。楚国堂堂大国，却要以大夫的礼节安葬它，太寒酸了。"

庄王听到优孟不像群臣那样劝谏，而是支持他的主张，不觉喜上心头，很高兴地问："照卿看来，应该怎样办才好呢？"

"依我看来，请用君王的礼节吧！"优孟清了清嗓子，继续说，"请以美玉雕成棺，派士兵挖掘墓穴，使老少都参加挑土修墓，齐王、赵王陪祭在前面，韩王、魏王护卫在后面，用牛羊猪来隆重祭祀，给马建庙，封它万户城邑，将税收作为每年祭马的费用。"

接着，优孟话锋一转，委婉地指出了楚庄王隆重葬马之害："让各国使节共同举哀，以最高的礼仪祭祀它。让各国诸侯听到后，都知道大王以人为贱而以马为贵啊。"

此语确是点到了楚庄王的要害。庄王恍然大悟，赶紧请教优孟如何弥补自己的过失。

优孟说："请大王用葬六畜的办法来葬马。"

于是，楚庄王听从了优孟的劝谏，派人把马交给掌管厨房的人去处理，并向大家强调，不要将此事传扬出去。

优孟因侍从楚庄王多年，熟知其性情，知道此时无论是忠言直谏还是强行硬谏，都很难奏效。以优孟地位之微，如果直陈利弊、凛然赴义，固然令人肃然起敬。但他的正话反说，从称赞、礼颂楚庄王“贵马”精神的后面，对比分明地引出了楚庄王“贱人”的行为，楚庄王也就清醒地认识到了自己的错误所在。

在别人都反对楚庄王的情况下，优孟先表示赞同，就很容易博得楚庄王的认同，觉得优孟跟自己是站在一起的，认为优孟是为自己说话，不像其他人张嘴闭嘴都是些仁义道理，明显是在拿着标尺批评自己的行为。在感情上获得支持之后，优孟又巧妙地用了夸大的手法，貌似给楚庄王提怎么更好地葬这匹马的建议，实际上是用了反讽，让楚庄王意识到自己的决定有多么不合适，让他自己醒悟过来，自然也就达到了劝解的目的。

先顺着对方的意思说，稳住人心，然后再逐渐深入，引出对方能接受的道理，这样对方就能明白自己的错误，并能接受别人的建议。

面对上司时，态度上要不卑不亢。对上级当然要表示尊重，但是绝不要采取低三下四的态度。绝大多数有见识的领导，对那种一味奉承、随声附和的人是不会予以重视的。在保持独立人格的前提下，你应采取不卑不亢的态度。

根据上级的个性来考虑谈话方式。上级固然是领导，但他首先是一个人。作为一个人，他有他的性格、爱好，也有他的语言习惯。比如，有些人性格爽快、干脆，有些人则善于沉默寡言，事事多加思考。

一些让上司不高兴、下不来台的话最好不要说。“这事你不知道？”“那事我早就知道了！”这些明显带有蔑视的话，会对上司造成很大的伤害。“我想这事很难办！”这话也不要随便说。一方面显得自己在推卸责任，另一方面也显得上司没有远见，会让上司脸面上过不去。

有些话很难直接说出来，为了避免尴尬，可以从反面说起，反面的话稍加引申，就能走到反面的反面，也就是正面了。反语是语言艺术中的迂回术，是更为极端的迂回术。正话反说便是以彻底的委婉，欲擒故纵，取得合适的发话角度，达到比直言陈说更为有效的说服效果。

大多数人都认为，只要自己表现好，工作好，迟早会传到上司耳中。可惜情况不是这样，可能你工作相当出色，而上司根本不知道。因此，我们不仅要做得好，也要能说得好，这样才能得到上司的赏识。

(1) 把荣耀留给上司

把荣耀留给上司，是得到上司常识的最有效方法。在公共场合指出上司的优点，有了成绩不忘告诉同事和更高的领导，这也有上司的一份功劳；开会有上司在场时，一定不要临时搬弄新资料，应事先将资料告诉上司，由他自己提出来；不要把计划书全盘托出，要保留上司发表意见的余地。总之，处处让上司感觉到他的尊严与重要。

(2) 向上司传递员工情况

大多数上司都希望对部下各方面情况有所了解，如某人的母亲生病住院，某人是某天过生日，等等。上司了解这些情况后适度表示关怀，可增加员工的亲近感。需要注意的是，上司所需要了解的不是你对某人恶意攻击或揭露某人的隐私，也不是叫你向他打小报告。与上司谈到同事的时候，只能谈论同事的长处，这样才有助于你和同事之间建立良好的关系，也让上司看到你为人的正派可信。

(3) 不要打听上司的隐私

上司可能会在员工下班后独自在办公室呆坐。上司也是人，在面对工作压力时同样会感到心情压抑，对家庭生活也一样会有一本难念的经。上司有时会表现出脆弱，同样希望得到别人的抚慰。如果你就此肆无忌惮地探问其隐私，甚至为其出谋划策，那就是马屁拍在马腿上了。要知道即使上司最脆弱时，他也只是寻求适度的关心，就算是一杯热茶，也足以让上司认为你是一个善解人意的好下属。你可以给上司随意讲出一个令人捧腹的笑话，开解他郁闷的心结，他会发自内心感激你。

（4）少说话，多踏实干活

尽管许多上司从不反对下级讨好奉承，但他们更喜欢那种工作踏实、作风正派的人。如果你把上司交代的每件事都办得井然有序，然后再说几句上司爱听的话，比起那些只会吹牛拍马却不干实事的人，上司更希望接近你这样的下属。

这样表达最有效

面对上司时，很多人往往觉得不知所措，总是担心说错话给自己带来麻烦。其实大可不必，面对上司时，只要把握好说话的技巧和分寸，就很容易赢得上司的重视和青睐。

批评下属有尺度，对事不对人

“小刘，你到我办公室来一趟！”销售部经理“啪”的一声挂了电话，让刚刚和同事还有说有笑的小刘一下子心惊胆战，硬着头皮走进了经理办公室。

“你这个月的销售成绩怎么这么差啊？你看看人家小马，刚来两个月的工夫业绩就飙到本月第一名了。你以为我能让你拿这么多的薪水，我就不能让别人拿得比你更高吗？再这样下去，你这个销售冠军还能坐多久？”还没等小刘开口，坐在老板椅上的经理就一顿连珠炮般地轰炸，顺便把一叠厚厚的报表扔在小刘面前。

“经理，我……我有我的解释。”小刘本想趁这个机会就此事与经理正面沟通。

“你别说了，你回去好好反省吧。我再给你一个月的机会，要是下个月你的业绩还不能提升，那我就要扣你年终奖金了。好了，你先出去吧。”经理不耐烦地摆手示意欲言又止的小刘出去。

满脸委屈的小刘无奈地走出经理办公室，回想起经理那咄咄逼人的架势，心里就窝火得厉害。自己从公司创业到现在一直风雨无阻、任劳任怨地开发新客户、巩固老客户，拓展了公司近三分之一的现有市场。客户的投诉率一直保持在全公司最低，年年被评为优秀员工。

这个月，小刘被经理分派到刚开发的新市场，客户数量不多，但与前期相比正以10%的速度扩充。再加上本月由于公司总部发货不及时，很多客户临时取消了订货单，销售额与成熟市场当然不能相比。而小马是新员工，一开始就被安排到原有的老市场，客户源稳定充分，客户关系网坚固牢靠，形势大好，自然丰收在即。小刘觉得经理只看数字不问事实，心里自然觉得委屈。

经理始终没有把握好批评的尺度，而是站在一个家长式的角度，指手画脚、态度蛮横，不容下属解释就以纯粹的业绩量来形成上级对下属的评价。

作为一名领导，经常会面对一些较为棘手的问题。批评是管理的有效方式之一，然而批评也有其方法和技巧。很多领导的批评听起来很中听，下属即使心里难过，可还是会感谢对方的善意。这就是因为他们的批评讲究了分寸、把握了尺度，使批评听起来不那么刺耳。

如果想要使你的批评让下属容易接受，那么你需要掌握以下批评原则。

（1）批评要具体

没有人愿意接受不明不白的批评，所以管理者在对下属进行批评时一定要具体。管理者要让下属明白是什么事情需要批评，批评的原因又是什么。在批评时，管理者最好能与下属一起分析事情的原因。有时，下属会强调是由于其他客观因素造成的后果，与他本人无关。遇到这种情况，管理者不应一概否定下属的观点，应该从多方面帮助下属进行认真分析，让下属弄清楚问题的关键在什么地方。

（2）批评要善意

如果管理者的批评不是善意的，那么批评只能成为下属与管理者冲突的导火索。真诚往往最能够打动人。谁愿意犯错误呢？特别是当事人内心已经很自责时，他们更加需要别人的心理支持。

（3）批评要公正

在批评之前，管理者最好能够对事件的过程进行认真而细致地调查。为了防止万一，在批评下属之前，应该让下属仔细地再将事情的经过复述一遍，并让他谈谈个人的看法。有时，你会通过下属的谈话发现一些你以前可能没有注意到的问题。如果这些问题没有得到解决，就不应该急于对下属进行批评。

另外，当事件涉及几位下属的时候。管理者应注意对相关的下属都要进行相应的批评，而不是仅仅只批评其中的一个。如果批评有失公平，会引起被批评下属的强烈不满，甚至会产生对管理者的不信任。

（4）批评要及时

在发现下属有错误时，要速战速决，立即采取行动。随时发现，随时批评，不要拖延，如果不这样做，下属就会想："我一直都是这样做的，怎么你过去就没有批评我呢？"这容易让对方产生种种猜测，以为是另有原因，以致产生不必要的隔阂，而为以后的工作带来阻力。

（5）批评要因人而异

如果明明知道某个下属的性格较为冲动，就不要过分批评他，而应该心平气和、语重心长。如果有的下属性格温和稳重，则可以顺应他的性格，娓娓道来。一句话，就是你的风格应该尽量适合沟通对象，与他合拍。一个很自卑的人犯错时，我们给予适当的安慰会胜过千言万语，因为他本身已经非常自责了；对于一个很爱面子的人，我们一边批评一边给其下台阶，他会及时纠正自己的失误；而对于一个心服口不服的人，我们没有必要死抓不放，重要的还是看他的行动。

（6）批评要点到为止

妙语精言，不以多为贵。批评人时话不在多，而在精妙。言语精练，往往能一语中的，使听者在短时间里获得较多的信息。一语道破，使对方为之震动，幡然醒悟。如果拖泥带水、东扯西扯，会让人不得要领，如在云里雾里，就达不到批评的目的了。当你发表意见、指出对方的错误时，不要滔滔不绝讲个不停，使对方没有时间和机会来思考你所提出的意见，这样不但啰里啰唆让人生厌，还会让人觉得自己没有受到尊重。

这样表达最有效

几句话就能说清楚的，不要絮絮叨叨，点到为止。一次批评已经奏效的，不要再次提起，适可而止。

忠言不必逆耳，暗示式批评深入人心

在柯立芝任美国总统期间，他有一位漂亮的女秘书，人虽长得不错，但工作时却经常出错。

一天早上，看到这位秘书走进办公室，柯立芝对她说："今天，你穿的这身衣服真漂亮，正适合你这样年轻漂亮的小姐。"

柯立芝的话让秘书受宠若惊。

接着，柯立芝说："但是，你也不要骄傲。我相信，你的公文也能处理得和你的人一样漂亮。"

从那天起，女秘书在工作中就很少出错了。

一位朋友知道了这件事，就问柯立芝："这个方法很妙，你是怎么想出来的？"柯立芝说："这很简单，你看见过理发师给人刮胡子吗？他要先给人涂肥皂水，为什么呢？就是为了刮起来使人不痛。"

忠言不必逆耳，良药不必苦口。人们津津乐道的逆耳忠言、苦口良药，其实都是笨人的方法。硬碰硬有什么好处呢？说的人生气，听的人上火，最后伤了和气，好心换来了冷漠，友谊变成了仇恨。所以，有些话不能直接说，尤其是逆耳的忠告。当需要指出别人错误的时候，不妨拐一个弯，用含蓄的方式来告诉对方，曲折地表达自己的意见和建议。先表扬后批评就是一个很好的迂回之策。

我们在劝慰和批评别人的时候，总是要加上一句"忠言逆耳"，好像除了伤害别人才能帮助他之外我们无计可施。其实，即使是批评，也可以用动听的话，用巧妙的方法，并不一定非要"逆耳"，这就要看你高超的口才技巧了。俗话说："好语一句暖三秋，恶语相向六月寒。"好听的话，总是易于被人接受；而逆耳的话，总是引起人的反感，这是人之常情。谁不喜欢听悦耳动听的话呢？

指责别人的错误时，要注意说话的方式，完全可以在不伤及他人面子的条件下，提出自己的意见或劝告，在温和的气氛中收到良好的效果。

用意非常明显的批评总是让人不愉快的。那么何不把批评转化为一种建议呢？这样既能避免对方的反感情绪，又能向对方传达自己的善意。

批评不能不顾时间、场合以及对方的性格、心理，就直截了当、劈头盖脸、冷言冷语，这样根本达不到批评的目的，甚至有人即使意识到自己的错误也会被你的态度激怒，从而强词夺理、拂袖而去，弄得不欢而散。

如果别人的不足和过失没有那么严重，完全没有必要一本正经地进行批评，你完全可以把这种“指出缺点”的活儿变成“鼓励优点”的好事。

把“怎么搞的？你就不能再小心点嘛！”变成“很好！你做得比以前进步多了！”把“你又把烟灰到处乱弹！我都说你无数次了！”变成“你有一次把烟灰倒进烟灰缸里，我觉得那天我连桌子都不用擦了，好干净。继续努力哦！”

被批评的人在反驳批评的时候经常会说“你站着说话不腰疼”，意思就是说我的处境你没有经历过，所以你不理解我的感受，换了你是我，你还不一定做得比我好呢。

这是十分常见的心理。对此，我们可以让自己设身处地站在对方的立场上来说话，这样的批评显得非常有人情味，让人有被理解的感觉，也更容易接受批评。

对一些自尊心较强的人，不适合直接批评，那就进行暗示批评，就是不直接挑明事情的端倪，委婉地对对方的缺点不足进行批评。适时采用这种批评方式，常常能收到“润物细无声”的效果。暗示性批评有益于保护别人的自尊心，运用得当定能收到良好的效果。

对需要批评的一方，要讲道理、分析利弊、动之以情、晓之以理、循循善诱，使对方能从内心里认识到自己的错误。

这样表达最有效

轻微批评就能达到目的的，不要讲重话训斥。小范围内批评能解决的，不要扩散到大范围。对方因为面子问题而心服口不服时，没必要继续纠结，可约定改日再沟通。

隐晦点拨，避免与人正面交锋

伟大的艺术家米开朗琪罗来到佛罗伦萨后，要用一块别人认为已经无法使用的石头，雕出手持弹弓的年轻大卫。

工作进行了几天后，赞助人索德里尼进入了工作室。索德里尼自以为是行家，在仔细地“品鉴”了这项作品后，站在这座大雕像的正下方说：“米开朗琪罗，你的这个作品诚然很了不起，但它还是有一点缺陷，就是鼻子太大了。”

米开朗琪罗知道索德里尼的观视角度不正确。但是，他没有争辩，只是让索德里尼随他爬上支架，在雕像鼻子的部位开始轻轻敲打，让手上的石屑一点一点掉下去。表面上看起来他是在修饰，但事实上他根本没有改动鼻子的任何地方。经过几分钟后，他说：“现在怎么样？”

索德里尼回答：“现在才是最完美了。”

索德里尼是米开朗琪罗的赞助人。米开朗琪罗冒犯他没有任何意义，但如果改变鼻子的形状，很可能就毁了这件艺术品。对此，他的解决办法是让索德里尼调整自己的视野，让他靠鼻子更近一点，而不是让他意识到自己的错误。

米开朗琪罗找到一种方法，原封不动地保住了雕像的完美，同时，又让索德里尼相信是自己使雕像更趋完美的。通过行动而非争辩，米开朗琪罗实现了没有人遭到冒犯，而自己的观点也得到证实。

与人交谈时，有的人会把彼此的沟通看成是一种竞赛。如果观点不一样，在他看来，就是在挑战，一定要分出个高下。如果一个人常在他人的话里寻找漏洞，常为某些细节争论不休，或常纠正他人的错误，借此向人炫耀自己的知识渊博、伶牙俐齿，那么他一定会给人留下深刻的印象，不过那是不好的印象。

为了与他人有更好的沟通，这种竞赛式的谈话方式必须被舍弃。当你采用一种随性、不具侵略性的谈话方式时，别人就比较容易听进去，而不会产生排斥感。

与人争高下，你的名声将会受到损害。你的竞争对手会立即想尽办法挑出你的毛病，让你声誉扫地。许多人在与他人结为对手之前一直都有着良好的声誉，而一旦反目成仇，对方就会重新挖掘出深埋的耻辱以及过去的污名。争斗，除了徒然得罪他人，报一箭之仇以外，往往毫无益处。

一个人的行动必须随着周围状况的变化而改变。争辩不能为自己赢得荣耀，反而会带来更大的损失。有些人表面上赞同你，实际上却在背后辱骂你。

争辩不能起到任何作用。当人们面红耳赤地争辩时，说起话来就会不管不顾，也忘了是否会伤害对方。如果和你争辩的人是多年的挚友，那么，为一时的争执而失去一个好朋友的损失就太大了。

只有沟通，双方或多方才能知情，才能信息对称，进而达到认识一致，目标同一，同心同德。在沟通中取得理解，在理解中形成共识，在共识的基础上实现统一，沟通才能收到事半功倍的效果。

当和别人的立意或观点有冲突时，若是立刻反问，就等于完全不接纳对方；若与对方进一步讨论，实质上还是在挑战对方的建议，但对方的感受却会好很多。

如果沟通时不得不对对方的立场提出质疑时，在提出问题之前一定要至少稍微解释一下，你为什么提出这样的问题。这样可使你的问题的尖锐性降到最低。

每个人的生活习惯有所不同，因为我们的家庭环境以及成长过程不尽相同。不要勉强别人来认同自己的习惯，同时，也要体谅和宽容别人的习惯。

一对小夫妻经常为吃苹果发生口角。有一次，他们竟吵到邻居的老大爷家去断是非。

事情的起因是这样的：女的怕苹果皮上沾了农药有毒，一定要把果皮削掉；而男的则认为果皮有营养，把皮削掉太可惜。

老大爷对女的说："你先生这么多年都吃没削皮的苹果，还好好的，并没死，你担心什么？"接着，老大爷又对男的说："你太太不吃苹果皮，你嫌她浪费，那你就把她削的苹果皮拿去吃掉，不就没事了！"小夫妻茅塞顿开。

很多时候，只要站在对方的角度想问题，推己及人，矛盾就会减少，生活也就会更加美满幸福。

建筑师雷恩为西敏斯特市设计了富丽堂皇的市政厅。市长在二楼办公。但是，他担心三楼会掉下来，压倒他的办公室。于是，他要求雷恩再加两根石柱作为支撑，加固房子的结构。雷恩很清楚市长的恐惧是杞人忧天，但是，他还是建造了两根石柱。为此，市长感激万分。

多年以后，人们才发现这两根石柱根本没有顶到天花板。雷恩这位杰出的建筑师为了满足市长的要求，就按照他说的做了，并没有和他争辩。雷恩知道争辩是没有用的。实际上，多出来的两个柱子对雷恩的设计艺术也没有影响，相反，当人们看到这两根柱子的时候，更加赞赏雷恩了。

你可能在年龄、地位、才能、经济状况等某一方面，比对方略胜一筹，这是很好的交际优势。但是，我们若在交际中胡乱使用交际优势，便会给交际造成障碍。

尽量不与人争辩，巧妙地把事情做得妥帖，这才是高手。双方争得面红耳赤时，即使你胜利了，又有何益？

在人际交往中，不以自身的交际优势自居，时时处处表现出谦虚恭谨的美德，把自己放在与对方对等的位置，甚至甘居下位，势必会博得对方敬重，赢得对方好感。相反，占尽先机而后快的人往往为人们所不齿。

这样表达最有效

避免与人争高下，巧妙地把事情处理好，你才会赢得更好的人缘，这是与人沟通的技巧。

一味争高下，只会得不偿失

生活中，很多人总喜欢争一个高下，似乎不争赢就没面子。其实，有时虽然你争赢了所谓的道理，却可能失去更重要的东西。

颜回是孔子的得意门生，不仅爱学习，还具有很好的德行。有一天，颜回上街去办事，见到一家酒馆前面围满了人。他上前一问，才知道是买酒的跟卖酒的发生了纠纷。

只听买酒的人大叫大嚷："三八就是二十三，你为啥要我二十四个钱？"

颜回走到买酒的面前，施一礼说："这位大哥，三八是二十四，怎么会是二十三呢？是你算错了，不要吵啦。"

买酒的仍不服气，指着颜回的鼻子说："谁请你出来评理的？你算老几？要评理只有找孔夫子，错与不错只有他说了算！走，咱找他评理去！"

颜回说："好。孔夫子若评你错了怎么办？"

买酒的说："如果我错了，输我项上人头。要是你错了，怎么办呢？"

颜回说："如果我错了，我把我头上的帽子送给你。"

二人互不服气，一同找到了孔子，将情况向孔子复述了一遍。孔子对颜回笑笑，说："三八就是二十三哪！颜回，你输啦，把帽子取下来给人家吧！"

颜回一向对老师特别尊敬。他听到孔子说他错了，虽然心中很不情愿，但仍然老老实实地摘下帽子，交到了买酒的手上的。但颜回只是表面上服从，心里却认为老师老糊涂了，并不想继续跟孔子学习下去。

第二天，颜回就借故说家中有事，要请假回去。孔子明白颜回的心事，但他并不说破，只是点头准了他的假。颜回临行前，去跟孔子告别。孔子要他办完事即返回，并嘱咐他两句话：“千年古树莫存身，杀人不明勿动手。”

颜回回答一声“记住了”，便转身而去。

就在回家的路上，突然乌云密布，雷声大作，于是颜回躲进路边一棵树干中空的古树，猛然记起孔子的话，赶快从空树干中走出来。说时迟那时快，一个响雷迅即把古树劈个粉碎。

颜回惊险逃过一劫，连夜赶回家里，他不想惊动熟睡的家人，就用随身佩带的宝剑拨开门栓。进了屋里，发现妻子床上睡了两个人，一时怒从心起，正要举剑砍人，又想起孔子“杀人不明勿动手”的告诫，于是放下利剑，点灯一看，床上睡的是妻子和妹妹。原来，电闪雷鸣的夜晚，两人作伴壮胆呢。

颜回大惊，不等天明就迫不及待的赶了回去，一面向老师忏悔，同时感谢老师的话救了自己、妻子及妹妹三个人的命。

说完之后，颜回还是忍不住问道：“老师，三八到底是二十三，还是二十四呢？”

孔子反问：“那么你说，到底是人头重要？还是帽冠重要呢？”

“当然是人头重要。”

孔子说：“这就对了，如果我说三八是二十三，你输的只不过是一顶帽冠；如果我说三八是二十四，他输的可是一颗人头呢！”

颜回这才恍然大悟。从这以后，孔子无论去到哪里，颜回再没离开过他。

大多数时候，我们都是为一些没必要的事情争高下。争得头破血流得了胜、出了头，又怎么样？

枪打出头鸟。如果一个人处处争强好胜、表现自己，就会在无形中给他人造成压力。所以，在人际沟通中，适时适度地主动示弱是强者谦逊的体现。因为，嫉妒心理是人的天性。而适度的示弱能使处境不如自己的人保持心态平衡，有利于人际交往。

有一个木材加工厂，厂长规定每个工人每个月必须加工10000块木材，完不成的工人只能拿一半的工钱，而如果超过10000块按数量计发奖金。

一天，厂里面来了一个新工人，他在木材厂待了两天，每天加工木材600块，且做工精细，老板非常高兴，当众表扬了他。新工人就得意洋洋地说："每天加工800块我都没问题，奖金我拿定了。"

收工时，这个新来的工人感觉到一道道恼恨的目光。当他到食堂吃饭的时候，他发现他的碗筷被别人扔在了一边。这一下，他知道自己遭到了大多数人的排挤。

第三天，他有意放慢了速度，加工木材的数量接近一般工匠。老板再来检查的时候，他恳切地说："老板啊，我们在木材厂干活又脏又累，加工了9999块木材还只能拿一半的工资，这有点不太合理……"老板考虑了一下，觉得他说的也有道理，就取消了这项工资制度。

同时，新工人还积极地接近工友们，教他们如何提高工效，使大家都能完成定额。此后，工友们都不再嫉妒他，开始佩服他、尊敬他。

现代社会是一个竞争异常激烈残酷的社会，每个人都希望自己能够脱颖而出，在人群中鹤立鸡群。但我们要注意在不同的时间、地点、场合的表现要恰如其分。

拥有大智慧的人，能够激浊扬清，容可容之事。在小事上不纠结，大事上不糊涂。这是人生的最高修养，也是人生的一大谋略。

在生活中，真正具有大智慧的人，在碰到任何事情的时候都不会自作聪明，乱发言论。相反，他们会表现得内敛，虚心求教，不耻下问。只有那些不聪明的人，或者小聪明的人，不懂得韬光养晦、藏巧于拙，结果往往因为争强好胜、锋芒毕露而处处树敌，甚至还引来祸端。

《道德经》有云：夫唯不争，故天下莫能与之争。这里的“不争”是一种心态，一种处世态度，做大事应有的一种格局。这段话充分体现了老子“柔弱胜刚强”的哲学思想。做人不要事事与人争。在我们现在所生活的大环境里，不争者更容易受到别人的嘉许和认可。不争的人，不是临阵畏缩，而是用一种更为高明的方式化解纷争，使事情向着有利于自己的方向发展。

这样表达最有效

做人不妨大智若愚，说话不妨难得糊涂。难得糊涂不是真的糊涂，而是一种智慧的表现。在生活中，倘若处处表现精明，只会让别人对你敬而远之。难得糊涂是一种豁达的人生观。

第六章
交谈要委婉：呵护对方的颜面

话总是说给别人听的，至于说得好不好，不仅要看话语能否适当地表达自己的思想感情，也要看别人能不能理解并乐于接受。如果你说的话别人不爱听，或者根本就是伤人的话，那么这种谈话还有什么意义呢？

别太争强好胜，关键时刻示点“弱”

“争强好胜”“不甘人下”是人的本性，要正确发挥它的积极作用，注意把它用在恰当的地方，倘若为鸡尾蒜皮的小事与别人争个你死我活，不想在言语上输给别人，这就违背了争强好胜的真实意义。

一位老师在给学生批改作文时发现，某学生竟然在作文中责骂自己。愤怒的情绪顿时充满了老师的胸间，他想找到这位同学，并严厉地批评他一顿。但这位老师转念一想，如果把该学生叫到办公室，声色俱厉地指责一番，未必会起到什么效果，反而会引起学生的反感，还可能激发一场争吵。于是，他找到这位同学后，说：“同学，老师知道有时候自己做得不够好，忽略了同学们的感受，不过老师可以肯定地说，这都是为了你们好。以后，老师再有什么地方做得不好，你来告诉老师可以吗?”该学生严肃、戒备的表情顿时缓和了，对老师说：“老师的做法虽然是为了学生好，但也要讲究方法，我为我的行为向您道歉。”就这样，交谈气氛一下子放松了许多，一场可能爆发的争吵，就这样被“软话”化解得一干二净了。

与人交谈过程中，无论是在言语上还是行为上都不要表现出比别人强，否则很容易激发别人的好胜心。一旦这种情况发生了，对方势必会筑起一堵心理防御墙，对你严加防范，这对进一步交流没有任何好处。与人交谈时，如果想让对方敞开心扉与你深入交谈，最好的办法就是让对方产生一种优越感，这一点非常重要。

华盛顿特区有一位名演员，他是出名的花花公子，为他倾心的女性数不胜数，其中一位女性是这样形容他的：“他在女孩子面前总表现出一副弱小无助的模样，说话时很容易触动我的‘母性’本能，他经常说：‘我真笨，连鞋带都系不好’，每当他这样贬低自己时，我就会凡心大动，不由自主地去接近他。他就是靠这种方法赢得女性的欢心的。”

好胜心人皆有之，若要广结人缘、扩大人际关系，就应该心悦诚服地成全别人的好胜心。否则辛苦建立起来的友谊，就很容易被人们争强好胜的心态所破坏。

生活中存在这样一种现象：很多人都喜欢“人前显贵”。凡事都要与人争个头破血流，分个高低胜负，目的是让别人知道自己的智慧有多高，显示自己是个多么有想法、多么厉害的人。

这种人只要与人搭上话，马上就针锋相对，不管别人说什么，他们总要予以反驳。当你说“是”时，他们一定要说“否”；当你说“否”的时候，他们又会说“是”了。总之，事事都要出风头，时时都想显示自己。实际上，这样的人，并不一定是才华横溢的人，很可能是胸无点墨、脑袋空空、没有主见的人。

这种与人抬杠争风的做法，并不是智者所为。凡事都想抢占上风的人，在与人抬杠时，都摆出一副不把别人逼进死胡同誓不罢休的架势，其下场不用说大家也清楚。

这样的人不知道有没有想过，虽然在口头上赢了对方，但又得到些什么呢？只不过是赢得了一些虚荣心罢了，而付出的代价，却是友谊的破裂与个人形象的毁灭，实在不值得。

与人交谈时，那些喜欢自我表现的人，在别人眼里，只是一个跳梁小丑，难成什么大器，没有人愿意与这样的人打交道。

生活中有些人常常会无理争三分，得理不让人。相反，有些人虽真理在握，却不声不响，得理也让人，显出君子风度。前者往往是生活中的不安定因素，而后者天生就具备一种吸引力，让人们心甘情愿地围绕在他的周围。

事实上，人们争论的往往是一些不值一提的小事，因为这些小事，而与人逞强争辩实在没有意义。为了给自己创造一个好的生活及工作环境，聪明人都善于退让，关键时刻充当个“愚者”，不在他人面前显露自己，变主动为被动，这样一来，不但尊重了别人，还赢得了对方的好感，真可谓一举两得，何乐而不为？

这样表达最有效

让别人舒服的程度，决定了你的人生广度。对方在愉悦之中，更容易顺顺当当地接纳你的诚意与建议。

含蓄委婉的交流方式更得人心

据说外国人来到中国，尽管汉语的听写读已经很流利了，但还是会经常陷入交流的障碍之中。他们普遍的难处是：中国人说话太委婉含蓄了。明明一张口就能说清楚的事情和道理，却喜欢旁敲侧击、左右迂回。就像舞台上唱京剧的演员，本来三两步就可以直达目的地，却偏要甩着长长的水袖，踩着细碎的莲花步，锵锵锵锵地绕个大圈子。

和京剧一样，中国人委婉含蓄的说话，也被称为艺术。外国人不理解不适应就让他们慢慢适应，反正中国人不但适应而且乐于这样，并且在某些情况之下必须这样。比如，在农村若是谁家大龄女子还未婚配，人们可不能说“她还没有找好对象”或“她还没有嫁出去”，常见的得体说辞是：“她还没有动姻缘。”按照农村的说法，姻缘是天生的，因此，大龄女子未婚配和她自身的素质或其他客观原因无关，只是因为婚姻的缘分没有到而已。

除了那些约定俗成的婉语之外，在我们生活中，还不停地创造着新的婉语。在委婉含蓄、曲折迂回的声音中，人们快活地做着一种开发智力、融洽氛围的猜谜游戏。

有个老人带着儿子在镇上卖夜壶。老人在南街卖，儿子在北街卖。不多久，儿子的地摊前有了看货的人，那个看了一会儿，说道：“这夜壶大了些。”那儿子马上接过话茬：“大了好哇！装的尿多。”那人听了，觉得很不顺耳，便扭头离去。

走到南街，看到了老人的摊子，自言自语地说：“怎么都太大了点。”老人听了，笑了一下，轻声地接了一句：“大是大了些，可您想想，冬天里，夜长啊！”

一句意味深长的话，说得那人会意地点了点头，继而掏钱买货。

父子俩在一个镇上做同一种生意，结果迥异，原因就在于会不会说话。我们不能说当儿子的话说得不对，他是实话实说。但不可否认，他的话说得欠水平。而老人则算得上是一个高明的生意人。他先认可了顾客的话，然后又以委婉的话语说“冬天里，夜长啊”，这句看似离题的话说得实在是好，它无丝毫强卖之嫌，却又富于启示性，其潜台词不言而喻。这种设身处地的善意提醒，顾客不难明白。卖者说得在理，顾客买下来也就是很自然的了。

口才高手并非指那些说起话来锋芒毕露、刀刀见血的人。真正的口才高手说话张弛有度，进退适宜。或直指对方，咄咄逼人，达到震慑对方的目的；或委婉曲折，循序渐进，达到使对方心领意会的目的。

文学作品中，孙犁笔下那几位青年妇女无疑是做到这一点的典范。孙犁在小说《荷花淀》中描写几位妇女：“女人们到底有些藕断丝连。过了两天，四个青年妇女聚在水生家里来，大家商量。‘听说他们还在这里没走。我不拖尾巴，可是忘下了一件衣裳。’‘我有句要紧的话得和他说。’‘我本来不想去，可是俺婆婆非叫我再去看看他——有什么看头啊！’”

这几位青年妇女的丈夫都参军走了，无疑，她们的共同心理就是很想念自己的丈夫，都很想去驻地探望一下。但是，由于害羞，不好当着众人直接说出来，就各自找一个很好的托词来表达本意，她们觉得到驻地去的理由是十分充分的，非去不可。这就含蓄地表达出自己的意愿，旁人听起来也觉得有理。相形之下，直接说自己很思念丈夫，想去驻地探望一下就太露骨了，又可能引起其他比较进步的姐妹的不满。

孙犁笔下的这几位普通的青年妇女不自觉地运用了交涉中的

一种很好的艺术：委婉含蓄，使对方自悟其意。

生活中，我们有时会听到有人这样评价一个人：“他说话能噎死人!”这就说明说话太直接了容易使人一时难以接受，事倍功半。甚至有时我们的本意虽然是好的，但是由于说得太突然太直接了，而难以达到目的，误人误己。其实，咱们中国人对这方面还是挺注意的，比如说在我国传统的修辞方法中，就有一种“婉约”手法。求人办事说得委婉一点，含蓄一点，使对方自己领悟到那层意思，可以给双方更多地考虑空间，也容易让人接受。

杨洪是三国时期的蜀郡太守。他的门下书佐何祗出道时间短，却升职很快，居然当上广汉太守。每次朝会，杨洪都要和同为太守的昔日部下何祗平起平坐。杨洪心里有点不平衡，在一次朝会空闲，他语带嘲谑地问何祗：“你的马怎么跑得这样快?”

很明显，说的是马快，但实则是指升职的速度快。

这个问题，暗藏锋芒，不好回答。老老实实地回答为什么自己的马快（马的品种好?架车的人技术好?），没什么意思，也有答非所问之嫌。那么直接把问题说开，解释自己快速升职的理由?也不好，有自以为是、自我吹嘘的嫌疑。当然，对于这类问题，完全可以糊涂视之，打个哈哈就过去了。

但何祗不同，他笑呵呵地回答：“不是小人的马跑得快，实在是因为大人您没有给快马加鞭啊。”

抛开杨洪的阴暗心理不说，他的提问的确够水平。而何祗的回答更为高明，委婉地解释了自己升职快的原因是勤勉，而对方升职慢的原因是不够努力。两人的对话都很委婉，不明就里的人还真不知道话里有话。他们在委婉中完成了一场小小的交锋，却又照顾了彼此的身份与面子。

总之，委婉说话是一种策略。含蓄委婉地说话，正是为人成熟的表现。作为一个现代人，应当有这种文明意识，掌握这一有利于人际交流的语言表达方式。

这样表达最有效

真正的口才高手说话张弛有度，进退适宜。委婉曲折，循序渐进，达到使对方心领意会的目的。

“揭人不揭短”，为别人的短处遮羞

有这样一则流传已久的故事：康熙皇帝年轻时励精图治，做过不少大事。到了晚年，和普通人一样，头发花白，牙齿松动脱落。这本是人生的自然规律，可他心里就是不服老，犯了老年人的通病，只要听到有人说他“老”就不高兴，左右的臣子深知他的心理，特别忌讳说“老”一类的字眼，也没有谁愿意在皇上面前触这个霉头。

康熙皇帝为了显示自己仍然年轻有活力，经常率领皇后、妃子们去猎苑猎取野兽，在池边钓鱼取乐。一日，康熙带着一群妃嫔们去湖中垂钓，一会儿的工夫，鱼竿动了，康熙皇帝连忙举起钓竿，只见钩上钓着一只大金龟，心中好生喜欢。哪知刚拉出水面，只听“扑通”一声，金龟脱钩掉进水里跑了，康熙连连大叫可惜。在康熙身旁陪同的皇后赶忙安慰：“看这光景，这只龟是老得没有门牙了，所以衔不住钩子了。”

此时，一旁观看的一位年轻妃子却忍不住大笑起来，康熙见状龙颜大怒，认为皇后是言者无心，那妃子却是笑者有意，含沙射影，笑他没有牙齿，老而无用。回宫后，康熙立刻下旨将那妃子打入冷宫，终身不得复出。直到此时那妃子才感到后悔，忍不住叹息：“因为我不慎笑了一笑，却害了自己守寡一生，这都是我自己不知轻重，犯了皇上的大忌所带来的恶果啊!”

诚然，康熙因妃子笑话自己而给予这样的重罚，充分暴露了封建帝王的冷酷无情，但是我们可以想想，如果别人这样笑话你的缺憾，你同样也会不高兴的。每个人都是有自尊心的，总希望受到别人的尊重。

谁也不希望人们一见面就提到自己不愉快的事。人人都不愿意人家触及自己的憾事、缺点、隐私，这也是一般人所共有的心理。

为人处世中，一定要注意尊重别人，交谈时尽量避免涉及忌讳的话题，否则就会导致双方不和，给人际交往带来麻烦。

无论处在什么地位，也无论是在什么情况下，人们都喜欢听好听的话，喜欢受到别人的赞扬，希望受到别人的肯定。如果你偏偏不识相，不能读懂别人的心思，说一些不合时宜的话语，难免让人感到尴尬。

拿破仑称霸欧洲大陆时，一位科学家建议他在战船上安装发动机，用机械动力代替人力和风力。高傲的拿破仑一开始对这一“动力革命”的方案颇感兴趣。为了使拿破仑迅速做出决策，那位科学家恭维地说：“陛下，如果有发动机助您一臂之力，您一定会更加高大起来……”一听这话，拿破仑脸色陡变，冷冷地说：“我的战船装士兵还不够，哪有地方去装什么发动机，收起你的那一套吧！”科学家碰了一鼻子灰。

拿破仑身材矮小，特别忌讳别人提及他的身高。他从科学家说的“您一定会更加高大起来”一语推断出，别人说他现在还不够高大——矮，是在蔑视他、嘲笑他，所以，他断然拒绝了科学家的方案，错失了这个千载难逢的历史机遇。

揭短有时是无意的，可就是因为某种原因一不小心犯了对方的忌讳。不管说者有心也好，无意也罢，揭人之短都会伤害对方的自尊，轻则影响双方的感情，重则导致友谊的破裂。与人相处要善于择善弃恶，多夸别人的长处，尽量回避对方的短处。

某些时候，对方的缺点和错误无法回避，必须直接面对。当你指出对方的缺点和不足时，要顾及场合，别伤及对方的面子。这时，你就要采取委婉含蓄的说法，避免发生冲突。尤其是要注意“避人所忌”，面对别人在生活中遇到某些不尽如人意的事，最好不要主动引出有可能令对方尴尬的话题。

人不可能不犯错，也不可能一直祥光罩身。俗话说："矮子面前莫说短话。"每个人都有优缺点或人生憾事，或者有身体或性格上的缺陷，而这些就构成了一个人的短处。每个人的短处都是不愿意让他人知道的。别人身上存在的短处，已经使他感到自卑了。你在与别人沟通时，对别人的短处乱加评点，只能使对别人你敬而远之。与人沟通时，即便是为了对方或为了大局而必须指出对方的缺点，也要讲究正确的方法、策略，否则，不仅达不到本来的目的，还可能会惹麻烦。

在与人打交道时，我们要学会在不同的场合说不同的话。每个人都有所长，亦有所短。为人处世的成功，一个很重要的因素就是善于发现对方身上的优点，夸赞对方的长处，而不要抓住别人的隐私、痛处和缺点，大做文章。

一定要注意，不论在何种场合，都不要揭人短处，也不要伤人自尊。

这样表达最有效

"打人不打脸，揭人不揭短"，要想与他人友好相处，就要尽量体谅他人，维护他人的自尊，把面子留给别人。

懂得示弱，才能赢得更多的朋友

每个人都存在嫉妒心理。即使是事业成功者，生活中的幸运儿，被人嫉妒也在所难免，在一时还无法消除这种社会心理之前，适当地示弱可以将其消极作用减少到最低程度。

示弱能使处境不如自己的人保持心态平衡，有利于人际交往。一个人这方面突出，肯定在其他面就有弱点。社交中，不妨显示自己“弱”的一面，削弱自己过于咄咄逼人的气势，让别人放松戒备。

地位高的人在地位低的人面前不妨展示自己的奋斗过程，表明自己不过是普通人。成功者在别人面前多说自己失败的经历、现实的烦恼，能让人产生一种“成功不易”“成功者并非一举成名”的感觉。

中国有句古话：“枪打出头鸟。”一个人的能力过强，过于表现自己，就会在无形中对他人造成压力。人际交往中，适时适度地示弱是一种处世之道。不管是强者还是弱者，内心其实都渴望被人需要、被人尊重。而示弱往往能让他人感觉到自身的重要，让人产生一种心理平衡，于是对示弱者产生好感。

曾有记者去拜访一位企业家，想获得有关他的丑闻资料。但让记者没想到的是，自己还没来得及寒暄，企业家就对想发起质问的记者说：“时间还早得很，我们可以慢慢谈。”

等到秘书将咖啡端上来时，这位企业家端起咖啡喝了一口，立即大声嚷道：“哦！好烫！”咖啡杯随之滚落在地。等秘书收拾好后，企业家又将香烟倒着插入嘴中，从过滤嘴处点火。这时，记者赶忙提醒：“先生，您将香烟拿倒了。”企业家听到这话之后，慌忙将香烟拿正，不料却将烟灰缸碰翻在地。

在商界趾高气扬的企业家屡出洋相，让记者大感意外。不知不觉中，记者原来的那种挑战情绪完全消失了，甚至对对方产生了一种同情。这就是企业家想要得到的效果。这整个过程，其实是企业家一手安排的。当人们发现杰出的权威人物也有许多弱点时，过去对他抱有的戒备感就会消失，而且由于同情心的驱使，还会对对方产生某种程度的亲切感。

在与人的交往中，为了使别人对你放松警惕，造成亲近之感，你可以很巧妙地、不露痕迹地在他人面前暴露某些无关痛痒的缺点，出点小洋相，表明自己并不是一个高高在上、十全十美的人，这样就会使他人在与你交往时松一口气，不再与你为敌。

强者“示弱”，无论对于自己还是对于弱者，都能双双有所收获。为什么这样说呢？因为强者甘心“示弱”，以弱者的姿态行事，自然会谦虚谨慎，别人也会愿意接受，如此可令强者更强。弱者则能从中获得慰藉，心理上得到平衡，从而在心平气和中自觉地向强者学习。

真正的强者，一般都会保持示弱求存的状态，低调地处理自身的现实表现，却不断思考以获得更高的理想。这种示弱的结果，反而是自身环境状态的不断提高，方方面面获得了环境的支持。主观的示弱，客观的实现了自身强者的地位。

坦然示弱，更容易被人们所接纳，生活中我们经常看到，好强出风头的人，总不如平和谦逊的人容易得到大家的认可和信任。很多时候，暴露自己的弱点比极力掩饰自己弱点更可爱，也容易赢得他人的喜欢。坦然示弱，能为我们赢得更多的朋友。卡耐基曾说：“如果你想赢得朋友，让你的朋友感到比你优越吧！如果你想赢得敌人，就时时刻刻都让你感觉到比你朋友优越多了吧！”其实，人都不是十全十美的。掩饰弱点，实际上是一种不自信的表现。适当示弱，不仅能拉近人与人之间的距离，留给对方价值空间，自己也会因真实得到更多的支持。

人们对成功者产生嫉妒，是一种天性，成功者适当地示弱可以将其消极降到最低限度。有一位年轻人在众多的竞聘者中脱颖而出，被提拔为市场部经理，但他并没有恃才傲物。他在把自己的知识、才能运用到业务中的同时，承认自己在某些方面的“无知”，经常向上司、前辈和同事请教。这种做法缩短了他与大家的心理距离，保护了他人的自尊，消除了落聘者的嫉妒和年长前辈的不满，而且给人更多的信任感，从而得到了大家的通力支持和合作。

做人应该善于示弱，也就是在自己明显占有优势的情况下，淡化自己的光芒，充分尊重别人。这样的示弱并非真正的弱小，而是一种主动把握生活的自信和从容。

这样表达最有效

如果处于强势地位，但并不咄咄逼人，而是适时示弱，那么你就会比较受到人们的欢迎。

掌握“不”的说话艺术

不愿意听到别人的反对与拒绝，这是人之常情。口才高手们总结出一些让别人高兴地、顺利地、心悦诚服地接受“不”的技巧。

日本明治时代的大文豪岛崎藤村被一个陌生人委托写某本书的序文，几经思考后，他写下了这封拒绝的回函。

“关于阁下来函所照会之事，在我目前的健康状况下，实在无法办到，这就好像是要违背一个知心朋友的期盼一样，感到十分的懊恼。但在完全不知道作者的情况下，想写一篇有关作者的序文，实在不可能办到，同时这也令人十分担心，因为我个人曾经出版《家》这本书，而委托已故的中泽临川君为我写篇序文，可是最后却发现，序文和书中的内容不适合，所以特别地委托他反而变成一种困扰。”

在这里，藤村最重要的是要告诉对方“我的拒绝对你较有利”，也就是积极传达给对方自己“不”的态度的一种方法。而这样的方式，又不会伤害到委托者想要达成的动机。

通常，当我们被对方说“不”而感到不悦的理由之一，是因为想希望对方说出“好”而达成目的的愿望在半途中被阻碍，因而陷入欲求不满的状况。所以既不损害对方，又可以达成目的说“不”的最好方法，就是让对方想委托你时，当“达成动机”被拒绝后，反而会认为更有利的是另一种“达成动机”，而只要满足这一种“达成动机”就可以了。

藤村可以说是十分了解人的这种微妙心理，所以暗地里让对方觉得“被我这样拒绝，绝对不会阻碍你目的的达成”。我们在拒绝他人时，也可以用这样的方法，让对方觉得说“不”，是对对方有好处，这不仅不会损害到对方的感情，而且还可以让对方顺利地接受你所说的“不”。

战国时期韩宣王有一位名叫缪留的谏臣。有一次韩宣王想要重用两个人，询问缪留的意见，缪留说：“曾经魏国重用过这两人，结果丧失了一部分的国土；楚国用过这两个人，也发生过类似的情形。”

接着，缪留还下了“不重用这两个人比较好”的结论。其实，就算他不给出答案，宣王听了他的话也会这么想。这是《韩非子》里相当著名的故事。

这种说“不”的方法，之所以这么具有说服力，主要是因为这两个人有过失败的教训造成的，但缪留在发表意见时，并没有马上下结论。他首先对具体的事实作客观地描述，然后再以所谓的归纳法，判断出这两个人可能迟早会把国家出卖的结论，说服的奥秘就在此。相反，如果宣王要他发表意见时，缪留一开口就说“这两个人迟早会把我国卖掉”等等，结果会怎样呢？可能其他人都会认为他的论断过于极端，似乎怀恨他们，有公报私仇的嫌疑。形成不易让大家接受“不”的心理，即便他在最后列举了许多具体事实。

所以，我们向别人说出他们不容易接受的“不”时，千万不要先否定性地给出结论，要运用在提议阶段所否定的论点，即“否定就是提议”的方式，不说出“不”，只列举“是”时可能会产生的种种负面影响，如此一来，对方还没听到你的结论，自然就已接受你所说的“不”的道理了。

这种方法可以适用于说“不”的技巧里，也就是说，要对不可能全部接受的顽固对方说“不”时，反复地进行“部分刺激”，最终让对方全盘地接受你的“不”。

例如，朋友向你推荐一名大学毕业生，希望在你管理的部门谋求一个职位时，想在不伤害感情的情形下加以拒绝，这时可以针对年轻人注重个人发展和待遇方面，寻找出一种否定的理由，反复地说：“我们这里也有不少大学生，他们都很有才华……”“这里的福利待遇都很一般……”“在这里干，实在太委屈你了……”等等，相信那位大学生听了这些话后，心里就会产生“在这里干没什么前途”的想法，再也不做纠缠，客气地向你告辞。

这样表达最有效

与人交往的过程中，我们经常会遇到很多自己不愿意做的事。这时，我们要委婉地表达拒绝，让对方愉快地接受。

试试“兜圈子”的说话方式

以前，心直口快的人都是被人们所称赞的，因为这样的人真诚、实在。但现在这样的人已经越来越不受欢迎了，因为有时候，直言快语后其效果并不佳，轻则损害人际关系的和谐，重则会因为心无城府而造成不少的麻烦，违背言语交际的初衷。尤其是在特殊情况下，也着实不能实话直说。所以，有时有意绕开中心话题和基本意图，采用“兜圈子”的说话方式，从不相关的事物、道理谈起，却常能收到较理想的交际效果。

请看下面的两个例子：

一天，某青年教师早早回家做了一锅红枣饭。妻子下班回来，端起碗，高兴地问：“这枣真甜啊，哪来的？”丈夫说乡下姨妈托人捎来的。妻子不无感慨地说：“姨妈想得可真周到啊，年年捎枣来！”丈夫说：“那还用说，我从小失去父母，就是姨妈把我抚养大的嘛！”妻子说：“她老人家这一生也真够辛苦的。”稍停，丈夫忽然叹了口气，说：“听捎枣的人说，姨妈的老胃病又犯了，我想……”“那就接来呗，到医院好好治治。”不等丈夫把话说完，妻子说出了丈夫想说还未说出的话。

晚饭后，几位青年人去拜访某教授。谈到夜深，教授接着青年人的话题说：“你提的这个问题很值得研究，明天我去A城参加一个学术会，准备就这个问题找几位专家一块聊聊。”几位青年立刻起身告辞：“很抱歉，不知道您明天还要出差，耽误您休息了。”

第一个例子中，青年教师想接姨妈来城里治病，担心直接说出来，媳妇不一定会同意。于是采用了“兜圈子”的说话技巧，通过吃枣饭、忆旧情，造成一种适宜的氛围，然后再说姨妈生病，而让妻子接过话题，说出接姨妈的话。这样言来语去，自然圆满，比直说高明多了。第二个例子中，教授因为第二天要出差，想早点休息，但碍于情面，又不好直言辞客，而是巧妙地接过对方话题一兜，说出了第二天的安排，达到了辞客的目的，话语委婉得体而不失礼仪。由此看来，说话“兜圈子”，有时候确实是必不可少的，它能起到直言快语所不能起到的作用。

以上两个例子都属于委婉的说话方式，但说者礼貌，听者明白，也都达到了效果。

著名语言学家王力先生也曾说过“兜圈子”是一种说话的艺术。但“兜圈子”的说话方式也不是随便哪种场合都能用的。要正确运用这种艺术，首先要善于分辨言语交际的具体情况，言语交际中兜圈子主要有如下几种情况：

（1）顾及情面，有些话不便直说，可以兜。婆媳之间、恋人之间、两亲家之间、朋友之间、客户之间等情感都是需要慢慢建立的，基础欠牢固，交往中双方都比较谨慎、敏感，言语中稍有差错，都会带来不快或产生误解、造成矛盾。

（2）出于礼仪，有些话不便直说，可以兜。中国是一个历史悠久的文明古国，素称“礼仪之邦”，具有文明礼貌的社交风尚。人们在言语交际中，十分注意话语的适切、得体。私人场合、知己朋友，说话可以直来直去，即使说错了，也无伤大雅。在公共场合，对一般关系的人，特别是晚辈对长辈、下级对上级、对待外宾，说话就要特别讲究方式、分寸。为了不失礼仪，说话就常需兜圈子。如上文第二个例子中那位教授的话，就与特定的交际场合、对象、自身的身份相称，实现了和谐沟通的目的。试想：如果直言相告明天去出差，改日再谈，虽可以达到辞客的目的，但会把对方置于较为尴尬的处境，这也有失教授慈祥、和蔼的一面。

（3）将某种事情或某个意思直接挑明，估计对方一时难以接受，一旦对方明确表示不同意，再改变态度，就困难多了。在这种情况下，为了强调事理，征服对方，就可以把基本观点、结论性的话先藏在一边，而从有关的事物、道理、情感兜起。待到事理通畅、明白，再稍加点拨，自能化难为易，达到说服对方的目的。上文第一个例子当中那位教师就是针对这种情况而兜圈子的。如果他直言接姨妈来城里治病，妻子不一定会同意。而通过吃枣饭、谈红枣、忆旧情，事理人情双关，形成了接姨妈的充分理由，水到渠成，所以不用自己讲，妻子就顺理成章地说出了他的心里话。

兜圈子在以上情况中能产生一种含蓄委婉的语言表达效果，但含蓄委婉的话却并非全是兜圈子。兜圈子更不是猜谜语、说隐语，它是曲径通幽，最终要让对方理解自己的意思，如果兜来兜去，把对方引入迷魂阵，就不好了。再者，兜圈子这种说话艺术一定要慎用，当兜则兜，不然，兜之不当，会给人啰唆、虚伪之嫌，与交际目的相悖。

这样表达最有效

多兜圈子，少碰钉子。有些话不能直言，要拐弯抹角地讲；有些人搞不清他“葫芦里卖的什么药”，就要投石问路。

第七章
好声音穿透人心：如何培养声音的“气质”

声音是一个人裸露的灵魂。心理学家认为，声音决定了你38%的第一印象，传递出你的个性、喜好、情绪、情感、年龄、健康状况等。尤其是在电话交流时，音质、音调、语速的变化和表达能力决定了你讲话可信度的85%。

音量适度，谈吐更显优雅

许多人不但在致辞或报告时喜欢拉着嗓门说话，就是日常交谈，他们的音量也特别大，甚至大到炸耳朵，使你怀疑他是不是在对别人说，还是故意大声讲话让别人听到。

如果你看四十年前的电影，八成会不习惯。因为那些演员无论动作、声音都夸张，怎么看都觉得是在“做戏”。

这多半由于他们是演舞台剧出身。早期的话剧没有无线麦克风，场子的设备又不够好，为了让整场观众听得清、看得清，演员不得不放大声音、夸张动作。

当那些演员开始演电影时，不自觉地就会把演话剧的习惯带到镜头面前。

回想一下三十年前的演讲比赛，是不是也很夸张？演讲者顿脚捶胸，拉大了嗓门喊，尤其到结尾，非要握拳高喊几句口号不可，好像不这样就没有力量、就不算结束、就不能得奖似的。

今天，演讲已经自然多了，一些领导人却没改进。糟糕的是，因为他们也像话剧演员改演电影一样，一时改不掉老习惯。

过去“上山下乡”，哪儿有麦克风、扩音器？下面聚了一大群人，这些领导人，能不拉着嗓子喊吗？

即使到了今天，也不能保证每次领导人下乡都有好的音响。如果突然聚集一群人，要他讲话，他当然还是得喊。

于是旧习惯就愈难改了，即使到了最好的大会堂、音乐厅，甚至只有几十人的小场子，明明有最好的音响设备，那些领导人仍然可能扯着嗓门说话，而且常常把尾音提得特别高。

说话要用多大的音量（也就是“音势”要多强），全得看环境。

但是你也要知道，最亲切感人的语言，往往不是“吼”出来的。

有一对新认识不久的男女，在公园约会。男生对女生柔声说：“我爱你！”

“高一点！”女生回答。

那男生就拉大嗓门喊：“我爱你！”

那女孩真是因为男生的声音太小，要他大声表白吗？

如果把“我爱你”大声喊出来，还有情趣吗？

这样喊出来的话会给你亲切感吗？

当然不！

所以，你想谈吐优雅，说话有魅力，先得自我检讨，看自己说话的音量是不是恰到好处。

如果你讲话的声音太大，是不是经常在嘈杂环境中人讲话，习惯大声了，还是有焦躁的毛病，甚至不把音量放大就说不顺？

你要注意观察不同环境中你的邻居、朋友的谈吐和音量。

然后反思是不是无论什么场合讲话声音都很大，或一紧张、疲惫，就显得焦躁，愈说愈快愈大声，如果是请立刻改。先改变速度，再试着对近处的人小声说，对远处的人大声说，让自己的音量有变化。

这样表达最有效

以声压人，不如以德服人。除了说话的内容，说话的音量也暴露了一个人的修养。太高与太低，都是对他人的不尊重。

如何塑造好的声音形象

大约20年前，法国电影《佐罗》风靡中国。当时，很多中国女性之所以特别喜欢这部影片，除了佐罗（阿兰·德龙饰演）英俊潇洒的形象外，配音演员童自荣华丽而充满儒雅贵族气质的声音起了关键作用。童自荣既不是佐罗，更不是影片中的骑士，可是，即便你从来没有见过童自荣，你也会把他想象成一个帅气十足、风流儒雅的男士，这是因为声音的作用。

声音是个人的一张形象名片，可以为人们预留无尽的想象空间。通过声音不仅可以感知对方的年龄、性别、职业、相貌，还可以感知性格、思想、情感和态度。在社交中，我们应该充分运用“声音形象”，让自己在社交中左右逢源、游刃有余。

不少人看过《窈窕淑女》这部电影，说的是一个卖花的乡村女孩被培养成贵夫人的故事。训练从什么开始？从语言开始，改掉她的地方俗语和口音，在留声机上一遍又一遍训练语音和语调，之后才是着装、姿态、社交礼貌等方面的训练。如果你对于自己的声音不太满意，不妨通过下面这些方法来改进你的发音。

发音训练的第一课就是呼吸训练。说话和唱歌的发音方式是相通的，一些学习唱歌的方法可以用到说话上。意大利男高音之父卡鲁索说：“在所有学习歌唱的人中，谁掌握了正确的呼吸，谁就成功了一半。”气息是发出声音的动力，更是各种声音技巧的“能源”。歌唱时正确的呼吸，既不是用两肩上抬、胸廓紧张的浅胸式呼吸法，也不是用腹部一起一伏、胸部僵硬紧逼的纯腹式呼吸法，而是打开口腔用胸腔和腹腔联合运动而完成呼吸动作。

其吸气要领是：吸到肺底——两肋打开——腹壁站定；呼气要

领是：稳劲——持久——及时补换。不过，要掌握好这一方法是有一定难度的，通常要经过持久的训练。

也有一些简单易行的方法，如：平心静气地去闻鲜花的芳香；突然受到惊吓时的倒吸冷气；模拟吹灰尘。还可以利用早上起床的时间做一些训练，具体方法是：

全身平躺在床上，尽力伸展身体，收缩腹部，把一只手平放在横膈膜上，将另一只手放在胸骨上，然后尽力吸气，吸气的同时说“哦哦哦”，呼气的同时说“哈哈哈”，这样练习几次，能够使气息充盈全身。然后再说出“早——上——好”，说的时候，手要能感觉到胸腔是在振动。

然后坐起，双脚紧贴地面，保持身体挺直，再说几次“早——上——好”。最后，站起来在房间里来回走动，连续说“早上好，早上好”。注意在说的时候，要对自己充满自信。

接下来是共鸣训练。人的口腔、胸腔等发音器官就像一个音箱，搭配使用得当就能发出具有磁性的嗓音。为什么有的人说话的声音穿透力特别强，即使房间里噪音很大，也能听清他在讲什么，这就是共鸣的原因。你的声音必须是通过胸腔共鸣产生的，而不是堵在嗓子眼里被憋出来的。

共鸣训练要注意对发音器官的控制练习，以达到好的音质音色。首先要练习如何张开嘴说话，而不是发声不动嘴，咬着牙齿说话。我们会注意到歌手唱歌时都是张大嘴，这样才能够清晰地唱出每一句歌词。讲话时你也应该尽力做到这一点。开始训练时，朗读以下的内容大声进行练习：

胸腔共鸣练习：暗淡 反叛 散漫 计划 到达

口腔共鸣练习：澎湃 碰壁 拍打 喷泉 品牌

鼻腔共鸣练习：妈妈 买卖 弥漫 出门 戏迷

在练习时要注意仔细体会发音时胸腔、口腔、鼻腔共鸣的感觉。

最后是吐字发音训练。强调的是对发音动作过程的控制，是一种经过加工的艺术化的发音方法，目的是要做到吐字发音准确清晰。在培养歌手的录音室里，歌手要在一个规定的非常低的音量范围内，让人听清楚他唱的每一句歌词。吐字不清晰的人，即使声音很大，别人也听不清你在说什么，更谈不上谈吐有魅力了。

这样表达最有效

在运用声音塑造形象时，需要注意语言表达要带有真实的情感，要把生活和感悟融入声音中，把真切感受传递给你的谈话对象。

如何才能找出声音中的不足

这是一位作家的描述：一次，我在等候电梯，电梯的门“唰”地一下打开时，我的眼前一亮，面前是一个穿着时髦、长相绝佳的气质美女。我不由得睁大眼睛迟钝了片刻，恍惚之间跨进了电梯。和这样一个绝色女人共处一“室”，我感觉呼吸有些吃力。可惜几秒钟后，当电梯再次拉开，她招呼同伴走出电梯的语态和音质让我再次吃惊，语言粗俗、音质沙哑。我真为她惋惜，那么美好的感觉仅仅停留了几秒钟。

现在不少人花了很多精力在化妆、穿着上，可一开口说话却让人大失所望，声音不好听，或沙哑或尖细或做作。一般来讲，声音过细会给人柔弱、无主见的印象；声音过尖易给人心胸狭隘、不易沟通的感觉；语速过慢易给人性格优柔、魄力不够的印象；语速过快易给人急躁、做事缺乏耐性的印象；腔调做作则意味着轻浮、功利、缺乏内涵。因此，不要小看声音对人的影响，要学会管理和驾驭自己的声音。

究竟如何才能知晓自己声音的不足呢？

你需要巧妙地给声音做个“体检”，才能找出问题所在。

先用质量好的录音机或录音笔把你的声音录下来，注意不要刻意为录而录，而是收集平时日常生活中的真实声音，比如与他人交谈时的声音，你可以找个朋友聊，不过至少要半小时，也可以录些发言时的声音等，你还可以请朋友帮忙录下电话中的声音。

当你听到这些自己的真实声音后，或许不大会相信这是自己的声音。因为，我们讲话时所发出的声音不只是经过听觉器官，还会穿越脸部与咽喉引起头骨振动，声音会发生变化，所以我们通常并不熟悉自己真实的声音。

接下来，对收集到的真实声音进行分析，听听自己的声音是否过细或过尖，腔调是否自然，辐射范围如何，声音的表现力如何，是否让人感觉很做作，呼吸的声音是否太大，说话时的停顿和语速的变化如何等等。

经过这样的声音“体检”后，你会很容易发现自己的声音存在的不足，可以有针对性地加以改进。

这样表达最有效

管理自己声音的前提是，先要清楚地了解自己声音的特点及状况，分析出不足之处，然后有针对性地训练和调整，塑造出更能提升个人魅力的声音形象。

怎么表达柔和甜美的谈吐

俗话说：“一句话能把人说笑，也能把人说跳。”一般情况下，能把人说“笑”的语言，通常是柔和甜美的。古往今来，和气待人、和颜悦色都被视为一种美德。柔言谈吐是一种值得提倡的交际方式。

柔言谈吐表现为语气亲切，语调柔和，语言含蓄，措辞委婉，说理自然。这样对方才会感到亲切和愉悦，所谈之言也易于入耳生效，有较强的亲和力与说服力，往往能起到以柔克刚的交际效果。

柔言谈吐的表达方式一般有两种。

(1) 谦让表达法

一家瓷器店的营业员遇到一位十分挑剔的女顾客，给她拿了好几套瓷器，女顾客挑了半个钟头还没选好。营业员因顾客太多使这位女顾客觉得自己受到了冷落，于是她沉下脸来，大声指责说：“你这是什么服务态度，没看见我先来的吗？快让我先买，我还有急事。”

这话真够刺耳难听的，营业员如果和她较真儿，必定会吵得不可开交。然而，营业员没有这样，他安排好其他顾客后说：“请你原谅，我们店生意忙，对你服务不周到，让你久等了。”营业员的态度和话语真诚而谦让，女顾客的脸一下子红了，难为情地说：“我说得不好听，也请你原谅。”

有理不在声高，并非说话有棱有角、咄咄逼人才有分量。这种谦让式表达法充满了尊重、理解和宽容，本身就产生了一种感化力，火气遇上和气，就失掉了发泄的对象，自然就会降温熄火。

(2) 委婉表达法

当你和他人意见不合又想坚持己见时，万万不可对他人讥讽嘲笑，横加指责。委婉地表达自己的坚定立场，会取得意想不到的沟通和说服效果。

1940年，处于前线的英国已经无钱从美国“现购自运”军用物资，一些美国人便想放弃援英，而没有看到唇亡齿寒的严重事态。罗斯福总统在记者招待会上宣传《租借法》以说服他们，为国会通过此法成功地营造了舆论氛围。

罗斯福并未直接指责这些人目光短浅，这样只能触犯众怒而适得其反，而是妙语连珠，以理服人。他用通俗易懂的比喻，深入浅出地说明理由，点中要害，人们不得不心悦诚服：“假如我的邻居失火了，在四五百英尺以外，我有一截浇花园的水龙带，要是给邻居拿去接上水龙头，我就可能帮他把火灭掉，以免火势蔓延到我家里。这时，我怎么办呢？我总不能在救火之前对他说：‘朋友，这条管子我花了15元，你要照价付钱。’这时候，邻居刚好没钱，那么，我该怎么办呢？我应当不要他15元钱，让他在灭火之后还我水龙带。要是火灭了，水龙带还好好的，那他就会连声道谢，原物奉还，假如他把水龙带弄坏了，答应照赔不误的话，现在，我拿回来的是一条仍可用的浇花园的水龙带，这样也不吃亏。”

罗斯福总统援英的决心很坚决，但他没有直接表达这种强硬的态度，而是用通俗的比喻表达自己的真实想法，达到了较好的说服效果。

此外，使用柔言谈吐要注意以下事项：

首先，要加强个人的思想修养。我们知道语言美是心灵美的具体表现。一个心灵丑恶的人，语言绝不会美，有善心才有善言。

其次，柔言谈吐在造词用句和语调语气上有一些特殊的要求。比如，应注意使用谦敬辞、礼貌用语，表示尊重对方的观点和感情，以引起好感。尤其要避免使用粗鲁、污秽的词语。在句式上，应少用“否定句”，多用“肯定句”；在用词上，要注意感情色彩，多用褒义词、中性词，少用贬义词，以减少刺激性；在语气上要委婉、文雅。

这样表达最有效

声音是人的第二张脸。甜美柔和的声音很好听，坚定中正的声音也很好听。说话要保持自己的音色，扬长避短，多加练习，就可以造就更美的声音。

如何使用停顿和重音

在人际沟通的口语表现中，停顿也是一种常用的说话策略。所谓停顿，是指语句或词语之间语音上的停歇，它能使话语划分成段，使话语形式严谨、表意明了、有条不紊。

停顿有两种情况：

一是语法停顿。这是句子或分句之间的停顿。这种停顿除句末停顿外，都是表明词语间语法关系的停顿，停顿的次数不同、位置不同，词语关系就有所差别，从而句子的意义也就不一样。所以，能否准确运用这类停顿，就直接关系到意义和感情能否准确表达，如果语法停顿使用不当，有时就会闹出笑话。

某公司的经理，在一次调薪的提议汇报中提到，“在这次提议调薪中，已经升了职的和尚未升职的员工都应同时调整薪资”时，他在“尚”字和“未”字之间作了停顿，于是这句话就成了“在这次调薪中升了职的和尚、未升职的员工都应调整薪资”。听取报告的老板先是一愣，心想公司中怎么会有和尚？等到问明情况后，全场哗然。

由此可见，企业经理人一句失当的话，就会让自己的形象受损，甚至还会造成不良的影响！

二是强调停顿。这种停顿策略是说话者为了强调某个语意，或表达某种感情，而在词语或句子之间所作的较大停顿。这种停顿能引起听者的联想，进而使双方产生共鸣。

此外，强调停顿的运用也要恰到好处，一要顺乎自然。如果滥用不当，不仅会造成逻辑混乱，还会因强调过多，令人抓不住重点。二要掌握好停顿的时间。太长或太短都会影响听众的情绪，从而弄巧成拙。

使用重音是人与人沟通过程中，为了达到准确表达目的而使用的手段。重音是指在说话时有意将某些词讲得响亮一些的现象，它主要是通过音调来表现的。

重音的使用方式有两种。一是语法重音，这是按照句法结构特点说出的重音，一般没有特殊用意。二是强调重音，这是为了突出某个语意，或表达某种强烈情感，将句中某些词语音量加大后所说出的重音。

前苏联著名戏剧家斯坦尼斯拉夫斯基说：“重音就像人的食指，指示着节奏中或句子中最主要的词。”重音的所在，一般也就是说话者所要突出的重点所在。强调重音的位置不同，语意的表达和感情的强度也有所不同。例如“你听得懂吗”这个句子，如果“懂”字不重读，那么只是一般的询问，否则就变成了反问，并且还包含轻视的意味。

有一位银行高级主管和一位主任，先后对一位连续迟到两天的女职员说：“你呀！怎么又迟到了？”高级主管说这句话时，把“你呀”说得又长又响，似乎重点是在强调她这个人。而主任则把“又迟到了”这几字说得较响亮，并特别在“又”字上加大了音量。然而，明明是同一句话却有两种结果，女职员听了高级主管的话，只是低着头，脸也红了。但听了主任的话后，她却反唇相讥：“迟到就迟到，有什么了不起！扣全勤奖金好了。”

分析其中原因，就在于重音的位置不同，所强调的意义、表达的感情也因此出现了差异。高级主管的话，尽管有批评，但带有亲切感，从而削弱了女职员的反抗情绪；而主任的话听来就是指责意味浓厚，使人生起一股反感，心理上自然不能接受，也就导致二者的结果与反应不同了。

说话的停顿与重音，可以通过练习朗诵来训练。在手机上下载朗诵类的 App，录制自己的朗诵，然后跟朗诵优秀者对比，进而改进自己的朗诵水平。

这样表达最有效

掌握停顿和重音的语言技巧，将有助于提高表达能力，使语言更为准确地传达出去。

第八章
肢体语言的艺术：“此时无声胜有声”

由肢体动作表达情绪时，当事人经常并不自知，旁观者却是看得一清二楚。所以很多时候，适当运用肢体语言进行沟通，胜过花费大量口舌，起到“此时无声胜有声”的效果。

眼神是沟通中最重要的信号

在一场跑步比赛中，有三个孩子摔倒了。这三个孩子的母亲却有着不同的反应。

第一位母亲赶紧跑上去，扶起孩子，拖着孩子努力往前跑；第二位母亲看到孩子摔倒后，就大声责骂起来，批评孩子不小心、不努力；第三位母亲则默默地注视着孩子，眼睛里充满了鼓励，似乎在说："孩子，赶紧爬起来，努力往前冲！"

尽管三个孩子最终都跑到了终点，但是，三个孩子的心情是不一样的。

第一个孩子在母亲的帮助下到达了终点，但是，他内心的成就感并不强烈，对于母亲的帮助，他的体会并不深刻；第二个孩子在跑到终点后，必然会有委屈，甚至产生对母亲的不满，因为母亲在大庭广众之下责骂自己；第三个孩子是最快乐的，因为他通过自己的努力到达了终点，体验到了成功的喜悦，而促使他努力到达终点的是妈妈鼓励的眼神，他将一辈子牢记妈妈的眼神。

在倾听别人说话过程中，一定要运用好自己的眼神。要想使对方知道自己在认真听取对方的讲话，你的眼神与对方的眼神一定要保持沟通。对方讲话时，你最好与他的眼神不断地会合，不要东张西望。

眼睛盯着一件东西看，这对有些人来说有点困难。但是，如果你正在努力赢得人们的好感，并且想表示你所说的话很认真，这就显得很重要了。例如，当你走进老板的办公室要求他给你升职时，如果你的眼睛紧盯着他，而不是低着头，那么他会更认真地考虑你的请求。当你在单位陈述你的一份商业计划时，如果你用自信的眼神看着周围的人，那么大家就会更加信任你并认可你的计划。

理解了对方的意思时，要表现出领会的眼神；渴望得到对方的理解时，要表现出诚恳的眼神；对方说到幽默处，表现出喜悦的眼神；对方出现悲伤时，要表现出同情的眼神。耳朵与大脑是语言的接收器，眼睛则是接收后的反应器。听到别人的信息也置若罔闻、呆若木鸡，谈话的双方就无法沟通下去，所以应该及时接收、及时反应，从而吸引住说话人的注意力。

用眼睛和别人沟通，不仅表明你很自信，同时也表示你对别人很尊敬。当你发表演说时，眼睛要注视着对方，语气里要带有更多的强调成分，加入更多的感情色彩。如果你的眼睛看着别处或盯着地板，那就说明你对自己所说的话并不确信，或者你说的可能根本就不是事实。例如，当销售人员的眼睛炯炯有神地向客户介绍产品时，眼神中透射出的热情、真诚和执着，往往比口头语言更能让客户信服。充满热情的眼神，还可以增加客户对产品的信心以及对这场推销活动的好感。

俗话说：“一个目光表达了1000多句话。”这句话也同样体现在职场中。在工作中，目光中除了能看出上级与下级、权力与依赖的关系外，还能揭示出更多的东西。

上司说话时，不看着你，这是个坏迹象。他想用不重视来惩罚你，说明他不想评价你。上司从上到下看了你一眼，则表明其优势和支配，还意味着自负。上司久久不眨眼盯着你看，表明他想知道更多情况。上司友好地、坦率地看着你，甚至偶尔眨眨眼睛，则表明对你评价比较高或他想鼓励你。上司用锐利的眼光目不转睛地盯着你，则表明他在显示自己的权力和优势。上司只偶尔看你，并且当他的目光与你相遇时马上躲避。这种情形连续发生几次，表明面对你这位上司缺乏自信心。

眼睛能作为武器来运用，使人胆怯、恐惧。常见的瞳孔语言为，在表示反感和仇恨时，瞳孔缩小，还露出刺人的目光；相反，睁大眼睛则表示具有同情心和怀有极大的兴趣，还表明赞同和好感。

俗话说："眼睛是心灵的窗户。"一个人的眼神往往最能反映一个人的内心。因此，在与他人沟通时，不但要学会从他人的眼神中来了解他们的内心，也要学会利用自己的眼神来表达自己的态度。一方面，与他人沟通时，要注意看着对方的眼睛，用眼神来与他人进行交流，显示出对他们的尊重。此外，眼神又要用得恰到好处，既不能死盯着对方，又不能让人感觉到不自在，或者使人觉得你的别有用心。

有人对你说话时，眼睛要注视着他；有人发表意见时，你的身体和脸要正对着他。无论我们和周围的人用什么方式交流，也不管表达的内容是什么，我们肯定会对那些用眼神和我们沟通的人给予更多的关注和回应。

这样表达最有效

眼睛是人与人沟通中最清楚、最重要的信号，因为它是人身体的焦点。与对方保持最直接的沟通，除了语言之外就是眼神了。

得体的肢体语言最受欢迎

俗话说："言为心声。"其实不然，有的人会有意识掩饰自己，可能会说假话。而肢体语言通常是一个人下意识的举动，很少具有欺骗性。当事人下意识地以肢体活动表达出情绪，别人也可由之辨识出当事人的心境秘密。在社交场合，一个不经意的动作，都能让一个高明的对手看透你的底牌。

一个人走进饭店要了酒菜，吃完摸摸口袋发现忘了带钱，便对店老板说："店家，今日忘了带钱，改日送来。"

店老板连声说："不碍事，不碍事，"并恭敬地把他送出了门。

这个过程被一个无赖看到了。他也进饭店要了酒菜，吃完后摸了一下口袋，对店老板说："店家，今日忘了带钱，改日送来。"

谁知，店老板脸色一变，揪住他，非剥他衣服不可。

无赖不服，说："为什么刚才那人可以赊账，我就不行？"

店家说："人家吃菜，筷子在桌子上找齐，喝酒一盅盅地筛，斯斯文文，吃完掏出手绢擦嘴，是个有德行的人，岂能赖我几个钱。你呢？筷子往胸前找齐，狼吞虎咽，吃上瘾来，脚踏上条凳，端起酒壶直往嘴里灌，吃完用袖子擦嘴，分明是个居无定室、食无定餐的无赖之徒，我岂能饶你！"

一席话说得无赖哑口无言，只得留下外衣，狼狈而去。

在人际交往中，我们必须留意自己的形象，讲究动作与姿势，因为我们的动作姿势是别人了解我们的一面镜子。在人际交往中，我们可以通过别人的动作、姿势来衡量、了解和理解别人。

头部微微侧向一旁说明对谈话有兴趣，正集中精神在听。低头说明对谈话不感兴趣或持否定态度。在商务交往中，低头这种身体语言是非常不受人欢迎的。身体直立，头部端正表现的是自信、正派、诚信、精神旺盛，头部的这种姿态无疑是商务交往中的首选。头部向上表示希望、谦逊、内疚或沉思。头部向前表示倾听、期望或同情、关心。头部挺得笔直说明对谈判和对话人持中立态度。头部向后表示惊奇、恐惧、退让或迟疑。点头表示答应、同意、理解和赞许。

商务场合，应该用平和、亲切的目光语言，既不目光闪闪显得激情过度而近乎做作，又不目光呆滞，显得应酬敷衍。如果眼神发虚或东张西望，就会让对方产生一种不踏实的感觉。如果死死地盯视一个人，特别是盯视他的眼睛，不管有意无意，都是一种不礼貌的表现，会令对方感到不舒服。

盯视，在某些特定场合，是作为心理战的招数使用的，在正常社交场合贸然使用，便容易造成误会，让对方有受到侮辱甚至挑衅的感觉。“眯视”是一种不太友好的身体语言，它除了给人睥睨与傲视的感觉外，也是一种漠然的语态。“眯视”会让对方觉得你不专心、心虚，从而得不到信任。四处漫游这是一种犹豫、举棋不定的身体语言信息。斜视，表示轻蔑。俯视，表示羞涩。仰视，表示思索。正视，表示庄重。这些都需要根据场合恰当把握。

嘴巴不仅是用来表达有声语言的，也同样可以表达丰富的身体语言。嘴唇闭拢表示和谐宁静、端庄自然。嘴唇半开或全开表示疑问、奇怪、有点惊讶，如果全开就表示惊骇。商务交往中，除非是为了沟通谈判的需要，否则不要轻易出现这种嘴部动作。嘴角向上表示善意、礼貌、喜悦。商务交往中，这种身体语言特别会让对方感觉到你的真诚和善解人意。嘴角向下表示痛苦悲伤、无可奈何。嘴唇撅着表示生气、不满意。这种表情在商务场合出现，会被认为是不尊重对方的表现。嘴唇紧绷是表示愤怒、对抗或者是决心已定。故意发出咳嗽声并借势用手掩住嘴表示“心里有鬼”、有说谎之嫌。

肩部舒展说明有决心和责任感。商务交往中，这种肩部姿态无疑是对方非常希望看到的。肩部耷拉说明心情沉重，感到压抑。肩部收缩说明正在火头上。肩部耸起说明处在惊恐之中。耸耸肩膀，双手一摊表示无所谓，或无可奈何没办法的意思。

双臂交叉，用一只手握住另一只胳膊，这个身体语言显示了紧张期待的心情，也是一种试图控制紧张情绪的方式。双臂交叉，两个拇指往上翘表示泰然自若，或超然度外，或冷静旁观、优越至上的信息，其中又包含着一定的防御态度。一只胳膊横挎胸前，并用这只手握住另一只胳膊，这是一个人处于陌生的交际场合，缺乏自信，有点紧张不安时采取的姿态。

很多人在和别人说话时，总喜欢伸出食指，这种"一指禅"动作本意是指明方向、训示或命令。在商务场合中，如果不是指明方向，而是在和别人交谈时这么比画，就会显得缺乏修养和粗俗了。用手指轻轻触摸脖子，表示你持怀疑或不同意态度。把手放在脑袋后边，表示你有意与别人辩论。用手指敲击桌子，表示你显得很无聊或不耐烦。轻轻抚摸下巴，那是你在考虑做决定。手指握成拳头，表明你小心谨慎，情绪有些不佳。

手脚伸开懒洋洋地坐在椅子上，说明相当自信并且有些自傲，不把对方放在眼里。坐在椅子边上，说明不自信，还有几分胆怯，有随时"站起来"和中断话题的准备。除非你想表达自己的谦卑，否则如果出现这种身体语言必然会被对方轻视，从而不利于进一步的商务交往。跷起二郎腿，两手交叉在胸前，收缩肩膀说明感到疲倦，对眼前的事不再感兴趣。如果跷起的腿成一个角度说明这个人很执拗，性格刚强和好斗。如果还双手抱膝，则说明谈话结果很难预料，因为这个人不会让步，很难说服他。

双腿直伸，抖动腿部，坐在别人面前，反反复复地抖动或摇晃自己的腿部，不仅会让人心烦意乱，而且也给人以极不安稳的印象。

脚尖指人、双手抱腿、手夹腿间、上身趴伏等坐姿在商务交往中都会给人放肆嚣张的感觉。站立时背对对方，斜靠在其他物体上，双手平端或抱在胸前，把一只手插进衣袋，这些都是不重视对方的表现。边说话边晃动脑袋同样会给人嚣张、轻浮的感觉。站立时双腿频繁地换来换去，或用脚在地上不停地划弧线会给人以浮躁不安、极不耐烦的感觉。

读懂别人肢体语言，以便正确判断和应对很重要。把握自己的肢体语言，做一个受欢迎的人更重要。由于肢体语言是不经意的动作，所以刻意地去做，往往是做不完美的。关键在于你是否是个有知识、有修养的人。如果是，那么你的一举手一投足、一颦一笑都是得体的，受欢迎的。

这样表达最有效

了解自己肢体语言的最佳手段是将自己的动作录下视频，通过"第三方"视角来观察自己。你会发现：原来自己的肢体语言并没有自己想象中的那么好。然后，你可以有针对性地持续改进自己的肢体语言，使之更加得体、到位。

微笑是零距离交往的明信片

史密斯是一家小有名气的公司总裁。他还十分年轻，几乎具备了成功男人应该具备的所有优点。

他有明确的人生目标，有不断克服困难、超越自己和别人的毅力与信心。他大步流星，雷厉风行，办事干脆爽快，从不拖沓。他的嗓音深沉圆润，讲话切中要害。他对于生活的认真与投入是有口皆碑的，与他深交的人都为拥有这样一个好朋友而自豪。

但是，初次见到他的人却对他少有好感，令熟知他的人大为吃惊，为什么呢？仔细观察后才发现，原来他几乎没有笑容。

他深沉严峻的脸上永远是炯炯的目光，紧闭的嘴唇和紧咬的牙关，即便在轻松的社交场合也是如此。他在舞池中优美的舞姿几乎令所有的女士动心，但却很少有人同他跳舞。公司的女员工见了他更是怕如虎，男员工对他的支持与认同也不是很多，而事实上他只是缺少了一样东西，一样足以致命的东西——一副动人的，微笑的面孔。

微笑作为一种特殊而重要的身体语言对于现代商务人士来说非常重要。商务交往中，你的客户可不想看到你愁眉苦脸的样子。相反，如果你不时地施以真诚的微笑，就可能感染他，使之愉悦并更愿意与你相处。

当微笑的时候，眼睛也要"微笑"，否则给人的感觉只能是更糟糕的"皮笑肉不笑"。"一条缝的眼睛"一定是大笑时的结果，而正常状况下至少应该是眼睛微眯，这样会令你的微笑更传神、更亲切。微笑着说"您好""是啊""嗯""我同意"等礼貌用语会让你更有亲和力。微笑要与正确的身体语言相结合，才会相得益彰。你绝不应该在微笑时还表现出一种消极的身体语言。

有微笑面孔的人，就会有希望。因为一个人的笑容就是他传递好意的信使，他的笑容可以照亮所有看到他的人。没有人喜欢帮助那些整天愁容满面的人，更不会信任他们；很多人在社会上站住脚是从微笑开始的，还有很多人在社会上获得了极好的人缘也是从微笑开始的。

如果微笑能够真正地伴随着你生命的整个过程，这会使你超越很多自身的局限，使你的生命自始至终生机勃发。

现实的工作和生活中，一个人对你满面冰霜，横眉冷对；另一个人对你面带笑容，温暖如春，他们同时向你请教一个问题，你更欢迎哪一个？当然是后者，你会毫不犹豫地对他知无不言，言无不尽，问一答十；而对前者，恐怕就恰恰相反了。一个人的面部表情亲切，温和，充满喜气，远比他穿着一套高档华丽的衣服更吸引人注意，也更容易受人欢迎。

微笑是一种宽容、一种接纳。它缩短了彼此的距离，使人与人之间心灵相通。喜欢微笑面对他人的人，往往更容易走入对方的天地，难怪人们强调："微笑是成功者的先锋。"

罗曼·罗兰曾说："面部表情是多少世纪培养成功的语言，是比嘴里讲得更复杂到千百倍的语言。"在面部表情中，人们最偏爱的就是微笑了。我们的生活需要笑容，因为它有益于我们的身心健康。我们的工作更需要笑容，它会满足客户和所有人的希望。

微笑能表达一种良好的精神风貌，是生活的魔力棒。它能给人解除忧虑，带来欢乐。善意的微笑，对覆冰盖雪的角落是一缕和煦的春风，让人感到一股春风送爽的温暖。微笑是美好的，因为它表现了许多难以言传的感情。

笑有真有假，真正的微笑是不受控制的，是从心里往外、压抑不住的高兴，是一种由衷地感到满足而喜形于色。笑的时机要恰当，并要注意选择笑的场合。该笑的时候笑，不该笑的时候就不能笑，否则会适得其反。比如，欢庆、轻松的气氛中应该笑；悲伤的场面或看望久治不愈的病人时就不该笑。

微笑是通过不出声的笑来传递信息的，不仅是人的外在表现，更是内在精神的反映。微笑不仅能让人驱走心灵的阴霾，还会让人变得友善。

有一次，一位窘困不堪的乞食者将手伸到了屠格涅夫面前。屠格涅夫找遍身上的每一个角落，什么也没有。于是，他紧紧握住乞者的手，微笑着说："兄弟，很抱歉，今天我忘记带了。"乞讨者眼里荡漾着异样的光芒，感动地说："这个手心，这个微笑，就是周济！"

温暖的微笑在人际交往中具有丰富的内涵，是自信的象征。微笑就像明媚的阳光一样，使人心旷神怡。微笑可以驱散阴云，淡化矛盾，可以化干戈为玉帛。

人生的美好就是心情的美好；人生的丰富就是人际关系的丰富。当用发自内心的微笑对待对方时，便主动地掌握了人与人之间真诚交往的尺度。如果可以用微笑开始，用微笑结尾，那微笑的价值是不言而喻的。

微笑是零距离人际交往的明信片，架起了彼此间友谊的桥梁，打开了从表面驶向心海的航线，达到了最接近的沟通交流方式。

这样表达最有效

任何人都希望自己给别人留下好感，这种好感可以创造出一种轻松愉快的气氛，可以使彼此结成友善的关系。一个人在社会上要靠这种关系才可以立足，而微笑正是打开愉快之门的金钥匙。

距离并不是越近越好

一位心理学家做过这样一个实验。

在一个刚刚开门的大阅览室里，当里面只有一位读者时，心理学家就进去拿椅子坐在他（她）的旁边。试验进行了整整 80 个人次。

结果证明，在一个只有两位读者的空旷的阅览室里，没有一个被试者能够忍受一个陌生人紧挨着自己坐下。

人与人之间在面对面的情境中，常因彼此间情感的亲疏不同，而不自觉地保持不同的距离。如果一方企图向对方接近，对方将自觉地后退，仍然维持一定的距离。你可以由此判断，你身边的人对你是否亲近和信任，身边的人之间相互关系如何。

打电话时，肢体语言所包含的信息是最为丰富的。有句话说得很形象："给上级打电话，声音越讲越小；给下级打电话，声音越讲越大。"旁人从其肢体语言就可以判别电话那头是谁。有的人接电话时下意识地背过身去，是不想让你听见，其实他说的每句话你都能听见。这时，你就要考虑回避，否则你就是不受欢迎的人。最亲密的友谊和最强烈的憎恨，都是过于亲近的缘故。因此，我们在人际交往中，还需要注意与人保持适当的距离。

人际关系太过亲密，会让人觉得很随便，或认为你缺乏独立生活的能力，凡事都要让别人替你思考，都要与人商量。随后，他们就会认为你没有独立的人格与尊严。人际关系太过疏远，又会让人感觉到你的傲慢、离群。有些人还会认为你瞧不起人，不喜欢与他们相处，甚至讨厌他们。

心理学家曾针对人际关系中的亲密与疏远的程度做了一项调查，

得出了一个结论：男性之间一般都比较疏远；女性之间喜欢保持亲密关系；异性之间，若有爱慕之意则关系密切，否则一般较为疏远。性格孤僻的人，多与人保持疏远的关系；性格外向的人，多与人保持亲密关系。从社会地位来看，地位高的人之间关系较为疏远，地位低的人关系则较为亲密。

在非语言沟通中，空间距离可以显示人们之间的各种不同关系。我们每个人都生活在一个无形的空间范围圈内，这个空间范围圈就是他感到必须与他人保持的间隔范围。它向一个人提供了自由感、安全感和控制感。在人际交往中，当你无故侵犯或突破另一个人的空间范围圈时，对方就会感到厌烦、不安，甚至引起恼怒。

一般情况下，交往双方的人际关系以及所处情境决定着相互间自我空间的范围。心理学家曾将人际交往中的距离划为四种。

（1）亲密距离

其近范围在约 15 厘米之内，彼此间可能肌肤相触，耳鬓厮磨，以至相互能感受到对方的体温、气味和气息；其远范围在 15~44 厘米之间，身体上的接触可能表现为挽臂执手，或促膝谈心，仍体现出亲密友好的人际关系。

这种距离只限于在情感上联系高度密切的人之间使用。在同性别的人之间，往往只限于贴心朋友，彼此十分熟识而随和，可以不拘小节，无话不谈。在异性之间，只限于夫妻和恋人之间。

（2）个人距离

其近范围为 46~76 厘米之间，正好能相互亲切握手，友好交谈；其远范围是 76~122 厘米。任何朋友和熟人都可以自由地进入这个空间，陌生人进入这个距离会构成对别人的侵犯。

人际交往中，亲密距离与个人距离通常都是在非正式社交情境中使用，是与熟人交往的空间。在正式社交场合则使用社交距离。

(3) 社交距离

这已超出了亲密或熟人的人际关系，而是体现出一种社交性或礼节上的较正式关系。其近范围为 1.2~2.1 米，一般在工作环境和社交聚会上，人们都保持这种程度的距离；其远范围为 2.1~3.7米，表现为一种更加正式的交往关系。公司的经理们常用一个大而宽阔的办公桌，并将来访者的座位放在离桌子一段距离的地方，这样与来访者谈话时就能保持一定的距离。

在社交距离范围内，已经没有直接的身体接触。说话时，也要适当提高声音，需要更充分的目光接触。如果谈话者得不到对方目光的支持，他（她）会有强烈的被忽视、被拒绝的感受。这时，相互间的目光接触已是交谈中不可缺少的感情交流形式了。

(4) 公众距离

这是公开演讲时演说者与听众所保持的距离。其近范围为3.7~7.6 米，远范围在 7.6 米之外。人们完全可以对处于空间的其他人装作没看到，不予交往，因为相互之间未必发生一定联系。

在现实生活中，这些距离范围并不是固定的，尤其是个人距离，是由社会规范和交流者的个性习惯所决定的，也就是说，与人们的种族、年龄、个性、文化、性别、地位和心理素质等有关。因此，在沟通中应根据不同的对象选择不同的距离。

这样表达最有效

人与人之间，只有保持适当的距离，才会有适当的人际关系，我们在人际交往中，也应时刻注意这个问题。保持适当的距离，真诚地提出自己的意见，彼此会更加欣赏，情谊会更加长久。合理掌握与他人的空间距离，会使我们取得意想不到的交际效果。

触摸沟通能增进相互关系

一个年轻人感到生活难于应付，打算回到老家，随行的行囊里只有最简单的衣物，还有一兜子摆脱不掉的麻烦。

在离开之前，这个年轻人做了一件事。他找到一块纸板，高举着它，站在这座城市最繁华的十字路口。纸板上写着：自由拥抱！

半小时后，一个女人走了过来。这个女人对他说，那天早上，她的宠物狗死了，而且同一天正好是她独生女的一周年忌日。在感到最孤独的这个时候，她需要一个拥抱。

于是，他们拥抱，并在那一刻露出了微笑。

触摸是一种无声的语言，是非语言沟通交流的特殊形式，是人际沟通中最亲密的动作，包括抚摸、握手、依偎、搀扶、拥抱等。

触摸行为也是一种沟通方式，能起到比言语更为有效的效果。

触摸也应得当。它是一种表达非常个体化的行为，其影响因素有性别、社会文化背景、触摸的形式、双方的关系及不同国家民族的礼节规范和交往习惯等。比如，在西方社会中，熟人相见亲吻拥抱是习以为常的事情，但在东方社会中，这种行为方式常被视为不端或有伤风化。因此，在运用触摸时，应保持敏感与谨慎，尊重习俗，注意分寸，尤其是年龄相近的异性间，应避免误会。

身体动作是最容易被觉察到的一种肢体语言，因为身体动作更容易引起人们的注意。比如，一些聋哑人通过自己的手势语言，实现了与人沟通。当你躲闪某个事物的时候，可能是感到害怕，或是厌恶；当你拥抱他人的时候，表示你对他人的喜爱、同情或是感激；当你不由自主地拍拍自己的脑袋的时候，往往代表着你有某种自责，或是懊悔情绪。

触摸是人际沟通中最有力的方式之一，因为每个人都有被触摸的需要。心理学的研究表明，人们不仅对舒适的触摸感到愉快，而且会对触摸对象产生情感依恋。如果你谈过恋爱，你会发现，你和恋人关系的进步往往取决于身体接触的一瞬间，哪怕是牵手的一瞬间，你们的情感也会发生质的变化。

每一个个体都有被触摸的需要，这是一种本能。婴儿接触温暖、松软物体感到愉快，喜欢拥抱、抚摸。比如，触摸孩子的头、手等能满足他们对爱的需求，可以转移其注意力，能给他们安全感、信任感，消除他们的恐惧心理。

触摸行为，能够传递出各种不同的信息。

(1) 传递情绪信息

心理学专家研究发现，触摸能够传送五种不同的情绪：漠不关心、母亲般的照顾、害怕、生气和闹着玩。另一项研究发现，大部分的人在向另一个人致意和说“再见”时，使用触摸，而长久分别时的触摸（如握手、拥抱等）更为强烈些，使分别更富于情感。一个人触摸另一个人的肩膀，意思就是：“不要感觉这个讨论是一种威胁”，或者可能是：“这真的很重要”。

(2) 传递地位信息

一般来说，主动触摸对方的人往往是地位较高的人，而且两人之间没有障碍和矛盾。所以，在日常交流中，大多是教授、老板、大人主动触摸学生、雇员、小孩。通常，地位低的人往往希望得到地位高的人的触摸。具有支配性个性的人或者企图显示这种支配性的人，往往主动采取触摸行为。

这样表达最有效

触摸能增进人们的相互关系。它是向他人表示关心、体贴、理解、安慰和支持等情感的一种重要方式。

表情语言也可以交流

有一次，两个人乘车外出，其中一个人很自信地说："我不用说话，也不需要有什么行动，就可以使坐在对面的这位女士让座位给我。"

说完，他便开始凝视对面那位年轻女士的眼睛。开始，那位女士抬头看了一眼那个人，好像没注意。他还是一直盯着那位女士的眼睛。果然，那位女士站了起来走向后面，把位子让给了他。

表情语言是人的情绪变化的寒暑表，许多心理学家的反复试验，已经无可置辩地证明，人们的情绪变化，往往在面部上都有所表现。

当人们情绪欠佳或心怀不满时，身躯往往宁静不动，脸上表情木然，脸部肌肉动作往下；当人们心情愉快时，往往表现出活泼好动、喜形于色，甚至手舞足蹈，脸上的肌肉动作向上；当人们专心致志地思考某一问题时，往往嘴巴紧闭，身体前倾，眉毛紧锁；当人们在对某一事物表示不以为然和轻蔑时，往往脑袋稍偏，嘴角斜翘，鼻子上挑；当人们感到诧异和吃惊时，往往口张大，眼瞪大，眉挑高……

日本研究夫妻相貌的专家发现：一些成功男士的面部表情威严、睿智，而他们的妻子却庸俗不堪。这是为什么呢？原因就在于这些男士还是小职员的时候与门当户对、不可能多高贵的妻子结婚，但是婚后由于工作需要或者自身完善需要，他们每天大量地接触外来的信息，不停地追求着更高的目标；而他们的妻子却沉溺于小家庭生活，每天围着柴米油盐、锅碗瓢盆、奶瓶尿布转。久而久之，原先较相似的两个人慢慢在气质、性格、才能、智慧等方面距离逐渐拉远了。

在表情语言中，以下两种最为常见：

(1) 笑容语

笑容也是一种很重要的体态语言。笑是口语交际活动中的很好的润滑剂，可以迅速缩短交际双方的心理距离，体现人与人之间融洽的关系。在谈话时我们不但要注意笑的作用，还应当力求善于笑。

要注意选择笑的时机、场合、话题，该笑的时候笑，不该笑的时候就不能笑。在欢庆的场合，在轻松的气氛中，在诚恳坦率的交谈中，应该笑；但在谈起不见好转的病情、同去世的同志的家属谈话、说起工作中的重大失误和损失时，就不能面带笑容。

在日常生活的谈话中，笑容主要是根据交谈者的关系、谈话的内容以及谈话者的性格、习惯等自然体现出来的。

笑的方式很多，可取的有微笑、轻笑、大笑等。微笑是一种不露齿的笑容；轻笑表现为上齿露出嘴巴微微张开；大笑则表现为嘴巴张成弧形，上下牙齿都可看见。

在谈话中，一般要以微笑为基调。微笑是一种恰到好处的可控性的笑容，它使人觉得和蔼、可亲、文明，是仪表的一个构成要素。微笑时面部肌肉容易控制，可以较长时间地维持笑容。笑的时候应该自然大方，得体适度。那种咧嘴龇牙的笑、嬉笑逢迎的笑、挤眉弄眼的笑、忸忸怩怩的笑，都会给人一种不愉快的感觉和不良的印象。

笑容也反映了一个人的文化修养水平。每一个人都需要不断提高文化情操的修养，使笑容反映出美好的心灵。只有发自内心的笑才能感染对方，产生呼应。嘲笑、冷笑、幸灾乐祸的笑都是应该尽量避免的。

(2) 目光语

目光是一种更含蓄、更微妙、更有力的语言。确实，眼睛是人体发射信息最主要的器官。目光持续的时间、眼睛的开闭、瞬间的眯眼以及其他许多细小的变化和动作都能发出信息。眼睛传递的信息最丰富、最复杂、最微妙。

合理地运用眼神来与人沟通交流，通常有以下三种方式：

①环顾

环顾是指视线有意识地自然流转，观察全场。环顾多用在有较多听话的人的场合。运用环顾可以同所有听话者保持眼睛的接触，使每个听话人都感到你看到了他，你在同他说话，从而增强相互之间的感情联系，提高他们参与谈话的兴致。同时，这种方法还可以使说话人通过多角度的接触，比较全面地了解听众的心理反应，以随时调整自己的话题。当然，环顾要自然适度，速度应适当放慢，不能说话时眼神总是频繁乱转，那样会分散听众的注意力，还会使人感到你心不在焉、目空一切。

②专注

专注是指目光注视着对方，在有较多听众的场合，可把目光较长时间地停在某一个人脸上。说话人和听话人目光对视可以起到感情和情绪微妙交流的作用，有助于了解对方的心理及其变化。

目光专注还表现出对对方的尊重、对所说内容的重视。不能在说话时随便东瞧西看，做一些无意义的小动作，那样会使人觉得你是心不在焉，敷衍搪塞。不能在说话时总是望着天花板或是看着地面，那样会使人觉得你对谈话没有兴趣，或是不大方。也不能不断地看表，这样会使对方觉得你对谈话不耐烦，希望他赶快住口。当然，目光专注也不能死盯着对方，对不熟悉的人或年轻女性更不应如此，那样会被人认为很不礼貌。

③虚视

虚视是指目光似视非视，好像在看着什么地方、什么听众，但实际上什么也没看。这种目光一般适用于同较多的人谈话的场合。虚视的范围一般在听众的中部或后部。虚视可以穿插于环顾、专注之间，用以调整、消除环顾所带来的飘忽感和专注可能带来的呆板感。“视而不见”的虚视还可以消除说话人的紧张心理，帮助说话人集中精神思考讲话的内容。

在运用眼神时，要增强自己的控制能力，要使眼神的变化有一定的目的，表现一定的内容。热情诚恳的目光使人感到亲切，平静坦诚的目光使人感到稳重，闪耀俏皮的目光使人感到幽默，冷淡虚伪的目光使人不悦，咄咄逼人的目光则使人不寒而栗。

这样表达最有效

人的表情语言是人的心理活动的反映，人们往往有什么样的心理活动，就会产生什么样的面部表情。当我们能够灵活、积极地利用各种丰富的表情与人交流时，就会使自己的魅力大增。

沟通的艺术

说话心理学

刘文华　编著

中国出版集团
中 译 出 版 社

图书在版编目（CIP）数据

沟通的艺术．说话心理学 / 刘文华编著．-- 北京：中译出版社，2019.8（2019.11 重印）
ISBN 978-7-5001-6011-3

Ⅰ．①沟… Ⅱ．①刘… Ⅲ．①心理交往－语言艺术－通俗读物 Ⅳ．① C912.13-49

中国版本图书馆 CIP 数据核字（2019）第 175776 号

沟通的艺术

说话心理学

出版发行：中译出版社
地　　址：北京市西城区车公庄大街甲 4 号物华大厦 6 层
电　　话：（010）68359376　68359303　68359101
邮　　编：100044
传　　真：（010）68357870
电子邮箱：book@ctph.com.cn
总 策 划：张高里
责任编辑：顾客强
封面设计：青蓝工作室
印　　刷：河北远涛彩色印刷有限公司
经　　销：新华书店
规　　格：880 毫米 ×1230 毫米　1/32
印　　张：30
字　　数：550 千字
版　　次：2019 年 8 月第 1 版
印　　次：2019 年 11 月第 11 次

ISBN 978-7-5001-6011-3　　定价：149.00 元（全 5 册）

前　言

说话大师，个个都是心理学大师。

那些善于鼓动人心的伟大人物，谈笑之间平息一场战事、挽救一个国家，表面上看是嘴上功夫好，但究其本质是倾注了大量心力，去读懂对手，继而通过语言操纵对手。

在这个人与人之间接触越来越频繁的时代，事业的成功、家庭的幸福、人生层次的提升都与说话水平大有关系。从一定程度上说，人和人之间的较量，很大程度上是说话的较量。而说话的较量，又在很大程度上是心理上的较量。

你真的会说话吗？那种能使人听了开颜消怒，并且悦人心扉的神秘力量，你可以发挥出来吗？你知道面对一个人讲话时需要注意什么吗？面对一百个人时，你能应对过来吗？你知道一般社交应酬、工作交流或者演说时，怎么说才能吸引住别人吗？

一个参透说话心理学的人，能用语言的力量说服他人甚至“操纵”他人。说话技巧的主旨在于把握人际关系，创造良好谈话氛围。拥有优雅的谈吐，可以助你左右逢源，事业顺达，同时彰显个人魅力和感染力。

有些人滔滔不绝却无法给别人留下深刻的印象，有些人不经意的几句话却能让人拍案叫绝；有些人费尽心机却不能达到最佳效果，有些人简简单单几句话就能让人心服口服。究其原因，根源还是在于懂不懂得说话心理学，能不能把握听者的心理。说话这件事，看起来大家都会，但实际上真想要出效果、够精彩，必须从心理学的角度出发，攻心为上，千言万语抵不过一次心灵上的触动。

使用心理学的策略，引导整件事朝自己想要的方向发展，说话办事注意分寸，你就能在社交场合中进退自如。

目　录

第一章
会说话懂心理，迈出成功第一步

说话，是一种可以训练的技能。它取决于你的思维表达方式，更取决于你是否能抓住听者的心理。掌握说话心理学，迈出成功第一步。

说话操纵术

拿破仑作为一名伟大的军事家，其激励士兵的口才也极为出色。有一次，一名士兵骑的战马在进攻时被打死了，拿破仑将自己胯下的名贵宝马让给士兵。

士兵很惊恐："不，不，这是您的马，一匹非常高贵的马，我不能……"

"骑上它，继续冲锋！"拿破仑大声呵斥："记住，任何一匹高贵的马，给法兰西士兵骑都是它至高的荣誉！"

士兵听了，骑上马如旋风般地冲向敌阵。

这是拿破仑正面的激励。他还善于从负面着手，用激将法鼓舞士气。

当欧洲反法同盟来势汹汹地进攻法兰西时，拿破仑的军队迅速展开一场激烈的防御战。拿破仑手下两个屡建奇功的军团由于防御任务过于艰巨，被反法军队打得落花流水，四处逃窜。这两个军团士气陷入了低谷之中，纷纷后退求生。

拿破仑来了，他背着双手走过溃军，沉默不语。良久，他怒声传令："集合！全体士兵统统集合！"

士兵们垂头丧气地聚拢着，忐忑不安地等待拿破仑的裁决。

拿破仑双手抱胸，在队伍面前踱来踱去，步子越来越急促，皮鞋叩打着地面的声音越来越响，震得残兵败将们心惊肉跳。他们偷偷觑视统帅，烦躁不安地等待训斥。拿破仑终于满怀悲愤地开始演讲：

"你们不应该动摇信心！你们不应该随随便便丢掉自己的阵地！你们应该知道，夺回那些阵地是多么的不容易，要付出多大的代价！"

看着士兵们惭愧地低下了头，拿破仑猛然回头命令道："参谋长阁下，请你在这两个军团的旗子上写下这样一句话：我们不再属于法兰西军了。”

这下，全场一片哗然。把祖国的利益和自己的荣誉看得至高无上的士兵们，自然明白这句话的分量。他们羞愧难当，甚至有人下跪嚎哭道：“统帅，您再给我们一次机会吧！我们要立功赎罪，我们要雪耻啊！”

拿破仑见状，相信他的军队能以自己的英勇行为洗刷上一次的耻辱，不禁神采飞扬，当众振臂高呼：“对！早该这样了。这才是好士兵，才像拿破仑手下的勇士；这才是战无不胜的英雄！”

后来，面对反法同盟的疯狂进攻，恶战一场接着一场。可是，这两个军团异常骁勇，战斗力极强，几乎是攻无不克，战无不胜，多次重创敌军，建立了赫赫功勋。

兵败如山倒，军心也如山倒。面对一群残兵败将，拿破仑没有责骂、威胁，没有动用督战队，深谙心理学的他用区区几句话，就突破将士的心防，把他们的情绪煽动到了极点。让他们哭着喊着重新投入战斗，要用鲜血来捍卫自己的荣誉。

这哪里是充斥着硝烟的战场，分明是心理较量的战场。

拉近彼此距离

有个人请客办事，看到约定的时间过了，还有一大半的客人没来。主人心里很焦急，便说：“怎么搞的，该来的人还不来?”一些敏感的客人听到了，心想：“该来的没来，那我们是不该来的喽?”于是悄悄地走了。主人一看走掉好几位客人，心里愈发着急了，便说：“怎么这些不该走的人，反倒走了呢!”剩下的客人一听，又想：“走了的是不该走的，那我们这些没走的倒是该走的了!”于是也都走了。

最后只剩下一位跟主人关系较亲密的朋友，看到这种尴尬的场面，就劝他说：“你说话前应该先考虑一下，否则说错了，就没法收回来了。”主人大喊冤枉，急忙解释说：“我说的不是他们啊!”这个朋友听了，大为光火，说：“不是叫他们走，那就是叫我走了!”说完，头也不回地离开了。

中国古代就有“一言能兴邦，一言能丧国”“一人之辩重九鼎之宝，三寸之舌强于百万之师”这样的名言，由此可见说话的重要作用。现代社会竞争激烈，说话的能力已经成为人才竞争的重要素质之一，它是人们取得成功的基石，是我们迈向成功的第一步。

在工作中，说话可以使同事之间增加了解，缩短彼此之间的距离，提高工作效率。遇到问题时，员工通过相互之间的沟通，可以达到集思广益的效果，充分发挥自己的主观能动性，为企业发展赢得强大的动力。

在生活中，人与人之间通过沟通可以建立相互信任、相互尊重的人际关系，这利于我们为成功奠定坚实的基础。

古往今来，那些杰出的人大多是善于沟通的人。他们往往善于运用沟通的手段来为自己赢得更大的发展空间，从而使自己拥有更多成功的筹码。一个人要想取得成功，只靠专业能力显然是不够的，离开沟通这个有效途径，成功是无从谈起的。人生的成败除了专业技能，还取决于沟通能力。只有进行卓有成效的沟通，才能获得成功的资本。日常生活中，我们常常发现一些学识渊博、工作出色的人往往得不到领导的赏识，这在很大程度上源于他们不懂沟通。在能力相当的情况下，一个沟通能力强的人自然会获得更多的机会。

相传，有一对父子冬天在镇上卖便壶（俗称“夜壶”）。父亲在南街卖，儿子在北街卖。不一会儿，儿子的地摊前有了看货的人，其中一个人看了一会儿，说道：“这便壶大了些。”那儿子马上接过话茬：“大了好啊！装的尿多。”人们听了，觉得很不顺耳，便扭头离去。在南街的父亲也遇到了顾客说便壶大的情况。当听到一个老人自言自语说“这便壶大了些”后，父亲马上笑着轻声地接了一句：“大是大了些，可您想想，冬天夜长啊！”老人听后会意地点了点头，继而掏钱买走了便壶。

父子两人在一个镇上做同一种生意，结果迥异，原因就在于会不会人际沟通上。我们不能说当儿子的话说得不对，确实，便壶大装的尿多，他是实话实说。但他的话说得太直接，粗俗得难以入耳，令人听了很不舒服。本来，买便壶不俗不丑，但毕竟还有些私密的因素在内。人们可以拿着脸盆、扁担等大大方方地在街上走，但若拎个便壶走在街上，就多少有些不自在了。此时，儿子直白的大实话会使买者感到别扭。而父亲则算得上是一个高明的销售商。他先赞同顾客的话（“大是大了些”），以认同的态度拉近与顾客的距离，然后，又以委婉的话语说“冬天夜长啊”，这句看似离题的话说得实在是好。它无丝毫强卖之嫌，却又富于启示性。其潜台词是：冬天天冷夜长，夜解次数多且又怕冷不愿意下床是自然的，大便壶正好派上用场。这设身处地的提醒，顾客不难明白。卖者说得在理，顾客买下来也就是很自然的了。

儿子一句话砸了生意，父亲一句话盘活了生意。不论在什么场合，你讲的话都会被听者记在心里，一定要谨记慎重说话。

该说的话大方说

有一位叫彼得森的医生，是位热心的棒球迷，经常去看球员们练球。不久，他就和球员们成为好朋友，并被邀请参加一次为球队举行的宴会。

在侍者送上咖啡与糖果之后，有几位著名的宾客被请上台说几句话。突然之间，在事先没有通知的情况下，宴会主持人突然宣布说："今晚有一位医学界的朋友在座，我特别请彼得森大夫上来向我们谈谈棒球队员的健康问题。"

作为一位从医 30 余年，具有丰富卫生保健知识的人，按说应对这类问题是小菜一碟。他可以坐在椅子里向两旁的人侃侃谈论这个问题一整晚。但是，要他当众即使面对很少的人讲这个问题，那就是另一回事了。他心跳加速，不知所措，每一沉思，心脏就似乎要停止跳动。他一生中从未作过演讲，而他脑海中的记忆，现在全飞到爪哇国去了。

结果呢？宴会上的人全在鼓掌，大家都望着他，他摇摇头，表示谢绝。但他这样做反而引来了更热烈的掌声，纷纷要求他上台演讲。"彼得森大夫！请讲！请讲！"的呼声愈来愈大，也更坚决。

他内心非常矛盾，他知道，如果他站起来演讲一定会失败，他将无法讲出完整的五六个句子。因此，他站起身来，一句话也没说，转身背对着他的朋友们，默默地走了出去，深感难堪，更觉得是莫大的耻辱。

他不愿再度陷入脸红及哑口无言的困境了，他开始进行当众讲话训练。他有极为迫切的需要。他希望拥有演讲的能力，他锲而不舍地练习自己当众讲话的能力和信心。

通过努力练习，彼得森的进步突飞猛进，他紧张的情绪消失了，信心愈来愈强。两个月后，他甚至开始接受邀请，前往各地演讲。他现在很喜欢演讲的感觉及那份成就感，以及所获得的荣誉，更喜欢从演讲中结交到更多的朋友。

说话羞怯的人通常认为别人很勇敢，怯场的只有自己。因此，他们总是责备自己："为什么只有我是这样的呢？"其实，说话怯场的人非常多，怯场并非某个人特有的"专利"，只不过别人怯场的状态，你没有在意罢了。

由此可见，一个人与另一个人交谈时心生羞怯，也是正常现象，并不是缺陷。在大庭广众之下自然、流畅地说话，对每个人来说都是一种挑战；对于那些生性羞怯、不善言辞的人来说更是天大的困难。

那些口若悬河的人，是人人羡慕的。其实，想达到这样的水平并不是不可能的，敢于当众说话，是拥有好口才的第一步；而拥有好口才的唯一途径就是不断地练习。

开始说话的时候，你可能很害怕，可是一旦克服了说话的恐惧，获得了说话的能力，你就完全能够畅所欲言了。

我们谈话的场所是很多的，与人共进晚餐、上班时的工作交谈等，无一不是说话的实践活动。平常的说话是轻而易举的，遵循一些简单的规则你就能滔滔不绝了。当众说话的难度可能要大一点，不过也不是"难于登天"，明白了一些道理，也不过小菜一碟。

万事开头难，开始和人沟通时难免会羞怯，但只要你不断地练习，一段时间后，你就会不再羞怯，甚至能够侃侃而谈了。

好口才是练出来的

雅典的狄里斯在西欧被称为“历史性的雄辩家”。据说，他天生声音低沉，且呼吸短促，口齿不清，旁人经常听不清他在说些什么。当时，在狄里斯的祖国雅典，政治纠纷严重，因此，能言善辩的人格外引人注目，备受重视。尽管狄里斯知识渊博、思想深邃，十分擅长分析事理，能预见时代潮流和历史发展趋势，但是，他认为自己缺乏说话技巧，容易被时代所淘汰。

于是，他作了一番周密细致的思考，准备好了精彩的演讲内容，第一次走上了演讲台。不幸的是，他遭到了惨重的失败，原因就在于他声音低沉、肺活量不足、口齿不清，以至于听众无法听清楚他所言何事、何物。但是，狄里斯并不灰心，他反而比过去更努力地训练自己的说话能力。他每天跑到海边去，对着浪花拍击的岩石放声呐喊；回到家中，又对着镜子观察自己说话的口型，做发声练习，坚持不懈。狄里斯如此努力了好几年。终于，功夫不负有心人，当他再度上台演说时，博得了众人的喝彩与热烈的掌声，一举成名。

在与人交流的过程中，你要想取得良好的沟通效果，那就需要具备一定的口才。口才指的是一个人说话的才能，它可以反映出一个人的思想、性格、气质等。口才在如今已经成为一种财富，拥有好口才，从小的方面说可以使自己和身边的人身心愉快。从大的方面说可以助自己的事业蒸蒸日上。口才不仅可以让人们在沟通的过程中更好地展现自身的才能和价值，而且还可以帮助人们取得事业的成功。著名的演讲学教授邵守义曾说过这样一句话：“是人才未必有口才，有口才必定是人才。”由此可见口才的重要性。有口才的人说话具有“言之有物、言之有序、言之有理、言之有情”等特征。

没有人天生就口才好，天生就能言善辩，即使是令人钦佩的名嘴或演说家，也不是在任何场合说话都能赢得满堂彩。说话和其他的才能一样，要日积月累，而不是一步登天。口才好的人也是在一次又一次的经验中，借着观察听众逐渐掌握技巧，不断提升自己的说话能力。说话是为了让他人能了解自己，借谈话来取得互信和互谅。如果你认为对方无法了解你的意思，就不去花时间和心力和他交谈，那只能表示你并不了解说话的功能。

好口才是练出来的。那具体该怎么做呢？可以从以下几个方面加以注意：1. 朗诵与模仿；2. 勤奋刻苦；3. 掌握恰当的方法。

总之，无论你是在公众场合演讲还是与人聊天，或者参加谈判，口才都是取胜的法宝。只要你掌握了以上这几种方法，练就非凡口才就不再是一件困难之事。只有刻苦勤奋、坚持不懈地努力训练，才会获得令人惊奇和瞩目的口才。

检测你的健康沟通状况

我们的祖先不大重视甚至不大喜欢“能说会道”的人，那些很健谈的人，常常被冠以“夸夸其谈”的帽子。如果一个人被公认为“夸夸其谈”，那就不怎么讨人喜欢；如果被公认为善于为自己辩护，那就没有多少人愿与之交往。相反，如果一个人沉默寡言，不苟言笑，这个人往往会受到赞赏。这个传统的评价标准，依然在今天的青年身上打下了深深的烙印。常有人这样说：“我这个人，笨嘴笨舌，不会说话。”似乎这并不是什么缺点。显然，这是相当陈旧的一种见解。

现代社会更需要那种机敏灵活、能言善辩的人。羞怯拘谨、笨嘴笨舌的人，在现代社会是非常吃亏的。有些人知识丰富，却因为缺乏“嘴巴上的功夫”，而不受欢迎；有些人专业水平很高，工作很出色，表达能力却很差，言谈拘谨慌张，语言逻辑混乱，一讲话就语无伦次，虽有丰富的经验和独到的见解，却不能让人听明白，“茶壶里煮饺子——倒不出来”。

如果你有决心提升自己的沟通能力，那么请先回想一下自己在日常生活中与人交际的经验，然后对自己进行一项测试。

怎么做测试呢？很简单，请如实地回答下列这55个（9类）问题，然后根据得分为自己做一个评估。

评分方式为：

绝无此事=1分

偶尔为之=2分

通常如此=3分

大都如此=4分

绝无例外=5分

请依照这套标准记下你在每个问题的得分，然后予以统计；在测验结束之后将可看到一张对照表，让你明白自己究竟是公关专家，还是独行侠。

1. 心理建设

（1）我很清楚人生的意义以及毕生所勠力以赴的目标。

（2）我能列举出截至目前的五件重大成就。

（3）我很明白自己有哪些专长和资源正是他人所迫切需要的。

（4）我已在心灵上做了充分的自我调适，挥别跑单帮的日子。

（5）如果要加入人际关系这条网络，我晓得自己确实有几把刷子。

（6）我平日会拟定短期与长期奋斗目标，并定期予以审视与修改以符合现状。

（7）我可以列出一张“网络图”，显现出我在这项资源上的多样化与触角纵深。

2. 在建立人际关系时，需以谦恭君子自诩

（1）我有本事以一种并不专业化的方式来做自我介绍。

（2）在做自我介绍时，我的措辞总是简洁得体、不卑不亢，且能引发对方的好奇心。

（3）我与众人相处时非但没有不自在的感觉，而且还能技巧性地打开话匣子。

（4）如果在公众场合中发现与对方似曾相识，我会主动再做一次自我介绍。

（5）当对方在做自我介绍（或经别人介绍）时，我一定会牢牢记住其大名与长相。

（6）倘若为了广结善缘而需在某个社交场合做东，那正是我的拿手好戏。

（7）为了替自己的事业扩展出路、打知名度，我会很乐于站出来。

（8）在与每个人打交道时，无论其社会地位如何，我总是待之以礼。

3. 处理名片的艺术

（1）我的名片是经过精心设计的，能清楚显示我的工作性质。

（2）无论在何时何地，我都会携带数量充足的名片。

（3）在情况合宜时，我才会递上名片。

（4）我在每一张所收到的名片上都会记载日期以及相关事项，便于日后整理与查核。

4. 以感恩的心来灌溉人际关系这棵常青树

（1）我每天都会向他人说好几次“谢谢”，也会有好几个人跟我道谢。

（2）只要是能给予我激励或启发，我都会诚挚地向那个人道谢，包括陌生人。

（3）为了避免人际关系之树枯萎，我会不时的以打电话、送小卡片以及送小礼物的方式来向对方表达感激之意。

（4）我有专用的信笺、卡片与便条纸。

（5）倘若有人善意地伸出援手或向我致谢，我将欣然接受。

5. 如何让自己成为他人求助的对象

（1）我已建立起一套既系统又管用的人际关系网，能够随时派上用场。

（2）我所收集的名片都经过系统化的整理，而且定期去更新资料。

（3）由于时间资源极为宝贵，因此我有一套相当有效的管理系统来监控之。

（4）我每天都会详细检视当日的工作进度表，逐一核对施行的状况。

（5）我的原则是先解决眼前的问题，而不是尽量扔到工作记事簿上，能拖则拖。

(6) 所有的来电，我都会在24小时之内回复。

(7) 在拿起话筒之前，我会先思索一下待会要讲些什么。

(8) 倘若对方所提出的邀请（会见某人或是参加某项社会活动等）将会消耗可观的时间与精力，我会予以婉拒。

(9) 在参加每一项社交活动前，我都会妥善衡量，以期能把握每一个扩展人际关系与事业的良机。

6. 如何开口求助

(1) 只要有需要，我会主动寻求他人的救援。

(2) 在开口时，我都会简单明了地陈述要求，而且不会展现一副咄咄逼人的姿态。

(3) 在与朋友的交谈中，我常会冒出这句："对了，你认识的人当中，有哪个人……"

(4) 对于别人所提出的建议，我有雅量去虚心接纳，即知即行。

(5) 每次和朋友交谈后，我都有种受益匪浅的感觉。

7. 如何脱颖而出

(1) 我有参与若干同行、职业性社团或其他民间社团。

(2) 我目前至少在一个上述的机构内担任干部或顾问的职位。

(3) 我经常会受人所托，必须利用我的人际关系网来处理这些请托事务。

(4) "举头三尺有神明，抬头三尺有人际关系。"我会勤于把握每一个机会，让走近我身旁的人都"中计"，坠入我的人际关系网内。

(5) 我会经常评估自己的人际关系网，不断予以扩展。

8. 如何让别人来亲近你

(1) 我对自己的直觉深信不疑。

(2) 对于在人际关系网上的每个盟友，我都会倾尽全力助他们飞黄腾达。

（3）我能提供给朋友们一流的服务。

（4）朋友们都喜欢向我倾诉他们的心声。

（5）君子爱财，取之有道。无论我是本着何种目的去和别人打交道，他们都不难感受到我的那股高尚节操与专业涵养。

（6）我能以开阔的胸襟去面对每个“结缘”的机会。

9. 如何让人际关系成为你生命中的一部分

（1）我是公认的人际关系高手，拥有一套千锤百炼的庞大“情报网”。

（2）我的人际关系网不仅造就了我自己，也惠及了我的朋友，而且影响力相当深远，波及生活面与事业面。

（3）我时时刻刻都会顾及这张人际关系网，悉心去照料它、灌溉它。

（4）一提到“良好的人际关系”，朋友就不禁要拿我当宣传品。

（5）对我而言，这个世界还真是挺小的，只需一片人际关系网就可以“一网打尽”。

（6）毫无疑问的，人际关系已深深影响到我的人生观与生活形态。

评估方式：先把总分算出来，然后睁大眼睛看清楚……

275-237：人际沟通至尊

236-200：人际沟通高手

199-164：人际沟通老手

163-128：人际关系菜鸟

127-92：胆小如鼠

91-55：跑单帮的

真的猛士，敢于直面惨淡的人生，敢于正视淋漓的鲜血。现在，我们也要正视自己的人际沟通能力，倘若测试结果不甚理想，你应该感到庆幸——发现自己的症结，然后依照书中的指示来改正。

第二章
善用心理学，一句话定成败

通常，当人们第一次见面时，为了让对方了解自己，人们总是倾向于以一种与当前的社会情境或人际背景相吻合的形象来展示自己，以确保他人对自己做出好的评价，这有助于我们在与人初次见面的短短几分钟内树立良好的形象。善用心理学，在与人初次见面时，一句话定成败。

首因效应：赢在讲话第一句

一个新闻系的毕业生正急于寻找工作。一天，他到某报社对总编说："你们需要一个编辑吗？""不需要！""那么记者呢？""不需要！""那么排字工人、校对呢？""不，我们现在什么空缺也没有了。""那么，你们一定需要这个东西。"说着他从公文包中拿出一块精致的小牌子，上面写着"额满，暂不雇用"。总编看了看牌子，微笑着点了点头，说："如果你愿意，可以到我们广告部工作。"这个大学生通过自己制作的牌子表达了自己的机智和乐观，给总编留下了美好的"第一印象"，引起其极大的兴趣，从而为自己赢得了一份满意的工作。

这种"第一印象"的微妙作用，在心理学上称为首因效应。首因效应，是指在初次与人交往时，人们常常不自觉地根据自己的直觉来定位所交往的对象，并以此来判断交往对象的性格、人品等，并且在头脑中形成并占据着主导地位的效应。首因效应也叫首次效应、优先效应或第一印象效应。

首因效应最早由美国社会心理学家提出。概念来源于一个关于印象形成的实验：让被试者看写有六个形容词的牌子，内容是一样的，只不过顺序是相反的。第一张卡片上描写了：勤奋的、聪明的、冲动的、嫉妒的、爱批评的、顽固的。第二张卡片上是：顽固的、爱批评的、嫉妒的、冲动的、聪明的、勤奋的。实验之后，两种方式测试出来的结果截然不同，大家都愿意和第一张卡片上描绘的人交朋友，因为被测试者觉得这样的人更善于交际、更幽默，心情更愉快。

另一位心理学家也曾做过同样的实验：他让两个人完成一组类似的任务，在同样的条件下，甲在开始的几个项目上完成得很成功，然后作业成绩持续下降。乙则在开始的几个项目上完成得糟糕，但后来作业成绩稳定上升。甲和乙都答对了 30 个测试项目中的 15 个。然后琼斯找到一些人来预测甲和乙谁在接下来的表现会更出色，结果大家在观察了甲和乙的作业成绩后，他们都预测下一个阶段甲会做得比乙好，他们觉得甲很聪明，因为他在开头的业绩中表现得很好。

无独有偶，林肯也曾因为相貌偏见拒绝了朋友推荐的一位才识过人的阁员。当朋友愤怒地责怪林肯以貌取人，说任何人都无法为自己的天生面孔负责时，林肯说："一个人过了四十岁，就应该为自己的面孔负责。"虽然林肯以貌取人也有其可圈可点之处，我们却不能忽视第一印象的巨大影响作用，因而必须通过提高自身修养来整饰自己的形象，为将来的成功奠定基础，搭好台阶。

由此可见，在人际沟通和交往的过程中，第一印象对人际沟通和交往的成败起着关键性的作用。与一个人初次会面 45 秒钟内就能产生第一印象，而且这种先入为主给人带来的第一印象是鲜明的、强烈的、过目难忘的。那如何给人留下一个良好的第一印象呢？我们可以从现实生活的交往中进行讨论。

如何给对方留下良好的第一印象，是一个人综合素质的体现，它主要包括：一个人的心态、外部形象、言行举止等。

一个人的心态决定着一个人的成败，在人际沟通和交往过程中，也同样如此。每个人都喜欢和阳光、快乐的人交往，因为他们往往能带给大家欢声笑语，解除心中的郁闷、疲劳，就如同大家都喜欢相声演员一样，他们让我们的生活充满欢乐；同时相信每个人都不愿意和孤僻、自傲的人交往，因为他们忧郁的神情经常让你脸上的微笑消失，和他们在一起你经常会有一种不安或恐惧感，因为他们看到这个世界负面的东西太多，他们对生活充满抱怨，就如同鲁迅笔下的祥林嫂一样，她失去孩子的悲痛，先让人们觉得怜悯后让人们觉得厌恶、因为她看不到以后生活会更加美好。

一个阳光的心态包括：积极向上、对生活充满爱和具有感恩的心。只要心中有爱，世界每天都有阳光，只要你每天都有一张微笑的脸，那么你周围的人就会给你千万个微笑。在人际交往中，对方先看见你微笑的脸，他会愤怒吗？只要我们心中有爱，爱周边的每一个人，那么周边的每一个人都是我们亲密的朋友。

千万要留心你的言行举止，文明礼貌就是它的核心。一个文明有礼的人很容易被别人认可、接受，既可以营造良好的沟通氛围，也可以给别人带来轻松快乐，从而留下良好的第一印象。言行举止的最高标准就是谈吐优雅，优雅的谈吐就像整洁的仪表，会使人觉得十分愉快。如果你能习惯运用高尚文雅的辞令，即使偶尔开个玩笑，说些俏皮话，对方仍旧能够感受到你内在的涵养气质，而乐于与你交谈。相反的，如果你行为举止粗鲁，满口粗话，则会让对方认为和你谈话是件辛苦的事，甚至浪费时间。因此，平日应该练习谈话的技巧和优雅的举止，给对方留下良好的印象。

我们每天都要和各种各样的人打交道，与陌生人初识，第一印象至关重要。初次交往稍有不慎就有可能导致整个交往的失败，甚或对此后的前途产生不良影响，因此要尽量地塑造好第一印象，抓住人生的每个机会。

自我介绍背后的秘密

当我们与不熟悉的人第一次见面时，彼此都有一种要了解对方的愿望，都有一种渴望得到尊重的心理，因此自我介绍随处可见。自我介绍是一种自我推销的口语表达方式，无论是在社交活动中，还是在面试的时候，都经常用到，它是我们在生活和工作中与陌生人打开交流之门的一把钥匙。

必要的自我介绍应该做到两点：第一是体现自己的价值观，即自己的学识、经历以及在参与社会活动中使社会对自己的能力有所评价；第二是得到他人或团体的认知。因此，自我介绍这一程序是使自己融入社会的关键。

自我介绍在社交活动中给人的第一印象会产生微妙的影响。一次漂亮的自我介绍，往往能够成为与人有效沟通的桥梁，我们对一个人的好感、好印象，常常是从时机恰当、大方得体的自我介绍开始的，不管新朋友、新同事还是新客户皆是如此。如果能运用好自我介绍这把钥匙，那么无论是在工作还是在人际交往中，你都能够得心应手；反之，如果自我介绍平淡无奇，不能给别人留下深刻印象，那么你的交往活动也就意义不大。与人交往时，不管你是主动自我介绍，还是经由他人代为介绍，都不应该表现得太冷淡或者太随便，因为让人印象深刻的互相介绍是双方正式谈话最为重要的一步。

自我介绍是一种拉近双方关系的语言艺术，这种艺术需要以真实诚恳、热心礼貌为基础。自我介绍不是简单地自报姓名，从某种意义上讲，自我介绍是一种学问和艺术，它需要掌握许多必要的技巧和尺度。

1. 找准时机

要抓住时机，在适当的场合进行自我介绍。如应试求学时，在交往中与不相识者相处时，有不相识者要求自己做自我介绍时，有求于人而对方对自己不甚了解或一无所知时，旅行途中与他人不期而遇并且有必要与之建立临时接触时，都要进行自我介绍。要在对方有空闲而且情绪较好又有兴趣时进行介绍，这样就不会打扰对方。

在聚会中，主人一般会先做自我介绍，因为他是整个聚会的焦点，有必要让大家先了解一下。其他场合的自我介绍需遵循一个原则：地位低的人应先做介绍，以便让地位高的人了解自己。也就是，相对年轻的人要主动向别人介绍自己，接下来长者再做自我介绍以回应。当然，在实际交往中，若你的地位比较高，但对方不太懂得礼仪，那么先介绍自己也无妨，这样可以避免尴尬。

2. 把“我”说好

自我介绍少不了说“我”，给别人什么样的印象，关键就是看你如何把这个字说好了。有人在自我介绍时每句话都有一个“我”字，听众怎么会不反感呢。有的人说“我”时语气特别重，语音有意拖长，似乎想要通过强调“我”来树立自己的高大形象。更有甚者说“我”时得意扬扬、咄咄逼人、不可一世。这样的人在自我介绍时不过是孤芳自赏罢了，只能让人认为他骄傲自大。

所以，在合适的时候平和地说出“我”字，目光亲切、神态自然，才能让他人感受到一个自信、自立而又自谦的美好形象。

3. 独辟蹊径

通常情况下，自我介绍就报上姓名、工作单位、职业、学历、特长或兴趣爱好等等，像这种千篇一律的自我介绍几乎不能给人留下印象。

因此，要想让别人记住你，自我介绍时就要与众不同，以独特的方式去介绍自己。在自我介绍时，尽量选择使对方感到有意义、又觉得自然而然的内容，采用生动活泼的语言把自己“推销”给别人。

4. 详略得当

在一些特定情况下，自我介绍的内容需要全面、详尽，不仅要把姓名、身份、目的、要求讲清楚，还要介绍自己的经历、学历、性格、专长以及兴趣爱好。为了取得对方的信任，有时候应讲一些具体事例。比如，求职应聘时，就要做到这些。

5. 巧妙注释

“自报家门”是自我介绍不可或缺的部分，为了让对方准确听清自己的名字，往往要对“姓”和“名”加以注释，注释得越巧，给人留下的印象就越深刻。对姓名的注释不仅可以反映一个人的知识水平、性格修养，而且能够反映一个人的口才能力。

闲聊效应，教你几分钟熟络起来

闲聊，是我们社交中最为常见的一件事了。最常见的事，往往最容易被忽略。有些人认为，人是因为无聊，所以闲聊，闲聊没什么讲究，想什么就说什么，说到哪就到哪。怀有这种心态的人，很容易把闲聊变成无聊。其实，社交性质的活动，多半都是从“闲聊”开始的。

人们在闲聊这件事上最容易犯的错误，就是一见面就从对方所从事的工作谈起。我们总以为，和医生谈开刀、和运动员谈打球、和商人谈生意经是“天经地义”的事。殊不知，他们一年到头做同样的事情，已经够烦的了，如果你在业余时间或休闲时间还谈及这类事情，很可能会让对方心烦意乱。美国前任总统肯尼迪最讨厌和别人谈政治，可是偏偏许多人都找他谈政治，还自以为此举可以讨好他。

那么，到底应该谈哪些事情呢？最好的办法，就是经常阅读报纸和一般性的杂志，以增加各方面的常识。不然，除了“你好吗？”“今天天气不错啊！”之外，接下来你就不知道要聊些什么了。

闲聊中不要当无“聊”分子，无“聊”分子在交际中不受欢迎。而那些口才高手则善于打破沉默、谈笑风生，能带动会场气氛的人，走到哪里都会受到大家的欢迎。这种人不会让场面尴尬与沉默，他们懂得适时转变话题，让大家都有台阶下。

在一些工作应酬的场合下，也可使用闲聊来结识陌生人，从而扩大自己的人际圈。但是在不同的场合闲聊必须掌握分寸。

闲聊时，要尽量避免与对方进行私人话题的讨论，避免与对方建立过密的个人关系，以免最终丧失了独立性。另外，在任何场合下闲聊时，不要事事非问明白，问话适可而止，这样他人才会乐意与你闲聊。

经常与他人闲聊，可以消除他人的戒备心理，使对方感到你平易近人，能较好地进行沟通。无论你想搭讪陌生人，或者初次见面出现冷场，还是你只想打发时间，都可以闲聊的方式开始。

闲聊是你与陌生人拉近距离、结交朋友的好方法。通过闲聊，两个萍水相逢的陌生人很快就能成为朋友，甚至变成一生的知己。

莫让冷场冷掉你们的关系

在与人谈话时，难免会遇到冷场的情况，与陌生人第一次见面更容易陷入尴尬的局面。如谈至某一时段或某一话题时，双方突然都静了下来，话题进行不下去了，这种冷场有时候是因为一方对另一方说的内容根本不感兴趣，有时候是因为一方说的意思和对方的理解有偏差。冷场的尴尬会让人觉得不自在，也会冷却彼此之间的好感，从而破坏了双方的第一印象。

一男士向人际专家请教，他和女朋友感情很好，但是因为最近分开在两地，只能打电话联系，但是每次打电话总是冷场。两边都保持静默是一种很不好的感觉。他们的感情挺好，但是这种沉默使彼此之间没有了安全感，好像因为分隔两地感情就淡漠了。

这位朋友拿起电话不知道该说些什么，一个话题说完紧接着就没有了话题。这就出现了冷场。拿起电话聊天就是为了增进彼此之间的感情，如果出现冷场反倒会起到反作用。你可以尝试少指责，多赞美，看对象，找话题。

美国作家莉儿·朗帝说："永远不要不读报纸就出家门。"脑子里没有知识和信息，跟人交谈就难免冷场。所以，多增加知识储备，多了解社会信息动态会为我们提供丰富的谈资，减少冷场。

如果进行第一次交谈时，沟通数语就陷入冷寂或沉默，这时我们要积极选择恰当的话题继续谈话。如果你发现自己没什么话要说的时候，不妨从当天的新闻里找到要聊的内容。比如国际局势或你们所在地区的经济状况，或者是报纸的热门报道，又或者从周围的环境中找到一些要谈论的话题，比如大厅的装潢，房间的装饰，这些都是不错的选择。

当你第一次和陌生人谈话时，心理会比较紧张。这时，你可以试着把对方想象成自己的一个最好的朋友，然后放下心里的不安，用友好和微笑的态度和对方谈话。

有人谈论起一个话题就没完没了，这样难免会冷场。要避免冷场还要记得当某个话题无话可说时，一定要果断地结束这个话题，换一个有趣、积极的话题。但要注意以积极乐观的主题开始，不要一开始就抱怨你的工作、老板或是其他人员，人们一般不愿意听这些。话题可以是你的一次旅行，或是一些有趣的见闻等令人感兴趣的事情。

那么，我们应该如何在特殊场合避免冷场局面的出现呢？

第一，在和对方沟通之前，要搜集对方的相关信息。比如，对方的兴趣爱好、对方的职业等。比如从事编辑的某女士与当老师的某男士第一次约会，女士就可以问男士具体教什么课，一周多少节课，如此便可以避免冷场的尴尬了。

第二，善于察言观色。如果是和陌生人交谈，我们之前就没法掌握他的信息，这种情况下，我们就要察言观色了，特别是刚开始沟通时，可以通过对方的话语来分析他的兴趣爱好，得知他的兴趣爱好后，我们就可以引导他谈论更多的内容，冷场也就不会出现了。

对于谈话中出现的冷场，我们要具体分析，及时寻找合适的话题，掌握谈话的主动权，这样才能促进沟通的顺利进行。

开局规则，巧妙设计开场白

在一些场合，许多人我们从未谋面，初次见面，说话不能问个好就没有回音了，也达不到社交的目的。这时候说话就要懂得开好头，开启适当的话题，才能打开陌生人的局面。

最常用的方式就是攀认式，可以攀亲友、攀老乡等等。生活在社会中，每个人都会有自己的关系网，只要彼此留意，就能够发现双方有着这样或者那样的交叉点，找到了交叉点，就能迅速消除陌生感。

菲律宾前总统科拉松·阿基诺在访问中国时，首先抵达的不是北京，而是沿着有中国血统的菲律宾人当年走过的路线，直奔祖籍福建省龙海市鸿渐村。在那里，她拜访叔叔、祭祀祖宗，与乡亲攀谈。她对乡亲们深情地说："我来中国不仅是为了国事，也是为了个人家事，因为我既是一国首脑，在某种意义上来说又是这个村庄的女儿。"女儿回娘家，娘家自然待以百倍的热情。科拉松·阿基诺的重访故里，为其成功访问北京拉近了感情距离。

攀亲拉故就像是一把钥匙，能打开两个人之间沟通的那扇门。不只现代人如此，就连古人都善于运用这种方法来拉近两个人之间的距离。

赤壁之战中，鲁肃见诸葛亮的开场白是："我，子瑜友也。"子瑜，就是诸葛亮的哥哥诸葛瑾，他是鲁肃的忘年之交。短短的一句话就拉近了鲁肃跟诸葛亮之间的关系。

"你是南开大学室内设计专业毕业的？我也是。你是哪一届的，应该是我师哥吧？"既然是校友，又是同一个专业，陌生感自然就减少了很多。

"你也是杭州人啊，真是老乡见老乡，两眼泪汪汪啊。听到这熟悉的乡音，真让我激动啊！"

这种初次见面互相攀认式的谈话方式，很容易搭起陌生人之间谈话的桥梁，使人在短时间内产生一见如故的感觉，从而给对方留下良好的第一印象。

敬慕式的谈话方法给人一种贴心的感觉。对陌生人的才华、能力表示敬重、仰慕，这是热情有礼的表现。不过要注意掌握分寸，敬慕要恰到好处，不能胡乱吹捧，否则会让对方产生厌恶感。

“您的作品我曾拜读过多次，从中学到了很多东西，可谓受益匪浅！没想到今天竟能在这里见到您，真是荣幸之至啊。”

“‘桂林山水甲天下’，我一直渴望去桂林一饱眼福呢，很高兴能认识您这位桂林的朋友。”

“以前只在电视和杂志上见到过您的美貌，今天能一睹您的芳容，真是明白了何为倾国倾城啊。”

几乎每个人都喜欢别人看到并赞美自己的长处。那么，初次见面交谈时，我们应该投其所好，以直接或间接的方式指出对方的长处并赞扬一番，这样的开场白能使对方高兴，从而对你产生好感，进而激发交谈的积极性。反之，倘若总是有意或无意地触及对方的短处，伤及对方的自尊心，交谈的效果便可想而知了。

被誉为“销售权威”的霍依拉先生有自己独特的交际诀窍：初次交谈一定要扬人之长避人之短。一次，为了拉广告，他前去拜访梅伊百货公司总经理。寒暄之后，霍依拉突然开口问道：“您是在哪儿学会开飞机的？总经理居然能开飞机，可真不简单啊。”话音刚落，总经理兴奋起来，谈兴大发，广告之事当然不在话下，霍依拉还被总经理热情地邀请去乘他的自备飞机呢！

俗话说：“酒逢知己千杯少，话不投机半句多。”有的人相处一辈子却形同陌路，而有的人却一见如故。好的开场白能够使两个萍水相逢的人在短暂的时间内达到心灵上的共鸣，从而把谈话轻松愉快地进行下去。

谈话中的修身正心

魅力是一个人内在气质的表现。谈话中的人格魅力，就是在语言交流中一个人的性格、气质、能力等的个性化表现。在谈话中尽情展现你的魅力，能够赢得听者的依赖与佩服。如果初次见面让对方被你的魅力倾倒，感到意犹未尽，那么他自然就会盼望第二次见面，这就是沟通的最高境界。

那么，如何在初次交谈中展现你的魅力呢？

尊重不仅是一种礼貌，更是一个人的性格体现。一个懂得去尊重别人的人必定会得到信任，从而乐于与你沟通。

据说，有一天苏东坡与老和尚一起打禅。老和尚问苏东坡："你看我打禅像什么？"苏东坡想了一下，并没有回答，同时反问老和尚："那你看我打禅像什么？"老和尚说："你真像是一尊高贵的佛。"苏东坡听了这一番话，心中暗暗地高兴。于是老和尚说："换你说说你看我像什么？"苏东坡心里想气气老和尚，便说："我看你打禅像一堆牛粪。"老和尚听完苏东坡的话淡淡地一笑。苏东坡高兴地回家找家里的小妹谈论起这件事，小妹听完后笑了出来。苏东坡好奇地问："有什么可笑的？"苏小妹斩钉截铁地告诉苏东坡，人家和尚心中有佛，所以看你如佛；而你心中有粪，所以看人如粪。当你骂别人的同时，也是在骂自己。

这个饶有趣味的故事给我们的启示是：从批评者的言行能看出其眼界和见识。所以人的心里想些什么，就会说出什么样的话，这正好反映出一个人待人处事的风范和内涵。而骂人的同时也成为别人讨厌的对象，运用言语骂人的人，必定得不到对方的认同，也会失去别人的信任。一个良好的沟通建立在彼此尊重的基础上，才能达到谈话的成果。

尊重是生活中永不坠落的太阳，是获得友谊的灵丹妙药。在与陌生人谈话时，由于种种原因，难免会遇到他人的误解甚至攻击。此时，如能保持宽容的心态，先从自身找毛病，再从长远考虑问题，待真相大白之时，误解你的人就会向你投去钦佩的目光。

要谈话留有余韵，不需要华丽的言辞，不需要花哨的技巧，而是需要你尽情展现自己的魅力。对于每个人来说，只要你说出的话让人回味无穷，你的魅力就会得以展现，陌生人也会在不知不觉间被你吸引，成为你的朋友。展现你的魅力并不是要你在别人面前故作姿态，或者压抑自己，而是正视自己的不足，扬长避短。这样你才会魅力四射。

谈话结束时你该做什么

在初次见面中，人们普遍重视开头，万事开头难嘛，而对结束谈话，人们往往不以为然。话说完了，说声“再见”不就结束了吗？

其实，结束谈话并非如此简单，我们还得了解“近因效应”。与首因效应相反，近因效应是指当人们识记一系列事物时对末尾部分项目的记忆效果优于中间部分项目的现象。这种现象是由于近因效应的作用。前后信息间隔时间越长，近因效应越明显。原因在于前面的信息在记忆中逐渐模糊，从而使近期信息在短时记忆中更为突出。

相对而言，在人和人交往的初期，也就是在彼此间还比较生疏的阶段，首因效应的影响更重要；而在交往后期，即在彼此之间已较熟悉时期，近因效应的影响则更重要一些。然而，在初次的人际沟通中，近因效应更容易让人记忆持久深刻。因此，在初次见面与人沟通时应当好好表现自己，不但要重视好的开头，更要重视好的结尾，不然再好的开头也无济于事。总之，第一次和陌生人交谈，切忌虎头蛇尾。

有些人天生反应迟缓，一坐下来就没有了时间观念，以至于打扰太久，浪费了主人的宝贵时间。这时有些人会应用上述的方法来下逐客令；有些人脸皮比较薄，有些人则是修养甚佳，不好意思有所表示。不过，心里的焦急，总会在表情上或行动上表现出来，其中比较常见的一种动作就是主人偷偷地看表，这点是最容易让人忽略的一点。

如果你在与人初识的时候，谈话中发现对方瞄了一下钟表，就应该立即做好结束话题的准备，起身告辞，只有这样才会给对方留下一个好印象。不然没完没了地说下去，对方会由不耐烦转为厌恶，那就得不偿失了。

有些人频频看表之后，发现对方依旧没有告辞之意，这时就会直接问对方："现在几点了？"如果对方仍然没受到任何影响，可能会说："啊！已经十点了！"如果这样说对方还不知道，那就是个麻木不仁的家伙，可以毫不客气地对他下逐客令！

如果在见面之初就说好打扰到几点，免得耽误别人的事，这样做也会给对方留下一个好印象。另外，在交谈结束后，也要考虑运用能给对方留下深刻印象的告别语，而不是简单的"再见"二字。

1. 征询式收尾

交谈结束前，你根据自己的"谈话使命"综合"交谈情况"——即目的与交谈后的吻合情况向对方征求意见、说明、要求或建设性的忠告、劝诫等等，这就是征询式收尾。

当你与下属交谈工作结束时，你应说："你还有别的什么要求和意见吗？""你生活上还有困难和要求吗？只要有可能，我们将尽力帮助解决……"听者也应同样征询对方："除了工作之外，你对我还有其他意见和看法吗？如果现在想不起来，日后尽管提，我是不会计较别人对我提意见的方式的……"

在交谈艺术中，征询式的收尾往往给人以谦逊大度、仔细周到和深沉老成的印象。运用征询式的收尾，对方听了无疑有一种心悦诚服、备感亲切、心心相印的感觉，从而取得融洽关系、进展事业的良好效果。

2. 道谢式收尾

道谢式收尾，在交谈艺术中具有较强的礼节性，它的基本特征是用讲"客气话"作为交谈的结束语和告别话。道谢适用的场景和对象是最广泛的，无论是上下级、同事、亲朋还是熟人、邻舍以及初交者之间都是适宜的。

交谈者可用"听君一席话，胜读十年书""你对我学习上的帮助和生活上的关怀，我感激不已"结束。

3. 祝愿式收尾

这种收尾方式的特点是，不仅具有较强的礼节性和情趣性，而且还具有极大的鼓动力，如再加上适当的口语修辞，它的效果无疑会非常显著。如："再见吧，路上保重。祝你一帆风顺！""祝您成功，恭候佳音！"

4. 邀请式收尾

邀请式收尾的基本特征是运用社交手段向对方发出礼节性邀请或正式邀请。前者的效用体现了"客套式"所需的礼仪，后者则表现了友谊的生命力。

如"客套式"邀请："如果您下次路过北京，请到我们家来做客。再见！"

如正式邀请："今天我们就说到这里吧，后天下午 5 点钟请你到我们家吃顿便饭，那时我们再长谈吧。再见！"

上述这两种邀请式收尾语，在社会交际中都是必不可少的。"客套式"邀请也是一种礼节，正式邀请更是一种友好和友谊的表示。运用这种结束语，无疑是符合社交礼仪的。

第三章
善于倾听，破解对方心灵密码

一位心理学家曾说过，人跟人在讲话时，表面上是你一句我一句，好像一个在说，一个在听，但真相是你在讲时我却没有在听。听，有时候比说更重要。善于倾听，才能准确地把握对方的意图，知道对方想要传达的信息和最终要达到的目的。只有善于倾听，才能破解对方的心灵密码。

聆听效应，构建沟通意义

被誉为当今世界上最伟大的推销员的乔·吉拉德在回忆往事时，提到他在一次推销中遇到的事。当时，他与客户谈得十分顺利，看形势马上就可以签约了，可就在这时，对方却突然改了主意——就这样，煮熟的鸭子又飞了。

当天晚上，按照客户留下的地址，乔·吉拉德找上门去请教客户改主意的原因。客户见他很诚恳，就如实相告："你的失败是由于你没有自始至终认真地听我讲话。就在我准备签约的时候，我提到了我的儿子就要上大学了，而且还提到他喜爱运动以及他的理想。我是以他为荣的，但是你当时却没有做出任何反应，还在用手机和别人通电话，这就是我改变主意的原因。"

这番话重重地提醒了乔·吉拉德，使他领悟到倾听的重要性，同时也使他认识到，如果不能自始至终地倾听对方讲话的内容，认同对方的心理感受，那么就会失去沟通的意义。

很多时候，一提起沟通，我们的第一反应就是说什么或者如何说服对方，其实沟通的基础是听，只有听清、听懂对方所讲的话，才能真正理解对方的意思；只有充分地理解了对方，才能获得对方的理解。有一句俗话叫"理解万岁"，那什么才是真正的"理解"？普遍意义上的理解是指主体对理解对象的客观理解，但更进一步说，应该将理解视为主体与对象双向互动的交流。这就意味着理解不再是一种主体针对对象单方面的投射，而是一种广泛意义上的对话。而成功对话的前提就是相互"倾听"。"倾听"本身含有某种归属感，也就是归属于所听到的东西；而对所听到的东西的理解，已经包含着某种意义上的赞同。

学会如何去倾听，你甚至能从谈吐笨拙的人那里得到收益。有这样的一位经理，他被一家大公司聘用担任销售经理。但是，他对公司的推销业务和具体的推销品牌却一窍不通。当销售人员到他那里去汇报工作并征求意见时，他什么答复都无法提供，因为他一无所知！然而，这个人却是一个懂得如何倾听的高手。当手下的推销人员向他征求意见和建议时，他都会回答说："你自己认为你应该怎么做呢？"那些人就会说出他们的想法和解决方案，他接着说同意，然后他们就满意地离去了。

许多成功的企业家，他们都拥有"出色的讨价还价者"的美称，他们的诀窍就是鼓励别人多说，同时设法闭住自己的嘴。弗洛伊德说过，如果你能使别人谈得足够多，他就无法掩饰真实的情感或真正的动机。如果你十分注意地听，并对对方说的一切话中所隐含的意思保持警觉的话，你就能把握住对方的秘密。同样，如果你不想让别人知道自己的真实思想，如果你不想"显示出你的优势"，那么最好守口如瓶。

倾听是一种礼貌，是一种尊敬讲话者的表现，是对讲话者的一种高度的赞美，更是对讲话者最好的恭维。倾听能使对方喜欢你，信赖你。倾听是一种美德，它是一种虚怀若谷的表现。他们的意见，你不见得个个都赞同，但有些看法和心得，一定是你不曾想过、考虑过的。广纳意见，将有助于你迈向成功之路。

倾听，是对说话者的一种无声的赞美和恭维；倾听，可以找到一条通往说话者的心灵之路；倾听，可以使人际沟通更有效更和谐。

放低心态，才能听到真话

玛丽·凯·阿什是玛丽·凯化妆品公司的创始人，也是美国最成功的企业界人士之一。如今，她的公司已拥有20万员工，但她仍要求管理人员记住倾听是最优先的事，而且每个员工都可以直接向她陈述困难。她也专门抽出时间来聆听下属的讲述，并进行仔细的记录。她对员工的意见和建议十分重视，会在规定的时间内给予答复。这样做的好处就是沟通了自己与员工之间的感情，倾诉者要求被重视的自尊心得到了满足。在很多情况下，倾诉者的目的就是要"一吐为快"，或许他们并没有更多的要求。日、英、美等国一些知名企业的管理人员常常在工作之余与下属一起喝咖啡，就是让下属有一个倾诉的机会。

在畅销书《亚科卡传》中，亚科卡先生也曾对管理者的倾听有过精辟的论述："我只盼望能找到一所能够教导人们怎样听别人讲话的学院。毕竟，一位优秀的管理人员需要听到的至少与他所需要说的一样多，许多人不能理解沟通是双方面的。"他认为管理者必须鼓励人们积极贡献，使他们发挥最大干劲。虽然你不可能接受每一项建议，但你必须对每一项建议做出反应，否则，你将听不到任何好的想法。

放低姿态去倾听，能及时发现他人的长处，并创造条件让其积极性得以发挥作用。而且倾听本身也是一种鼓励方式，能提高对方的自信心和自尊心，加深彼此的感情，激发了对方的工作热情与责任感。古人云："君子和而不同。"对于同一件事，不同的人会有不同的看法，但只要大家目标一致，相融相济，去伪存真，求同存异，就能够达到内部的和谐，最终对事物做出科学判断和正确决策；相反，如果在任何事情上都搞长官意志，不愿听不同意见，大家不敢讲真话，以口头的意见一致掩盖矛盾，这样难免要出问题。

音乐家傅聪曾讲过一个关于他朋友鲁普的故事：因为鲁普已经

是“大师”了，所以没有人敢跟他说什么。就像鲁普弹的一首乐曲，最后一个音符总是错的，因为那个音符他看错了，可是这一辈子都没有人敢告诉他。这顶“大师”的桂冠，像一座严严实实的围城，将“大师”与崇敬、爱戴他的人们毫不留情地隔离开来，令其咫尺天涯、天各一方，让“大师”再也听不到真话，委实可悲。

“大师”何以听不到真话？怕是消极的“权威效应”在作祟。因为“大师”本身就是权威的象征。在世俗的眼光里，“大师”听不到真话，成了孤家寡人，不啻是个人的悲哀，亦是艺术的悲哀。艺术之林，若失去了真话的土壤，真情、活力、灵感、创新、进步便荡然无存，艺术之林也必枯竭而亡。

懂得放低姿态去倾听的人最有可能做对事情、取得下属的忠诚和信赖，并且能够把握别人错过的机会。倾听对传奇人物约翰·洛克菲勒非常管用，有一次他说：“我们的政策一直都是：发自内心地倾听和开诚布公地讨论，直到最后一点证据都摊在桌上才尝试达成结论。”洛克菲勒以谨慎著称，而且似乎经常很慢做决定，他拒绝仓促下决定。他的座右铭是“让别人说吧”。

美国第十六任总统亚伯拉罕·林肯出生于肯塔基州的贫苦农民家庭，先后当过伐木工、船工、店员、邮递员。这些经历使林肯对普通人民群众寄予了深厚的感情，他喜欢经常走出办公室到民众中去。而他在白宫的办公室，门也总是开着的，任何人想进来谈谈都受欢迎，林肯不管多忙都会接见来访者。

林肯洗耳倾听民意，缩短了他与人民的距离，加深了彼此的感情，激发了人民参与国事的主动性和积极性。

要想听到真话，我们首先要放低姿态，甘做学生。居高临下，板起面孔，“张飞卖瓜”式地征求意见，肯定听不到真话。到群众中去，要多一点洗耳恭听，少一点滔滔不绝。

无论你是公司的领导，或是政府官员，或是学校老师，甚至是某领域的大师，如果想要听到他人的真话，请放低姿态，细心倾听。

倾听是一种尊重和理解

一个美国男人乘飞机回家过圣诞节，途中遭遇猛烈的暴风雪。飞机随时可能坠毁，估计难逃噩运，他写好了遗嘱。结果，飞机在驾驶员高超技术的控制下，安全着陆。他死里逃生，欢天喜地回到家，兴奋地把遇险后的心情讲给妻子听，但妻子却只顾和孩子谈论节日的事情。男人一直激动地在讲述自己大难不死的危险经历，妻子虽然在听但听得不专心，对于男人的话反应很冷淡。男人死里逃生的喜悦和被冷落的心情形成强烈的反差，最后他以强烈的态度跟妻子离了婚。

这个悲剧的发生，原因在于妻子没有专心倾听自己丈夫发自内心最真挚的倾诉。当这位死里逃生的男子向妻子讲述自己的危险经历时，他是希望妻子可以体会到自己的幸运和生命的珍贵，但妻子的敷衍让他觉得自己的大难不死对妻子没有任何意义，最终导致了他与妻子关系的破裂。倾听不仅是对别人的尊重，也是对自己的尊重。

真正有效的聆听，不仅仅是耳朵的简单使用，而是和嘴巴、大脑有效的配合，尤其是嘴巴。因为很多人一直认为当别人说话时，闭起嘴巴才是讲礼貌的表现。

很多人把听和倾听混为一谈，认为倾听是理所当然具备的天然能力。其实，听主要是对声波振动的获得，倾听则是弄懂所听到的内容的意义，它要求对声音刺激给予注意、解释和记忆。所以，倾听不是单纯的身体反应过程，它同时需要做智力上和情感上的努力。要真正欣赏别人的人和别人的话，就需要提问，需要反馈，需要保持话题，需要分清已说的和未说的，甚至他人的体态语言也需要加以观察和读解。马休麦凯和马莎戴维斯在他们合著的《如何交流》

中说："倾听是一种确认和一种赞美。它确认了你对他人的理解，对他人如何感受、如何看待世界的一种理解。它也是一种赞美，因为它对别人'说'：'我对发生在你身上的一切表示关心，你的生活和你的经历是重要的。'"

生活中，对于一些细微之处的专注与倾听很重要。很多婚姻之所以会破裂，并非因为在一些重大事件上产生了分歧，相反，大多数家庭往往是由于一些小事情而分崩离析的。这些小事情不仅反映了夫妻间缺乏信任与理解。还缺乏人与人相处要讲究的最基本的尊重。

你不仅要做到专心聆听，还要让对方感受到你的这种专注，这样效果才能更好。那么，该怎么表现出你的认真呢？倾听时，你要善于在倾听过程中传达出"我正在努力倾听，我对你的话很感兴趣，把你想说的都说出来吧"之类的态度，并用表情、肢体动作、语言反馈给对方。

只有专注、耐心地听别人的讲话，你才能了解别人所要表达的意思。没有听清就发表意见或打断是不尊重别人的表现，而且自己的见解和对方的意思南辕北辙时，会引起更大的误会。

听话要听全，兼顾各方观点

倾听是我们接受信息的主要途径，可以帮助我们获取有效信息，了解事实。但是每个人的思想不一样，对同一件事物的看法也不一样，而且人们在抒发自己见解时往往带有主观情感。所以，如果我们完全相信某个人的话语，则很可能影响自己的判断，作出错误的决定。

对于企业的领导者来说，更应该“兼听”。领导虽然自己手中掌握着决策大权，然而一到关键时刻，要作出重大决定之时，往往有苦说不出。举目四望，周围的人大多面带微笑，齐声称好，没有人说一个“不”字；而一旦出了问题，众人皆作鸟兽散状。因此，领导者做决定时，往往手中有权，心中无底。这时，他们就需要有见识的下属提出反面意见，陈说利弊。

领导者要鼓励下属说真话，提意见，给他们畅所欲言的机会，这样，自己才能吸纳到各方面的观点，兼顾各方，做决策时就能使决策全面而又切实可行。

奇异公司是一个非常成功的企业，公司领导善于倾听并接受员工提出的建议和意见。因此，员工勇于向能解决问题的人说出心中的话，与主管面对面地沟通。

有一次会议中，一位工厂工人说他在奇异公司工作了 20 多年了，他的工作一直很尽职，表现也很好，他很热爱这个公司，也受到公司的多方肯定；但是他看到工厂中有一件蠢事，不得不提。

他的工作是操作工厂中一部高价值的机器，这个工作必须戴手套才行，在操作中手套很容易就损坏，须经常更换，而依工厂的规定，要申请一副手套，他必须请别人代班照顾机器，若没人可代班就必须停机，然后走到另一幢大楼，去仓库填写表格，找主管核定后，再送回仓库才可以领到一副新手套。依他的经验，这个过程平均每次要花一个小时。

这位员工说："不知为何工厂要这么规定？"

总经理听了他的问题深有同感，于是反问其他的主管："为什么会有这个规定？"

现场沉默了一段时间，才有人小声地回答说："我们曾经在 1979 年遗失过一箱手套。"

总经理听了之后立即下令："将手套箱放置在靠近使用者的楼层中。"

在企业中，能解决日常工作上的问题的人，绝不是只有经理人而已，有时反而是那些实际从事工作的人可以提出好的改革意见。每一名员工的意见都有其价值，就看主管能否倾听他的意见，听出其价值来。

智者千虑，必有一失；愚者千虑，必有一得。再精明强干的老板，也难免有失误的时候。如何广泛听取各方意见、集思广益，从中得到正确的结论，获取有益的信息，是一个现代管理者必须具备的修养。

我国著名作家刘心武说过，"一个人知道自己短处比知道自己长处更为要紧"。无论在工作上，还是在生活中，我们考虑问题、做决策时，一方面努力做到不偏听、偏信一方的言辞结论；另一方面要学会主动的、积极的沟通。

那么，我们怎样才能做到兼听则明呢？

首先，要不全信一家之言。单从一个角度看问题是不会有全面的了解的，所以我们要养成多听的习惯，多听以后要多思考，方可以对人或事做出正确的评价。

其次，了解说话人与谈论对象的关系。如果两个人之间有矛盾，那么一个人在谈及另一个人时难免会有不满之言，如果你不清楚他们之间的过节，肯定会对谈论对象产生偏见。

话里有话，猜透对方心理

第二次世界大战中期，东条英机即将出任日本首相。由于这件事非常机密，各大报刊均未获知结果。而记者的任务就是要以最快的速度获得最新的消息，然而，无论记者如何探询，议会大臣都三缄其口。

当时有一名记者非常聪明，他知道大臣们不会大大方方地说出结果，于是他提了一个很奇妙的问题：“请问出任首相的人是不是秃子？”

大臣们的神色显得有些犹豫，这名记者立即就得出了答案。

当时，首相候选人总共有3位：一位是满头银发，一位是全秃，一位是半秃。东条英机是个半秃。记者提出问题后便发现一位大臣在犹豫思考：半秃是秃子吗？

在这看似无意的交谈中，这位大臣没有仔细地考察到保密的重要性，虽然他也没有直接回答出具体的答案，但聪明的记者已从大臣思考的瞬间推断出最后的答案，因为大臣在听到问题之后，一直在思考半秃顶是否属于秃子的问题。记者从随意的闲聊中套出了他需要的独家新闻。

我们都有耳朵，在生理上都是有听觉的，但是，正确地听懂对方所要表达的真实意思却并非易事。因为听除了生理上的听清楚之外，还包括心理的和精神的。俗话说：说话听声，锣鼓听音。要想听出对方说话的弦外之音，需要生理、心理、精神三个层面都高度集中。

中国人的普遍性格是含蓄，特别是在说话的时候，表达自己的真实意图不会直接说出，而是迂回委婉地讲出。听话人需要细心领悟与揣摩，否则会产生误解。因此，我们要细心琢磨对方的弦外之音，方能弄清对方的真实意图。生活中这样的例子比比皆是。

比如朋友偷吃了你的东西，你发现后很生气，会喊："是谁吃了我的东西！"朋友一听就知道你生气了，但他会这样说："对不起，我刚才实在是太饿了，有空请你吃饭好吗？"简单的一句话既没有明说是他偷吃了你的东西，又为他自己挽回了余地，还维持了你们之间的友谊。他说他实在太饿了，弦外之音就是说他吃了你的东西，并希望你能原谅他。

又如夫妻之间，妻子礼拜天要去逛商场买东西，她会这样跟你说："你礼拜天有事吗？我想去商场买些东西。"这时你要理解妻子的用意，她想让你陪她一起去。你若把她的话扔在一边，说你自己的事情，她会很失望。

生活中有大量的话不用直接说出来，从话里带出来就行了，不能直言的意思更得靠暗示来表达。这就要求我们善于听出话外之意、弦外之音，这样才能更好地跟人沟通，在交流时才能更好地把握对方的意思。

在与上级领导谈话时更要注意，因为领导的语言是最值得揣摩的。

比如你刚到一家公司不久，领导找你谈话："你到公司虽不久，工作成绩却不错，以后有什么打算呐？"很轻松的一句话却含有领导特殊的意图，他是在考察你的工作心态。

你若坦率地说出自己的理想志向，领导会以为你过于幼稚而缺乏城府；你若大谈自己与公司不相干的事业理想，领导会了解到你眼下只是把公司当成一个跳板，一旦有了机遇你就会远走高飞，根本没有为公司的长远发展打算。

这时，你应该谨慎，不妨这样回答："我想就目前的工作先干一段时间再说，以后再做打算也不迟。"用这样含蓄的语言回答是比较稳妥的。

有些弦外之音我们大家都心照不宣，但另外一些可能你不会太留心。正因为这些疏忽，影响了你的交际能力。所以，在与人交往中，要时时注意留心对方的言外之意。

如果对方是在炫耀他那光荣的过去，这时候你就要留心了，因为此时他心里正在期待着你的夸奖，所以，只要是认为值得或应该夸奖的，你不妨就夸奖他一下。当对方在显示他的博学或机智的时候也是一样，你也应该夸奖他，这样你一定能获得他的好感。

如果对方向你讲述着另外一个人的是非，你千万不可随声附和，也不要直接打断对方的话，你可以间接将话题引开。要懂得闲谈莫论他人是非，更要听出他人言语的暗含之意。对方向你说一个人的过错，不是攻击那个人，就是挑拨你与那人的关系，你要灵敏一些，不要被对方的言语蒙蔽。来说是非者，便是是非人。

谈话当中，你要学会听出讥讽、嘲笑、挖苦之类的特殊语。对方之所以会向你说这种话，一定是因为对你感到不满才会这样的。遇到这种情况，你不要立刻反驳或一味生气，最好拿出自己的宰相度量，全当没听见，以免与对方发生不必要的冲突。

言谈能告诉你一个人的地位、性格、品质及至内心情绪，因此听弦外之音是“察言”的关键所在。只有正确地“察言”，才能在和他人的交往中把握他们的想法，更好地沟通。

心理引导，必要时可以插插话

有一天晓莉遇到很多事，回到家一股脑地向丈夫倾诉起来：“我今天太倒霉了。去修车时，老板说油箱有问题，要收4000块。我告诉他一定是弄错了，我们买了保险。可他说保险里没这一条，修理工还调戏我，说什么漂亮女人就是不懂车。这太侮辱人了。于是我就和他们吵了一架。”“他要收多少钱?”丈夫问。“你没听到我说的其他话吗?”晓莉有些生气。因为她向丈夫抱怨的目的，是希望丈夫同情自己，而不是理性地分析孰对孰错。

男性面对抱怨的第一反应，是解决问题。男人若善于插嘴，情况就会改观。比如晓莉说“要4000块”时，丈夫插话：“4000块?太贵了。我们有保险。”“是。但老板说没这一条，修理工还调戏我，太侮辱人了。我就和他们吵了一架。”“保险没有这一条?确实该和他们吵一架。别生气了，为了这事不值当。”因此，有时候夫妻间通过这样的插嘴，不仅会避免争吵的发生，反而会使感情更加稳定。

虽然说打断别人的话是一种不礼貌的行为，但是如果是“乒乓效应”则是例外。所谓的“乒乓效应”是指听人说话的一方要适时的提出许多切中要点的问题或发表一些意见感想，来响应对方的说法。还有一旦听漏了一些地方，或者是不懂的时候，要在对方的话暂时告一段落时，迅速地提出疑问之处。

恰当地掌握住插话时机，也会使交谈双方产生一种愉快的感觉，进而活跃交谈的气氛。可你的插话要是时机选择不当，在对方讲得起劲时，你非要插进你自认为十分必要的话，表面上看轮到了你发表高论的时机，实际上是失去了激励别人创造的机会。国外有位心理学家说：“如果一个人真想听到完整的讯息，他就不会不断插嘴。”因此，插话应该择机而出。

那么，在插话过程中，要掌握哪些技巧呢？

1. 插话的频率要适度，内容要有所选择
2. 避免争论
3. 选择恰当的时机
4. 对自己没听清的话进行询问
5. 及时做出自己的判断
6. 紧急救急法
7. 启发引导
8. 想好插话内容
9. 看准插话的对象
10. 调控全局法

这些插话的技巧都有一个相同之处，那就是这些话的感情色彩都是中性的，既没有对对方的谈话内容及言论发表任何的评判，也没有对对方的情感作出是与非的表达。

适当地插话，或简述你过去的同样经验，以印证说话者的观点，或直接表达你对说话者的观点的理解、赞同，不仅可以让某些事情有所转机，更可以有效地促进人际沟通。

第四章
攻心为上，掌握全局不慌张

每个人心里都有对事物的看法，只不过是每个人的看法存在某些差异。从心理学的角度讲，从人的心理角度进行劝导、说服对方，才能真正让别人认可你自己的观点。攻心也需要采用巧妙的方法，这样才容易让对方接受。

对症下药，沟通准备要充分

战国时期，秦国出兵急攻赵国，此时赵太后刚执政，赵太后向齐国求救。齐国要求："必须要长安君到齐国做人质，齐国才出兵。"太后不愿意，大臣强行劝谏。太后公开告诫左右近臣说："谁要再说让长安君为人质，老妇我一定唾在他的脸上。"

左师触龙想见太后，太后满脸怒气等着他。触龙进门后做出疾走的样子，脚步却慢慢向前走，到太后面前自我谢罪说："老臣脚有毛病，不能快走，好久不见面了。私下自我原谅，却担心太后身体不适，所以想看看太后。"太后说："老妇依靠车辇行走。"触龙问："每天饮食还行吗？"回答说："能喝些粥。"触龙说："老臣如今特别不想吃，所以自己强行散步，每天三、四里。稍微能增加点食欲，身体舒服些了。"太后说："我做不到。"太后脸色缓和了些。

触龙说："老臣的儿子舒祺，最小，没啥出息。可我已经老了，私下很疼爱他。想让他补个黑衣名额，以便在宫廷中做个卫士。冒死说给你听。"太后说："可以答应，多大年龄了？"回答："十五了，虽然年少，可我想在自己入土之前托付给您。"太后说："男人也疼爱小儿子吗？"回答说："胜过妇人。"太后笑着说："妇人更厉害。"触龙说："老臣私下以为太后爱燕后胜过长安君。"太后说："你错了，没有爱长安君厉害。"触龙说："父母爱惜自己的孩子，应该为他从长计议。太后送燕后时，握着她的脚，为她哭泣，惦念悲伤她远嫁，也心疼啊。燕后走后，太后不是不想念，可每到祭祀，总为她祷告：'不要让她回来。'难道不是为她长远考虑吗？希望她的子孙世世代代相继为燕王吗？"太后说："是的。"触龙说："如今三代以前，以至于赵立国的时候，赵国历代国君的子孙受封为侯的人，后代继承爵位的人，还有存在的吗？"太后说："没有。"触龙说：“不只是赵国，其他诸侯受封爵位的子孙有在的吗？”太后说：“老妇没听说过。”触龙说：“这就叫近了祸害自身，远了祸害子孙，难道人主的子孙就一定不好吗？地位高贵而没有功劳，俸禄丰厚而没有贡献，而又挟持礼器宝物太多。如今太后赐长安君尊位，封给他肥沃的土地，赏给他宝物。还不如趁早让他为国家立功，否则你一旦年老驾崩，长安君凭什么在赵国立足呢？老臣以为太后为长安君考虑的太短浅，所以给他的爱不如给燕后的多。”太后说：“行，你随便派遣吧。”于是套车一百辆，派长安君到齐国做了人质，齐国立刻出兵帮助赵国。

古人云：知己知彼，百战不殆。同样，与人沟通先要了解情况，掌握对方的心理活动，以便对症下药，采取针对性的方法和手段。能够一眼看透他人，看到对方内心的秘密和手里的底牌，这样就可以顺利地说服他人。

了解别人的“心结”所在，不仅要获得对方的反馈信息，而且要对对方做出某种反应的原因、含义做出准确无误的判断。否则，双方就无法进行有效的交流。有的放矢，这一点在说服中尤其重要。

我们可以从三个方面入手：先言其他，投其所好；推己及人，委婉劝说；晓之以理，动之以情。要想说服别人，就得学会抓住对方心理，要想抓住对方心理，就得学会换位思考。站在别人的立场上去分析，设身处地地考虑利弊，这样别人才会真心接受你的意见。

投其所好，谈话游刃有余

李先生一直试着把面包卖给隔壁的一家饭店。一年下来，他每天都打电话给该饭店的经理，甚至在该饭店订了房间，住在那儿，以促成这笔生意。但是他都失败了。

正在李先生要放弃的时候，他看到在一张报纸上有一个大版块展示了志愿者骑自行车倡导低碳生活的照片，在这张公益图片上，李先生看到了饭店经理。这引起了他的好奇，在认真地查了一下这位经理的资料后，他才知道这位经理非常热衷于公益事业。还被大家选为自行车大使。每个月大家都会骑着自行车绕城宣传，希望大家尽量减少开车的次数，短距离时坐公交或者骑自行车。

李先生决定加入节能减排的行列，一有活动，李先生就骑着自行车加入这个队伍中。

在活动中那位经理认出了李先生，他们约定活动后一起喝杯茶。李先生在见到经理的第一句话不再是谈论自己的面包，而是谈论经理最感兴趣的低碳生活，那位经理非常高兴和他谈论此事，最后李先生轻而易举地得到经理的合作。

如果你想要说服别人，首先得到别人的好感，这时你就要懂得“投其所好”了。每个人对自己感兴趣的事总是充满了热情，当你让他有足够的时间来发挥自己的所长，讲出自己的理论时，他就会产生很大的满足感，把你当成自己人，这时你就可以转入正题了。

投其所好往往是说服对方最绝妙的突破口，它不仅能够促成生意，从而达到自己的目的，还是人际沟通的不二法门，能够增进人与人之间的友谊。

想想你自己，如果遇到和你一样喜欢某类运动、喜欢某个明星或者某部电影的人，你会不会立刻对他产生好感？我们常常说“道不同不相为谋”“志同道合”，不就是说有共同想法的人就是朋友吗？所以，遇到陌生人，不妨仔细观察对方和自己的共同点。

谈论对方感兴趣的事物并给予赞同，是对别人的肯定。相同的兴趣能够拉近人与人之间的距离，例子中的李先生正是用了投其所好的技巧，才得以促成生意。聪明的人会谈论对方感兴趣的话题来引起别人的注意，从而创造出一个和谐友好的氛围，达成双赢；而愚蠢的人总是谈论自己的兴趣，不管别人的看法，这样的话题势必会引起对方的反感，使对方感到谈话内容枯燥乏味。

在生活中，有时候对于某件事或者某个话题往往是针锋相对的，有时会让双方陷入僵局。要想破除僵局，达到自己的目的，你可以采用投其所好的语言方式，向对方的心理发起攻势，顺着对方的思路去发现对方的破绽并给予回击，从而战胜对方。

“投其所好”实际上也是一种诱敌深入的战术，抓住对方的需求和动机，设下圈套，等对方进入圈套，就能果断出击，战胜对方。

运用“投其所好”的方法，我们还可以做到故布疑阵，反客为主，然后利用对方的心理来回击对方的问题，使自己立于不败之地。我们要不断地学习各种语言技巧，让自己在语言上强大起来，在面对任何谈话时都能游刃有余。

以理服人，不要信口开河

美国科普作家阿西莫夫从小就聪明过人，年轻时多次参加智商测试，得分总在160左右，属于天赋极高者之列，他一直为此而扬扬得意。有一次，他遇到一位汽车修理工，是他的老熟人。修理工对阿西莫夫说："嗨，博士！我来考考你的智力，出一道思考题，看你能不能回答正确。"

阿西莫夫点头同意。修理工便开始说思考题："有一位既聋又哑的人，想买几根钉子，来到五金商店，对售货员做了这样一个手势：左手两个指头立在柜台上，右手握拳做出敲击的样子。售货员见状，先给他拿来一把锤子；聋哑人摇摇头，指了指立着的那两根指头。于是售货员就明白了，聋哑人想买的是钉子。聋哑人买好钉子，刚走出商店，接着进来一位盲人。这位盲人想买一把剪刀，请问：盲人将会怎样做？"

阿西莫夫顺口答道："盲人肯定会这样。"说着，伸出食指和中指，做出剪刀的形状。

汽车修理工一听笑了："哈哈，你答错了吧！盲人想买剪刀，只需要开口说'我买剪刀'就行了，他干吗要做手势呀！"

想要说服别人，自然先要将道理摆出来，做到以理服人。若是你没有任何道理就站在那里瞎说，恐怕没人会听你的。

多数人都喜欢坚持相信自己的观点，相信自己的看法和意见是对的，而不希望别人来加以反对。这在心理学上叫作定势效应，是指人们因为局限于既有的信息或认识的现象。人们在一定的环境中工作和生活，久而久之就会形成一种固定的思维模式，使人们习惯于从固定的角度来观察、思考事物，以固定的方式来接受事物。

在人际交往中，凡是有人对你的意见表示反对的时候，对方一定会找寻许多理由为自己辩解。如果你在说话的时候，直接否定别人的意见，就等于把对方放在了你的对立面，这样就可能产生分歧和矛盾，使事业受阻。聪明的办法是，当彼此发生意见分歧时，要以理服人。让对方慢慢接受你的意见，并坚信你的意见是正确的。

以理服人就是摆事实、讲道理，让人从你讲的道理中领悟其正确性，从而接受你的意见，按照你的意见行事。以理服人最重要的一点是摆事实，出言有据，事实确凿，对方的观点就会不攻自破。

动之以情，深入人心

有两个小和尚为了一件小事争执不休，互不相让。第一个小和尚怒气冲冲地去找师父评理，师父心平气和地听完他的话之后，郑重其事地对他说："你是对的！"于是第一个小和尚得意扬扬地跑回去宣扬。第二个小和尚不服气，也跑来找师父评理，师父在听完他的叙述之后，也郑重其事地对他说："你是对的！"当第二个小和尚满心欢喜地离开后，一直跟在师父身旁的第三个小和尚终于忍不住了，他疑惑不解地向师父询问："师父，您平时不是教我们要诚实，不可说违背良心的话吗？可是您刚才却对两位师兄都说他们是对的，这岂不是违背了您平日的教导吗？"师父听完之后，不但毫无怒色，反而微笑地对他说："你是对的！"第三位小和尚此时才恍然大悟，立刻拜谢了师父。

讲理是天经地义的事情，只有以理服人才能让人接受。人人都有自尊心和好胜心，在非原则问题上，应让别人三分。其实，人生最可贵的当儿便在那一撒手。而善解人意的人更能深刻体会这一点。有些时候以情动人比以理服人更具有智慧，这样既给人留下一条后路，又彰显自己一种宽容的胸怀。一举两得，何乐不为呢？

美国政治家富兰克林说："我立下一条规矩，我在说服他人时，绝不正面反对别人的意见，也不准太武断，我甚至不允许自己在文字和语言上措辞太肯定。当别人陈述我不以为然的事时，我不会打断他，也不会立即驳斥他，或立即指正他的错误。我在回答的时候，先表达他的意见在某些条件下没有错，再说出目前稍有不同，等等。这样，谈话的气氛就会很融洽。以谦虚的态度来表达自己的意见，不但容易被人接受，也容易减少一些分歧，这样即使我有错也不会有难堪的场面。而如果我是对的，别人也较容易赞同我。"

汉朝时有一位叫刘宽的人，为人宽厚仁慈。他在南阳当太守时，小吏、老百姓做了错事，为了以示惩戒，他让差役用蒲草鞭责打，使之不再重犯，此举深得民心。刘宽的夫人为了试探他是否像人们所说的那样仁厚，便让婢女在他和属下一起办公的时候捧出肉汤，故作不小心把肉汤洒在他的官服上。要是一般的人，必定会把婢女毒打一顿，至少也要怒斥一番。但是刘宽不仅没发脾气，反而问婢女："肉羹有没有烫着你的手？"由此足见，刘宽为人宽容之肚量确实超乎一般人。现实生活中，不少冲突都是由于一方或双方纠缠不清、得理不让人，一定要小事大闹，争个胜负，结果，矛盾越闹越大，事情越搞越僵。这时，不妨糊涂一下，得理也要让三分，用宽容之心待人。得理让人，才是一种成功的处世方式。

世上的一切事物都是相对的，得理也是如此。有的人，遇事若占了上风，无不盛气凌人，咄咄相逼，非要别人低头求饶方熄心头之火，好像不如此就有损于自己的颜面和尊严。凡事都有一个度，若固执而不知变通，好走极端，超过了度的界限就必然走向谬误。生活之中遇到纷争，双方若能平心静气讲明道理，相互谦让，宽容大度，以理相让，则有利于化解矛盾，消除隔阂，从而建立和谐的人际关系。

同情心理：从对方的角度想问题

问题不在于你说了什么，而在于你是怎样说的。舌头是天底下最有威力的武器，它可以打动别人，破除你成功路上的障碍，也可以伤害别人，为你增添阻碍，所以学会利用舌头是人生的必修课。你只有认真听、仔细想、反复推敲，才能掌握住适宜的说话技巧。也只有这样，说话者才会如愿达到自己的目的。

据说在某国的教堂内，有一天，一位教士在做礼拜时，忽然熬不住烟瘾，便问他的上司："我在祈祷时可以抽烟吗?"结果，他遭到了上司的斥责。然后又有一位教士，也发了烟瘾，却换了一种口气问道："我抽烟时可以祈祷吗?"上司竟然莞尔一笑，答应了他的请求。

因此，我们在与人交流的时候，一定要注意说话或提出意见时都不能太直白，否则就可能会给自己惹来麻烦。

一句话到底应该怎么说，其实很简单，你只要设身处地站在他人的角度想想就会明白了。

在周末，有许多青年男女伫立街头，他们中间有不少人是等待与情侣相会的。有两个擦鞋童，正高声吆喝着以招徕顾客。其中一个说："请坐，我为您擦擦皮鞋吧，我会把它们擦得又光又亮。"另一个却说："约会前，请先擦一下皮鞋吧。"

结果，前一个擦鞋童摊前的顾客寥寥无几，而后一个擦鞋童的吆喝声却收到了意想不到的效果，一个个青年男女纷纷让他擦鞋。

这究竟是什么原因呢？其实原因很简单，分析一下就可以得出答案。我们听到第一个擦鞋童的话时，尽管他的话礼貌、热情，并且附带着质量上的保证，但这与此刻青年男女们的心理差距甚远。因为，在黄昏时刻，破费钱财把鞋擦得又光又亮，没有多少必要。显然，人们从这儿听出的是"为擦鞋而擦鞋"的意思。而第二个擦鞋童的话，就与男女青年们此刻的心理非常吻合。“月上柳梢头，人约黄昏后”，在这充满温情的时刻，谁不愿意以干干净净、大大方方的形象，出现在自己心爱的人面前呢？

一句“约会前，请先擦一下皮鞋”，真是说到了青年男女的心坎上。可见，这位聪明的擦鞋童，正是传送着“为约会而擦鞋”的温情的爱意。一句“为约会而擦鞋”，一下子抓住了顾客的心，因而大获成功。所以，一个心理成熟、懂得社交技巧的人，应该知道在什么时候，以怎样合适的方式说话与办事。同样是说实话，用不同的方式说，效果会有很大的不同。

一般情况下，我们在说话之前，要经过一番慎重的考虑。一定要确立说话的目标；还要学会察言观色，善于把握对方的心理，充分考虑到说什么话，如何说、什么时候说。确定了这些，再开始说话，才能收到良好的效果。另外，我们还要充分地考虑说话的对象是什么样的人，然后再酌情说话，这样才会避免一些不必要的敌对情绪，成为一个到处受欢迎的人。

立场不同、所处环境不同的人，对同一问题的看法、处事态度肯定会有所不同。要说服一个人，如果能够换位思考，站在对方的立场上晓之以理，更容易被对方接受。

人们都有自己的思维习惯和看待问题的方式，在他们看来，自己的观点和意见总是正确的。如果想要说服对方，就需要学会换位思考，站在对方的角度看问题。换位思考是人际沟通的一大技巧，对交流双方都有好处。

从心理学上讲，站在对方的角度考虑问题，传递的是对对方的尊重与体贴，彼此间容易相互理解，并产生好感，进而做出积极回应。

成功学大师卡耐基曾说：“与人相处能否成功，全看你能不能以同情的心理，体谅和接受他人的观点。”因为人们对问题的看法、处世态度有很大差别，所以人与人和睦相处，换位思考很重要。你为别人着想，别人才会为你着想。

正话反说，解除心理防范

汉武帝刘彻有位乳母，在宫外犯了罪，被官府抓了，并禀告汉武帝。汉武帝心中十分为难，毕竟是自己的乳母，滴水之恩当涌泉相报，何况自己是她用乳汁养大的。但是，天子犯法与庶民同罪，如果不处置她，有失自己天子的尊严，以后何以君临天下。思来想去，汉武帝决定以大局为重，依法处置自己的乳母。

乳母深知汉武帝的为人，知道自己凶多吉少，便想起了能言善辩的东方朔，请求东方朔帮自己一把。

东方朔也颇感为难，他想了想说："办法也有，但必须靠你自己。"

乳母急切地问："什么办法?"

东方朔说："你只要在被带上刑场的时候不断地回头注视皇帝，但千万不要说话，也许还有一线希望。"

乳母虽不解其中玄机，但还是点了点头。

当这位乳母被带走行刑时，她有意走到汉武帝面前向他辞行，用哀怨的眼神注视着武帝，几次欲言又止。汉武帝看着她，心里很不是滋味，有心想赦免她，又苦于君无戏言，无法反悔。

东方朔将这一切看在眼中，知道时机已成熟，便走过去，对那位乳母说："你也太痴心了，如今皇上早已长大成人，哪里还会再靠你的乳汁活命呢?你不要再看了，赶紧走吧。"

汉武帝听出了东方朔的话外之音，又想起了小时候乳母对自己的百般疼爱，终不忍心看乳母被处以刑罚，于是法外开恩，将她赦免了。

当我们遇到一些不愉快的事情时，用正话反说的方法可能会收到更好的效果。对那些从事特殊工作的人们，在说话时更要看清对象，学会正话反说。否则说话太直，会给人带来不幸。

某护士刚从医学院毕业，怀着满腔热情到市里的一家医院实习。实习的第一天，带她的医生让他到6床通知病人，把病情好好跟病人说一下，告诉他只剩6个月的时间了。

护士听完医生的话，就拿着6床的病历到了病房。一进病房她就大声喊道："6床的病人做好心理准备啊，你只剩下6个月的时间了。"病人听完后一下子承受不住，当场就昏了过去。主治医生知道后狠狠地教训了她："病人因为身体的疾病已经很痛苦了，你怎么可以这样直接就告诉他呢？万一出现什么后果，你负得起责任吗？"

我们不能评价这个护士没有能力，但是她的语言表达方式实在令人不敢恭维。

在一些特殊场合下，实话实说是致命伤。"说话莫忘看场合"，该反说时就反说。因为，心理学告诉我们，在不同的场合中，人们对他人的话语有不同的感受、理解，并表现出不同的心理承受能力，正因为受特定场合心理的制约，有些话在某些特定环境中说比较好，但在另外的场合中说未必佳；同样的一句话，在这里说和在那里说效果就不一样，说什么，怎么说，一定要顾及说话环境，才能取得良好的说话效果。总之，唯有巧妙地利用语境，做到情境相宜，才能攻破人们的心理防线。

另外，正话反说也是产生幽默感的有效方法之一。使用这种方法能够在不直接指明对方错误的基础上，使他们自我反省并认识自己的错误。

有一则宣传戒烟的公益广告，上面完全没提到吸烟的害处，相反地却列举了吸烟的四大好处：一、节省布料：因为吸烟易患肺痨，导致驼背，身体萎缩，所以做衣服就不用那么多布料；二、可以防贼：抽烟的人常患气管炎，通宵咳嗽不止，贼人以为主人未睡，便不敢行窃；三、可防蚊虫：浓烈的烟雾熏得蚊虫受不了，只得远远地避开；四、永葆青春：不等年老便可去世。

这里说的吸烟的四大好处，实际上是吸烟的害处，却正话反说，显得很幽默，让人们从笑声中悟出其真正要说明的道理，即吸烟危害健康。

丘吉尔为了出席宫殿举行的演讲，超速开车，被一名年轻警员逮住了。“我是丘吉尔首相。”丘吉尔不慌不忙地说。“乱说，你一定是冒牌货！”警官这么一说之后，大英帝国的首相谢罪了。他说：“你猜对了！我就是冒牌货！”

这么一来，警官面露微笑，放过了这位世界上著名的伟人。

丘吉尔在一本正经表明身份的时候，被警官怀疑。然后，他就换了一种方式，正话反说，这样反而使警官摸不清虚实，使得警官抱着一种“宁可信其有，不可信其无”的心态放过了他。

在特定情况下，人们需要打破习惯的说话方式，反其道而行之，这便形成了反语。反语是一种拐弯抹角、迂回的表达方式。正话反说不仅有很好的表达效果，还有更强的说服力。

先顺着对方的意思，让对方解除心理防范，再让对方领悟“话中之话”，一旦对方顿悟，便能起到立竿见影的效果。正话反说不只是一种沟通策略，更是一种攻心术。不但可以避其锋芒，明哲保身，而且能让对方欣然同意自己的见解。

顺水推舟，击溃对方心理防线

第二次世界大战期间，美国因为参战而必须动员大批青年服兵役，但多数美国青年过惯了舒适生活，担心自己的生命会骤然消失，于是纷纷抵制美国五角大厦发出的征召令。其中，俄亥俄州的地方行政长官已经是第五次被参谋长联席会议主席训斥得灰头土脸。

他表示：他已经说得口干舌燥，却仍然无法说服那些懦弱且意见纷杂的青年。正当他焦头烂额之际，有人向他介绍了一位大名鼎鼎的心理学家。

这位心理学家经过一番精心准备之后，信心十足地来到募兵现场。当他面对台下东张西望的青年时，先沉默了五分钟，然后用浑厚的男中音开始进行演讲：

"亲爱的孩子们，我和你们一样，特别珍惜自己的生命。"

青年们见他颇有学者风度，说话又切合自己的胃口，便开始安静下来聆听。

"首先我要提醒大家，热爱生命是无罪的，因为，我们每个人都只有一次生命。凭良心说，我同样反对战争、恐惧死亡，如果要求我到前线去，我也会和大家一样想逃避这项命令。

"但是，我也存在另外一种侥幸心理：假如我服兵役，可能只有一半的概率会上前线作战，因为也有可能会留在后方；即使上了前线，我作战的可能性同样也只有一半，因为说不定我会成为某长官的左右手而留在安全地区；万一我不幸必须扛起枪，受伤的可能性仍然只有一半；即使不幸挂彩，如只有轻伤也不致受到死神的召唤，因此，我实在没有担忧的理由；如果是重伤，或许在医生的帮助下也有可能逃离地狱的鬼门关；就算真的运气不好，如果我不幸为国捐躯，亲人和朋友也将替我感到骄傲，我的父母不但会受颁一枚最高勋章，还可得到一笔数量可观的抚恤金和保险金，邻居小孩子们会以我为英雄，把我当成偶像来崇拜。而我，一位伟大的战士也进入天堂，来到慈祥的天父身边，说不定还会见到万人敬仰的华盛顿将军。”

听完这段演讲，本来极力抗拒上战场的青年们纷纷表示愿意赌一赌，他们或者是想当英雄，或者是有人家境不好，万一出事可领巨额抚恤金。

就这样，心理学家的一席话，攻下了青年们的心理弱点，让他们成功地被说服。

实际上，这位心理学家只是发挥“顺水推舟”的策略而已。如同催眠师一般，他先瓦解对方坚固的防御心理，进而掌握他们潜意识下的心理需求，然后将他们一步步引入预先布下的网络中，最后巧妙地操纵对方情感，使其轻易就范。

有时候，人执拗于某一错误道理或者荒唐的念头，常是由于思维逻辑出现了错误。在这种情况下，你只需顺水推舟的指出他的逻辑错误，问题就迎刃而解了：

沟通前，首先要认清对方的心态，弄清对方的心理状况。对方的心态决定了对方说话的内容和方式，所以，在谈话的过程中要注意把握住对方的心态，弄清对方的心理状况，这样才能把握住机会，顺水推舟。有时候，机会要靠自己创造，所以在和他人谈话的时候，要注意因势利导，克服对方的抵触心理，使对方软化自己的立场，一步一步引导对方进入自己的语言环境，为自己的顺水推舟做好准备。

在沟通过程中，如果你特别坚持自己的主张和观点，试图使自己彻底击溃对方而占得上风，那对方反而会加强防范、顽固对抗，结果就会适得其反。这时你应该先顺应对方的意思，肯定对方的想法，再有意无意地以伪装过的说法表达自己想说的话，才不会让对方发现你的意图。

第五章
心理定位法，更快锁定对方心理

看那些处事干练的人，话一般不太多，不说则已，一说就说中点子。心理学认为，先有定位，再做沟通，才能更快地锁定对方的心理。你在沟通中真正的智慧就是如何让自己的语言尽可能地简练，而且产生一语中的效果。

超限效应：感受一语千金的力量

有一个人去听一位牧师的演讲，开始的时候，他被深深地感动了，拿出很多钱准备捐款。一个小时过去了，这个人认为牧师的演讲估计该结束了，但牧师仍在继续，他有点不耐烦，决定只捐一些零钱算了。两个小时过去了，牧师还在滔滔不绝，这个人开始反感，决定一分钱也不捐了。三个小时过去了，牧师还在翻来覆去地讲同一个道理，这个人烦透了。好不容易挨到牧师演讲结束，开始时准备捐钱的这个人，不但一分钱没捐，还趁人不注意从捐款钵里拿走了一些钱。

在生活中，你是否经常会看到类似的现象：一位妈妈三番五次地对孩子说“你要把你的屋子收拾干净”，可孩子将妈妈的话当作耳旁风，屋子杂乱依旧；妻子不知疲倦地提醒丈夫“你该戒烟了”，可丈夫依然吞云吐雾……造成这些现象的原因，就是刺激过多、过强、过久，超过了合理的限度，引起了人们心理极不耐烦或反抗的情绪，使事物朝相反方向发展。心理学上将这一行为称作“超限效应”。

由此可见，我们如果希望自己说的话能够在别人身上起作用，就不能采取简单的重复，而是能换个角度、换种说法，将对方的厌烦心理、逆反心理减到最低，到那时，你也许能真正体验到“一语千金”的威力。

托尔斯泰说过：“人的智慧越是深奥，其表达想法的语言就越简单。”其实真正打动人心的语言往往不是长篇大论，而是那些简洁有力的话。

第二次世界大战期间，面对希特勒率领的军队的进攻，英军节节败退，人心惶惶，士气低沉。当时的英国首相丘吉尔觉得有必要做一场演讲，来激励士兵的士气，挽救国家的命运。

丘吉尔拄着拐杖，戴着草帽，慢步走向讲台，先把草帽放在讲台上，然后从左到右横扫了整个军营，说："永不放弃!"然后又从左到右横扫了整个军营，说："永不放弃!"当时整个军营鸦雀无声，连一根针掉在地上的声音都可以听到。然后他又从左到右横扫了一次整个军营，加大声量说："永不放弃，永不放弃，永不放弃，永不放弃!"整个军营都兴奋起来，欢呼声和拥抱淹没了整个军营。此后英国连连打败了德国希特勒军队的进攻。

这就是丘吉尔最著名的演讲，世界上最震撼的演讲，同时也是世界上最短的演讲。对此，你有什么想法吗？在这个讲究效率的时代，不要用你的长篇大论来浪费彼此的时间，折磨别人的耳朵了，简洁明晰地表达自己的观点才能收到更好的效果。

把多余的话去掉不说

古人云：山不在高，有仙则名；水不在深，有龙则灵。说话也是如此，话不在多，点到就灵。在生活节奏紧张快速的现代社会中，没有人愿意花费大量的时间去听你的长篇大论。这就要求你在谈话时要做到言简意赅，一针见血。

《三国演义》中有一段“白门楼斩吕布”的故事。吕布被曹操所擒，曹操考虑到吕布本领高强，有心饶他不死，留下为己所用。为此，他征求刘备的意见。刘备担心吕布归顺曹操后，不利于日后自己称雄天下，希望曹操处死吕布。这时，刘备本可以列举吕布的很多劣迹恶行，但他仅选择了吕布心狠手辣、恩将仇报、亲手杀死义父的典型事例来说服曹操。刘备只说了句：“公不见丁建阳、董卓之事乎？”一句话提醒曹操，吕布反复无常，很难成为心腹，弄不好就成为吕布的刀下鬼。于是，曹操下决心，立斩吕布。

吕布曾有恩于刘备，吕布被斩之前，也曾提醒刘备：“君不记辕门射戟之事乎？”然而刘备却不予理会，只用一句提示性的话，就坚定了曹操的决心，立刻就要了吕布的性命。

从某种程度上说，能言善辩比写作更实际、更为人们迫切需要。话要说到点子上才能起到关键性的作用。所以话并不是说得越多才越有说服力，要抓住谈论的要害，才能事半功倍。因此在人际交往中处于不败之地，就要有个好口才，这就像我们辩论一样，抓不住对方的论点要害，永远也不会把对方击败。

从前有个客商新开了一家酒店，为了招徕顾客，特备厚礼请几个秀才为他写一块招牌。甲秀才大笔一挥写下了“此处有好酒出售”七个大字。众秀才议论纷纷，乙秀才说：“‘此处’二字太啰唆。”丙秀才说：“‘有’字也属多余。”丁秀才认为酒好酒坏顾客自有评价，“好”字也当删去。这时甲秀才带着几分怒气认真地说：“如此说来还是干脆只留个‘酒’字算了。”众秀才频频点头赞许，大家也欣然接受。

现在，我们看到许多售酒处都会贴一个“酒”字或者挂一个“酒”字招牌，就是由这样一个故事演变而来的。

简洁能使人愉快，使人喜欢，使人易于接受。说话冗长累赘，会使人茫然，使人厌烦，达不到目的。简洁明了的清晰声调，一定会使你事半功倍。人们交流思想、介绍情况、陈述观点的时候，为了能够使对方更快地了解自己的意图，领会要领，往往是用高度凝练的语言。在开口之前，先让舌头在嘴里转个圈，把多余的废话减掉，一开口就往点子上说，才能在激烈的社会竞争中处于不败之地。

口才训练法，开口给他人力量

说话言简意赅的人都有一个共同点，那就是具有非常出色的语言组织能力。词语是人说话的基本元素，用对了字眼不仅能打动人心，同时更能带出行动，而行动的结果便是展现出另一种人生。马克·吐温说："恰当地用字极具威力，每当我们用对了字眼……我们的精神和肉体都会有很大的转变。"

说话时需要精心遣词，恰当用字，这样不仅可以准确地表达自己的意思，而且能够起到感染听者的效果。这才是言简意赅。

交谈时，若是你说对了话，就能使人欢笑、排除心病、给人希望；若是说错了话，就会使人难过、伤心、令人绝望。

许多历史上的伟大人物就是因为善于遣词造句、激励人心，才得以开创伟大的事业、名留青史。

有一位伟人曾在演讲中这样说道："当我们今天得以享受到充分的自由时不要忘了《独立宣言》，它是两百多年来给予我们每个人的保障。同样地，当我们这些年致力于种族平等时，不要忘了那也是因为某些字眼的组合而激发出来的行动所致。没有人会忘记马丁·路德·金博士打动人心的那一次演讲，他说：'我有一个梦想，期望有一天这个国家能真的站立起来，信守它立国的原则和精神'……"的确，用词恰当不仅能打动人心，还能引导行动。

第二次世界大战期间，英国正处于风雨飘摇之际，有一个人的话激起了英国全民抵抗纳粹的决心，结果他们以无比的勇气挺过了最艰苦的时刻，打破了希特勒部队所向无敌的神话，这个人就是丘吉尔。

从某种程度上说，人类的历史就是由那些具有震撼力的语言推动的，然而却鲜有人知道那些伟人所拥有的语言力量也能够在我们的身上找到。这能改变我们的情绪、振奋意志，乃至于有胆量敢于面对一切的挑战，使人生丰富多彩。

那么如何提高你的语言组织能力呢？答案就在于认真观察。

把自己看到的景、事、物、人等用描述性的语言表达出来，就是描述。在进行描述训练时，你完全可以充分发挥你的全部才能把很多合理的内容增加进去，这样你的描述就会更充实，更生动。

小的时候学过的看图说话，就跟描述很类似。只是我们要描述的不仅仅是图，还有生活中的景、事、物、人等，要求比看图说话高一些。

利用描述的方法训练口才，比前面介绍的几种方法更进了一步。这种方法没有现成的对象，完全是你自己能力的体现，完全是一种创造。对于同一描写对象，不同的人有不尽相同的表述，即使同一个人，不同的时间也可能出现不尽相同的表述。

这种训练方法的主要目的就是训练你的语言组织能力、对事物的观察能力和敏捷的思维能力等。

无论是平时的谈话、聊天，还是论辩、谈判、演讲，都必须具有较强的组织语言的能力，没有这种能力，不可能拥有一张悬河之口，口语表达能力的基本功就是组织的能力。

我们在跟别人说话时用词常常十分谨慎，然而却不留意自己习惯用的字眼，殊不知我们所用的字眼会深深影响我们的情绪，也会影响我们的感受。因此，如果我们不能好好掌握怎样用词，如果我们随着以往的习惯继续不加选择地用词，很可能就会扭曲事实。譬如说当你要形容一件很了不起的成就时，用的字眼是“不错的成就”，那对别人的情绪就很难造成兴奋的感觉，这全是因为你用了具有局限性的字眼所致。一个人若是只拥有有限的词汇，那么他就只能体验有限的情绪。反之若是他拥有丰富的词汇，那就有如手中握着一个可以调出多种颜色的调色盘，可以尽情来挥洒自己的人生经验，不仅为别人，更可以为自己。

人类的历史也可以说是由那些具有威慑力的话所写成的，这些话可以调动你的情绪，振奋你的精神，使你有胆量面对一切挑战，让人生过得更有意义。

选择使用积极性的字眼，能够振奋人心。反之，若是选择使用消极的字眼，就会让人自暴自弃。

莫失言，透过现象看人心

我们在平常的生活和人际交往中，失言是不可避免的。失言的原因是多方面的，但其中最根本的原因，往往是因为语意含糊，缺乏清醒的目的。

谈话不只是一种社交上的需要，也不只是为了互相认识和了解一下，而是要彼此传达自己的意识和思想。所以，在说话时要首先明确自己的目的，要把话说明白，让对方能够听懂、理解。

例如，你找一位朋友请他参加一个团体，或者请一位医生解决一个医疗问题，或是买卖双方谈论生意上的事情，这一类谈话究竟和一般社交性质的谈话有什么不同呢？在有些方面，两者是一样的。例如，你要具有一般的谈话能力，你要能够适应对方，尽可能了解对方的特点，你要有兴趣，态度要友好而又真诚等等。但有些地方却是不同的，这类谈话，每次都有一个特殊的目的。

一般来说，人们说话的目的，不外乎以下5种：

1. 传递信息或知识

如课堂教学、学术报告、现场报道、产品介绍、展览解说等一类的说话。

2. 引起注意或兴趣

多是出于社交目的，或为了与人接触，或为了与人沟通，或为了表明自身的存在，或为了取悦于人，如打招呼、应酬、寒暄、提问、拜访、导游、介绍、主持人讲话等。

3. 争取了解和信任

如人们交谈、叙旧、拉家常、谈恋爱等，往往旨在交流感情，增进友谊，密切关系。

4. 受到激励或鼓动

旨在加强人们现有的观念，坚定信心，振奋精神，有时也要求得到行动上的反应，如赞美、广告宣传、洽谈、请求、就职演说、鼓动性演讲，以及聚会、毕业典礼和各种纪念活动、庆祝活动中的讲话等。

5. 能够说服或劝告

诸如谈判、论辩、批评、法庭辩护、竞选演说、改革性建议等此类说话，大多力图改变对方的某种观念或信念，阻止对方采取某种行动。

坚持话由旨遣的原则，明确说话目的，是说话取得成功的首要条件。目的明确，谈话、社交往往能够取得良好的效果，有时甚至能够使说话人急中生智，化险为夷。

只有明确了目的，才知道应准备什么话题和资料，采取何种语体风格，运用哪些技巧，“抓住一点，不及其余”，从而能够有的放矢，临场应变。若目的不明，不顾场合地信口开河、东拉西扯，对方就会不知所云，无所适从。

明确了要表达的主要内容，还要通过语言进行传递，语言是否恰当、贴切直接影响信息传达的效果。清晰准确的语言能够最大限度地表现说话人的原意，而含糊不清的语言会阻碍信息的有效表达，甚至被人误解原意。

要想使语意清晰，一定要注意遣词造句，恰当的用字才能准确地表达自己的意思。另外，适当的语句还能起到感染听众的作用。

清晰准确地表达自己的意思，就要善于锻造自己的用词，丰富的学识是准确的前提，平常我们要勤于积累。

每次与人交流之前，不妨先自问一番：“我要向对方传达什么信息？”或者“对方想要获知什么内容？”预先想一想自己的表达要达到什么样的效果，并把预期的效果当作目标，为之努力。

另外，在平时就注重培养自己分析问题的能力。要学会透过事物的表面现象，把握事物的本质特征，并善于综合概括。在这个基础上形成的交流和语言，才能准确、精辟。这是一个长期积累的过程，需要我们在平时多下功夫。

我们经常说一个人口才好，并不是指他在别人面前怎么侃侃而谈，而是说他的每句话都能说到点子上，能起到真正的作用。相反，一个人即使能把一件事说得天花乱坠，却使人不得要领，那也只能是废话。俗话说“话多不如话好，话好不如话巧”，说话有的放矢，这样才能说到对方的心里。

沉默也是一种语言

人的关系是很微妙的，往往一句“说者无意，听者有心”的话，伤害就不知不觉造成了；即使你本意不是伤害别人，却总是处处显示自己，把别人陷于被动、尴尬的局面，那就糟糕了。更何况在错综复杂的交际网中，在城市的每一个角落里，无时不隐藏着杀机和危险，有“一失足成千古恨”的先例，更有祸从口中出、引祸上身的酒桌之言。无心之言、戏言、多嘴之言都会随时带给你这样或那样的结果，造成上下级间的关系紧张、夫妻间的关系不和、朋友间的误会、邻里间的矛盾等。所以，话不在多，言多必失，聪明人都懂得这个道理，绝不会把自己的精力浪费在说废话上。

爱因斯坦在研究出相对论之前，默默无闻地在小镇上生活着，过着深居简出的日子。他一心投入到理论的研究中，从不会为了自己的头发长短或者衣服的搭配而浪费时间。有一天，他在街上遇到一位久违的朋友，朋友看见他不修边幅的样子十分吃惊，劝他注意一下形象，不要再穿得随随便便就出门。谁知爱因斯坦却回答道：“这有什么关系？反正这里的人都不认识我。”

他在理论上取得重大突破之后，一夜成名。可他还是和从前一个样子，宁可把时间花在读书、拉小提琴上，也不愿意修饰一下自己的穿着，仍和从前一样随便、简单。一天，他又遇到了那位老朋友，老朋友看见他这副样子更加惊讶，劝他好好整理一下头发，换两件衣服，改变一下形象。可爱因斯坦却说：“这有什么关系？反正这里的人已经都认识我了。”

想想看，如果爱因斯坦不是这么平静地回答朋友的提问，而是一大篇的废话，那么出名之前，人家可能会觉得这个人真不安分，总是抱怨现状、想入非非；出名后，人家肯定以为他目中无人、自以为很了不起。所以，与其话太多给人留下把柄，不如沉默下来，给人家想象的空间，也避免授人以柄。

话太多会招致别人的反感，也会招致别人的嫉妒。有时候也许你的话无伤大雅，可是为了表现自己而处处张扬的人，也会给人华而不实、聒噪肤浅的感觉。滔滔不绝地把自己的优点、缺点全部暴露，可能也算是实在，算是一个优点，但对那些不熟悉的人或是无关紧要的人表达得过分了，也就失去了神秘感，让人一眼看到底不仅显得内涵不够，还可能让人怀疑你腹中空空。

有些话可能有些庸俗，但细细想来却是不破的真理，如“做人留三分”“木秀于林，风必摧之”。过于张扬，开口便喧宾夺主、口若悬河，即使你真的有真才实学，也难免令人厌恶。不如适当地沉默，保持内涵，让人感觉你高深莫测、成熟稳重。凡事在心不在口，如果你平时不显山露水，说话不多却思路清晰、言之有物，令人如沐春风。那么，在关键时刻，那些平时吹擂的人反而会各个退后，让你站出来真正解决难题。这时候，别人一定非常惊喜，着实佩服你的能力。当然，我们推崇的沉默不是忸怩作态，而是拥有真正的内涵。而拥有真正内涵的人，通常也明白保持沉默的道理。

过去，心理学家常常认为人们应该把自己的心里话讲出来。但现在人们逐渐发现，在与他人的交往中，有时更需要忍耐和沉默。沉默不是无奈，更不是软弱。有时候，不说比说更有威力。

狭义的沉默是指一言不发、缄口不语；广义的沉默则是不通过言语，而是运用目光、神态、表情、动作等，间接地表达自己的思想感情。在生活中，沉默具有丰富的内涵：第一，沉默可以避免冲突升级；第二，沉默可以做暗示性表态。正如古罗马著名演说家、政治家西塞罗所说：“沉默蕴涵着一种艺术，沉默也蕴涵着雄辩。”

第六章
正向人格激励，胜过千言万语

心理学认为，正向的人格激励能使人身心愉悦，充满力量。一句赞美的认可，比得上千万言语，在人际交往中，学会适当巧妙地赞美别人，不仅是对别人的一种激励，更是自己人格魅力的体现。

赞美心理，人人中招

赞美让失败者重新燃起希望的火把，让犹豫者更加坚定自己前进的步伐，让自卑者忘却失意，重拾自信。成功学大师拿破仑·希尔曾说：“人类最深的需要是渴望他人的赞美。”根据马斯洛的需求金字塔，人除了基本的生存需求外，还需要更高层次的需求——精神食粮带来的身心愉悦，而精神食粮之一便是赞美。

春风化雨，一句赞美的话能瞬间改变人的心境，让人的态度从消极冷淡变得愉悦热情。人人都需要赞美，渴望被赞美是人类普遍的心理需求，是人性中最根深蒂固的本性。

一位老人衣衫褴褛，每天都会出现在街头固定的地方，卖艺求生。他的弹奏很精彩，有很多人施舍给他钱财，不一会儿，他面前堆积的钱就很可观了。可是老人一直都不去看满满的钱罐，只是静静地闭目坐着，继续自己的弹奏。忽然，一阵热烈的掌声唤起了老人的注意：“你的弹奏真是美妙极了！”一位游人边鼓掌边真诚地发出赞叹。老人的脸上露出了欣慰的笑容，原来老人一直期待的就是一位赞美者。

林肯曾说：“每个人都希望受到赞美。”赞美是一种精神的褒奖，它不同于物质上的满足，能让人产生更长久的幸福感。故事中的老人虽然是一个靠卖艺为生的乞讨者，但是追求赞美也是他最大的内心需求。满罐的钱都没有让老人抬眼，只一阵热烈的掌声就让老人露出了欣慰的笑容，由此可见，人人都渴求得到赞美，赞美是人类灵魂需求的一部分。

人际关系专家卡耐基曾说：“喜欢被人认可，感觉自己很重要，是人不同于其他低级动物的主要特性。”正是因为有这种需求，人们才会不断表现自我，超越别人，追求完美，以期得到更多的赞美。

莎士比亚说："赞美是照在人心灵上的阳光。没有阳光，我们就不能生长。"可见，赞美就像阳光一样温暖着我们的灵魂，如果生活中没有了赞美，我们的生活就没有了养料，就无法正常生长。

马克·吐温说过，一句得体的称赞能使他陶醉两个月。在生活中，我们每个人都期待他人的赞美，因为每个人内心都希望自己所付出的努力被别人看到，自己所取得的成绩被别人称赞。赞美是对自我价值的肯定，是精神的奖杯。赞美的话能给人自信，让人精力充沛，让人获得内心的满足。

赞美是一种美好的情感体验，它让人快乐，给人自信。它带给我们的不仅仅是一时的愉悦，而是长久的快乐。

美国"钢铁大王"卡内基，曾经开出100万美元的超高年薪聘请一位执行长夏布。当时，许多记者问卡内基原因，卡内基说："他那一张会赞美别人的嘴值得我为之付出这样的薪水。"

父母经常赞美孩子，家庭气氛和睦、欢乐；领导经常赞美下级，职工的积极性、创造性不断被激发，被调动。赞美之于人心，如阳光之于万物。在我们的生活中，人人需要赞美，人人喜欢赞美。这绝不是虚荣心的表现，而是渴求上进，寻求理解、支持与鼓励的表现。爱听赞美，出于人的自尊需要，是一种正常的心理需要。经常听到真诚的赞美，明白自身的价值获得了社会的肯定，有助于增强自尊心、自信心。

有的人吝惜赞美，很难赏赐别人一句赞美的话，他们不懂得，多正面引导，多表扬鼓励，是思想教育工作的一条规律。予人以真诚的赞美，体现了对人的尊重、期望与信任，并有助于增进彼此间的了解和友谊，是协调人际关系的好方法。人人皆有可赞美之处，只不过长处、优点有大有小、有多有少、有隐有显罢了。只要你细心，就随时能发现别人身上可赞美的"闪光点"。即使缺点较多或长期处于消极状态的人，只要稍有改正缺点、要求上进的可喜苗头，就应及时给予肯定、赞扬。须知你不仅仅是在肯定、赞美某一个人，而是在为你的人际关系添砖加瓦。

每个人都希望得到别人的赞美，对别人有一份期待，希望得到他人的尊重。因此，只要你的嘴巴“甜”一点，会说话、说好话、巧说话，适时给人送去夸奖和赞扬，让别人心里感觉舒服、受用，自然就能融洽双方的关系，求人办事时就能左右逢源。

抓住心理，让对方人品闪光

裴宽曾在唐代润州刺史韦诜的手下当参军。有一次，韦诜看到裴宽住宅后园中有很多人在手忙脚乱地掩埋什么东西。韦诜感到很奇怪，就把裴宽叫来询问是怎么回事，裴宽诚实地回答道："宽义不以包苴污家，适有人以鹿为饷，致而去。不敢自欺，故瘗之。"韦诜听后，为其高尚情操所折服。马上把裴宽提拔为按察判官，并决定把自己的女儿嫁给他。韦诜回到家中，喜不自禁地告诉妻子此事，并赞不绝口地说："我们一直想找一个好女婿，如今终于找到了。"随后，婚礼举行，韦诜的亲戚前来祝贺。但看到裴宽长得又高又瘦，相貌丑陋，有人窃笑不止，把裴宽叫作"绿鹳雀"，令裴宽很尴尬。韦诜却不以为意，当众夸奖裴宽的品德高尚，并说："爱其女，必以贤公侯也，何以相貌求人？"

此典故说明：第一，韦诜作为上级，对下属的考察注重品格。高尚的品德，是严于职守的前提，只有品格高尚的人，才会克己奉公，为民而吏。这也从另一方面反映了韦诜自身的品德高尚，赞美年轻人注意对其内在品质的认可和赞赏，才会使你的赞美成为真正驱使他进步的动力，鞭策其进步。裴宽后来官至尚书。《史书》记载说，裴宽"为政务清简，所莅人受之，世皆冀其得宰相。"第三，韦诜作为父亲，为女择婿，不重其貌却重其德，这无疑是对裴宽高一层的评价，是一种发自内心深处的对其灵魂的赞赏，也是对裴宽的另一种形式的赞美和鼓励。

人品是一个人重要的基本素质。在现实生活中，高尚的品格表现非常广泛，如善良、勤劳、乐于助人、公正廉洁、爱国、爱人、勇于牺牲等等。人品反映的是一个人的内在修养，他为人处世的基本原则、倾向和态度。

中国自古就是一个重伦理、重道德的国度，人品更是人们关注的焦点。一个人可以没有漂亮的容貌，可以没有超人的才能，也可以不要权力和金钱，但不可无好的人品。衡量一个人，往往不是先看其相貌，也不先看其能力，首先是看其人品。好的人品受到广泛的称赞，处处受到人们的欢迎。差的人品则将为社会所谴责，甚至被千夫所指，遗臭万年。人品好的人被奉为“君子”，人品差的人则被斥为“小人”，并有“近君子有仁有义，远小人无事无非”的古训。因而，赞美别人时，就应抓住我们的民族心理，多赞美其人品。赞美别人的人品，也同时表现了我们对良莠的分辨、判断能力，显示了自己的人品。俗话说：“物以类聚，人以群分。”即是说，君子往往是一个阵营，而品行低劣的小人也往往在一处凑合。惺惺惜惺惺，唯有自己品行高尚，才会由衷地、真诚地赞美别人的人品，推崇正人君子。

从心理上讲，当别人关注或赞美自己的成绩、权力和财富时，往往有些戒备心理，恐怕别人的话里暗含着嫉妒甚至杀机。但当别人赞美自己的品德时，无疑是说自己是个好人，没有谁不愿意听的。人人需要赞美，人人也需要赞美别人，人品尤其如此。

赞美他人的人品时，要注意：

第一，必须对你所赞美的人有全面而深入的了解。

如果对一个人只是一面之交，或知之不深，就仅凭你的直觉和经验赞美其品质，而不知其公众形象如何，往往会失之偏颇。一个人的品格，在熟知他人的范围内，其人品如何，公众的看法基本一致。你的赞美如果不恰当，不仅难以得到赞美的效果，反会引起非议。若此君恰巧形象不佳，更会招来“臭味相投”“一丘之貉”的罪名。

第二，不要乱做比较。

每个人都很重视别人对自己人品的评价，如果在赞美别人人品时拿别人做垫子，是很不明智的。在场的人可能会跟你翻脸，不在场的人可能会有人去打“报告”，这样的赞美定会让你损失惨重。

第三，在一些场合不要当众赞美一个人的人品。

现在，各单位矛盾重重，你若大张旗鼓赞美一个人的人品，往往会被看成是“一个鼻孔出气”，猜疑你拉帮结派。你想表达对同事人格的敬仰，不妨私下悄悄交流。家庭内部，成年的兄弟姐妹、妯娌、连襟之间，差异甚至隔阂是不可避免的。人人都崇尚正大光明，但有些事情反而偷偷去做更合适，赞美有时就是这样。

不落俗套的赞美使人愉悦

赞美别人，很多人认为只要说出赞美的话就行了，或者只要真诚就行，然而不是所有的赞美都能产生它应有的作用。有的赞美无法引起被赞美者的注意，甚至会令他们厌恶。所以，赞美也要讲究技巧，因为千人千面，没有谁会喜欢千篇一律的赞扬话。既然要赞美，就要达到赞美的目的，使对方从你的赞美中感受到快乐、满足，要不落俗套，从而让对方感受到你真诚的心。举例来说，赞美女性，她们最喜欢的话语往往是：脸庞美丽，性格温柔，身材苗条，服饰漂亮，等等。但是，每一个见到她们的人都这样说，自然会令她感到听觉疲劳，无法引起她们的好感，这样的赞美就只是在浪费唇舌。所以赞美别人也要讲究不落俗套，这样才能让对方对你的赞美记忆深刻，从而缩短彼此沟通的距离。

对于著名指挥家的演出，每个人都给予了很高的评价。对于指挥家来说，每次演出结束，他都能听上百句赞美的话，所表达的意思也是大同小异，因此这样的赞美已经让他麻木。语言没有什么特殊之处也就意味着在指挥家的眼里没有特别之处，一切交往也就流于表面的客套，就像指挥家对大家彬彬有礼的答谢。然而，朱莉的一句“你很帅”却让指挥家眼前一亮，别有新意的一句话一下子让朱莉的形象印在指挥家的心中，并在之后的交往中把她当成挚友。可见，不落俗套的赞美能一下子说到别人的心坎里，就像一张通行证能迅速打开沟通之门。

说一句赞美的话不是什么难事，但是通过一句赞美的话就让别人记住你却并不容易，是要下一番功夫才行的。下面简单介绍赞美的几种技巧：

1. 在其背后赞美

2. 从否定到肯定
3. 借别人之口
4. 赞其得意之处
5. 要夸到点子上
6. 称赞其不被人注意之处
7. 在众人面前赞美
8. 刻意制造“意外”

我们在日常交往中，如能注意观察，并对那些被我们忽略了的优点、美德加以及时赞扬，往往比赞扬那些人所共知的优点效果更好。如一位著名科学家、著名演员或著名作家，或在某些方面有较突出成就的普通人等，他们在各自的领域里都颇有建树，而对他们在各自领域里所取得的成绩的赞美声也就会不绝于耳。那么，我们不妨另辟蹊径，如赞扬他们和谐的家庭生活，他们漂亮的衣着打扮，他们亲切的微笑，以及优秀的品格等，这样肯定会使他们喜悦倍增。

赞美要懂得恰如其分

人们喜欢恰如其分的赞美，不喜欢海阔天空的乱吹。你如果说一个丑人长得漂亮他会以为你是在讽刺他。不适度的赞美就如毒药，不但会引起对方的反感，还会使刚开始的沟通走向结束。原一平刚进入办公室时夸赞老板的话就起到了很好的作用，老板热情亲切地招待了他，请他坐下，愿意花时间耐心地听他说话，但是随后他不断地找话头来赞美，这种夸张的感情流露让那位老板厌烦，感觉他的赞美很轻浮，缺乏真情实意，从而对他这个人也轻视起来。

可见，赞美犹如煲汤，掌握好火候是关键要素。恰到好处的赞美可以让对方感到舒服，也会为自己树立一个良好的形象，感到自己赞美的诚意；相反，过度的、没完没了的赞美除了让对方感到你的虚情假意之外，还会有拍马屁之嫌，结果只能令人厌烦。

过度赞美不但不会让被赞美者感到自豪，反而会让对方感觉你虚情假意，觉得自己稍不留神就会等来“蜜糖加棒子”——先是把自己夸奖得轻飘飘，然后再将真实目的暴露出来。这样做会让被赞美者有一种“掉进别人预先挖好的陷阱”的错觉。而丝毫没有被赞美的快意。所以掌握好赞美的尺度非常重要。

恰如其分的赞美才是真正的赞美。赞美时使用过多的华丽辞藻，对别人进行空洞的吹捧和过度的恭维只会使对方感到不舒服，甚至厌恶、反感。其结果适得其反。

要想表达你的适度而得体的赞美之词，应注意以下几点：

1. 换个角度

赞美用得巧妙可以起到意想不到的效果。

有个笑话说，两个书生刚被任命去做县官，赴任之前，去拜访主考老师。老师对学生说：“如今世上的人都不走正道，逢人便给人戴高帽子，这种风气不好！”一个书生说：“老师的话真是金玉良言。不过，现在像老师您这样不喜欢戴高帽子的能有几个呢？”老师听了非常高兴。这个书生出来以后，对另一个书生说：“高帽子已经送出一顶了。”

可见，一个人不喜欢别人乱戴高帽子，但换一个角度给他戴个高帽子，他还是会笑纳的。

2. 过犹不及

赞美虽好，但用得过多也会如吃多了肥肉一样让人腻烦。有些人时刻将赞美之词挂在嘴边，看到谁都要赞美一番，赞美时都要说上一大堆。殊不知，时间长了，别人就会觉得你的赞美像鸡肋，食之无味，甚至如同嚼蜡。你再赞美别人也就不起作用了。所以赞美的话无须多，精妙的赞美只一句就够了。

当然，赞美要适宜，并不是不鼓励赞美，而是该赞美时要毫不吝啬地赞美；不该赞美时，要适可而止。

3. 恰到好处

要想使赞美真正起到作用，还得注意在赞美时做到恰到好处、大方得体。人都爱听好话，但是每个人愿意接受的赞美语言是不同的，如果不能恰到好处，是难以起到改善关系、促进沟通的作用的。

在赞美时，不要盲目地使用一些自认为是赞美的词语，应了解听者的背景、脾性、爱好等，从听者可以认同的角度给予赞美，这样才会让赞美的声音走进听者的内心。

4. 符合实际

每个人的境况各不相同，赞美时要因人而异。如果我们见到一位长相一般的女士，说“你很漂亮”，对方会觉得你是在讥讽她的长相，刺激她的自尊心，沟通就无法进行。你应该从她的内在修养出发，关注她的品位、女人味、素质、举止等，这些话她肯定会欣然接受，并对你产生很好的印象。在称赞男士的时候应集中在他的工作能力和成就上，不要总是说一些“你很帅!”“你很有才!”之类的话。这样会让对方觉得赞美的话没有分量。你可以侧重于事业方面，比如“你将来一定前途无量”“你的能力太强了”等。如果是稍上年纪的男士，他们一般喜欢别人称赞他的努力过程、社会地位以及个人成就等，可以说“不知道哪天我可以像您一样这么有成就”“能不能向您请教一下，您是怎样才有今天的成就的”等。从实际情况出发，说出得体的赞美，满足他的期望，是不错的赞美方式。

5. 赞美要扬长避短

赞美要关注别人的长处，不要提及别人的短处，不要哪壶不开提哪壶。比如：当看见一个丑陋的人穿着漂亮的衣裳，我们可以赞美衣裳如何华丽，却没有必要说“穿着龙袍也不像太子”的话；当看到一个美女和一个糟老头在一起，我们可以赞美美女，却没有必要说“鲜花插在牛粪上”“老牛吃嫩草”之类的话；遇到那些孤芳自赏、自恋成狂的人我们可以赞美他们的自信，却没有必要说“夜郎自大”之类的话。

总之，对他人的赞扬一定要适度，因为适度的赞扬会使人心情舒畅，否则就会使人感到难堪、反感，或觉得你在拍马屁。可以说合理地把握赞扬的“度”是一个必须重视的问题。

心理学中的赞美陷阱

每个人的性格、价值观和世界观不同，对于事物的接受程度也有差异。所以，每个人喜欢的赞美方式也不相同，有的喜欢含蓄，有的喜欢直露。如果不根据他们个人的特点来赞美，就会给人以轻浮之感，觉得你的赞美没有价值，更不要说给人以鼓励，增进彼此的好感了。赞美要有新意才会得到对方的认同。陈词滥调每个人都会背，这样的赞美会引起人的反感，要引起对方注意，必须有别具一格的赞美语言。

有人说，赞美是所有声音中最甜蜜的一种，赞美应该给人一种美的感受，但很多人的赞美语言乏味，净是些陈词滥调，不切合实际，甚至会冒犯他人。赞美常见的误区主要有：

1. 公式化的套词空话

一些初涉社会交际圈的青少年很容易犯这种忌讳，自己没有社交经验，见面就是久仰大名、如雷贯耳、百闻不如一见、生意兴隆、财源茂盛等俗不可耐、味同嚼蜡的恭维。这种公式化的套词给人不冷不热的印象，使人感觉对方缺乏诚意，完全是在应付了事。这样的赞美毫无新意，不但有逢迎拍马之嫌，还会让人觉得在讽刺自己。

公式化的套词空话，有时还会冲撞别人的忌讳。一位年轻小伙子到同学家去玩，见到同学的哥哥后上去就来了一套公式："大哥你好，见到你真高兴！久闻你的大名，如雷贯耳，百闻不如一见！"没想到对方的脸从头红到脖子。原来，他同学的哥哥因打架斗殴被拘留了 15 天，刚出来。这个年轻小伙子根本不明情况就"久闻大名"地恭维了一番，无意中揭了对方的伤疤。

2. 鹦鹉学舌，学别人说过的话

一些人在公共场合赞美别人时，自己想不出怎样赞美，只能跟着别人学话，附和别人的赞美。常言道：别人嚼过的肉不香。古时候，朱温手下就有一批鹦鹉学舌拍马的人。一次，朱温与众宾客在大柳树下小憩，独自说了句："好大柳树！"宾客为了讨好他，纷纷起来互相赞叹："好大柳树"。朱温看了觉得好笑，又道："好大柳树，可作车头。"实际上柳木是不能做车头的，但还是有五六个人互相赞叹："好作车头。"朱温对这些鹦鹉学舌的人烦透了，厉声说："柳树岂可作车头！我见人说秦时指鹿为马，有甚难事！"于是把说"可作车头"的人抓起来杀了。

中国人有个传统就是别人赞美自己时，自己往往都要谦虚一下。如果是在人多的场合，大家众口一词地赞美某个人的同一件事，就会使他陷入很不自在的境地，越是最后几个赞美的，越让他感到厌烦。

3. 不懂装懂

一位商人很喜欢收集某位画家的画，在画展上商人看着这位画家的展画赞叹不已，画家在旁边听着心里很是高兴。但商人突然又赞扬道："这幅画真漂亮，很有美国画家莫奈的神韵。"听到这句话，画家鄙视地看了一眼商人，莫奈是法国印象派画家，而他这幅画更多的是采用了意识流的手法，和印象派画风虽同实异。于是画家和他的合作伙伴专门交代，如果这位商人要收藏这幅画，就说已经有人全部预订了。在画家看来，不懂画的商人是没有资格收藏他的画的。

赞美他人必须建立在相对了解的基础上，特别是一些专业知识很强的信息，如果我们不懂却充当行家，只会让自己出尽洋相。在现实生活中常会发生这样的情况，为了显示自己的才学，对于自己不了解的东西妄加赞扬，觉得这样的赞美不仅彰显了自己的知识水平，也夸奖了对方，为自己赢得好感。其实，这样不仅不会为自己赢得较好的评价，反而会显露出自己的粗浅。懂行才能抓住重点，才能把话说到点子上。所以，对于自己不知道的领域，不要急着赞美，先做一些功课，这样既是对别人的尊重，也是对自己的尊重。

4. 仅仅说些限于别人专长的话

每个人都有一技之长，大家往往很容易发现这一点，赞美其专长的人也最多。时间长了，被赞美的人听腻味了，对这方面的赞美也就不起作用了。比如一个画家，人们肯定都关注他的画技，对书法家人们可能仅赞美其书法水平。

常言道：好话听三遍，听多了鬼也烦。我们可以赞美别人专长以外的东西，比如业余爱好等。聪明的人善于实施“迂回赞术”，围绕对方关注的但又不是专长的方面进行赞美。举个例子说，大家都知道空姐们既漂亮又热情周到，所以听到乘客对自己容貌和服务方面的赞美太多了，可以说耳朵也起了茧子。一次一位黑人先生在下飞机时，很激动地对中国空姐赞美道：“我在国外坐了这么多次飞机，第一次遇到对我们黑人这么友好的服务小姐。”这位黑人先生没有赞中国空姐漂亮，也没有赞其服务水平有多高，而是换了个角度称赞中国空姐没有民族歧视的伟大品格，可谓别出心裁。

5. 不愿自我贬低

人常说：“休要长他人志气，灭自己威风。”所以一般人对于自己，总是拼命抬高身价；对于别人，总是吹毛求疵。这种人在现今社会是很难立足的。只有适当长他人志气，灭自己威风，才能使自己获得更大好处。俗语说：“人捧人，越捧越高。”你也高，他也高，这不是人己两利的事吗？

在现实生活中，有许多人不肯“捧”人，第一是误认为“捧”人就是献媚，有损自己的人格；第二是自视清高，觉得一般人都比不上他；第三是怕别人胜过了自己，弄得相形见绌。如果能够摒弃这种不健康的心理，用心研究如何“捧”人的方法，必然能领略到其中的好处。

其实，在某些时间、场所，人们的确不能坦然对他人说出礼貌性地赞美之词。在这种情况下，不妨换个方式来表达，效果是同等的，甚至会超出所期望的效果。

这个诀窍就是“贬低自己”。就像跷跷板，如果一边贴地，另一边必定是荡在高空。这种“跷跷板原理”同样也能应用在人际关系上，亦即适时地贬低自己，将能相对地捧高对方。即使是不善言辞或不善于称赞的人，也能轻而易举地使用这种方法达到高捧他人的目的。

进一步说，如果对他人采取轻视的态度，这对自己绝无半点儿好处。因为你刺伤他的自尊心，他自然而然会对你产生敌意。影响所及，你的人际关系必定一落千丈，连带造成你事业发展的不顺利。

批评心理：换个方式谈不满

我们对别人进行忠告也好，批评也罢，都要明确一个目的：为了教育，使对方的行动方向按我们的愿望改变。如果不能起到这个作用，倒不如沉默的好。有些上司未经事先考虑，就随便说些下属该如何如何做的话，这是很盲目的——他不清楚自己向部属提出的忠告或批评究竟会有什么效果或反应。

殊不知每个人都有自尊心，这往往妨碍他们去接受批评。所以，上司在批评的时候，必须使受批评的下属理解他的出发点，是为了集体好，也是为了下属本人好，其中并无个人成见，这样才有积极的作用。

“真没见过你这样的糊涂虫!”“你不想干可以到别的地方去!”这类批评语是不可取的，因为它只能刺伤对方的自尊心，激起对方的反感。

“你没有必要沮丧”，这样的话能使被批评者知道你对他还是尊重的；“如果你认为我说的有道理，你就听听吧。”“我希望你不要让我失望。”这类话也可以使被批评者感到你的温情。

忠告或批评必须选择恰当的时机，最好是选择没有第三者在场的场合，否则他会认为你是故意让他当众出丑，从而增加被批评者的抗拒心理。

某单位的员工迟到早退的现象相当严重，上司终于忍不住要说话了。如果态度和蔼，事情还容易过去；如果态度粗暴，甚至以威胁的口吻说话，那么，被批评者可能也会强硬地说：“既然你对我不满意，那我不干好了。”这样上司就有可能下不来台。

按一般情理，迟到者不论其理由如何，也绝对不要视迟到为好事，虽然没向上司说声抱歉，但心理上总是不安。在这种情况下，你应当抓住人性的共同弱点，采用温和的语气说："很对不起，我不了解你有什么困难，如果能够克服的话，我请你注意一下影响。我知道你住得远，交通又拥挤，不过我仍然要拜托你，能不迟到尽量不迟到。"

现在我们来看美国总统柯立芝是怎样运用赞美来批评别人的。

柯立芝有一位漂亮的女秘书，人长得十分漂亮，但工作中常常粗心大意。一天早晨，柯立芝看见秘书走进办公室，便对她说："今天你穿的这身衣服真好看，正适合你这样年轻漂亮的小姐。"

这几句话出自柯立芝之口，简直让秘书受宠若惊。柯立芝接着说："我相信你的公文处理也能和你的人一样漂亮的。"果然从那天起，女秘书在公文上就很少出错了。

一位朋友知道了这件事，就问柯立芝："这个方法很妙，你是怎么想出来的？"柯立芝得意扬扬地说："这很简单，你见过理发师给人刮胡子吗？他要先给人涂肥皂水，为什么呀，就是为了刮起来使人不痛。"

用赞美给批评里面加点蜜，使对方被"刮"时感觉不到痛，这正是批评的最高境界。那么，如何运用呢？

首先，讲讲你自己的缺点和错处。假如从一开始就比较谦逊地承认自己也犯过错误，然后，再指出被批评者的过失，这样被批评者会更容易接受你的批评。这往往能给对方这样的心理暗示：你和他一样是犯过过失的人，会激起他与你的"同类意识"。在此基础上再去批评对方，他就不会有"面子有损"的顾虑，因而也就更容易接受你的批评了。

其次，别当面指责他人。当面指责他人，只会造成对方顽强地反抗，而巧妙地暗示对方注意自己的错误，则会受到爱戴和喜欢。人都是有自尊心和荣誉感的，有的人之所以不愿意接受批评，主要是自尊心太强、爱面子。为此，我们在批评他人时，要尽量寻找一种不同于直接批评，却能达到批评他人使其改正错误的方式，这种最高效最令人接受的批评方法无疑便是赞美了。

最后，尽量温和，注意用语。赞美式批评，最忌讳的便是大发雷霆。有些人所犯的过失对我们可能是直接的伤害，作为批评者往往容易发怒。但是，愤怒并不能解决问题。而且，大发雷霆会严重地伤害到对方的自尊心，引发更强的抗拒心理，不利于问题的解决。所以，在批评的语气上要尽可能温和含蓄。比如，要对方改正错误，用请求的语气说“请你做一些修改好吗?”这就比说“你马上给我改正过来!”更容易让对方接受。

然而实际生活中，很多人喜欢用“相互比较”来批评对方，尤其是家长在批评自己的孩子时，常拿某个好孩子来对比，殊不知“相互比较”更容易适得其反，更容易造成孩子的自卑心理。

批评也是引导，是一种警醒性的引导。要想指出一个人的过错而又不伤感情，甚至让对方心存感激，最有效的方式莫过于赞美对方，用“糖衣炮弹”的方式间接地暗示对方，这才是批评的艺术。

第七章
减轻心理压力，轻松沟通幽默说

减轻心理压力，让生活充满轻松的沟通。人们都喜欢听幽默的语言，说服中有了幽默，会让艰难的思想工作变得轻松；劝导中有了幽默，会让固执己见的人笑纳意见；谈判中运用幽默，会让剑拔弩张的对手握手言欢。

幽默是人际沟通中的润滑剂

生活中需要幽默就如同鱼需要水、树木需要阳光一样。一个幽默的人，能让人开怀大笑，从而使他在人际交往中魅力无穷，倍受欢迎。一般来讲，一个人的谈吐仪态自然优雅、机智诙谐、风趣、懂得自嘲、引人发笑，我们都可称之为幽默之人，而能善用比喻，将有趣的故事导入主题，更能令人印象深刻。

幽默在人际交往中的作用是不可低估的。美国一位心理学家说过："幽默是一种最有趣、最有感染力、最具有普遍意义的传递艺术。"幽默的语言，能使社交气氛轻松、融洽，利于交流。人们常有这样的体会，疲劳的旅途上，焦急的等待中，一句幽默话，一个风趣故事，能使人笑逐颜开，疲劳顿消。在公共汽车上，因拥挤而争吵之事屡有发生。任凭售票员"不要挤"的喊声扯破嗓子，仍无济于事。忽然，人群中一个小伙子嚷道："别挤了，再挤我就变成相片啦！"听到这句话，车厢里立刻爆发出一阵欢乐的笑声，人们马上便把烦恼抛到了九霄云外。此时，是幽默调解了紧张的人际关系。

幽默能表达人与人之间的真诚、友爱，能沟通心灵，拉近人与人之间的距离，填平人与人之间的鸿沟，是希望和他人建立良好关系不可缺少的东西。特别是当一个人要表达内心的不满时，如果能使用幽默的语言，别人听起来会顺耳一些。当一个人需要把别人的态度从否定改变到肯定时，幽默具有很强的说服力。当一个人和他人关系紧张时，即使在一触即发的关键时刻，幽默可以使彼此从容地摆脱不愉快的窘境或消除矛盾。所以，幽默是人际沟通的润滑剂。

幽默的人的朋友往往也多，朋友多了路好走。因为幽默，初次和陌生人见面的时候很容易给对方留下较为深刻的印象，这对于身在职场中的我们来说是一件很好的事情，因为说不定哪一天我就会有求于别人。幽默的人平易近人，比较容易和他人相处，也比较有利于建立持久牢固的人际关系。

人际关系是幽默大显身手的好地方，妙语连珠、谈笑风生是接通感情热线的关键。在产生误会、摩擦、矛盾的情况下，缺少幽默感的人，往往会把事情弄得一团糟；只有有幽默感的人，才能机智敏捷地道出别人的不足，在微笑中表明自己的观点，从而使误会得以缓解和消除。可以说，幽默是调节人际关系的润滑剂。

一天，英国著名的文学家萧伯纳在街上行走。突然，他被一个骑自行车的“冒失鬼”撞倒在地，幸好没有受伤，只是虚惊一场。骑车的人急忙把他扶起来，连声道歉，为自己的冒失感到自责。可是萧伯纳却略显惋惜地说：“先生，你的运气真不好。如果你把我撞死了，你就可以名扬四海啦！”萧伯纳的这一句幽默妙语，表现了自己的大度，用自己的友爱和宽容，把自己和肇事者从这种尴尬、紧张的窘境中解放出来，使这件事得到了友好的处理。

社会环境的瞬息万变，工作效率的急剧提升，让人们经常感到一种心理压力和焦虑。此时，幽默是最好的“减压阀”，它不仅使你心情变得轻松愉快，还能使你在交际中左右逢源，马到成功。

马克·吐温便是一个深谙此道的幽默之人。有一次，他要去一个小城，临行前别人告诉他，那里的蚊子特别厉害。到了之后，正当他在旅馆登记房间时，一只蚊子在马克·吐温眼前盘旋，这令旅店职员尴尬万分。马克·吐温却满不在乎地说：“贵地蚊子比传说中的不知聪明多少倍，它竟会预先看好我的房间号码，以便夜晚光顾、饱餐一顿。”一句话逗得服务员不禁哈哈大笑。结果，这一夜马克·吐温睡得十分香甜。原来，当天晚上旅馆全体职员一齐出动，驱赶蚊子，免得这位受人欢迎的大作家遭受蚊虫叮咬。幽默，不仅使马克·吐温拥有一群诚挚的朋友，也因此得到陌生人的“特别关照”。

对于男性来说，幽默也是和女士拉近距离的一个手段。有句话是这么说的：如果你能让一个女士连续笑三次，那么她对你的防范之心就会降低很多。

幽默的语言是人们自然感情的流露，它必须有深刻的思想意义，它的运用要服从于思想、情感的表达。仅以俏皮话、耍贫嘴、恶作剧来填充幽默的不足，换取廉价的笑是浅薄的。

幽默作为人际沟通的润滑剂，它能让你向别人展示自己的真诚和友善，使双方的相处更和谐，减少人们之间的摩擦，提高沟通的质量。

保持你的幽默感

在你身边，什么样的人最受欢迎？很多人一定会回答：有幽默感的人。

因为有了幽默感，他们更善于与其他人沟通，即便表达反对意见也不让人反感；因为有了幽默感，他们总会成为聚会的主角，人人都愿意和他们聊上几句；因为有了幽默感，尴尬时刻他们总会自嘲，就算是在公共场合摔跤，也能一笑化解……

幽默不仅能带来欢乐、消除敌意，也是维持身心健康的一剂良药。但是，最近的一项社会调查却显示，中国人是幽默感的“贫民”。中国人是不重视幽默的民族，从小到大的教育里，总是强调“庄重”“认真”等，无形中扼杀了许多人的幽默细胞。

35 岁的张华是一家企业的部门经理，虽然工作很努力，但总有同事说他太严肃刻板。“平时大家有说有笑时，只要我一插话，马上就没人笑了。后来我上网学了不少笑话。”张华对记者说，有一次他看了一个笑话，特别得意地跟同事讲：养鱼挺麻烦的，每周要换一次水，我经常忘记。后来就只好每周换一次鱼了。但是大家都愣了一下，才开始笑。“想逗乐反而弄得大家更尴尬了。”

中国人对幽默有两大误解，一是认为幽默就是要会讲笑话、耍嘴皮子、逗大家开心，二是认为幽默登不上大雅之堂。很多人认为搞笑就是幽默，这是完全错误的。真正的幽默，应该是充满大智慧。

很多人经常认为幽默是天生的，抱怨自己没有幽默细胞。其实只要我们留心那些幽默感十足的人，就会发现他们的心理素质一般都优于常人，而良好的心理素质也不是天生的，需要后天的锻炼和培养。

冷静也是幽默高手的一项心理特质。冷静，是使人们的智慧保持高效和再生的条件。因为只有在头脑冷静的情况下，人们才能迅速认准并抑制引起消极心理的有关因素，同时认准和激发引起积极心理的有关因素。

英国首相威尔逊在一次群众大会上演讲时，反对者在下面鼓噪，其中一人高声大骂："狗屎、垃圾！"面对听众可能产生的误解和骚动，威尔逊首相沉稳地报以宽厚的微笑，非常严肃地举起双手表示赞同，说："这位先生说得好，我们一会儿就要讨论你特别感兴趣的脏乱问题了。"捣乱分子顿时哑口无言，听众则报以热烈的掌声。

再者，乐观是幽默高手具有的另一个重要素质。俄国著名寓言作家克雷洛夫早年生活穷困。他住的是租来的房子，房东要他在房契上写明，一旦失火，烧了房子，他就要赔偿15000卢布。克雷洛夫看了租约，不动声色地在15000后面加了一个零。房东高兴坏了："什么，150000卢布？""是啊！反正一样是赔不起。"克雷洛夫大笑。

幽默感的内在构成，是悲感和乐感。悲感，幽默者的现实感，就是对不协调的现实的正视。乐观，是幽默者对现实的超越感，是一种乐天感。没有幽默感的人不会积极地看待这个世界，不会乐观地看待自己的生活。当然乐观不是盲目的，而是有所依附，是一种透彻之后的豁达。乐观地看待你的生活，幽默自然而生。

良好的心理素质是幽默的根基，幽默的主干是广博的知识。幽默的思维经常是联想性与跳跃性很强，如果不具备广博的知识，你的思维跳来跳去也就那么大的一块地方。因此，提高自己的幽默水准，需要不断地拓展知识门类和视野，提高对事物的认知能力。

风平浪静的水面，投进一块石头，就会一下子发出响声。常规思维的心理，被超常的信息搅扰，也会引起心波荡漾、心潮起伏、心花怒放。奇异、巧妙、荒谬就是这种超常的信息，就是幽默致笑的要因，也是我们学会幽默应把握的要诀。

说来说去，幽默其实与人的气质培养类似，而幽默本身也是一种独特的性情气质。如果你知道一个人良好的气质该如何培养，应该也能联想到一个人高超的幽默感是如何拥有的。

巧用幽默表达不满

幽默是人们为改善自己情绪和面对生活困境时所产生的一种需要。当一个人要表达内心的不满时，如果能使用幽默的语言，别人听起来会顺耳一些；当一个人和他人关系紧张时，即使在一触即发的关键时刻，幽默可以使彼此从容地摆脱不愉快的窘境或消除矛盾。一般说来，表达不满的幽默方式有以下几种：

1. *以柔克刚*

一位曾姓女士因公出差，在火车上与一位看上去很有涵养的男士坐在一起。这位男士主动和她搭讪，曾女士觉得一个人干坐着也挺乏味的，于是就和他攀谈起来。

开始时这位男士还算规矩，和曾女士只是谈谈乘车难的感受以及对当今社会上一些不合理现象的看法。谈着谈着，这位男士话题一转，问道："你结婚了吗？"

曾女士一听，好感瞬间没了，但又不便发作。于是她态度平和地说："我听人说过这样一句话，前半句是'对男人不能问收入'，所以我才没有问你的收入；后半句是'对女人不能问婚否'，所以你这个问题我是不能回答了！请原谅。"那位男士听曾女士这么一说，也觉得有点唐突，尴尬地笑了笑，不再说话了。寥寥数语，既表达了对对方失礼的不满，又没有令对方下不来台，可谓一举两得。

2. *名褒暗贬*

1952年，正在苏联莫斯科访问的美国总统尼克松将去苏联其他城市访问。苏共总书记勃列日涅夫到莫斯科机场送行。正在这时，飞机出现故障，一个引擎怎么也发动不起来。机场地勤人员马上进行紧急检修。尼克松一行只得推迟登机。

勃列日涅夫远远看着，眉头越皱越紧。为了掩饰自己的窘境，他故作轻松地说：“总统先生，真对不起，耽误了您的时间！”一面说着，一面指着飞机场上忙碌的人群问：“您看，我应该怎样处分他们？”

“不，”尼克松说，“应该提升！要不是他们在起飞前发现故障，飞机一旦升空，那该多么可怕啊！”

3. 引人就范

一次，著名的德国作曲家勃拉姆斯参加一个晚会。不曾想，晚会上他遭到一群厚脸皮的女人的包围。他一边礼貌地应付，一边想解脱的办法，忽然他心生一计，点燃了一支粗大的雪茄。很快，有几个女人忍不住咳嗽起来，勃拉姆斯照样泰然地抽他的雪茄。

终于有人忍不住了，对勃拉姆斯说：“先生，你不该在女人面前抽烟！”

“不，我想，有天使的地方不该没有祥云！”勃拉姆斯微笑着回答。

勃拉姆斯用幽默的语言，使自己从无奈的纠缠中解脱了出来。

4. 以退为进

齐国晏子出使楚国，因身材矮小，被楚王嘲讽：“难道齐国没有人了吗？”

晏子说：“齐国首都大街上的行人，一举袖子能把太阳遮住，流的汗像下雨一样，人们摩肩接踵，怎么会没有人呢？”

楚王继续揶揄道：“既然人这么多，怎么派你这样的人出使呢？”

晏子回答说：“我们齐王派最有本领的人到最贤明的国君那里，最没出息的人到最差的国君那里。我是齐国最没出息的人，因此被派到楚国来了。”

几句话说得楚王面红耳赤，自觉没趣。晏子的答话就是采用以退为进之法，貌似贬自己最没出息，所以才被派出使楚国，这是“退”，实则是讥讽楚王的无能，这是“进”，以退为进，绵里藏针，使楚王侮辱晏子不成，反受奚落。

5. 以喻止兵

生物学家巴斯德一次在实验室工作时，突然一个男子闯了进来，指责他诱骗了自己的老婆。争论中对方提出要决斗。清白占理的巴斯德完全可以将对方赶出门去，但是那样并不能解决问题，甚至会造成两败俱伤的恶果。这时候巴斯德沉着地说："我是无辜的……如果你非要决斗，我就有权选择武器。"

对方同意了。

巴斯德指着面前的两只烧杯说："你看这两只烧杯，一只有天花病毒，一只只有清水。你先选择一瓶子喝掉，我再喝余下的一瓶，这该可以了吧？"那男子怔住了，他一下子陷于难解的死结面前，只得停止争论与挑战，尴尬地退出了实验室。

6. 声东击西

一次，英国戏剧家萧伯纳的脊椎骨有病，去医院检查。医生对萧伯纳说："有一个办法，从你身上其他部位取下一块骨头来代替那块坏了的脊椎骨，"并说，"这手术很困难，我们从来没有做过。"医生的本质意思是，这次手术所要收取的费用非同一般。

萧伯纳并没有与医生争论，也没有表示不满、失望，只是幽默地淡淡一笑说："好呀！不过请先告诉我，你们打算付给我多少手术试验费？"

一个很棘手的问题，被萧伯纳处理得极其巧妙，从而避免了不愉快的争执。

7. 化解困境

小李在一家合资公司作设计员，他起草的一份资料因时间很久了，以为上司不再需要，就没有保存。岂知一次上司突然向他索要，他一时也记不起资料的去所，便托词"放在家里了"，随后抽时间再重新做了一份以应急。同室的小张因嫉妒小李，正愁没地方发泄，当他知道了这一秘密后，便忙向上司检举，惹得上司批评小李："丢失了资料为什么还隐瞒呢？”好在小李比较冷静，他坦率地向上司承认了自己的过失。下班后，小李明知小张使绊却未向他兴师问罪，反而风趣地说：“看来，我寻找资料的速度，到底赶不上老总的两只耳朵啊。”小李借说“老总的耳朵”来暗中讽刺小张，实际上也暗示了自己知道是谁告的密，给了对方一个小小的警告。

8. 引蛇出洞

一次，鲁迅到一家门面堂皇、装修华丽的理发店理发。理发师见来客一副穷酸模样，打心底瞧不起他，所以冷冰冰地招呼鲁迅坐下，马马虎虎地理了几分钟就草草完结。鲁迅对着镜子照了照，不但没生气，还随手从衣袋里摸出一大把铜钱扔给理发师就离开了。理发师又惊又喜，他后悔自己有眼无珠，说不定这是位贵人呢！如果把他的头发理好些，不是能得到更多的钱？

一个月后，鲁迅又来到这家理发店，那个理发师一眼就认出了他，急忙笑脸相迎。又是奉茶，又是敬烟，并且大显身手，足足花了一个多小时，直到他感到这是自己多年来未曾有过的杰作时才罢手。鲁迅对着镜子照了照，从兜里摸出一个铜板，丢给理发师。理发师不解，鲁迅平静地说：“这次是付你上次给我乱理发的钱。你这次理得认真，钱已在上次付过了。”

幽默是人际沟通的润滑剂，巧用幽默表达一下对对方的不满，笑一笑，这事儿就算过去了，即表明了自己的立场，也维护了彼此的关系，不至于伤和气，不失为一种有效的方法。

营造轻松的谈话氛围

沟通是一门艺术，如果只遵循条条框框，见了面不管是谁，一律只问工作、爱好，不仅让人乏味，也会让谈话平平淡淡没有亮点。如果你能够适当加入幽默的元素，开个玩笑，让彼此先开怀一笑，就会让气氛活跃起来，消除刚见面的尴尬，再接下去的交往也会顺畅许多。同陌生人交谈尤其要如此。

幽默是活跃气氛的法宝，和陌生人见面若能够有分寸地、善意地开个玩笑，就有可能博得别人的好感，摆脱习惯、生疏的界限，享受到自由交谈的轻松愉快。而且，用幽默诙谐的语言其实也能表达比较严肃的内容。

真正的高手总能运用自己的聪明才智，及时而巧妙地化解不怎么愉快的场面，使那些原本不妙的事变得别有情趣。各个国家的优秀领导人都熟练掌握这一技巧。

用过于严肃的态度生活，难免太沉重；人生不如意事十之八九，若总是唉声叹气，生活必然一片灰暗。如果换一种心态，调侃一下生活，就会显得诙谐幽默，大度自然，每天都会很阳光、很光明，充满希望和快乐。会调侃的人懂得如何给生活添加佐料，受到不公平待遇也会泰然处之，即使心情郁闷，也能通过开玩笑的方式给别人传达某种信息，实质上这种人热爱生活，大智若愚，充满了人格魅力，现实生活中会得到众多朋友的喜爱，因此成功的机会自然比一般人多。

见到陌生的朋友，可以这样开场：“哦，你是四川人，看起来果然像个红辣椒啊，一定是个辣妹子！”

这样一来，轻松的谈话氛围就形成了，大家的生疏感马上消除。

幽上一默之所以能消除陌生人之间的尴尬，就是因为在初次相见的时候，彼此都不了解，大家都在揣摩对方的心思：他是不是一个高傲的人？他会不会不喜欢跟我这样的人交往？他应该眼光很高……这些猜测无形地给彼此之间加上了一道屏障，使得人们不敢与你接近。如果你能幽默地说句话，就会让人豁然开朗，给人以可亲的感觉。放下架子，才能自由交流。

但是，和开玩笑一样，调侃要有一个尺度，尤其是那些可能让对方尴尬或误会的话不说为妙。调侃自己的时候可以肆无忌惮，但用在别人身上时就一定要注意分寸了。调侃与玩笑的分寸与尺度既是一个至关重要的问题，又是一个难以把握的问题。同样的玩笑开在这儿可以，开在那儿不行，这个人可以接受，那个人或许不能承受。那么，分寸与尺度在哪儿？很显然，在对方那里。也就是说，无论我们的玩笑如何，对方不能接受那就是不合时宜，所以，入乡随俗、因人而异是诙谐、调侃的一个重要原则。我们调侃的目的在于活跃气氛，千万不要适得其反。

在社交场合，所有人都相敬如宾，总让人觉得气氛太过死板，大家的情绪太平淡，还不如吵吵闹闹更亲热。因此，若彼此谈得开心，开句玩笑、互相攻击几句，互相取笑一下，打几拳、拍两下，反倒显得亲密无间，无拘无束，气氛热烈。你可以故作滑稽，或搞出一副大大咧咧、衣冠不整的样子，向对方暴露自己的一点儿无伤大雅的小缺点。这样别人会认为你真实可爱，富有亲和力，你们的关系也会更进一步。

开玩笑也要有分寸

幽默可以调剂我们的生活，而作为其体现形式之一的开玩笑，不仅可以减少尴尬，还可以制造一种轻松的气氛，让我们在平淡的生活中过得有滋有味。但是我们知道，放调味料是有一个限度的，如果滥用，味道过重，就会让人难以下咽。所以我们在使用幽默技巧时也要掌握好分寸，否则便会适得其反。

一天，正在外地出差的王先生接到朋友的电话，朋友气喘吁吁地说："你爱人出车祸了，已经被我送进了医院，你赶快回来。"王先生立刻急急忙忙赶回。回到家中，见爱人正在和朋友聊天，才知道自己被朋友骗了。王先生立刻打电话给朋友，生气地说："你玩笑开得太过分了！"谁料朋友不但不对自己的行为道歉，反而说："愚人节开玩笑很正常。"王先生听后十分生气，啪的一声挂掉电话，此后再也不理会这位朋友。

熟悉的朋友之间常常会相互取乐，说话也不拘小节，以体现彼此之间的亲密关系。不过，凡事总要有个度，掌握不好尺度，就会好心办坏事。王先生的朋友只是想开个玩笑，但是拿王先生的妻子出车祸这件事开玩笑，却一点儿也不好笑。这样不仅没有给大家带来快乐，还使朋友之间关系僵化。可见开玩笑时，一定要掌握好尺度，不能口无遮拦。

开玩笑要把握好分寸，把握好一个度和界限。掌握好分寸的玩笑会给别人带来快乐，但是过度的玩笑可能造成反感、误解甚至仇恨，因而掌握好开玩笑的分寸，即关乎自己的形象，也会对彼此之间的关系产生影响。

那么，如何掌握好开玩笑的分寸呢？

1. 内容要高雅

开玩笑是运用幽默的语言有技巧的进行思想和感情交流的艺术，这就要求语言必须纯洁、文雅。笑料的内容取决于开玩笑者的思想情趣与文化修养。内容健康、格调高雅的玩笑，不仅能给对方以启迪和精神的享受，也是对自己美好形象的再塑造。如果开玩笑污言秽语，不仅使语言环境充满污浊的气味，对听者也是一种侮辱，至少也是一种不尊重；同时也说明自己水平不高，情趣低俗。

2. 态度要友善

与人为善，是开玩笑的一个原则。开玩笑的过程，是感情相互交流传递的过程，是善意的表现。如果借着开玩笑对别人冷嘲热讽，发泄内心厌恶或不满的情绪，甚至拿取笑他人寻开心，那么除非傻瓜才识不破。也许有些人不如你伶牙俐齿，表面上你站到上风，但其他的人会认为你不能尊重他人，从而不愿与你交往。这样，你失去的是众多的朋友。

3. 要因人而异

同样一个玩笑，能对甲开，不一定能对乙开。人的身份、性格、心情不同，对开玩笑的承受能力也不同。

一般来说，后辈不宜同前辈开玩笑，下级不宜同上级开玩笑；女性不宜同男性开玩笑。在同辈人之间开玩笑，则要掌握对方的性格特征与情绪信息。

对方性格外向，能宽容忍耐，玩笑稍微过大也能得到谅解。对方性格内向，喜欢琢磨言外之意，开玩笑就应慎重。对方尽管平时生性开朗，但恰好碰上不愉快或伤心事，就不能随便与之开玩笑。相反，对方性格内向，但正好喜事临门，此时与他开个玩笑，效果会出乎意料的好。

4. 要分清场合

在开玩笑时一定要看清场合，看这种场合是否可以开这种玩笑，一般来说，严肃静谧的场合，言谈要庄重，不能开玩笑。而在喜庆的场合则要注意所开的玩笑能否增添喜悦的气氛，如果因开玩笑使人扫兴就不好了。总的来说，在庄重严肃的场合不宜开玩笑，否则极易引起误会。工作时间，一般不宜开玩笑，以免因注意力分散影响工作，甚至导致事故的发生。

5. 要避开忌讳

开玩笑需要注意的禁忌主要有以下几点：

和长辈、晚辈开玩笑忌轻佻放肆，特别忌谈男女之事。几辈同堂时玩笑要高雅、机智、幽默、乐在其中。在这种场合，忌谈男女风流韵事。当同辈人开这方面的玩笑时，自己以长辈或晚辈的身份在场时，最好不要掺言，只若无其事地旁听就是。

和非血缘关系的异性单独相处时忌开玩笑。哪怕是正经玩笑，也往往会引起对方反感，或者引起旁人的猜测非议。

和残疾人开玩笑注意避讳。人人都怕别人用自己的短处开玩笑，残疾人尤其如此。俗话说，不要当着和尚骂秃头，癞子面前不谈灯泡。

总之，玩笑可以让我们的生活更加多彩，但开玩笑时一定要掌握分寸，适可而止才能活跃气氛，增进彼此之间的友谊。

幽默来源于生活

谁不喜欢富有幽默感的人呢？每一个人的内心都喜欢阳光与欢乐。一个富有幽默感的人，能使他人在与之相处时享受到轻松愉快的气氛，从而增添与之相处的乐趣。幽默是一种说话的艺术，懂得幽默的人，往往三言两语就使人忍俊不禁。在中国传统文艺晚会上，相声、小品之所以成为最受欢迎的节目之一，就在于它的表现形式离不开幽默。下面就让我们来学习一下幽默的几个技巧：

1. 一语双关

所谓双关，也就是你说出的话包含了两层含义：一是这句话本身的意思；另一个是引申的含义，幽默就从这里产生出来。也可说是言在此意在彼，让听者不只从字面上去理解，还能领会言外之意。

2. 正话反说

话语中所表达的里层意思与字面意思完全相反，就叫正话反说。如字面上是肯定，而意义上却否定；或字面上否定，而意义上却肯定。这也是产生幽默效应的有效方法之一。这个方法被广泛运用于相声、小品之中。

3. 有意曲解

所谓曲解，就是歪曲本意，甚至荒诞地进行解释，以一种轻松、调侃的态度，对一个问题进行解释，将两个表面上毫无关联的东西联系起来，造成一种不和谐、不合情理且出人意料的效果，幽默便产生了。

4. 巧妙解释

即对原意加以巧妙的解释而造成幽默效果。

5. 刻意模仿

刻意模仿即模仿现存句式及语气而创造新的效果，是幽默方式中很常见的一种，往往需要借助某种违背正常逻辑的想象和联想，把原来的语素用于新的语言环境中，进而产生幽默的效果。

6. 自嘲

海幂·福斯第曾经说过："笑的金科玉律是，不论你想笑别人什么，先笑自己。"自嘲，也是自知、自娱和自信的表现，自嘲本身也是一种幽默。

7. 夸张

将事实进行无限的夸张，就会造成一种极不协调的效果，而且还是喜剧效果，这效果会给人一种幽默感。

当然，幽默的方法很多，这里就不再罗列。幽默来源于生活，只要你在生活中细心观察，善于发现，幽默便无处不在。

巧对尴尬沟通逆境

在人际沟通中，我们经常会遇到一些意想不到的事情，或是自己失言失态，或是对方对自己的言行有看法，或是周围的环境出现了我们没有考虑到的因素，等等。总之，这些猝不及防的情境往往会令我们狼狈不堪。这个时候，最有效的解决方法，就是用幽默来摆脱尴尬。

但是，幽默的一条重要原则就是宁可取笑自己，绝不轻易取笑别人。自嘲式的幽默往往更能化解纠纷，使得紧张的氛围趋于轻松。而把自己的缺点暴露出来，调侃一番，不仅不会将自己的缺点放大，还会拉近彼此的距离，给自己的魅力加分。

当在工作中身陷困境，发生了对自己不利的事情时，我们要根据现场情况巧妙、及时地使用调侃的手法来调侃自己，这样可以让你放松压力，转移别人的视线，为自己摆脱困境，争取有利的局势。

有一次，中央电视台节目主持人杨澜主持一个晚会，当她走下舞台时，不慎摔倒在地。这时观众都呆住了，场面迅速冷下来，所有的人都在看着杨澜会如何收场。这时只见杨澜镇定地爬起来，然后面向观众，说："我给大家带来的狮子滚绣球节目表演得很失败，还是由我们那些专业的演员来给大家表演吧。看台上精彩的演出马上要开始了，不信？你们瞧——"

她的话音刚落，台下就响起了热烈的掌声。杨澜这番即兴的话语折服了观众，她用自己的智慧摆脱了困境，挽回了面子。她的高明之处就在于用调侃的话对自己的失误进行了巧妙的渲染，借着演出的话题，将大家的视线转移到了节目中去。

据说，民国时期上海有位大学教授叫姚明晖，他身体瘦弱却总是穿着宽大的袍子。到了冬天天气变冷，姚教授头上戴斗大的风兜，从远处看去只露出一副眼镜，一个尖尖的鼻子，一撮儿翘翘的山羊胡须，十分滑稽。

一天上课，姚教授和平时一样的装束，走进教室。只见黑板上不知哪个调皮学生用漫画笔法画了一只人面猫头鹰。而那人面画得活像这位满腹经纶的老教授。姚教授站在黑板前面看了一会儿，脸上毫无愠色。拿起了一支粉笔，一本正经地在漫画旁写道："此乃姚明晖教授之容也。"写完之后，大家笑了。姚先生也笑了。那位提心吊胆的漫画作者舒了一口气，对教授产生了一种高山仰止的尊重和敬意。

当姚教授看到黑板上的漫画时，他知道那是学生们的恶作剧，是学生们在笑话他那副尊容，这时他如果冲学生们发火，那么结果只能变得更坏，自己丢的脸更大，所以他不冲学生们发火，而是自己主动地指出黑板上画的就是我姚明晖。在这种情况下，学生们只顾了笑，而忘记了他丢了脸面，并且此举还会让学生们由衷赞叹他那博大的胸怀。

在我们遇到尴尬的沟通逆境时，如果能适当地使用自嘲的方式创造幽默感，不仅能有效地摆脱自己的尴尬处境，也能给对方一种轻松感，从而使沟通气氛变得和谐，更有利于沟通活动的顺利进行。在日常生活中，谁都有缺点失误，难免会遇上尴尬的处境，人们往往都喜欢遮遮掩掩。其实这样反倒会引起更加恶劣的效果。还不如来点自我解嘲，使即将发生的纠纷趋于平静。

中秋时节，乾隆皇帝召集群臣在御花园赏月品酒，一时兴起就想与纪晓岚对句集联，以增雅兴。乾隆皇帝自恃学富五车，才高八斗，于是出上联道："玉帝行兵，风刀雨剑云旗雷鼓天为阵"，说完之后，他以必胜的姿势注视着纪晓岚，看他如何接自己的招。纪晓岚沉思须臾，语出惊人："龙王设宴，日灯月烛山肴海酒地作盘"。

当然，纪晓岚的下联对得不但工整，气魄也甚为宏大，较之上联犹有过之。

乾隆听完纪晓岚的下联，脸上的得意之色渐渐消失。真是“伴君如伴虎”啊，纪晓岚知晓，如若自己胜了，那皇帝的脸面往哪放呀，还是赶快为自己打个圆场吧。

纪晓岚不愧为才子，他灵机一动，说道：“皇上您贵为天子，故风雨雷电任凭驱策、傲视天下；微臣乃酒囊饭袋，故视日月山海都在筵席之中，不过肚大贪吃而已。”乾隆听完，又露出得意之色，笑着对纪晓岚说：“爱卿饭量虽好，如非学富五车之人，实不能有此大肚。”

当你在与人交谈而陷入尴尬的境地时，自嘲可以使你从尴尬的境地脱身出来。自嘲不仅是豁达的表现，还是自信的表现。因为，只有有足够自信的人才敢拿自身的失误做文章，继而把它放大、夸张，最后又巧妙地引申发挥、自圆其说，博得众人一笑。

第八章
打好心理牌，学会为他人着想

打好心理牌，让事情事半功倍，核心是学会为他人着想。避免“张口千言，离题万里”，远离“滔滔之言，皆是恶语”；让你的讲话简短精练，内容有的放矢，语言结结实实；人人喜欢，处处祥和。这是说话的艺术，这是沟通的法门。

把握说话的最佳时机

卡耐基说："要想把话说得恰到好处，最重要的一点就是把握住说话时机。说话的时机，常常就在瞬息之间，稍纵即逝，时不我待，失不再来。因此，对说话时机的把握，比掌握、运用其他说话技巧更难更重要。"

孔子在《论语·季氏篇》中说："言未及之而言，谓之躁；言及之而不言，谓之隐；未见颜色而言，谓之瞽。"这段话的意思是："不该说话的时候说，叫作急躁；应该说话的时候不说，叫作隐瞒；不看对方的脸色变化便信口开河，叫作闭着眼睛瞎说。"以上三种毛病都是没有把握好说话的时机，或者是没有注意到说话的策略和技巧。说话要把握时机，该出口时才出口。然而，要把握说话的最佳时机，并非易事。

说话适合当时的场合，还要适合当时的时间。说话的内容不论如何精彩，如果时机掌握不好，也无法达到有效说话的目的。听众的内心世界常常是随着时间的变化而变化。即使对方愿意听你讲话，或接受你的观点，你也应当学会选择恰当的时机。如果你喜欢看棒球比赛，你就会发现，棒球运动员即使有良好的技艺、强健的体魄，可是没有把握住击球的决定性瞬间，棒就落空了。说话也是这样，抓住时机是最重要的。

什么时候才是这"决定性的瞬间"，怎样才能把握并及时抓住，没有一定的规则可循，主要看谈话时的具体情况，凭你的经验和感觉而定。

在交际场合，常常出现这种情况：有的人口若悬河，滔滔不绝，十分健谈；而有的人即使坐了半天，也无从插话，找不到话题。

这就是一个"切入"话题的时机问题。

怎样才能及时地“切入”话题？

1. 尽快找到双方共同关心的基本点

小李刚到北京时，租了一间地下室，又在二手市场买了些廉价电器。其中，有台很便宜的冰箱总是“罢工”。修理工面对这台“老爷”冰箱，也感到很棘手。

一次，一个年轻的修理工上门帮小李修冰箱，鼓捣几下后说：“哥，这台冰箱不好修，配件都不好找了。”边说边收拾工具，一副要走的样子。

小李想起去请修理工时看到他跟一个姑娘在聊天，于是说道：“刚才那个女孩是你女朋友吧，真漂亮！”修理工一听小李夸自己的女友漂亮，不由得高兴起来，于是向小李谈起了他女友的种种优点。两个人的关系逐渐亲密了起来，这时小李说：“我真羡慕你，有一份稳定的工作，又有一个漂亮的女友。我呢，刚来北京，工作不固定，买了这么一个旧冰箱却又老是出毛病，害得我都不敢买新鲜食品。”

这时，修理工爽快地说：“别着急，配件我帮你找找。”他摸出电话，很快就搞定了配件问题。

一个小时后，冰箱又开始运转了。之后，两个人还互加了微信，成了好朋友。

如果不能发现有用的共同语言，很多时候是很难谈到一块的。

2. 寻找发表自己意见的最佳时机

有共同语言之后，什么时候“切入”话题就显得很重要了。

比如在讨论会上，什么时候是最佳发言的机会？如果你第一个发言，虽然能够给听众留下先入为主的印象，但往往因为时间尚早，气氛难免冷寂沉闷，听众尚未进入状态，不太好调动他们的情绪。如果到了后边再讲，好处是能够吸收别人的成果，进行有效的归纳整理，显得井井有条，或针对别人的漏洞，发表更为完善的意见，但却因为时间太晚，很多听众已经疲倦，希望尽快结束发言而不愿再拖延时间，因此效果也不理想。

根据这些情况，经过研究证明，最好的发言机会是在第二或第三个人发言之后及时切入话题，这样的效果最好。

在这个时候，说话的气氛已经活跃起来，如果你不失时机地提出自己的想法，常常最容易引起人们的关注。

研究证明，反映情况或说服他人的最佳时机是对方心情比较平和的时候。由于劳累、不顺心或注意力集中在其他事情上时，他们是没有心情来听你说话的。

选择时机，是一种尊重对方的表现，同时更是发挥说话效果的好方法。只有对方对你所谈的事情感兴趣的时候，你的话才会产生应有的效果，达到预期的目的。

说话顾忌场合没亏吃

某农村有个老太太死在家里。亲属们一起商量后事。老太太生前嘱咐要土葬，但是现在土葬已经不合时宜了，于是大家七嘴八舌，发表个人看法。老太太的孙子说："这样吧，老太太死了不是埋掉就是烧掉。现在尸体放在家里，人来人往的，总不是个事，我看烧掉最好，省钱省事！"这番话听得大家十分恼火，恨不得上去打他一巴掌。

这时候，另外一个孙子上来说："奶奶走了我很难过。现在遗体放在屋子里得赶紧料理才行。奶奶生前有土葬的愿望，可土葬现在已经不行了，我看还是赶紧火化好。我是晚辈，请大家考虑。大主意还是各位长辈拿！"这番话听得大家舒舒服服，长辈们也赶紧拿了个主意，把老太太火化了。

本来老人去世是一件悲痛的事，可是第一个孙子上来就什么"死了""埋掉""烧掉""尸体"这种冷冰冰的字眼，最后还来了个"省钱省事"，显得不合时宜，冷酷无情；而第二个孙子上来则情真意切，在情在理，很有分寸，自然让人听了舒服。

如果周围全都是自己熟悉的朋友，那么说话就可以推心置腹，天南海北，无所不谈，甚至说一些放肆的话出来也无伤大雅；但是如果在场的都是交往不深的人，就要收敛一下，不可肆意妄为，办事情也要公事公办，不要不分对象乱套近乎。

同样，说的话要贴合场合。在轻松的场合言语也要轻松，在热烈的场合言语也要热烈，在清冷的场合言语也要清冷，在喜庆的场合言语也要喜庆，在悲哀的场合语言也要悲哀。"在什么山唱什么歌"，不看场合，随心所欲，信口开河，想到什么说什么，这是愚人的拙劣表现。

适时说话，人们才会乐于听取；在不同场合，根据具体情况来选择说话还是不说话，以及用什么方式说话，“言而当，知也；默而当，亦知也”。正所谓“时然后言，人不厌其言”。礼仪规范对言语的最基本的要求就是：在任何时候，任何场合，言语都应该“矜庄以莅之，端诚以处之”。

说话要区分不同的场合，否则就收不到理想的效果。某法院开庭审理一起盗窃案，被告对作案时间交代不清。为了核实，审判长决定传被告之妻到庭作证。由于过分着急，审判长脱口而出：“把他老婆带上来!”法庭顿时哗然，严肃的气氛被冲淡了。当时，审判长应该运用法庭用语，宣布“传证人某某某到庭”。由于审判长以日常用语取代了法庭用语，不适应场合，因而很不得体。

可见，只有依据不同的场合，选取最恰当的语句，才能准确地表达自己的思想感情。

那么，场合又分为哪几种呢？主要分为4类：

1. 自己人场合和外人场合

我国传统文化一向是重视内外有别的。对自己人“关起门来谈话”，可以无话不谈，甚至可以说些放肆的话，什么事都好办。而对外边的人，总怀有戒心，“逢人只说三分话，未可全抛一片心”。求人办事嘛，一般是公事公办。因此，遵循内外有别的界限谈话，社会上认为是得体的，违反这一界限，便被认为是“乱放炮”，说话不得体了。

2. 正式场合与非正式场合

正式场合说话应严肃认真，事先要有所准备，不能乱扯一气。非正式场合下，便可随便一些，像聊家常一样，便于感情交流，谈深谈透。有些人说话文绉绉的，有些人讲话俗不可耐，就是没有把握正式场合与非正式场合的界限。

3. 庄重场合与随便场合

“我特地来看你”，显得很庄重；“我顺便来看你”，有点随随便便看你来了的意思，可以减轻对方负担。可是，在庄重的场合说“我顺便来看你”就显得不够认真严肃，会给听话者蒙上一层阴影。在日常生活中，明明是“顺便来看你来了”，偏偏说成是“特地看你来了”，有些小题大做，让对方增加心理负担，对方或许就会因此而不帮助你了。

4. 喜庆场合与悲痛场合

一般来说，说话应与场合中的气氛相协调。在别人办喜事时，千万不要说悲伤的话；在人家悲痛时，不要说逗乐的话，甚至哼哼民歌小调，别人会说你这人太不懂事了。说话有“术”，“能说会道”也是一种本领。古有“一语千金”之说，也有“妙语退敌兵”之事。可见，会说、巧说是何等重要。我们应重视“说”的作用，讲究“说”的艺术。在求人办事时，注意语言的学习与积累，针对不同的场合，要选用最得体、最恰当的语言来表情达意，力争获得最佳的效果。

另外，“言多必失”，不论什么时候，什么场合，说话时都要注意说话的分寸。特别是人多的场合，说到忘乎所以的时候很容易失言，一旦失言，你的话就可能中伤或伤害到某个人，这自然会让你招惹祸端。

在事业成功的过程中，一言一行都关系着个人的成就荣辱，所以言行不可不慎。那些成功的人，说话很会把握分寸感，不管在什么场合都是落落大方，说话的时候，言词很充分，该说的话一定不会让听众失望；不该说的时候，也是一句话也不说的。

有的人口齿伶俐，在交际场合口若悬河，滔滔不绝，诚然，这是不少人所向往的“境界”。但如果没有那样的水准，仍喜欢张扬自己，在人多的地方，口无遮拦，很容易说错话，一旦说漏了嘴，再想要补救是很难的，或者说几乎成为不可能的事情。所以在人多的场合尽量少讲话，并讲究“忌口”。否则，若因言行不慎而让别人下不了台，或把事情搞糟，那是最不合算的事，因为对别人造成的伤害是一时性的，但对自己造成的影响却是长期性的——你在别人心目中的形象会定型为“恶人”。或许这个“恶人”用得有点过分，但起码你留在别人心中的印象不会是好的。

总之，我们在与人沟通时要注意沟通对象的具体情况，明白沟通的目的，看准沟通的场合，懂得随机应变，在什么山，唱什么歌。

调整自己的沟通方式适应对方

“物以类聚，人以群分”。了解人与人之间的年龄、性别、性格、职业、地位、兴趣爱好、文化水平等多方面的差异，调整自己的沟通方式以适应对方，别人才会乐于与你沟通。

具体该怎么做呢？可以依照下面几点：

1. 看对方的性格和性别特征

对方性格外向，透明度高，你就可以随便一些，开开玩笑、斗嘴，他会很自然地接受；如果对方性格内向、敏感，你就可以讲一些适合的笑话，让他开朗一些，最重要的是表现真诚，可以挖掘对方比较在意、隐藏在内心深处的话题，让对方觉得你是在真正地关心他。

有的女孩性格外向，个性鲜明，男孩子气十足，你若跟她谈化妆、美容，她也许会毫无兴趣；如果谈足球、谈姚明，她可能会兴致勃勃。针对不同的性格，你应该学会说不同的话。

同样说人胖，男性多半会一笑置之，而女性则可能马上把脸拉下来，这就是性别带来的差异。所以，同样的话对男人和女人的作用是不一样的。说话时，我们就要注意到这种差异，对不同性别的人说不同的话。

有位名牌大学中文系毕业的高才生，在人才招聘会上，想让某公司经理招聘其为办公室秘书，青年人在经理面前作自我推销时说话拐弯抹角，半天不切主题。她先说：“经理，听说你们公司的环境相当不错。”经理点了点头。接着，高才生又说：“现在高学历的人才是越来越多了。”经理还是点了点头，什么也没说。而后，高才生又说：“经理，秘书一般要大学毕业，要比较能写吧？”高才生的话兜了一个大大的圈子，还是未能道出自己的本意。岂料，这位经理是个急性子，他喜欢别人与他一样，说话办事干脆利落。正因为高才生未能摸透经理的性格，结果话未说完，经理便托词离去，高才生的求职也化成了泡影。

2. 看对方的身份特征

俗话说，“秀才遇见兵，有理说不清”。如果你对普通的工人农民摆出知识分子的架子，满口之乎者也，肯定让对方满头雾水，更别说会被接受了。要是遇见文化修养较高的人，也不能开口就一副江湖气，容易引起反感，更无法获得交往的信任和好感。

全国人口普查时，一个青年普查员向一位70多岁的老太太询问“有配偶吗？”老人愣了半天，然后反问“什么是配偶？”普查员解释：“就是你丈夫。”老太太这才明白。

这位普查员说话不看对象，难怪会闹笑话。所以，要想收到理想的表达效果，就应当看对象的身份说话，对什么人，说什么话。如果不看身份说话，人们听起来就会觉得别扭，甚至反感，那势必要影响交际效果。

3、看对方的兴趣爱好

比如和有小孩的女性说话，可以说说孩子教育和柴米油盐酱醋茶；和公司职员说话，可以说说经济环境等问题……说得不深入没关系，只要你开口了，他们便会不由自主地告诉你很多关于他自己和工作上的事情。如果你善于引导，他恐怕连心事都要掏出来了。

有个青年想向一位老中医求教针灸技巧，为了博得老中医的欢心，他在登门求教之前做了认真细致的调查了解：他了解到老中医平时爱好书法，于是浏览了一些书法方面的书籍。起初，老中医对他态度冷淡，但当青年人发现老中医案几上放着书写好的字幅时，便拿起字幅边欣赏边说：“老先生这副墨宝写得雄劲挺拔，真是好字啊！”对老中医的书法予以赞赏，促使老中医升腾起愉悦感和自豪感。接着，青年人又说：“老先生，您这写的是唐代颜真卿所创的颜体吧？”这样，就进一步激发了老中医的谈话兴趣。果然，老中医的态度转化了，话也多了起来。接着，青年人对所谈话题着意挖掘、环环相扣，致使老中医精神大振，谈锋甚健。终于，老中医欣然收下了这个“懂书法”的弟子。

4. 看对方的年龄特征

老年人喜欢别人说他年轻，而小孩就不喜欢大人总是说他太小；中年人喜欢别人说他事业有成，家庭美满，而年轻人就喜欢别人说他有闯劲有活力，不同年龄层次的人喜欢不同的话题。

假如你要打听对方的年龄，对小孩可以直接问：“今年多大了？”对老年人则要问：“您今年高寿？”我们不提倡问女士的年龄，但是如果非要问，也要讲究方法，只要问得分寸好，不会让别人觉得唐突、不礼貌。对年龄相近的女性可以试探说：“你好像没我大？”对年龄稍大的女性则可以问：“您也就30出头吧？”这样一来，大家都皆大欢喜。

5. 看对方的心理需求

不同的人会有不同的心理需求。如果你懂得一点儿心理学，就很容易把话说到人的心窝里。19世纪的维也纳，上层妇女喜欢戴一种高檐帽。她们进戏院看戏也总是戴着帽子，挡住了后排人的视线。可是戏院要求她们把帽子摘下来，她们仍然置之不理。剧院经理灵机一动，说：“女士们请注意，本剧院要求观众脱帽看戏，但是年老一些的女士可以不必脱帽。”

此话一出，全场的女性都自觉地把帽子脱了下来：哪个女人愿意承认自己老啊！剧院经理就是利用了女性爱美爱年轻的心理特点和情感需求，顺利地说服了她们脱帽。

战国时期著名的纵横家鬼谷子，曾经总结出了与各种各样的人交谈的心理启发，堪称精辟：与智者言，依于博；与博者言，依于辨；与辨者言，依于要；与贵者言，依于势；与富者言，依于高；与贫者言，依于利；与贱者言，依于谦；与勇者言，依于敢；与愚者言，依于锐。

如果你能把握上述原则，说话时自然不容易出错。见什么人说什么话的道理可以帮你分清界限，理清场合，让我们的人际沟通能力更上一层楼。

守得住秘密，藏得住恶语

几位大学生去敬老院慰问一位退休老教师，见面以后大学生问道："吴老师，您老的身子骨真够硬朗，今年高寿？"

老人家高兴地说："八十一啦。"

大学生继续问道："身体都还健康吧？在退休老教师里面您可算得上是长寿将军了。"

老人家面带微笑地说："哪里，老贾年龄比我大，他已经九十岁了。不过，他去年却到西天极乐世界报到去了。"

"唷，这回可轮到您了。"几位大学生异口同声道。老人家听到这里，脸色骤变，板起脸来把他们撵了出去。

与人谈话时，该说的话留一点儿，不该说的不开口。任何人都无法预测一句话会造成什么样的后果，说不定哪句不该说的话被自己说出口后，会惹来不必要的麻烦。这就要求人们在说话之前要深思熟虑，不该说的千万别出口。

苏东坡曾经留下过这样一首诗："高山石广金银少，世上人多君子稀。相交不必尽言语，恐落人间惹是非。"

"相交不必尽言语"说的就是这个道理。很多时候，我们谈兴甚浓，于是海阔天空无所不谈，画蛇添足或是把一些完全不该说的话和盘托出。这样岂能不惹是非？

在与人交往中要做到吞下不该说的话，应该具备这样的心态：就算你是全世界最自我的人，也要懂得尊重别人。不要以为吞下自己最后一句话就不自我，其实那才是真正懂得保护自己的人。

适时地闭上你的嘴巴，你会看起来更加可爱。不要罔顾别人的想法而肆意倾倒你的垃圾信息，更不要随便对一个不熟悉的人卖弄你的小道消息和私人问题。

小心那些只听不说的人，或许是因为害羞，或许他们隐藏了杀机。在询问式和操纵式的倾听中，要学会分辨同情和尊重的耳朵。

刘燕在一家饭店找到了一份服务员的工作，刘燕刚上班，就来了三位客人，她连忙拿出菜单，面带微笑地走向客人，准备为他们点菜。第一位客人点了一份糖醋里脊，第二位点的是宫保鸡丁，第三位点的是京酱肉丝。点完菜以后，三位客人又强调了一句：饭菜要干净一点儿。不大一会儿，这三位客人点的菜就做好了。刘燕用托盘端了出来，她一边朝三位客人就座的方向走去，一边大声对客人说："你们谁要的这份干净一点儿的菜？"

不料，就因为这一句不该问的话，刘燕丢掉了饭碗。因为这句话给饭店造成了很坏的影响。

灾祸往往出自口，在工作生活中，要讲究说话的方式方法，管不好自己的嘴，就相当于在自己身上绑了一颗定时炸弹。

那么，在交谈中哪些方式不受欢迎，容易招惹麻烦呢？

1. 无事不通、无事不晓的逞能

言谈中，谈话的内容往往涉及天文、地理、历史、哲学等古今中外、日月经天、江河行地般的话题。同时交谈是相互了解、相互交流的方式，而不是表现学识渊博、见识广泛的舞台。如果你在交谈中表现得如同"万事通"，到时定会打自己的嘴巴。更何况老子曾说过："言者不知，知者不言。"交谈中什么都说的人其实什么都不知道。"两小儿辩日"的故事我们都知道，孔子都会在两个小顽童面前碰了钉子，所以人千万不要逞能。

2. 逢人诉苦、博取同情的忆苦

在人生长河中，每个人都会遇到挫折和困苦，但每个人对待的方式不同，有的人迎难而上，有的人知难而退，有的人却将苦难带来的负面情绪传染给别人，在众人面前陈述自己的辛酸，以获同情。每个人工作上难免碰到一些挫折——进展不顺，遭人误解等，如果这样就经常唉声叹气，怨天尤人，说工作太难做了，实在不想干了，一肚子的苦水。开始时，朋友也许愿为你排忧解难，想一些法子，给你鼓鼓气。但是每次相聚谈话都是如此，朋友们就会觉得你太没志气，简直就是一个“苦水瓶”，以后就会与你疏远。所以，交际中一味地诉苦会让别人觉得你没魄力，没能力，从而失去别人对你的尊重。

3. 喋喋不休、滔滔不绝的独白

许多女人在交谈中，自始至终一人独唱主角，喋喋不休、滔滔不绝。这样其实不但不能表现自己的交谈口才，反而会令人生厌。要知道池蛙长鸣，不为人注意，而雄鸡则一鸣惊人，这就说明过多地“说单口相声”不能交流思想，不能增进感情。交谈时应谈论共同的话题。让每个人都充分发表意见，留心别人的反应，这样才能融洽气氛。正如亚历山大·汤姆所说：“我们的谈话就像一次宴请，不能吃得很饱才离席。”

4. 尖酸刻薄、烽烟四起的争辩

交际中有时免不了争辩，但善意、友好的争辩更能促进彼此间的了解，调节交际环境，起到活跃气氛的作用，有时一场精彩的争辩会令人荡气回肠，齐声喝彩。但是尖酸刻薄、烽烟四起的争辩会伤害他人，导致心情郁闷，令人望而叹息、敬而远之。因为尖刻容易树敌、如果一个人在言谈中出现四面楚歌、群起攻之的局面，他的处境就可想而知了。

5. 口无遮拦，出口伤人的话语

灾祸往往出自口，无论身处什么位置，也不管财富多么雄厚、势力有多强大，语言不当总会带来负面影响。在与人交往时要时刻把握好说话的度，尽量让说出的话委婉动听。

总之，在社交场合，诚实与热情是交谈的基础，三思而后言，管住自己的嘴巴，是沟通的路标。拥有这些，你的话语才能精彩，你才能赢得更多朋友的尊重和帮助，你的交际之路方可顺风顺水。

把难说的话说得好听

俗话说得好，“佛要金装，人要衣装”。商品要有新颖的包装才会吸引顾客，女人要有漂亮的衣裳才能更显现出她的美丽风姿。而说话也要像商品和衣服一样，需要经过良好的包装才能让人接受和信服。比如你说“喂，让开”，就不如说“你好，请让一下好吗”效果好。这就是包装的魅力。

人们都说，关系是营造出来的。同样的事情，有人着急上火、口不择言，有人则不急不躁、言语稳重，最后的结果就大相径庭。话语如同一把利刃，可以伐木也可以伤人，就看操持者怎么使用。己所不欲，勿施于人。既然每个人都喜欢听那美酒一样的良言，为什么不对别人也说出美好的语言呢？注意说话的方式，把难说的话说得好听，才是真正有素养的口才高手。下面教你一些小技巧：

1. 难以启口的话，要用机智与笑话包装起来

每个人在日常生活中都会遇到必须讲一些难以启口的话的时候。这种时候，如果直接说“实在很伤脑筋”“很麻烦”，很可能引起对方的反感，或者让对方产生不快。如果把想说的话用机智与笑话这种委婉的方式传达，对方多半会一笑置之，既不伤害到对方，说的人心理也不会有很重的负担。

2. 警告别人时不要指出缺点，而要强调如果纠正过来会更好

有位公司经理慨叹纠正别人实在难，稍微提醒一下部属，部属不是置之不理，就是越变越坏。这位经理只是指出对方的缺点加以批评而已。他如果换一种方式，强调矫正过来会更好，那就会是另一种情况。

有位足球教练在纠正选手时，不说“不对，不对”而说“大致上不错，但如果再纠正一下……结果会更好”。他并非否定选手，而

是先加以肯定再修正。也就是说先满足对方的自尊心，然后再把目标提高。如果只是纠正、警告的话，只会徒然引起选手的反感，不会有好的效果产生。

3. 传达坏消息时，要附加一句“令人无法相信”

传达坏消息，心情总是沉重的。所以，这种时候正需要一些思考，否则甚至可能演变成人的生死问题。

直接说“你有如何如何的谣言”，前面加一句“虽然我不相信……”那么对方所受到的冲击就会轻很多。有一位初中教师，他对成绩退步的学生说：“实在难以置信，你考这样的分数。”如果老师能换一种方式说话，那位同学下次成绩一定会提高。倘若只是传达事实的话，机器人也办得到，效果却不会令人满意。但是，“令人难以置信”这句话显示出的则是机械所不具备的机灵。

4. 不小心提到对方的缺点时，要加上赞美的话

想必每个人都曾有过不小心说话伤到对方或对对方不礼貌的时候。话一旦说出来就无法收回，当场气氛就不好了。这种情形大多数人会连忙辩解，或者换上温和一点儿的措辞，这实在不是好方法，因为对方认为你心里这么想才会出言不逊。这种时候不要去否定刚才说出来的话，要尽量沉着，若无其事地附带说：“这就是你吸引我的地方，但是，你也有……的优点，所以表面上的缺点更显得有人性。”人对于别人说过的话总是对最后的结论印象最深刻，附加赞美的话，对方便认为结论是赞美的，即使前面说过令人不愉快的话，也就不会计较了。

5. 提意见时，提供更多假设

你直接说“这样不好”，不如说“如果……是不是更好？”为对方提供一些假设，一些建议，比生硬地提意见更容易让人接受。同样的意思，只是换了不同的说法，结果就截然不同。

6. 假托第三者传达对对方的批评可以一石二鸟

某企业的经理说，他的公司有几位兼职的女职员言谈很不高雅，甚至对他这个上司说起话来像对待朋友一样。有一天，他告诉一个已经任职两三年的女职员："最近的年轻人说话有点随便，请你代我转告一下好吗？"结果却很令人意外。那几个兼职的女职员谈吐多少有所改善，而那个负责转告的女职员对自己的谈吐最为小心翼翼。恐怕是"最近的年轻人"这句话让那个女职员觉得自己也被包括在内。

这个女职员的情形，连主管也意想不到。这也可以用作批评别人时的方法，也就是说托诸"第三者"而不要直接批评，如此一来，对方就会虚心接受而不太会产生反感。但是这种托诸"第三者"的批评，要掌握好尺度，不要太过明显，让人觉得像"指桑骂槐"就不好了，这一点应当多加注意。

直言快语固然能让人感觉爽快，但是委婉说话更能体现出一个人驾驭语言的能力。委婉并不是太有心机，也不是故意遮遮掩掩绕弯子，而是体现出一个人对交往对象的尊重和体贴，体现出一个人交际的成熟风范。包装一下你的外表，再包装一下你的语言，那么你就是一个善于交往的人了。

不要把话说绝，留有余地

某公司新研发了一个项目，老板将此事交给了下属小张，问他："有没有问题?"他拍着胸脯回答说："没问题，放心吧!"

过了三天，小张还是没有任何动静。老板问他进度如何，他才老实说："没有想象中那么简单!"虽然老板同意他继续努力，但对他拍胸脯的信誓旦旦已经开始反感。

我们经常会听到某些人说话时是斩钉截铁的："我一定行""我一定能办到""你还不相信我呀?"……类似的话可以说是信手拈来。当然，这样的话语里蕴涵了一个人的自信，这是无可厚非的，当今社会所提倡的就是做人要有自信。但是有时候我们说话必须要把握分寸，这就需要根据具体的事实来说话，在比较正式的场合我们还是不要把话说得太绝对。

客家有句俗谚："人情留一线，日后好见面。"生活中很多尴尬是由自己一手造成的。其中有一些就是因为话说得太绝造成的。凡事多些考虑，留有余地，总能给自己留条后路。这在外交辞令中是最常见的。每个外交部发言人都不会说绝对的话，要么是"可能、也许"，要么是含糊其词，以便一旦有变故，可以有回旋余地。话不说绝对是一个人老练成熟的标准。

自以为是的人容易把话说满。他们总觉得自己的见解没有错，根本不容分辩，于是马上盖棺定论，不留余地。可是，要知道杯子留有空间，是为了轻轻晃动时不会把液体溢出来；气球留有空间，是为了不会因轻微的挤压而爆炸；人说话留有空间，是为了防止"例外"发生而让自己下不了台。

人人都讨厌空话大话连篇的人，吹得天花乱坠，实际行动却不见几分，难免让人觉得你华而不实，难以信任。不如低调一点儿，做的比说的多，多干活儿少说话，用实际行动证明自己的价值。当然，也有人话说得很满，而且也做得到，即使这样，说满话也不可取，毕竟，谦虚一些能留给人美好的印象，而一味拍胸脯，总是让人觉得你不够稳重。何况，凡事总有意外，使得事情产生变化，而这些意外并不是人人能预料的，话不要说得太满，就是为了容纳这个“意外”。

在做事的时候，对别人的请托可以答应接受，但最好不要“保证”，应代以“我尽量，我试试看”的字眼；上级交办的事当然要接受，但不要说“保证没问题”，应代以“应该没问题，我全力以赴”之类的字眼，这是为了万一自己做不到所留的后路，而这样说事实上也无损你的诚意，反而更显出你的谨慎，别人会因此更信赖你，即便事没做好，也不会太责怪你。用不确定的词句可以降低人们的期望值，你若不能顺利地做成某件事情，人们因对你期望不高，最后总能谅解你，而不会对你产生不满，有时他们还会因此而看到你的努力，不会全部抹杀你的成绩；如果你能出色地完成任务，他们往往喜出望外，这种增值的喜悦会给你带来很多好处。

话不说满也表现在不要对他人太早下评断，像“这个人完蛋了”“这个人一辈子没出息”之类，浪子还有回头的时候，人一辈子很长，变化还很多，你怎么能凭主观就评定别人的一生?

无论何时，我们说话的时候都要提醒自己，要给自己留余地，使自己可进可退，这好比在战场上，进可攻，退可守。这样有了牢固的后方，可出击对方，又可及时地退回，自己依然处于主动的地位。这样虽然不能保证自己就一定会处于战无不胜的地位，但是至少可以保证自己不会败得一塌糊涂。要想把握分寸，给自己留余地，需注意以下两点：

1. 话不要违背常情常理

事物都有自己存在的道理，人事也有自己存在的情理。说话时，如果违背了常情常理，就会给别人留下把柄。因此，在谈话时，要记住话不要说过了头，违背了常情常理。

看看两位推销员对同一商品的介绍，她们推销的是同一款产品：袜子。第一位推销员随手拿起一只袜子，紧接着他又拿起打火机，在袜子下面轻快晃动，火苗穿过袜子，而袜子也未受到损伤。在他一番介绍之后，袜子在顾客手中传看。一位顾客要拿打火机烧，急得推销员赶忙补充说："袜子并不是烧不着，我只是证明它的透气性好。"最后大家终于明白了怎么回事，袜子的质量没得说，但当时的气氛明显地影响了顾客的消费情绪。

而第二位推销员，也是一边说一边演示，不过她注意到了科学性介绍，一番介绍说得非常周到。她是这样说的："当然，任何事物都有它的科学性，袜子怎么会烧不着呢？我只是证明它的透气性好，它也并不是穿不破，就是钢也会磨损的。"这番介绍没有给天性爱挑刺的顾客留下可乘之机。接下来，她一边给大家传看袜子，一边讲解促销的优惠价格，销售效果明显好于前一位推销员。

2. 话不要说得太绝对

人们考虑问题都喜欢来个相对思考，也许是爱因斯坦的"相对论"深入人心的缘故吧。对于绝对的东西，人们在心理上有一种排斥感。比如，当你斩钉截铁地说："事实完全就是这个样。"此时在别人心里会有疑问："难道真的一点儿也不差？"也许你表达是事实。可是他心里老是琢磨"难道一点儿也不差"的时候，他对你的话语的领悟就会有点舍本逐末了。倒不如这样说："事实就是这个样子。"

因此，在谈话时，即便是我们绝对有把握的事，也不要把话说的过于绝对，绝对的东西容易引起他人的挑剔。而现实是，如果对方有意挑刺，还真能挑出来。与其给别人一个挑刺的借口，不如把话说得委婉一点儿。同时，如果我们不把话说得绝对，我们还可以在更为广阔的空间与对方周旋。

人们常说"话不要说满，事不要做绝"，当然是有道理的。事情做绝，不留余地，不给别人机会，不宽容别人，处理事情下狠手都是不理智的行为。无论矛盾有多深，最好都不要说出“势不两立”之类的话，否则日后万一有合作的机会，一定左右为难，尴尬万分。时时处处留有余地是为人处世的大智慧，进可攻，退可守，这才是成功的做人之道。

第九章
突破被动心理，一招学会肢体语言

人际交往离不开肢体语言，跨文化交际更需解读肢体语言。微表情心理学、身体心理学与说话心理学密不可分，剖析肢体语言，能使你在商战中明察秋毫，抢占先机；善用肢体语言，能让你在应聘谋职时稳操胜券；巧用肢体语言，能助你轻松成为沟通高手。

肢体语言的一招一式

一个人走进饭店要了酒菜，吃罢摸摸口袋发现忘了带钱，便对店老板说："店家，今日忘了带钱，改日送来。"店老板连声说"不碍事，不碍事"，并恭敬地把他送出了门。

这个过程被一个无赖看到了，他也进饭店要了酒菜，吃完后摸了一下口袋，对店老板说："店家，今日忘了带钱，改日送来。"

谁知店老板脸色一变，揪住他，非剥他衣服不可。

无赖不服，说："为什么刚才那人可以赊账，我就不行？"

店家说："人家吃菜，筷子在桌子上找齐，喝酒一盅盅地筛，斯斯文文，吃罢掏出手绢揩嘴，是个有德行的人，岂能赖我几个钱。你呢？筷子往胸前找齐，狼吞虎咽，吃上瘾来，脚踏上条凳，端起酒壶直往嘴里灌，吃罢用袖子揩嘴，分明是个居无定室、食无定餐的无赖之徒，我岂能饶你！"一席话说得无赖哑口无言，只得留下外衣，狼狈而去。

从这个故事可以看出：一、动作姿势是一个人文化修养的外在体现。一个品德端庄、富有涵养的人，其姿势必然优雅。一个趣味低级、缺乏修养的人，是做不出高雅的姿势来的。二、在人际交往中，我们必须留意自己的形象，讲究动作与姿势。因为我们的动作姿势，是别人了解我们的一面镜子。三、在人际交往中，我们可以通过别人的动作、姿势来衡量、了解和理解别人。

说起沟通，人们自然会想到最直接、有效的口头语言。不错，人与人之间的思想交流、情感联络都需要简明、直接的语言来表达、传递。除此之外，动作、表情、视线等肢体语言，虽然也被人们在不经意地运用着，但它在沟通交流中的影响力和特殊作用却没有引起人们的注意。美国著名传播学家艾伯特梅拉比安曾提出一个公式：信息的全部表达=7%语调+38%声音+55%肢体语言。可见，"此时无声胜有声”，肢体语言在人际沟通过程中比言语更为重要。

与人谈话，除了话语的内容之外，对方的一举一动、一颦一笑，更可以透露出玄机。而且，肢体语言是辅助说话最有效的工具，许多“意在言外”的意思，都能靠着肢体语言透露出些蛛丝马迹，所以我们应该对于肢体语言有深刻的了解，以便能够洞烛先机，预做下一步的准备。如今，很多人把人际沟通的功夫几乎全部下在口头语言上，而真正的沟通高手已经意识到肢体语言的重要性。一个无心的眼神，一个不经意的微笑，一个细小的手势，一身整洁简约的衣着，都有可能决定人际沟通的成败，哪怕这只是一场相亲会。

人类学家雷·博威斯特是最初非语言交际——他称之为“动作学”——的倡导者。针对人与人之间发生的非语言交流，博威斯特也做出了相似的推断。他指出：一个普通人每天说话的总时间大约为 10~11 分钟，平均每说一句话所需的时间则大约只有 25 秒。同时，他还推断出，我们能够做出并辨认的面部表情大概有 25 万种。

和麦拉宾一样，博威斯特还发现，在一次面对面的交流中，语言所传递的信息量在总信息量中所占的份额还不到 35%，剩下的超过 65%的信息都是通过非语言交流方式完成的。我们对发生于 20 世纪七八十年代的上千次销售和谈判过程展开了详细的研究，其结果表明，商务会谈中谈判桌上 60%—80%的决定都是在肢体语言的影响下做出的。同时，人们对一个陌生人的最初评判中，60%—80%的评判观点都是在最初不到 4 分钟的时间里就已经形成了。除此之外，研究成果还指出，当谈判通过电话来进行的时候，那些善辩的人往往会成为最终的赢家，可是如果谈判是以面对面交流的形式来开展的话，那么，情况就大为不同了。因为，总体而言，当我们在做决定的时候，在所见到的情形与所听到的话语中，我们会更加倾向于依赖前者。

肢体语言是与说话相对独立的一种沟通形式，它更加丰富细腻，而且更能表达内心的真实需要，因此，一些简单的肢体语言胜过滔滔不绝的口才。

精神意识的外在形式

肢体语言是和我们平时所说的语言相对独立的一种沟通形式，它伴随着我们的话语产生。肢体语言来自面部表情、眼神接触、手势、站立姿势和态度，大多数情况下，它是潜意识的。总的来说，肢体语言的细微差别是非常复杂的，但是有些普通的肢体语言符号甚至能抵得上一大堆话。可以说：无声语言所显示的意义要比有声语言多得多。

运用肢体语言，能够传达你的言外之意和情感，从而带动对方，让沟通更加顺畅。那么，我们如何让自己的身体会“说话”？

1. 体势

达·芬奇曾说过，精神应该通过姿势和四肢的运动来表现。同样，人们的一举一动，都能体现特定的态度，表达特定的含义。

一个人的体势会流露出他的态度。身体各部分肌肉如果绷得紧紧的，可能是由于内心紧张、拘谨，在与地位高于自己的人的交往中常会如此。推销专家认为，身体的放松是一种信息传播行为。向后倾斜15度以上是极其放松。人的思想感情会从体势中反映出来，略微倾向对方，表示热情和兴趣；微微起身，表示谦恭有礼；身体后仰，显得若无其事和轻慢；侧转身子，表示嫌恶和轻蔑；背朝人家，表示不屑理睬；拂袖离去，则是拒绝交往的表示。

我国传统文化中很重视人在交往中的姿态，认为这是一个人是否有教养的表现，因此素有大丈夫要“站如松，坐如钟，行如风”之说。

在日本，百货商场对职员的鞠躬弯腰还有具体的标准：欢迎顾客时鞠躬30度，陪顾客选购商品时鞠躬45度，对离去的顾客鞠躬45度。

如果你在交谈过程中想给对方一个良好的第一印象，那么你首先应该重视与对方见面的姿态表现，如果你和人见面时耷拉着脑袋、无精打采，对方就会猜想也许自己不受欢迎；如果你不正视对方、左顾右盼，对方就可能怀疑你是否有交流的诚意。

2. 目光

两个人对话时，目光接触，是最能传神的非言语交往。“眉目传情”“暗送秋波”等词语形象地说明了目光在人们情感交流中的重要作用。

在人与人的交流中，目光不免会经常接触，而从对方的目光中，很容易发觉对方的感觉。如果对方的目光有神地望着你，至少他是在注意听你说话；如果对方的目光四处转动，一副心不在焉的样子，他可能是对话题不感兴趣，这时我们便要适时地将话题导引至其他能够引起对方兴趣的方面。

3. 表情

许多人的喜怒哀乐都是写在脸上的，即使是一个深沉的人，从脸部表情变化都多少可以看出一些端倪来。例如两方代表团对坐于谈判桌前时，坐在后排的人士中，就有人是专门在解读对方表情变化的。

4. 语气

说话时的抑扬顿挫，对于说话内容有很大的影响，比如说吵架的时候，通常都是很大声的；情话绵绵时却又是窃窃私语了。此则说话时有一些辅助的字句，例如“嗯”“啊”“噢”等，虽然都是语尾助词，但也是可以听得出另一番意义的。

恰当自然地运用语气，是交往成功的前提。一般情况下，柔和的声调表示坦率和友善，在激动时自然会有颤抖，表示同情时略为低沉。不管说什么样的话，阴阳怪气就显得冷嘲热讽；用鼻音哼声往往表现傲慢、冷漠、恼怒和鄙视，是缺乏诚意的，会引起人不快。

5. 衣着

在谈判桌上，人的衣着也在传播信息与对方沟通。意大利影星索菲亚·罗兰说："你的衣服往往表明你是哪一类型，它代表你的个性，一个与你会面的人往往自觉地根据你的衣着来判断你的为人。"

衣着本身是不会说话的，但人们常在特定的情境中以穿某种衣着来表达自己的思想、建议和要求。在销售交往中，人们总是恰当地选择与环境、场合和对手相称的服装衣着。谈判桌上，可以说衣着是销售者"自我形象"的延伸扩展。同样一个人，穿着打扮不同，给人留下的印象也完全不同，对交往对象也会产生不同的影响。

微笑是最美的语言

有一位单身女子奥丽芙刚刚搬了新家，她发现隔壁住着一个寡妇和两个小孩子，是一户穷人家。一天晚上，奥丽芙居住的那一带忽然停电了，她只好点起了蜡烛。过了一会儿，隔壁邻居的小孩子来敲门，他紧张地问："阿姨，请问您家有蜡烛吗？"奥丽芙心想："难道他们家穷到连蜡烛都没有吗？千万别借给他们，免得被他们赖上！"于是，对孩子吼了一声说："没有！"

正当奥丽芙准备关上门时，那小孩露出关爱的笑容说："我就知道您家一定没有！"说完，他竟从怀里拿出两根蜡烛递给奥丽芙，说："妈妈和我怕你一个人住又没有蜡烛，所以让我带两根来送你。"奥丽芙心里顿时充满了自责，同时被小孩子的笑容感动得热泪盈眶，将小孩紧紧地拥在怀里。奥丽芙深深地体会到了笑容的力量。

世界上最贵重的礼物是什么？是微笑。

世界上最美丽的东西是什么？是微笑。

世界上最动人的表情是什么？是微笑。

从心理学角度讲，微笑是属于非语言沟通的传播方式。人类具有丰富多彩的心理活动，这些内在的心理过程可以通过人的身体动作、面部表情、空间利用、声音暗示、接触行为、穿着打扮等方式表露出来，从而使自己为他人所觉察和了解。但微笑在人与人的沟通中却具有其他沟通方式所不可替代的作用。正如心理学家博纳罗·奥佛斯特里特指出的："我们朝人家微笑，人家也会以微笑作回报。一方面他是在向我们微笑；另一方面，从较深的意义上来说，他回报微笑是我们在他内心激起的幸福快乐情感的流露，我们的微笑使他感到了自己的价值，也就是说，我们重视他尊重他。"

微笑是令彼此愉快的面部表情，是直通人心的世界语，是人际交往的润滑剂，是灿烂生活的添加剂。微笑是人的天性，它比电便宜，却比灯更加灿烂，不仅照亮自我，更能温暖他人。微笑是最奇妙的礼物，得到它的人会因此更加富足，给予它的人却不会因此变得贫穷。微笑有着无穷的魅力，虽然只是短短一瞬，却留下永恒的回忆。

对于从事服务行业的人来说，微笑是一项投资最少、回报最大的资产。微笑可以缩短人与人之间的距离，化解令人尴尬的僵局，沟通彼此的心灵，使人产生安全感、亲切感以及愉悦感。你的微笑可能会化解客人的些许苦闷，驱散客人一身的疲惫；可能会使客人感觉到你的诚心，原谅你的无意之失；可能会给客人带来愉悦，使他有个好的心情。因此，每一位服务人员都要树立微笑意识，将微笑贯穿于接待服务的全过程。此外，也一定要牢记，只有真诚、友善、亲切、大方、自然，才会给客人一种愉快、舒适、幸福、动人的好感。

英国诗人雪莱说："微笑，实在是仁爱的象征，快乐的源泉，亲近别人的媒介。有了笑，人类的感情就得以沟通。"保持微笑的人，走到哪里都会受到欢迎，谁都喜欢同其打交道。这是因为，当你向别人微笑时，实际上就是以巧妙、含蓄的方式告诉他，你喜欢他，你尊重他，他是一个受欢迎的人。这样你在给予别人温暖与鼓励的同时，也就容易博得别人的尊重与喜爱。

然而，并不是所有人的微微一笑都能轻易地打动别人，微笑是有讲究的。

微笑的时候，先要放松面部肌肉，然后使嘴角微微向上翘起，让嘴唇略呈弧形。最后，在不牵动鼻子、不发出笑声、不露出牙齿，尤其是不露出牙龈的前提下，轻轻一笑。

微笑要发自内心，当一个人心情愉快、兴奋或遇到高兴的事情时，都会自然地流露出这种笑容。这是一种情绪的调节，是内心情感的自然流露，绝不是故作笑颜、故意奉承。

微笑最重要的是自然，不可以假装，千万不要皮笑肉不笑，更不要勉强，那样只会让人别扭，甚至感到讨厌。

微笑也要适度。虽然微笑是人们交往中最具有吸引力、最有价值的面部表情，但也不能随心所欲，不加节制。只有笑得得体、适度，才能充分表达友善、诚信、和蔼、融洽等美好的情感。

具有良好素养和心境的人总会在脸上泛起微笑，而让人微笑永驻的则是一种精神力量。微笑含有情感的成分，它能照亮天空，能振奋精神，能改变周围的人。用微笑，很容易获得对方的信任和好感。

真诚地微笑吧，它是你最美的语言！

好的表情会说话

人类的祖先为了适应自然环境，达到有效沟通的目的，逐渐形成了丰富的表情，这些表情随着人类的进化而不断发展、衍变，成为非言语沟通的重要手段。在所有的身体姿态中，人们了解最多的就是面部表情。因为，人的喜怒哀乐爱恨痴狂，往往会形之于色，令人一望即知。面部表情最为直观地展示出了人们的心理状态及其变化过程。

表情，是人内心的情感在面部、声音或身体姿态上的表现。当外部客观事物以物体的、语言的、行为的方式刺激大脑时，人就会产生各种内在反映即情感，这种情感会通过人体相应的表情呈现出来，表现在人的面部、身体、姿态、声音上。人们常说情动之于心、形之于外、传之于声就是这个意思。

面部是身体上最易引起注意的部位、是非常复杂的表情管道。面部表情基本上可以分为惊讶、害怕、生气、嫌恶、伤心，但亦可同时多种结合在一起。若你对对方或当时的情况了解的话，你可以很正确地判断出对方面部表情所代表的情绪。

人的面部表情是复杂的。人的面部有数十块表情肌，可产生极其复杂的变化，生成丰富的表情。比如可表现肯定与否定、接纳与拒绝、积极与消极、强烈与轻微的情感。它可控，易变，效果较为明显。据研究，人类的面部表情可以有 25 万余种之多，可见人类表情的丰富。

古人说："人身之有面，犹室之有门，人未入室，先见大门。"现代心理学家总结过一个公式：感情的表达 = 言语（7%）十声音（38%）十表情（55%）。比如打电话时虽然看不到打电话的人，但表情却影响传过来的声音，没有哪一个人能以愤怒的表情说出优美和蔼动听的问候语。可见表情在人与人之间的感情沟通上占有相当重要的地位。

俗话说："人逢喜事精神爽。"如果春风得意，必定是双眉舒展并面带笑容；如果内心悲哀，则必定是双眉紧锁、脸带愁云；如果是怒火中烧，一般来说会脸红脖子粗，面部肌肉抽搐不止，双眉竖立、做咬牙切齿状；如果是有愧于心，也许会脸热心跳，呼吸急促，两耳发热，脸上多半会出汗，这就是古人为什么用"汗颜"来形容羞愧的道理；如果是恐惧，通常会脸色苍白，体温尤其是皮肤温度下降，呼吸不畅，嘴唇颤抖……不一而足。

面部表情同样有助于人与人之间的沟通。虽然一些人在与别人交谈的时候，会竭力控制自己的感情，掩饰自己的表情，尽量做到面无表情，但还是多多少少会将感情写在脸上的。这些自觉或不自觉的面部表情对言语信息来说，起到了一种补充作用，甚至可能完全替代语言信息。人们通过表情来表达自己的情感、态度，也通过表情理解和判断他人的情感和态度，有效的人际沟通离不开表情。

如俗话说的："善人有善相，恶人有恶相。"一个人心地善良宽厚还是邪恶狡诈，热情随和还是冷漠高傲，是乐于交际还是孤独不合群，甚至一个人是从事何种职业，很多时候，是可以从面部表情分辨出来的。

健康的表情留给人们的印象是深刻的，它是优雅风度的重要组成部分，尤其是目光和微笑，他们往往能够展示你的全部。

一个善于通过目光和笑容表达美好感情的人，可以使自己富有想象力，也会给人更多的美感。人际交往中多一些敬重，多一些宽容和理解，表情就可以更美，交际形象就会更好、更有风度。乐观的表情会给你带来更多的朋友。

眼睛是人体传递信息最有效的器官，它能表达出人们最细微的、最精妙的内心情思，从一个人的眼睛中，往往能看到他的整个内心世界。一个人心态的变化，通过瞳孔的放大与收缩来表示，情绪积极兴奋时瞳孔会扩张；消极低沉时瞳孔会收缩。我们在与人交际谈话时，注视对方的眼睛，观察对方的瞳孔，将自己的心情坦露给对方，也获知对方真正的情感，达到心灵的交流。一个良好的交际形象，目光是坦然、亲切、和蔼、有神的。特别是在与人交谈时，目光应该是注视对方，不应该躲闪或游移不定。在整个谈话过程中，目光与对方接触累计应达到全部交谈过程的50%~70%。

通过一个人的面部表情可以看穿一个人的心理，看透他是什么样的人。因此，你在与人沟通过程中，别让表情背叛了你的内心。

眼神是沟通的窗

当年，希尔顿酒店创始人希尔顿听说一家银行要转手，就赶忙东挪西借如数凑足了钱，不料付款时银行老板却变了卦。随后，他沮丧地走进了一家名叫莫布利的旅馆，发现旅馆已经客满。这种情形与他当初帮父亲开小旅馆时的冷清相比简直是天壤之别，他好奇地与站在柜台后面的旅馆老板聊了起来："客房这样贵的价格，房客不会有意见吗？"

"有意见？"旅馆老板理直气壮地说，"谁嫌贵可以不住，没有人强迫他。"

旅馆老板的态度使希尔顿大吃一惊。心想：这家伙用这种态度对待客人：生意还这么好，如果服务再周到一些，生意肯定会更好。于是，他随口说："那你干脆把它卖掉不就得啦，何必自己在这里生闲气呢，也省得惹客人不愉快。"

"老子早就想把这个破店卖掉了，可是没有人要，有什么办法呢。"旅馆老板两手撑着柜台，两眼盯着希尔顿说，"你想想看，在地上随便一戳，就能冒出石油来，谁还有心思来照看这个烂摊子？"

希尔顿仔细打量着对方，不相信地问："那你是真的想卖掉这个旅馆吗？"

旅馆老板回答："要是有人肯买，我马上就办交接。"

希尔顿从旅馆老板的眼神和话语里觉察出了对方急于出手的心理。他突然间意识到，接手这家旅馆也是不错的生意，随即与对方开始讨价。

"如果你诚心买，干脆给你最低价：四万。"老板随口而出。

"能不能再少一点儿？"希尔顿说。

"不行，如果是半个月以前，少于四万五千块我是绝对不卖的。

这几天，我是真有些烦腻了，恨不得马上就带着人挖石油去，所以才减少了五千块，再少就不像话啦！”

“三万七，马上付现款，怎么样？”希尔顿涨红着脸说，心里有点儿紧张。

旅馆老板皱起眉头上下打量着他，不知是怪他不干脆，还是怕他拿不出这么多钱来。没等对方开口，希尔顿又接着说：“我身上只有三万七千元的现款。假如非四万不可，另外三千块我过两天再给你，这样成吗？”

“成啊！”旅馆老板答得很干脆。于是双方成交。就这样，希尔顿拥有了这个旅馆，为他未来的饭店王国铺下了第一块基石。

看一个男人的品位，就看他的袜子；看一个女人的身份，就看她的手指；看一个人的心术，就看他的眼神。眼神会泄露一个人的内心秘密，与人沟通首先要了解眼神背后的心理。

人们常说，眼睛是心灵的窗户，是人类心灵沟通的重要工具，经由眼神可达到交换彼此意见的目的。转瞬即逝的眼神可以包含丰富的信息，足以表达一个人的内心意向。无论一个人心里正在想什么，眼神里都会忠实地反映出来，正如哲人爱默生所说的：“人的眼睛和舌头所说的话一样多，不需要字典，却能从眼睛的语言中了解整个世界。”所以，眼睛也是观察一个人内心世界的重要途径，通过观察眼睛可以探测到对方的内心世界。

孟子认为，观察人的眼睛，可以知道人的善恶。人的心灵是善是恶，都可以从无法掩藏的眼神里显示出来。现代心理学家研究发现，眼神能真实地反映一个人复杂多变的心理活动。例如，一个人感到愉悦、喜爱、兴奋的时候，眼神就会明光发亮；而当人生气、消极的时候，眼神就无精打采。

因此，在和别人说话的过程中，一定要运用好自己的眼神。要想使对方知道自己在认真倾听对方的讲话，你的眼神与对方的眼神一定要保持好联系。对方讲话时你最好与他的眼神不断地会合，不要东张西望。听人讲话时随便看其他东西，说话人一定会感到不高兴。

运用眼神，可以使沟通更为有效。例如，老师如果能够巧妙地运用眼神表达自己的感受，有时真的会收到意想不到的教育效果。上课时，如果某个孩子乱讲话或随便做小动作，干扰其他孩子听讲，老师可以轻轻地走到他的身边，拍拍他的肩膀或者摸摸他的头，给他一个制止的眼神，孩子们会立刻表现得非常好。这样做，比当着全班小朋友的面，对他们进行强行制止好得多，能使孩子容易接受，也不伤害他们的自尊心。

用眼神和别人沟通，不仅表明你很自信，同时也表示你对别人很尊敬。当你发表演说时，眼睛要注视着对方，语气里要带有更多地强调成分，加入更多的感情色彩。如果这时你的眼睛看着别处或盯着地板，那就说明你对自己所说的话并不确信，或者你说的可能根本就不是事实。例如，当销售人员的眼睛炯炯有神地向客户介绍产品时，眼神中透射出的热情、真诚和执着往往比口头说明更能让客户信服。充满热情的眼神，还可以增加客户对产品的信心以及对这场推销活动的好感。

无论我们和谁用什么方式交流，也不管表达的内容是什么，我们肯定会对那些用眼神和我们沟通的人给予更多的关注和回应。

霍尔空间亲密关系论

一位心理学家做过这样一个实验：在一个刚刚开门的大阅览室里，当里面只有一位读者时，心理学家就进去拿椅子坐在他（她）的旁边。试验进行了整整80人次。结果证明，在一个只有两位读者的空旷的阅览室里，没有一个被试者能够忍受一个陌生人紧挨着自己坐下。

在非语言沟通中，空间距离可以显示人们之间的不同关系。对于不同国家的人而言，空间距离有着不同的意义。有趣的是你越往地球北端行进，你会发现人与人之间的空间距离越大。而越往南走，人与人之间越亲近则越舒适。一个英国人与人交谈时希望保持一定的距离；阿拉伯人在与人交谈时你几乎可感觉到他的鼻息；而日本人在大笑时总是要捂住嘴以免口气触及对方。

人际交往中，当你无故侵犯或突破另一个人的空间范围圈时，对方就会感到厌烦、不安，甚至恼怒。就一般情况而言，交往双方的人际关系以及所处情境决定着相互间自我空间的范围。

美国空间关系学之父、人类学家爱德华·霍尔将人们交流时下意识同别人保持的空间位置划分为四个区域：亲密距离、个人距离、社会距离和公共距离。

1. 亲密距离

亲密距离分远近两种，近距离是指肌肤能够接触到的距离，而远距离则是指两个人身体保持15~50厘米的距离。这种亲密的距离多出现在情侣、要好的朋友之间，或者是孩子抱住父母及其他人时。如果某些情况使得一些不太熟悉和亲密的人不得已要保持在这种距离中而没有任何能保护他们的非言语的屏障，那么，他们会觉得很尴尬，同时感到自己受到了威胁。想想在拥挤的汽车或电梯中，我们是如何避免眼神接触和交流或者是选择转身离开的。当不可避免地碰到彼此时，又如何变得紧张不安。即便相互之间有眼神的交流，这种交流也是短暂的，并且通常会很有礼貌、毫无冒犯意思地笑一笑。

2. 个人距离

个人距离中的近距离为45~75厘米，这是在聚会中交谈的最佳距离，正好能相互握手，亲切交谈，你会很容易接触到同伴。而远距离则是75~120厘米的距离，这个距离能让你私下讨论一些问题而避免接触到彼此。你和朋友会自觉地保持一臂的距离。

3. 社会距离

它的近距离为1.2~2.1米，这通常是你跟客户或者服务人员进行交流时保持的距离。这种距离经常用以显示某人的主导地位。一位站着的主管会同坐着的员工们保持这种距离，来显示他（她）更高的地位。社会距离的远距离为2.1~3.7米，这种距离会被频繁地用于正式的商务谈判或社交场合中。公司的老板常常会坐在桌子后面同员工们保持这种距离，甚至从他所坐的能够注视到每位员工的位置来看，都可以体现出他更高的地位和身份。在一个开放式的办公室，以这种距离来进行位置的布局也是非常有用的，它可以让员工们不会因为无法同旁边的同事交流而感到自己被忽视、被冷落，从而更好地工作。家庭生活中，丈夫和妻子在阅读、看电视或平时的聊天中也会保持这种距离。

在社交距离范围内，已经没有直接的身体接触，说话时，也要适当提高声音，需要更充分的目光接触。如果谈话者得不到对方目光的支持，他（她）会有强烈的被忽视、被拒绝的感受。这时，相互间的目光接触已是交谈中不可缺少的感情交流形式了。

4. 公共距离

近距离是3.7~7.6米，这种距离通常会用于相对不是很正式的集会中。比如，教室中老师和学生之间的距离，或者老板跟一群员工讲话时的距离。远距离为7.6米或者更远的距离，通常是政治家、知名人士同其他人保持的距离。

对于这几个区域范围大小的界定，即使相同文化背景的人也会有一些个体的差异。当不同的人进入到不相对应的区域时，也会让人觉得不舒服。霍尔的四区域模型只能作为一般性的指导和参考。

当人们被看作是客体时，就会忽视空间区域的存在。比如，医生和护士在病人面前讨论他们的病情时，就好像他们根本不存在一样，病人此时变得微不足道；类似的，父母当着13岁女儿的面讨论她今后的发展而无视女儿的想法和意见；或者，两个男人在女同事面前讲淫秽下流的黄色笑话。这些情况中，他人的人格尊严就没有得到尊重。如果你只把别人当成是一个客体来看待或者根本不和他们交流，那你就不会重视别人，只会把他们看成是微不足道的人。

领地类似于个人空间。它是让你能随心所欲并感觉到安全的地方。在你的领地中，你可以放松自己，不必担心外界的干扰。那也许是你的家、你的办公室、你最喜欢的椅子，或者只是一个你在海滩上搭着毛巾做几个小时日光浴的地方。动物们占领、保卫自己领地的本能是众所周知的，人类也不例外。小到街道小区，大到整个民族，当人们感到自己的领地受到威胁时会反应强烈，誓死捍卫。

手势，塑造良好形象

手势是人们交往时不可缺少的动作，是最有表现力的一种“体态语言”。俗话说：“心有所思，手有所指。”手的重要性并不亚于眼睛，甚至可以说手就是人的第二双眼睛。

手势是无声语言，人们借助手势传达各种信息，表达各种感情。手势表现的含义非常丰富，表达的感情也非常微妙复杂。如招手致意，挥手告别，拍手称赞，拱手致谢，举手赞同，摆手拒绝；手抚是爱，手指是怒，手搂是亲，手捧是敬，手遮是羞，等等。手势的含义，或是发出信息，或是表示喜恶、表达感情。能够恰当地运用手势表情达意，会为交际形象增辉。

手势的动用场合很多，在日常的实际运用中，手势包括握手、拱手、招手、挥手、摆手、摇手、伸出手臂或手指等动作。所有种类的这些姿态要做到有感而发，准确、自然、优雅而不生硬，一定要从实际出发，使动作恰当而简明地说明问题，表达感情。

那么，正确的手势又是如何呢？常见的手势分为以下3种：

1. 情意手势

主要用来表达谈话者的情感。如在演讲中说道“我们一定要扭亏为盈”，他的右手由右上方向左下方劈下，并在句尾的“盈”字顺势握成拳头，显得有力而果断，给人以信心和力量。

2. 象形手势

用来描摹、比画具体事物或人的形貌。“什么是爱”和“爱，不是得到，而是奉献！”配合有声语言，双臂在胸前平伸，臂微弯，手心朝上，模拟献物状，会加深对方对爱的理解。

3. 象征手势

象征手势用来表达抽象概念。“我们要去的地方是国家最需要建设的地方!”配合有声语言，右手向前方伸出，象征西部、边疆等最需要的地方。

手势可以根据手的动作范围分为三个区域：上区为肩部以上，多用于情绪刺激，在演讲、辩论中应用较多；中区为肩部至腰部，多用于一般性的叙述事物和说明事理，表现坦诚、平静、和气等中性意义，这是最常用的领域；下区为腰部以下，多表示憎恶、不悦、不屑、不齿、排斥、否定、压抑等。

手势的巧妙运用会有助于塑造良好的形象，优雅的气质，并适当地表现形象；不良的扰人手势，则会严重影响形象，会让沟通信息受到干扰。使用手势应该注意：

1. 在交往中，手势不宜过多，动作不宜过大，给人以优雅、含蓄和彬彬有礼之感，切忌“指手画脚”和“手舞足蹈”。

2. 打招呼、致意、告别、欢呼、鼓掌属于手势范围，应该注意其力度的大小、速度的快慢、时间的长短，不可过度。鼓掌是表示欢迎、祝贺、赞许、致谢等的礼貌举止。在正式社交场合，观看文艺演出、重要人物出现、听报告、听演讲等都用热烈鼓掌表示钦佩、祝贺。鼓掌的标准动作应该是用右手掌轻拍左手掌的掌心，鼓掌时不应戴手套，宜自然，切忌为掌声大而使劲鼓掌，应自然终止。鼓掌要热烈，但不要“忘形”，一旦忘形，鼓掌的意义就演变为“喝倒彩”“鼓倒掌”，有起哄之嫌；这样是失礼的。所以鼓掌尽量不要用语言配合，那是缺乏修养的表现。

3. 在任何情况下都不要用大拇指指自己的鼻尖和用手指指点他人。谈到自己时应用手掌轻按自己的左胸，那样会显得端庄、大方、可信。用手指指点他人的手势是不礼貌的。

4. 一般认为，掌心向上的手势有诚恳、尊重他人的含义；掌心向下的手势意味着不够坦率、缺乏诚意等。握紧拳头暗示进攻和自卫，也表示愤怒；伸出手指来指点，是要引起他人的注意，含有教训人的意味。

因此，在介绍某人、为某人引路指示方向、请人做某事时，应该掌心向上，以肘关节为轴，上身稍向前倾，以示尊敬。这种手势被认为是诚恳、恭敬、有礼貌的。

5. 有些手势在使用时应注意使用区域和各国不同习惯，不可以乱用。因为各地习俗迥异，相同的手势表达的意思不仅有所不同，还可能是截然相反的。如在我国和某些国家认为竖起大拇指、其余四指弯曲表示称赞夸奖，但澳大利亚则认为竖起大拇指，尤其是横向伸出大拇指是一种污辱。英国人跷起大拇指是拦车要求搭车的意思。用大拇指和食指构成一个圆圈，其他三指伸直，就是“OK”的手势，这一手势在欧洲表示赞扬和允诺的意思，特别在青年学生中广为流行；然而在法国南部、希腊、撒丁岛等地，它的意思恰好相反；在巴西，人们打“OK”这个手势表示的是“肛门”。阿拉伯人用两个小拇指拉在一起表示断交，吉卜赛人掸去肩上的尘土表示你快滚开。

由此不难看出，每种文化都有自己的“手势语言”。千姿百态的手势语言，饱含着人类无比丰富的情感。它虽然不像有声语言那样实用，但在人际交往中却能起到有声语言无法替代的作用。

日常生活中某些不雅的行为举止会令人极为反感，严重影响交际风度和自我形象，应该十分注意避免。如当众搔头皮、掏耳朵、抠鼻孔、剔牙、咬指甲、剜眼屎、搓泥垢等，特别是在餐桌上。参加交际活动前不要吃葱、蒜、韭菜等异味食品，如果已经吃过这类食品应该漱口，含茶叶、口香糖、口香液以除异味。咳嗽、打喷嚏时，请用手帕或手巾纸捂住嘴转向一侧，避免发出大声。口中有痰请吐在手纸里、手帕中，手中的废物请扔进垃圾箱，特别是拜访别人时，这些简单的礼仪要求都是必须遵守的，否则你将是一位不受欢迎的人。

手势动作还应精当，从开始到结束真正地吸引听众的注意力。不恰当的手势动作，如舞蹈类的动作，很容易引起听者的反感，更不会有好的表达效果。

头部动作虽然简单，但运用得当也能传递一定的信息。如点头表示肯定、赞许；摇头表示拒绝、否定；歪头表示怀疑、深思或撒娇。

脚的动作除了表达强烈的感情时有跺脚的动作以外，一般不宜使用。站立时脚不应抖动，这样给人不稳重或不耐烦的感觉。

有力的手势必须发自内心，手势不能配合个性或者说话的内容，反倒会弄拧所传达的信息。做一个成功的手势时，整个肢体都在进行配合，这样持续完整的手势语，表示对身处的状况泰然自若；肯定的手势可以扩大自信，却不是为说话的内容添油加醋。手势是无法预先设计的，必须用感觉来产生，同时为了好好发挥手势语，手势必须真正发自内心。

第十章
细节“心理学”，轻松提升沟通效率

细节决定成败，一句朴实的话语、一个专注的眼神、一次小小的让步，都可能对沟通产生重大影响。从细节可以掌握一个人的心理特征、生活习惯，兴趣爱好等。从细节做起，你的沟通成效会立刻得到提升，从而轻松赢得好人脉。

名字中的心理哲学

张伯伦负责将汽车公司为罗斯福制造的汽车送进白宫。张伯伦到白宫的时候，总统显得特别愉快，他直呼张伯伦的名字，这让张伯伦感到十分欣慰。当罗斯福的朋友们和白宫的官员们赞美这部车子时，罗斯福又真诚地称赞了张伯伦，为他的付出表示了衷心的感谢。张伯伦把驾驶方面的事情讲过后，总统才去会见客人。

后来张伯伦带了一位技工去白宫，并把他介绍给罗斯福总统。技工并没有同总统谈话，罗斯福总统只听到过一次他的名字。技工是个怕羞的人，躲在后面，但当他们要离去时，总统找到这个技工，跟他握手，叫他的名字，并感谢他来华盛顿。总统对这个技工的致谢，并非出于表面，而是真诚用心。

张伯伦回到纽约之后，收到了一张罗斯福总统的签名照片，以及谢词，再度谢谢他的帮忙。张伯伦十分惊讶："他怎么有时间做这件事，对我来说是一项秘密。"

现代社会，人们交往频繁而短暂，我们每天都会和很多陌生人打交道。而如果想要获取别人对你的好感，戴尔·卡耐基说："一种既简单又最重要的获取好感的方法，就是牢记别人的姓名。"的确如此，对于任何一个人来说，别人能记住他的名字，是对自己的关注，更是在无意间拉近了双方的距离。这就是一种感情投资，甚至会带来意想不到的效果。

人们都渴望被他人尊重，而记住别人的名字，则会给人受尊重的感觉。叫出对方的名字就等于跟对方说"我很重视你""我很欣赏你"等等，这样会让对方感受到尊重，他也会对你产生好感。记住对方的名字，而且很轻易就叫出来，等于给予别人一个巧妙而有效的赞美。若是把人家的名字忘掉或搞错了，就会无形中划出一段距离。

有时候要记住一个人的名字真是难，尤其当它不太好念时，一般人都不愿意去记它，心想：算了！就叫他小名好了，而且容易记。锡得·李维拜访了一个名字非常难念的顾客。他叫尼古得玛斯·帕帕都拉斯。别人都只叫他“尼克”。李维告诉我们说：“在我拜访他之前，我特别用心地念了几遍他的名字。当我用全名称呼他：‘早安，尼古得玛斯·帕帕都拉斯先生’时，他呆住了。过了几分钟，他都没有答话。最后，眼泪滚下他的双颊，他说：‘李维先生，我在这个国家十五年了，从没有一个人会试着用我的全名来称呼我。’”

姓名是一个人的符号，它蕴含着人类的自尊、个性与自由。人们在随手写字的时候，总是信笔写下自己的名字，就证明了这一点。尊重一个人莫过于尊重他的名字。

能够牢记结识的所有人物的姓名，是一项重要的人际交往能力。即使是只有一面之缘，如果你随时随地能够准确地称呼他的姓名，是对他最大的恭维和赞赏。

名字能使人出众，它能使他在许多人中显得独立。我们所做的要求和我们要传递的信息，只要我们从名字着手，把它当成一项感情投资，把它变成一种习惯，你就会在人际关系中占据有利的地位。

语气反映人的情绪

俗话说得好：“一句话能把人说笑，也能把人说恼。”在沟通中，千万不要小觑语调和语气的作用。同样一句话，用不同的语调、语气会表达出不同的意思。它就像是一个人的表情，能让对方直接看到你的反应，进而揣测你的真实意思。那些能把人说“笑”的语言，通常是柔和甜美的。从古至今，和气待人被视为一种美德。使用柔和的语言基调是最值得提倡的一种交际方式。

莎士比亚说：“要是你想要到达自己的目的地，你必须用温和一点儿的态度向人家问路。”柔和的语言基调，是每个人都乐意听到的，也是每个人必须追求的，尤其是刚步入社会的大学生。现在社会竞争压力大，年轻人大都是满腔热血，有时候遇到什么事不懂忍耐，说话时的腔调也会变得很生硬，这样很难被人接受，也就减弱了沟通的有效性。反之，语调柔和、语言含蓄、措辞委婉的说话方式会使对方感到亲切和愉悦，交谈更容易进行下去，往往能收到意想不到的效果。这些是年轻人最应该注意的，尤其是做销售工作的人。

柔言谈吐主要表现为语气亲切、语调柔和、语言含蓄、措辞委婉、说理自然。这样的谈吐会让对方感到亲切和愉悦，所谈之言也易于入耳生效，往往具有以柔克刚的征服效果。

一位经营家电的商场营业员遇到一位十分挑剔的女顾客。该顾客在几个剃须刀之间选来选去，选了将近一个小时还没选好。营业员因为顾客太多不得不去照顾其他顾客。这位女顾客觉得自己受到冷落，就大声指责说：“你们这是什么服务态度，没看见我先来的吗？赶快先来为我服务，我还有急事。”

营业员赶快安排好其他顾客后说：“请您原谅，我们店里生意太忙，对您服务不周到，让您久等了。”营业员诚恳的态度和柔和的语言，让那位女顾客的脸一下子红了，转而难为情地说：“我的口气也不好，请你原谅。”

这位女顾客感觉受了冷落，情绪激动，如果营业员和她较真儿，后果一定不容乐观。其实，有理不在声高，不是把话说得咄咄逼人才有分量，充满尊重、宽容和理解的话语会产生一种感化力量，引起对方心理的变化，使事态朝着较好的一面发展。多使用谦辞、敬辞、礼貌用语，多用一些褒义词、中性词，语气上尽量委婉是说话时应遵循的原则。

另外，当你和他人意见不合，又想坚持己见时，万万不可对他人讥讽嘲笑，横加指责，而应委婉地表达自己的坚定立场，这样才能避免冲突，并收获良好的效果。

1940 年，处于前线的英国已经无钱从美国“现购自运”军用物资，一些美国人便想放弃援英，他们没有看到唇亡齿寒的严重事态。罗斯福总统在记者招待会上宣传《租借法》以说服他们，为国会通过此法成功地营造了舆论氛围。

一开始，罗斯福并不是直接指责这些人目光短浅，因为这样除了会触犯众怒得到适得其反的结果外没有别的作用。这时候的罗斯福语重心长地向大家讲解了事情的利害关系。他用通俗易懂的比喻，深入浅出地说明理由，点中要害，人们不得不心悦诚服。这时候的罗斯福更是妙语连珠、以理服人，他说：“如果我邻居家失火了，在四五百英尺以外，我有一截浇花园的水龙带，若给邻居拿去接上水龙头，就可能帮他把火灭掉，火势也就不会蔓延到我家。这时，我该怎么办呢？我总不能在救火之前这么跟他说吧：‘喂！伙计，这管子是我花 15 美元买来的，你得照价付钱。’而这时，邻居又刚好没钱，那该如何是好呢？我应当不要他的 15 美元钱，而是让他在灭火之后还我水龙带。如果火灭了，水龙带还完好，那他就会连声道谢，并物归原主。而如果他因救火弄坏了水龙带，但答应照赔不误，现在，我拿回来的是一条仍可用的浇花园的水龙带，这样也不吃亏。”

罗斯福总统援英的决心非常坚决，但他并没有直接表达这种强硬的态度，而是用通俗的比喻来表明自己的真实想法，从而达到了较好的说服效果。

可见，达到目的的方法有多种，但最好的往往是看似柔和，但事实上柔中带刚的那种。

恰当运用语调和语气可以建立起别人对你的信赖感。在与别人沟通时语气一定要轻松自然，使人产生亲切感；而语调的高低则要视情况而定，最好能与对方的语调保持一致。不要用满不在乎、含糊不清的语气说话，这样会让别人觉得你不够真诚；不要用反问、讽刺、鄙视、训斥的语气说话，这样会使人感到厌烦。在讲述一些重要的事情时，要加重语调，以给人留下深刻的印象；在想要唤起别人的注意时，可以压低声音，这会给对方以神秘感。

每个人微妙的心理变化都可以通过语气传达出来，所以，在沟通时，我们要端正自己的心态，改掉直率表露的习惯。我们在语调上的高低变化则可以传达一些重要的信息，语调高的地方就是我们要说的重点，把握好说话的语调，可以让别人更清楚地明白你说的话的意思。比如，我们在劝导别人时，要以征询的口气征求对方的意见，委婉含蓄地规劝对方，引领其改正错误；在与别人解释问题时，要尽量用第一人称来叙述，平静地表达自己的观点；在与别人谈论事情时，应该多提起对方，少提起自己；谈话时语气应当和缓委婉，能给人以轻松的感觉，还能使人产生信赖的心理。

当你心情不平静时，你的语调肯定也会受到影响。从一个人的语调可以听出他是一个令人敬佩且幽默的人，还是一个阴险狡猾的人。每个人都具有不同的性格特征，我们可以从他说话的语调中听出来。

语气和语调也会传达出对方的情感状态：柔和的声音表示对方

的心情很好，声音颤抖表示对方很激动或紧张，声音低沉表示对方正处于一种同情的状态，语调阴阳怪气通常是在冷嘲热讽，用鼻音发出哼声则代表傲慢、不屑、恼怒。

表达方式中的小细节

人的思想是很奇怪的，通常人想要的东西都会实现，除非你不敢想。所以，要经常想正面的东西，负面的话语也应尽可能经由正面的字眼表达出来。

有一个有趣的小实验：一个人跟你说“不要想象一只粉红色的猪跳着舞从你背后经过，不要想象这只猪有多么可爱，千万不要想象，不要想象”。听到这句话，你的脑海中浮现的是什么样的画面？绝大多数人脑海中肯定就浮现出话中提到的这只猪了。

人的大脑是不接受否定的说法的，在潜意识中，我们往往只听到了否定后面的内容，并把它当成事实的一部分。所以，尽量使用与情绪、感觉相关联的正面词语，它们包括开心、快乐、幸福、成功、优秀、信任等。同时，有一个词要引起你足够的注意，那就是“但是”。这个词的出现，意味着后边要说的话，跟前边已经说的话意思不一样，是一个转折点。当你刚刚说完“是的，我赞同你的说法，但是……”对方的感觉一下子就改变了。所以，我们要使用一个更加安全、更加有效的转折词，如“后来”，那样听者也易于接受别人的建议。

语言就像一个人的名片，你完全可以通过言辞来展示你的个性，使自己变得与众不同。我们头脑中已经有了成千上万的词汇，现在的问题是如何来唤醒这些词汇，使它们成为我们成功的资本。因为只有懂得有意识地巧妙运用言辞，并避免讲那些毫无意义而空洞的话，才不会让自己变得很被动，而是应对自如地表达出自己想要表达的东西。

正面字眼（相对于负面字眼）不但让你能清楚地表达，而且能达到目的。类似“同意”“优势”和“值得赞美的”等正面字眼，会让对方容易接受你想传递的信息；负面字眼像“反应过度”“令人怀疑”和“不同意”，则不易为人接受，甚至可能引起他们的抗拒。比如跟孩子沟通的时候，越说“不紧张”，孩子越会紧张；越说“没事”，就越会出事。所以，在和孩子沟通的时候千万不要用“不”这个字。

换个词语，可以改变一个人的心态。对于常用负面词语的人，我们可以用正面词语练习这个技巧帮助他们改善人生。

当然，在与同事和上司的交往过程中懂得使用适当的言辞，也并非易事。在商业谈话中应该尽快切入正题，但在切入正题之后，一些人总是喜欢使用一些繁冗的托词，例如：“我原来只是认为……”“我们也许可以……”这就使得表达效果大打折扣。

1. 不要说“但是”，而要说“而且”

试想你很赞成别人的想法，你可能会说：“这个想法很好，但是你必须……”本来你想你的话字字千金，想当然会深受他们的爱戴啦！但你字字千金的话本应是认可别人的，这样子一说，这种认可就大打折扣了。你完全可以说出一个比较具体的希望来表达你的赞赏和建议，比如说：“我觉得这个建议很好，而且，如果在这里再稍微改动一下的话，也许会更好……”

2. 不要再说“老实说”

很多人一起沟通（比如开会、闲聊）的时候，会对各种建议进行讨论。于是你说：“老实说，我觉得……”在别人看来，你好像在特别强调你的诚意。你当然是非常有诚意的，可是干吗还要特别强调一下呢？所以你最好说：“我觉得，我们应该……”

3. 不要说“首先”，而要说“已经”

你要向老板汇报一项工程的进展情况。你跟老板讲道：“我必须得首先熟悉一下这项工作。”想想看吧，这样的话可能会使老板（包括你自己）觉得，你还有很多事需要做，却绝不会觉得你已经做完了一些事情。这样的讲话态度会给人一种很悲观的感觉，而绝不是乐观。所以建议你最好是这样说：“是的，我已经相当熟悉这项工作了。”

4. 不要说“仅仅”

如果在一次很重要的攻关会上你提出了一条建议，你是这样说的：“这仅仅是我的一个建议。”这样说是绝对不可以的！因为这样一来，你的想法、功劳包括你自己的价值都会大大贬值。本来是很利于合作和团体意识的一个主意，反而让与会者只感觉到你的自信心不够。最好这样说：“这就是我的建议。”

5. 不要说“错”，而要说“不对”

一位同事不小心把一份工作计划书浸上了水，正在向客户道歉。你当然知道，他犯了错误，惹恼了客户，于是你对他说：“这件事情是你的错，你必须承担责任。”这样一来，只会引起对方的厌烦心理。你的目的是调和双方的矛盾，避免发生争端。所以，把你的否定态度表达得委婉一些，实事求是地说明你的理由。比如说：“你这样做的确是有不对的地方，你最好能够为此承担责任。”

6. 不要说“本来……”

你和你的谈话对象对某件事情各自持不同看法。你轻描淡写地说道：“我本来是持不同看法的。”一个看似不起眼的小词，却不但没有突出你的立场，反而让你没有了立场。类似的表达方式如“的确”“严格来讲”等，干脆直截了当地说：“对此我有不同看法。”

7. 不要说“几点左右”，而要说“几点整”

在和一个重要的生意伙伴通电话时，你对他说：“我在这周末左右再给您打一次电话。”这就给人一种印象——你并不想立刻拍板，甚至是更糟糕的印象——你的工作态度并不可靠。最好是说：“明天11点整我再打电话给您。”

8. 不要说“务必……”，而要说“请您……”

你不久后就要把自己所负责的一份企划交上去。大家压力已经很大了，而你又对大家说：“你们务必再考虑一下……”这样的口气恐怕很难带来高效率，反而会给别人压力，使他们产生逆反心理。但如果反过来呢，谁会去拒绝一个友好而礼貌的请求呢？所以最好这样说：“请您考虑一下……”

多用正面词语，对方就会认为你是个乐观、积极的人，大家都喜欢和积极乐观的人打交道。积极的人敬业乐观，愿意接受新鲜的点子和面对挑战。同时，因为他们对自己有信心，所以也较能接纳、赞美别人。让自己的思想、语言、文字及行为都表现得积极乐观，别人会因你的言语、行为而肯定你是一个了解自己，并能掌握自己人生的人。如此，你的人缘或成功的机会必定会大幅提升。

十个细节帮你赢得人缘

优雅、得体的谈吐可以帮助你在社交场合中游刃有余，尽显魅力，展现深厚的涵养，充分展示你的自我风采，迅速走进他人的心灵世界，得到他人的尊重和爱戴，成为人际圈里的焦点人物。好人缘是一个人的巨大财富。有了它，事业上会顺利，生活上会如意。但它不会从天上掉下来，而是需要你的辛勤努力。下面十个小细节，可以助你一臂之力。

1. 见人主动打招呼

小张性格清高，从不主动和别人打招呼，每次遇到熟人也总是点点头而已。大学毕业那年，每个同学都有几个好朋友依依惜别，只有他一个人孤零零地无人理睬。

参加工作后，他依然故我，总是一副冷漠的表情。有一天，他在路上碰见了同事小崔，看到对方满面春风的样子，他就随口问了一句："小崔，是不是有什么喜事啊？这么高兴？"

小崔兴奋地回答："是啊，我马上就要结婚了。"

小张客气了一句："是吗？祝贺啊。需要帮忙吗？"

没想到小崔想起小张字写得好，就说："小张，你的字写得好，能不能帮我写请帖？"

"当然没问题了。"小张回答，"举手之劳嘛！"

事后，小张和小崔成了很好的朋友。尝到甜头的小张从此也变得开朗、热情起来，见了别人总是主动打招呼，人缘越来越好。

2. 不要询问对方父母的收入

和人交朋友最好不要打听人家的父母是干什么工作的。这在我们中国其实倒也普遍，但是社会在发展、观念在进步，现代人觉得，总是询问别人的家庭背景是不礼貌的，也显得过于势利。

尽管不问收入这一交际原则在欧美已经是基本的礼仪，可是我们还是经常能碰到一些不知趣的人总是询问这个问题，让人答也不好，不答也不好。尤其在中国这样要面子的国度，你的收入水平有时候关系着你受别人尊重的程度，你说你的收入很高吧，伤了别人的自尊心，甚至让人眼红吃醋；你要说你收入很低吧，别人又觉得你没什么本事。所以，设身处地来讲，这个问题不要问。这也是关乎个人修养的问题。

3. 让朋友们了解自己

小静人不错，工作也很努力，但是在公司人缘始终不是太好。原来，她从来都不在同事们面前谈自己，同事们甚至连她有没有男朋友、结没结婚都不知道。平时大家在一起七嘴八舌，有的谈自己在家里如何跟姐妹兄弟吵架，有的谈自己的老公为何有这样那样的小毛病，有的谈自己周末和朋友买了什么什么东西。可是小静呢，总是闭口不谈自己的私生活，神神秘秘，只是聊聊一些无关痛痒的公共话题。所以，久而久之，大家觉得她不会敞开心扉，难以接近，也难以了解，自然都跟她不亲密了。

有时候向别人讲述一些自己的情况可以增进了解、增加亲密感，从而消除那些由于陌生而带来的距离感。像老公睡觉打呼噜啊、儿子上学偷偷交女朋友啊、女朋友耍小脾气啊等，都可以拿来说一说，一来可以让别人更了解你的喜怒哀乐，二来可以让别人帮忙一起讨论解决的方案，三来让别人认为你性格直爽、内心敞亮，何乐而不为呢？当然，我们是要透露一些无关是非的小秘密，千万不要卖弄隐私，也不要把别人的隐私拿来嚼舌头。

4. 在细节之处表示体贴

对对方的情绪、生活或工作状况表示关心，会很容易赢得好感。当然，关心不能过分，不能超越两人的关系，更不能借此探询别人的隐私。

A：怎么你看上去好像很累？

B：哦，可能昨天睡得晚了。

A：是吗？那你待会儿躺床上睡一会儿吧。到我家不用客气！

B：呵呵，谢谢。没事的。

A：来，要不先吃点菠萝，清爽点儿！

B：嗯，好的。

5. 大方接受别人的善意

小王和同学李雪经人介绍去拜访一位仰慕已久的老师。到了老师家里，师母亲切地招呼他们吃水果，并热情地给他们一人拿了一个苹果。因是初次上门，小王有点儿不好意思，所以再三推辞后接过水果放在桌角。热情的师母看了看他没说什么，不过，却同接过苹果就吃的李雪聊起了家常。

吃掉主人的东西是对其热情款待的心意的一种最好的肯定，也显得不生分。其实，像这样的情景随处可见，比如去朋友家做客、在咖啡店里碰上朋友，他们会热情地招呼你入座，然后请你吃东西。这时候最好别不好意思，不妨大大方方接过来吃，他们若是真心的，你接过来就表示你接纳了他们的热情，他们会自然地感到你的亲切与随和。

6. 目送朋友离开

一天晚上，杜鹃从朋友家里出来，朋友说："我送送你吧！"她推辞说不用了。朋友就没有再送。在她走下第三级楼梯时，杜鹃听到防盗门"咣当"一声关上了，她的心倏地一片冰凉。从此，她再见到朋友总觉得有一层隔膜。

目送朋友离开或者一起下楼不仅是出于礼貌，也体现了彼此情感的交流。如果有朋友到你家做客，朋友起身告辞，尽管朋友口中再三说不用相送，但是如果你陪他一起下楼，这一小小的细节会温暖他回家时漫长的道路，从此他心里就会记住你的盛情。不过，应注意的是，热情不可过度，如果客人是一对正处于热恋中的朋友，而他们也再三不要你相送，你只需在看不见他们的身影时轻轻关上门就行了。

7. 及时通告信息

孙蓝和吴轩同租一所房子，情如姐妹。每次孙蓝有事出去，如果吴轩不在，她都会写一张条子或发个短信告诉吴轩，例如：“今天下班公司聚餐，晚上不回来吃饭，你自己好好吃饭哦！”吴轩有事时也会及时通知孙蓝：“收据就放在左边第二个抽屉，别忘了。”这样一来，彼此都会对对方的行踪很了解，不会凭空乱着急。

跟你身边亲密的人互通信息，这样万一有急事，别人也能找到你，不至于耽误事情；而且，万一你遇到意外情况，也会有朋友及时给你帮助。

8. 保持适当距离

如果因为两个人关系亲密、不分彼此，常常不请自来，三天两头登门，甚至赖在人家家里不走，就失去了交往的分寸。人家可以忍你一天两天，但是时间久了，必定会对你生厌。每个人都需要私人空间、需要独自享受，所以两个人之间，彼此尊重、给人空间都是必需的。长久而完美的人际关系往往是君子之交淡如水，像一杯清茶，自在气氤氲，绝不喧嚣。

9. 学会变通，不可一味一本正经

没有人会喜欢滑头滑脑的人，但是一味板着脸、过于严肃认真的人，也不会太受欢迎。做人当然要实实在在，做事也当然要规规矩矩，但是，千万要记得“讲人情”，要学会讲理，更要学会讲情。事情是死的，人是活的，很多原则性很强的事情换一个方法来做，会更容易让大多数人接受。这就是应变能力。

这个世界，每个人都有自己的一套原则，你想让大家接受自己的原则，不行，也没必要。他有他的原则，你有你的原则，不一定要完全相同，但要彼此尊重、互相包容，然后再达成统一。当然，这不是要你当“和事佬”“滥好人”，也绝对不是让你“和稀泥”，而是要理和情两者兼顾，既把握原则，又把话说到，让人能够很好地接受。

10. 不要打探隐私

好奇是人的天性，但是作为一个成熟的人，应该学会控制自己的好奇心。为什么现在人们对“狗仔队”深恶痛绝？因为人们不喜欢自己家里被安上摄像头、监视器，每天在别人的监视下生活。为什么到了晚上，家家户户都拉上窗帘？因为人们不希望在别人的窥视下生活，希望享受自己的私密空间。

况且，很多事在自己说来无所谓，可是到了大庭广众之下，就变得非常可笑和丑陋，这样类似的事情是不希望别人知道的。所以，除了对很亲近的人或者很熟悉的朋友之外，一般不要去询问别人的私生活。有时即使是为了表示自己的关心，也要先征得别人的同意，等别人自愿告诉你。假如对方愿意把事情告诉你，你千万不要把那些“私事”到处传播。

以上十个细节只是一个指导性的意见，还需要在生活中去实践、去体会，才能发挥良好的功效。希望这些细节上的小建议能够帮助你顺利、愉快地与人交往，让你赢得宽广的人脉！

十个过失让你前功尽弃

沟通中，有一些细节你稍有不慎，就可能面临失败的结局。这些细节被称为沟通中的致命过失。因为它们很容易毁掉我们的关系，从而导致猜测、误解、恼怒、挫折感，使沟通被完全破坏。

不幸的是我们每天都发现这些过失在我们身边发生。对于我们来说，承认这些过失是很容易的，但是在彼此的沟通中，这些过失又不断地重复出现，做到坦然面对却很难。

如果你想成功地进行沟通，你就要避免这10种过失。对于每一种过失，思考一下刚听到它时，你是什么反应，你是否承认在你的沟通中也存在着这些过失？

1. 评价

当我们作出对另一个人肯定或否定的判断时，这暗示着我们认为在某种程度上，我们比他们“好”。而当我们以一般方式而非特殊方式评价别人时，尤其会这样。“你是一个好人”或者“你真令人失望”，这两种评价都是无益的。因为这是一般性的评价，这会使接受者觉得，他们被轻视了，因此才得到如此简单的评价。所以要避免一般性的泛泛而论，比如：“你真不体贴别人”，或者“如果你打算去哪儿，你需要作出更多的承诺”。

在表扬或批评时要具体化。在没有说明原因前，不要说你喜欢什么或不喜欢什么。要保留事实，而不是观点和解释。用一些中性词汇以及你的肢体语言、语音、语调和适合你使用的词汇传递你对他人的尊敬。

2. 说教

讲道理、责备、羞辱以及抓住过去的事情不放，都是说教的形式。这肯定会把好的沟通引入深渊。

当我们认为自己比别人知道得多，或者经验更丰富，或者价值观更优越时，我们往往会变得严肃、自大，开始讲道理。但因为我们对他人的参考体系并不完全了解，我们的说教未必是中肯和受欢迎的。

不要说教，尽量“穿他们的鞋走一段路”。你越这么做，可能你越不会去教训别人，而更倾向于欣赏、重视和接受。用积极的倾听技巧帮助人们揭示其处境。如果他们想征求你的建议时，他们也会这么做的。

责备和羞辱是两种常见的说教方式。如果某人犯了错误，我们是否应当谴责他们，让他们感到滋味不好受呢？还是应当向他们指出什么地方出错了以及下次如何改正呢？既然人们通常并非有意地犯错，那就应当着眼于将来，帮助他们决定下次该怎么做无疑是一个更好的做法。

指出别人的错误是一件很“诱人”的事情，一旦我们习惯于此，很容易抓住过去的事情不放，让人重新回忆和体验他们做错的事情，或我们不赞赏的事情。这样做很不好。

3. 标榜

在一个组织或一个团体中，你或许听到过下面一些评论：

“你没有完全理解。”

“你的问题是……”

“你是一个妄想的人。”

“你是一个懒惰的人。”

“你努力得不够。”

在交流中像这类“标签”式的评论给人一种居高临下的感觉。这种喜欢标榜、评论的人和他们的行为方式，常常使交流处于危险的境地。

要抵制这种行为方式。如果你想改变对方所说的或所做的，那么就要清晰地陈述你所听到的或看到的，仅仅陈述事实，不要加任何的解释和“标签”式的评语。如果你觉得必要，告诉他们这种行为的后果。

4. 讽刺挖苦

尽管讽刺挖苦是文化生活中的一部分，但是讽刺是带有攻击性的，即使是友善的嘲弄，有时也会失去友情，产生有害的情绪。讽刺挖苦抑制了开放式的交流，它是荒谬、侮辱的代名词，它将导致同样的后果。直截了当地表达你想要说的，而不要以讥讽的评论来掩饰你的想法。

5. 命令

命令是当你告诉某人要做某事时，用的是一种不容商量的口吻，不给人以任何商量的余地。你的命令使得其他人感觉他们就像机器一样。如此做的结果是，要么引起一场争斗，要么是憎恶的屈服，这取决于你当时的地位。下一次当你又要说“你必须……”时，请你停下来，寻找更好的方式来传递你的信息。

另一种更微妙的命令形式是“强加于人”，通常你很礼貌地运用富于逻辑的陈述，你设想别人都同意你的观点，实际上你没有给他们发表意见的机会，而使谈话非常简洁迅速。你用威吓的方式使别人屈从你的观点。

应该运用你的神人和习惯用语，使别人比较容易地理解你想做什么或不想做什么，并提出改进意见。只要可能，关注你想要的结果。并且让别人决定他们应该采取什么行动。如果你发现你自己正在引出一场迅速获得你想要的结果的谈话，问问你自己是否强加于人了，还是以威慑力量使别人屈服了。如果是这样，你想想应做些什么？听听别人的意见，看看是否能帮助你更有效地达到你的目的，促进相互关系。

6. 仓促行事

命令的一种更隐蔽的方式是仓促行事。我们通常假设别人是赞成的，而没有给他们真正的机会来表明自己的观点，然后就看似很有礼貌地做出断言。通过迅速地进行谈话，我们迫使他人屈从于我们的观点。

如果你没有给别人讲话的机会，不要太过匆忙。寻找一些“点头”“嗯”等语言和非语言的暗示别人态度的信号。如果有必要，停下来询问别人是否赞成你，或者有什么要补充的想法。如果你发现自己把谈话迅速地引向你想要的结论，自问是否在犯仓促行事的错误；如果是，那这是你想要的方式吗？它能更好地服务于你的目的吗？听听他人的意见是否对你们的关系更有好处？

7. 威胁

以“如果你不这样做，就……”或“你最好……”相威胁，不论是直接的，还是巧妙的，都暗示了一种信息即“否则会怎样”。威胁不仅使人们警惕起来，也为沟通留下了缝隙，因为大多数人总是寻找防御威胁的方法，寻找不服从的方法。

如果理由正当，你可以向人们说明为什么要这样做而不那样做，把结果明确地、公正地告诉大家。要鼓励而不要威胁。

8. 多余的劝告

有些短语像“你将会……”“你应该……”“你试一下，如果你听从我的劝告，你将会……”我们上下嘴唇一碰，有可能使我们就像道学家、传教士或是在演讲一样。

如果人们需要我们的劝告，他们会来找我们的，那时他们会认真地倾听。否则如果是我们强加于他们的，那么我们的劝告或许被忽略，被当作耳旁风。

如果你一定要给予别人一些劝告，那么首先要征得允许，你该这样说：“你不介意我提个建议吧？”或者说：“你不想听听我对那个问题的看法吗？”

9. 模棱两可

如果我们不能一语中的，人们就会猜测我们真正的意思和我们的需要。而人们的心理感应是不相同的，所以人们往往猜错。

要具体！关键是要相互尊敬，运用你的神入，获取你的信息。沟通中的模棱两可还包括你所说的并不是你自己拥有的信息。比如“每个人都知道……”“大多数人都同意”，这些都没有明确表达出你想说的。

10. 转移话题

当交流变得情绪化或个性化，或当有人隐藏他们真实的自我时，我们会感觉很不舒服，并且也将谈话内容表面化。这些都将导致行为的转移，使讲话者改变话题。

我们不能强求每次与他人的谈话都具有深刻的意义，但从另一方面来说，交流有时为我们提供更多的原来我们不知道的信息和个人见解。一个团队的成员，一起工作的同事，应该能够交流自己的需要和需求，谈一些个人问题，成功的交流不应阻止人们的这种愿望。

要以相互尊重为基础。避免趾高气扬，不要对他人指手画脚。避免离题万里，不要说那些空洞无物的陈词滥调。

用一些毫无意义的话安慰或同情别人也是转移话题的表现，也会使我们远离沟通的目标，把双方的关系维持在一个很浅薄的层次上。

“明天你的感觉就不一样了。”

“别担心，守得云开见月明，都会过去的。”

“我真为你难过。”

这些话不会有什么效果，因为都是一些无的放矢的话。

消除障碍，争取沟通的成功尽量做到：

完整、正确、及时、清晰、连贯、便于理解，避免混淆、粗略、模糊；

可靠、一致、严密，避免腼腆、捏造；

礼貌、建设性、深思熟虑，避免反复无常、粗鲁、让人痛苦；

合作、诚恳、称赞，避免草率、怪癖、苛刻；

语言舒畅、健康，避免晦涩、冷淡、胆怯；

坦白而不要欺瞒；

干脆而不简单乖戾；

愉快、平静、沉着，避免疯狂或粗鲁。

口才是练出来的，只要在不断的沟通实践中多多体会、多多揣摩、多多练习，相信您一定可以做一个沟通高手！

沟通的艺术

回话的艺术

刘文华 编著

中国出版集团
中译出版社

图书在版编目（CIP）数据

沟通的艺术．回话的艺术 / 刘文华编著．-- 北京：中译出版社，2019.8（2019.11 重印）
ISBN 978-7-5001-6011-3

Ⅰ．①沟… Ⅱ．①刘… Ⅲ．①心理交往－语言艺术－通俗读物 Ⅳ．① C912.13-49

中国版本图书馆 CIP 数据核字（2019）第 175744 号

沟通的艺术

回话的艺术

出版发行：中译出版社
地　　址：北京市西城区车公庄大街甲 4 号物华大厦 6 层
电　　话：（010）68359376　68359303　68359101
邮　　编：100044
传　　真：（010）68357870
电子邮箱：book@ctph.com.cn
总 策 划：张高里
责任编辑：顾客强
封面设计：青蓝工作室
印　　刷：河北远涛彩色印刷有限公司
经　　销：新华书店
规　　格：880 毫米 ×1230 毫米　1/32
印　　张：30
字　　数：550 千字
版　　次：2019 年 8 月第 1 版
印　　次：2019 年 11 月第 11 次

ISBN 978-7-5001-6011-3　　定价：149.00 元（全 5 册）

前　言

人际交谈是一个双向沟通的过程，有问话，就有回话。交谈中，对方会时不时向你抛来一个难题，需要你解答，能不能接过对方的话头，天衣无缝地给出回答，直接决定了沟通的效果。

说话重要，回话更重要。不会说话，就不能准确地表达自己的思想，影响沟通的效果；而不会回话，沟通就会中断，无法继续进行下去。面对别人的提问，不少人回答起来要么不着边际，答非所问；要么支支吾吾，前言不搭后语；要么啰啰唆唆，回答起来没完没了；要么直言快语，疾言厉色，让人下不了台；要么不懂变通，授人以柄，受制于人，丧失沟通主动权。

曾经有两个面试者竞聘同一家公司，面试官问："你为什么想进本公司呢？"应聘者A回答："因为贵公司在业界拥有领先的市场占有率，福利待遇优厚，而且MBA还可以享有公司出资的留学待遇，公司的这些条件都非常有魅力。"应聘者B："我想将贵公司的益智玩具推广到全国，使全国儿童的智力水平得到开发。"如果要在这两位应聘者中选出一位，面试官无疑会选B。因为面试官问的是"你的志向"，而不是"你的要求"。

可以说，会不会回话，善不善于回话，不仅决定了沟通的质量，更决定了人生的成败。

回话看似是一项简单的活动，只要不是哑巴，每个人都会问话和回答。但是要把话回答得有水平、有意思、有效果，却不是那么简单的，而要做到口吐莲花、能言善辩，打动人心就更加不容易了。

回话能力的高低体现着一个人的内涵和素质。一个会回话的人，回答的话常常是说理切、举事赅；择辞善，喻世明；轻重有度，褒贬有节，进退有余地，游刃有空间；可陶冶他人之情操，也可为济世之良药；可以体现个人的雄才大略，更能提高个人的社会地位。因此，懂得如何回话，对一个人的人生成败是非常重要的。

本书引用了许多新的理论和观点来诠释回话的原理，并展示了不少鲜为人知的回话秘诀，旨在帮助读者深入认识回话的特征和作用，尽快提高自己的回话能力。通过本书，读者可以在短时间内学会各种回答技巧，极大地提升自己的回话能力，达到既要回答对、更要回答好、回答制胜的境地，从而游刃有余地应对种种重要、疑难、复杂的工作和生活问题，成为沟通的达人、交际的红人、事业的强者、生活的乐者。

目　录

第一章
回话的作用：是润滑油，如调味剂

听人说话，不可缺少的是回话。听者即使认真倾听对方说话，但没有适当的回话，说者也会觉得索然无味。像“嗯”“是这样啊”“不错”之类的回话，是比较常用的。回话不仅能提高对方说话的兴趣，也可改变单调的氛围。

不同的回话方式，其效果大不一样。例如，当上司叫你时，如果你只是轻声地应一声“诶”，会让上司觉得你不礼貌，而且缺少自信，不可肩负重任。如果你能精神抖擞、中气十足地回答“到!”或“在!”，那么上司会觉得你是个责任心非常强、很有魄力的人。

因此，我们在回话时必须认真谨慎，决不能漫不经心，敷衍了事。

回话有如润滑油

回话有如润滑油，能使谈话更加流畅。

或许你会发现，唱歌时有音乐伴奏似乎比清唱好听。至于谈话方面，如果说者是歌者，而听者是伴奏，那么伴奏的人可适当帮腔，使得说者能开怀献艺。

再看竞选各种领导，虽然助选的人不得在候选人发表演讲时发言，但在其他竞选活动时，却能宣传候选人的优点，如此对候选人的帮助颇大。

众所周知，说话是为正确传达本人意思给对方的手段。然而并非人人都“能言善道”，甚至有人说话结结巴巴的，别人根本听不清楚。这时，听者需加以帮助，使他能表达一切，这也属于回话的一种。交谈是双向沟通，并不只是说者的问题，如何引导说者表达清楚，是听者责无旁贷的事。

话虽如此，却不容易做到。某电视主持人在访谈中经常会自然地问：“接下去呢?”或者“好有趣，然后呢?”由于他擅长把握时间，受访者自能畅谈一切。不可否认，有人如此喜欢他，是因为喜欢他的个性，不过这与他的回话也很有关系。

说者不见听者有所反应，谈话情绪会逐渐不安。没有帮腔的谈话，就好像是对无生命的墙壁发表演讲，令人感到没意思。电话答录机便是最好的例子。的确，这种机器虽然为我们带来许多方便，却也带来许多的抱怨，抱怨好比面对机器说话一般。交谈当然是双方都应该表达意见，若只有单方面反应，必然使得另一方感到忐忑不安。

所谓沟通，是说者与听者相互传达意思才能成立，只有说者说得口沫横飞，而听者则默默无言，便不能称为沟通。在交谈时营造气氛，让说者能安心地畅谈，这当然要借助回话的作用了。

回话好比调味料

回话好比是烹调时所加的调味料，具有画龙点睛之效。比如“为什么”“真的”“是吗”“可是……”等，都可以加深谈话内容。

但如果回话太频繁，就会像加了过多胡椒粉的汤。反之，30 分钟的谈话，仅仅回答一句“是这样的吗”，就会显得平淡无味。愉快的谈话，离不开恰到好处的回话，就好像精致可口的菜品加适量的调味料一样。

1. 回话宜配合谈话进展作变化

话虽如此，但并非人人都是烹调高手，一定能做出美味的佳肴。

只有回话仍显不足，还需配合谈话内容。否则任意使用“你说的对”或“原来如此”，恐怕对方会误以为遭人轻视。

因此，回话宜配合谈话进展作出变化。当对方说到伤心处，你应表现出同情，而对方谈得眉飞色舞，则须表示快乐。如这般随机应变的回话，可鼓励对方继续表达意见。换句话说，应注意对方谈话，视情形插嘴，提出问题或加以诱导，那么才能增进谈话的愉快程度。

2. 应避免说长议短的回话

三五好友聚在一起闲谈，难免会谈到别人。人的心理很奇怪，明知不是事实也会听得津津有味。

这对遭受批评的人来说，不论别人所言是对是错，同样都会感到困扰。因为这种批评往往是越描越黑，如此不仅会让当事人伤心，甚至名誉也破坏了。所以，应尽量避免说别人坏话。

虽然如此，但由于这种情形已经形成风气，很难不产生瓜葛。

这种谈话也能形成与人沟通的目的，要是一律不理会，反而会遭人非议，视你为说长议短的箭靶。

另一方面，这种谈话也会具有社交功能。保持立场，作适当的反应，有助于增进人际关系。

关于这点，可从一位食品厂推销员的经验感受出来。某天，他到一家超级市场推广新产品，双方谈成生意后，商场负责人答应扩大专柜以增加他的产品销售量。正要离开时，这个负责人突然提到另一家食品厂商的事。

“A 公司投入的设备资金庞大，收益却不高。而且听说老板患有心脏病。对于这类摇摇欲坠的公司，我想将其列入拒绝往来户，或许下次你来时，他们的产品已不在这货架上。比较起来，还是贵公司的经营稳当。”

说完，这老板还不断强调他只是听说的。照老板所说，对那位推销员的公司似乎有利，所以很想发表意见，但随即改变主意，随口说：“是啊，那就糟了。”然后以有事推辞，迅速离开了超级市场。

如此看来，那位推销员的确高人一等。假如他身为家庭主妇，与其他人闲聊，随便搭腔也不致发生问题。然而他有责任在身，对方若是顾客，则实在很难应付。如果说“我从不听闲话”，好比在责备对方。回答“你是从什么地方听来的”也会出差错。要是突然改变话题，又会使气氛变得尴尬。

那么，最妥善的方法就像他一样，轻轻松松听完后快溜。如果担心得罪对方而回话，很可能会背负造谣生非的罪名。

何况，有人常以这种方式评价听者，因此碰到这种情形需要特别谨慎。

真诚回话被信任

看那些厉害的主持人，不仅要知识丰富，擅长说话，还要扮演听众的角色，让在场的人都能在轻松愉快中说出心里的话，而回话是达到这个目标的有效方法。

比方说，在访问明星时，他们常常会比较夸张地回话："哦，原来你的星路历程如此坎坷！"以此激发对方的表达意愿。此外，也可以独特的笑声和语调，或作各种手势，引导对方进入状态。

如此配合对方的喜怒哀乐作适当反应，即使回话比较夸张，也无伤大雅。

不仅是主持人，我们平时与人交谈时，也需具备这种态度。当你得意地谈到自己过去很有趣味或很自豪的事时，要是对方比自己更高兴，或许你会觉得对方做作，但仍会雀跃不已，而想继续说下去。

听人说话的人表现得十分专注，从表情或动作中传达关注说者谈话的意思，说者必然是欣喜万分，对听者更加信任。

但话又说回来，听者需根据谈话内容作适当反应，不可连言不及义的谈话也表示感兴趣，那么就丧失交谈的意义了。

大部分被评为具有听话修养的人都了解回话的重要性，他们经常利用"原来如此"或"说的也是"等字眼来吸引对方说话。这种技巧对于增进人际关系有很大的帮助。

假如你是位业务员，因工作上的关系必须访问某公司的主管，万一该主管沉默寡言，很难导入正题，这时绝对不要焦躁不安，不妨配合对方说话的习惯，一步一步加以引导。

其实，口齿越不伶俐的人，越在乎对方回话的态度。如果你能清晰地表示自己的态度，鼓励对方勇于表达，并辅之以合适的肢体语言，就能引起对方共鸣。如此一来，必能使谈话流畅无比。

人的表情好比是想法的镜子。因此，往往需要用夸大的表情来满足对方，这样就可引导话题转向有利于自己的方向。当然，反应也不可以过于夸张，必须抱持尊重对方的态度。

听者对话题表示感兴趣，可能会引发说者的灵感，衍生出另一个话题。而表现出不了解，说者也会改变表达方式，以期听者能完全明白。所以，说者与听者之间相互的互动反应，可缩短彼此的心理距离，营造出畅所欲言的局面。

沟通其实并不困难，不管一对一或一对多数，都需双方相互确定反应而进行。听者的反应确能左右说者，太夸张的反应可能使对方冷场，而称赞过火或态度不礼貌，也都要避免。唯有态度坦诚，才能建立良好的沟通。

适当的回话可取信于对方，使对方肯表达一切，这才是高明的沟通技巧。

将话题拉回轨道

所谓回话，不是指简单地点头，或说“是”“嗯”，而是要确定内容重点，配合对方的反应。假如谈话主题明确，就须在不破坏说者兴致的情况下加以引导。利用这种方式，可使谈话流畅，也可帮助说者尽快下结论，这正是回话最重要的作用。

特别是冗长的谈话，更容易产生问题。例如说者也搞不清自己所谈，而且越想确定越慌乱，结果更表达不清楚。这时，听者不妨表示：“原来是这样的吗？”先确定谈话重点，再加以整理一番。

此外，有人需费一番口舌才能表明一件简单的事。这多半是因说者无法确定听者是否已经了解所造成的，以至于拉拉杂杂解释了半天，也没有掌握住重点。

有人完全不懂谈话技巧，不是短话长说，就是说些与主题无关的话题，甚至连陈年往事也牵扯上。这样的谈话枝叶太多，渐渐地就会脱离主题。因此听者须予以引导，使谈话步入“正轨”。

如此一来，即使造成对方一时语塞，只要说者能适时修正或抑制即可。这是听者的重要责任，也是听话技巧之一。但话说回来，不宜以强迫方式让说者张口结舌，使说者暂时停止说话，是为了拉回谈话主题。听者在注意说者是否离题或拖长之余，也需考虑整个谈话是否能够圆满。

听者固然需要掌握谈话，避免说者偏离主题，但话题略偏也不必计较，要是处处加以限制，反而使谈话内容乏味，并且也无法尽兴。

强调说话内容的价值

深知说话艺术的人，话题都特别丰富。而且，会配合听者的言行，使听者对自己所言深信不疑。当他们发现听者听得入神时，便巧妙应用回话之法，紧紧抓住听者的注意力，使得谈话顺利进行。

演说或工作报告等，都以说者单方面表达为主，直到结束前，听者都没有打断谈话的机会。由于听者无法在中途发表意见，只能以笑声、鼓掌或感动表示。

要是换成一对一的交谈，发生任何异议时，都可当场发表。比方说，上司在某次闲谈中提起："我学生时代对文学作品很感兴趣，像托尔斯泰的作品我大都已拜读过。但现在的学生，对这些著作似乎不感兴趣，的确令人惋惜。其他如《安娜·卡列尼娜》，也都值得一看再看。从中可学习许多人生道理。"

上司得意扬扬地畅谈往事。假如你只是点点头、轻描淡写一句："是吗？"上司对你的评价可能会大打折扣。但假如换成说："真的？那我待会儿立刻去购买托尔斯泰的书给我儿子看，或许可以改变他只喜欢刷抖音，不喜欢看书的习惯呢。"

如此这般回话，必能博取上司欢心。当然，也可以进一步说："经理，您刚才提到的是《安娜·卡列尼娜》？"同时从口袋中取出记事本记下，这样效果更佳。记下对方所言的行为，会使对方觉得十分愉悦。

由此可见，回话除了语言和表情外，还包括一些具体行为。这些具体行为不仅给予对方信心，同时也表示"你所说的一切都具有价值，值得向人推荐"。平时与人一对一交谈时，均须掌握此一原则。

听人说话时，要尊重对方是基本原则，而回话正是由这种人际关系所形成的。所谓尊重对方，就是指把谈话导向正途。只简单回答“是吗”根本无法达到这种目的。

如何让说者在谈话后获得满足，与听者的认同具有密切关系。

巧妙回答，化险为夷

1900 至 1909 年间，毕洛夫公爵担任德国首相，当时在位的是德国的最后的一个皇帝——威廉二世。

1908 年，威廉二世做了一件震惊世界的大事。他在英国发表了一个公开的声明，宣布他是唯一同英国人友好的德国人。他还为反对日本进攻的威胁建立了舰队，以拯救英国免受俄国和法国的欺凌，还有一些其他的内容。声明同时还在《每日电讯报》上发表。

在和平时期，作为一国之君居然会讲出这样的话，这让人们始料未及。一石激起千层浪，这个声明一发表，立刻激起了整个大陆人民的愤怒，人们一边倒地声讨威廉二世。公众的愤怒吓坏了威廉二世。他要求毕洛夫公爵为他承担罪过，让毕洛夫公爵宣布这一切都是他造成的，罪过不在自己身上。要毕洛夫公爵告诉人们，自己说的这番话，是来自于他的提议。面对威廉二世提出的这个要求，毕洛夫表示抗议，他说道："我不能想象，在德国和英国，谁会相信我会提出这样的建议。"

话一出口，毕洛夫立刻明白自己犯了一个大错误：这句话的潜意识就是威廉二世是个笨蛋。果然，威廉二世震怒了。他喊道"你以为我是头驴，像这样的错误，只有我会犯，而你却永远都不会犯？"

毕洛夫知道，面对愤怒的皇帝，自己要想办法平息皇帝心中的怒火。在皇帝批评过他以后，毕洛夫开始称颂皇帝，这样的做法取得了很好的效果。他说："陛下的水平，臣望尘莫及。陛下，您不仅在军事上、航海事业上有很高的造诣，而且在自然科学方面，您也高我一筹。陛下，每当您谈到风雨表或电话或 X 射线时，我都不懂，只能洗耳恭听，心中对陛下钦佩不已。在这些问题上我是外行，没有一点化学和物理知识。”毕洛夫接着说：“但是，我有一点历史知识，也许在政治上，特别是在外交方面，说不定会有一些用处。”

听了毕洛夫这番话，威廉二世的气也渐渐消了。毕洛夫贬低自己，抬高皇帝的做法，让威廉二世原谅了他的大不敬。威廉二世对毕洛夫说道：“我不是总跟你说吗，以前，我们互相配合，共同进步。以后，我们也应该互相支持才对。”

在他们谈话的过程中，威廉二世几次握毕洛夫的手。后来，他攥着拳头宣布：“如果谁对我说反对毕洛夫的话，我会毫不犹豫地给他一个耳光。”

在说错了话，皇帝龙颜大怒，即将惹祸上身的情况下，毕洛夫用巧妙的回答挽救了自己。他坦诚地承认了自己的错误，又进一步抬高了皇帝，把皇帝夸得心花怒放，从而避免了一场灾难的发生。

在生活中，我们总会有求人办事的时候。在对别人提出请求时，也应该谨记这一点，如果想让自己的目的达到，让对方按自己的意图办事，就必须先承认自己的错误，唯有如此，对方心理才会产生一种平衡感，才会帮你的忙。

有一天，卡耐基正带着他的宠物狗雷斯在公园散步，迎面走过来一位骑马的警察。

看到卡耐基牵着一条小狗，警察上前对着他训斥道：“你为什么让你的狗跑来跑去，而不给它系上链子或戴上口罩？难道你不知道这是违法的吗？”

卡耐基回答道：“是的，我承认这样做不对，但是我认为它不会在这儿咬人。”

“你这么认为！法律是不管你怎么认为的。在这儿，它可能会咬死松鼠，或咬伤小孩子。这一次也就算了，我不再追究，但假如下回我再看到这只狗没有系上链子或套上口罩，你就去跟法官先生解释吧。”

卡耐基照着他说的，客客气气地答应了。

但是，雷斯好像不喜欢戴口罩，卡耐基也不喜欢看它戴上口罩的样子，因此决定碰碰运气。起初事情很顺利，但是，没过多长时间，麻烦就来了。一天下午，他们在一座小山坡上赛跑时，又遇到了另一位警察。

这一次，卡耐基没有等警察开口就先发制人。他说：“警官先生，这下你当场逮到我了，我有罪。我没有托词，没有任何借口了。上个星期，有一位警察警告过我，若是再带小狗出来而不替它戴口罩就要对我进行处罚了。”

警察回答：“好说，好说，我知道没有人的时候，谁都忍不住要带这么一条小狗出来玩玩。”

卡耐基回答：“是这样的，的确是忍不住，但这是违法的。”

警察反而为他开脱：“像这样的小狗大概不会咬伤别人吧。”

卡耐基说：“不，它可能会咬死松鼠。”

他告诉卡耐基：“你大概把事情看得太严重了，我们这么办吧，你只要让它跑过小山，到我看不到的地方，这件事情也就算了。”

发生过这件事之后，卡耐基在心中感叹：那位警察也是一个普通的人，他要的是一种重要人物的感觉；他对自己的责怪，能够表现他的威严。而自己的“唯命是从”，能够让他的虚荣心得到满足。在处理这件事情的时候，卡耐基所采用的方法是不和他发生正面交锋，承认对方绝对没错，自己绝对错了，并爽快地、坦白地、热诚地承认这点。这件事情就这样在和谐的气氛下得到了解决。

每一个人都有被人指责的可能。当你受到别人指责时，不妨以先发制人的方式先数落自己一番。因为人的心理是很特别的，当对方发觉你主动承认错误时，便不好再对你进行过多的指责。如果一开始你就回答“我说这些话可能有点鲁莽”“我这可能是无理的要求”或“我说的话虽是过分点”，这个时候，即使你回答的话确实令对方感到厌烦，对方也不会因为这些而当面指责你。如果反复使用，更能加强效果，使对方轻易地听完你的要求，并接受你的意见。

生活中，当我们面对别人的责问时，最好的办法就是自己主动承认错误。先发制人，别人也不好意思继续责怪你。这样的方法比你为自己的错误辩解，非要和别人争个输赢，效果要好很多。同时，这也是个求人办事的好方法。

生动回话，获得成功

在日常交谈中，如果要想获得一个好的人缘，不妨在回答时多赞美别人。有时候给人一个超乎事实的美名，就会像用“灰姑娘”故事里的仙棒一样，点在谁身上，就会使谁从头到脚焕然一新。

你如果想要在某方面改变一个人，就把他看成已经具备这种杰出的特质。莎翁曾说：“假如他们没有一种德行，给他们一个好的名声来作为努力的方向，他们就会痛改前非，努力向上，而不愿看到你的希望破灭。”

袁世凯窃取了中华民国临时大总统的权力之后，每天都在做着皇帝的美梦。

有一天，他正在睡觉的时候，一个丫鬟端着参汤进来，一不小心脚下一滑，碗摔在地上，汤也洒了一地。睡得正香的袁世凯被器皿打碎的声音惊醒过来。

当他发现自己珍贵的玉碗被家里的下人打得粉碎时，禁不住勃然大怒。

“你犯了杀身之祸，今天非要了你的命不可！”袁世凯气急败坏地冲婢女喊道。

“不是小人之过，”这位婢女哭着回答道，“小人有下情不敢上达。”

“有什么话？快说！”袁世凯追问。

“小人用玉碗端参汤进来的时候，发现床上躺着的不是大总统。”婢女冷静地回答。

“混账东西！床上不是我，那能是谁？”袁世凯怒骂道。

“我说，床上……床上……”婢女下跪，回答说，“床上躺着的是一条五爪大金龙!"

袁世凯一听立刻喜笑颜开，真以为自己是真龙转世，高兴地拿起一沓钞票让这位婢女压压惊。

在对话的过程中，要想获得良好的效果，就要懂得给别人一个好的名誉，也就是送他一个虚名，对方为了保住这个虚名，就会按照你的意愿行事。

一位本科毕业的大学生去一家公司应聘，人事经理对他说："你的表现虽然很不错，但是我们想招一个研究生，本科生我们暂时不予考虑。不好意思，你请回吧。"这位学生故作依依不舍状，动情地回答说："各位老师能给我这次面试的机会，我非常感谢。我非常非常想加入贵公司，贵公司产品在国内市场上具有很大的知名度，新产品已经进入国际市场，前途无量。假若我能有幸成为贵公司的一员，我会感到无比自豪的。虽然无缘参与你们的朝阳事业，但我仍然衷心祝愿贵公司在事业上能够更上一层楼。"第二天，该学生就接到那家公司的来电，告知他，他已经通过了公司的面试，被正式录用了。

每个人都希望自己留在别人心中的印象是美好的，不论是穷人、富人或者是街头乞丐。恰当而生动的回话，可以替你解围，更可以助你成功。

会回话才能办好事

生活中，养过宠物的人都知道，安抚宠物时最正确的方法就是顺着毛轻轻抚摩，每当主人做这个动作的时候，宠物就会发出满足的叫声，越发地黏着你。人也是这样，喜欢听顺耳的话。

在交谈的过程中，如果有意识地运用语言刺激对方的自尊心和荣誉心，就会让对方从自我压抑中解脱出来，从而产生新的兴奋。对于性格倔强又好强的人，这种方法尤其有效果。

在与人相处的时候，如果你的想法和对方的想法背道而驰，你希望能够说服对方，但对方又是个犟驴，这时候你回答的话就要讲究方法了。你绝对不能说出你的真实目的，犟驴如果发脾气了，你就要吃不了兜着走了。你必须隐藏你的真实目的，用话语感染对方，让对方在不知不觉中放弃自己的见解，接受你的意见。

齐国国君下令修筑新城的城墙，规定期限是 15 天完工。大臣弘毅负责主管此事。有一个县没有在规定时间内完成，而是拖延了两天，弘毅就逮捕了这个县的主管，将其关了起来。这位主管的儿子设法解救父亲，就找到管理疆界的官员子高，让子高去替父亲求情。子高答应了这件事。

一天，子高在路上碰见了弘毅，他并没有直接提及为那位主管求情的事，而是和弘毅一同登上城墙，故意左右张望，然后说："这墙修得太漂亮了，真算得上是一件了不起的工程。工程这样大，并且整个工程结束后又未曾处罚过一个人，这确实让人敬佩不已啊。不过，我听说大人将一个县里主管工程的官员叫来审查，我看大可不必，整个工程修建得这样好，出现一点小小的纰漏是不足为奇的，又何必为这点小事影响您的功劳呢。"

弘毅听了子高这一番肯定他工作的话语，心中甚是高兴，又觉得子高的见解也在情理之中，于是便把那个官员给放了。

这个故事中的官员之所以能够获免，都是因为子高一番高明的话语。子高先给予对方真诚的赞扬，然后就事论事，深得要领，不得不令人拍案叫绝。其实，一般人都存在着顺承心理和斥异心理，对那些符合自己心意的事就容易接受，而对那些违逆自己心意的事就不容易接受。因此，在交谈的过程中，应该要注意这个问题。

新中国成立之后，陈毅担任了上海市的第一任市长。由于受到长期战争的摧残，再加上西方社会的制裁和封锁，当时的上海面临着严重的困难：青霉素等以前依靠进口的医药用品出现了严重短缺。面对这一情况，陈毅想请当时上海一位很有名望的化学家齐仰之先生“出山”，凭借自身的力量制造青霉素。但这位齐老先生是一位典型的理工科学者，长期远离政治，痛恨官场的腐败。在国民党统治时期，政府多次请他“出山”都被他婉言谢绝。陈毅先后派了几位同志去请他，结果都无功而返。为此，陈毅决定亲自上门拜访，以求对方答应。

来到齐仰之先生的住处之后，陈毅并没有谈及青霉素，也没有提请他“出山”的事，而是饶有兴趣地和这位化学家谈起了化学和化工。说到自己的老本行，齐仰之一下就来了兴趣。他心中暗想，没想到这位赫赫有名的大将军不仅能打仗、能当官，还懂化学。就这样，双方迅速找到了共同的兴趣点，相谈甚欢。在愉快的交谈中，一小时的时间很快就过去了，陈毅的心里已经知道了该如何去说才能赢得齐老先生的同意，只见他站起来对齐仰之先生说：“齐老先生，今天打搅您不少时间，改天我再登门拜访。下一次，我还要和您谈化学，而且要谈一门您不熟悉的化学。”齐仰之想：我研究了一辈子化学，什么化学我不知道，还有我不熟悉的？于是，无论如何都不放陈毅走，说：“别下次了，咱们现在就开始谈，谈到天亮都行！”陈毅接着说：“您研究的是自然界的化学，我要谈的是我们共产党的化学，叫作社会变化之学。”

抓住了这一时机，陈毅痛批国民党的弊病，陈述共产党的主张，比较新旧社会的变化，畅谈建设新上海的构想。就这样，双方越谈越亲，越谈越近。最后，陈毅再和盘托出此行的目的，说：“您以前不愿意出来做事，那是在腐败的旧社会。今天，我们请您出来做的是利国利民的好事，请您看在老百姓的份上，帮帮我们吧！”这番真心实意的话终于打动了齐仰之，他爽快地答应帮助政府生产青霉素。

上述事例中我们可以发现，陈毅在交谈的过程中，表现出了高超的回话技巧和卓越的回话能力，对我们回答别人的问话有着极其重要的借鉴意义。

第二章
回话看对象：看对人，回对话

射箭要看靶子，弹琴要看听众。回话要根据对方的身份、职业、经历、文化教养、思想、性格、处境、心情等，采取不同的策略，从而达到交流的目的。

因人而异来回话

生活中，我们在和别人交谈时，要清楚听话人的特征，要注意听话人的性别、性格、文化程度、文化背景、心理状态等因素。如果不了解这些，而是自顾自地乱说一气，就会给自己带来不必要的麻烦，甚至还会惹上杀身之祸。

古代有一个国王，有一天晚上他做了一个梦，梦到自己满嘴的牙都掉了。第二天，他找了两个人来给自己解梦。这两人来了之后，国王就说："我昨天晚上梦见自己满口的牙都掉了，这到底是怎么一回事呢?"第一个解梦的人说："至高无上的主啊，这个梦的意思是，在您所有的亲属中，您将是最长寿的一个。"皇上一听，非常高兴，重重赏赐了这个人。第二个解梦人进来，皇帝又问了他一样的话。第二个解梦人说："皇上，这个梦的意思是，在您所有的亲属都死去之后，您才会死，一个都不剩。"皇上一听，龙颜大怒，让人把这个人拉出去重责五十棍。

同样的事情，同样的内容，为什么一个挨打，一个得赏？其实，这都是因为口才的原因。好口才是命运的助推器，可以化解人生危机，摆脱困境。

在人际交往中，要想做一个受欢迎的人，在说话的时候就要注意：说话要讲究艺术，说话要得体，也就是要把话说得适时、适地、适情。话是对人讲的，所以说话要注意"因人而言"，要看对象说话。这也就是俗话所说的，到什么山唱什么歌，见什么人说什么话。因为这样谈话会更具有针对性，容易引起共鸣。有一个名词叫"职场语言学"，就是教人在工作时如何说话，针对不同的人要说不同的话。运用"职场语言学"中所学的语言艺术，可以让你在公司里说话受到同事的欢迎，至少不会因为说话不当而被炒鱿鱼。

在很多地方和场合说话都要注意自己的语言艺术，这确实是十分重要的。掌握人际交往中的语言艺术并不是一件坏事，它并不是使人变得油嘴滑舌，而是让你学会如何与别人交往。之所以说话要看对象，是因为说话总是双向的，不论是在公共场合发表演讲，还是和朋友或者刚刚认识的人随意交谈，除了说话人之外，还有听话人。所以，说话人要看对象说话，从对象的不同特点出发，说不同的话，而不能随心所欲，想说什么就说什么，创造一种和谐、融洽的气氛，才能达到交谈的目的。

在交谈中，注意对象的身份是十分重要的，忽视这一点，往往会引起别人的反感，甚至可能造成不必要的矛盾。

对家人，以及亲朋好友，说话的方式要因人而异，所说对象不同，方式就不一样。李密的《陈情表》写得催人泪下，但不少人觉得李密这人不厚道，如果真的是这么有孝心的人，干吗用那么多的语言说自己多么凄惨，祖母多么悲凉？这篇文章之所以要这么写，是因为看这篇表的人是司马炎。司马炎是篡位之君，本就名不正言不顺，再者，蜀国的很多将士并不是真心归顺，他几次要求李密做官而被拒绝，所以心生疑惑。再加上司马炎疑心十分重，如果李密这次上表不够煽情是会被处死的，所以文章写得过于深情就可以理解了。换言之，如果李密是给诸葛亮或者刘备上表，这样写的话就不合适了。可见，说话不看人，必然词不达意，说了也是白说。

如果对对方非常熟悉，说话时自然会注意到不同特点，这自然不用再多言。然而对于初次相识的人，就不那么容易了。我们很容易看出来对方的性别、年龄，但是身份、职业、文化修养等，则必须通过语言交谈才能了解。因此，与陌生人见面，首先要做的不是急于说什么，而是先听对方的话语。如果对方彬彬有礼，你也应该文雅、和气、谦逊；如果对方说话很坦诚，你也应该实在，想到什么就说出来，不要拐弯抹角。总之要在了解对象的基础上，说出合适的、有礼貌的话。

现在有人说话口无遮拦，甚至不经思考就脱口而出，这样的话显得很没有内涵。说话不看对象、不分场合经常会给自己招来祸患，或者是埋下祸根。口无遮拦乱说一通给自己带来的只能是“痛苦”，而不会是“快乐”。

注意对象的身份

我国古代有一个“对牛弹琴”的故事，讲的就是说话不看对象，说了也是白说。即使你琴艺再高超，牛听不懂，又有什么用呢？

人上一百，种种色色。我们回话一定要了解听话者的身份、年龄、职业、爱好、文化修养等诸多方面的情况，只有这样，我们的回话才有意义，才能达到预期的目的。

说话的时候不注意对方的身份，有时候还会招惹不必要的麻烦，让自己和别人陷入尴尬的境地。电视剧《二子开店》中有这样一个场面：全店进行微笑服务训练，只有老魁笑不出来。小豆说道：“经理说了，不管出了什么事都得笑，就是他亲爹死了，也得笑。”老魁一听，急了：“什么？那我就更笑不出来了！他亲爹死了，我再笑，那不成了诈尸了！”老魁是经理的父亲，听了小豆的话，怎能不急？怎能不发火？小豆说话不看对象，造成了这样一种难堪的局面。

说话时不仅要看对方的身份，还要看对方的年龄，这也是说话时不可忽视的因素。比如在问别人岁数的时候，对不同年龄段的人就要使用不同的问法：

问小孩：“你几岁了？”

问同龄人：“你多大了？”

问比自己大的中年人：“您多大年纪了？”

问七八十岁老人：“您高寿？”

对不同的人使用不同的问法，才能达到问话的目的。因此，生活中我们在说话的时候，要看对象，对不同的人使用不同的语气。比如对孩子或者同龄人说话，语气要坦诚、亲切；对老年人或者自己的师长，语气要尊重，让他们感觉到你是有教养、懂礼貌的晚辈。

孔子曾经说："可与言而不与之言，失人。不可与言而与之言，失言。知者不失人，亦不失言。""失人"可以理解为失去了能说话的对象；"失言"可以理解为这次说话本身就不对，也包括选错了说话对象。要做到两"不失"，就要在适当的地点、适当的时间、适当的语境，对适当的人说适当的话。

如何回答领导得信任

现实生活中，我们常常会看到这样的情况：在同一个公司上班的人，付出的勤奋努力相差无几，有些人很受领导的赏识，很快脱颖而出，有些人却备受冷落。因为前者明白，勤恳努力很重要，但让领导关注到自己的所有努力更重要。在职场中，做事能力差不多的两个人，语言表达能力不好的那一位，升迁机会往往要比那个既会办事又会说话的人少得多。而在说话能力中，回话能力是重中之重。对领导回话要言简意赅、把握分寸、顾全大体。

王雨年轻干练、活泼开朗，入行还没几年，职位就“噌噌”地往上升，很快就成了公司里的主力干将。几天前，新老板走马上任，刚刚上班，就把王雨叫了过去，说：“王雨，你经验丰富，能力又强，这里有个新项目，你就多费心盯一盯吧！”

受到新老板的器重，王雨内心窃喜不已。恰好这天要去无锡某周边城市谈判，王雨一合计，一行好几个人，坐公交车不方便，人也受累，会影响谈判效果；打车吧，一辆车坐不下，两辆车费用又太高；还是包一辆车好，经济又实惠。

主意定了，王雨却没有直接去办理。几年的职场生涯让她懂得，遇事向老板汇报一声是绝对必要的。

于是，王雨找到老板，说：“老板，我觉得……”她把几种方案的利弊分析了一番，接着说，“所以呢，我决定包一辆车去！”

汇报完毕，王雨发现老板的脸不知道什么时候黑了下来。他生硬地说：“是吗？可是我认为这个方案不太好，你们还是买票坐长途车去吧！”王雨愣住了，她万万没想到，一个如此合情合理的建议竟然被打了“回票”。她实在想不通，完全没道理呀，傻瓜都能看出来第三个方案是最佳的。

王雨凡事多向老板汇报的意识是很可贵的，错就错在措辞不当。王雨说的是："我决定包一辆车!"在老板面前，说"我决定如何如何"是最犯忌讳的。

如果王雨能这样说：老板，现在我们有三个选择，各有利弊。我个人认为包车比较可行，但我做不了主，您经验丰富，帮我做个决定行吗？老板听到这样的话，绝对会做个顺水人情，答应你的请求，这样岂不两全其美？

在工作中，谁都有可能在领导面前说错话，虽然偶尔说错话也不至于失去工作，但后果却是很糟糕的。如何跟自己的领导说话，是人际关系中一门重要的学问，如果你能很好地把握与领导说话的火候，拿捏好说话的分寸，你的事业就会一帆风顺。领导毕竟不像一般同事，更何况与一般同事说话也应该注意分寸，不能太无所顾忌。

那么，如果在领导面前一不小心说错了话，该如何采取补救措施呢？在领导面前说错了话，一旦反应过来，就要立即打住，并马上道歉。千万不要因为害怕而回避，应该面对事实，尊重对方，必要时还可以再进行说明。说明时一定要清楚明了，针对事情本身，而不必要的辩解只会将事情越描越黑。

在和领导说话的时候，一定要注意措辞。像"无所谓，怎么样都行"这样的话会给领导留下感情冷漠，不懂礼貌的印象，少说为好。"您怎么还不清楚?"这句话就算是对关系很要好的朋友来说，也会造成很大的伤害。如果对领导说这样的话，那后果当然就会更加严重了。"辛苦了!"这句话本来应该是上级对下级表示慰问或犒劳时说的，如果你对领导这样说，似乎不太合适。"太晚了!"这句话的意思是嫌领导动作太慢，以至于快要误事了。在领导听来，肯定有"干吗不早点"的责备意味。"这事不好办!"领导分配工作任务下来，而你却说“不好办”，一方面说明自己在推卸责任，另一方面也会让领导没有面子。“您真让我感动！”其实，“感动”一词是领导对下级说的。比如，“你们工作认真负责，不怕吃苦，我很感动。”而下级对上级用“感动”一词，就不太恰当了。尊重领导，你应该说“佩服”。比如，“经理，我们都很佩服您的果断！”另外，过度客气有时反而会招致误解。和领导说话应该小心谨慎、把握分寸、顾全大体。

如何应答同事有分寸

在工作中，我们若想寻求同事的帮助，要善于找到合适的理由，使对方在心理上愿意接受。

身在职场，我们必须面对复杂的人际关系网络，同事之间既互相依赖又互相竞争，才能实现自己的目标。在既矛盾又统一的合作背景下，与同事说话，就必须开诚布公、相互尊重，同时要注意说话技巧，要选择合适的方式，使大家和睦相处，和谐共事。

同事之间交流最多的是工作。为了工作，有争议也很正常，不过要注意，别把“争议”演变成“争吵”。聪明的人知道发脾气是最愚蠢的作为，因为这不但不能解决问题，反而会使自己成为办公室里的“刺猬”。面对争议，绵里藏针、以柔克刚是聪明人的做法，这样既不会伤和气，又能达到共同的目的。失去理智的吵闹，甚至用言语攻击对方的做法是缺乏修养的表现。与同事讨论工作的原则是，针对事情而不针对人；要用无可辩驳的事实从容镇定地说服对方。

同事相处难免会产生误会，巧妙地化解这些摩擦，也是一项重要的本领。和同事产生误会后，你首先要做的不是为自己辩解，而是真诚地向对方表明心迹，找到问题的症结，及时解决。在摩擦的端口上，每个人都会有抵触情绪，这时解释往往越描越黑，容易起到反作用，在必要的时候可以请别人帮忙调和。

同事间的误会，很多是一时的口无遮拦引起的。与同事相处，首先要注意自身的言行，避免因为口误造成不愉快。如果不小心说话伤了人，一定要及时纠正，避免对方难堪，以至于产生隔阂。当然，办公室也会有些尖酸刻薄之人。我们遇到这种人，不要以硬碰硬，而要巧妙地运用智慧予以反击，不动声色地惩罚他们，这更能体现你的修养和气度。

有的人喜欢对同事评头论足，这是不成熟的表现，因为每个人都有自己的原则，对别人指手画脚会招来同事的厌烦。搬弄是非、胡说八道更不可取，这样的行为不仅不利于团结，而且会严重影响工作的顺利进行。我们要在办公室里营造和睦的气氛。

与同事相处，话太少不行，人家会认为你不合群、孤僻、不善交往；话多了也不行，容易让别人反感，而且也容易让别人误解，认定你是个乌鸦嘴。所以，说话一定要讲分寸，该说的，一定要说，说得到位；不该说的，一定不说，要恰到好处，适时打住。

不管同事怎样冒犯你，或者你们之间产生什么矛盾，都要“得饶人处且饶人”，多一句，不如少一句，凡事能够忍让一点，日后你有什么差错，同事也不会做得太过分，不至于推你走向绝境。

当你偶然发现某位跟你十分投契的同事，竟然在你背后四处散播谣言，数落你的不是和缺点，这时你才猛然觉醒，原来平日的喜眉笑目，完全是对方的表面文章。你会痛心地想，跟他一刀两断吧，然而，大家是同事关系，你若摆出绝交态度，一定会吃亏。别人会以为你主动跟他反目成仇，问题必然出在你身上，这无形中给对方一个借口去伤害你，这样做就太不理智了。更何况，你俩还有合作机会，上司最不喜欢下属因私事交恶而影响工作。所以，你应该冷静地面对，千万别说出过火的话来，这样对谁都不利。

“谁人背后无人说，谁人背后不说人。”这话虽然说得有些绝对，却也说明了一个道理，那就是，大多数人都多多少少地在背后说过别人，只是所说的是好话还是坏话就无从考证了。不过有一点，经常在背后说别人坏话的人，肯定不会是受欢迎的人。

凡是有点头脑的人，都会自然而然地这么想：这次你在我面前说别人的坏话，下次你就有可能在别人面前说我的坏话。这样一来，你给别人的印象就不可能好到哪里去。

在职场中，常常会遇到别人在你面前说另一个人的坏话，对此，你就得端正态度，用辩证的思维去考虑这种情况，把握好应对的分寸。

如何与陌生人交谈

很多人在和陌生人交谈时，总是感觉如临大敌一般，羞怯、紧张、局促、手足无措，甚至连挤两句应酬话也生涩，平日的伶牙俐齿、妙语连珠也不知躲到哪里去了。可是，在这个缤纷的社会，不愿、不会、不能与陌生人打交道，如何生存？何况，和陌生人交谈正是克服胆怯心理、提高说话的最佳方法。

首先，和陌生人交谈可以体现和加强一个人的自信。心理学实验表明，人类特性的分布都有一个规律：特别好和特别差的人各只占2%左右，中间水平的占95%。也就是说绝大多数的人水平都是差不多的，都是正常水平。和正常的陌生人进行一次交谈，能让我们接收到新信息，也能验证我们对人性的一些看法，还能感受到人与人之间的热情、信任，这些良性的结果必定会增强一个人生活的信心。

其次，和陌生人交谈，还能体现个人独立性，有助于人格发展。大家都明白，和熟人打交道，说话的方式依附于社会关系，服从说话人的身份，很多时候并非是个人独立意志的表达。和陌生人说话则不一样，互相之间常常作为独立的个体交往，彼此没有切身的利益关系，双方见到的都只是眼前的这个人，不会特殊关照也不会有什么成见，相对客观、平等，这种完全对等的关系，对一个人的人格成长是很有帮助的。

第三，和陌生人交谈，更能锻炼说话和人际沟通艺术。熟人之间，彼此都很了解，不会很注意说话的方式和方法。而陌生人之间的交往从零开始，需要有意识地运用沟通技巧来建立关系，多次下来，人际沟通能力和说话能力就会得到提高。

如果我们因为害怕和陌生人交谈而躲着、藏着，那只会永远没有什么出息，惧怕、不敢当众说话的“病症”也只会越来越重。所以，我们应该“逼”着自己多与陌生人交谈，训练自己与陌生人说话的技巧，培养自己胆大、能言善辩等能力，以更好地在社会中立足。

李力的妈妈是这样训练孩子与陌生人打交道的能力的——

儿子刚刚学会说话的时候，她就尽力在任何能够和他人交流的时候，让他先开口说话。

首先，每天刚出门的时候，不管碰到什么人，李力的妈妈都让李力主动打招呼。比如碰到一个女性老年人，妈妈会示意孩子：“儿子，说奶奶好！”如果碰到的是男性老年人，就告诉孩子：“儿子，说爷爷好！”其他不同年龄的人依此类推。慢慢地，李力每当遇到这种场合就会马上微笑着和人家打招呼，每个被李力打招呼的人都热情地对他说：“小朋友好！”并且还表扬他很懂事，这样，李力就养成了跟别人有礼貌地打招呼的好习惯。

李力的妈妈为了更好地锻炼孩子与陌生人打交道的能力，还经常带着李力到朋友家做客。在朋友的家里，李力的妈妈教儿子该如何懂事礼貌地做客，教儿子和朋友家里不同的人交流和谈话。

在妈妈有意识地培养和训练下，李力上幼儿园时，说话的技巧就很强。有一次，老师为了了解孩子与陌生人交流的能力，特地请了小区里的一个年轻叔叔来幼儿园里做测试。轮到李力的时候，那个陌生叔叔说：“小朋友你真可爱，来吃块巧克力。你妈妈今天加班，她让我替她来接你。”

李力听了，微笑地回答道：“谢谢叔叔，可是我不认识您，不能随便吃您的东西，我们还是去问问老师吧。”躲在旁边听他们对话的老师频频点头。之后，幼儿园的老师表扬了李力，还夸李力的妈妈教育得好。

李力上小学以后，成了班级中最会和同学和老师交流的人，同学们有什么问题总会跟他说，让他帮忙解决。

可见，硬着头皮与陌生人交谈、打交道的能力非常重要。一个人只有学会了与陌生人打交道，才能在以后的生活中更好地与人交往，提高自己的说话技巧。

与陌生人交谈要注意技巧。这样，才会让你事半功倍。

第一，寻找能让对方产生共鸣的话题，“粘”住对方。俗话说，“物以类聚，人以群分”，每个人的社交圈，其实都是以自己为圆点，以共同点（年龄、爱好、经历、知识层次等）为半径构成的无数同心圆，共同点越多，圆与圆之间重叠的面积越大，共同语言也就越多，也最容易引起对方的共鸣。共同之处包括彼此共同的专业、工作、家乡、熟人、兴趣、爱好等。因此，在与对方搭讪时，一定要留意共同点，并不断把共同点扩大，这样对方谈起来才会兴致勃勃，谈话才会深入持久。

第二，多谈对方关心的事情。人们最关心的是自己，这是人类最普遍的心理现象。因此，你必须谈对方所关心的，这样，对方会认为你很关心体贴他。

第三，态度要谦逊、低调。有的人各方面条件确实不错，但为什么常常在与别人搭讪时遭到冷语，自讨没趣？关键就是这些人摆出一副高高在上的姿态。谈起事情来眉飞色舞、夸夸其谈，这是令人讨厌的。一般而言，那些经历坎坷、屡遭不幸，最终通过自己的努力而获得成功的人，最能赢得别人的好感。因此，政治家或明星为了赢得支持，往往再三渲染自己童年遭受的不幸和为了取得成功付出的巨大努力，这是一种明智的交际技巧。所以，在与陌生的人交谈时，不妨多谈昔日的坎坷、拼搏的历程，这样往往容易唤起对方的好感和钦佩。

第四，策划“偶然”事件。有时，你可能没有机会和陌生的意中人接触，更谈不上搭讪，在这样的情况下，你不妨给自己“制造”一个机会。

一个星期六的下午，一位穿着得体、长相英俊的小伙子手捧一束玫瑰，礼貌地敲着一间公寓的门。公寓的主人是联邦德国外交部年轻女秘书凯因斯，打开门后，她面对这位不速之客竟有些不知所措。男士连连道歉：“不好意思，我敲错了门，请原谅。”然后，他接着说：“请收下这束花，作为我打扰你的补偿。”凯因斯盛情难却，收下了花，并把小伙子邀请进屋。这个“误会”其实是小伙子精心策划的。

“众里寻他千百度，蓦然回首，那人却在灯火阑珊处。”许多时候，在不经之间，你也许能遇上让你怦然心跳的异性。这时，不要因为你羞于开口或者支支吾吾而就此错过一段好姻缘。只要你克服恐惧的心理，并且掌握一些交谈技巧，也许就能开始一段美好的感情。

巧妙回答，为爱情添把盐

生命是一朵花，爱情是花的蜜，而说说笑笑则是采花酿蜜的蜜蜂。

爱是男女之间的感情交汇。男人和女人是这个世界上最奇妙的存在。怪不得英国著名小说家夏洛蒂·勃朗特说："男人是太阳，女人是月亮。太阳和月亮的光糅在一起，就会组成一个美妙的世界。"

但劳伦斯也说过一句话，徜徉在爱情这个美妙世界里的人有必要记住："世俗生活中最有价值的就是幽默感。作为世俗生活的一部分，爱情生活也需要幽默感。过分的激情或过度的严肃都是错误的，两者都不能持久。"这就是说，如果夫妻两人或一个完整的家庭缺少说说笑笑的快乐，这样的婚姻或家庭是不会幸福的。

如果爱情乏了味，我们就得给爱情加把盐。学会开开心心地说说笑笑，就是那把能调出美味的盐。

如何为爱情添一把盐？我们首先要明白，大多时候，女人往往是家庭的统治者，即使她没有在事实上统治家庭，那也要在外表上看起来是这样，以满足她们的统治欲和虚荣心。哪怕是伟人的夫人也不例外。

请看：

一次宴会上，林肯和他的夫人面对面坐着。林肯的一只手在桌上来回移动，两个手指头向着他夫人的方向弯曲。

旁人对此十分好奇，就问林肯夫人："您丈夫为何这样若有所思地看着您？他弯曲的手指，来回移动又是什么意思呢？"

"那很明显，"林肯夫人答道，"离家前我俩发生了小小的争吵，现在他正在向我承认那是他的过错，那两个弯曲的手指表示他正跪着双膝向我道歉呢。”

还有一则故事：

彼得在当匹兹堡市市长的时候，一天，他和妻子兰茜去视察一处建筑工地，一个建筑工人冲着他们叫起来：“兰茜，你还记得我吗？读高中的时候，我们常常约会呢！”

事后，彼得嘲弄地说：“嫁给我算你运气好，你本来该是建筑工人的老婆，而不是市长夫人。”

兰茜反唇相讥道：“你应该庆幸跟我结了婚，要不然，匹兹堡市的市长就是他了。”

女人即使不能统治家庭，也会特别关注自己在丈夫心目中的地位，用各种语言来试探“你爱我吗”，却常常遇到男人机智而幽默的回答。

妻子：“我和你结婚，你猜有几个男人在失望呢？”

丈夫：“大概只有我一个人罢？”

在现实生活中，怕老婆对男人来说是件不光彩的事，常常被朋友或同事视作笑料。而在社交中有些人却能巧妙地调侃自己，树立自己可爱的形象。因此，“怕老婆”这一主题常能演绎出许多笑话。

某新婚夫妇，洞房内贴有家规，上面写着：第一条：太太永远是对的。第二条：如果太太错了，请参阅第一条。

又如下面这段夫妻对话：

妻子：“你在外面很少喝酒，为何在家里拼命地喝呢？”

丈夫：“我听说酒能壮胆。”

而且，能说会笑的人也不怕在众人面前表现自己“怕老婆”。我们来看下面二人的对话：

比尔：“在公司里你干什么事？”

赫德：“在公司里我是头。”

比尔：“这我相信，但在家里呢？”

赫德："我当然也是头。"

比尔："那你的夫人呢？"

赫德："她是脖子。"

比尔："那是为什么呢？"

赫德："因为头想转动的话，得听从脖子。"

如此妙答，当然引得人们捧腹大笑，也间接地暗示了他对婚姻之满意，如果他的夫人真的如传闻的那样，他也许并不会自我调侃了。

男人喝酒，常常会受到妻子的责骂，如果能巧妙地运用说笑也能很好地化解。

一个酒徒在外面喝多了酒，很晚才回到家。他又忘记了带钥匙，于是只好敲门。

妻子怒气冲冲地打开门说道："对不起，我丈夫不在家。"

"那好，我明天再来。"酒徒说完，装出转身要走的样子。

丈夫的一句说笑，终于使妻子化怒为笑，丈夫通过开玩笑，诱发妻子内心深处对丈夫的怜爱和尊重。这时夫妻两人都不会去抓住喝酒的事不放，而去享受两人之间的情趣。

做家务事，也是家庭生活中必不可少的，而许多做丈夫的却是大男子主义，全把家务推到妻子身上，似乎妻子天生愿意做和应该做。其实哪个妻子心甘情愿长期做单调劳累的家务呢？所以，有心思的妻子应把家务活给丈夫分一点，用自己的智慧往往能使丈夫心服口服地去做，心甘情愿地去做，并且是高高兴兴去做。

请看这位妻子是如何运用说笑让丈夫去做家务的：

妻子："亲爱的，你能把昨天晚上换下来的衣服洗一下吗？"

丈夫："不，我还没睡醒呢！"

妻子："我只不过是考验你一下，其实衣服都已经洗好了。"

丈夫："我也只是和你开玩笑，其实我很愿意帮你洗衣服的。"

妻子："我也是在和你开玩笑，既然你愿意，那就请你快去干吧！"

丈夫此时不得不佩服和欣赏妻子的情趣，高兴地去干不愿干的家务。

当然，如果妻子已把衣服洗了，丈夫受到感动，往后会主动帮妻子做家务，这样家务事带来的不是烦恼，而是一种家庭快乐了。

难怪有人说："没有说说笑笑的家庭就像一个旅店。"这话固然过于偏激，但也说出了夫妻间会说话对于家庭的重要性。且来看下面的例子：

约翰实在无法忍受妻子无休止的唠叨，打算去外面旅店住几天。旅店老板热情地接待了他，并且亲自把他引到了一间房门前。

"先生，您住在这里会发现跟到了家一样。"

"天啦，你赶快给我换间房吧！"

这则故事说明没有说说笑笑的家庭甚至还不如一家旅店。

在家庭中，如果夫妻两个长期说话都一本正经，会产生一种冷漠感，久而久之，两人心理均承受不了。所以，要积极寻找话题，力图笑起来。

如果家庭中碰到什么尴尬的事情，也不妨在笑中将其轻轻化解。

有一天，怀孕的妻子指着自己的肚子，向丈夫提出一个伤脑筋的问题："能不能在小孩一出生就看出孩子长大后会成为什么样子？"

丈夫想了想答道："这很简单。如果是个小姑娘，长大一定是个妇女；如果是个小男孩，长大就是个男人。"

真正要回答妻子的提问，对一般人来说是比较难的，如自作聪明答得不好，又会引起二人心中不快。这里丈夫把妻子本来问的意思转移到男女性别问题上，化成一个非常容易回答的问题，顿时妙趣横生。

而且，作为在一起生活的夫妻俩，要有一定的度量，这样才有说笑话的兴趣；如果顶着个花岗岩脑袋，你说得再好笑也是白费劲。说笑是要有环境和必要的条件的，条件成熟了，即使是没有文化修养的人，也自然能会说笑。

如何应答老年人和小孩

一个年轻人同与自己年龄、兴趣、爱好相差很远的老人交谈时，实在很难产生共鸣。在这种场合，同情与了解仍然可以发挥作用。如果你不以自己的兴趣为主，如果你同情一位孤独老者不幸的处境，你可以把他当作自己家庭中的一位长辈。你了解到他的老友都已故去，而他的爱侣也已不在身旁，你会愿意安慰他的寂寞，和他共享一段沉湎在美好记忆里的时光。

老年人都喜欢追怀往事，如果你能启发他谈谈自己的过去，不但对于他是一件很快乐的事，对你又何尝不是一个难得的机会，能够听到一个人亲口告诉你30年前，或是50年前的亲身经历。经过时间的磨砺，岁月的侵蚀，那些往事仍鲜明地留在老者的心中，多半是一些给他深刻印象的、有趣的、动人的故事。

有些老年人生命力还很旺盛，他们仍然关心现在的社会生活，对于报纸上的新闻仍然感兴趣。那么，最有兴趣的就是让他们把现在的事和过去的事做个比较。这不但是他们最喜欢的，同时也是一般人最感兴趣的。生活里面蕴藏着许多宝物。有时候，一片荒山，累累的巨石下面，可能就是无限的宝藏。懂得生活的人会在别人觉得毫无兴趣的地方，挖掘出无穷的兴趣来。

如果你想和他们玩个小花样，那么你一定要记住，他们亲身经历了半个多世纪的历史，阅历极丰富，他们很可能一眼就洞穿你的心底，因此你一定要格外尊重、爱戴他们。你和他们多谈谈，必然是有益的。他们有很多书本上看不到的经验和故事，他们有些人曾经在战场上出生入死，也有的冒过很多风险，而且有的人还风趣幽默得很，至今仍保持一颗年轻的心。

老年人是与年轻人相对的一个群体，多数老年人，到了暮年，仍能保持他们人格的完整，并能以幽默克服自己的弱点，对人、对事仍保持充分的热情和关心。他们经历岁月的考验，仍然热爱他们的生命，而他们的生命也会像风云变幻的世界有风、有雨，时阴、时晴。

其实，我们和他们有着谈不完的话题。他们所能给我们最珍贵的礼物，就是他们寄予我们的殷切希望。和老年人接近时，要尽量使他们得到兴奋和安慰，这样也可使你和他们进行一次令人神往的谈话。你可以热情地请他们针对国家的发展、社会的进步及科学技术的快速变化发表自己的意见。问他们是不是认为我们该回到大家庭的生活方式，甚或三代人一起居住？他们是否愿意协助抚养小孩？他们对如今妇女参政当领导持什么看法？对年轻人的服装有何意见？对工厂四处林立，河水受了污染，以致人不能再在河里游泳，会不会觉得遗憾？计划生育是社会所需要的吗？载人飞船登陆月球是神奇的技术，还是破坏宇宙的安宁？当今社会上的一切现象，你都可以请他们发表意见，他们的看法不会与社会脱节，只是他们比你经验更丰富，因此所见不同罢了。你还可以请他们多谈谈过去的经历和记忆。这可以说是非常有效的办法，因为当人们回忆他们快乐的时光时，他们就会打开话匣子并获得更多快乐。

你还可以请他们谈谈他过去最喜爱的广播节目，他第一次乘地铁、飞机时的感觉，他们那个年代的电影，或他所看过的第一部立体影片。你也可以请他们谈谈，他们年轻时玩什么游戏，学校是什么样子，以及他们印象中的祖父母。问他脑子里记得最清楚的伟人是谁，最敬爱的伟人是谁。问他当年如何向异性表示仰慕，以及当年的礼节问题。问他踏进社会后从事的第一份工作是什么——虽然他没有变成大人物或大亨，但每个人都会喜欢谈他的第一个工作岗位。只要他的身体健康、精神尚好、记忆力强，往往年岁愈大就愈记得他年轻时的第一份工作。

要记住，你正在和一位活生生的人谈话，他不是一座供人敬奉的神像。你对他过度虔敬和赞美，就会使老人觉得自己真的是老人，不中用了。因此，你与他们交谈时，如果你不同意他的观点，不妨理直气壮地告诉他你的看法。

老年人有时耳朵听力较弱，因此你和他讲话，音量要放大，速度要缓慢，发音要清楚。可是你不要因此而用些简单流行的词汇，也不要尽谈一些琐碎的事情。你可能认为老年人既聋又哑，这样一来你就会忽略聋人的智慧了。这是听力不好的老人最忌讳的事情，实际上他们并不糊涂，甚至更精明。

当你们谈得甚为融洽，而你想不失礼地告退时，你应该怎么办？我们平常和人谈话，当一方谈话谈久了，而听的人也听厌了时，随便找个借口或随便做个暗示，如起身倒杯水喝或起身打个呵欠，对方自然就会明白谈话该结束了。可是我们对老年人如此是失礼的，而且有时老年人在兴致头上，很可能忽略你的暗示。此时，你也无须强自忍耐对方无休止的“轰炸”。你等老先生或老太太说完一段话，只要你觉得听够了，你便可以毫不犹豫地赶快起身告退。千万不要迟疑，因为你一迟疑，他们可能就又开始另一个故事了。

我们不要误认为所有的青少年都是相似的，他们的性格各有所异，并不相似，所以你不宜开口就抱怨，你们这些年轻人……似乎认为今天的年轻人完全都……你也不宜一开始就大谈特谈少数不良的青少年沉湎电子游戏或泡网吧等，因为多数要求上进的年轻人并不玩这一套，你谈的这些问题，会使他们觉得屈辱，并觉得你并不理解他们，反而加深了与年轻人的代沟。还有对于年轻人蓄长发的问题，如果你已经和年轻人谈得很投机了，你不妨和他谈谈你对蓄发的看法。但是如果你劈头就批判留长发如何不好，他就会对你打个问号，你什么意思呢？你是怪我没教养，还是怪我不学好？

根据年轻人留长发而推断他的品性，这是不合理的。有时往往表面上调皮爱玩闹的，反倒是富有正义感的孩子。而表面上规规矩矩，衣服穿得整整齐齐的孩子，看起来是模范少年，其实却可能是暗中捣乱兴风作浪的孩子。

你和年轻人交谈，并不需要模仿他们的术语，或打扮得和他们一样。很多人认为用孩子话和孩子交谈，可缩短彼此间的距离。这并非没有道理。可是社会上已经有够多的年轻人了，因此我们还是扮演我们的成人角色吧。更不要紧盯着问年轻人和异性之间的关系，这其实不干你的事，除非你是他的父母，更何况他们也有自己的隐私。要知道，当你和青少年谈话时，你只有抓住他们生活中最感兴趣的事，才是最佳的选择。你如果不能适当地和青少年交谈，那么请你换一种方式，应该会对你有所帮助。如果孩子说他们都喜欢足球，除了爱看国内的甲 A 比赛，还对德甲、西甲、英超等国际赛事如数家珍，而大人则说他喜欢看围棋比赛，那么他们是在自己很理想的基础上，因为大人所表示的，乃是他能像孩子们喜欢足球一样，从围棋中获得同样的满足，这应是一种很独到的换位思考方式，有助于两代人的沟通。

你谈话的对象，若是一位年轻女孩，那么这些问题同样也很适合，你可以问她对于多数女孩的披肩长发有何看法，她的朋友们喜欢化妆吗？她的朋友们对交异性朋友持开放还是保守的态度？她喜不喜欢幻想？和前一代的青少年相比，她是否认为他们这一代有了改变呢？

对于年轻人应遵循的行为标准，成人要严肃认真地向年轻人讲清楚。如果你不赞成他们饮酒，那就不要装出一副好人的面孔允许他们饮酒。如果你想让年轻人按时回家或早睡，那么你就要和他们相互交谈后，共同制定一个规定，并明确地要求他们必须遵守。如果你的十几岁女儿到什么地方去，你必须要对她讲明，父母不是要干预她的活动，而是对她的行为和安全负责，确知她去的地方，同时毫不犹豫地问她还有哪些人和她同去。

儿女是父母行为的镜子。如果你善于与年轻人和孩子交流沟通，你的一言一行都会深深地印在他们的脑海中，铭刻在他们的心中，甚至会记住一辈子。

投其所好，回得高妙

生活中，朋友之间常常会相互表达失落和痛苦，倾诉心事。朋友在给你诉说心事的时候，是想你给他一些建议或者安慰。这个时候你说的话就要注意了，不要在不知不觉中把自己的得意在朋友面前表露出来，否则，就会刺激到对方的自尊。也许你的本意只是想借自己的事情鼓励朋友，但是对方可不一定会理解你的意思，在他看来，会觉得你是在嘲笑他，从而对你产生误会，影响你们的交情。因此，讲话的时候要慎重，即使是朋友之间也不例外。

古语有云："知己知彼，百战不殆。"出去找工作面试的时候，就好比一场试探性的战斗，战斗的双方就是面试单位的主考官和参加面试的你自己。在写履历表时，要时刻记住你是在一个商业环境中推销自己，要尽量使用适合这种环境的语言，尤其是在对你曾经的业绩和成就进行说明的时候。

时代在改变，某些求职用词也在改变。像"我对这个工作很有信心""请给我一个学习的机会"等等，这些听起来美丽的辞藻或许会把你难得的机会"哄跑"。

对于没有经验的人来说，除了学历之外一无所有，再加上那些错误的用语，这机缘一失，可能很多时间都不一定能弥补得回来。现在外资企业渐多，传统公司要求的谦虚、保守等品质，已经无法适合需求了。

要想每投必中，说话要投其所好是填写履历时必需的原则。公司想知道的是你能为公司带来什么利益、贡献或成效，并不想花钱请你来学习。

因此在说话的时候，要抓住别人的特点，投其所好，这样才能很好地利用别人的力量。如果忽略别人的性格，勉强他们做不适合的差事，结果受挫折的将是自己。

著名的“钓鱼效应”就是指一个人把自己的内心需要转化为相应的行为。钓鱼的时候如果不用鱼饵，鱼是不会上钩的，人也是一样。著名的口才大师卡耐基说：“即使你喜欢吃香蕉、三明治，也不能用这些去钓鱼，因为鱼不喜欢它们，你想钓到鱼就必须下鱼饵才行。”要和对方和平相处，并得到对方的认同，甚至化解自己的危机，就要彻底了解对方的所“好”，知己知彼，真正做到迎合对方，投其所好。

在人际交往中，说话投其所好、避人所忌是一种高超的表达技巧。俗话说：“酒逢知己千杯少，话不投机半句多。”要想获得良好的人际关系，在说话的时候就要说对方感兴趣的话题，用动听的语言打动对方的心。在交往中，当人们的观点一致时，就会产生一种相互肯定、信任的感觉，反之，就会彼此否定，产生防备心理。生活中，那些在人际交往中左右逢源的人，就是在和别人沟通之前先观察揣摩对方的喜好，然后尽量地迎合别人，满足别人的欲望。在交谈中，对于自己不感兴趣的话题，一般人都不会有太大的热情，而如果碰到自己感兴趣的话题，就会兴致高昂，积极参与。因此，在和别人谈话的时候，我们要抓住对方的这种心理，深刻地了解对方，并与对方和谐相处，从而实现进一步的交流。

美国前总统西奥多·罗斯福就是一个很能掌握其中奥妙的人，与他打过交道的人对此都印象深刻。哥马利尔·布雷弗曾经在一篇文章中这样写道：“无论对方是一名牛仔还是一位骑兵，是纽约政客还是外交官，罗斯福都知道对他说什么话。”他之所以可以做到这样得心应手，就是因为他会在对方到来的前一天晚上仔细翻阅有关对方特别感兴趣的话题的资料，这样在交谈的时候，就很容易找准话题，与对方产生共鸣。

卡耐基也曾经说过，如果想要和他人顺利沟通，并成功地获得他人的好感和认同，最好的方法就是和对方谈论他感兴趣的话题。事实就是这样，在谈话中，如果双方所交谈的话题是交谈者自己感兴趣的话题，他就会投入十二分的热情。如果他对所说的话题没有丝毫兴趣，即使场面再大，对方热情再高涨，也会觉得无趣。此外，在交流过程中，我们也要学会通过对方的手势、姿势、表情以及当时的反应，去分析对方的感情变化，体会对方的话语意义，要知道对方说话时的感受要比他的话语本身更重要。

第三章
回话看场合：到什么山上唱什么歌

常言道：到什么山上唱什么歌。人类语言交流的实践证明，在同一个社会环境表达同一思想内容，不同交际场合要求采取与之相适应的语言回答形式，否则就达不到交际的目的。一个善于交际的人，应当懂得看场合回话。

因地而异来回话

在生活中，无论是谁，说话都要注意场合。说出的话，要符合自己的身份，不能信口开河。当然，这种身份，指的是自己当时的“角色地位”。所以，在任何场合，都要非常清楚自己的身份。比如在一个家庭里面，你就拥有多重身份。在父母面前，你是儿子或者女儿；在孩子面前，你又是父亲或者母亲。因此，在说话的时候，也要根据对象的不同和场合的不同而变换说话的方式。在父母面前，说话要尊重。在孩子面前，要有做父母的样子。在职场上，和客户沟通的时候更要注意说话的技巧。不要使用生硬的口气、避免使用套话。对客户的话要好好揣摩，要透过现象看本质，听话听声，锣鼓听音。在不同的场合、不同的时机，说话的方式都应该有所不同。

在不同的场合用不同的方式说话。尤其是从事服务行业的人。服务员在和客人说话的时候，或者为客人介绍的时候，要注意把握说话节奏的快慢。语速不能过快，不然客人可能听不清楚。要面带微笑，不能板着一张脸，表情冷漠、呆滞。说话的语气要亲切，不能生硬、沉闷。

一个人在说话的时候，如果不注意自己的身份，不分场合，就算你确实说了实话，留给别人的印象也可能是很不好的。因此，说话的时候，要多加注意。美国总统里根，当总统之前的身份是演员。在他刚刚接任总统的时候，大多数人对他的领导才能持怀疑的态度。然而事实证明，正是由于曾经当过演员的缘故，里根在总统的位置上表现得恰如其分，不仅使美国经济度过了滞涨的困难期，还赢得了总统连任。

里根自身具有非常杰出的领导才能，而且他的演员才能也在他的总统生涯中发挥了重要作用。事实上，绝大多数优秀的政治家和优秀的企业家除了具有杰出的管理才能和高超的领导艺术外，都具有很好的表演才能。

言为心声，文如其人。语言是心灵的一面镜子。一个人的气度修养，可以从他说的话当中表现出来。

有些人在生活中做事拖拖拉拉，但是工作的时候却很干练；有些人在家里随和开朗，但是在单位却非常严肃；有些人对家人脾气暴躁，但是对朋友却有很强的亲和力。这些人中有的在家中是本色演员，到外面又成了演技派演员；有的在家中是演技派演员，到外面又成了本色演员；有的不管在家里还是在外面都是演技派演员。每个人都会随着环境的不同而扮演不同的角色。而一个人处理事情的方式，以及说话的技巧、方式，都会随着环境的不同而有所变化。只有了解了这些，才会对我们认识人生有所帮助，才能让我们更好地应对不同的事情，更好地处理问题。

当然，每个人在人生舞台上的角色都不可能是两面的，你不可能一会儿是正面人物，一会儿又成了反面人物。如果这样，别人就会对你无所适从，不知道应该接受你的哪一面。社会要求人们在不同场合、不同职业、对待不同的人时，要采取不同的处事方式，运用不同的语言，目的并不是让一个人具有多面性，而是为了能取得更好的社会效果。

人非圣贤，孰能无过。生活中，每个人都可能会做错事，说错话。对于别人的错误，指出来有时不如不指出来。如果你认为自己是对的，而别人也错误地认为自己是对的，那就很可能会产生一场争论，处理得不当，演变成吵架是无疑的。甚至还可能大动干戈，大打出手。这是极其愚蠢的，也是极不必要的。不同的场合有不同的说话方式，一个人如果说话比较粗鲁，那么在稍微高雅一点的场合，这个人绝对会是一个不受欢迎的人。当然，我们并不希望自己成为这样的人，所以，在说话的时候就要注意场合，把握分寸。

相同的语言在不同的场合也可以表达出不同的意思。比如说“醋”这种调味品在很多时候，就被赋予了特定的感情色彩。“吃醋”这个词在不同的说话场合代表了两种截然不同的含义。人们把嫉妒这个心理活动或感觉描绘成一种酸溜溜的与醋的根本特点相似的表述，言语的不同表达方式确实耐人寻味。

注意说话的场合，朋友之间、同事之间，甚至夫妻之间，都不能忽视说话的分寸。很多人难以理解人生如同演戏的比喻，特别是对在现实生活舞台上具有演技派才能的演员不理解。看到一些人在不同场合有不同表现，就偏执地认为是“骗子”，然而事实并非都是如此。

俗话说：“入乡随俗”“到什么山上唱什么歌”，就是说人要能适应不同环境，根据环境调整自己。用到不同职业上也一样，在不同的位置上要说不同的话，否则就是没有进入角色，工作更不可能做好。

1955年，亚非国家在万隆召开会议。当时我们的国家还比较落后，所以很多国家对这个刚刚才站起来的新中国不是很了解，对我们国家怀着深深的敌意。面对这样的情形，周总理觉得很痛心，所以，在会议上第二次发言时，他第一句话就直截了当地说：“我今天不是来吵架的，我是为了我们大家的共同利益而来的。”他态度十分诚恳和谦虚。当时，总理的表现打动了许多人，成了外交界传扬的佳话。所谓“一句话颠倒乾坤”，也就是这个意思。

在说服他人的时候，要特别注重谈话的艺术和谈话的场合，知道在什么样的场合该说什么样的话。就比如做广告的人，他总会引导客户在做与考虑做两方面去思考。如此，他就能始终掌握着主动权，从而达到说服的目的。

有一句话叫：“病从口入，祸从口出”，生活中，许多说服工作不成功，就是因为话说得不够圆滑；话说得太多，出毛病的机会也就愈多，而不看场合说话的人，更难说服他人。那些真正有见识、有学问的人往往都表现为大智若愚，不乱说话。在适当的场合，一句话便可以让对方接受你的观点。相反，那些腹中空空，没有几点文墨的人往往不看是什么样的场合，就把话直通通地说出来，这样不仅打消了别人的兴趣，往往还令人生厌。

回话注意场合

回话的时候要注意场合，即使是朋友之间、同事之间，甚至是夫妻之间，回话都不能随心所欲，口不择言，而是要注意说话的分寸。

一个人，不管他多么能说会道，舌灿莲花，他也得注意回话的场合。只有分场合回话，才能成为一个受欢迎的人。

一位毕业于某高等院校中文系、勤勤恳恳工作了几十年的老教师退休了。退休的时候，学校为他和另一位曾多次荣获过“先进”的退休老同志一并举行了一个欢送会。与会的同事和领导对他们的工作和为人都进行了由衷的肯定和赞美。两位退休的老同志也对大家的赞誉做出了深情的感谢。

一时间，会场里充满了一种令人动情的温馨气氛。作为答谢，话说到这里为止，也就该结束了。然而，那位老教师却并未就此停止，他站起来说：“说到先进，十分遗憾，我从来没有得过……”话还没有说完，坐在他对面的、平日与他相处得不太融洽的一位青年教师突然抢过话头：“不，那是我们不好，不是你不配当先进，是怪我们未曾提你的名。”话语中带着一种不肯饶人而又让人感到十分难堪的“刺”，老教师被这根“刺”一刺激，脸上立刻露出感伤的表情，一时间会场中出现了尴尬的气氛。

一位领导见形势有些不妙，就马上把话茬给接了过来，想缓和一下这种尴尬的气氛。避开让大家敏感的“先进”这个话题，转而谈论其他的话题。他的本意是好的，但是，他却用错了方法，反反复复地劝慰那位退休老教师，叫他对“先进”的问题不要太在意，说没有评过先进，并不等于不够先进，“先进”只是一个称号，大家更看重他的实力等等。一席话，等于是把本应避而不谈的话题作了重复和引申，使本已尴尬的局面显得更加尴尬了。这样的事情，时刻都可能在我们身边上演。这就是因为不会说话造成的。这个故事告诉我们，不会说话，很多时候会让别人或者自己陷入尴尬的境地。

那位退休的老教师在说话时不应该把自己和别人作无谓的比照。比照是谈话中一种经常用到的手法。使用得当，可以使双方的对话产生某种积极的效果。在退休欢送会这样的场合，所说的话一般都是一些非常富有情感而又不失其真的比较得体的人情话和好话。对于这种充满人情味的好话，听话者要善于倾听，善于回话，根本没有必要拿别人的长处来衡量自己的短处，从而引起自己的不快。

至于那位青年教师，他不应该在别人失意之火燃烧时更进一步地添油加火。每个人在与他人相处的时候，都不可避免地会发生这样或那样的不愉快。在欢送会这种场合，在一位勤勤恳恳工作了一辈子的老前辈即将退休的时候，就算老先生平时在某些方面不善为人处事而与自己伤了和气，也不能趁别人一时失言，抓住别人的缺点不放。一个人在说话时应该理解“得饶人处且饶人”这句话的含义。如果为了逞一时口舌之快而说出置别人于尴尬境地的话，就会破坏自己在别人心中的形象。

而对于那位领导来讲，知道这种情形再继续谈下去会出现十分尴尬的局面，就应该避开这个敏感的话题。领导者的领导能力固然表现在原则性上，当会场上出现了某种始料未及的尴尬局面时，他没有直接去批评那位失言的青年教师，而是竭力肯定那位老教师的贡献。具有这种应急应变意识并立即着手应变，这些都是无可厚非的。然而，从这位领导的具体应变能力和言语技巧来看，显得十分不合乎情理。他本应该避开“先进”这个让大家敏感的话题，巧妙地把话题岔开，使欢送会的气氛由暂时的不欢重新转到欢快的气氛当中去，并顺势掀起新的高潮，然而他一直在敏感的话题上纠缠不休，使本来尴尬的场面更加尴尬。这显然是不会说话造成的。

因此，回话的时候要注意场合。不看场合，随心所欲，想到什么说什么，这是“不会说话”的人的一种拙劣的表现。在不同的场合，面对着不同的人，不同的事，从不同目的出发，就应该说不同的话，用不同的方式说话，这样才能收到理想的言谈效果。

人多的场合少回话

古语有云："言多必失"。意思就是说：如果一个人总是没话找话，说个没完没了，言语中就会不自觉地暴露出很多问题。

"言多必失""祸从口出"这样的话应该牢牢记在心中。特别是人多的场合，说到忘乎所以的时候，就很容易失言，一旦失言，说出的话就很容易伤害到别人，自然就会给自己招惹祸端。

要想在事业上取得成功，就必须注意自己的一言一行。所谓言行不可不慎。那些成功的人，说话就很会把握分寸感，不管在什么场合，说话总是落落大方，言词充分，该说的时候一定不会让听众失望；不该说话的时候，也是三缄其口。

有些人能言善辩，在交际场所口若悬河，左右逢源。但是如果心中无丘壑，仍然喜欢张扬自己，在人多的场合，口无遮拦，就很容易说错话。说出去的话就如泼出去的水，一旦说错了话，要想补救是很难的，有时候，几乎没有补救的可能。所以，一般在人多的场合，尽量少说话。否则，如果因为言行不慎而让别人下不了台，把事情搞糟，那就是最不划算的事情了。对别人的伤害可能只是一时的，但是对自己的影响却是长期性的，因为在别人心中，你成了一个"恶人"，在别人心中的印象就会变得很不好了，也就会影响你的成功。

有的人喜欢当众谈及别人的隐私和错处，有时会让自己陷入特别尴尬的境地。说话要注意场合。如果不看场合，随心所欲，信口开河，想到什么就说什么，常常会给自己带来意想不到的麻烦。

张文是某学校的老师，在一次宴会上，张文在酒桌上向坐在他旁边的一位太太讲起自己学校校长的秘密，言语之中，表现出对校长卑鄙行为的极大不满，并说了一大堆攻击性的话。

等张文说完了之后，那位太太问他："先生，你知道我是谁吗？"

"还没请教贵姓。"张文连忙回答。

"我正是你口中卑鄙的校长的妻子。"

张文瞬间呆住了，场面非常尴尬。

朋友聚会，大家不免会相互调侃几句，开开玩笑。其实，开玩笑也无伤大雅，只要不是有意揭人伤疤，倒也无妨。开玩笑有时候也能使气氛更加欢愉，然而，如果说了不该说的话，就会使气氛变得尴尬，有时候还会造成不必要的误会。

刘全长得高大英俊，风度翩翩，在大学的时候，就有"爱情专家"的称号。如今，他在一家外资公司上班，收入丰厚，加上俊朗的外形，喜欢他的女孩子很多。在众多的女孩子当中，他选择了长得很漂亮的张虹做女朋友。有一天，刘全大学的同学结婚，他就带着自己的女朋友张虹一同前往。

参加婚礼的有很多当年大学的同学，老同学重逢，自然格外高兴。大家天南海北，谈得那叫一个痛快。谈着谈着就谈到了当年大学校园罗曼蒂克的爱情故事，故事的主人公自然是"爱情专家"刘全。同学张力眉飞色舞地讲述刘全当年如何风流，引得众多女生趋之若鹜，又如何在花前月下与女生卿卿我我。张虹起先还觉得很新奇，但是越听越不是滋味，终于忍耐不住，拂袖而去。刘全只好撇下朋友去追张虹。

张力并不是有意要揭刘全的伤疤，而是他说话的内容让张虹难以接受，无端惹出些麻烦。这不仅使刘全要费不少心思去哄得张虹回心转意，而且使在场的其他人心里也不痛快。

在人多的场合回话，要注意尊重别人，回话要有礼貌，否则，一个不小心，就可能会伤害对方。

到什么山上唱什么歌

人在不同的场合，面对不同的人，就应该说不同的话，用不同的方式说话，这样才能达到理想的言谈效果。要想成为一个成功的人，就要懂得说话的分寸。不是所有的话题在任何时间、任何地点都适合拿来公开谈论。要看场合说话，正式的场合说说笑笑是不恰当的表现，有时候甚至会引起不必要的麻烦。

一位湘籍著名歌星应邀到长沙做嘉宾，主持一个义演节目。晚会现场，她打扮得光鲜靓丽，亭亭玉立于台上，手持话筒，声音清脆，朗声说道："那次在中央电视台举行青年歌手大奖赛，我给'娘屋里'的参赛选手打了最高分，下次那位选手到北京参赛，我还要给他们打最高分。"

倘若在私下里说说这话，无可厚非，可能还会拉近彼此之间的关系。然而在义演现场，是很严肃的场合，说的又是严肃庄重的大奖赛评选打分的问题。她这句如此偏重于"情感"而疏于"理智"的话语太有失偏颇了，显然与自己主持人的身份不符。这句话说出来会给人这样一种感觉：作为评委，难道就是这样为选手打分的吗？其公正何在？

说话的时候要把握恰当的时机和场合，否则，说出的话就很可能引人不快。说话看场合，人们才会乐于听取；在不同场合，根据具体情况来选择说话还是不说话，以及用什么方式说话，"言而当，智也；默而当，亦智也"。正所谓"时然后言，人不厌其言"。礼仪规范对言语的最基本的要求就是在任何时候，任何场合，言语都应该"矜庄以莅之，端诚以处之"。

美国总统里根就因为在严肃的场合说了一句不当的话而犯错。

有一次，在国会开会前，为了试试麦克风的效果，里根说了一句：“先生们请注意，5 分钟之后，我将对苏联进行轰炸。”此语一出，众皆哗然。

里根在错误的场合、错误的时间里，开了一个错误的玩笑。为此，苏联政府提出了强烈抗议。这个例子告诉我们，说话要分场合，有些玩笑在严肃的场合是不能开的。

卡特有一次也是因为在严肃的场合说了不该说的话而使自己陷入窘境。那时卡特出访盐湖城，参加摩门教信徒颁发“本年度家庭男人”的仪式活动。他的参谋为他写了一份讲稿，特别注明“幽默”二字。助手在他的讲稿上写了三四个笑话，他在发表讲话时全用上了。卡特和他的助手们当时没有意识到，摩门教徒一贯教育他们的孩子不要轻率地看待世事，自然在这样的场合也就不能乱说幽默的话。所以，当卡特讲笑话的时候，教堂里有两千多人只是瞪着他，面无表情，呆若木鸡。

作为一名公关人员，说话是非常重要的交往手段。而衡量一名公关人员是否合格的标准，就是看他会不会“说话”。

从公关心理学角度分析，“客套”与“敦促”都是能打动对方心理的妙方，关键看运用的人是否能够运用得好。人人都有自尊心，适当赞美对方能够赢得好感。人人都有责任心，适当敦促对方可得到承诺，所以，交替使用这两种方法会带来预期效果。

重庆一家公司与一个工厂签订购物合同，定于一个月内交货。但是半个月过去之后，该工厂看见市场上物价暴涨，就想撕毁合同，将货物高价转卖。于是，重庆这家公司的营销人员马上前往谈判，让对方履行合同。

该工厂早有准备，要和重庆公司舌战一场，然而，重庆代表的一席话，立刻让他们打消了这个念头。

重庆这家公司的代表说：“在和贵厂打交道的过程中，你们做生意的精明让我们深有感触，特别是贵厂领导经营有术，更是让我们佩服，值得我们去学习。这次我公司向贵工厂订购的货物，是同另一家大公司合作经营的。倘若我们不能按期交货给那家公司，就有可能会闹出麻烦，也许到时要请贵工厂出面解释一番。我们的困难，想必你们是可以理解的。另外，我们是老主顾了，此次虽然出了些矛盾，但将来还要打交道。若贵工厂无意间让我公司蒙受损失，不仅中断了我们的生意交往，也会使想同贵厂做生意的新客户退而三思。再说，目前贵厂客户众多，业务兴旺，倘若他们知道贵厂单方面撕毁这项合同，就会觉得你们不守信用、不可信赖、难以合作，他们极可能减少或中断业务，那样，贵工厂就得不偿失了。"

在上面的这个案例中，重庆公司的代表交替运用"客套"与"敦促"，自然而不庸俗，巧妙而不诡辩，深得公关艺术之真谛，让对方心悦诚服，愿意继续恢复合作关系，达到了说服的目的。这个案例告诉我们一个道理：许多传统的经验和方法经过变脸和革新，与公关理论知识相结合，就会产生新奇的效果。

场合严肃，回话要谨慎

生活中那些获得成功的人，大都有一张能说会道的嘴。而那些失败的人，很多时候都是因为不会说话造成的。由此可见，会不会说话，说话水平的高低，对一个人人生的得失成败有着直接的影响。说话要看场合，相同的话在不同的场合说出来会有不同的效果。不分场合地说话，会给自己带来不必要的麻烦。

在“5·12”汶川大地震中，出了一个著名的人物——“范跑跑”。“范跑跑”本名范美忠，他就是因为在不恰当时间说了不恰当的话，而让自己成为公众指责的对象。

范美忠在地震之后面对质问他的学生，说了这样一段话：“我是一个追求自由和公正的人，却不是先人后己勇于牺牲自我的人！在这种生死抉择的瞬间，只有为了我的女儿我才可能考虑牺牲自我，其他的人，哪怕是我的母亲，在这种情况下我也不会管的。因为成年人我抱不动，间不容发之际逃出一个是一个，如果过于危险，我跟你们一起死亡没有意义！”他还在自己的博客中写道：“这或许是我的自我开脱，但我没有丝毫的道德负疚感，我还告诉学生，‘我也绝不会是勇斗持刀歹徒的人！’”一石激起千层浪，他的这些话在论坛上炸开了锅。范美忠立刻成为公众指责的对象，由此得名“范跑跑”。

逃跑行为本来是个人行为，尽管这种行为不是很光彩，但是，从生命的角度出发，本也无可厚非。不是人人都能够做到在关键时刻舍弃自己的生命救别人，但是，逃跑之后还洋洋自得地炫耀，大作“逃跑理论”，大肆宣扬，这就很不妥了。尤其是在举国哀痛的时候，范美忠这话一说出来，马上就把自己置于舆论的漩涡，被全国人民口诛笔伐。他在全国人民沉浸在悲痛和愤怒的时候说出自己弃学生于不顾，率先跑出教室的事情，这样做无疑是把群众在地震过后所无法发泄的痛苦与怒火往自己身上转移。

无论任何人，在说话、做事的时候都应该看场合。如果不看具体的场合和具体情况，就好像当着和尚说秃子，看着瘸子说短话，不仅让别人尴尬，也会让自己尴尬。心理学中有所谓的心理创伤症，当人们经历或看到灾难后会产生痛苦、不安、烦躁甚至忧郁的情绪。这个时候如果不发泄的话就会产生心理疾病，而范美忠在这个时候发表不恰当的言论，自然成了众矢之的，大家纷纷把积聚在心中的情绪发泄出来。

还有一位“家喻户晓”的名人，就是说“中国地震是报应”的美国演员莎朗·斯通，这句话不仅惹来中国全民愤怒，立刻引起抵制莎朗·斯通的热潮，还让她失去了和奥迪中国的一份广告协议，并导致她的电影遭到封杀。她这番不恰当的言论，在这种时候说出来，不仅让中国人民受到难以言表的伤害，也使自己的形象在观众的心目中大打折扣。作为一个公众人物，运用自己的影响力，来表达其反人性的丑恶，其行为简直令人发指。

当然，范美忠与莎朗·斯通虽然都遭到公众的谴责，但是他们的言论性质还是不一样的。在电视报道中我们曾看到有些学校的建筑完全不合规格，导致大楼倒塌，但是，为什么没有那么多人关注建楼者，人们却愤愤而谈范美忠的逃跑，就是因为他不该在大家悲伤的时候高调讲出他的理论。尽管我们有言论自由，但是请别忘了，我们有道德底线，这样讲会伤害很多人。

说话看场合，场合指的是说话的时间、地点以及特定的交际场景。场合对于交际有直接的制约作用。说话时要根据场合决定话语的内容和表达方式。著名作家李存葆说过：在战斗最激烈的时候，宣传鼓动不会是长篇大论，有时面对敌人痛骂一声，回头向战友一招手，喊一声："有种的，跟我上！"这比宣传鼓动更有效。李存葆的话说明，说话只有根据场合，灵活运用语言，才能取得更好的效果。一个不会说话的人，常常让自己和别人陷入难堪的境地。人总是在一定时间、一定地点、一定条件下生活的，在不同的场合，面对着不同的人和不同的事，就应该说不同的话，用不同的方式说话，这样才能收到理想的言谈效果。

上述事例说明了语言是有规则的，说话必须符合大家共同遵守的规则。在失意的人面前，不要谈论自己得意的事，因为那样可能会加重对方的失落感。所以，即使你万事顺心，也要故意说些苦处给朋友听。而在得意的人面前，不要谈论自己的失意事。因为得意的人常不能体谅失意者的痛苦。所以，即使有许多的不如意，也要振作起精神来。

如果违背这种规则，就会让对方产生反感。而这个规则是非常简单却又需要我们时时提醒自己才能做到的，那就是：回话要注意场合，什么场合下回什么话。

话题跑偏，更改地点

我们常会碰上说话跑题的人，如果彼此之间交情不错，可直言相告。但如果是上司、初次会面的人或重要的客户，就很难开口了。这时，不妨趁对方说话告一段落时再设法拉回主题。

碰到这种情形，可告诉对方："对不起，我上洗手间。"或"抱歉，我打个电话。"然后离座。回来时，则可表示："对不起，我们刚才提到……"如此即可顺利回到主题。虽然时间不长，足以使对方冷静。

空出一段时间，帮助对方言归正传的技巧，据说也是酒吧小姐用来拒绝客人的方法。当她们碰上说话不当的客人时，赶紧说："对不起，我到那边打个招呼。"再回来时，相信客人已改变话题。

倘若找不到离开的机会，而对方所谈越来越离题，不妨告辞，委婉表示："我下次再拜访。"或"我另有问题请教。"以这话作为结束，同时留下再交谈的机会。

值得注意的是，言语或动作均需有礼，不可表露出"你的话一直文不对题，我根本没听出重点所在"之意。因为对方可能是有意避开主题，因此，无论如何先向对方表示感谢，等下次再拜访。

一旦更改时间、地点后，对方往往会改变初衷，不再逃避主题。就如刘备三访诸葛亮一般，终于能打动对方，敞开心胸接纳你。

回话要入乡随俗

说话要入乡随俗，要适合情境。所谓的适合情境，就是指在说话的时候要求语言的运用与所处的环境相契合。只有语言和环境相契合，所说的话才能产生良好的效果。否则，即使说的话再动听，意思再好，也难以达到预期的目的。

不同的民族有不同的文化特征，而不同的民族语言也反映了其不同的文化特征，因此，在说话的时候要注意场合，入乡随俗。

例如，在中国，我们和别人打招呼的时候，都习惯性地问："吃过了吗?""上哪儿去呀?"在我们看来，这只是一种问候罢了。但是在欧美的一些国家，你这么问，对方就可能会以为你真的要请他吃饭。"你要多穿点衣服，别感冒了"，这句话在我们看来，是对别人的一种关心。但如果在美国人听来，他就会以为你在指使他，从而对你产生反感。

由此看来，我们在与别人交谈的时候，要了解对方的文化习俗，以免产生不愉快。

《战国策·宋卫策》中有一个故事：有一个卫国人迎娶媳妇。新媳妇一坐上车，就问："驾车的三匹马是谁家的?"驾车人回答说："借来的。"新媳妇就对仆人说："要爱护马，不要鞭打它们。"车到了夫家门口，新媳妇一边拜见家人，一边吩咐随行的丫头说："快去把灶里的火灭掉，要失火的。"一走进屋里，见了石臼，又说："把它搬到窗台下边，放在这里会妨碍别人走路。"夫家的人都觉得她十分可笑。

对于一个才刚刚过门的新媳妇，而且是在举行婚礼的过程中，就指使别人干这干那。就算她语气再温柔，别人也不会领情。因此，说话要注意场合，要入乡随俗。

在说话的时候应该注意场合。不同的场合说话应该有所区别，否则不但达不到理想的效果，还会引起别人的误会。

某法院开庭审理一起盗窃案，但被告对作案的时间交代得模糊不清。为了核实，审判长决定传被告的妻子出庭作证。然而由于过分着急，审判长脱口而出："把他老婆带上来！"

此语一出，法庭顿时哗然，严肃的气氛立刻被冲淡了。本来审判长应该运用法庭用语，宣布"传证人某某某到庭。"由于以日常用语取代了法庭用语，不适应场合，因而显得很不得体。

语言是很丰富的词汇，只有依据不同的场合，选取最恰当的词语，才能准确地表达自己的思想感情。

当然，说话的时候还要注意理解听者的心境，只有理解听者的心境，才能把话说到对方的心里，才能得到对方的信任与尊敬，把话说得恰到好处。

某电台"青年信箱"的播音员曾收到三位青年听众的来信，说他们听了播音员优美动听的播音，很想见播音员一面，但又知道这不可能，所以希望能得到播音员的照片。播音员理解听众的心情，说了一番既动情又恰如其分的话："三位听众朋友，首先，我非常感谢你们的好意。你们也许听过这句格言：'知人知面难知心'，看来，交朋友最难的是交心。那么，还是让我们做知心朋友吧！"可以想象，这三位听众听到他这一番话之后，一定会喜形于色，倍感亲切。

每个人说话时的态度，都可以直接影响别人对自己的看法。一个人的言谈态度，可以反映出这个人的性格特征。例如，一个冷漠无情的人，他说出来的话就可能冷冰冰不带一点感情；而一个乐观快活的人，他说出的话，就可能让人如沐春风；一个自暴自弃的人，他说的话就可能是充满颓废的气息；而一个积极向上的人，说的就会是一些积极向上的语言；个性散漫的人说话也漫不经心；小心谨慎的人说话比较严谨，等等。

到什么山上唱什么歌，入乡要随俗。就算是一首歌，在不同的环境和场合下演唱，也会起到不同的效果，使人产生不同的联想。

某剧团到监狱慰问演出，有一位年轻的女艺术家，不仅人长得很漂亮，而且歌也唱得很好。在演出现场，面对着几百名服刑人员，她先演唱了《朝阳沟》中银环的一段“祖国的大建设一日千里”，很受好评。接着她又演唱了一段“下山”，其中有句“山沟里空气好，实在新鲜，在这里一辈子住也住不烦。”唱者无心，听者有意。看到台下有不少人在窃窃私语，这位艺术家突然明白了：这儿是监狱，服刑人员谁不想早点出去啊，怎么能唱“在这里一辈子住也住不烦”呢？回到后台之后，这位艺术家后悔不已。

戏曲界有些老艺人，舞台经验丰富，常常能根据现场情况临时改动一些词，有些是故意讨巧，有些则是避免犯忌讳。

号称“伶界大王”的谭鑫培有过一个生动的例子。

清朝末年，谭老板值“内廷专差”，经常到宫里演戏。有一个农历羊年，西太后过生日，谭鑫培在宫内演《捉放曹》中的陈官，其中有与曹操的对白，念至“那老丈一片好心，杀猪宰羊，款待你我，不要多疑”时，忽将“杀猪宰羊”句改为“杀猪宰牛”。当时，观众都以为谭老板将词念错了，西太后、李莲英及王公大臣中有很多人是懂戏的，这段戏经常听，当时也以为他错了，因此戏散之后就没给谭老板任何赏赐。谭老板也不多做解释，卸装后匆匆回家。在家中，有好友问起他这件事，他解释说：一只羊就够杀头的啦，何况今年是三阳开泰。我本来不愿意唱这出戏，偏偏给安排上了。今儿要照原词念，先犯了一个大不敬的罪，如果再有人挑眼，在李莲英面前说明，那还有脑袋吗？原来西太后与李莲英等都是属羊的，这一年恰好是他们的本命年。后来有人为了讨好李莲英，就将谭老板的解释传达给了李莲英。李莲英又回禀了西太后，不仅原谅了谭老板，还给了他不少的赏赐。

俗话说：伴君如伴虎。作为一个艺人，在内廷当差本来就战战兢兢，一不留神就会招致大祸，谭老板作为一个老艺人，堪称聪明机警过人。

在和别人交往的过程中，说话要看场合，在不同的场合要说不同的话，要采取与环境相应的语言形式，否则就达不到交际的目的。大凡处处受人欢迎的人，说话的时候都会看场合。

特定场所切忌乱回话

西方谚语说得好：说话合乎场景，如同金苹果落在银网子里。只有在恰当的场合说得体的话，才能产生“话”半功倍的效果，否则，不顾场合乱说话，口无遮拦，言语冒失，只会惹人厌烦，伤害他人，甚至惹起祸端。

简单说来，场合有庄重和随便之分，有正式和非正式之别，有喜庆和悲伤之异，这就要求我们针对不同的场合，说适宜的话。倘若不顾场合地乱说话，就算不会惹祸上身，也难免招人厌烦。

《三国演义》中，有这样一则发人深省的故事：

官渡之战前，许攸投奔曹操，献了一系列妙计，为曹操击败袁绍，夺得河北之地立下了赫赫功劳。但是，在曹军占领冀州城后，一次聚会，许攸却当着曹操众多部下的面，直呼曹操小名，说道：“阿瞒，不是我献计，你能得到这座城池吗？”曹操部将许褚大怒，拔刀杀了许攸，曹操事后也只是责备了几句。

许攸因为一句话而死于非命，教训不可谓不深刻。许攸不懂得说话一定要看场合的道理，在庄重的场合，当着众人的面，说话大大咧咧，一点不顾忌曹操的面子，触怒了曹操部下，终于惹来杀身之祸。虽然曹操本人当时没有说什么，想必心中也早已动了杀机。

由此看来，许攸被杀，是因为在庄重的场合说了随便的话。

在日常生活中，也不乏说话不看场合的例子——

小赵和小李是同事，平时关系不错，在一起时总爱嘻嘻哈哈地开开玩笑。有一次，小李病重住院了，小赵去看望他，一见面就说：“平时，我去健身房锻炼身体，总叫你一起去，可你就是不去。就你这体格，我看这次要玩儿完！”话音刚落，小李脸色煞白，生气地说："你说什么呢！"把他赶了出去，此后见了小赵也爱理不理的了。

小赵虽然是小李的好朋友，他在说那番话时也可能并无恶意，只是想促使小李"猛醒"，让他认识到锻炼身体的重要性，可是他在人家病床前非但不温言安慰对方，反而说那样的晦气话，就不免让对方听来分外刺耳。小李会想：你这是专门跑来咒我的吧？看，因为"场合观念"淡薄，小赵一句话就几乎葬送了两人多年的友情。

不难看出，小赵被小李责怪，是因为在悲伤的场合说了不吉利的话。

当然，说话不看场合的情形远不止以上三种。例如在公开场合说一些只适合私下里说的话等，同样犯了说话不看场合的毛病，这里就不一一列举了。可见，不会说话的人，随心所欲，不注意场合，冒失开口，出语生硬，结果，小事也能变大事，没事也能变有事。那些不看场合的话，就好比火上浇油，雪上加霜，既伤人又害己。

比如在办公室里，就有一些禁忌话题，不能乱说。

一、忌说家庭财产之类话题：家庭财产之类的私人秘密，并不适合随口与人说。就算你刚刚新买了别墅或利用假期去欧洲玩了一趟，也没必要拿到办公室来炫耀，有些快乐，分享的圈子越小越好。被人妒忌的滋味并不好，因为容易招人算计。

二、忌说薪水问题类话题：很多公司不喜欢职员之间互相打听薪水，因为同事之间工资往往有不小差别，所以发薪时老板有意单线联系，不公开数额，并叮嘱不让他人知道。同工不同酬是老板常用的手段，用好了，是奖优罚劣的一大法宝，但它是把双刃剑，用不好，就容易促发员工之间的矛盾，而且最终会掉转刀口朝上，矛头直指老板，这当然是他所不想见的，所以对"包打听"之类的人总是格外防备。

三、忌说私人生活类话题：无论失恋还是热恋，别把情绪带到工作中来，更别把故事带进来。办公室里容易聊天，说起来只图痛快，不看对象，事后往往懊悔不迭。说出口的话就像泼出去的水，再也收不回来了。再说，把同事当知己的害处很多，职场是竞技场，每个人都可能成为你的对手，即便是合作很好的搭档，也可能突然变脸，你暴露的越多越容易被攻击。

四、忌说个人职场野心类话题：在办公室里大谈人生理想显然滑稽，打工就安心打工，雄心壮志回去和家人、朋友说。在公司里，要是你没事整天念叨“我要当老板，自己置办产业”，很容易被老板当成敌人，或被同事看作异己。如果你说“在公司我的水平至少够副总”或者“35 岁时我必须干到部门经理”，那你很容易把自己放在同事的对立面上。在这个社会上，做人低姿态一点，是自我保护的好方法。你的价值体现在做多少事上，在该表现时表现，能人能在做大事上，而不在大话上。

第四章
回话看时机：用心回答，回得适宜

回话，看似平淡无奇，实际上却是一门相当高深的学问，如何把话回得动听、如何把话回到对方的心坎里，是一件相当不容易的事。

有些人天生性急，总是不假思索就脱口而出，往往等到察觉回错话的时候为时已晚；有些人则是沉默不语，该回话的时候不回，以为“沉默是金”，往往会错过许多大好机会。所以说，掌握回话的时机，对每个人都是很重要的。

智者选择回话时机

有这样一个故事：

有一天，国王在和大臣讨论问题的时候，国王问大臣："谁能告诉我，什么事情是这个世界上最难的？"大臣们七嘴八舌，有的回答这个，有的回答那个，其中一个大臣回答说："臣以为，世界上最难的事情是回话。"大臣还有一句话没有说出来：回话很难，回答国王的问话是难上加难。

其实，回话难也不难，只要把握好回话的时机，回话就会变得很容易。

有一次，墨子的一个学生子禽问墨子："老师，您认为回话多好还是回话少好？"墨子回答他说："你看那些生活在水边的蛤蟆、青蛙，还有逐臭不已的苍蝇，它们不分白昼黑夜，总是叫个不停，以此来显示自己的存在。然而，即使它们叫得口干舌燥、疲惫不堪，也没有人会去注意它们到底在叫什么，因为人们已经对这些声音充耳不闻了。但是你再看看司晨的雄鸡，它只是在每天黎明到来的时候按时啼叫，然而，雄鸡一唱天下白，天地都要为之震动，人人闻鸡起舞，纷纷开始新一天的劳作。两相对比，你以为多回话能有什么好处呢？只有准确把握说话的时机和火候，努力把话说到点子上，这样才能引起人们的注意，收到预想的效果啊！"子禽听了墨子的这番教诲，非常赞同，频频点头称是。

现实生活中，有很多人问话和回话都是不顾时间、地点与场合，想到什么说什么，常常把别人和自己置于尴尬的境地。台湾著名成功学家林道安曾经说过："如果一个人不会说话，那是因为他不知道对方需要听什么样的话；假如你能像一个侦察兵一样看透对方的心理活动，你就知道说话的力量有多么巨大了！”

另外，一个人回答的方式还可以反映出其情商的高低。情商比较低的人，在回话的时候，总喜欢把“我”字放在前边，这样的说话方式，往往是不受人欢迎的；而情商高的人，在说话的时候，会注意记得把“您”字放在前边，这样的说话方式很容易给人留下好印象，让自己获得好的人缘。在和别人交谈的时候，应当多以他人为主题、多尊重别人。有口无心，贪图一时口舌之快，有大脑无“意识”，只顾盲目发泄，只能表现出这个人的愚蠢、幼稚。所以，回话的时候要看时机。这样，才能让自己成为一个受欢迎的人。

把握时机，达成目的

在日常生活中，我们常常需要表达出自己的意见。在表达自己的意见的时候，要选择一个好时机，这样别人才容易接受你的意见。选择恰当的时机，恰当表达，则能够带来事半功倍的效果。假如不择时机地提意见，结果可能会引起别人的反感。因此，任何话都要三思而后说，不是什么时候都可以提意见的。该说的话，也要注意时机问题。《触龙说赵太后》一文中，触龙就很会把握说话的时机，最终说服了太后。

赵太后刚刚执政，秦国就加紧攻赵。赵国向齐国求救。齐国说："一定要把长安君作为人质才派兵。"赵太后不肯答应，大臣们极力劝说，太后明白地对左右的人说："有哪个再来说要长安君为人质的，我就要把唾沫吐在他的脸上。"

左师官触龙希望进见太后，太后气冲冲地等着他。触龙来到宫中，慢慢地小跑着到了太后跟前谢罪道："我脚上有毛病，不能快步地走，好久都没见您了。我私下里原谅自己，又怕您玉体欠安，所以想来见见您。"太后道："我靠车子才能行动。"触龙又问："每日饮食该没减少吧？"太后道："不过吃点稀饭罢了。"触龙说："我近来很不想吃东西，勉强散散步，每天走三四里，稍稍增加了一些食欲，身体也舒畅了些。"太后说："我做不到啊。"太后的怒色稍稍地消了些。

触龙又说："老臣的贱子舒祺年岁最小，不成器得很，而我已经衰老了，心里很怜爱他，希望他能充当一名卫士，来保卫王宫。我特冒死来向您禀告。"太后答道："好吧。他多大了？"触龙道："十五岁了。不过，虽然他还小，我却希望在我没死之前把他托付给您。”太后问道：“男子汉也爱他的小儿子吗？”触龙答道：“比女人还爱得很哩！”太后答道：“女人格外疼爱小儿子。”触龙说：“我私下认为您对燕后的爱怜超过了对长安君。”太后道：“您说错了，我对燕后的爱远远赶不上对长安君啊！”触龙言道：“父母疼爱自己的孩子，就必须为他考虑长远的利益。您把燕后嫁出去的时候，拉着她的脚跟，还为她哭泣，不让她走，想着她远嫁，您十分悲伤，那情景够伤心的了。燕后走了，您不是不想念她。可是祭祀时为她祝福，说：‘千万别让她回来。’您这样做难道不是为她考虑长远利益、希望她有子孙能相继为燕王吗？”太后答道：“是这样。”

左师触龙又说：“从现在的赵王上推三代，直到赵氏从大夫封为国君为止，历代赵国国君受封为侯的子孙，他们的后嗣继承其封爵的，还有存在的吗？”太后答道：“没有。”触龙又问：“不只是赵国，诸侯各国有这种情况吗？”太后道：“我还没听说过。”触龙说道：“这大概就叫作：近一点呢，祸患落到自己身上；远一点呢，灾祸就会累及子孙。难道是这些人君之子一定都不好吗？但他们地位尊贵，却无功于国；俸禄优厚，却毫无劳绩，而他们又持有许多珍宝异物。（这就难免危险了。）现在您使长安君地位尊贵，把肥沃的土地封给他，赐给他很多宝物，可是不乘现在使他有功于国，有朝一日您不在了，长安君凭什么在赵国立身呢？我觉得您为长安君考虑得太短浅了，所以认为您对他的爱不及对燕后啊！”太后答道：“行了，任凭您把他派到哪儿去。”于是为长安君准备了上百辆车子，到齐国作人质。齐国于是派兵救赵。

能在最适宜的时机，说出最适宜的话，这才是最会说话的人。否则，如果说话的时机把握得不好，那你说出的话再漂亮，也是没用的废话。

最佳时机，不可错过

我们每天都会说很多话，说话看似平淡无奇，实际上却是一门相当高深的学问，要如何把话说得动听、如何把话说到对方的心窝里，让对方心悦诚服，的确是一件很不容易的事。有些人天生急性子，说话总是不经过大脑，脱口而出。说出去的话就像泼出去的水，等到说错话的时候再来挽救，已经来不及了；有些人信奉“沉默是金”，该说话的时候也不说，不懂得把握说话的适当时机，结果往往错过许多说话的大好机会。

说话要把握最好的时机，要把话说得恰到好处。卡耐基强调最重要的一点就是把握住说话的时机。孔子在《论语·季氏篇》里说：“言未及之而言谓之躁，言及之而不言谓之隐，不见颜色而言谓之瞽。”意思就是说：话还没说到那里，就发言了，是毛躁的表现；话题已经说到这里，你本来应该继续往下说，但是你却吞吞吐吐，遮遮掩掩，这是隐瞒；说话不看别人的脸色，张口就说，这叫闭着眼睛说瞎话。这三种情况都是因为说话不看时机。说话是直接的语言交流，从来就不是一个人的事。两个人面对面，还要受到周围环境的种种限制。该说话的时候不说，就会失去大好的机会。把握好说话的时机，把话说到点子上，事情可能很快就办成了。说话时机的把握，有时就在瞬息之间，稍纵即逝。因此，把握好说话的时机，比掌握、运用其他说话技巧更难、更重要。

说话的时境包括自然环境、社会环境、心理环境、语言环境，涉及的范围相当广，可以说，一个人说话是以整个社会生活为背景的。要把握好说话的时机，就不能不对说话时境与说话行为之间的变化规律及特点有一个基本的认识。

职场中的事情，很多时候都不是非黑即白、非此即彼。因此，职场人要学会在最合适的时候对最合适的人用最合适的方法说话。一个人热情开朗，能在很多场合充分表现自己，是件好事。但是如果说话过度，不看时机，就会惹人厌烦了。

笑笑热情、开朗、不拘小节，刚刚参加工作不久。笑笑有一个关系很要好的朋友小米，她们一起上班、下班，形影不离。但是最近一段时间，上下班她们都各走各的，在公司也互不理睬，办公室的人觉得很奇怪，一打听，原来她们两人因为一件事情闹了别扭。

事情的起因是公司要开招待会，答谢客户。小米的手里刚好有一个策划案，她想借此机会向圈内一位小有名气的策划人指教。于是将他也列入了邀请名单。笑笑看到邀请名单之后，也很兴奋，说这个人的确很厉害，自己也想见一见。

于是在招待会那天，小米就向策划人引荐了笑笑。笑笑看到策划人之后，立即变得很兴奋。笑笑反而变成了主角，跟策划人聊她认为成功或失败的案例，不亦乐乎。小米在旁边根本插不上话。小米拼命地想把话题往自己的策划案上引，但是笑笑不懂小米的用意，依然滔滔不绝，不仅小米开不了口，连别人也只有笑着听的份。

他们聊得很热闹，其他人也被吸引了，大家纷纷聚拢过来聊天。从自驾出游到楼市的涨落，从美国的外交政策到好莱坞明星，不管说到哪里，笑笑都口若悬河。

最后，小米实在忍无可忍，拂袖而去。她事先准备了好几天的策划案，就在笑笑的舌灿莲花中化为泡影。

说话的时候要看时机，该说的时候说，不该说的时候就要闭上自己的嘴巴。尤其是在职场中，很多时候，回话要看时机，要谨慎。涉及个人的话题要慎重，自己的秘密也不要轻易地告诉别人，以免授人话柄。

不回废话，一语中的

在这个竞争激烈的社会中，要力争上游，就要善于表现自己，让自己成为焦点。说话是引起别人注意最直截了当的方式。不要害怕别人批评你喜欢表功，而是要关注自己的努力是不是有人注意到了，自己的才华是不是被埋没于无形中。要想办法做个“有声音的人”，来引起老板的注意。在向老板汇报工作的时候，要讲究方法，先说结论，如时间够充分，再细细地谈论。如果是书面报告，不要忘记在上面签上自己的名字。此外，还要设法将成绩告诉你的同事或是下属，他们的宣传效果远比你自己的宣传好得多。把握好会议时的发言也是至关重要的，因为会议是同事、主管、老板及客户之间不可多得的沟通渠道，会议发言是展现能力和才华的大好时机。

人与人之间沟通的最主要的媒介是语言。一天的二十四小时中，除了睡觉时间，大部分时间都在与人交流，所以语言也就成了生活当中重要的工具。说话很容易，张张嘴就可以了。但是，要把话说得有水平，说得恰到好处，就不是一件容易的事情了。很多人在说话的时候不考虑后果，想到什么就说什么，不去思考这些话说出去会产生什么样的影响，甚至根本不清楚自己说这些话的意义和目的。直接或者间接地制造了很多过失。当然，造成这样的过失的人都有一个通病：好自夸、充内行；得理不饶人，说话尖酸刻薄，让别人下不来台。更过分的是：有些人为了满足自己的好奇心，想尽办法打听别人的隐私，知道后又大肆宣扬，破坏别人的声誉。还有一些人口是心非，喜欢阿谀奉承。

所谓不同的人说不同的话：见人说人话，见鬼说鬼话，不人不鬼说胡话。

在职场上，很多人都面临着这样一个问题：想要加薪，但又不知该如何向上司开口。这个话题比较敏感，说的时候审时度势就变得很重要。只有在时间、地点、场合都对的条件下提出来，才有可能达到目的。否则，贸然说出来，只会让老板觉得反感，认为你不懂事。

有社会经验的人都知道，面对不同的对象、不同的事情，在不同的时间，说话的方式是不一样的。沟通的技巧要视情况而定。比如在某些时候，要先听后说；而在另外一些时候，要先表明自己的立场和观点，等等。沟通技巧有很多，我们要根据每一个人的背景、经验以及所处时机的不同，采取不同的说话方式和处事方式。一句同样的话，在不同的时间、场合说出来，就会产生不同的效果。

有一次李明和同学张翔一起参加一位因病早逝的同学的丧礼。丧礼结束之后，李明对着张翔问了一句："你的事准备什么时候办?"张翔先是一愣，随即明白李明问的是自己的婚事，一时间有些不知道怎么回答，场面甚是尴尬。如果不是因为刚刚参加完丧礼，这句问候是表示关切的。然而在这个时间问出来，却会让对方觉得很别扭。

回话的时候要把握好回话的时机，在适当的时候说适当的话。这样说出来的话才有价值，也才能达到目的。否则，就会造成不好的影响。

回话的时候还要注意察言观色。很多人在回话的时候不看对方，心里想什么就说什么，也不注意别人是不是愿意听，完全不去理会别人的感受。如此漠视别人存在的说话方式，不仅容易得罪人，而且也无法发挥言语上的影响力。因此在说话的时候，一定要看着对方，不要单凭自己的喜好说话。只有适时地察言观色，才能让你的言语受到尊重。

在和别人交流的时候，也要注意自己声音的强弱。回答的声音太大，会给人很不舒服的感觉。哪怕你回的话很有价值，对方也不见得会接受。毕竟咄咄逼人的声调，只会让人敬而远之，根本无法达到回话的目的。注意声音的强弱，才能让回答的话达到实质的效果。

抓住重点，回话有方

回话最重要的是要有重点，否则说了一大堆话，不仅达不到目的，还浪费时间。两个人在吵架的时候，往往是没有重点的。因此在回话时，一定要掌握重点。话说得过多，就可能把重点给掩盖了，反而失去说话的意义。

虽然我们并不需要成为演说家或谈判高手，但是，我们也应该建立一种适当的说话方式，如此才能拥有良好的人际关系，也才能让说的话发挥沟通的作用，否则所说的话都会变成废话。

如果你说的话别人听不懂，可能是因为你没有说到重点。这个时候你一定要重新审视自己说话的内容，而不是自说自话，让冷静的思想配合理性的说话术，才能让自己的见解得到别人的肯定。

有一位叫秦武的男孩，长得又高又壮，他的父母亲担心他在学校会欺负人，所以对他的要求非常严格。要他学会忍耐，要他与人为善。结果同学们都以为他光长个儿不长力，经常欺负他。秦武对父亲说："我真想狠狠地揍他们，但我知道这样做妈妈会生气。"父亲没有理会他。很快两年过去了，秦武又向父亲诉说自己的委屈。这时，父亲感觉时机成熟了，就对他说："使用武力并不能解决问题，你可以通过其他的方式解决。要让你的同学们知道，你是有自尊的，为了维护自尊，你不能再忍受他们的欺负了。"秦武记住了父亲的话，当那几个经常欺负他的孩子戏弄他的时候，秦武并没有像往常一样站在那里忍受奚落，而是先用语言警告他们。结果越是警告，他们越放肆，秦武"被迫出手"，把其中两个紧紧摁在篮球场上，但没有打他俩，只等他俩告饶为止。后来，秦武和那两个孩子都各自承认了自己的错误，并握手言和。

试想，如果秦武的父母亲在他还没有练得一定素养的时候，就允许他对欺负他的同学“自卫还击”的话，那秦武肯定会对那些人大打出手。秦武的父亲选择那样的时机教导他，让他“通过其他的方式”解决问题，其主要原因就是他认为自己的孩子已经知道怎样把握好分寸了。

在现实生活中，有很多人自不量力，喜好幻想。然而，幻想的东西本是虚无缥缈的，不能和现实混为一谈。生活中，相信很多人都有过这样的经历：在得意忘形的时候，说自己从来没犯过什么错误，跟着就会犯错误。如果说这是巧合的话，为什么这种巧合总是用于惩罚说话不讲时机，尤其把大话说在前面的人呢？有人辩解道：这正是上帝的旨意，因为上帝是不喜欢不分时宜地讲大话、吹牛皮的人的。然而事实的关键是此前你是否知道什么话该在什么时机说。所以每个人在说话的时候，都要把握讲话的时机，以免给自己造成不必要的麻烦。

说话是一种权利，更是一种责任。“夫者存亡，嘴舌有责。”这“嘴舌”作为一个人存亡的不可忽视的部分，与权责不可割断。但人有说话的权责并不说明人就可以毫无顾忌地胡言乱语。古人说：“舌为利害本，嘴为祸福门。”就是提醒人们：一个人说话的水平，在很多时候会决定一个人的命运。好话可以利己利人，坏话则害己害人。其实，好话、坏话本身并无明确之分，关键是在什么时机说出来。一个人会不会为人处事，关键是看他会不会说话。把握好说话的分寸，能使人与人之间相处得和谐圆融，如果把握不好，就会导致各种不良的后果。就分寸的本义而言，它就是一种不偏不倚、可进可退的中庸哲学。说话时把握好分寸，正是这种哲学的实际应用。

说话选择时机和为人处事一样，时机的“分寸”是无所不在的。为人处事讲究的是要视时机、事件、对象和场合而定的。说话时机的分寸同样如此。在与人相处的过程中，如果说话的时机把握不好，他的话就很难打动他人，求人帮忙时就更难说服他人。更别说做到愉快地与人交往了。既然是交往，那么在语言上就应该与人为善，同时也应该学会维护彼此的尊严和权利。要做到二者兼顾，就必须把握好每一句话说出口的时机。时机是分寸的调和剂，摸清这种调和剂的真谛，你就能轻易地把握得心应“口”的说话能力了。

职场明星是超级沟通家，但不表示他喋喋不休，他们知道在适当时机、用适当语言说话。在提出报告、写备忘录、和人交谈时，他们会去了解哪种语言能打动听众，哪种语言会产生预想的效果。对有些事情，不能够太过执着，有效的方式是在适当的场合、适当的时机，以适当的方式表达自己的观点。

该说不时就说不

在生活中，我们常常会拒绝一些事或者一些人。比如，好不容易有了一个周末，正想好好休息一下，推销员却不期而至，说什么“给您送礼来了”，对着你死缠烂打；电话铃忽然响了，是某家电器公司的推销人员，向你介绍一种最新产品，是如何的物美价廉；本来经济就有点紧张，却有朋友告诉您“××要结婚了，我们是否祝贺一下”“××刚生了小孩，我们去看看吗”；当你正在办公室聚精会神地工作，来了一位工作刚告一段落的同事对你说：“休息一下，别那么累。”刚送走这位同事，另一位同事又过来了，想和你聊聊天。如果你对他们都热情地奉陪到底，那么这半天就泡汤了，什么事都做不成了。对付“聊天客”，你可以说：“真抱歉，今天的工作特别多，再不加班加点都完不成了。”稍微知趣点的人，都会立即退出办公室。在生活中，说“不”是一门艺术，是需要技巧的。因为很多时候，拒绝比接受要困难得多。

“不”字是一个情绪强烈的负面词，当我们对上司、对朋友使用它时，一定要面带微笑，语气亲切。即使是面对素不相识的营销人员，也要讲究方式和方法。

在生活中，要学会一些说“不”的技巧。尤其是对来自亲戚朋友的请求，更要学会一些拒绝的技巧。假如我们担心老朋友埋怨我们不近人情，害怕别人说我们不愿意帮助人，因为怕伤害别人的自尊心或者怕拒绝别人给别人带来不愉快的感受和麻烦，便轻易答应一些自己办不到的事情，结果反而会使自己陷于无穷的烦恼和纠缠中不能自拔，这样不只浪费了自己的时间，还浪费了自己的精力，伤害了自己与朋友的感情。

当你在拒绝朋友的请求的时候，一定要讲究方法。态度要温和，尽管说“不”是自己的权利，但仍然要先说“非常抱歉”或者说“实在对不起”，然后再详细陈述自己不能“帮忙”的各种理由。这样，才不至于让朋友面子上特别过不去，在感情上也比较容易接受，从而避免一些负面影响。

在拒绝朋友的时候，你要让对方感觉到：你拒绝的是这件“事”，而不是拒绝他这个人。要让朋友感觉到，虽然这件“事情”被拒绝了，但在你心里，他还是你很要好的朋友。你可以这样对他说：“这件事我非常乐意干，但是很不巧，现在我的手头上有一件急事要处理，实在脱不开身。下次您再有这样的美差，我一定干。”你还可以这样说：“这几天我实在脱不开身，您是否请小赵过来帮忙，他这方面的业务比我精通。您若是不便找他，我可以代您向他求助。”

在拒绝朋友的请求的时候，语气不要太生硬。要让朋友意识到你是为了他的“利益”而拒绝的。你可以这样说：“我非常同情您，也非常想帮助您，但对这件事我并不在行，一旦干坏了，既耽误了工作，又浪费了财物，影响也不好。您不如找一个更稳妥的人办。”或者说：“您的事限定的时间太短了，我若轻易接下来，在这么短的时间内，肯定干不好。您可以先找别人，实在不行了咱俩再商量。”即使这位朋友转了一圈回来再求你，你已有言在先，这时你就可以提出一些诸如推迟完成日期之类的条件。如果这位朋友认为不行，他自己就会另请高明去了。

如果朋友请求你帮助的事情确实考虑不周，你还可以耐心地、实事求是地给朋友分析这件事做与不做的利弊。让朋友自己得出“暂时不办此事”的结论。

一般在工作的时候，每个人都有自己要完成的任务，大部分时间都比较忙。当然，在工作中互相帮助是好事，但如果在帮助别人的时候妨碍了自己的工作，就应该学会拒绝。

当然，拒绝他人也不是一件容易的事，需要讲究技巧。比如，在拒绝接受不善于体谅他人而又十分苛刻的上司的要求时，通常都被视为不可能的事。但是，有些老练的时间管理者却深谙回绝的方法，经常将来自上司的原已过多的工作，按轻重缓急编排办事优先次序表。当上司提出额外的工作要求时，即展示该优先次序表，让上司决定最新的工作要求在该优先次序表中的恰当位置。这种做法具有三个好处：第一，让上司做主裁决，表示对上司的尊重；第二，行事优先次序表既已排满，任何额外的工作要求都可能令原有的一部分工作无法按原定计划完成，因此除非新的工作要求具有高度重要性，否则上司将不得不撤销它或找他人代理，就算新的工作要求具有高度重要性，上司也不得不撤销或延缓一部分原已指派的工作，以使新的工作要求能被办理；第三，部属若采取这种拒绝方式，可避免被上司误会成是在推卸责任。因此，这也是一种极为有效的拒绝方式。

拒绝也要看时机

生活中，大多数人都有这样一种心理，当别人在请求自己做某件事的时候，不好意思拒绝。有时候，即使知道那件事自己可能做不到，也会勉为其难地应承下来。结果，不仅给自己增添很多无谓的烦恼，也会让别人觉得你没有用心去做。很多人在拒绝别人的时候，因为不好意思，所以在态度上犹豫不决，说话吞吞吐吐，欲言又止，欲藏又露。在这种心理的制约下，最终往往是依照对方的意图行事。即使拒绝了对方，其态度也容易使对方产生误解，认为你成心拿架子，不够朋友。因此，要想使自己在工作和社会交往中，不致惹出许多麻烦，首先要克服这种“不好意思”的心理障碍。

国外研究拒绝艺术的专家强调，要建立这样一种意识：“你有权利说不，你不必因为对人拒绝了一件事而感到不好意思。”这样，你在拒绝别人的时候就会心地坦然、举止大方、态度明朗，避免被误解和猜疑。即使对方开始会对你的拒绝产生一点失望和遗憾，但由于你的态度表情向对方表明你是坦诚的，使对方受到感染，容易弱化对方心中的不快。如果你自己都觉得拒绝不应该，心里发虚，那么你的态度表情就会迟疑不决，对方也会觉得你拒绝的理由是不可信的。

比如，在商场买衣服，你看中了一件裙子，款式和颜色都让你十分满意，但在在价钱上你却觉得不够理想，看到售货员的热情服务，你又觉得如果不买这件裙子，觉得很不好意思。有的售货员就是利用顾客的这种心理，你越是犹豫，她的服务就越是热情周到，帮你量好尺寸、试大小，甚至动手包装好，放进你的购物袋里，造成既成事实。

对于初次交往的男朋友，你心里也许还在犹豫，还在考虑是不是要接受他，因为他的长相实在让人爱不起来。但是，由于这个人是你的好朋友介绍的，或者这个人就是你好朋友的好朋友，使你在拒绝上产生了犹豫。虽然每次见面都会让你觉得不舒服、不愉快，恨不得马上逃得远远的。但一想到对方的身份，你就不得不仔细斟酌。小伙子却对你一见倾心，脉脉温情，你的好朋友也觉得好事可成。随着时间的推移，你一再丧失拒绝的机会，勉强从事，这样的婚姻是不会幸福的。

生活中，不知道有多少人就是因为不好意思说出那个“不”字，而买了不称心的衬衫，嫁了自己不喜欢的男人，答应了自己办不到的事情，耽误了自己不应该耽误的约会。

在你日常的工作和生活中，很可能也会遇到下列的情形：一个品行不良的熟人来缠住你，非要向你借钱不可，但你知道，如果把钱借给他，便是肉包子打狗——一去不回头；你的顶头上司在增减人员上向你提出一些建议，但是这些建议又不符合公司现实情况。

在你遇到这些情况的时候，肯定会加以拒绝。可是在拒绝之后，也许就会伤了和气，遭人厌恶，被人误会，甚至和别人结怨。要避免这种情形发生，唯一方法就是掌握拒绝的艺术，要运用些聪颖的智慧。有这样一个事例：

在美国某电子公司的一次会议上，公司经理拿出一个他设计的商标征求大家意见。

经理说：“这个商标的主题是旭日。这个旭日很像日本的国旗，日本人民见了一定乐于购买我们的产品。”

营业部主任和广告部主任都极力恭维经理的构想，但年轻的销售部主任说：“我不同意这个商标。”经理听了感到很吃惊，全体人员都瞪大眼睛盯住他。

销售部主任没有同经理争论那个带红圈圈的设计是否雅观，而是说："我恐怕它太好了。"

听了这句话，经理觉得很纳闷，然而脸上却带着笑说："你的话叫我难理解，解释来听听。"

"这个设计与日本国旗很相似，日本人喜欢，然而，我们并不止日本一个市场，我们还有另外一个重要的市场：中国。仅仅考虑到日本市场而忽略了中国，这不是同本公司要扩展对华贸易营业计划相抵触吗？这显然是顾此失彼了。"

"天哪！你的话高明极了！"经理叫了起来。

向有权威的人士表示反对或拒绝，在回话时，你一定要有充分的理由，还要注意技巧。年轻主任用一句"我恐怕它太好了"先抚平了经理的不快，使他不失体面。后来他用更充分的理由，提出反对经理的意见，经理也就不会感到下不了台。

第五章
回话分曲直：随圆就方，巧妙应答

在回答别人的问话时，要讲究方圆曲直，该回答的就回答，不该回答的就不要乱回答。有些话适合直接回答，但是有些话需要运用一些技巧委婉地回答。

回话不要太直接

很多时候，装装糊涂、说说糊涂话还是很有好处的。在人生中，人们定会遇到许许多多令对方“难堪”的情境。对此，我们可以借助于“糊涂”，“忍让”一下，不过于斤斤计较，暂时“吃点小亏”，作点“退让姿态”。这种“糊涂”可以给对方解围，也能让对方对你产生感激之情。

一家旅馆招聘侍者，面试应聘者时有这样一个问题：“有一天，当你走进客人的房间，发现一女子正在裸浴，你应该怎么办?”

应聘者争先恐后地抢着回答。

有的说：“对不起小姐，我不是故意的。”面试官听后，摇了摇头。

有的说：“小姐，我什么都没有看见。”面试官听后沉默不语。

最后，有个应聘者说：“对不起，对不起先生。”结果，他被录用了。

被录用的应聘者巧妙地使用了糊涂的语言，使客人得到了心理上的安慰，同时也得到了面试官的赏识。

在生活中，你经常会碰到一些不想回答但又不能不回答的问题。这时候，你可以巧妙地使用糊涂语言进行回答。

阿根廷著名的足球运动员迪戈·马拉多纳在世界杯上和英格兰球队相遇时打入的第一球是颇有争议的“手球”。传闻，一位记者曾拍下了“用手拍球”的镜头。

赛后，一位记者问他：“那个球是手球还是头球?”他机敏地回答：“手球一半是迪戈的，头球一半是马拉多纳的。”马拉多纳的回答是故意在装糊涂，但却颇具心计，倘若他直言不讳地承认“确实如此”，那么无疑承认了这场比赛的不公平性。但是，如果不承认，又有失足球明显的风度。这妙不可言的“手球一半”与“头球一半”，等于既承认了球是手臂撞入的，颇有明人不做暗事的大将气度，又在规则上肯定了裁判的权威，具有君子之风。

在与人交流时，使用糊涂语言是很重要的。在与人交谈时，使用糊涂语言还有一个重要的用处，就是能够给人台阶下，使双方皆大欢喜。

装糊涂在人际相处上很重要。心胸开阔些，宽容大度些，也就“大事化小，小事化了”了。如果出现意见不一致，争论一阵，分不出高低，便不必争论了。没有多少原则性的大是大非，何必非争个清楚明白呢？你认为自己的意见正确，对方同样认为自己正确，这样，就应当装糊涂，让争论在和平的气氛中结束。

有时候，话说得过于明白真实，反而达不到好的效果。如果能够说得含糊一点，说不定会起到更好的作用。在现实生活中，糊涂语言有着广泛的应用。碰到一些很尴尬的情景的时候，糊涂语言就能派上大用场。

遇事不自作聪明，要学会给人面子，留余地。糊涂不是昏庸，而是为人处世豁达大度，拿得起，放得下。办事糊涂学告诉人们不要太执着，要学会想得开，看得开。该糊涂的时候就糊涂，只有这样才能把事情办成功。

常言道：“大事清楚，小事糊涂。”对原则性问题，要清楚，处理要有准则，而对生活中无原则性的小事，不必认真计较。

清代著名诗人、书画家郑板桥曾写过一个“难得糊涂”的条幅，条幅下面还有一段小字：“聪明难、糊涂难，由聪明转人糊涂更难……”。自然，这里讲的“糊涂”是指心理上的一种自我修养，意在要明白事理，胸怀开阔，宽以待人。

对于日常工作、生活中的许多纠纷与小事，在双方感情好时常常被忽略，而感情不好时就会被放大，搞得剑拔弩张。心理学研究表明，感情常常带有盲目性、冲动性和时间性，聪明的人在处理这类纠纷时常采用“不置可否”“听其自然”的方法，也称为“冷却法”。人们的感情冲动常会因时间的消逝而冷静下来，此时再看这些纠纷是何等的不值得，矛盾也会随之化解。倘若过分热衷于搞清谁是谁非，一味地斤斤计较，或只顾发泄心中的愤恨，则无异于“火上浇油”，反而会激化矛盾。

在处理某些感情冲突时，在适当的情况下，“糊涂”一下是很有必要的，尤其是当你处于困境或遭遇挫折之时，“糊涂”更能显示出它的价值。它会帮助你消除心理上的痛苦和疲惫，甚至逾越难以想象的鸿沟。这是因为，“糊涂”也是乐观主义精神的一种体现。

古人说：“己所不欲，勿施于人。”如果每个人都能设身处地地为别人想一想，人间自然会多一些快乐。处处抢先、事事占便宜的人多半要付出更高的代价。一切事只要自己问心无愧，不曾主动地去与人为敌就可以安心了。如果一味拘泥于别人的看法，会活得很累。

宋朝宰相韩琦，以品行端正著称，遵循着得饶人处且饶人的生活准则，从不曾因为有胆量被人称许过。可是，他处理的事情都得到了众人的好评，得到了大家的敬重。与之相反的是，《红楼梦》中的王熙凤做人可谓精明，依仗贾母宠爱和自家背景，上欺下压，最后令众人生厌，郁郁而死。可见，做人不能不精明，但也不能精明过头。

做人精明露骨，则是一种小聪明。一个人不能把自己的聪明全部都写在脸上，需要的时候做到揣着聪明装糊涂，才是真正的聪明，才能在社会上很好地生活下去。

一般来说，“小事糊涂”的人，比起事事处处“精明”的人，更好相处，更容易成为睦邻好友。

圆滑回话，学会拐弯

自以为是的人总觉得自己的见解没有错，容易把话说满，不给自己留下余地。杯子留有空间，是为了轻轻晃动时不会把液体溢出来；气球留有空间，是为了不会因轻微的挤压而爆炸；人说话留有空间，是为了防止“例外”发生而让自己下不了台。

大话连篇的人，将事情的结果吹得天花乱坠，实际行动却不见几分，难免让人觉得华而不实、难以信任。不如低调一点，做的比说的多，多干活少说话，用实际行动证明自己的价值。把话说得太满、太大，就像把杯子倒满了水，再倒就溢出来了；也像把气球灌饱了气，再灌就要爆炸了。不如留点余地，自己能从容转身。凡事总有意外，而这些意外并不是人人都能预料到的。话不要说得太满，就是为了容纳这个“意外”。

在做事的时候，对别人的请托可以答应接受，但最好不要“保证”，应代以“我尽量”“我试试看”等字眼。上级交办的事当然要接受，但不要说“保证没问题”，应代以“应该没问题，我全力以赴”之类的字眼。这既是为自己做不到所留的后路，也无损你的诚意，反而更显出你的谨慎。别人会因此更信赖你。即使事没做好，也不会太责怪你。

一家酒店的服务员，发现客人陈先生结账后仍然住在房间，而这位陈先生又是经理的亲戚。如果直接去问陈先生何时起程，就显得不礼貌，但如果不问，又怕陈先生赖账。

于是，她考虑再三，想好了说辞后，敲开了陈先生的房门：“您好！您是陈先生吗？”“是啊！您是？”陈先生回答说。“我是酒店的工作人员。听说您前几天身上不舒服，现在好点了吗？”“谢谢您的关心，好多了，”陈先生很感激地说。“听说您昨天已经结账，今天没有走成。这几天，天气不好，是不是飞机取消了？您看我们能为您做点什么？”服务员试探地问。“非常感谢！昨晚结账是因为我的表哥今天要返回，我不想账积得太多，先结一次也好。大夫说，我的病还需要观察一段时间。”“陈先生，您不要客气，有什么事只管吩咐好了。”服务员弄清了原因，告辞离去。

这位服务员找客人谈话的目的是要弄清楚客人走还是不走。如果不走，就弄清楚原因。但这个问题不好开口，弄不好既得罪客人又得罪经理。她的话说得非常圆滑，先是寒暄一下，然后又问客人需要什么样的帮助，一副非常关心的表情，使客人深受感动，不知不觉中就说明了原因。

当我们为了某个目的与他人谈话时，话要回得圆滑一些。话说得太直，会激恼对方，即便是理在己方。回得圆滑一点，能给我们留下回旋的余地，从容地达到我们谈话的目的。

欲擒故纵，直话曲回

在平时的生活和工作中，人与人之间免不了要交流看法、沟通思想，当看到别人有不好习惯的时候，免不了有所劝诫。俗话说“良药苦口利于病，忠言逆耳利于行”，然而这些忠言却常常不招人待见，甚至被拒绝。结果是良言无效，好心没好报。由此可见，在劝人的时候，心眼要好，但是也要注意说话的技巧。只有这样，才能妙语劝人服。良言不逆耳，才能让人甘心接受，才能达到劝诫的效果。

在劝诫别人的时候，我们都希望让对方心服口服，达到劝诫的效果。但是人天生有种“劣根性”，顺耳的话听着就心里舒坦，而对于不顺耳的话则常常会产生反感。因此，在劝说别人的时候，说话要留有余地，让对方的思想拐过弯来。其实，做人不能“弯弯绕”，说话倒可以“绕弯弯”——直话曲说，这样“曲径通幽”，效果自然好。

周爷爷是个“酒精”考验的老干部。在年初的一次体检中，医生发现他肝部出现了病变，嘱咐他戒酒，但老人依然每天“杯不离手，酒不离口”。老伴好言相劝，老爷子充耳不闻，说得多了，他还不耐烦。没有办法，老伴只得让两个儿子出面做工作。大儿子性格直爽，快人快语，一进门就打机枪似的说：“老爸，您还这么喝，哪是在喝酒，我看您是在喝命，大概是不想过这好日子了。您不听医生的话戒酒，有个三长两短，你让我们……”话还没有说完，就被老爷子给轰出去了。

没过几天，小儿子又回来了。一进屋，老爷子就说：“你也是来劝我戒酒的吧？我劝你还是免开尊口。”“爸，看你说的，我可是来陪您喝酒的！”小儿子斟了满满的一杯，递给老爷子，“不过，这是我最后一次陪您老喝酒了！”“最后一次？”老爷子大吃一惊。“是啊，医生说我有酒精肝、脂肪肝，不能喝了，再喝会那个……唉，可酒这东西，我舍不得啊！”爱子心切的老爷子一听，连忙说：“再舍不得也要戒，酒精诚可贵，生命价更高啊！”“戒什么戒，医生说的话也不一定对啊！我看您老喝了一辈子酒，身体不是照样好好的吗？爸，我真羡慕您老啊！”小儿子端起杯子，美滋滋地喝了一口。

“嗯……这个……你是不知道啊，不瞒你说，我肝也喝坏了，医生也要我戒酒呢！前天还和你妈、你大哥为这事生气哩！”老爷子支支吾吾，有点不好意思。小儿子作出惊讶的样子，说：“哦，这样啊，那您还……”“别说了，儿子，”老爷子摆了摆手说，“从今天起，咱们爷俩一起戒酒，怎么样？”“别呀！戒了酒多没意思呀。要不咱们先把白酒给戒了，高兴了就喝一点点既不伤身体又有营养的葡萄酒吧。”父子俩说话算话，真的把白酒给戒了。

大儿子在劝诫父亲戒酒的时候，疾言厉色，实话实说，用责怪的语气说父亲“哪里是在喝酒，我看您是在喝命”，还说“如果有个三长两短，您可别怪我们……”等之类怄气的话，这样说，虽然话直理直，而且出发点也是为父亲的身体着想，但是听在父亲的耳朵里却觉得刺耳，因此他不但不领情，还发威把大儿子赶出家门。与之相反，小儿子就显得能说会道多了。同样是劝诫父亲戒酒，但是他所用的方式却和哥哥完全不一样，他没有直接劝父亲戒酒，而是先表明自己不是来劝父亲戒酒的，是来陪父亲喝酒的，并且表示“这是最后一次陪您老人家喝酒”，然后再以自己的切身体会，诉说身体喝出了毛病，虽然想戒酒但是又舍不得，以此引起父亲对自己的劝诫，最后父子俩同病相怜，共同约定一起戒酒。如此直话曲说，欲擒故纵，言此意彼，因势利导，使父亲接受劝说自愿戒酒。

劝诫的语言，逆耳就不易入耳，不易入耳便不易入心，不易入心，何以利行？我们何不拐个弯儿，使忠言变得顺耳些，再顺耳些呢？

委婉回话巧办事

生活中，我们常常比较喜欢说话直爽的人。这种人通常没有什么心机，心直口快。然而有时候，说话太过直爽，却容易得罪人。很多时候，实话实说非但不能达到目的，还可能给对方留下很不好的印象。说话太过直爽，可能让别人不容易接受，而委婉的表达，能起到缓冲的作用，让听者能够在一种比较舒适的氛围中接受信息。

委婉含蓄是一种具有技术含量的表达技巧，是动用迂回曲折的含蓄语言表达本意的方法。说话委婉含蓄更能体现一个人的语言修养。这种表达方式，要求说话的人要有和顺谦虚的态度，内容曲折回环，表达含蓄、有回味。既让人深省，又容易被对方接受。

李泌是一位智勇双全的隐士。唐肃宗继位之后，想请他做辅国大臣，但他知道李泌生性倔强，如果颁下圣旨召他回朝，他断不会欣然从命。于是唐肃宗想了一个迂回曲折的办法。唐肃宗先特地命人去请李泌，刚开始并没有明说是让他做官，只是说会面叙旧。李泌当然是应召前来。唐肃宗见到李泌之后，当即就表示想任李泌为右丞相。李泌赶紧推辞道："陛下屈尊来待我，视我为宾友，其实已经比宰相显贵很多了。我可以在陛下身边多住些时日，有了想法，都当及时相告，为什么还要授予官职呢？"唐肃宗一听这些话，表面上装出无可奈何的样子，心里却暗暗高兴：李泌接受下山会面的要求之后，又接受了答应参谋军国大事的要求，这样一来，事情就会好办许多。从此，唐肃宗对李泌以礼相待，出门并骑，事事请教，有劝必从。这期间，李泌还为唐肃宗起草了颁发各地的诏书，甚至在立谁为天下兵马元帅，以及处理唐肃宗的长子与次子之间的关系等重大事件上，他也提出了自己独到的见解。对此种种，唐肃宗都欣然地接受了。

当然，唐肃宗并没有忘记自己请李泌出山的初衷。他想让李泌穿上正式的官服，成为他名正言顺的臣子，从制度上保证这一大谋略家永远侍候在自己身边，不想让他一直“登门槛”。

时过不久，李泌又给唐肃宗提出了一个很好的建议。他建议唐肃宗诏令长子广平王李叔为天下兵马大元帅，统帅诸将东征安禄山。李叔受命，请求父皇指派给他一个谋臣。唐肃宗清楚，只有李泌才是这位谋臣的最佳人选。于是他故意对李泌说：“先生白衣事朕，志节高尚，朕亦深深佩服。只是前几日朕与先生一同去检阅军队时，曾有军士窃窃私语说，黄衣为圣人，白衣为山人，圣人和山人怎么能够混在一起呢？我需先生决谋定策，但也不能使军士滋生疑团，是不是请先生勉强穿上紫袍（五品以上官服为紫色），以消除大家的非议呢？”李泌心想，身着百姓衣服，夹杂在冠戴整齐的军人和朝官当中，的确很引人注目，不如披件朝服，倒能省却众人注目，于是就同意了唐肃宗的请求。唐肃宗急忙命人赐给最高级别的金紫色的官服。李泌穿上了官服之后，满脸笑容地去见唐肃宗。没想到唐肃宗紧接着又提出了更高的要求，笑着对李泌说：“既然已经穿上了官服，又岂能没有官位？”说着把一纸敕文递给了李泌。李泌一看，自己已被授职“军国元帅府行军长史”，敕文上盖着镇国大印，如果抗旨拒绝的话，显然太不顾情面了。再说自己已心甘情愿地穿上了官服，再多加上一个官名又有什么呢？

从此以后，李泌就在朝为官，为平定“安史之乱”出谋划策，做出了突出的贡献。

上面的事例告诉我们：语言的表达方式是多种多样的，要根据谈话的对象、目的和情境不同，采用不同的说话方式。有时候，采用委婉的说话方式，能让谈话起到良好的效果。

美国《纽约日报》的总编辑雷特想招一位精明干练的助理。千挑万选之后，他将目光瞄向了年轻的约翰，他需要约翰帮助自己成名。而当时约翰刚从西班牙首都马德里卸任外交官职，正准备回到家乡伊利诺伊州从事律师工作。雷特请他到联盟俱乐部吃饭。吃过饭之后。他提议请约翰到报社去玩玩。

那时恰巧国外新闻编辑不在，于是他对约翰说："请您帮个忙，为明天的报纸写一段关于这消息的社论吧。"约翰自然无法拒绝，提起笔洋洋洒洒写了一大篇。文笔之优美，格里莱看到之后也是赞赏有加。于是雷特就提出了进一步的请求：请他再帮忙顶缺一星期、一个月，渐渐地干脆让他担任这一职务。约翰就这样在不知不觉中放弃了回家乡做律师的计划，而留在纽约做新闻记者了。

唐肃宗和雷特虽然没有直接表达出自己的想法，但他们用委婉的方式婉转地达到了自己的目的，说服了对方，让对方按照自己的意愿行事。上述事例告诉我们：有时候直说不如婉转地表达自己的意思，走迂回曲折的路线，更能达到自己的目的。

一句幽默话，化开三九冰

人与人在交往的过程中，难免会发生一些让人意想不到的状况。有时候，这种状况会让人异常尴尬。怎样来应付这种场面呢，怎样做到冷静处理，尽量缓和气氛，以免造成更大的麻烦呢？其实，在这种情况，不妨来点幽默，不仅可以缓和紧张的气氛，而且能最快最好地解决问题，使局面重新得到控制。有时候，一句幽默诙谐的玩笑话不仅能立刻化解令人尴尬的局面，还会赢得大家的尊重。

德国著名的将军霍夫曼，有一次到慕尼黑对军队进行考察。当晚，慕尼黑的军官俱乐部举行宴会，对他的到来表示欢迎。在大家举杯喝完酒后，一个服务员来给将军斟酒，由于紧张和激动，服务员居然一下子把酒洒到了将军的秃头上。当时，在场的军官和士兵看到这种情况后都非常紧张，不知道将军将如何大发雷霆来惩罚那个可怜的服务员。当然，服务员吓得脸都白了，脸上开始冒冷汗。这时，只见霍夫曼将军拿出口袋里的手帕，擦了擦脑袋，笑着说："小伙子，我这脑袋已经秃了二十年了，你这个方法我也用过的，谢谢你。可还是得告诉你，根本不管用！"就在大家的一阵哄笑声中，那个服务员也终于恢复了平静，他感激地向将军敬了个礼，流着眼泪退了下去。这时，大厅里响起了一片热烈的掌声……

试想，假如不是霍夫曼将军善用幽默，不知道那个可怜的服务员会陷入怎样的尴尬和自责中，而将军一句宽宏大量的玩笑话，就把尴尬的气氛缓和了，他不仅赢得了全体将士们的尊重，也提升了自己的人格魅力。

霍夫曼将军的事例告诉我们一个道理：有时候，一句幽默的话，似春日的暖阳，可以化开三九冰。

美国前总统克林顿有一次被记者围攻，记者问他："总统先生，对于媒体对您与XX小姐绯闻的报道，你有什么看法?"克林顿从容不迫地答道："取笑我的话已经被世人说尽了，再也没人能说出新鲜的了。"他的语言既尖锐又圆润，自嘲的同时也没有忘记反攻，一下子就把球抛到了记者手中，弦外之音就是：你们哪个有本事说出来点新花样来？我洗耳恭听。果然记者们顿时全部无言以对。如果克林顿直截了当地拒绝回答记者的提问，或者表现出抵触的情绪，必然会招致媒体的驳难四起，引发一轮更猛烈的进攻，那样的话自己就更加被动了。在这里他仅略施小技，就把记者们从语言上打输了。正是幽默帮助克林顿度过了难以逾越的难关。

英国首相威尔逊有一次在公开场合演讲。演讲刚刚进行到一半的时候，台下突然有个捣蛋分子高声打断了他："狗屎！垃圾!"

全场顿时一片安静，所有的听众都望着他，想看他如何处理这突如其来的状况。威尔逊虽然受到了干扰，但他情急生智，不慌不忙地说："这位先生，请稍安毋躁，我马上就会讲到你所提出的关于环保的问题。"

全场响起一阵热烈的掌声，人们情不自禁地为他机智的反应鼓掌欢呼。

物理学家牛顿与天文学家哈雷是很好的朋友，但最近他们却因为一件事情产生了严重分歧：牛顿是个虔诚的基督教徒，他认为是上帝给了地球"第一推动力"，哈雷则是个无神论者，相信事在人为。为了扭转哈雷的这个看法，牛顿精心布局，制作了一个太阳系模型。中间是太阳，四周的行星排列有致，一拉曲柄，行星便按照自己的轨道转动，和谐而又美妙。一天，哈雷到牛顿的家中看到了这种模型，不由得摆弄起来，他非常惊奇地问："如此巧妙之物，是谁造的啊?"牛顿摇了摇头说，不是造的，是一堆废铜烂铁偶然碰到一块儿形成的。哈雷说，绝对不可能，这一定是某个人造的，并且造它的一定是一位天才。牛顿觉得此刻时机到了，便对哈雷说："这个模型虽然精巧，但比起真正的太阳系，实在算不得什么。连模型你都相信是人造出来的，比模型精巧万倍的太阳系，难道不应该是被一个全能的神用高度智慧创造出来的吗？"哈雷听过之后，哈哈大笑。

生活中，经常会有这样的情况：有些人说一些话或者做一些事让你处于尴尬的境地，这个时候，如果你只顾化解自己的尴尬，完全不顾对方的感受，就会使对方也陷入尴尬之中，虽然将自己的尴尬化解掉了，可心里并不一定舒服。遇到这种场合，最好的办法是将错就错，索性把双方的尴尬一同化解掉，同时这么做也会赢得对方的好感。

有一次，托尔斯泰去火车站迎接一位来拜访他的朋友。他在站台上等朋友的时候，被一个刚下火车的贵妇人误认为是搬运工，便吩咐托尔斯泰到车上为她搬运箱包，托尔斯泰也没有为自己辩解，而是毫不犹豫地照办了，最后贵妇人还给了托尔斯泰五个戈比作为报酬。这时，来访的朋友下车见到托尔斯泰，连忙过来同他打招呼，站在一旁的贵妇人这才知道，原来这个为她搬行李的人竟是大名鼎鼎的托尔斯泰。贵妇人此时觉得非常尴尬，频频向托尔斯泰表示歉意，并且请求收回那五个戈比，以维护托尔斯泰的尊严。不料托尔斯泰却表示不必道歉，和蔼地对那位贵妇人说，没有必要收回那五个戈比，因为那是我应得的报酬。就这样，双方的尴尬在他的幽默中化解了。

幽默是一种智慧的表现，具有幽默感的人不论在哪儿都会受欢迎，可以化解许多人际的冲突或尴尬的情境，往往能使人怒气难生，带给别人快乐。

一语双关，含蓄回话

李宇最初在一所学校附近卖各种冷饮，然而每当夏天结束的时候，他的生意便不好做。有一年他灵机一动，写了两张广告词。一张上面写着：夏天已经过去，本店冷饮部分结束；另一张上面写着：天气逐渐转凉，本店热饮部分即将开张。同时，他准备了大量的热咖啡、三明治、面包、热汤汁等。如此一来居然受到了意外的欢迎，没过几年，李宇就成了百万富翁。

一个人的能力总是有限的，要取得成功，必然离不开别人的帮助。做生意的人，最在乎的就是有没有消费者。能否吸引更多的消费者，让消费者帮你“积资”，关键就要看你是否会说话会办事了。李宇这种双向思考，语意间含有暗示，在单纯的两个问题间，引诱消费者做出选择。巧妙的暗示是一种特殊的交流方式，是暗示者出于一定的目的，采用一定的方法，含蓄、巧妙地向对方发出某种信息，以此来影响对方的心理，使对方在不知不觉中接受自己意见，从而改变其行动。

在一个小区里，几位老同志向小区的管理员反映：楼上的小青年半夜三更还在唱歌，把音响开得很大声，吵得楼下的老同志睡不好觉。这属于两代人的生活习惯问题，如果把这个问题在小区会上公开的提出来，不仅会让老同志和青年人之间产生隔阂，还可能引起青年人的反感，从而引起相反的效果。

小区管理员想了一个办法，在一次和这些小青年的闲谈中，他讲了一则笑话：老年人睡眠浅，晚上很难入睡。在一个小区，有一个老太太和一个年轻姑娘住楼上楼下。姑娘上晚班，每天下班回家的时候，双脚一甩，鞋子“噔噔”两下，重重地落在地板上，每次都将好不容易才入睡的老太太惊醒。老太太给姑娘提了意见。当晚姑娘下班回家的时候，习惯性地甩出了一只鞋，刚甩出去，她马上意识到不应当，便轻轻地脱下了第二只鞋。第二天一早，老太太埋怨姑娘说："你一次将两只鞋甩下，我还可以重新入睡，你留下一只没有甩，害得我等你甩第二只鞋等了一夜。"

笑话说完之后，小伙子们悟出了笑话是有所指的，也明白了自己的行为影响了老年人的睡眠。以后，他们再也没有在半夜的时候吵闹了。生活中，人们常常喜欢说："有话请直说吧。"但直话直说也要分场合和时间，比如上述事例中，如果小区管理员把小青年叫到身边告诉他，晚上回来动作轻一点儿、不要打扰别人休息，或许所取得的效果就没有那么好了。

一个小男孩站在低低的柜台前面，凝视着一盒打开了的巧克力饼干。

"喂，小孩，你想干啥?"食品店老板跟他打趣道。

"哦，没什么。"

"是吗?我怎么觉得你好像是想拿一块饼干呢。"老板说。

"不，你错了，先生，我是想尽量不拿。"小男孩顽皮地回答。

老板不禁被小男孩的机智和可爱逗笑了，于是送给他一盒饼干，作为奖励。

这位小男孩很聪明，他一语双关，巧妙暗示的说话技巧，让老板心甘情愿地把饼干送给他。

在人际交往中，直话直说有时候并不能达到目的，而巧妙的暗示有时候却能四两拨千斤。

犹太商人费南度在旅途中被歹徒抢得一干二净，只好到附近教区会馆找会长，请求他安排能在安息日提供食宿的家庭。

会长查看了一遍登记簿，对费南度说："这个星期五，经过本镇的路人特别多，每家每户都安排有客人，只有经营金饰店的老板修美尔家没安排客人。但他一向都不喜欢接待外人。”

费南度思考了一会儿，对会长说：“我会有办法让他接纳我的。”于是，他很自信地向修美尔家走去。恰巧，修美尔刚做完祈祷归来。费南度把修美尔拉到一旁，从大衣口袋里取出一个沉重的小布包，悄悄地对他说：“砖头大小的黄金能卖多少钱呀？”

修美尔的眼睛霎时为之一亮。但已经到了安息日，安息日是不能谈生意的。修美尔心想：如果让他走了，他很可能去找其他经营金饰的同行，那岂不是失去了赚大钱的机会？于是他对费南度说：“这个东西一时难以估价！安息日你就住在寒舍，等到明晚再谈吧。”

按照犹太教的规矩，每周第五天日落至第六天日落，这 24 小时为安息日。这期间不得从事任何谋生工作，更不能谈生意。

在安息日这天，费南度住在这个金饰商的家里，受到热情周到的款待。安息日一过，修美尔就急不可待地催促费南度把金子拿出来瞧瞧。

费南度故作惊愕状地说：“什么金子银子呀？我只是想知道砖头大的金子到底值多少钱而已！”

巧妙的暗示是聪明人经常使用的技巧。一句相同的话用另一种不同的方式表达出来，就会取得不同的效果。

设置悬念，引人深入

回话是需要技巧的。一个会回话的人，不管在什么时候都能让别人心甘情愿地帮他。而一个不会说话的人，不但得不到别人的帮助，有时反而被别人认为是无理取闹。英国思想家迪斯累利说过："贤者的睿智与年岁的经验，将因引用而万古常存。"

从前，浙江有个香烟商人到上海去做生意。有一天，在上海南京路的一个繁华之地，他大谈抽烟的好处。突然，从听众中走出一个老人，径直走到台前。

老人在台上站定后，大声说道："女士们，先生们，除了这位先生讲的以外，抽烟还有另外三大好处哩！"浙江商人一听这话，连忙向老人道谢："谢谢您了，先生，看您相貌不凡，肯定是位学识渊博的老人，请您把抽烟的三大好处当众讲讲吧。"老人微微一笑，说道："第一，狗害怕抽烟的人，一见就逃。"台下一片轰动，商人暗暗高兴。"第二，小偷不敢去偷抽烟者的东西。"台下连连称奇，商人更加高兴。"第三，抽烟者永远不老。"台下听众惊作一团，商人更加喜不自禁，要求解释的声音一浪高过一浪。

老人把手一握，说："请安静，我给大家解释。"商人格外振奋地说："老先生，请您快讲。""第一，抽烟人驼背的多，狗一见到他以为是在弯腰捡石头打它哩，能不害怕吗？"台下笑出了声，商人吓了一跳。"第二，抽烟的人夜里爱咳嗽，小偷以为他没睡着，所以不敢去偷。"台下一阵大笑，商人直冒冷汗。"第三，抽烟的人很少长命，所以没有机会衰老。"台下哄堂大笑。此时，大家一看，烟草商人已不知什么时候溜走了。

这位老人讲话一波三折、层层推进，一步一步把听众的思维引向迷惑不解的境地，把听众的胃口吊得足够“馋”的时候，才不慌不忙地表达出自己的意思。

“抽烟对人的身体有害，是应该遭到反对的”，这是大家习惯性的思维。当老人一言不发地走向大谈抽烟好处的商人时，所有人都认为老人会提出反对的意见，然而老人说出的话却大出大家的意料，他不仅赞同商人的话，还大谈抽烟的好处，吊起商人和听众的胃口，他们都急切地想知道原因。最后，老人以幽默的话语作了妙趣横生的解释，不仅让听众开心，还揭穿了商人欺骗性的话语，让听众意识到抽烟的危害性。

古人说：“文似看山不喜平。”在和别人交谈的过程中，如果能恰到好处地结下一个个“扣子”，设置悬念，听者在回旋推进的言论中产生“山重水复疑无路，柳暗花明又一村”的感觉，对你说的话也会有无穷的兴趣。

善用比喻，生动回话

比喻，就是打比方，即以彼物比此物。具体来说，就是人们在语言交际中要表达某一事物或道理时，运用联想或想象，引进另一种事物或道理，以便把要表达的事物或道理反映得更具体、更贴切、更生动、更富有感染力，使听者爱听，从而留下深刻印象。

刘向的《说苑》中有这样一个生动的故事。

有人对梁王说："惠子这个人说话善于用比喻。假若大王您不让他用比喻，惠子就没法说话了。"

于是，梁王对惠子说："希望你今后说话时不要用比喻了。"

惠子回答说："假若有个人不知道'弹'为何物，您告诉他'弹'就是'弹'，他能明白吗?"

梁王说："当然不明白了。"

惠子说："我要把我知道的事物告诉不知道这事物的人们，您说不打比方行吗?"

梁王说："不打比方是不行的。"

这个故事中，本来梁王是不让惠子再打比方，可是惠子又悄悄地打了一个比方，说服了梁王。

比喻一般由本体、喻体和喻词三部分组成。本体是被比喻的事物；喻体是用来作比的事物或对象；喻词则是标明比喻关系的词语，如"好像""恰似""像……一样"等。

一次，有人问爱因斯坦什么是相对论，爱因斯坦解释说："你同你最亲爱的人坐在火炉边，一个钟头过去了，你觉得好像只过了五分钟；反过来，你一个人孤孤单单地坐在热气逼人的火炉边，只过了五分钟，但你却像坐了一个小时。这就是相对论。"爱因斯坦用人们日常生活中的真切体验来解释高深玄妙的相对论原理，让普通人也能理解。

人们说话是为了描绘事物、阐述道理或表述情感等，要把这些东西表述得生动具体，使别人印象深刻，并不是一件容易的事。如果能运用贴切的比喻，就能化难为易，话半功倍，具有说服力。

第六章
回话分轻重：响鼓不用重槌敲

在回答别人问话的过程中，要把握好回话的轻重和分寸，对不同的人回不同的话。如果在生活中回话不分轻重，不考虑后果，一时兴起，回话没轻没重，就会说出一些过头的话，既伤害别人，也伤害自己。

蜻蜓点水，点到为止

在平时的生活中，我们要把握好回话的轻重和分寸。把握好这个分寸，就要在回话之前了解说话的对象——也就是听话人的情况。对一个明白事理的人说话，所说的话就不用太重，蜻蜓点水，点到为止。因为对方是个聪明人，一点即透。而如果听话的对象是个头脑不怎么聪明，或者悟性太差的人，那么说话的时候就要直白一些，否则对方可能听不懂。

在人际交往中，如果说话不分轻重，只凭着自己的性子乱说一气，肯定会带来不好的影响。

王梁是工厂里的一名组长，最近他的班组调来了一个名叫秦宇的人，别人对秦宇的评语是：经常迟到，工作不努力，以自我为中心，喜欢早退。过去的班长都对秦宇束手无策。第一天上班，秦宇就迟到了五分钟，中午又提前五分钟离开班组去吃饭，下班铃声响前的五分钟，他已经收拾好东西准备下班了。第二天还是一样。王梁观察了一段时间，发现秦宇缺乏时间观念，但是工作效率却非常高，而且成品优良，在质管部门都能顺利通过。于是，王梁微笑着对秦宇说“如果你的时间观念和你的工作效率一样优秀，那么你将成为一个完美的人。”以后王梁每天都跟秦宇说这句话，时间一久，秦宇觉得过意不去了，心想：过去的班长可能早就对我大发雷霆了，至少会斥责几句，但是现在的班长却毫不动怒。

感到不安的秦宇，终于决定在第三周的星期一准时上班，站在门口的王梁看到他，以更愉快的语气和他打招呼，然后对换上工作服的秦宇说：“谢谢你今天能准时上班，我一直期待着这一天，这段日子以来，你的表现很好，如果继续发挥你的潜力，一定会得优秀奖的。”

王梁对待秦宇的迟到，没有采取喋喋不休的方式批评，而是点到为止，让其自行改正错误。

一个人说话要谨慎，因为自己一言不慎，可能会将责备的话语重重地压在别人的心头。生活中常常会遇到说话不考虑他人感受的人。说话不知轻重，不论场合，不看对象。只图一时兴起，什么该说的不该说的都说了出来，口无遮拦，想到什么就说什么；或者含沙射影，讽刺挖苦；或者无中生有，肆无忌惮。如此等等，就是不顾忌他人听了以后会产生怎样的感受。

生活中，很多人都有这样的经历，与人在一起的时候，本来还是比较开心的；可是，话一说起来以后，因为听到其中的一两句话仿佛是针对自己的，就像石头压在心头一样，心情一下子就变得沉重起来。有时候，不仅那一刻不快乐，甚至很长一段时间都被那一两句话折磨着。

自然，也许说话的人有时候也是无意的，也不是针对自己的，甚至根本没有恶意，但是，听话的人往往不能“释怀”。许多时候，朋友之间、同事之间、邻里之间的误会就是这一两句话造成的。

人与人的交往中，说话是一个重要途径。所以，无论何时，在与他人交流的时候，注意说话的“轻重”是十分重要的。

回话的轻重，不仅表现在回话的内容上，还表现为回话的语气，回话的感情、回话的态度、回话的节奏、回话的冷热等方面。总之，回答别人的问话，热情一点，温和一点，多一点理解，一定会受他人的欢迎。

硬话软说，回得高妙

每个人都喜欢听好听的话，这是人的共性。俗话说：忠言逆耳利于行。然而很多时候，逆耳的忠言别人不一定能够听得进去。比如，在面对别人的错误时，直接指出，可能会让别人接受不了，从而产生相反的效果。因此，在批评别人的错误时，我们可以采取委婉含蓄一点的方式，这样更能让别人接受。

批评别人的时候，要懂得说话的技巧，尽量不要用贬义词，口气不要太严厉，更不要用刺激性的语言，当然，话尽量不要说得太过直白。这样，被批评者才容易接受。有经验的人懂得批评时顾及他人面子，也懂得语气要委婉，因为这么做才能达到更好的效果。

在批评他人的时候，态度也非常重要。如果你在批评的时候只是一味地指责或告诉他你的看法，只会引起对方的讨厌和不满，达不到批评的效果。生活中，没有人喜欢被别人批评。可是如果你能以正确的方式批评别人，你将会获得较大成功。

很多年前，美国华易电气公司遇到了一件棘手的事情：他们准备撤去麦福尔的部长职位。

麦福尔在电学方面的造诣很高，算得上一位一等的人才。但是，他却不能胜任会计部部长之职，如果让他继续担任会计部部长，肯定会给公司造成很大的损失。因此，公司特别给他一个新头衔，请他担任华易公司顾问工程师，而会计部部长则另派人担任。

麦福尔很高兴，华易公司的主管人员也很满意。他们在平和的气氛中，调动了一位有怪癖的高级职员，其间并没有发生任何不愉快的事情，因为他们保住了麦福尔的面子。

上述事例告诉我们，不论是说话还是做事，都要顾全别人的面子，这是一件很重要的事。然而在现实生活中，很多人都不太注意这个问题。有些人在批评他人的错误时，总是不留一丝余地，找别人的错处，或者加以恐吓！当着别人面，批评自己的员工，丝毫不顾别人的自尊！

经过数百年的敌对仇视，土耳其人在一九二二年时，决定把希腊人驱逐出境。

土耳其总统凯末尔沉痛地向士兵说："你们的目的地，就是地中海。"经过残酷的斗争，土耳其取得胜利。当希腊的某两位将军向凯末尔请降时，沿途受到土耳其民众的辱骂。

可是凯末尔并没有以胜利者自居，更没有在失败者面前摆出一副骄傲的姿态。他握着两位将军的手说："两位请坐，你们一定感到疲倦了！"凯末尔谈过战争的情况之后，为了减少两位将军心理上的痛苦，随即对他们说："战争就像一场竞技比赛，有时候高手也会遭遇失败的。"

凯末尔虽然获得了光荣的胜利，可是他依然没有忘记一个重要的原则：那就是要顾全对方的面子。

刘林园是武汉一家木材公司的推销员，他与那些冷酷无情的木材审察员打了很多年的交道，常常发生口舌之争，虽然最后的结果总是他赢，可是他所在的公司也因此而赔了不少钱。刘林园决定改变以前的处事方法，不再与别人做无谓的口舌之争。

有一天上班时，刘林园办公室的电话铃响了，电话那边的人急躁不安地通知他，运给他们工厂的木材不合格，他们已停止卸货，要求刘林园立即把货从他们的货场运回去。原来在木材卸下四分之一时，他们的木材审察员报告说这批木材低于标准的50%，鉴于这种情况，他们拒绝接受木材。刘林园挂了电话之后立刻动身向那家工厂赶去，一路上想着怎样才能最妥当地应付这种局面。要是在以前，他一定会找来判别木材档次的标准规格，据理力争。根据自己做了多年木材审察员的经验与知识，力图使对方相信这些木材达到了标准，错的是对方。可是这次他并没有像以前那样做，他想改变处理问题的方法。刘林园赶到现场，看见对方的采购员和审察员表现出一副揶揄的神态，摆开架势准备吵架。刘林园走到卸了一部分的货车旁，询问他们是否能够继续卸货，这样他就能够了解情况到底怎样。刘林园还让审察员像刚才那样，把要退的木材堆在一边，把质量过关的木材堆在另一边。

看了一会儿刘林园就发现，对方审察得过分严格，判错了标准。因为这种木材是白松，而审察员却不懂白松木，只对硬木很内行，而白松木又恰好是他的专长。不过刘林园一点也没有反对他的木材分类方式。他一边观察，一边问了几个问题。刘林园提问时显得非常友好。听他这么一说，审察员变得热情起来，双方之间的紧张在逐渐消除。渐渐地，审察员改变了态度，他终于承认自己对白松毫无经验，开始对每一块木料重新审察，并虚心请教刘林园。

最终的结果是，对方接受了全部木材，刘林园得到了全价的支票。

这个故事告诉我们：委婉的语言能使批评在轻松愉快中进行，达到“直言”所达不到的效果。

批评别人时，话要说得委婉含蓄，这样才能让对方虚心接受，否则，非但不能达到批评的目的，还可能会引起相反的效果。会回话的人懂得把“硬”话说“软”，以达到自己的目的。

有效回话，留有余地

有句俗话："人情留一线，日后好见面。"生活中很多尴尬其实是自己一手造成的，有一些就是因为话说得太绝对。凡事多些考虑，留有余地，总能给自己留条后路，这在外交辞令中是见得最多的。每个外交部发言人都不会说绝对的话，要么是"可能、也许"，要么是含糊其词，以便一旦有变故，可以有回旋余地。话不说绝对是一个人老练成熟的标准。

某公司新开发了一个项目，老板将此事交给了下属李频，问他："有没有问题？"李频拍着胸脯回答说："没问题，放心吧！"

然而一周过去了，李频还没有任何进展。当老板问起他的时候，他才老实说："没有想象中那么简单！"虽然老板让他继续努力，但对他拍胸脯的信誓旦旦已经开始反感。

生活中，我们常常会听到某些人用斩钉截铁的口气说："我一定可以""我一定能办到""你还不相信我呀？"之类的话，可以说是张口就来。当然，这样的话语里蕴涵了一个人的自信，这是无可厚非的，但是有时候我们说话必须要留有余地，这就需要你根据具体的事实来说话，在比较正式的场合我们还是不要把话说得太绝为妙。

人人都讨厌大话连篇的人，吹得天花乱坠，实际行动却不见几分，难免让人觉得华而不实，难以信任。不如低调一点，做的比说的多，多干活儿少说话，用实际行动证明自己的价值。当然，也有人话说得很满，而且也做到了，即使这样，说满话也不可取，毕竟谦虚一些能留给人美好的印象，而一味拍胸脯说大话，总是让人觉得你不够稳重。何况，凡事总有意外，而这些意外并不是能预料的，话不要说得太满，就是为了容纳这个"意外"。

用不确定的词句可以降低人们的期望值，你若不能顺利地做成某件事情，人们因对你期望不高，最后总能谅解你，而不会对你产生不满，有时他们还会因此而看到你的努力，不会全部抹杀你的成绩；如果你能出色地完成任务，他们往往喜出望外，这种增值的喜悦会给你带来很多好处。

话不说满也表现在不要对他人太早下评断，像“这个人没指望了”“这个人一辈子没出息”之类，浪子还有回头的时候，人一辈子很长，变化还很多，怎么能凭主观就评定别人的一生？

无论何时，我们说话的时候都要提醒自己，要给自己留余地，使自己可进可退，这好比在战场上一样，进可攻，退可守，使自己处于主动的地位。这样虽然不能保证自己一定处于战无不胜的地位，但是至少可以保证自己不会败得一塌糊涂。要想把握说话的分寸，给自己留余地，需注意以下两点：

1. 话不要违背常情常理

事物都有自己存在的道理，人事也有自己存在的情理。说话时，如果违背了常情常理，就会给别人留下把柄。因此，在谈话时，要记住话不要说过了头。

两位推销员推销的是同一款产品——袜子。第一位推销员随手拿起一只袜子，紧接着他又拿起打火机，在袜子下面快速地晃动，火苗穿过袜子，而袜子也未受到损坏。在他一番介绍之后，袜子在顾客手中传看。一位顾客要用打火机烧，急得推销员赶忙补充说：“袜子并不是烧不着，我只是证明它的透气性好。”最后大家终于明白怎么回事，袜子的质量没得说，但当时的气氛明显地影响了顾客的消费情绪。

而第二位推销员，也是一边说一边演示，不过当他介绍到袜子的科学性时，说得非常周到。他是这样说的：“当然，任何事物都有它的科学性，袜子怎么会烧不着呢？我只是想证明它的透气性好，它也并不是穿不破，就是钢也会磨损的。”这番介绍没有给天性爱挑刺的顾客留下可乘之机。接下来，她一边给大家传看袜子，一边讲解促销的优惠价格，销售效果明显好于前一位推销员。

2. 话不要说得太绝对

人们考虑问题都喜欢来个相对思考，也许是爱因斯坦的“相对论”深入人心的缘故吧。对于绝对的东西，在心理上会有一种排斥感。比如，当你斩钉截铁地说：“事实完全就是这样。”此时在别人心里就会存有疑问：“难道真的一点也不差？”也许你只是陈述事实。可是他心里老是琢磨“难道一点也不差”的时候，他对你的话语的领悟就会有点舍本逐末了。倒不如这样说：“事实就是这样。”

因此，在谈话时，即便是我们绝对有把握的事，也不要把话说得过于绝对，绝对的东西容易引起他人的质疑。而现实是，如果对方故意挑刺，往往就能挑出刺来。与其给别人一个挑刺的借口，不如把话说得委婉一点。同时，如果我们不把话说得绝对，我们还可以在更为广阔的空间与对方周旋。

人们常说“话不要说满，事不要做绝”就是这个道理。事情做绝，不留余地，不给别人机会，不宽容别人，处理事情下狠手都是不理智的行为。无论矛盾有多深，最好都不要说出“势不两立”之类的话，否则日后万一有合作的机会，一定左右为难，尴尬万分。时时处处留有余地是为人处世的大智慧，进可攻，退可守，这才是成功的做人之道。

回话要有的放矢

我们在平常的生活和人际交往中，失言不可避免。失言的原因是多方面的，但其中最根本的原因，往往是因为语意含糊，缺乏明确的目的。

谈话不只是一种社交上的需要，也不只是为了互相认识和了解，而是要互相传达自己的意思和思想。所以，在说话时要首先明确自己的目的，要把话说明白，让对方能够听懂、理解。

例如，你邀请一位朋友加入一个团体，或者请一位医生解决一个医疗问题，或是买卖双方谈论生意上的事情，这一类谈话究竟和一般社交性质的谈话有什么不同呢？在有些方面，两者是一样的。例如，你要具有一般的谈话能力，要能够适应对方，尽可能了解对方的特点，要表现出兴趣，态度要友好而又真诚等。但不同的是，这类谈话，每次都有一个特殊的目的。

一般来说，人们说话的目的，不外乎以下 5 种：

1. 传递信息或知识

如课堂教学、学术报告、现场报道、产品介绍、展览解说等一类的说话。

2. 引起注意或兴趣

多是出于社交目的，或为了与人接触，或为了与人沟通，或为了表明自身的存在，或为了取悦于人，如打招呼、应酬、寒暄、提问、拜访、导游、介绍、主持人讲话等。

3. 争取理解和信任

如人们交谈、叙旧、拉家常、谈恋爱等，往往旨在交流感情，增进友谊，拉近关系。

4. 受到激励或鼓动

旨在加强人们现有的观念，坚定信心，振奋精神，有时也要求得到行动上的反应，如赞美、广告宣传、洽谈、请求、就职演说、鼓动性演讲以及聚会、毕业典礼和各种纪念活动、庆祝活动中的讲话等。

5. 说服或劝告

诸如谈判、论辩、批评、法庭辩护、竞选演说、改革性建议等，大多力图改变对方的某种观念或信念，阻止对方采取某种行动。

坚持“话由旨遣”的原则，明确说话的目的，是说话取得成功的首要条件。目的明确，谈话、社交才可能取得良好的效果。

只有明确了目的，才知道应该准备什么话题和资料，采取何种语体风格，运用哪些技巧，“抓住一点，不及其余”，从而能够做到有的放矢，临场应变。若目的不明，不顾场合地信口开河、东拉西扯，对方就会不知所云，无所适从。

林肯曾说：“在一场官司的辩论过程中，如果第七点议题是关键所在，我宁愿让对方在前六点占上风，而我在最后的第七点获胜。这一点正是我经常打赢官司的主要原因。”我们一起来看林肯是怎样用他所说的办法打赢一场著名的官司的。

当时，美国的罗克岛铁船公司打算建一座大桥，把罗克岛和达文波特两个城市连接起来。但是轮船公司竭力对修桥提案进行阻挠，因为一旦铁路修建成功，就断了他们的财路。于是，美国运输史上最著名的一个案件开庭了。

时任轮船公司辩护律师的韦德，是当时美国法律界很有名的“铁嘴”。法庭辩论的最后一天，韦德站在那儿滔滔不绝，足足讲了两小时。等到罗克岛铁路公司发言时，听众已经显得非常不耐烦了。

这正是韦德的计谋，他想以此击败对手。然而，出乎韦德意料的是林肯只说了一分钟。

罗克岛铁路公司的辩护律师林肯站起身来，平静地说："首先，我对控方律师的滔滔雄辩表示钦佩。然而，陆地运输远比水上运输重要，这是任何人都改变不了的事实。陪审团各位，你们要裁决的唯一问题是，对于未来发展而言，陆地运输和水上运输哪一个更重要？哪一个不可阻挡？"

片刻之后，陪审团做出裁决，建桥方获胜。

不可思议的一分钟，让林肯声名远扬。

对方律师整整花了两小时来为委托人申辩，而林肯本来可以针对他所提出的论点一一进行驳斥，但他并没有那样做，而是将论点集中到一个关键点上，只用了一分钟的时间，就驳回了对方的论点。所以在沟通中，话不在多，而在于是否说到了点子上，是否传达出了最主要的意思。任何一句话只要让对方明白了你的意思，就是有效的话。在与人沟通的时候，试着简要地说出自己的目的，你会发现，这样的沟通最有效。

明确了要表达的主要内容，还要通过语言进行传递，语言是否恰当、贴切直接影响信息传达的效果。清晰准确的语言能够最大限度地表现说话人的原意，而含糊不清的语言会阻碍信息的有效表达，甚至被人误解原意。

要想使语意清晰，一定要注意遣词造句，恰当地用词才能准确地表达自己的意思。另外，适当的语句还能起到感染听众的作用。

想清晰准确地表达自己的意思，就要善于提炼自己的用词，丰富的学识是准确的前提，平常我们要勤于积累。

每次与人交流之前，不妨先自问一番："我要向对方传达什么信息？"或者"对方想要获知什么内容？"预先想一想自己的表达要达到什么样的效果，把预期的效果当作目标，并为之努力。

另外，在平时就要注重培养自己分析问题的能力。要学会透过事物的表面现象，把握事物的本质特征。在这个基础上形成的交流语言，才能准确、精辟。这是一个长期积累的过程，需要我们在平时多下功夫。

我们经常说一个人口才好，并不是指他在别人面前怎么侃侃而谈，而是说他的每句话都能说到点子上，能起到真正的作用。相反，一个人即使能把一件事说得天花乱坠，但不得要领，那也只是在说废话。

三思之后再开口

如果你要给别人陈述一件事情，而对于这件事情你没有足够的把握，那么在开口之前，你就要仔细思量。很多时候，抢先说话并不能给你带来什么好处，有时候还可能“祸从口出”。对于自己不清楚的事情，不要道听途说，宁愿保持沉默，也不要信口开河。如果你对某件事情只是一知半解，就不要急于卖弄自己的高见。急急忙忙地乱发表意见，只会贻笑大方。因此，我们在说话的时候，一定要经过深思熟虑才行。

有这样一则寓言故事：

从前有个老实的商人，被某人的花言巧语骗得倾家荡产，心中怀恨不已。发誓要报复对方：下辈子要当他的嘴，让他吃尽苦头。

这张嘴，最终真的把他的主人弄得惨不忍睹。做生意时，顾客上门，这张嘴就胡说八道，于是生意泡汤了；肚子饿了，别人招呼他吃饭，嘴却说：“我吃饱了”；想成家，看到了貌美的小姐想要追求她，竟从口中说出一些粗野无理的话，令人退避三舍。凡此种种，这张嘴不断和主人作对，主人都快被逼疯了。这个主人最后一咬牙，采取了一个办法——从此把你打入冷宫，闭口不开，看你这刁蛮的嘴还有什么办法？这时，嘴巴纵有千万个坏主意也使不出来了，主人也因为如此苦修正悟得道。

这只是短短的一则寓言，却很好地证明了一句话：“利刀割体痕易合，恶言伤人恨难消。”

它告诉了人们一个道理：言多必失。只有修好口德、谨守口业，这个人在做人做事方面才会取得成功。

从前，有一个长得很漂亮的女子，曾在婚前遭遇过感情方面的伤害，内心留下了挥之不去的阴影。经历过很长时间的调整，她终于又重拾信心站了起来，并且还找到了一个非常爱她的老公，婚后两个人生活得非常幸福。有一天，她和丈夫聊天，聊得兴起，一不小心说漏了嘴，把自己之前的事告诉了丈夫。丈夫当时只微微一笑，说："我爱的是你的现在和以后。"可是，那笑中也带有一丝苦涩。有一天，很晚的时候，丈夫回来了，喝了很多的酒，很痛苦的样子，告诉她，他受不了了，要解脱。最终他们的婚姻以离婚收场。这个故事告诉人们：说话前要三思，不要说不该说的话，否则，只会给自己带来烦恼。

李心在大学毕业之后，应聘到一家私营企业做销售主管。刚走入社会的大学生，都有种初生牛犊不怕虎的精神，李心也是这样。她不仅在工作上很有干劲，时不时还会冒出一些闪光的好点子，上司因此很器重她。

在公司召开的各种会议上，李心都能够侃侃而谈。她不仅针对自己部门的事情提出各种看法，还对其他部门提出建议。有一次李心的部门准备开会，但到了会议室才发现另外的部门也在讨论问题，李心就跑了进去，大谈特谈自己的观点，言语间难免露出骄傲的表情。这番指手画脚的评论引起了这个部门同事的反感，再加上她一贯的自负，同事联名在经理面前告了她一状。

凡事要三思而后行，积极地向上司提出建议本来是一件好事，很多开明的领导也都会欣赏这样的下属。但是，如果提建议的时候不分时间、场合，就会引起别人的反感，弄巧成拙。

李心的思维活跃，对事情的看法也有着自己独到的见解，但是她没有摆正自己的位置，骄傲自负。要知道，到处批评他人做的工作不会受任何人的欢迎，特别是越俎代庖，在不恰当的场合说出超出自己职权的建议，更是一个大忌。

一句不恰当的话，会使人产生排斥的心理，因此话要回得恰到好处，多一句、少一句都不好。在日常生活中，待人处世令人伤脑筋的是，通常口一开，不该说的不由自主地脱口而出——多说一句，而“该说的”话忘了说——少说一句。说话者也会因为该说的不说，不该说的反而说了一堆感到后悔莫及。因此，智者懂得说该说的话，蠢人只会口不择言；不恰当的话不但容易得罪人、伤害人，还容易引起别人的反感和排斥，损人又害己。

警惕祸从口出

生活中，可能很多人都有过“祸从口出”的经验，想要说话得体，断除口祸，非要下一番功夫不可，下面这几点可以做个借鉴：

1. 不随便承诺：做人要言而有信，如果自己做不到的事情，就不要随便承诺。

2. 多说好话：说话尖酸刻薄的人，令人讨厌，应该学会理直气柔，并得理能饶人，俗话说：“话多不如话少，话少不如话好”，对别人说些好话，会让别人更愿意与你交往。

3. 不搬弄是非：喜欢搬弄是非的人令人讨厌。让别人之间的感情破裂，是不道德的行为。闲谈莫论人非，才会获得好人缘。

4. 不说花言巧语：说话要真心实意，对得起自己的良心，不违背自己的本意，不因为自己的利益而用甜蜜的口舌迷惑别人。要知道只有真实的言语才能感动他人。

生活中，经常有人不守口业，口不择言，还会强辩自己是个心地善良的好人，只是心直口快，刀子嘴豆腐心。有人说：“嘴巴不好，脾气不好，心地再好，都不是好人。”嘴巴说出的话好比是产品，心地是制造产品的工厂，说出来的话（产品）如果粗俗不堪，能强辩自己有个好心地（工厂）吗？

如果非说不可，那么你就要小心谨慎，三思而后言，还应注意说话的态度、时机、内容、措辞、声调和姿势，学会在什么场合应该说什么话，应该怎么说。“不鸣则已，一鸣惊人”。我们虽然未必能达到这个境界，但朝着这个目标去努力是不会错的。

1. 说话前应考虑周全

聪明人说任何话都会为自己留点余地，如果草率做出承诺而没有实现就会招来嘲笑。一件事情应三分在明，留七分在暗，不管事情发展如何，你都有足够的空间去驾驭。说话有三种限制，一是人，二是时，三是地。非其人不必说；非其时，虽得其人，也不必说；得其人，得其时，而非其地，仍是不必说；非其人，你说三分真话，已是太多；得其人，而非其时，你说三分话，正给他一个暗示，看看他做何反应；得其人，得其时而非基地，你说三分话，正可以引起他的关注，如有必要，不妨择地长谈，这才是通达人情世故的人。

与人交谈，要掌握好分寸，不能口无遮拦，人常说：话到嘴边留半句。那么我们应该注意哪些方面呢？

（1）留住自以为是的见解。释普济说："逢人只说三分话，不可全抛一片心。"人们常说"祸从口出"就是指说话太多也会招致麻烦，所以口无遮拦的人最易招人厌烦。人们都是根据有限的信息进行思考并形成想法的，加上感情倾向与情绪的作用，难免会产生偏见。正如索罗斯所说："我们对世界的所有认知都有缺陷，因为我们无法透过没有折射作用的棱镜看待这个世界。"所以，一旦对某些问题产生了想法，不要急于表达，耐心地听完别人的谈论，再对自己的意见进行分析，确认无误，再说出口，这样就不至于因为判断失误遭到别人的嘲笑。

（2）避免对别人不恰当的批评和指责。如果你误会了对方，批评和指责无疑是火上浇油。如果对方确实有过错，也不能横加指责，要注意方式方法，点到为止，过分的批评指责可能适得其反。

（3）不随便发泄心中的不满，牢骚太盛防肠断。生活中，遇到不如意的事难免生出抱怨，但抱怨是解决不了问题的。有些人直言不讳，逢人便抱怨，殊不知这样很容易招来别人的反感，给自己惹来麻烦。如果事先把话在大脑中"过滤"一番，就可以避免此类事情的发生了。

2. 有些话应该这样说

快人快语一般被看作是一个人果敢干练的表现，但是有时也不见得是好事。如果说话做事莽撞、欠思考，就是不成熟的表现。我们与人交谈之前应该深思熟虑，考虑周全了再说，避免给同事、朋友带来不愉快的情绪。有些话，我们巧妙来回答，远胜过不假思索地脱口而出。

（1）遇到别人的奚落或尴尬的情景，以幽默的回答来化解。有一次，萧伯纳遇到一位牧师，这位牧师胖得像酒桶一样，他跟萧伯纳开玩笑说："外国人看你这样干瘦，一定会认为英国人都在饿肚皮。"萧伯纳谦和地说："外国人看到你，一定可以找到饥饿的根源。"

有时候，人际交往免不了要应对尴尬的境地，这时候如果口无遮拦，随口说"你的话真是很无聊"之类的话，必定会刺伤对方，而一句幽默的话语就能打破原有的压抑、缓解紧张的气氛，既挽回了自己的面子，又顾及了对方的面子，从而避免了冲突。

（2）转移话题，拒绝回答。打个比方，如果一位胖姑娘穿了一件新的紧身连衣裙，自以为得体，高兴地问你："漂不漂亮？"她当然是想得到你的赞美。但这件衣服的确不怎么适合她。你不能违心地赞美，又不能直说，怎么办呢？你可以巧妙地转移话题："今年夏天，姑娘们好像都很热衷于这种连衣裙啊！我最近看到一本杂志，上面有很多漂亮的款式，推荐给你啊……"

直接回答别人的问题会显得很不礼貌，这时不妨"顾左右而言他"，暗中转移话题。当然新的话题必须和原来的话题有一定的联系，还必须能引起他（她）的兴趣。否则，也会引起对方的疑惑或反感。

（3）绵里藏针，批评也要温和。唐太宗善于四处征战，为了扩大兵源，他想把不在征调之列的中年男子都招为士兵。宰相魏征得知此事后，忙向唐太宗进谏："把水抽干了，不仅得不到鱼，以后恐怕也不会有鱼了；把森林烧光了，不仅猎不到野兽，以后也无兽可猎了。如果中年男子都被招到军中，那生产怎么办？赋税从哪里征收？"唐太宗无言以对，只好作罢。

直言的批评肯定会使人不满，而且对待身份地位比较特殊的人时，更不能直接批评指责。怎么办呢？不妨试试"绵里藏针"的招数。这种方法和喂小孩吃药的道理一样，要用糖水送服。

三思而后言，说之前想清楚，不仅能够避免不必要的麻烦，还能取得意想不到的效果，为自己赢得良好的人际关系，何乐不为呢？

第七章

回话分深浅：恰到好处，受人欢迎

在回答别人问话的过程中，回话不知道深浅的人，往往不受人欢迎。生活中，很多时候因为各种原因我们并不能恰到好处地把握自己的言行。社会上有很多做人的忌讳，有许多行事的机理，我们并不是十分清楚，如果自以为是，自作聪明，信口开河，不知深浅，就会说出一些不该说的话，引起不必要的麻烦。

回话深浅的艺术

想把事情办好，就要懂得回话；想成为一个受欢迎的人，就要懂得说话；要学会更好地处世，也要懂得说话。在生活中，做任何事情，对任何人，都要懂得回话的艺术，把握好回话深浅的艺术。

生活中，常常有一些因为说话不知道深浅而得罪人的人，这种人无论是在人际交往中，还是在办事情的时候，都是不受人欢迎的。很多时候，我们在人际交往中出现某些失误，就是因为说话不知深浅造成的。生活中很多人有这样的缺点：自视甚高。觉得自己很聪明，能够把握自己的言行，其实很多时候并不是这样的。现实生活中有很多原因让我们并不能恰到好处地把握自己的言行。生活中有很多规则，在行事的时候有很多条理也许是我们不十分清楚的，如果只顾自己一时痛快，什么该说不该说的话都说，就可能会惹上不必要的麻烦。

公共汽车上，人很多，挤来挤去。一个年轻小伙子不小心踩到了一位老大爷的脚，老大爷脾气不好，张口就来："你说你这么大一小伙子，欺负我这么大岁数的人干吗？"

小伙子本来正想给老大爷道歉，可是老大爷的话实在让他反感，愧疚的心理马上无影无踪，他按捺了半天说："踩了就踩了，可我什么时候欺负您了啊？"

老大爷更不高兴，说："得得得，现在的年轻人都不学好。我看你那样儿，监狱里刚放出来的吧？"

这下小伙子可火了："你这人怎么说话呢？"说完就要往前冲。车里的人左劝右劝，好不容易才让他俩消了气。

尖酸刻薄的话说出来，有时候会像匕首一样直刺别人的心脏，伤及人心，令别人产生很不好的感觉。因此在说话的时候要注意深浅，要谨慎，要委婉。当然深浅的分寸也要拿捏好。有些话如果说得太深，别人听不懂，就达不到效果，如果太浅，不痛不痒，也不会起到任何作用，只有不深不浅的话才能激励别人又不会伤害别人。害人之心不可有，防人之心不可无，说话要注意深浅，不可以随便乱说。

回话要注意分寸

说话的时候要注意分寸，不能尖酸刻薄，伤害别人的自尊心。言语伤人，有时候是不知不觉的。然而说者无心，听者有意，听的人可能从此怀恨在心。如果是一个小心眼的人，将来还有可能会因为一句话而报复你。社会上，许多的怨仇和误会，都是因为说了一句不恰当的话而造成的。因此，说话的时候，要特别注意。说者无心，听者有意，说话的时候不可不谨慎。少言就寡过，何必多说话呢？人家又不会把你当哑巴。

新到一个公司，因为对环境和新同事都不是很熟悉，首先要做的就是在最短的时间内融入这个集体，避免受到排挤和孤立。正因为大家都不是很熟悉，所以说话的时候必须注意分寸，不能想说什么就说什么，每说一句话之前，都先考虑一下是否合适。不同的场合，对不同的人，有很多话是不能随意说的，否则会给人留下轻浮、不庄重的印象。

有时候，话太多了，也会给别人留下不好的印象。有些人为了在别人面前卖弄自己的所谓知识底蕴，便找一切有人的地方与人“死说烂道”，极尽所能地“卖话”，自以为口若悬河，头头是道，精彩得不得了，无奈知识底蕴太浅薄，话说得再多，兜兜转转还是那些陈芝麻烂谷子。以致听者纷纷昏昏欲睡。然而这种冷落似乎并不会让他那张滔滔不绝之嘴因此而收敛，若逢得谁很客套地捧他两言，他那说话的“热情”就更拦不住啦！殊不知非理性的热情会让人的情绪同样处于非理性的亢奋，有多少人为求得语不惊人死不休的精彩，反倒造成口误连连？如果只是一般性的交谈而出现口误还能让人一笑了之的话，那么一些高级领导人也张嘴闭嘴就犯这类低级的毛病就叫人实在是笑不起来了。即使口误本身有些可笑，但因为出自高级领导人之口中，所以留给人们更多的则是困惑，真是不想惊人都难啊！

美国总统布什一直是风口浪尖上的人物，他的新闻一直都被许多媒体炒得沸沸扬扬。别的不提，仅是他为追求讲话达到尽善尽美，结果屡遭失败，造成既不善也不美反成嘴拙的口误例子就足够腌他老人家一菜缸子。

布什总统 2004 年 8 月 5 日在签署国防拨款法案后就反恐问题发表了演讲，在强调政府的反恐决心时，情绪就激动起来。他说："我们的敌人变换手法，随机应变，我们也一样。"他接着说，"他们从不停止考虑危害我们国家和人民的新途径，我们也一样。"更奇怪的是，布什出现这样令人瞠目结舌的口误，在场的所有美国高级军官和国防部官员居然没有一个人立即做出反应。也许是因为这些高官们涵养高，早就习惯了怎样去适应布什语欲惊人即犯错这个老毛病。不过，布什这一次倒是意识到自己又没管好嘴——露怯了，于是连忙不动声色地改口道："我们会永不停息地思考最好的对策，尽力去保卫我们的国家和人民。我们必须永远想在敌人的前面！"布什爱说话，他的话比美国历届任何一个总统都多，与此相应的口误率也相应为最多。大多数美国人认为布什向来嘴巴不太利落，说错话已经是家常便饭了。

回话要步步深入

无论做什么事情，都要掌握一个度。回话也是一样，要根据时间、人物、事件、地点的不同，相应地调整其长短轻重严松快慢，这样才叫回话有分寸。回话要步步深入，才能把话回得圆。交流是双向的，有说话者就要有听话者，也就是说，一个人“张嘴说话”时最少要面对一个以上“听话”的人，说话的目的是要向对方传送某种讯息，如果没有分寸，你传送的讯息就会出现偏差，造成不必要的误会。因此，在说话的时候要把握好分寸，也就是把握好说话的禁忌。说话的时候不仅要注意遣词用句的问题，更要注意分寸。讲话时不但要注意听话的人与你关系的亲疏、辈分及性别，尤其讲话的音调、修辞用字的轻重，都要有分寸。如果没有拿捏好说话的分寸，后果就会很麻烦。尤其是在人际交往的过程中，说话注意分寸，才能获得良好的人缘。

一个人如果想取得成功，就必须掌握回话的分寸，只有步步深入，这样做起事来才能得心应手，顺利地实现自己的目标。

美国斯坦福大学社会心理学家弗利特曼和弗利哲两位教授，曾对学校附近的一些家庭主妇做了一个有趣的实验，以调查在人际交往时怎样才能将分寸把握得恰到好处。

他们第一个电话打给了彼得太太：“这儿是加州消费者联谊会，为具体了解消费者实况，我们想请教几个关于家庭用品的问题。”

“好吧，请问吧！”

于是他们提出了一两个例如府上使用哪一种肥皂之类的简单问题。当然，这样的电话，还打给了许多人。

过了几天，他们又打电话了：

“对不起，又打扰你了，现在，为了扩大调查，这两天我们将有五六位调查员到府上当面请教，希望你多多支持这件事。”

这本来是件容易被拒绝的事儿，但最后却获得同意，是什么原因呢？只因为有了第一个电话的铺路。相反地，对于那些没有打第一个电话，而直接在第二个电话中就提出拜访请求的用户，多数都直接拒绝了。最后，两位教授得出结论。前一种答应他们的占52.8%，后一种只有22.2%。

由上述可知，如果要请人帮忙，有求于人，应由小到大、由微至著、由浅及深、由轻加重才是。如果一开口就提出很高的要求，可能会遭到别人的拒绝，因此，说话的时候应该拿捏好分寸，不能太急，要让别人一步一步地接受你的想法，最后达到自己的目的。

因此，如果要让别人接受自己的意见，就要循序渐进，一步一步地引别人接受，慢慢地诱别人上钩，这是有求于人时的一个小技巧，也是取得成功的一个重要原则。

一位从浙江到京城去参加科举考试的书生，在路上迷失了方向，他站在一个三岔路口上犹豫不定。忽然，他看见附近水塘旁边有一位放牛的老人，就急忙跑过去问路：“喂，老头！从这里到京城该走那条路呀？还有多少路程呀？”老人抬头见问路的是一位二十多岁的书生，因为他没有礼貌，心里头很是反感，就说：“走中间的那条路，到京城大约还有六七千丈远。”那人听了奇怪地问：“哎！老头，你们这个地方走路怎么论丈而不论里呀？”老人说：“这地方一向都是讲礼（里）的，自从这里来了不讲礼（里）的人以后，就不再讲礼（里）了！”

上述事例是对不讲礼貌的人的嘲讽，同时也说明了在与人交谈时，讲礼貌的重要性。故事中的问路之人不懂礼貌更不懂得说话的分寸，因此他也得到对方同样的回敬，可以说是碰了一鼻子灰。这也给现实中的我们提了个醒：与人交流时，只有讲礼貌、把握说话的分寸才行得通。反之，非但事办不成，可能还会遭到对方的还击，那么你就得不偿失了。在现实生活中，跟长者打招呼，不要一开口就直呼人“老”，即便对方真的很老。对不认识的长者，如果可以最好问他喜欢别人怎样称呼他。如果面对的是一大群的长者，你大可说“各位长者”。总之，说出来的话语要文明、合乎情理和礼仪。只有这样，你才能成为一个受欢迎的人。

深话浅说，回得满意

在回答别人问话的时候，如果回得太深，晦涩难懂，会给彼此的交流带来障碍。还有可能触到别人的敏感神经，一不小心揭开别人的疮疤或某些事的隐情。在人际交往中，应该把握说话深浅的艺术。

如果对方仍然在较深的问题上纠缠不休，我们可以退一步，把对方捧到优势的位置上去，表明决定权在对方手上，自己只是处于“附庸”顺从的地位，让对方获得心理上的满足。然后，我们可以以弱小者的身份表明自己的态度，并且软中带硬地指出对方如一味固执己见，自己迫于无奈，只好采取某种消极的行动。对方站在“强者”的位置上，一方面碍于面子，一方面也会考虑现实后果，因而不得不有所变通，接受自己的意见。有时候为了引导对方认识某个道理，需借助某一个类似的事物加以说明和描述，这样才能把抽象的道理说得具体，把深奥的哲理讲得浅显，把生疏的事物说得熟悉。

庄周是我国古代著名的思想家，然而，他却一直过着清贫的隐居生活。有一天，庄周的家里又揭不开锅了，妻子一边叹息着，一边催促他出去想办法。庄周万般无奈之下，决定到好朋友监河侯那里借点粮食，以解燃眉之急。

然而事不凑巧，监河侯正忙于收拾行李准备外出，见到庄周连忙寒暄：“多日不见，庄兄大驾光临，不知有何见教？”庄周直截了当地向监河侯讲明了来意。监河侯说：“借粮之事好商量。但是我现在正要进城收取租金，等我收完租金回来再借你银子好吗？”说完就要动身上路。

庄周听了监河侯的回答，又气又急，心想：“你到城里来回一趟要半月之久，等你回来，我一家老小岂不全饿死了?”好在庄周有副好口才，他略一思索，对监河侯说：“仁兄且慢，陪我喝完一杯茶再走好吗?”监河侯只好坐了下来。庄周一边喝茶，一边对监河侯说：“昨天，我在来你家的路上听到有呼救的声音。我四处张望，并未看到什么异样情况，最后在路旁的一道曾经积过水的干水沟里，发现一条快要干死的小鱼在那里张大嘴巴呼救。于是我问它：‘小鱼呀，你从哪里来，怎么变成这个样子了呢?’小鱼回答说：‘我从东海来，现在快要干死了，你能不能给我一小桶水救我一命呢?’我回答它说：‘要水吗？这好办，你等着，我去见越国和吴国的大王，请他们设法堵住西江的水，然后把西江的水引来迎接你回东海，好吗?’小鱼听了很生气，说：‘我在这里快要干死了，只要一小桶水就能活命。如果照你的打算，等到西江水引来的时候，那就只能到干鱼摊去找我了。’”

听到这里，监河侯羞得满脸通红，立即吩咐家人到粮仓去装了满满一袋子粮食交给庄周。庄周接过粮食，谢过监河侯，兴冲冲地回家了。

庄周虽然一开始被拒绝，却并未斥责朋友的冷淡，也未哀求，而是以故事的方式巧妙比喻，既未引起监河侯的不满，又让其明白自己的意图，顺利地借到了粮食。

话回得太深，就有可能会牵涉到本质的问题。就本质问题争论不休，容易形成僵局，把问题搞僵了，不但会伤害对方的面子和尊严，也会伤害彼此的感情。这个时候，就应该避开深的问题，绕过本质，通过浅明的问题引导变通。这样就可以使深的问题被掩盖起来，让对方产生积极的行动。

回话要注意场合

语言可以修饰一个人的外表，开口说话要特别注意才行。古人所说的“病从口入，祸从口出”就是这个道理。语言是最重要的交流工具，我们每天都会说很多的话，有些话说出来可以让我们更受欢迎，而有些话说出来只能让人生厌。

陆涛和李梅在一起三年了，至今还没有走进婚姻的殿堂，原因很简单：李梅的父母看不上陆涛，不同意这门亲事。

前段时间，李梅的父亲因骨质增生住进了医院。陆涛忙前忙后，端茶送汤，终于感动了李梅的双亲，两位老人不再反对他们的婚事了。

两个月以后，李梅的父亲出院了。为了庆贺老人康复，陆涛特意去大酒店订了桌酒席。

晚餐在热烈的气氛中进行着，一家老小难得聚在一起，自然要畅饮个痛快。李梅的父亲因为身体刚痊愈，不能喝酒，陆涛便小声地对身旁的服务员小姐说：“麻烦你先上一碗饭。”

不一会儿，服务小姐就把饭托上来了。陆涛刚接过饭，李梅的叔叔说：“你怎么可以这么快就吃饭呢？这些天你辛苦了，我还没敬你一杯呢。”

陆涛赶紧分辩道：“不是我，是伯父要饭。”边说边恭恭敬敬地把饭放在李梅的父亲面前。

陆涛的酒量不太好，几杯酒下肚以后，就有些醉意了。他看见邻座李梅的父亲的脚下有一串钥匙，便好心提醒道：“伯父，您钥匙掉了。”边说边弯腰把那串钥匙捡了起来。可仔细一看，那钥匙分明是自己的，他不好意思地笑了笑，就把钥匙放到自己的裤兜里去了。

这顿丰盛的晚餐，花了陆涛半个多月的薪水，但是一想到马上就能与李梅走进婚姻的殿堂了，他的心里还是非常高兴的。

万万没有想到的是，李梅第二天打来电话，提出要与陆涛分手："我爸被你气倒了，不就是吃了你一餐饭吗，先是说我爸要饭，然后说我爸要死掉了（钥匙掉了），世上有你这么讲话的吗?!"

说话的时候，词汇的使用也是很重要的。对于不同的人要使用不同的词汇。比如：对于年长者、身份地位比较高的人或者同辈、同身份、没有利害关系的人，就不能使用粗鲁、低俗的词汇，即使日后关系愈来愈亲密也不可改变。如果你说的话让对方感觉不到你的真诚，交往就很难继续下去。人是感性的动物，很容易因为环境或立场的改变而动摇，所以最好不要说让自己后悔的话。

在一次联欢晚会上，一位女青年穿了一件款式新颖，很合身的连衣裙，那款式和色彩都很引人注目，另一单位的一位男青年看到后，在欣赏之余不由脱口说："这件连衣裙多美呀！把人衬托得更漂亮了。"这位女青年听了之后，并不介意，而是有礼貌地回话："是吗？谢谢您！"于是气氛就显得和谐欢融了。如果这位女青年不是这样说话，而是怀着反感，以粗话反击："谁要你管，流氓!"说不定就会引起一场争吵，使气氛紧张起来。因此，在社交场合，特别要注意说话得体。

正话反说，歪答正解

在回答别人问话的时候，我们常常需要通过讲道理来说服别人。正话反说就是一种有效的办法。有些话直接说出来，可能会让对方难以接受。如果换一种方式，正话反说，可能会取得意想不到的效果。

汉武帝刘彻有位乳母，有一次在宫外犯了罪，被官府抓，并禀告了汉武帝。汉武帝心中十分为难，毕竟是自己的乳母，滴水之恩当涌泉相报。但是，天子犯法与庶民同罪，如果不处置她，不仅有失自己天子的威严，以后又如何君临天下、号令群臣呢。左思右想，汉武帝决定以大局为重，依法处置自己的乳母。

乳母深知汉武帝的为人，知道自己凶多吉少，便想起了能言善辩的东方朔，请求东方朔帮自己一把。

东方朔也颇感为难，他想了想说："办法也有，但这得看你自己的造化。"

乳母急切地问："什么办法？"

东方朔说："你在被抓走的时候，不断地回头注视皇帝，但千万不要说话，也许还有一线希望。"

乳母虽不解其中玄机，但还是点了点头。

当传讯这位乳母时，她有意走到汉武帝面前向他辞行，用哀怨的眼神注视着武帝，几次欲言又止。汉武帝看着她，心里很不是滋味，有心赦免她，又苦于君无戏言，无法反悔。

东方朔将这一切看在眼里，知道时机已成熟，便走过去，对那位乳母说："你也太痴心了，如今皇上早已长大成人，哪里还会再靠你的乳汁活命呢？你不要再看了，赶紧走吧。"

汉武帝听出了东方朔话里的弦外之音，想起小时候乳母对自己百般疼爱，终不忍心看乳母被处以刑罚，于是法外开恩，将她赦免了。

在乳母要受到刑罚的时候，东方朔没有直接为她求情，因为他知道这样可能不会奏效，说得不好，还有可能激怒武帝。于是他采取了正话反说的策略，让汉武帝自己领悟其中的道理：这样惩罚自己的乳母是有违情理的，从而让武帝免除了对乳母的责罚。

很多时候，实话实说不仅很伤人，还达不到想要的效果。不妨换一种让别人能够接受的方式，这样效果或许会更好。同样一句话，在不同的场合下、对不同的人说出来，会产生不同的效果。每个人的性格不同，心理的承受能力也不同，因此对他人的话语就有不同的感受和理解。因为受到特定的场合和不同心理的制约，有些话在某些特定环境中说比较好，但在另外的场合中说未必佳。同样的一句话，在这里说和在那里说效果就不一样，说什么，怎么说，一定要顾及说话环境和对象，才能取得良好的效果。

正话反说也是制造幽默的有效方法之一。使用这种方法能够在不直接指明对方错误的基础上，使对方进行自我反省并认识到自己的错误。

在特定情况下，人们需要打破习惯的说话方式，反其道而行之，这便形成了反语。反语是一种拐弯抹角、迂回的表达方式。正话反说不仅有很好的表达效果，还有很强的说服力。

秦朝的优旃是一个有名的侏儒艺人，他十分擅长讲笑话。有一次，秦始皇要大肆扩建御园，多养珍禽异兽，以供自己围猎享乐。这是一件劳民伤财的事，但大臣们谁也不敢冒死进谏。这时能言善辩的优旃挺身而出，他对秦始皇说："皇上，您这个主意很好，多养珍禽异兽，敌人就不敢来了。即使敌人从东方来了，下令麋鹿用角把他们顶回去就足够了。"秦始皇听了不禁笑了，收回了成命。

优旃的话表面上是赞同秦始皇的主意，而实际意思则是说如果按秦始皇的主意办事，国力就会空虚，敌人就会趁机进攻，而麋鹿用角是不可能把他们顶回去的。这样正话反说，表面上赞同了秦始皇，优旃足以保全自己；又促使秦始皇不得不在笑声中领悟其真正的含义，从而达到了他的说服目的。

先顺着对方的意思，让对方解除心理防范，再让对方领悟“话中之话”，一旦对方顿悟，便能起到立竿见影的效果。正话反说不只是一种沟通策略，更是一种攻心术。不但可以避其锋芒，明哲保身，还可以让对方欣然同意自己的见解。

回话深浅有技巧

回话是深还是浅，要讲究技巧的，假如出口不够谨慎，没有顾虑到听者的立场，就很容易在无意中伤害别人，而产生一些不必要误会。

回话要看时间，看对象，看具体的事情，还要看具体的场合——这是回话的四大前提。其中，看对象说话是一件很难在一瞬间就完成的事。因为看对象说话不仅要看其外在，还要关注其内心所想。而人心隔肚皮，世间万象，人心万种，如果一个人只顾自说自话，而忽略了听者的感受。那么，就很有可能在无意中得罪别人，而自己还没有察觉。

俗话说“言者无心，听者有意”。这个“意”实际上就是指听者曲解了说者的本意，从而造成的不良反应。无疑，“听者之意”是个不好伺候的玩意儿。相同的一句话，不同的人听了就可能会有不同的反应。有的人可能会觉得没什么，一笑了之；而有的人就可能会敏感些，觉得自尊心受到了伤害。因此，这就要求人们在说话的时候，应该尽量避免说一些有伤人之嫌的话。虽然这句话可能是你无心说出来的，但是听在别人的耳朵里却会有另一种意思，给他人造成了莫名的痛苦。除了为利益之争而辩，谁又希望自己说出的话带给别人伤害呢？

“说者无心，听者有意”的另一个含义是基于听者处于隐形状态而论的。俗话说“墙有缝，壁有耳”“路上说话，草窝里有人”“没有不透风的墙”“隔墙须有耳，窗外岂无人”，这些大抵都是对说话者“防隐”意识的一种告诫。如果说话时被他人偷听了，那可就危险了！且不说出门在外有多少天灾人祸，光是平常说话时稍稍一不留神，身边一个陌生人也许就会把你的存折掏空。说者无心，往往表现在对身边的人放松了应有的警惕。

王凤芹有一次坐车到异地办事，当她掏出手机准备打电话时，才发现手机忘记充话费，停机了。于是王凤芹就借车上售票员的手机给她的一位亲戚打电话，让他去买一张100元的话费卡充到手机里来。一会儿，对方就打来电话告诉她卡已经买好了，叫她记一下卡号和密码。王凤芹掏出自己的手机一边按键，一边大声和对方核对着号码。等王凤芹把所有的号码按完之后，以为钱已充进自己的手机里了。可是一核对，还是没有钱。她以为搞错了号码，又和对方进行了核对，并没有发现任何差错。后来，王凤芹的亲戚拿着卡到售卡点，经查卡里已经没有钱了，售卡点告之已经被充值了。到底是什么原因呢？王凤芹百思不得其解。后来据售票员反映，当王凤芹和亲戚核对号码的时候，坐在她旁边的小伙子也拿出手机按键，王凤芹说一个他按一个，当王凤芹说完不久，小伙子便起身下车，一溜烟走了。谜底解开了，那个小伙子就是通过偷听卡号密码窃取了王凤芹的话费。

那位小伙子作为“听者有意”的受益者，因其无道德应该受到责罚，但我们更应该引起重视的是：因为说者无心，现实生活中又有多少人仍然在没完没了地重复着王凤芹这样的错误呢？这起事件给每个人敲响了一个警钟：管好自己的嘴，不管是在陌生的场合，还是在熟悉的社交场合。说话的时候要三思。因思考而说，因听而思考，这两个敏感区的一来一去，耳朵无疑占据了绝对的上风。但凡听则解——无论是曲解还是深解——“听者之意”一直成为众多“说者”心头之患，原因就是太多人不“慎言”，不同程度地吃过“听者之意”的亏了。

自己的话受到别人的曲解，回话的人总是感到很委屈。觉得自己本是一番好意，却受到别人的误解，这都是因为听者敏感过度，扭曲了自己的意思，并为此闷闷不乐，甚至会神经质地乱加引申，产生悲观和逆反情绪。

人每天都会说很多的话，从“听者有意”的角度要求人人都管好自己的嘴，这也不是一件容易的事。就连具有卓越口才能力的圣罗兰和具有超人的组织能力的苏菲亚·罗兰，不也都有过因为自己的“无心”而得罪下属的经历吗？这就说明，在为人处事当中，回话的方式是很考究的。

第八章 有效倾听，有效回答

倾听是在任何时候我们都要做的一件事情。我们听音乐，我们听新闻，我们听我们的父母、孩子、同事、上司、顾客、朋友说话……我们一生都在倾听。

沟通大师戴尔·卡耐基认为：在沟通的各项功能中，最重要的莫过于倾听的能力。滔滔的雄辩能力、强而有力的声音、精通多国语言，甚至写作的才能都比不上倾听重要。有效的回话始于真正的倾听。而成功的回话高手都是那些真正领略了倾听价值的人。

懂得说，也要懂得听

在现实生活中，大多数人都乐于表达自己的意见，但大多数人都不是很注重去倾听别人的心声。倾听也是一门交往的艺术，只有会倾听的人，才懂得说话。

其实很多时候，听话比说话更重要。因为会说话的人给人才思敏捷的印象，而会听话的人，虽然不像会说话者那么引人注意，却给人如沐春风的感觉。会倾听的人，会让人感受到你的亲切关怀，从而让你更具有吸引力。人类的心理很奇妙，既喜欢当聪明人，却又不愿意和聪明人为伍，他们情愿接近那些亲切又总是给人以关怀的人，因此很多时候，会听话比会说话更加重要。

倾听的重要性不止于此。医生要倾听病人的谈话，才能了解病情对症下药；公司主管必须倾听属下的报告，以便拟订对策，解决问题。在人际交往中，学会倾听，才能更好地与别人沟通。

然而，“喜欢说，不喜欢听”是人性的弱点之一。在一些非正式的聚会中，比如说聚餐、聊天，只要你稍微留心，就会发现，那些在旁边听别人讲话的人，多么迫不及待地想开口；而且一个讲完以后，旁边立刻有人急着接下去，甚至出现多人抢着说话的现象，你就可以知道人类是多么爱说话了！

在中秋节的前一天晚上，在外地工作的张平为了给妻子一个惊喜，兴冲冲地乘飞机往家赶。他一路上幻想着和妻子团聚的情景，内心充满喜悦。然而天有不测风云，上飞机的时候还是风和日丽，飞机飞到一半的时候，突然遭遇到了狂风暴雨。飞机脱离航线，上下左右颠簸，随时都有坠毁的可能。在这万分危急的时刻，飞机在驾驶员的冷静驾驶下终于平安着陆。死里逃生，大家都欢呼雀跃，感受到了活着的美好。

大难不死的张平回到家之后，向妻子描述了飞机上遇到的险情，说到激动处，满屋子转着、叫着、喊着……然而，他的妻子正和孩子兴致勃勃分享着节日的愉悦，对他经历的惊险没有丝毫兴趣。张平说了半天，发现并没有人在听他的讲述。他死里逃生的巨大喜悦与被冷落的心情形成强烈的反差。这让张平觉得，早知如此，不如不乘飞机回家过中秋节了。

要想夫妻之间的关系更加融洽，不仅需要沟通，更需要倾听。当你兴致勃勃地向丈夫或者妻子诉说一件事的时候，却发现他（她）对你说的话一点兴趣都没有，无疑会受到很大的打击。

一个人不仅要学会说话，更要学会倾听。夫妻之间如此，亲朋好友之间更是如此。懂得倾听，不仅是对对方的一种关爱、理解，更是调节双方关系的润滑剂。每个人在烦恼或者喜悦的时候都有一种愿望，那就是渴望与人分担，渴望对人倾诉，并且希望得到倾听者的理解与赞同。张平的妻子正是因为没有做到这一点，才导致了悲剧的产生。

没有人生来就能说会道，好的口才都是经过后天训练得来的。但是，在学会说话的艺术之前，请先学会如何听话。

说与听是一体两面，在说话的同时，先要学会如何敞开心灵去倾听对方的心声，一双会倾听的耳朵，在人际关系中具有无与伦比的魅力。注意倾听，正是我们对别人最大的恭维与尊重。倾听是这个世上最美的动作。

想要拥有良好的人际关系，不仅要会说话，更要学会听话。

洗耳恭听，恭敬回答

任何人都希望受人欢迎，也希望别人能了解自己。因此，不少人都想方设法来训练自己的口才，让自己能言善道。这都是“会说话才能使沟通顺畅圆满”的心理所造成的。

1. 会说话是否就能使沟通顺利

以开会来说，无论是公司会议还是公众会议，纵然主持人擅长说话技巧，但如果从头到尾都是他一人发表意见，那么这会议充其量只是报告会。

只有出席者也发言，提出具有建设性的问题或意见，才能达到沟通的目的。“说”与“听”是沟通不可或缺的条件，而这两者相互平衡，才会产生理想的沟通。

像这种情形也适用于一对一的交谈。由此可见，与其强求成为很会说话的人，不如先成为能倾听的人，如此有助于沟通。

2. 到底“听人说话”具有何优点

第一，能获取对方的信息。这一点在许多人身上都得到了证明。可以肯定，不听人说话的人，不可能受人欢迎。

第二，通过听人说话可训练回话技巧。

谈话是否能提起别人兴趣，与话题好坏息息相关。所谓话题，除了可得自报纸、电视与杂志等媒体之外，也可从他人身上获得。换句话说，多听人说话可增广见闻，使谈话内容越来越充实。因此，能“听话”的人自然也会“说话”。

环顾四周的人可以发现，懂得说话艺术的人，也都了解听人说话的重要，由于他们不断吸收别人的话题，于是更丰富了自己的话题。相反的，那些言语乏味的人，大都是从不听人说话的人，不但如此，反会炫耀自己或批评别人。

如此看来，说话技巧好坏与否并不重要，只要能用心学习听话技巧，就能广得人缘。

听得越多，越容易回答

相信你对松下集团的负责人松下幸之助并不陌生，松下成功的秘诀，在于建立庞大的销售网络。然而，在建立目前稳固的销售体制前，也曾经历几次经营上的危机，所幸都克服了。

其中以1965年开始的经济低迷期最严重，连带影响松下电器销售行和代理店，使之都陷入困境。当时，松下为改善情况，决定彻底检讨整个销售体制。但却遭到部分销售行和代理店的反对，而且反对的声浪日渐高涨。

于是，松下召集1200家销售行的负责人，由持反对意见的负责人一一发表意见。然后才轮到他本人发言，他态度温和，详细说明新的销售方式。由于松下谦和地应对，终于获得全体与会负责人的支持，同意推行新方案。

日本前首相田中角荣是有名的“名嘴”，他同样具有特殊的说服力。尤其在地方上做街头演说时，更是倾倒所有在场的听众。

为什么他的演说如此有魅力呢？仔细加以分析，是由于他有“听话”的涵养。

据说，他十分重视民意，每天都会接见陈情的百姓，而且对每个人一视同仁，再细微的事也会照办。但真正使演说成功的，却是专心倾听意见与谦虚的态度。

不可否认，唯有听人说话，别人才能接纳自己的看法。如此双方必能产生信赖关系，使说话具有说服力。以上两个例子告诉我们，听别人说话，是与人沟通必须采取的基本态度。

让对方多说点

上了年纪的人大都比较唠叨，经常会重复相同的话题。特别是“现在的年轻人……”或“我们那时候……”等。而听者难免会不耐烦，很想捂住耳朵。不过，抱这种态度一定听不到真心话。

有位资深记者曾透露自己的亲身经历。以前他追踪报道某杀人案件时，知道一位老人对涉嫌的凶犯很了解，于是时常到老人家访问，但事情却一直没有进展。那位老人每次见到他总是说：“哦，你要问××啊，我知道他……”内容几乎都相同，采访陷入了胶着状态。

为打破僵局，他开始改变采访方式，不再以记者采访的口吻问话，而改说：“老先生，您的谈话很有趣，可不可以多说一些……”语气就好像是孙子央求爷爷讲故事一样。据这位记者说，这计策是用来鼓励老人说出真相的。

果然这种方式奏效了，老人的态度逐渐有所改变。他的谈话内容与以前大致相同，但其中掺杂一些新的事实。于是这位记者详细地了解到了凶犯的出生秘密及幼年的悲惨生活。这是因老人对记者的态度发生好感，才会打开心扉，毫不隐瞒地全盘托出。

同样的例子还有很多。如果你想认识某人，不妨找熟识对方的朋友询问。而对方所说的你可能都已明白，但应避免说“我全都知道了”，否则一定无法听到其他的真相。

你必须改变态度，表示对这件事相当热衷，让对方感到很有面子，那么对方才可能说出真话，而你自然能够完全了解想知道的内容。

用一只耳朵，听自己说话

理想的交谈是既了解对方的内容，也能正确传达自己的意思。唯有如此，回话才算成功。然而，在谈话结束时，可能会发生已大致明白对方所言，却忘记自己说些什么的情形。这情形要是在聊天时，可不必介意，但如果在谈生意，恐怕将损失不少。

像这样的失败，以新进职员居多，这大概是由于过分紧张，而被对方的话吞没。明明很仔细听讲，也适当地提出问题，但交谈完毕后，竟然对自己的谈话印象很模糊。

说起来，这种谈话称不上是圆满。真正圆满的谈话，不仅需要用心听对方说话，还要以一只耳朵听自己的发言内容。

美国有位专门研究语言问题的学者曾表示："与人交谈时，需先评判自己所说的话，同时需准备另一个自己的头脑。"意思是，在谈话时，自己的脑中另有一个自己，也就是设定另一个自己，然后对这个自己说话。不管怎样，除了需要倾听对方说话外，也需仔细听自己发言，并牢牢记在心。

有一位讲师，为使演讲内容充实，通常都会设定三种听讲对象：

1. 自己。

2. 另一个自己。

3. 听众。

而演讲主题则围绕着这三种听众，结果演讲大都能圆满成功。

有位建筑设计师与顾客洽谈时，也都会设定类似的三种情况。

建筑房子当然是按照设计图施工，但外行人根本不了解设计图，所以他就以具体的方式对顾客说明，如"外观是明朗的南欧式""客厅向南、地板是木质"或"厨具采用压塑板"等。如此说明不仅对方容易了解，也具有说服力。

这么说来，与人交谈时，必须以一只耳朵听对方说话，以另一只耳朵听自己发言，否定很难正确地与对方沟通。

不可随意打断发问

某评论家也是主持会场的高手。他曾在自己的著作中提到“谈话与礼节”这个问题。书中表示，一般年长的人说话都倾向于“说教”，但仍须虚心地听。即使长辈表达不完整，也应避免中途打断。

有一天，我们聚在一起闲谈，天南地北扯不完。记得他向我问话时，我不待他问完即打断，说：“你是不是要问我……”对此，他并未显露出不悦的表情，只是暂时打住问题而听我说。

他掌握时机分秒不差，不由得叫我佩服得五体投地。他配合当时的情况，先让给我发表意见的机会，然后才由自己继续未完的问题，听人说话技巧的确高人一筹。毫无疑问，说者往往会受听者的礼节与情感所引导。

交谈中须相互交换意见，才能进行顺利。应在坦诚谈话并表示了解后，才陈述自己的意见。倘若不遵守这原则，可能会造成各说各话的情形，以至于谈话不投机，损害人际关系。

然而，我们常因热衷于谈话，而忽略了这一原则。虽然完全没有恶意要抢先，却会发生打断对方谈话的情形。比方说，对方正在提问题时，你打岔说：“是啊，我也正想提这点呢。”或者对方反问之际，你连忙矢口否认：“不！不！我将于这月中提出完整的计划。”打断对方而发表自己的意见。

像这样的谈话方法，最容易引起对方不满。应等候对方说完，才正式提出自己的意见才是。在表达本人看法前，必须用心听讲，充分显露出尊重的态度。应特别注意，听话有礼节是帮助说话技巧的要素。

尤其是面对长辈或顾客时，更需具备这种礼节。举例来说，在发问中，对方说道："关于这点……"你应立刻停止发言而专心听对方说，这表示自己愿意帮助对方尽早解决疑问，绝不能打断对方的话题。当然，更重要的是从对方谈话中掌握对方的意向。

用心倾听，适时插话

有位小提琴教授，他的教学方法独树一帜，对于初学琴的学生，他不发给他们乐器，而要求他们默默地“听”人练习拉琴，直到学生的学习意愿达到顶峰时，才让他们接触乐器练习，结果大部分学生经过短期练习就有了优异表现。

像这种情形也可运用于语言沟通方面。有些人急于表达自己的意见，却因表达不完整而焦躁。这时，听者与其不停地催促，不如静静地等候，如此反而能帮助说话者表达清楚。

为什么这种方法能奏效？我们都知道，听同样一个人说话，听者的反应常因说者当时的状况及谈话内容而改变。同理，说者的反应也会随着听者而起伏不同。如果听者反应太强烈，完全不考虑说者的立场，往往只能听到索然无味的内容。

好比鱼类和蔬菜有盛产期一般，说话也要讲究时机。等待时机也是听话的技巧之一。齐女士为某杂志社撰写专栏，她教育子女很有一套，值得我们借鉴。

关于孩子的服装或礼貌她从不干涉。比方说，上幼儿园的儿子毛衣前后穿反时，其他孩子妈妈一定加以纠正：“赶快穿好，不然其他小朋友会笑你的。”但她却置之不理，就让孩子去上学。

结果孩子放学后，毛衣已穿好。这是因为孩子发现了自己的错误而自动改正了。有一次，他的裤子又前后穿反，由于没办法上厕所，第二天自然就穿对了。

的确，由自己发现而纠正错误，比较不会再犯相同的错误。说话与穿着或礼貌相同，都需耐心等候时机到来，这点是不容怀疑的。

要是能等待，而不催促说者，保证能舒解说者的紧张，听者当然就有耳福了。

掌握倾听的技巧

在互联网和其他现代化数字传媒纷纷进入人们的学习、工作、生活的时代背景下，对话、沟通成为人们的趋向性选择。与此同步，思想文化的教育方式也随之由注重单向灌输变为重视双向交流，倾听自然也就成为这种互动交流的必要前提和条件，成为连接双方心绪的桥梁和纽带。也正因为如此，有许多人必须从以前那种好为人师、“我讲你听”的习惯中走出来，跟上时代的脚步，提高自己倾听的素养和能力，掌握倾听的技巧。而要学会倾听，在当前至少有以下几点是应该给予足够重视的。

1. 倾听要耐心

耐心是使诉说和倾听得以进行下去的基本保证。倾听时不能急，急了，就是不让人说话；倾听时不能躁，躁了，就会频频打断别人说话；倾听时不能烦，烦了，就会让诉说者顾虑重重、欲言又止。总之，倾听要有耐心，有耐心才能更好地倾听。

耐心是一种态度。倾听的根本问题是态度问题，不是方法问题。毛泽东同志指出：“怎样使对方说真话？各个人特点不同，因此，要采取的方法也不同。但是，主要的一点是要和群众做朋友，而不是去做侦察，使人讨厌。”管理者要想听到群众的心声，首先要有尊重人、关心人、平等待人的根本态度，要把群众当成无间亲朋、良师益友。应该认识到耐心倾听群众的呼声是坚持民主作风的体现，是贯彻群众路线的基本前提，而这种态度就表现为面对群众时的满腔热忱，倾听诉说时的认真细致，听到问题时的赞许鼓励，闻知困难时的关注关切。

耐心是一种涵养。管理者从群众中既能听到赞美鼓励，又能听到逆耳之言；既能听到简短汇报，又能听到唠叨长谈；既能听到真知灼见，又能听到风言风语。面对各种声音，管理者需要有海纳百川的气度，要能听得进千言万语。法国著名作家雨果说过："世界上最宽阔的是海洋，比海洋更宽阔的是天空，比天空更宽阔的是人的胸怀。"管理者就应具备宽广的胸怀和容人的素质，要有耐心倾听不同的声音，要能在听的过程中耐心寻找他人思想的火花。

耐心是一种习惯。秦末，楚汉相争。初始，汉高祖刘邦处于劣势，兵寡势微，屡战屡败，但是他从谏如流，始终愿意耐心听取他人的意见，把倾听意见作为习惯，变成个人风格，终于以弱胜强。而项羽则高傲自大，闭目塞听，仅有一个谋士范增，还不愿用，最终失去了优势，无颜再见江东父老。同样，管理者要为企业建设出谋划策，要为广大群众解决实际问题，需要掌握各方面的情况。面对纷繁复杂的局面，管理者必须把倾听变成自觉行为，内化为良好习惯，形成工作作风，才能耐下心性听取八方来言，才能心平气和听完各种意见，也才会为做好工作打下扎实的基础。

2. 倾听要虚心

只有虚怀若谷，才能容纳各种不同意见。倾听，不论听到什么意见——正面的、反面的，料到的、意外的，好听的、难听的，都要"洗耳恭听"。这样，才会收到"知无不言，言无不尽"的奇效。

虚心表现为不自以为是。好为人师，自以为是，不由分说，拒人于千里之外，都是倾听的大敌。管理者在任何时候都不能认为自己有多高明，应该认识到高明是相对的，一个人不可能比一切人高明，也不可能在一切事上都高明，只有虚心听取不同意见，做到耳听八方，才能了解真实情况，才能为群众所认可。正如汉代桓宽在《盐铁论》中所讲："多见者博，多闻者智，拒谏者塞，专己者孤。"管理者只有谦虚好学，多听多看，兼听善择，才能视野开阔，知识丰富。否则，自高自傲，夜郎自大，只能导致独断专行，陷于被孤立的境地。

虚心表现为不拒绝批评。倾听不只是听好听的话，更要听难听的话，难听的话中有真相、真情、真理。“良药苦口利于病，忠言逆耳利于行”，讲的就是这个道理。唐太宗李世民多次被谏臣魏征尖锐的措辞激得面红耳赤，但他能够虚心纳谏、容人谏言，反而从魏征那里受益匪浅，因此魏征死后他痛哭流涕：“以人为镜可以明得失，魏征殁，朕亡一镜矣！”面对批评，人们不仅要能听，还要善听、愿听、爱听。要以“闻过则喜”的胸怀对待批评，做到“言者无罪，闻者足戒”。只有这样，才能听得进逆耳忠言，才会吃得下苦口良药。

虚心表现为不居高临下。倾听是发扬民主、集思广益、团结人民群众的有效途径，是管理者礼贤下士、平易近人、礼貌待人的直接体现。三国时，刘备不以诸葛亮位卑而轻之，三顾茅庐问天下计，诸葛亮因感“先帝不以臣卑鄙”之恩而“鞠躬尽瘁，死而后已”，成为千古佳话。虽然，人有大小、新老之分，言有长短、轻重之别。但是，管理者应该深知“微言”有大义、“小计”含真情，放下架子、面子倾听群众的声音，就会得到群众的敬重，就会得来群众的肺腑之言，就会赢得群众的支持拥护。

3. 倾听要诚心

心诚则灵。心不诚，如果只是表面上装出倾听的样子，而实际上心不在焉，那么，不仅听不到真言，还会因此交不到诤友。

倾听要真诚。“人心换人心，五两对半斤”，管理者只有真心诚意地去听群众的声音，群众才会从心里接受你、感谢你、支持你。日本松下公司多年来有一项制度，就是每月发工资时，工资袋里必须有一封总经理给职工的亲笔信。信都写得真诚感人，职工拿到工资袋，不数钱，先看信，还拿给家人看，看到感人处一家人都掉眼泪。正是因为公司这种真诚待人的态度，使得松下员工都尽心敬业、努力工作，也使得松下公司成为世界著名企业。“精诚所至，金石为开”。管理者要想听到真实的话语，必须抱有真诚的态度，做到用心去听，用情去听，绝不能虚情假意，敷衍了事。

要理解对方。群众向管理者诉说衷肠，多半是因为心里有了解不开的疙瘩或遇到了棘手的问题。因此，倾听时必须要理解诉说者的心情和处境。要由人推己，站在当事人的角度来感知诉说者的困难和心境，理解他们的心情和需要。要通情达理，面对群众的不满之辞和偏激话语，应该理解他们、体谅他们，用自己的诚心来解开群众的心结。要想人所想，对待群众的事情和疾苦，应该急人所急、忧人所忧。只有这样，才能与人交心，大家才不会把你当成外人。

4. 倾听要细心

古人云“天下大事，必作于细”。倾听中，管理者只有心细如发、见微知著，才能敏锐地感知群众的心迹，才能迅速地抓住问题的端倪。

要听清。倾听不是不动脑子地随便听听，而是要集中精力：认真、用心地听。管理者在倾听群众反映情况时不能“心不在焉”或“左耳进右耳出”，更不能还没等对方讲完就“先声夺人”“先入为主”。这样，不但听不清群众的话语，而且还会影响群众的情绪，“听”还不如“不听”。要听清话语，必须聚精会神，心无旁骛，自始至终地认真听群众的每句话语。要记清话语，除过用笔去记外，还要用脑去记，用心去记，记清群众的情绪态度，记住群众的殷切期望。

要听准。“差之毫厘，谬以千里”，这个道理同样适用于倾听。听不准群众的话语，就弄不清群众的想法，就不会清楚群众的需要，也就会使后面的工作无的放矢，甚至出现偏差。要听准话语，需要心随耳动，切实弄明白群众说的重点是什么、心里的想法是什么、希望达到的目的是什么，尤其对于重要、敏感的话语，应该有意再询问订正一下，确保准确无误。要听准话语，还需要闻百家之言。“兼听则明，偏信则暗”，只有倾听多种声音、征求多种意见，并经过分析辨别、综合衡量后，才能找出最准确的信息。

要听真。“说话听声，敲锣听音”。倾听要辨识，没有辨识怎能听真？管理者要想把准群众的思想脉搏，弄清事物的本来面目，就要会听言下之意、真实之音。人们的经历和环境不同，个性特征、学识、修养和思维方式也会不同。有的人说话直接反映他的真实想法，有的人则常常用反话、气话、怪话等曲折的方式来表现意见倾向。所以，相同的话由不同的人来说，其含义可能是不相同的。因此，管理者倾听时一定要开动脑筋，对听到的话进行具体分析、去伪存真，从而摸清群众的真实想法。

第九章
非语言回话：神奇的肢体语言

人们在回话时，往往动作比语言更为有效。非语言沟通要素中的动作在回话过程中是重要的，人际沟通中65%的社会意义由非语言信息来传递。作为一名沟通高手，不仅要熟练地运用语言沟通技巧，而且还要懂得正确地运用非语言沟通技巧。

非语言沟通主要是肢体动作（又称肢体语言），同时还包括了衣着、物件、颜色和环境的营造等对沟通的影响。

肢体是怎么回话的

肢体语言会伴随着我们的说话同时产生。肢体语言来自面部表情、眼神接触、手势、站立姿势和态度，大多数情况下，它是受潜意识支配的，有些简单的肢体语言甚至能抵得上千言万语。可以说：无声语言所表达的意义要比有声语言多得多。

运用肢体语言能够传达你的言外之意和情感，从而引导对方，让沟通更加顺畅。那么，我们如何让自己的身体会“回话”？

1. 体态

达·芬奇曾说过，精神应该通过姿势和四肢的运动来表现。同样，在人际交往中，人们的一举一动，都能体现特定的态度，表达特定的含义。

一个人的体态会流露出他的态度。身体各部分肌肉如果绷得紧紧的，可能是由于内心紧张、拘谨，在与地位高于自己的人交往中常会如此。推销专家认为，身体的放松是一种信息传播行为。向后倾斜 15 度以上是极其放松。人的思想感情会从体态中反映出来，略微倾向于对方，表示热情和兴趣；微微起身，表示谦恭有礼；身体后仰，显得若无其事和轻慢；侧转身子，表示嫌恶和轻蔑；背朝人家，表示不屑理睬；拂袖离去，则是拒绝交往的表示。

我国传统很重视在交往中的姿态，认为这是一个人是否有教养的表现，因此有“站如松，坐如钟，行如风”之说。

在日本，百货商场对职员的鞠躬弯腰还有具体的标准：欢迎顾客时鞠躬 30 度，陪顾客选购商品时鞠躬 45 度，对离去的顾客鞠躬 45 度。

如果你在交谈过程中想给对方一个良好的第一印象，那么你首先应该重视与对方见面时的体态表现，如果你和人见面时耷拉着脑袋、无精打采，对方就会猜想自己也许不受欢迎；如果你不正视对方、左顾右盼，对方就可能会怀疑你对于这次会面是否有诚意。

2. 目光

两个人对话时，目光接触，是最能传神的非言语交往。“眉目传情”“暗送秋波”等成语形象地说明了目光在人们情感交流中的重要作用。

目光不免会经常接触，而从对方的目光中，很容易了解对方的感觉。如果对方目光有神地望着你，至少他是在专心听你说话；如果对方目光四处游移，一副心不在焉的样子，可能是他对话题不感兴趣，这时我们便要适时地将话题引导至其他能够引起对方兴趣的方面。

在人们交往过程中，彼此之间的注视还因人的地位和自信而异。在一次实验中，研究人员让两个互不相识的女大学生共同讨论问题，预先对其中一个说，她的交谈对象是个研究生，同时却告知另一个人说，她的交谈对象是个高考多次落第的中学生。观察结果是，以为自己地位高的女学生，在听和说的过程都充满自信地不住地凝视对方，而自以为地位低的女学生说话就很少注视对方。在日常生活中也能观察到，往往主动者更多地注视对方，而被动者较少迎视对方的目光。

3. 表情

许多人的喜怒哀乐都是写在脸上的，即使是一个深沉的人，从脸部表情变化上都多少可以看出一些端倪来。例如，两方代表团对坐于谈判桌前，在后排的人士中，就有人专门解读对方表情变化。

又例如，老师上课讲了一段后，会问学生懂了没有，如果学生是一脸茫然的表情，不用说，一定是似懂非懂了。可见面部表情也是一门可以深入研究的学问。

4. 语气

说话时语气的抑扬顿挫，对于说话内容有很大的影响，比如说吵架的时候，通常都是比较大声；情话绵绵时却又是窃窃私语了。说话时有一些辅助的字句，例如“嗯”“啊”“噢”等，虽然都是语尾助词，却也是可以听得出另一番意义的。

有一次，意大利著名悲剧影星罗西应邀参加一个欢迎外宾的宴会。席间，许多客人要求他表演一段悲剧，于是他用意大利语念了一段“台词”，虽然客人听不懂他的“台词”内容，但他那动情的声调和表情，凄凉悲怆，不由使大家流下同情的泪水。可一位意大利人却忍俊不禁，跑出会场大笑不止。原来，这位悲剧明星念的根本不是什么台词，而是宴席上的菜单。

恰当自然地运用各种语音语调是交际成功的前提。一般情况下，柔和的声调表示坦率和友善，在激动时自然会有颤抖，表示同情时略微低沉。不管说什么话，阴阳怪气的，就会像是在冷嘲热讽。鼻音哼声往往表现傲慢、冷漠、恼怒和鄙视，是缺乏诚意的表现，会使人不快。

5. 衣着

在谈判桌上，人的衣着也在传播信息。意大利影星索菲亚·罗兰说：“你的衣服往往表明你是哪一类型，它代表你的个性，一个与你会面的人往往自觉地根据你的衣着来判断你的为人。”

衣着本身是不会说话的，但人们常在特定的情境中以穿某种衣服来表达心中的思想和要求。在人际交往中，人们总是恰当地选择与环境、场合和对方相称的衣着。在谈判桌上，可以说衣着是谈判者“自我形象”的延伸扩展。同一个人，穿着打扮不同，给人留下的印象也完全不同，对交往对象也会产生不同的影响。

美国有位营销专家做过一个实验，他本人以不同的打扮出现在同一地点。当他身穿西服以绅士模样出现时，无论是向他问路或问时间的人，大多彬彬有礼，而且他们看来基本上也是绅士阶层的人；当他打扮成无业游民时，接近他的多半是流浪汉，或是来找火借烟的。

身体语言的解读和运用，必须结合具体的沟通情境、不同的风俗习惯以及人物的性格特点等进行具体分析。同样一种表情、动作或神态，在不同的沟通情境、不同的地域里所反映的意义可能会大相径庭，而不同性格的人在传递信息时展示出的身体语言也各不相同。例如，竖起大拇指的手势，在中国表示赞扬，在日本表示“老爷子”，在希腊表示让对方“滚蛋”，而在英国等地则常常有一种侮辱人的意味。又如，有些人用双手摊开的动作表示“我就是这么倔强，你还是不要再浪费口舌了”，而另外一些人则用这个动作表示“真拿你没办法，我服了你，就按你说的意思办吧”。

微笑架起友谊的桥梁

微笑作为一种特殊的身体语言对于现代商务人士来说非常重要。商务交往中，你的客户可不想看到你愁眉苦脸的样子。相反，如果不时地施以真诚的微笑，就可能感染他，使之愉悦并更愿意与你相处。

微笑时，眼睛也要“微笑”，否则给人的感觉只能是更糟糕的“皮笑肉不笑”。“一条缝的眼睛”一定是大笑的结果，而正常状况下至少应该是眼睛微眯，这样会令你的微笑更传神、更亲切。微笑着说“您好”“是啊”“嗯”“我同意”等礼貌用语会让你更有亲和力。微笑要与正确的身体语言相结合，才会相得益彰。你绝不应该在微笑时还表现出一种消极的身体语言。

有微笑面孔的人，就会有希望。因为一个人的笑容就是他传递好意的信使，他的笑容可以照亮所有看到他的人。没有人喜欢帮助那些整天愁容满面的人，更不会信任他们；很多人在社会上站住脚是从微笑开始的，还有很多人在社会上获得了极好的人缘也是从微笑开始的。

任何人都希望自己给别人留下好感，这种好感可以创造出一种轻松愉快的气氛，可以使彼此建立友善的联系。一个人在社会上要靠这种关系才可以立足，而微笑正是打开愉快之门的金钥匙。

如果微笑能够真正地伴随着你生命的整个过程，这会使你超越很多自身的局限，使你的生命自始至终生机勃发。

现实的工作和生活中，一个人对你满面冰霜，横眉冷对；另一个人对你面带笑容，温暖如春，他们同时向你请教一个问题，你更欢迎哪一个？当然是后者，你会毫不犹豫地对他知无不言，言无不尽，问一答十；而对前者，恐怕就恰恰相反了。一个人的面部表情亲切、温和，远比他穿着一套高档、华丽的衣服更吸引人注意，也更受人欢迎。

微笑是一种宽容、一种接纳。它缩短了彼此的距离，使人与人之间心灵相通。喜欢微笑着面对他人的人，往往更容易走入对方的天地，难怪人们强调："微笑是成功者的先锋。"

罗曼·罗兰曾说："面部表情是多少世纪培养成功的语言，比嘴里讲的复杂到千百倍的程度。"在面部表情中，人们最偏爱的就是"微笑"了。我们的生活需要笑容，因为它有益于我们的身心健康；我们的工作更需要笑容，它会满足客户和所有人的希望。

微笑能表达一种良好的精神风貌，是生活的魔力棒。它能给人解除忧虑，带来欢乐。善意的微笑，对覆冰盖雪的角落是一缕和煦的春风，让人感到一股春风送爽的温暖。微笑是美的，因为它表现了许多难以言传的感情。

笑有真有假，真正的微笑是不受控制的，是真的从心里往外、压抑不住的高兴，是一种由衷的满足。只有微笑才能感染对方，从而产生呼应，达到最佳的效果。笑的时机要恰当，并要注意选择笑的场合。该笑的时候笑，不该笑的时候就不能笑，否则会适得其反。比如，欢庆、轻松的气氛中应该笑；悲伤的场面或看望久治不愈的病人时就不该笑。

微笑是通过不出声的笑来传递信息的，不仅是人的外在表现，更是内在精神的反映。只要我们出自真诚、运用得当，就会赢得对方的好感，从而获得意想不到的收获。

微笑不仅能让人驱走心灵的阴霾，还会让人变得友善。

有一次，一位窘困不堪的乞食者将手伸到了屠格涅夫面前。屠格涅夫搜遍全身，什么也没有。于是，他紧紧握住乞者的手，微笑着说："兄弟，很抱歉，今天我忘记带了。"乞讨者眼里荡漾着异样的光芒，感动地说：“这个手心，这个微笑，就是周济!”

温暖的微笑在人际交往中具有丰富的内涵，是自信的象征，是心理健康的标志，是礼貌的表示，是和睦相处的反映。目光生动的微笑，就像明媚的阳光一样，使人心旷神怡，可以驱散阴云，淡化矛盾，可以化干戈为玉帛。

人生的美好就是心情的美好；人生的丰富就是人际关系的丰富。当用发自内心的微笑对待对方时，便主动地掌握了人与人之间真诚交往的尺度。如果可以用微笑开始，用微笑结尾，那微笑的价值是不言而喻的。

微笑是零距离人际交往的明信片，架起了彼此间友谊的桥梁，打开了从表面驶向心海的航线，是最接近心灵的回话交流方式。

眼神回话，无声胜有声

眼睛是人与人说话中最清楚、最正确的信号，因为它是人身体的焦点。人们通常所说的“眼睛是心灵的窗户”“她的眼睛会说话”“他的眼神不定”，都是说眼睛对人类行为的巨大作用。与对方保持最直接的交流，除了语言就是眼神了。

在倾听别人说话的过程中，一定要运用好自己的眼神。要想使对方知道自己在认真听取他的讲话，你的眼神与对方的眼神一定要保持好联系。对方讲话时，你最好与他的眼神不断地会合，不要东张西望。随便看其他东西听人讲话，说话的人一定会感到不高兴。

眼睛盯着一件东西看，这对有些人来说有点困难。但是，如果你正在努力赢得他人的好感，并且想表示你所说的话很认真，这就显得很重要了。例如，当你走进老板的办公室要求他给你升职时，如果你的眼睛紧盯着他，而不是低着头，那么他会更认真地考虑你的请求。当你在单位陈述你的一份商业计划时，如果你用自信的眼神看着周围的人，那么大家就会更加信任你并认可你的计划。

理解了对方的意思时，要表现出领会的眼神；渴望得到对方的讲解时，要表现出诚恳的眼神；对方说到幽默处，表现出喜悦的眼神；对方显得悲伤时，要表现出同情的眼神。耳朵与大脑是语言的接收器，眼睛则是接收后的反应器。听到别人的信息也置若罔闻、呆若木鸡，谈话的双方就无法对话下去，应该及时接受、及时反应，从而吸引住说话人的注意力。

用眼睛和别人说话，不仅表明你很自信，同时也表示你对别人很尊敬。当你发表演说时，眼睛要注视着对方，语气里要带有更多的强调成分，加入更多的感情色彩。如果你的眼睛看着别处或盯着地板，那就说明你对自己所说的话并不确信，或者你说的可能根本就不是事实。例如，当销售人员向客户介绍产品时，眼神中透射出的热情、真诚和执着，往往比口头说明更能让客户信服。充满热情的眼神，还可以增加客户对产品的信心以及对这场推销活动的好感。

俗话说："一个目光表达了1000多句话。"这句话也同样体现在职场中。在工作中，目光中除了能看出上级与下级、权力与依赖的关系外，还能揭示出更多的东西。

上司说话时，不看着你，这是个坏迹象。他想用不重视来惩罚你，说明他不想评价你。上司从上到下看了你一眼，则表明其优势和支配，还意味着自负。上司久久不眨眼盯着你看，表明他想知道更多情况。上司友好地、坦率地看着你，甚至偶尔眨眨眼睛，则表明他同情你，对你评价比较高或他想鼓励你，甚至准备请求你原谅他的过错。上司用锐利的眼光目不转睛地盯着你，则表明他在显示自己的权力和优势。上司只偶尔看你，并且当他的目光与你相遇时马上躲避，这种情形连续发生几次，表明面对你，这位上司缺乏自信心。

眼睛能作为武器来运用，使人胆怯、恐惧。常见的瞳孔语言为，在表示反感和仇恨时，瞳孔缩小，还露出刺人的目光；相反，睁大眼睛则表示具有同情心和怀有极大的兴趣，还表明赞同和好感。

俗话说："眼睛是心灵的窗户。"一个人的眼神往往最能反映一个人的内心。因此，在与客户说话时，不但要学会从客户的眼神中来了解他们的内心，也要学会利用自己的眼神来表达自己的情意。一方面，与客户说话时，要注意看着对方的眼睛，用眼神来与客户进行交流，显示出对他们的尊重。此外，眼神又要用得恰到好处，既不能死盯着对方，又不能让人感觉到不自在，或者使人觉得你别有用心。

有人对你说话时，眼睛要注视着他；有人发表意见时，你的身体和脸要正对着他。无论我们和周围的人用什么方式交流，也不管表达的内容是什么，我们肯定会对那些用眼神和我们说话的人给予更多的关注和回应。

触摸，一种无声的回答

触摸是一种无声的语言，是非语言回话的特殊形式，是人际交流中最亲密的动作，包括抚摸、握手、依偎、搀扶、拥抱等。触摸能增进人们的相互关系。它是用以补充语言说话及向他人表示关心、体贴、理解、安慰和支持等情感的一种重要方式。

触摸行为也是一种沟通方式，能起到比言语更为有效的效果。

触摸是人际沟通中最有力的方式之一，因为每个人都有被触摸的需要。心理学的研究表明，人们不仅对舒适的触摸感到愉快，而且会对触摸对象产生情感依恋。如果你谈过恋爱，你会发现，你和恋人关系的进步往往取决于身体接触的一瞬间，哪怕只是牵手的一瞬间，你们的情感也会发生质的变化。

每一个个体都有被触摸的需要，这是一种本能。婴儿接触温暖、松软物体会感到愉快，他们喜欢拥抱、抚摸。比如，触摸孩子的头、手等能满足他们对爱的需求，可以转移其注意力，能给他们安全感、信任感，消除他们的恐惧心理。

触摸行为，能够传递出各种不同的信息。

1. 传递情绪信息

心理学专家研究发现，触摸能够传送五种不同的情绪：漠不关心、母亲般的照顾、害怕、生气和闹着玩。另一项研究发现，大部分的人在向另一个人致意和说“再见”时，都使用触摸，而长久分别时的触摸（如握手、拥抱等）更为强烈些，使分别更富于情感。一个人触摸另一个人的肩膀，意思就是：“不要感觉这个讨论是一种威胁”，或者可能是“这真的很重要”。

2. 传递地位信息

一般来说，主动触摸对方的人往往是地位较高的人，而且两人之间没有障碍和矛盾。所以，在日常交流中，大多是教授、老板、大人主动触摸学生、雇员、小孩。通常，地位低的人往往希望得到地位高的人的触摸。具有支配性个性的人或者企图显示这种支配性的人，往往主动采取触摸行为。

善用手势，有效回答

手势是人与人交往时不可缺少的动作，是最有表现力的一种“体态语言”。俗话说：“心有所思，手有所指。”手的重要性并不亚于眼睛，甚至可以说手就是人的第二双眼睛。

手势的运用场合有很多，在日常的实际运用中，手势包括握手、拱手、招手、挥手、摆手、摇手等。这些姿态都要做到有感而发，准确、自然、优雅而不生硬，一定要从实际出发，使动作恰当而简明地说明问题，表达感情。

那么，正确的手势又是怎样的呢？常见的手势有以下四种：

1. 情意手势

主要用来表达谈话者的情感。如在演讲中说道“我们一定要扭亏为盈！”配合有声语言，他的右手由右上方向左下方劈下，并在说出句尾的“盈”字时顺势握成拳头，显得有力而果断，给人以信心和力量。

2. 指示手势

用于指明要说的人、事、物、方向等。“作为一个国家，振兴中国只有一个选择，就是必须走建设具有中国特色的社会主义道路。”配合有声语言，右手上举于头侧，握拳伸出食指，引起听者对这一神圣选择的关注。

3. 象形手势

用来描摹、比画具体事物或人的形貌。“什么是爱”和“爱不是得到而是奉献！”配合有声语言，双臂在胸前平伸，臂微弯，手心朝上，模拟献物状，会加深对方对爱的理解。

4. 象征手势

象征手势常用来表达抽象概念。“对学生而言，我们去的地方是国家建设最需要的！”配合有声语言，右手向前方伸出，象征西部、边疆等最需要的地方。

手势可以根据手的动作范围分为三个区域：上区为肩部以上，在演讲、辩论中应用较多，表现雄心勃勃、积极、有动力、自信等；中区为肩部至腰部，多用于一般性的叙述事物和说明事理，表现坦诚、平静、和气等中性意义，这是最常用的领域。下区为腰部以下，多表示憎恶、不悦、不屑、不齿、排斥、否定、压抑等。

手势的巧妙运用会有助于你塑造良好的形象、优雅的气质，并适当地展示你的形象，不良的手势，则会严重影响形象，会让沟通受到阻碍。使用手势应该注意以下几点：

(1) 在交往中，手势不宜过多，动作不宜过大，给人以优雅、含蓄和彬彬有礼之感，切忌指手画脚和手舞足蹈。

(2) 打招呼、致意、告别、欢呼、鼓掌均属于手势范围，应该注意其力度的大小、速度的快慢、时间的长短，不可过度。鼓掌是表示欢迎、祝贺、赞许、致谢等礼貌举止。在正式社交场合，观看文艺演出、重要人物出现、听报告、听演讲等都用热烈的鼓掌表示钦佩、祝贺。鼓掌的标准动作应该是用右手掌轻拍左手掌的掌心，鼓掌时不应戴手套，宜自然，切忌为了掌声大而使劲拍手，应自然终止。鼓掌要热烈，但不要“忘形”，一旦忘形，鼓掌的意义就发生了质的变化而成为“喝倒彩”“鼓倒掌”，有起哄之嫌，这样是失礼的。注意鼓掌尽量不要用语言配合，那是缺乏修养的表现。

(3) 在任何情况下，都不要用大拇指指自己的鼻尖，不要用手指指点他人。谈到自己时应用手掌轻按自己的左胸，那样会显得端庄、大方、可信。用手指指点他人的手势是不礼貌的。

(4) 一般认为，掌心向上的手势有诚恳、尊重他人的含义；掌心向下的手势意味着不够坦率、缺乏诚意等。握紧拳头暗示进攻和自卫，也表示愤怒，伸出手指来指点，是要引起他人的注意，含有教训人的意味。

因此，在介绍某人、为某人引路指示方向、请人做某事时，应该掌心向上，以肘关节为轴，上身稍向前倾，以示尊敬。这种手势被认为是诚恳、恭敬、有礼貌的。

（5）有些手势在使用时，应注意不同国家、不同区域的习惯，不可以乱用。因为各地习俗迥异，相同的手势表达的意思不仅有所不同，还可能大相径庭。如在我国和某些国家认为竖起大拇指、其余四指内曲表示称赞夸奖，但在澳大利亚则认为竖起大拇指，尤其是横向伸出大拇指是一种污辱。英国人跷起大拇指是拦车要求搭车的意思。用大拇指和食指构成一个圆圈，其他三指伸直，就是“OK”的手势，这一手势在欧洲表示赞扬和允诺，特别在青年学生中广为流行。然而在法国南部、希腊、撒丁岛等地，它的意思恰好相反。在巴西，人们打“OK”这个手势表示的是“肛门”。阿拉伯人用两个小拇指拉在一起表示断交，吉卜赛人掸去肩上的尘土表示“你快滚开”。

由此不难看出，每种文化都有自己的“手势语言”。千姿百态的手势语言，饱含着人类无比丰富的情感。它在人际交往中有时能起到有声语言无法替代的作用。

沟通的艺术

跟任何人聊得来

刘文华　编著

中国出版集团
中译出版社

图书在版编目（CIP）数据

沟通的艺术．跟任何人聊得来 / 刘文华编著．-- 北京：中译出版社，2019.8（2019.11 重印）

ISBN 978-7-5001-6011-3

Ⅰ．①沟… Ⅱ．①刘… Ⅲ．①心理交往－语言艺术－通俗读物 Ⅳ．①C912.13-49

中国版本图书馆 CIP 数据核字（2019）第 175736 号

沟通的艺术

跟任何人聊得来

出版发行：中译出版社
地　　址：北京市西城区车公庄大街甲 4 号物华大厦 6 层
电　　话：（010）68359376　68359303　68359101
邮　　编：100044
传　　真：（010）68357870
电子邮箱：book@ctph.com.cn
总 策 划：张高里
责任编辑：顾客强
封面设计：青蓝工作室
印　　刷：河北远涛彩色印刷有限公司
经　　销：新华书店
规　　格：880 毫米 ×1230 毫米　1/32
印　　张：30
字　　数：550 千字
版　　次：2019 年 8 月第 1 版
印　　次：2019 年 11 月第 11 次

ISBN 978-7-5001-6011-3　　定价：149.00 元（全 5 册）

前　言

我们常常说行走社会时，经常被“以貌取人”，其实，更多时候是被“以言取人”。如果你口齿笨拙或动辄出口伤人，和别人沟通起来就会很困难，就难以获得他人的认可，更不可能获取别人的欣赏、合作与帮助。

所以说，会说话很重要。朱自清说过一句话：“人生不外言动，除了动就只有言，所谓人情世故，一半儿是在说话里。”会说话是一门艺术，会说话是一种修养。我们每个人，每天都需要说很多话，可是真正“会说话”的人又有几个呢？

说话是什么？在林语堂那里，它是门艺术；在卡耐基的成功学里，它是工具；在郭德纲的相声里，它成了民间曲艺；到了主持人蔡康永的《说话之道》里，它成了一项“最划算”的事情。这些例子，说明说话不是一件简单的事。虽然每个人从牙牙学语到步入社会，不知已经说过多少话，但是有些人，说了一辈子的话，没有说过几句关键的话；有些人就凭几句话，因此而改写自己的人生。

如果有人问你：“你会和别人聊天吗？”你一定会觉得很可笑。而实际生活中，确实很多人都可以被归为“不会说话”。他们不懂得在什么时候、什么场合，什么话该说，而什么话不该说。

一个人才不一定会说话，但一个会说话的人一定是个人才。那些聊天高手，见什么人说什么话，到什么山唱什么歌，几句话就能抓住对方的心，让对方愿意听乐意说，与人交流愉快而顺畅。人们在心情愉悦、对来人充满好感的情况下，更愿意给对方提供更多的方便，给予更多的帮助。

与上司聊得来，能得到更多的赏识；与同事聊得来，能得到额外的支持；与客户、合作者聊得来，是项目成功的前奏；与身边的朋友聊得来，能加深彼此的友谊；与家人爱人聊得来，能营造甜蜜港湾。可以这样说，不论是交朋友还是谈事情，双方是否聊得开心、聊得透彻，是影响最终结果的重要因素之一。

看看身边那么多的成功者和社会精英，哪一个不是说话的高手、沟通的奇才？可以这样说，和任何人都聊得来，会让你成为一个受欢迎的人，会让你赢得他人更多的尊重，会让你拥有良好的人际关系，甚至一个人的成功，至少有一半是靠“会说话”创造的。

目　录

第六章　良好的人际关系，离不开一张会说的嘴 / 97

第七章　这样说，会为你的求职加分 / 115

第八章　优秀的业绩是“说”出来的 / 133

第一章
成功的一半是聊出来的

生活在这个社会中，我们每天都要跟各种各样的人打交道，这就要求我们跟任何人都能聊得起来。事业的成功和失败，往往取决于某一次聊天。这话绝不是夸张的，美国人类行为科学研究者汤姆士指出：“发生在成功人物身上的奇迹，一半是由口才创造的。”

说话是一种能力

在今天这样的信息时代，不论是生活中的闲谈还是工作中的交流，不论是生活中的娱乐消遣还是工作中的交际应酬，都离不开说话。甚至在衡量一个人是否有能力这个方面，很大程度上也是看他/她是否会说话。

有一位学富五车的学者一次去参加一个讨论会。他在会上被主办方邀请“随便讲几句话”时却窘迫之极。不难发现，一个有学问的人如果缺乏机智应变的口才，那么除了使人感到遗憾之外，说明他/她的知识和能力结构上还是存在缺陷的。

我国自古以来就有讲究日常说话的传统，对说话的作用有较高的评价。孔子说过，君子一言以为知，一言以为不知，言不可以不慎也。我们可以理解为，会说话也是一个人的能力表现。卡耐基说过，话语是一把人际沟通的钥匙。当人类进入文明社会后，检验一个人是否有能力，以及这种能力能否充分发挥出来，其中最重要的因素之一，就取决于一个人是否会说话。所谓“会说话”，就是在恰当的时候，对该说的人说了该说的话，从而达到了你想要的效果。

一位成功学大师曾明确指出：一个人事业的成功，85%取决于他的交际能力，而是否会说话则是衡量一个人交际能力的重要标准之一。语言的力量是巨大的，一言可以兴邦，一言可以误国。会说话已成为一个人学识、才干和智慧的重要标志。一流的说话方式，可以使你的表达更清晰，可以使你的话语更动听，可以使你的说服更有力，可以使你的人际关系更融洽；巧妙的说话技巧可以带给你愉悦和欢畅，帮助你增加知识和修养，激发你的创造力；也可以融洽人们之间的感情，建立良好的人际关系；还可以帮助你在工作和事业中巧妙地表达自己的意见，阐明自己的主张，展示你卓越不凡的办事能力。

如今，拥有说话的技巧，精通说话之术，你就拥有了一种不同寻常的能力，这种能力会让你八面玲珑，借助这种能力你可以编织起一张巨大的人际网络，为自己赢得取之不尽、用之不竭的人际关系资源；会使你在强大的生意对手面前侃侃而谈，口若悬河而又滴水不漏；会让你变成一位精明的、老练的、受人欢迎的领导者……

在生活中，常会听到有人说："我这个人，笨嘴拙舌，不会说话，但办起事来还是很不错的"，这些人却不知道这是多大的缺憾。事实上，一个不会说话的人，他的办事能力也会受到质疑。

如今的社会是个信息社会，信息的作用越来越大。一项工作常常需要众多员工的合作、多个信息的综合。语言是最普遍、最方便，也是最直接的传递方式。语言能力强，对方就能顺利而准确地接受和理解信息，保证顺利地交流；语言能力弱，就不能很好地把信息传递给对方，交流会因此出现中断，甚至中止，导致失败。所以，如果你想在社会上进退自如，不但要有良好的办事能力，同时也不能缺少良好的沟通能力。

无论你天资多么聪颖，接受过多么高深的教育，假如你无法得体恰当地表达自己的思想，你仍旧可能一败涂地。而要想让别人喜欢你，需要良好的沟通和交流。人与人之间交流思想，沟通感情最直接、最方便的途径就是语言。通过出色的语言表达，可以使相互熟识的人之间情意更浓，爱更深；可以使陌生的人产生好感，结成友谊；可以使意见分歧的人互相理解，消除矛盾；可以使彼此仇恨的人化干戈为玉帛，友好相处。

虽然，并不是每个人都善于说话，有人沉默寡言、惜话如金；

有人口若悬河、滔滔不绝。对于一般人来说，虽不至于用演说引导群众，鼓舞士气，但日常生活、工作中与人交际也需要有良好的说话能力。否则，成功之路将会更加曲折。

在某个培训机构的一次课堂上，有位老师问学员：“你们认为自己很会说话的，请举手。”近百个培训学员中只有两三个举起了手，还是犹犹豫豫的。这件事也足以说明，说话容易，但是要把话说到位却非常难。因此，如今有很多人力资源主管都说：我招聘人的时候，看一个人能力的高低，就看他说话的水平。由此可见，说话是一个人能力的表现。

所以，如果一个人想要在这个社会里生活得很精彩，必须培养自己的说话能力。因为一个会说话的人，不仅拥有良好的沟通交际能力，还拥有良好的协调能力和办事能力。对于这个需要人才的社会，这样的人无疑是受欢迎的，走到哪里都能成为众人瞩目的焦点。

张开嘴，沉默不是金

在这个充满竞争的时代，人人都会努力表现自己来争取机会。面试时，需要说话表现自己的优势；开会时，需要说话表达自己的见解；人际交往中，需要说话来为自己赢得人脉；商业谈判中，需要说话为自己赢得成功……不管是哪一方面，都离不开说话。今天的时代，各个方面都离不开信息交流，人们对一个人的了解最主要的就是来自被了解者的语言，有高超的当众讲话水平就能体现一个人的知识水平，阅历经验等综合素质。一个沉默寡言的人，别人是不会在意，也无法了解的。

因此，生活在现代社会中的每一个人必须借助说话来体现自己。虽然说“沉默是金”自古以来就是被人们颂扬的品德，但是在今天，一个人如果只会干事而完全不善言辞、笨嘴笨舌的，这样是不利于做好本职工作的。

一代宗师徐悲鸿，他人生中的机遇很多是用语言赢得的。1916年，21 岁的他报考复旦大学，校长召见新生时，其优雅的谈吐给校长留下深刻印象，认为徐悲鸿是可造之才，给予其诸多勉励与帮助。1920 年他留学法国时，在一次茶话会上被介绍给法国当时最著名的画家达仰·布佛莱。徐悲鸿对他说：“先生！我很盼望能得到您的教诲。”一句话便让达仰感到这个中国青年的诚恳朴实，立即将自己画室的地址给了徐悲鸿，嘱咐他每星期天的早晨到自己的画室去。在第一个星期天，徐悲鸿去见达仰，同达仰谈起了自己的追求和信心，达仰了解了其天赋和抱负异常欢喜，开心地同徐悲鸿谈起 50 余年来的往事。得益于达仰的慧眼，为徐悲鸿成为一代大师奠定了坚实的基础。

一个沉默寡言的人，不会因说错话丧失机会，但也会因没有说好话而丧失更多的机会。

很多年轻人，因为不善言辞，因此从来不敢在众人面前发表任何讲话，这样，他都不给别人了解他的机会，怎么能让别人知道他其实是一个有才华的人呢？也有很多年轻人，认为表现自己便是好出风头，于是他们选择默默无闻。一个人，如果不“现”出自己的才华，别人就不了解你的能力，你也就不免产生“大材小用”或是“怀才不遇”的感愤。虽说是金子总会发光，但是在人才辈出的今天，你敢肯定你的光芒不会被别人掩盖吗？在今天这个社会，如果一个人还秉承“沉默是金”的原则，那么他的此生也很可能就默默无闻了。

语言是思想的外化，是必不可少的交际工具。我们要在这个世界上生活、建设和发展，就没有一天能离得开语言。因此，善于说话是一种积极的人生态度。

成也说话，败也说话

古希腊著名的寓言大师伊索，相传他年轻时在某贵族家当过奴仆。有一次，主人设宴，来者多是哲学家。主人令伊索备办最好的酒菜待客，伊索却专门收集了各种动物的舌头，办了个舌头宴。开餐时，主人大吃一惊，问道："这是怎么回事？"伊索答道："您吩咐我为这些尊贵的客人办最好的菜，而舌头是引导各种学问的关键，对于这些哲学家来说，舌头宴不就是最好的菜吗？"客人听了，个个发出赞赏的笑声。主人吩咐伊索说："那我明天要再办一次酒席，菜要最坏的。"次日，开席上菜时，依然是舌头。主人见状，大发雷霆，斥问伊索缘由，伊索不慌不忙地回答："难道一切坏事不是从口中出来的吗？舌头不仅是最好的东西，同时也是最坏的东西啊！"主人听后，虽然恼羞不已，但也无话可驳。

虽然这则关于伊索的故事是否属实我们无从得知，但它所含的寓意却如真理一般——说话对人类来说具有无法估量的巨大作用。西方一位哲人曾经说过：世间有一种成就可以使人在短时间内完成伟业，并获得世人的认识，那就是讲话能够令人喜悦的能力。由此可见，拥有一张会说话的嘴是多么重要。

在今天这个充满竞争的社会，一个人能否成功，不仅取决于他所掌握的知识、拥有的能力、做事的经验，同时还离不开说话的能力。生活在社会中，我们每天都要跟各种各样的人打交道。曾有学者估算过，一个人平均每天要说 18000 个词语。这么算起来，每个人每天要说很多话。如果一个人想要在社会中有一番成就，就不仅要会做事，更要会说话。

纵观历史上众多的名人，以及当今社会的成功人士，大多都是会说话之人。越来越多的人逐渐认识到：说话、演讲的能力已成为现代人必须具备的重要能力，更是创造型、开拓型人才的必备素质。因为现实生活中有很多有着优异才华的人，因缺乏说话方面的才能，更因为不懂得学习和锻炼沟通能力，丧失了很多机会。因此，具备优秀的说话能力，是今日讲求竞争力的必备才能之一，是迈向成功的重要法宝。

说话不仅成了人们日常生活的一个重要组成部分，更成了人们事业成败的一个举足轻重的先决条件。说话的水平和能力，已成为衡量一个人整体素质不可或缺的一个重要标准！在现代社会里，人离不开说话犹如鱼离不开水。人与人之间的交往空前频繁，如工作中的交谈、政治舞台上的辩论、学术园地里的争鸣、外交活动的斡旋、经济领域的谈判等等，可以说每一个环节都离不开嘴，尤其是在商场上，语言就显得更为重要了。每一次交易都不亚于一场外交活动。采购需要说动卖方，销售需要说动买方，争得利益需要讨价还价，双方或多方合作需要谈判。就是求职应聘，或者是很好的谋略贡献给领导，这些都需要张嘴去“说”。

一个人事业的成功与否离不开说话。会说话的可以获得别人的同情、帮助、合作，或受到他人的赞赏。在现代社会，会说话才能够让我们在任何场所、任何时候都备受瞩目，才能够让我们时常处于优势地位，才能够让我们在调整周围人际关系和经济关系的过程中更得心应手。如今，会说话既是一种技艺，同时更是打天下的本领。

会说话方显自信

不难发现，那些能在众人面前滔滔不绝地讲话的人，私下里也是一个充满自信的人。曾经有人做过一个调查，想搞清楚人们进行口才训练的原因和内心愿望是什么，调查的结果惊人的一致——大多数人的内心愿望与原因基本是一样的，他们是这样回答的："当人们要我站起来讲话时，我觉得很不自在，很害怕，使我不能清晰地思考，不能集中精力，不知道自己要说的是什么。所以我的最大愿望就是可以在公众面前自信、泰然地发表自己的观点，且逻辑清晰，内涵丰富，让人折服。"

虽然这两者之间没有必然的因果关系，但事实上有强烈自信心的人，一般来说都是能言善辩的人。因为良好的说话能力可以增强一个人的自信心，而一个人的谈吐又是自信的外在表现。

林肯说："不论人们如何仇视我，只要他们肯给我一个略说几句的机会，我就可以把他们说服。"这就是因为，林肯良好的口才能力为他带来了极大的自信。

有一个年轻人为自己的默默无闻而感到苦恼。他说：

跟朋友们在一起的时候，我总是一个倾听者，从来不敢说话，怕自己说不好，惹人笑。朋友们都说我"低调"，其实我不是真的低调。

跟其他人在一起，我总是被冷落的那个，无论是陌生的朋友还是熟悉的朋友都一样。明明自己有些才华，从高中到大学，我的成绩一直都属班上的前列，但是如果我不说的话，根本没人知道。看到别人表现自己，我却不敢表现，有时候还会掩饰自己的才华，甘当不行的人。所以现在别人都以为我什么都不行。

还有，当我被别人欺负或者嘲笑了，我也不知道该怎么应对，一般保持沉默，不敢表现出生气或愤怒，害怕影响大家关系。我不知道该怎么表现自己，让自己焕发出本来就有的光彩。

在生活中，随时都会有让你讲话的时候，每个人的内心深处也都希望有展现自己、向大家发表观点、看法的机会。但是，有不少人总是带有很强的自卑感、信心不足。其实，信心和胆量是可以通过锻炼培养的。我们每个人都想做一个出色的人，希望获得他人的好评，希望自己在他人心中树立高大的形象，而要想受人欢迎，必须先让人了解自己。适当地表现自己，会让自己充满信心和力量，这种力量又会促进我们更加完善自己。

一个会说话的人，因为自己良好的语言能力，总是能够备受瞩目，所以，可以总是在众人面前自信满满。虽然说，一个人要想充满自信，首先要对自己有信心，但是不得不承认，大多数的人信心都是来源于别人的肯定。这也就是为什么口才好的人总是能够充满自信，而那些不善言辞，口才不好的人难免自卑。

因此，如果一个人想让自己充满信心，首先可以通过加强自己的口才能力，让自己能在公众面前发表讲话，大胆表现自己，从而慢慢树立起自信。

机遇要靠嘴来拓展

机遇对于一个人是否成功起着重要的作用。有时一次机遇，就可以改变一个人的人生轨迹。有句话说：机会面前人人平等。但事实上却并非如此。因为我们的生活中常常不乏这样的事情出现：一次不同的机遇造就了不一样的人生，从而拉开了人与人之间在生活、事业上的差异。但为什么有的人得到了机遇而有的人没有呢？有时就取决于一个人口才的好坏，一副好的口才可以让一个人赢得更多的机遇。

当今社会，是一个充满挑战和竞争的社会。俗话说“七分本事，三分机遇”。在竞争中，谁把握了机遇，谁就把握住了走向成功的密码。机遇稍纵即逝，能否抓住机遇非常重要。有句话叫“机会都是人自己创造的”。我们常常看到的那些名人、成功人士，看似是机遇的获得，在很大程度上其实是通过自己争取到的。我们时常幻想着机遇能从天而降，实际上让机遇主动找自己并不是天方夜谭，不少名人就是依靠自己优秀的口才，从一些细节入手，创造了不少常人看似“让机遇找自己”的神话。

有这样一个故事：某公司要招考一位打字员。初试圈定了两名，最后面试时再决定录用其中一人。这两人一位是华裔，一位是西班牙人。她们打字能力是：西班牙小姐每分钟 30 字，华裔小姐每分钟 70 字。但是，考完之后，这位传统的中国女子，安静地等在门外，而西班牙小姐却径直闯进经理的办公室。她声称自己打字技术一向快速准确，只是当时太紧张了，没考好，但是这份工作对她太重要，她非得到不可。最后结果，西班牙小姐被录用了。而那位打字技巧高于西班牙人的华裔小姐却在“胸有成竹”地静候中失去了机会。

很多有才华的年轻人之所以怀才不遇，感叹生活艰难、世事不公平，不在于他们的才华不为人所知，而在于他们不懂得如何表达自己，没有稳定良好的人际关系。他们或内向，或自负，或木讷，或狂傲，不懂得如何与人沟通，不懂得如何与人建立联系，也不懂得如何靠人际关系来为自己获得帮助和成功。机遇无处不在，善于言谈的人，可以借助口才的力量促成自己的事业，为社会多做贡献。而拙于言谈的人，往往会失去机遇，或将事情越办越糟，因而抱恨终生。所以，现代社会的种种机遇，要靠你的口才来开拓。

国外有位名叫亚诺·本奈的小说家曾说："日常生活中大部分的摩擦冲突都起因于恼人的声音、语调以及不良的谈吐习惯。"为什么会这么说呢？只要仔细观察我们生活周围的人就会发现，一个人口才上的缺陷往往可能导致个人事业的不幸或糟糕的人际关系，比如和亲人的关系不好、和朋友关系不和等等。同时，一个人的口才如何，往往决定是否有人愿意聘用他，是否有人愿意和他交往以及是否能够在商业谈判中获得成功。

一个人如果语言表达有障碍或者表达能力不强，则会被人低估他的能力、得不到别人的赏识，甚至因此埋没自己的才能。一个人即使思想如星星般光耀生辉，即使勤奋得如一头老黄牛，即使知识渊博得像一本百科全书，但若缺乏良好的口才能力，成功的机遇也会比其他人要少得多，以至口才不佳往往成为实现自己理想目标最大的阻碍。

一个人的一生是否能够成功，和这个人的口才好坏有着很大的关系。能够在交谈中把意思有效地表达出来的人，走到哪里都可以引起旁人的重视，也比一般人拥有更多、更好的发展机会。

会聊天也是一种竞争力

现代社会是个竞争激烈的社会，拥有一副好的口才已经成为人才竞争的重要素质之一，它是人们取得成功的基石之一，是迈向成功的重要一步。成功学大师戴尔?卡耐基说："一个人的成功，85%靠人际关系；人际关系的成功，85%靠沟通。"事实正是如此，在人的一生中，事业要取得成功，85%归因于与别人的沟通，15%是来源于自己的能力。

我国首次载人航天飞行成功之后，在总结会上，杨利伟准备充分，积极发言，发言条理清晰，逻辑性强，态度从容。据说，在最终确定三人为首飞候选人之时，三个候选人都十分优秀，难分高下，只是考虑到作为我国第一位进入太空的宇航员，要面对全世界的目光，接受新闻媒体采访，进行巡回演讲，才最后定下口才好的杨利伟。

由此可以看出，口才能在竞争中决定一个人的成败，是赢得胜利的资本。在生活中，我们常常遇到很多和别人竞争的时候，殊不知，会说话对我们来说同样重要。所以，我们不妨努力训练自己的口头表达能力，在汇报、演讲、发言等场合中着力表现自己，这样就能引起领导的注意，从而引来更多成功的机会。

三百六十行，行行都需要口才。在人类社会的生活中，一个人是否有好口才，是否会说话，成就与境遇必定会大不一样。现代社会里，那些表现得羞怯拘谨、笨嘴笨舌、老实巴交的人，总会处在交际困难的尴尬里；而那些能说会道，言语动人的人不论是做什么事，相对会很顺利，并很容易取得成功。

某单位有两个司机，由于公司要调整制度，精减人员，所以两个人之中只能留下一个。公司决定让两人都参加一次公司内部的面试。

面试时，第一个司机说："将来我开车，一定把车收拾地干干净净，遵守交通规则，保证领导的安全，一定要做到省油。"第二个司机只说了三点，谈话就结束了。他说："我过去遵守了三条原则，现在我遵守三条原则，如果今后用我，我还遵守这三条原则：第一、听得，说不得；第二、吃的，喝不得；第三、开得，使不得。我过去这样做，今后我还这样做。"

领导一听，马上就对他青睐有加，并让他留了下来。第二个司机胜出了。"听得，说不得"，意思是说，领导坐在车上研究一些工作，往往在没公开之前都是保密的，我只能听，不能说，说不得，不能泄密。这样的司机怎么能不用呢？"吃得，喝不得"，经常陪领导到这里开会，那里开会，参加这个宴会，那个宴会，都要吃饭，吃饭可以，但是千万不能喝酒，这是保护领导的生命安全。第一保密，第二保护领导的生命安全。第三"开得，使不得"。虽然平时在开车，但是领导不用的时候，也绝不会为了自己的利益公车私用，公私分明。

虽然这两位司机到底哪一位开车的技术更好我们无法确定，但是在领导心中，开车开得好、省油多，不如话说得好。

在日益激烈的就业竞争中，很多求职者都发现自己面临着这样的一个现实：工作经验，专业技能，不再是企业选拔人才的唯一标准。用人单位在选拔人才时，越来越重视求职者的综合素质，特别是良好的口才，即沟通表达能力。

现在求职竞争太激烈，那些口才好，擅长表达的人，求职的成功率就高得多。最近有件让小王特别头疼的事。小王是从事文职工作的，这项工作她已经做了两三年了，而且她心思细腻、做事仔细。但是公司最近精减人员，因为自己的口头表达能力不好而被裁掉了。出来重新找工作的小王，发现那些公司宁愿要那些毫无工作经验的，但是特别能说会道的毕业生，都不愿选择有一定的从业经验但表达能力不好的自己。这让小王在求职竞争中无比受挫。

一般来说，在从事文职类工作中，其实对口才的要求相对不是那么高，但是小王却因此屡遭碰壁。那其他对口才要求比较高的工作，岂不是更需要口才好的求职者？

在我们今天的市场经济大潮中，现行的双向选择的就业时机要求我们：充分地发挥你的口才，就有可能得到一份好工作；否则，就会白白地失去良机，从而可能影响你一生的成就。总之，一个人要想成功，他可以没有资本，但是不可以没口才，良好的口才是一种竞争力。

会说话的人福从口出

我们每个人都不可避免地会遇到一些需要我们说几句话的场合。有时候，这几句如果说得好，说到关键之处，往往能够帮我们很大的忙，说不定人生因此而改变。

曾有这样一个故事：

有一天，一个国王化装成一个普通人到民间去私访。他走进一条小巷子，听到一阵竖琴声，就顺着琴声来到一家门前。国王推开了掩着的房门，向弹琴的人说道：

“晚安！你的兴致真是好呀！”

弹琴的人看到有人进来，赶紧站起来给国王让座，并请他吃东西，喝麦酒，说道：“欢迎你，我是编筐的，一天编一只筐，既还债又得利息，养活了一家九口人，因而觉得十分快活。”

国王听了这些话感到很惊讶，因为一只筐子卖的钱只能买 5 斤大米，怎么能够又还债还吃利息，养活九口人呢？于是问道：“你到底是怎么营生的呀？欠债多吗？”

编筐的人微微一笑说道：“我的父母辛辛苦苦地把我养大，我得赡养他们，这是还债；我的五个孩子，现在是我养育他们，等到我老的时候，他们就得养活我，这是我付出的利息；我的父母与孩子一共是七个人，再加上妻子和我，我不正是养活着一家九口人吗？”

国王听了哈哈大笑起来，觉得这个编筐人说话真有意思。编筐的人这时一眼看见他胸前有个王牌，才知道这人原来是国王，不禁大吃一惊。

国王见了说道："你不用害怕，我不会伤害你的。只是你刚才讲的趣话，除非当着我的面，否则你不许告诉任何人，不然的话，你就得小心你的脑袋。"编筐人答应了。

第二天，国王把他的十二位大臣一齐召到面前，说道："你们之中如果有谁能够在三天之内回答我的这个问题，谁就是最聪慧过人的，就有资格做我的宰相。这个问题是：有人一天编一只筐，既还债又得利息，还养活了一家九口人，这是什么意思?"

十二个大臣听了国王的话，面面相觑，不得其解。经过一番苦思冥想，他们一致断定，这话绝对不可能是国王想出来的，一定是在外面听到的。于是这十二个大臣分头走遍大街小巷去寻根究底，最后终于找到了那个编筐人。编筐人也承认这话是他说的，但是这些话究竟是什么意思，编筐人却怎么也不肯讲出来。

大臣们心急火燎，一心想从这个编筐人的嘴里套出谜底。于是，他们先拿出十镑硬币，然后成倍地增加，后来竟拿出一百镑，可是编筐人还是摇头不肯讲。最后，大臣们拿出了一千镑硬币。

编筐人望着这么多闪闪发光的硬币，心想：好家伙，有了这些钱，不愁全家老少没有好日子过了，即便杀头我也甘愿。

于是，他就收下了这些钱，然后把那些话的意思讲给了大臣们听。

大臣们如获至宝，纷纷争着向国王回答这个问题。

国王想道：他们怎么一下子都变得聪明起来了，不可能！一定是编筐人告诉他们的。于是，他急忙把编筐人喊来，愤怒地问道：

“我已经对你说过，你讲的话，除非当我的面，不许告诉任何人。不然，就砍下你的脑袋，你怎么对他们讲了？来人呀！把他拉出去砍了！”

没想到，编筐人却不慌不忙地说道：

“国王陛下，祝你长寿，你是嘱咐过我的，我也没有失信呀！我是当你的面说的啊！我不仅一次当你的面，而且是一千次当你的面说的哩！”

他把一千镑硬币掏出来，指着硬币上面国王的头像说道：

“陛下请看，这不是你吗？我当着您的面，一次，两次，三次……整整见了你一千次面，才把那些话的意思告诉给他们的呀！”

国王听到这样的解释非但没有生气，反而高兴极了，对编筐人大加赞赏，不仅免去了他的死刑，还宣布封他为宰相。并且把那十二个大臣的职务统统都解除了。

在这个故事中，编筐人凭借自己的智慧，用巧言妙语不仅为自己赢得了财富和官职，还拯救了自己的性命。虽然这只是一个故事，但是生活中常常也会有类似的事，也许一件很普通的小事，由于说话水平不同，所获得的效果和回报也大不相同。

在现实生活当中，有一些人具有一张烫金的文凭以及吃苦耐劳、任劳任怨的精神，在工作方面能力也较强，可是因为不会说话，或者是不会说别人爱听的话，结果总是让自己活得很辛苦；但是恰恰相反的是，有一些人没有文凭，工作能力也一般，但是说出的话动听又有说服力，最终他们做什么事情都比较顺利。因此，我们如果能够很好地运用我们的口才，可为自己解决大大小小的问题，对于我们的生活，工作都有很大的益处。

第二章
会说话，大家都当你的听众

生活当中，没有谁不会说话，但是有的人说话让人听着心里就舒服，有的人说的话怎么听怎么刺耳。同样是说话，为什么差别这么大？因为，会说话的人，懂得如何说别人才愿意听。

说话，作为沟通手段，现在已经成为一种生存技能。因此，想怎么说就怎么说是不行的。尤其是在一些特定场合下，只有说得得体、说到别人心里去才能打动别人，让别人充分了解你的意向，最终达到你想要的交谈结果。

没有人是天生的说话高手

在生活中，我们总能看到一些人口才非常好，跟别人交流起来，总是能够滔滔不绝、对答如流，让那些笨嘴拙舌的人看到羡慕不已。其实，很多会说话的人并不是天生的，有些也曾经是不善言辞的人。即便是那些令人钦佩的“名嘴”、演说家、播音员、节目主持人等，他们中有些认为自己从小并不善于言辞，也不是在任何场合说话都能赢得满堂彩。为什么他们现在都成了使用语言的行家呢？原因很简单，他们都是通过自己后天的努力，提升自己的表达技巧，让自己变成一个“能说会道”的人。

好的口才是人与人之间沟通的桥梁，能够让你和外界进行更好的交流。让你不但可以获得更多的信息，还可以结交更多的朋友，这对一个人的事业发展来说无疑是有利而无害的。看那些在社交中、工作中或者爱情中如鱼得水的人，他们多是善于表达自己，并且能让别人乐于接受自己想法的人。一个拥有好口才的人说出来的话大都能打动人。但是，好口才和其他的才能是一样的，都需要不断地学习、积累，谁也不可能一口吃成个胖子。口才好的人也是在一次又一次的交谈中、演讲中积累经验，通过观察别人掌握技巧，并不断提升自己的能力。

说话是一种艺术，也是一种诀窍，我们必须掌握这种巧妙的方法，然后才能有所获得。我们要想练就过硬的说话能力，就一定要刻苦训练。正如华罗庚先生所说的：“勤能补拙是良训，一分辛苦一分才。”

美国前总统林肯先生，在进入政坛之前因为口吃经常遭到别人的嘲笑。可是自从他立志要做律师之后，每天都坚持面对镜子或者到海边对着大海练习说话，来矫正自己的不足之处。经过千万遍的练习，林肯终于成功了！他不仅成为一位颇有名气的律师、演讲家，还踏入政坛，成为美国有史以来最为伟大的总统。

从林肯先生的故事中，我们得出一个道理：天生口才不好并不会阻碍一个人的发展，只要通过后天锻炼，完全可以把一个口吃之人变成一个伟大的演说家。只要刻苦勤奋、坚持不懈地努力练习，获得令人惊奇和瞩目的成功并不是一件不可能的事。

好的口才需要锻炼，需要你去和他人交谈。你会在不断地交谈中获得经验，从中掌握说话的艺术，这是一个永无止境的学习过程。当你参加某一个团体、组织或出席聚会时，不要只躲在一边观看，而要尽量与人交流，抓住各种机会勤奋练习。比如，主动协助他人处理一些工作，尤其是一些需要和很多人沟通交流的工作；设法做各类活动的主持人……这样，你就有机会接触那些口才好的人，可以向他们学习说话的技巧。

其实，说话的本领就是这样从工作和生活中锻炼出来的。因为社会中没有哪种活动是不必开口说话的。练习的机会越多，改进的机会也就越多。只有不停地练习，你才能知道自己可以进步到何种程度。所以，我们要勤奋学习、熟练掌握语言运用技能，全面了解受众对象，塑造良好自身形象，努力提高心理素质，成为一个在语言运用艺术上如鱼得水的人。

人如果没有良好的口才，可以说是一件很可悲的事，就好比鸟儿没有羽翼。没有说话这项本领，我们就很难表达自己，很难和别人进行良好的沟通，又怎么能构建良好的人际关系呢？这对我们的成功是极大的阻碍。尤其是年轻人，必须尽早去锻炼自己的口才，因为好的口才能够让你快速、和谐地融入人际关系网，最终成就你的事业。

话不在多，关键要说到位

有人说，话不在多，点到就行。意思是不管你怎么说，说多说少，一定要把话说到点子上，说到别人的心窝里。说话说到点子上，是会说话的一个重要表现。

据《墨子》记载，子禽问墨子："老师，一个人多说话有没有好处？"墨子回答说："池塘里的青蛙整天整夜地叫，叫得口干舌燥，却从没有人注意它。而雄鸡，只在天亮时叫两三声，大家听到鸡啼声就知道天要亮了，都注意它。"

说话是否精彩不在于长短，而在于是否抓住了关键。

古人云：山不在高，有仙则名；水不在深，有龙则灵。说话也是如此，话不在多，点到就行。在生活节奏紧张快速的现代社会中，没有人愿意花费大量的时间去听你的长篇大论。这就要求你在谈话时要做到言简意赅，一针见血。

说话要说到点子上，就是简洁而切中要害，要使人愉快和易于接受。交流思想、介绍情况、陈述观点时，为了能够使对方更快地了解自己的意图，往往要用凝练的语言。

在生活中，我们经常看到一些人喋喋不休、滔滔不绝而又词不达意、语无伦次，让人听而生厌；还有些人喜欢夸大其词，说话不留余地，没有分寸。这样的说话，表面看起来好像是能说会道，其实结果恰恰相反，没给人留下好印象。因此，我们在开口之前，应先让话在脑子里转个圈，把废话过滤掉，简单明了，一开口就往点子上说，不要东拉西扯，让人不知所云。

话要怎样才能说到点子上呢？在这里有几条建议可以作为参考：

1. 说话要因人而异

一个人说话要懂得拿捏好分寸才会受欢迎，要能够根据不同的情况、不同的地点、不同的人物来进行沟通。简单的理解就是，要因人而异，根据不同的场合选择不同的表达方式。

战国时期著名的纵横家鬼谷子在其著作《鬼谷子》中总结出与各种各样的人交谈的方式：

> 和聪明的说话，要见识广博；和见闻广博的人说话，要有辨析能力；与地位高的人说话，态度要轩昂；与有钱的人说话，要豪爽而不自卑；与穷人说话，要动之以情；与地位低下的人说话，要谦逊有礼；与好斗的人说话，要态度谦逊；与勇敢的人说话，不能稍显怯懦；与愚笨的人说话，可以锋芒毕露；与上司说话，须用奇特的事打动他；与下属说话，要用切身利益说服他。

有些人说话口无遮拦，甚至不经过大脑思考脱口而出，这类话空洞而没有内涵；有些人说话口是心非，前后不一，这样的话虚伪而没有实质。说空洞的话和虚伪的话都不能提倡。但我们在说话时必须根据说话场合讲究一点方式方法，也就是说话的方式要因人而异，所说对象不同、场合不同，方式也就不一样。

2. 切莫“哪壶不开提哪壶”

俗话说“花钱要花在刀刃上，敲鼓要敲到点子上”，说话同样也是如此，需要洞察对方心理，了解对方的心理需求，切莫“哪壶不开提哪壶”。

有这样一个故事：一位老人问另一位老人多大岁数了。对方不愿意如实相告，就打哈哈说自己也记不清了。问者却不知趣，也不知是反应迟钝还是什么，依然穷追不舍地问人家属相是什么？对方无奈，说出属相。问者竟认真地用手指掐算起来，并且说："七十三岁了，门槛，当心啊。"真是哪壶不开提哪壶，被问者听了十分生气。

在社会上，我们的周围这种不顾及别人感受的人还真是不少。比如，一些人喜欢打听别人的工资、退休金有多少；一些人喜欢打听女性的年龄、体重等。殊不知，这正是人家忌讳别人问的。所以说，我们尽量不要提及和打听这些人家忌讳的事情或隐私。也就是说，和别人说话，也要有所顾忌：不该说的不说，不该问的不问。

3. 学会察言观色

有些人心里的想法，都会表现在脸上；也有些人喜欢掩藏自己的心思，或者不擅表达自己的情绪，但是稍加观察都可以从他们的言行中发现一些端末。

言谈能告诉你一个人的地位、性格、品质以及流露内心情绪，因此善听弦外之音是"察言"的关键所在。

如果说观色犹如察看天气，那么看一个人的神色犹如"看云识天气"般，有很深的学问，因为不是所有人所有时间和场所都能喜怒形于色，相反是"笑在脸上，哭在心里"。

停顿不是“嗯”“啊”“呀”

人们常常以为一个说话总是滔滔不绝的人，就是一个会说话的人。而生活中，有些人也常常以自己说话“滔滔不绝”为荣。殊不知，许多自我感觉良好的人，像“机关枪”一样的表达方式其实让人都无法忍受。滔滔不绝地“演讲”，即便刚开始让听者精神为之一振，但次数增加、时间增加，就悄然质变了。

人们在说话时肯定都需要停顿的，不可能一直说个不停。因此，说话的时候一定要学会停顿，尤其是在关键的时候，停顿往往能够给人带来意想不到的收获。

即使是世界上顶级的演讲大师和口才大师，也无法保证自己所说的每句话都会受到所有观众的喜爱，毕竟“众口难调”。当听众们出现注意力不集中、哈欠连天、交头接耳的情况下，该如何来应对呢？很简单：停顿一下。只要你一停，观众马上就会静下来，他们的第一反应是“怎么不说了”，这样也就可以让大家把注意力重新凝聚到你身上。

俄国早期的马克思主义者普列汉诺夫有一次在瑞士日内瓦进行演讲，题目为《无产阶级和农民》，当时会场中有人蓄意搞破坏，将场内的秩序搞得十分混乱，基本上没有人在认真听演讲。面对这种情况，普列汉诺夫并没有慌乱，而是沉着冷静地大声说：“假如我们也想通过这种方式来同你们斗争，那么我们来的时候就会……”说到这里，他故意停顿了下来，场内也突然安静了下来，所有人都看着普列汉诺夫，想知道他接下来会说什么。普列汉诺夫接着说道：“那么我们来的时候就会带着冷若冰霜的美女！”这句话一出口，会场上便轰动了起来，演讲也得以继续下去。

为什么一个小小的停顿，就可以带来如此效应呢？其实因为这个停顿唤起了听众的好奇心，他们十分期待停顿后面的话究竟是什么，于是他们的无意注意便转化成了有意注意。

“没有一点声音，没有任何喝彩，只有那震耳欲聋的寂静。”这就是停顿所能达到的最佳传播效果。那么，究竟什么时候该停顿呢？很简单，当谈话进行到承上启下的地步时，也就是要提出重点或是总结思想的时候，就需要停顿。当然，停顿不仅仅限于声音的停顿，还可以配以动作、手势一同进行。

不管是在生活中还是在工作中，当面沟通还是电话交流，对上还是对下，我们在对话时，一定要懂得停顿，适时适度地停顿。停顿不仅仅是为了言者“休息喘气”，也是一种礼貌的表现，是对听者极大的尊重，更重要的是能让听者参与进来，产生互动，从而达到真正沟通的效果。同时对于演讲者可以更好地理清思绪，拉回偏离的方向，讲错的东西可以及时补救，后面的言语可以更加井然有序。

“您好，是王总吗？我是某某公司的业务经理，今天给您打电话是为了向您推荐一下我们公司新出的产品，这是我们最新研发出来的，希望您……”在日常工作中，这种说话的方式是不是经常听到？这就是典型的不懂得停顿的表现。通常情况下，这样的谈话方式也会遭遇无情的拒绝，对方甚至可能不等你说话便挂掉电话或者你噼里啪啦地讲完，对方来一句“啊？你刚说什么”。此时的你，或许还会感到郁闷，明明已经说得够详细的，为什么对方却完全不为所动呢？学会停顿，情况就会有所改观。

那么，究竟该如何停顿呢？当你说完“你好，是王总吗”，接下来要做的就是闭嘴，等待对方问一句“你好，请问你是哪位”。也许很多人都觉得这样做没有实质性的意义，但其实并非如此，简单的一个停顿就掌握了谈话的节奏，这时候他会更加认真地听你接下来会讲什么，也就增强了沟通的成效，不论你是要预约拜访或者推销东西，成功的概率也就大大提高了。假如你滔滔不绝地讲下去，很容易会使别人产生急促感，思维跟不上，也就对你所讲的话“不知所云”了。

停顿的含义非常丰富，它既可以表示深思熟虑，又可以引起听者的注意，还可以给自己留下思考的空间……总之，适当的停顿，能够为演讲带来不同的效果。

只有真正学会和掌握了停顿，才能成为说话高手，才能让你更“惹人喜欢”。

别急，看清场合再说话

一个人，不管他多么能说会道，假使他说话不懂得分场合，那么他不管他多善言辞，也很难有所成就。人在不同的场合，面对不同的人，就应该采用适当的说话方式和内容，这样才能收到理想的言谈效果。一个人在说话的时候，如果不注意自己的身份，不分场合，信口开河，就算你确实说了实话，但是留给别人的印象肯定是很不好的。这样的人很难成为一个人受欢迎的人，人际关系又怎么能好得起来呢？

要想成为一个成功的人，就要懂得说话的分寸！不是所有的话题在任何时间、任何地点都适合拿来公开谈论。要看场合说话，正式的场合说说笑笑是不恰当的表现，欢庆的场合说丧气的话是不恰当的表现……这些不恰当的表现有时候甚至会引起不必要的麻烦。

俗话说，到什么山唱什么歌。说的就是说话要看场合。说到谈话的场合，在不该开口的时候，要做到少说话并适当地缄默；在该说的时候，就要注意所说的内容、意义、措辞、声音和姿势。无论是探讨学问、接洽生意，还是交际应酬、娱乐消遣，我们要尽量使自己说出来的话重点突出、具体而生动、与所处场合相符合。有时候某些人的谈话虽然没有错误，但是因为不符场合，造成了不好的后果。

曾经有报载，葡萄牙的环境部部长因不看场合说了句不恰当的玩笑话而丢掉了“乌纱帽”。事情是这样的：

葡萄牙的阿连特加地区的水中含铝超标，已经致使16个人因脑受损医治无效而先后死去，医院里还有些同样的病人处于危险状态。

政府决定彻底查清原因，采取防治措施。为此，环境部、卫生部的负责人、专家和有关的医生们在米纽大学举行讨论会。会后休息时，环境部部长指着医院的几个医生对大家开玩笑说："你们知道他们和阿连特加地区最近死去的那些人有什么关系吗？他们可以将那些人弄到回收工厂，从那些人的肾脏中回收铝。"

这当然是说笑话，怎么可能从人体中回收铝呢？但是，在这样的时刻和场合开这样的玩笑，实在是不应该。因而，虽然这位环境部部长事后声明道歉，但最后还是引咎辞职了。

大家都熟悉的《红楼梦》里的王熙凤，就是一个会说话的典范。她不光会说好听的话，更重要的是，她总能把握住场合说话。

在《红楼梦》第三回，林黛玉丧父后初登荣国府时，王熙凤的几段话就展现了她"会说话"的超凡才能。人未到，却先闻其笑："我来迟了，不曾迎接远客！"尚未出场，就先给人以热情的印象。

随后王熙凤拉过黛玉的手，上下细细打量了一回，仍送至贾母身边坐下，笑着说："天下真有这样标致的人儿，我今儿算见了！况且这通身的气派，竟不像老祖宗的外孙女儿，竟是个嫡亲的孙女，怨不得老祖宗天天口头心头一时不忘。只可怜我这妹妹这样命苦，怎么姑妈偏就去世了！"一席话，既让贾母悲中含喜，心里舒坦，又叫林妹妹内心感激。而当贾母半嗔半怪说不该再让她伤心时，王熙凤话头一转，又说："正是呢！我一见了妹妹，一心都在她身上了，又是喜欢，又是伤心，竟忘记了老祖宗。该打，该打！"

在现代社会里，仍然不乏这类"会说话"的人。他们通过这种巧妙的说话方式，赢得了周围人的赞赏。会说话的人之所以受人欢迎，是因为他能够看准场合说出应时应景的话。而作为一名要想处处受人欢迎的人，也需要学习这种本领。除了看清说话对象，根据说话对象的不同情况来确定自己说话的方向，同时还要注意观察说话的场景，避免说出不合时宜的话来。

说话要顾及场合。否则，再好的话题，再优美的话语也收不到好的效果，有时甚至会适得其反。试想，在跟朋友谈心时，像做报告那样拿腔拿调；在悲哀、肃穆的葬礼仪式上讲话，像相声演员那样通篇幽默之语，将会产生怎样的后果？所以说话一定要看场合。

幽默是愉快交谈的“万能钥匙”

在生活中，我们难免遭遇尴尬、无奈、争吵，这种情况下，许多人不知道怎么处理。在这时，适当地开个玩笑，说句幽默的话，不仅可以化解尴尬的局面，松弛紧张的情绪、活跃气氛，还能够拉近和他人之间的距离，增加和他人之间的感情。

伟大的哲学家苏格拉底说过：“善谈者必善幽默。”仔细观察那些成功人士、名人以及有所成就的人，无一不是言谈丰富、妙趣横生的人。因为幽默的语言不仅体现出他们优秀的能力、广博的知识，还为他们获得大量的人脉资源，为成功奠定了基础。

当我们在不同的场合、不同的场景、不同的人面前说话，幽默的语言总是能够让谈话进行得更顺利、更愉快。同时，幽默还是愉快交谈的“万能钥匙”，可以解决各种各样的难题。

1. 幽默可以拉近陌生人之间的距离

在人际交往中，尤其是对于有些腼腆的人来说，在和陌生人第一次接触的时候难免有些手足无措，不知道说些什么好。这个时候如果能适当地开个玩笑，说句幽默的话，不仅可以缓解紧张的情绪，活跃气氛，还能拉近和他人之间的距离。

2. 幽默是化解尴尬最好的方法

苏格拉底的妻子是一位性情非常急躁的人，经常当众让这位著名的哲学家难堪。有一次，苏格拉底在与几位学生讨论某个学术问题时，他的妻子不知何故忽然冲进教室叫骂起来，震撼了整个课堂。继而，他的妻子又提起一桶凉水冲着苏格拉底泼了过来，致使苏格拉底全身湿透。当学生们感到十分尴尬而又不知所措的时候，只见苏格拉底诙谐地笑了起来，并且幽默地说："我早知道打雷之后一定要跟着下雨的。"虽话语不多，仅仅说了一句话，大家听了都欣然地笑了起来，更加敬佩老师广阔的胸襟和随机应变的能力。

3. 幽默是善意的解围方法

一天，英国著名的文学家萧伯纳在街上行走。突然，他被一个骑自行车的"冒失鬼"撞倒在地，幸好没有受伤。骑车的人急忙把他扶起来，连声道歉，为自己的冒失感到自责。可是萧伯纳却略显惋惜地说："先生，你的运气真不好。如果你把我撞死了，你就可以名扬四海啦!"

萧伯纳的幽默妙语，表现了自己的大度，同时把自己和肇事者从尴尬、紧张的窘境中摆脱出来，使得这件事得到了友好的处理。

4. 幽默是调节气氛的好办法

在一次足球比赛中，一支球队与冠军失之交臂，但是教练并没有因此责备队员，他幽默地说："现在的情况非常好，我们甩掉了冠军这个包袱，可以轻装上阵，全力以赴地去争夺冠军了。"教练的幽默，使得队员们明白了自身的处境，也明白了教练的苦心。教练的话在队员和自己心里建立了共鸣，队员们丢掉了思想包袱，全力以赴应对下一场比赛，为取得胜利而努力。

适度的幽默是一剂调味剂，适时地加一点，能够令气氛更融洽，能够令生活更美妙。

在很多场合里，幽默的话都能够引起人们的共鸣。适度的幽默不仅可以拉近与他人的感情，而且还可以拉近与他人的心灵距离。融洽的气氛是健康生活的必需品，适度的幽默更是健康生活中不可或缺的内容。幽默可以将痛苦转化为快乐，将郁闷转化为欢畅，每个人都愿与机智幽默的人交朋友。做一个幽默的人，你将成为受欢迎的人。

让“忠言”不再逆耳

很多时候，我们对家人、朋友、上司等等，觉得有许多话不得不说。明知道这些话说出口，必定让人不爱听，但是我们本着为了对方好，“良药苦口，忠言逆耳”，结果呢，非但没有得到对方的感激，反倒让彼此的关系变得糟糕。

我们常说“良药苦口利于病，忠言逆耳利于行”。其实，在向他人建议或者评价的时候，不一定都要用逆耳之言，也可以用顺耳之言。

据《列子》记载：春秋时，晋文公重耳率大军攻打卫国。有些大臣知道这是很不明智的做法，却又不知该如何阻止这场战争。大臣公子锄没有上朝直言相劝，而是在行军的路上讲了一个有趣的故事：他的邻居在路上遇见一采桑女，顿而起了爱慕之心。就在他暗暗打采桑女歪主意的时候，回头一看，却见一男子正在挑逗他的妻子，这可是他万万没有想到的。话虽然没有讲破，但公子锄所讲故事的喻义已经十分清楚了。你想去占卫国的便宜，也许人家正在打你的主意呢？晋文公恍然明白了公子锄的用意，于是掉转头率军回国。果然，晋文公还没有回到晋国，别的国家正开始攻打晋国的北部边境了。

短短一段故事，没有几句话却消弭了一场战争，也保全了自己的国家。

如果公子锄直言进谏，说不定会因为逆耳之言触犯晋文公。结果，非但不能阻止这场战争，若是惹怒了文公，恐怕公子锄连自身性命都难保。而他通过一个故事，曲折迂回地表明自己的想法，让晋文公恍然大悟，自觉地停止攻打卫国。由此可见，向他人提建议，主要是为了帮助对方改正缺点，避免失误，如果语言选择不当，出发点再好也不能达到目的。

在日常生活中，如果一个人遭到别人直言不讳的反对，而且言语尖锐，哪怕对方是好意，恐怕都会让人难以接受，甚至会引起反感、厌恶乃至愤怒情绪。其实这只是一个人正常的反应。大多数人平常都是听着顺耳的话，突然被人批评，怎么会听得进去。然而，有些人对这个问题认识不足。他们觉得，只要主观愿望是为对方好，于是不看场合，不顾谈话对象感受，自恃有理，弄得对方很难堪，结果事与愿违。

我们都有这种经历，我们并不是不愿意听别人批评，也不是不能接受批评。有时，我们还真希望有人来指正自己。我们看书请教别人，我们做了事情、说了话、写了文章、自己不会或不敢下判断，这时候我们何尝不希望有人能出来告诉我们哪点好，哪点有待改进。有的时候，我们因为别人能够忠实地、大胆地指出我们许多错误而对他感激涕零，念念不忘。可是，有些批评我们听了却觉得难受、委屈和气愤，感到自尊心、自信心都大受打击。

逆耳的未必都是忠言，至少在听者看来。忠言，首先是建立为了对方好，真心希望对方能够改正某个缺点，或者劝说对方不要做出某个错误的决断，同时还要注意语言的表达方式是否能被对方所接受。你的忠言，只有被人听进耳，记入心，领会得越深，别人才会觉得你说的是“忠言”。

让忠言不再逆耳，于人于己，都是大有益处的。提意见的目的是为了让听意见的人接受，然后加以改正。如果意见不能被接受，那就失去其意义了。所以，说话的首要任务是让对方接受。如果顺耳忠言更易被接纳，我们又何乐而不为呢？另外，人人都是有自尊心的，地位高的人对这种自尊心的维护就更明显一些。但无论什么人在被劈头盖脸地臭骂时心情都不会好，虽然由于涵养不同而表现的方式不同，但大都会产生抵触情绪。心有抵触又怎么会心平气和地接受建议呢？通过运用说话的艺术，把逆耳的话说得顺耳，效果就明显不同了。当然说话的艺术不仅只是语气柔和，态度好，言辞不过激，更重要的是善于抓住问题的本质所在，能一针见血地指出利害关系，使听意见的人能够明白并接受。逆耳的未必都是忠言，利用说话艺术更好地帮助人们及时改正错误，那才是真正的“忠言”。

融入生活，让说出的话有趣又有料

有人说，要想给别人一杯水，自己就要有一桶水。其实，这其中蕴含了一个普遍的道理——要想给予别人，就必须自己拥有的足够多。自己要拥有的足够多，就要先有足够的积累。比如说话，如果我们要说给别人听，首先就得自己有话可说。别看演讲时的几分钟，论辩时的几句话，就这几分钟、这几句话，也需要我们有丰厚的知识积累。

一个学识深厚、修养良好的人，大多能够谈吐自如，语言幽默风趣而又不失哲理的。相反，那些胸无点墨、腹中空空的人，无论他如何会说话，也不可能出口成章、妙语如珠的。所以，“有话可说”确实也不是件容易的事，要达到“言之有物”的境界，更要不断学习，力求充实自己

因此，一个人谈话水平的高低取决于他的知识和文化素养。知识丰富、文化素养高，谈话水平当然高；知识贫瘠、文化素养低，那当然说不出什么“东西”了。所以，一个人若想在社交场所中出口成章，大放异彩，就必需要注意丰富自己的知识和提高自己的文化素养。“工欲善其事，必先利其器”。

1. 跟随世界的脚步前进

跟随世界的脚步前进是充实自己的最好方法。每天的新闻、各种信息，广泛地阅读，这是最低限度的准备工作。如果你想在谈话中让人留下深刻印象，世界动向、国内政治形势、经济发展的趋向乃至科学新发明、新发现和世界所注目的地方或新闻人物以及艺术

名作、流行思潮的变化、电影戏剧新作品的内容等等，都应尽可能多地去了解。

你不能对每一个人都谈同样一件事情。

这里有一个小笑话：某君以口才见长，有人向他求教有什么诀窍，他说："很简单，看他是什么人，就跟他说什么话。例如遇到屠夫就谈猪肉，看见厨师就谈烹调。"那位求教的人问道："如果屠夫和厨师都在座，你谈些什么呢？"他说："我谈三明治。"由上面的故事可知，为了要应付社会上各个阶层的人们，你就得具备多方面的知识。

如果你能做到这一点，那么自然能够轻松应付各种人物。

2. 知识是任何事业的根本

有一家美容院，生意兴隆为当地行业之冠。有人去了解其中的奥秘，店老板坦白承认，完全由于他的美容师在工作时善于和顾客攀谈之故。但怎样使工作人员善于谈话呢？

"简单得很，"店主人说："我每月把各种报纸杂志都买了回来，规定员工们在每天早上未开始工作前一定要阅读，这样，他们会获得最新鲜的话题，自然会博得顾客的欢心。"

这不过是千百个例子中的一个。知识是任何事业的根基，你要使谈吐能适应任何人的喜好，更要丰富和拓展自己的知识层面。

会说话有很大一部分来于天赋，但好口才主要还是在实践中培养和训练而成的。当然，培养说话的能力没有现成的和固定的模式可以遵循，要因人因事而异。

语言是以生活为内容的，没有生活，话就无从谈起。而生活内容越丰富，谈话内容自然也越丰富多彩。因此，我们要想说出有水平高质量的话，一是要用心观察和体会生活的点滴内容；二是要积累各种知识。一个人谈吐风趣，首先要拥有聪明才智，而要拥有聪明才智，前提就是要掌握丰富的文化知识。知识丰富了，还愁与人交谈时找不出话题吗？

第三章
赞美的话要说到心窝里

俗话说："一句话把人说笑，一句话把人说跳。"到底什么样的话，能一句话把人说笑呢？当然是赞美的话了。因为，每个人都喜欢被人赞美。哪怕是完全不相识的人，一句赞美的话也足以让你心情愉悦。

“好话”人人都爱听

在如今的社会，会说赞美话的人，往往都能受到大家的欢迎。因为，世界上大多数人都无法对别人的赞美无动于衷，有时明知道对方说的是奉承话，但是听到耳里，内心还是免不了一阵高兴。

虽然古人教育我们“忠言逆耳”，但是人们还是更喜欢听顺耳的话。不然，历史上怎么会有那么多皇帝被谗臣小人所蛊惑的故事。是啊，谁不爱听好话呢？仔细观察后我们不难发现，在我们周围的人或多或少都在说着赞美别人的话，只不过赞美的方式不同而已。不管是一个人的为人处世，还是推销员销售东西，恰到好处的赞美往往能带来意想不到的效果。

比如，办公室里新来的同事，如果他们一来就夸赞你漂亮或者帅，你心里难道不高兴吗？说不定你就对他生出了“热心肠”，对他给予更多的帮助和支持，若是他们有什么需要指点帮忙的，你肯定会乐意为之。

当你逛商场时，服装店的小姐告诉你，你的着装很完美，搭配很出彩，挑选衣服的眼光很独到。即使一开始你表现得很不屑，但只要她依旧积极主动地跟你交流，那么你还是会被打动。那些溢美之词早已在你的内心引起了“共鸣”，不自觉中你的快乐和自信溢于言表，最终在她的情感攻击下，你会毫不犹豫地购买几件衣服。即便你知道这些衣服暂时并不需要，或者穿出去的概率也不高，但在此时此地你无法抗拒。

赞美的话每个人都喜欢听。俗话说“良言一句三冬暖”，人的价值一旦得到别人的肯定时，就会喜不自胜。我们可以慢慢总结出赞美的技巧——怎样的话更能打动人心。一个说话“好听”的人，自然会受到更多人的喜欢。同时，懂得赞美别人的人，可以少遭遇些麻烦，可能比别人更能办成事。

一位本科毕业的大学生去一家公司应聘，人事经理对他说：“你的表现虽然很不错，但是我们想招一个研究生，本科生我们暂时还不予考虑的。不好意思，你请回吧。”这位学生故作依依不舍状，动情地说：“各位老师能给我这次面试的机会，我非常感谢。我非常非常想加盟贵公司。贵公司产品在国内市场上具有很大的知名度，新产品已经进入国际市场，前途无量。假若我能有幸能成为贵公司的一员，我会感到无比自豪的。虽然无缘参与你们的朝阳事业，但我仍然衷心祝愿贵公司在事业上能够更上一层楼。”第二天，该学生就接到那家公司的来电，告知他，他已经通过了公司的面试，被正式录用了。

有时候，事情的成败往往决定于一次谈话。这话一点也不夸张。随着社会的进步，人们的文化视野、交际事业开阔了，有越来越多的场合需要公开地发表意见，展现自己的才华。笨嘴拙舌、词不达意会让你错失良机，而会说话、说对话的人常常能够赢得更多人的支持。

赞美是把攻心的利器

在人际交往中，如果要想获得一个好的人缘，不妨试着多多赞美别人。赞美不仅能够使人的自尊心、荣誉感得到满足，更能让人感到愉悦和鼓舞，从而会对赞美者产生亲切感，相互间的交际氛围也会大大改善。

恰到好处地赞美别人，让别人情不自禁地感到愉悦和鼓舞，从而对赞美者产生亲近感，使彼此的心理距离因为赞美而缩短、靠近。善于赞美他人，往往会成为你为人处世的有力武器。

赵娜在一家外企公司上班，在不经意间的一天，公司培训部聘请了一位社交方面的兼职讲师。幸运的是，她旁听了那位讲师的课程，学习了许多的社交知识。当课程即将结束的时候，赵娜回到办公室，对其他的同事说道："没想到他竟然是一个'大腕'，课讲得这么精彩，令我深感佩服，有些人天生就适合做讲师……"课程结束后，讲师离开的时候，向赵娜问道："你觉得这个课程讲得如何？如果能够提出一些宝贵的建议或意见，我将感激不尽，这样也有利于我个人知识层面的提高与发展……"这时，赵娜不慌不忙地重复着跟同事说过的话语："你简直是一个'大腕'，没有想到你的课程讲得如此精彩，我们都应向你学习才是！"听到她的话，讲师很高兴。就这样，他们成了无话不谈的好朋友。

故事中的赵娜仅仅用一句普通的赞美，为自己赢得了一位朋友。可见，赞美是处理好人际关系不可缺少的重要媒介。

只要别人有做得不错的地方或者具有某个优点，就要对其加以赞美。你的夸奖在打动别人的同时，也让自己的形象变得好起来，这样的人自然能够拥有完美的人际关系。因此，会说赞美话是与人交际必备的技巧。赞美话说得得体，会使你更迷人！

人际关系日益复杂的今天来说，多说赞美话不仅不是坏事，而且是好事。有心理学研究证实：心理上的亲和，是别人接受你的开始，也是转变态度的开始。由此可见，要想获得良好的人际关系，一个行之有效的方法就是给予别人真诚的赞美。在人际交往中，语言不仅是一个传递信息的方式，还是一种亲切的心灵交流。在夸奖别人的过程中，我们不仅能获得更多的好感，得到更多的支持，同时也可以在对方心目中留下美好的印象。既然说好话可以让别人开心，我们又不会因此受损，何乐而不为呢？

说好话也不能张口就来

爱听好话的人自然是很多，会说好话的人也越来越多。有时候，说几句好话想赞美别人一番，对方却不为所动，难道这人不喜欢被人赞美吗？事实上，并非对方不爱听好话，而是你的赞美没能打动他/她而已。

有个笑话说的是两个书生刚被任命去做县官，离京赴任之前，去拜访主考老师。老师对学生说："如今世上的人都不走正道，逢人便给戴高帽子，这种风气不好！"一个书生说："老师的话真是金玉良言。不过，现在像老师您这样不喜欢戴高帽子的能有几个呢？"老师听了非常高兴。这个书生出来以后，对另一个书生说："高帽子已经送出一顶了。"

也许大多数人会有这样一种心态，以为赞美别人只要说出赞美的话就行，或者只要态度诚恳，就能让别人欣然接受。其实不然，不是所有的赞美都能产生作用。有的赞美不仅无法引起被赞美者的注意，甚至可能令他们觉得厌恶。所以，赞美也要讲究技巧。每个人都有自己独特的个性，没有谁会喜欢千篇一律的赞扬话。既然要赞美，就要达到赞美的目的，使对方从你的赞美中感受到快乐、满足，不落俗套，感受到你真诚的心。

有些人可能自身本来就很优秀，被人赞美是常有的事。好话偶尔听一听，自然心花怒放，但是听多了，估计也听乏了。所以，赞美别人不但要真诚，还要有点技巧。下面几种赞美的技巧常常可以取得不错的效果。

1. 否定他人，肯定对方

下面两句赞美的话，哪一句能够打动你呢？一句是“我对人人都赞赏，对你也不例外”，另一句是“我很少佩服别人，对你是例外”。

估计更多的人会倾向后者。没错，前者在肯定别人的同时也肯定了你，但不如后者能让你有一种卓尔不群的感觉。

2. 欲扬先抑的赞美方式

与人交往的过程中，应该多赞美别人，不能轻易地贬低对方。然而，有一种形式的贬低，对方却是能够接受的，那就是欲扬先抑——先贬低过去，再抬高现在。如：

“开始我觉得你这人好像个性很差、很难相处的感觉，时间长了，我发现你其实是挺随和的一个人，我还挺喜欢和你这样的人交朋友的。”

“我觉得你以前的办事能力很不行，拖拖拉拉还不能保证质量。现在就很不一样了，雷厉风行的，而且质量非常有保证。别人还真是学都学不来。”

“他虽然以前很穷，日子过得也特别艰难，但是自己很努力，脑子又好，现在日子过得红红火火的，名声财富都有了。”

……

我们常常可以看到，有很多人发了财，生活富裕了，然后就会说：“我当年是多么贫穷，日子多么苦。”他之所以从容地讲述自己过去的“低下”，是因为他现在已经变得“高贵”，而且这些过去的不凡经历更能增加人们对他现在成就的景仰，从而使他更能充分地体现优越感。

3. 借“嘴”夸人

有的时候，我们为了赢得他人的好感，会通过赞美对方来拉近距离，倘若直接说：“你看起来好年轻”之类的话，不免有奉承之嫌。如果换种方式来说：“你真漂亮，难怪某某一直说你看上去总是那么年轻漂亮!”听到这话之后，对方必然会很高兴。因为在一般人的观念中，旁观者所说的话通常都是比较公正，比较实在。

我们在交际过程中，要善于借用他人的言论来赞美对方。这种方式，不仅让人觉得很自然，而且更能达到效果。一般说来，人受到不熟悉的旁观者的赞美时比受到自己身边的人的夸奖更为兴奋。生活中，假借别人之口来赞美他人，可以避免让对方以为你有吹捧之嫌，还可以让对方感觉到自己所拥有的赞美者为数众多，从而在心理上获得极大的满足。虽然每个人都爱听赞美的话语，但并非任何赞美之语均能使人感到愉悦。因此，在赞美一个人的时候，既要做到实事求是，又要运用一定的策略性手段。可以打动人心的赞美，往往能产生神奇的效果，甚至意外的收获。

赞美有度，才更容易让人接受

几乎每个人都喜欢美食，但即使是自己最爱吃的东西，吃得太多也会觉得腻。赞美也是如此。虽然人人都爱听好话，但是对他人赞美的话语并非就是多多益善。有时候，赞美的话说得过了头，反倒会弄巧成拙。

下面给大家讲一个日本超级保险推销员原一平的故事。

原一平到一位年轻的小公司老板那里去推销保险。进了办公室后，他便赞美年轻老板："您如此年轻，就做上了老板，真了不起呀，在我们日本是不太多见的。能请教一下，您是多少岁开始工作吗?"

"17 岁。"

"17 岁！天哪，太了不起了，这个年龄时，很多人还在父母面前撒娇呢。那您什么时候开始当老板呢?"

"两年前。"

"哇，才做了两年的老板就已经有如此气度，一般人还真培养不出来。对了，你怎么这么早就出来工作了呢?"

"因为家里只有我和妹妹，家里穷，为了能让妹妹上学，我就出来干活了。"

"你妹妹也很了不起呀，你们都很了不起呀。"

就这样一问一赞，最后赞到了那位年轻老板的七大姑八大姨，越赞越远了。最后，这位老板本来已经打算上原一平的保险的，结果也不买了。

后来，原一平才知道，原来那天自己的赞美没完没了，本来刚开始时，对方听到几句赞美后，心里很舒服，可是原一平说得太多了，搞得他由原来的高兴变得不耐烦了。

恰到好处、恰如其分的赞美，才是得到事半功倍的效果的关键。在办公室里，常常有这样一群人，他们总是喜欢对着谁都是一阵吹擂，尤其喜欢向上司大献殷勤，以为这样就能够博得上司的好感，从而获得各种好处。事实上，这可能一点作用也没有起到，说不定还起了反作用。

某公司有一个特别爱拍马屁的人，只要一看到他们部门经理就马上赞美一番。无论是经理的发型、领带、衣服、裤子、鞋子等等，从头到脚都被他夸奖了一番。他自以为这样就能给经理留下好印象，殊不知，经理每次都被他夸张的赞美弄得很烦，但有碍于其他同事在场不好发作。

有一次，公司的一个重要的方案交给这个人做，做完后他自我感觉良好，交上去就一直等待着被经理表扬。经理果然喊他到办公室一趟，他以为他终于要被表扬了，说不定还要被提拔，心情很放松。进入办公室，他还没等经理开口，又开始夸赞经理的办公室布置得如何的好，经理这时脸色冷清地说："你嘴皮子的功夫倒是比你做方案的功夫好多了，看看你做的方案，出了这么多错！"

说赞美的话也有学问，并非是人人都能把赞美的话说到恰如其分。赞美也要适可而止，注意技巧，既能使对方欣然接受，不觉得赞美之言过火而心生烦躁，而且还要赢得对方对自己的好感，以达到其真正的赞美效果。赞美的语言是对别人言行举止或者身上的某个细节或者做事的成效的一种表扬，要使用得当，恰到好处，并非是越多越好。过分的语言，不切合实际的赞美，那就过犹不及了。

赞美其实是充满了奥妙无穷的一门学问，"赞美"的实质是能够抓住所赞美的事物的实质。生活中的有些人经常会犯一些错误，就是见了什么都说好，信马由缰，天花乱坠，不懂装懂，本来的赞美之言，听起来倒像讽刺。作为一个赞美者，赞美不适度，反而适得其反。因此，赞美别人一定要适可而止。赞美的尺度掌握得如何，往往直接影响赞美的效果。记住，恰如其分、点到为止的赞美才是真正的赞美。使用过多的华丽辞藻，过度的恭维、空洞的吹捧，只会使对方感到不舒服，不自在，甚至难受、肉麻、厌恶，其结果肯定是背道而驰。

背后的赞美更有杀伤力

我们都知道，在背后说一个人的坏话是会传到当事人的耳朵里，但是却很少想过，在背后赞美一个人也是会传到对方耳朵里。我们常常为了讨好别人，朋友、同事或者上司，拼命地想尽办法想说出些打动他们的话，但是很多时候却没看到什么效果。殊不知，在背后的赞美往往会有奇效。

有一家公司的经理，是一个很有才能的人，但是脾气比较古怪。由于经理对公司的经营有方，使得公司赢利丰厚。所以，经理难免心里飘飘然，希望多听到下属对自己的称赞和恭维。

刚开始，每当经理谈成一笔生意的时候，下属们都交口称赞，经理也很得意，心花怒放。可是时间久了，经理感觉这样的赞美太单一，也觉得这样的称赞缺乏诚意，有些索然无味了。就算有人当着他的面，把他夸上了天，他也显露不出一丝的满意。因此，当着经理的面，大家都不知道该赞美好呢，还是默不作声好。

有一次，经理又成功地谈成了一笔大生意，非常开心地和下属们开庆祝会。公司里新来的小彭一直都很景仰经理，这次更感觉经理是商业上的天才，因此，忍不住向身边的同事赞美起了经理，并表示能跟着这样的经理做事，真是受益匪浅，还说要以经理为目标。

后来，经理从别人的口中听到了小彭对自己的夸赞，心里十分开心，他满意地对大家说："像小彭这样工作努力又谦虚的员工，才是我们公司要培养的目标啊。"

很快，小彭就受到了经理的重用，职场生涯也因此平步青云。

所以，如果你要赞美一个人时，有时背后说的效果往往比当面说的效果要好。因为，当面夸赞一个人，别人也许会以为你是在讨好他，可能不会放在心上，而背后赞美一个人，往往让别人觉得你特别真诚，他也会打心底高兴，对你也会产生好感。换个角度想，如果有人告诉你，某某在背后说了你很多好话，你是不是也会特别高兴呢？所以，这样方式对每个人都是受用的。

《红楼梦》第三十二回中有这么一段：史湘云、薛宝钗劝贾宝玉做官为宦，贾宝玉大为反感，对着史湘云和宝钗赞美林黛玉说："林姑娘从来说过这些混账话不曾？若她也说过这些混账话，我早和她生分了。"凑巧这时黛玉正来到窗外，无意中听见贾宝玉说自己的好话，"不觉又喜又惊，又悲又叹"。

因为在林黛玉看来，宝玉在湘云、宝钗、自己三人中只赞美自己，而且不知道自己会听到，这种好话就不但是无意的，还是难得的。倘若宝玉当着黛玉的面说这番话，好猜疑、小性子的林黛玉怕还会说宝玉打趣她或想讨好她。

这就是为什么背后的赞美往往给比当面的赞美更起作用。背后赞美一个人，辗转传到当事人的耳朵里，其心里难免不沾沾自喜"原来我在他心目中是这么优秀啊"。一个人对真心佩服自己的人能不心生好感吗？

好听的话要说到点子上

有这样一个故事：

说有一个国王是独眼龙，而且还有一只脚是瘸的，有一次找很多人来给他画像。第一个画家很实在，就按写实的画法，照实画，国王知道这是自己真实的样子，但是画像上的确太丑了，第一个画家被杀了。第二个画家战战兢兢地把国王画的英明神武，毕竟有前车之鉴嘛，但国王觉得这是对他的嘲讽，第二个画家也被杀了。第三个画家很冷静地画完，国王看了以后很高兴，赏了他很多财宝，大家知道画的是什么吗？一个人只有一只眼，和一条好腿的人，第三个画家画的是：国王侧身拉弓射箭的情景。

所以赞美，不是要说得天花乱坠，别人明明没有那些优点，你说得再好也必然不能打动他。而有的人不喜欢他人赞美他显而易见的优点，因为他认为这些优点是很自然的事情，没有必要加以恭维。相反，如果是赞美他不易被人发现的长处，他反而会觉得更有成就感。

有一位知名的画家，人们每每对他的画风、创意等大加恭维，可是对于这些恭维，这位画家并不欢喜。

一次画展，一名记者见到这位画家，随口说了一句："您今天的衣服真有品位！"听完这句话，这位画家两眼放光，原来他一直有一个时尚梦，每次去画展等社交场合时都会对自己的服饰精心修饰一番。在别人眼里，这位画家的穿着总是很另类。"艺术家都这样"，大多数抱持这种心态的人，很少会把眼光停留在他的穿着上。

这名记者的一句话顿时让这位画家萌生出一种知音感。后来，这位画家干脆专门指定了这位记者负责他的全部采访。

我们赞美别人，总是喜欢从对方身上最突出的优点入手。但是，几乎所有的人都对这个人的这个优点赞美过了，时间长了，被赞美的人听腻了，这样的赞美就很难让对方兴奋起来。赞美别人要善于从小事着手，于细微之处见高下。注意赞美对方较不易为人知的优点。

一个人无论他怎么差劲，也会有一两个值得赞美的优点。例如一个年轻的女孩子或许长得不算漂亮，但可能她的牙齿长得很漂亮，或者皮肤很白等等。要善于抓住这些地方对其加以赞美。或许有的人根本不在乎这些小优点，但无论如何，你的赞美一定会使她心情愉快。如果你面对的是一位美貌的女子，如果你老生重弹，就算夸她沉鱼落雁、闭月羞花，未必能引起她多大的兴趣，如果你能找出她不易为人所知的优点，则往往可以使对方感到意外的惊喜。

心理学家指出："多数人只在几种特殊事物上喜欢让人恭维，这几种特殊事物未必就是他最杰出的地方、他的魅力之处。"如果你当着优秀人士的面去赞誉他们的才华和能力，他们是不会理你的。在他们看来，这种话没有意义；相反一些看似无关痛痒的话题，反而能激发他们的强烈兴趣，深得其心。

赞美越具体，越能打动人

某市召开发展规划大会，会议结束后，领导问身边的助理："我今天的发言怎样？听众有什么反响？"助手回答道："你的讲话非常精彩，不仅让大家清楚了我市目前的状况，也向大家展示了未来发展的美好前景，我们都深受鼓舞呢！"这种具体而恰当的赞美让领导感到欣慰。如果这位下属只是简单地说："你讲得真有水平""真精彩"……很容易让领导感到是在勉强应付，有拍马屁的嫌疑。

想让你的赞美效果倍增，就要学会具体化赞美。具体而详细地说出对方值得称道的地方，既能让对方直接感受到你的真诚，也能让你的赞美之辞深入人心。

有的人喜欢赞美别人，但是每次都是含糊其词，常常没能打动别人，还自讨没趣。因为含糊其词的赞美听起来很空洞，毫无诚意。而具体的赞美，往往说出的是细节的地方，会让别人觉得你很用心，从而拉近彼此之间的距离。

一家公司的经理和自己的太太带着一位翻译同一位外商洽谈生意。

外商见到经理得太太后，便夸赞道："你太太真是太漂亮了！"

经理客气地说道："哪里，哪里。"

翻译心想："怎么翻译'哪里哪里'呢？"最后，他翻译成："Where，Where？"

外商一听，心想："说你太太漂亮就是漂亮呗，还非要问具体漂亮在哪里？"于是，笑着回答："你的太太眼睛漂亮，身材好，气质好……"

说完，大家哈哈大笑起来，商业洽谈在愉快的氛围中开始了。

这虽然是一则笑谈，但是却给我们以启发：当你赞美别人时，一定要在心里问自己一个“Where”（漂亮在哪里，好在哪里，我佩服他哪里……），然后回答这个“Where”，你的赞美一定会因具体化而触动对方，甚至产生神奇的效果。具体化的赞美，效果显著，一定要多加应用。

赵小姐是一大型企业的总裁秘书，有一次，有三个客人都和她说要见他们的老总。

第一个客人说：“赵小姐，你的名字挺好的。”——她心里特想听听她的名字好在哪儿，结果，那位客人不再说了，巴结她也不真诚，让她觉得有些失望。

第二个客人说：“赵小姐，你的衣服挺漂亮的。”——她立刻想听自己的衣服哪里漂亮，结果也没有了下文，看来这位客人的话还是没有说到位。

第三个客人说：“赵小姐，你挺有个性的。”——她想知道自己有什么样的个性。他接着说：“你看，一般人手表戴在左手腕，而你的手表戴在右手腕上……”赵小姐一听，还真觉得自己有点与众不同，挺高兴的，就让他见了老总，结果签了一个十万元的单子。

十万元对赵小姐他们公司来说是一个不起眼的小单子，可对这几位客人来说却是一笔大生意。前两位没有达到目的，因为不懂得具体的赞美的妙用，只有最后一位用恰当的赞美之辞为自己赢得了商机。

不懂得用心而认真地观察对方，不管说出口的赞美之词多么有气势，也不见得能够打动别人。反而是从细节出发，具体地说出他的优点，表现出你足够的关注，对方自然能为之所动。

你太漂亮了，你很聪明，你真棒——这类缺乏热诚的、笼统的、空洞的赞美，有点像外交辞令，太程式化，给人以敷衍的感觉，有时甚至有拍马屁的嫌疑，让人怀疑你的动机不纯，容易引起对方的反感与不满。

然而，如果你能详细地说出她漂亮在哪里，他怎么聪明，他哪里让你感觉很棒，那么，赞美的效果将大不同。因为具体化可视可感觉，真实存在，对方自然能够由此感受到你的真诚、亲切与可信。那你想要赞美的效果，自然也就达到了。

第四章
会拒绝，别让不好意思坑了你

我们在生活中常常会不可避免地请求别人的帮助，当然也会遇到别人来拜托我们的时候。如果可以帮忙的事，轻易答应下来当然没问题，一来助人为乐，二来也为自己积累了一份人情。

但是，有时候，对于别人拜托的事，我们自己也是心有余而力不足。答应吧，万一完成不了还让自己受累；不答应吧，拒绝别人又觉得好为难……怎么办呢？这个时候，会说话又可以派上用场了，巧妙地说出“不”，既能拒绝别人，又不伤害两人的交情。

说“不”，不尴尬

生活中的你，是不是常常有这样的经历：明明想对别人说“不”，却硬生生地把这个“不”字吞到肚子里去了，而违心地从嘴里蹦出来个“是”字？可是后来又越想越不对劲，心里说着“我其实当时应该拒绝他的”“这个忙我根本就帮不了”“我自己的事情都没有做完，怎么办”……于是你开始自责、懊悔，为应承下来的事儿忙得焦头烂额。

不懂得拒绝的人，无论是面对上司的命令、顾客的要求、同事的请托以及工作中的任何突发状况，似乎都只能默默承受。因为他们觉得，如果自己说“不”，可能会面临一连串的麻烦：上司的不满、顾客的投诉、同事的芥蒂……于是，为了维护自己的人脉，为了提升自己在同事间的口碑，为了让自己在工作上少一些阻碍，许多人在面对各式各样的请托和要求时，选择了接受，让自己陷入了难堪的局面。

只是，这样做正确吗？不妨看看以下案例再做判断。

张涛和李辉大学毕业后同时进入一家通信公司实习。这家公司可以说是全球无线通信行业的霸主，几乎在世界各地都有它的制造厂。能够进入这家公司，是求职者的梦想，因此张涛和李辉两人都十分重视这次的实习机会。因为按照惯例，这家公司会从每一批实习的人员之中选择最优秀的一位留下来。

在进入这家公司之前，张涛便做足了准备。他觉得想要留在这家公司，上司的推荐和同事的口碑应该十分重要。因此，在进入这家公司之后，他为了获得大家的认可，对于所有同事都有求必应，虽然常常因此把自己的工作做得不够好，但是他每次得到同事的感谢与称赞就觉得这样也值了。大家见这小伙子那么热心，便也逐渐不客气了：甲让他帮自己带早餐、乙请他帮忙接孩子……哪怕这些是与工作毫不相干的事情，张涛全都接受，毫无怨言。

而李辉却截然相反，有人请他帮忙的时候，他似乎总以自己的事情还没做完为借口推托，渐渐地，请他帮忙的人越来越少。因此，大家对张涛的评价越来越高。

三个月的实习时间很快结束了，转眼就到了宣布最终结果的时候。看着被叫进经理办公室的李辉，张涛暗自欣喜：“谁教你不注意人际关系，只顾着埋头做事。能留下来的人一定是我。”

半个小时后，李辉从经理办公室走出来，带着平静的表情开始收拾自己桌上的东西。张涛正准备上前安慰他一下，却猛然发现情况似乎有些不对劲。原来，李辉在收拾完自己的东西之后，并没有离开，而是把这些东西放在另一张配有电脑的办公桌上，而那张桌子，正是为留下来的那个人所准备的。

就在张涛愣神的时候，有人拍了拍他的肩膀，示意他到经理办公室去一趟。怀着惴惴不安的心情，他来到经理办公室。

“张涛，这三个月来，你的表现大家都看在眼里。你很热心，同事们对你的口碑很好。说实话，站在朋友的立场，我很想留你下来。可是，站在公司的角度考虑，我们需要的是能在工作上做出成绩的人。在这段时间里，我很遗憾地看到你的主要精力并没有放在本职工作上。所以，我只能祝福你在新的公司一切顺利……”

生活中的你，是否有也过这样的经历：对于他人的要求，有时出于面子，有时为了不得罪人，不好意思拒绝，而只好勉强自己，违背自己的意愿，做了不是自己分内的事，还因此耽搁了自己应该做的事。

其实，很多人都会有过这样的经历。实际上，拒绝别人并不代表你对他不友善，也不代表你冷酷无情，没有人情味。不管对谁，只要你不想做或者违反原则，就有权利说“不”。

要懂得在适当的时候说“不”，拒绝别人不一定是件坏事。如果你没有时间，没有能力帮助别人，那么拒绝别人的请求是你正确的选择。否则，问题拖下去只会越来越难解决。很多时候，正是因为你不懂得说“不”，才让自己陷入“被逼无奈”的窘境当中。更重要的是，这种草率的决定还会打乱自己的计划和安排，使自己的工作与生活陷入被动。长此以往，你将无法享受给予和付出所带来的真正快乐，正常的人际交往与互动都会沦为一种负累。

总之，笼络人心对职场人士来说固然重要，但这并不代表我们在任何时候都不能拒绝。其实，根据实际情况，适当地对周遭的人说“不”，善于分辨什么是自己应该做的，拒绝那些对自己不利的干扰，这才是真正懂得工作的人所应具备的正确态度！

真心说“不”，倒出你的苦衷

不管是在生活还是职场中，我们常常都会遇到这样的问题：一位朋友或者同事突然开口，让你帮个忙。问题就在于，这个事情对你来说，已经有些超出个人能力范围。答应下来，自己忙上忙下，还不一定能够圆满完成；如果直接拒绝，面子上又实在磨不开，毕竟大家都相熟已久了。但是，应该怎么说，才能既不得罪人，又能达到拒绝的目的呢？

有人会直接对他说：“不行，真的不行！”如果你真这么说了，当然拒绝的目的是肯定达到了，但是可能因此失去一位朋友，甚至还会影响个人的口碑。有人会推托说：“我能力不够，其实某某更适合。”那你有没有想过：当朋友或同事把你的这番话说给某某听时，他会做何反应？有人会不好意思地说：“我真的忙不过来。”这个理由还算不错，可是只能用一次，第二次再用时，朋友或同事一定会用疑惑的眼光来看你。

那么，到底应该怎样说出那个重要的“不”字来呢？

1. 不妨先倾听一下，再说“不”

在工作中，往往每个人都会遇到这种情况，当你的朋友或同事向你提出要求时，他们心中通常也会有某些困扰或担忧，担心你会不会马上拒绝，担心你会不会给他脸色看。因此，在你决定拒绝之前，首先要注意倾听他的诉说，最好的办法是，请对方把自己的处境与需要，讲得更明了一些，自己才知道如何帮他。接着向他表示你了解他的难处，你若是易地而处，也一定会如此。

“倾听”能让对方感到自己被尊重，在你婉转地表明拒绝之意时，要尽可能避免伤害到对方，还要避免让人觉得你只是在应付他而已。如果你的拒绝是因为自己有一定工作负荷或者压力，倾听可以让你了解清楚对方的要求是不是你分内的工作，而且是否在自己的能力范围内。或许你仔细听了他的请求后，会发现协助他助于提升自己的工作能力与经验。这时候，你在兼顾自己工作的原则下，牺牲一点自己的时间来帮助对方，对自己也是绝对有帮助的。

“倾听”的还有一个好处是，虽然你拒绝了他，但你可以针对他的情况，建议如何取得适当的支援。若是能提出更好的办法或替代方案，对方一样会感激你，甚至在你的指引下找到更适当的方法，这样也会事半功倍。

2. 说明拒绝的理由

拒绝在某种意义上，其实就是一种辩论。别人会想尽办法试图说服你接受，而我们则必须让对方了解或明确自己不能接受的原因。如果我们要让对方心服口服，就必须说出一个值得信服的理由。当然，选择权在我们手上，即使没有理由，我们也可以选择拒绝对方，只是这样的态度，可能会让对方感到极度不悦。

3. 不要过多地解释

有些人为了抚慰对方“受伤的心灵”，往往在拒绝之后，说出一大堆安慰的话，或为自己的拒绝找各种理由。其实，这是画蛇添足，因为太多理由，反而让别人觉得你是在借故搪塞。所以，拒绝对方只要说清楚理由就行了，不要解释过度。

在说“不”的过程中，若只是随随便便的敷衍了事，对方其实都看得到。这样的话，有时让人觉得你是一个不诚恳的人，对你的人际关系伤害更大。

总之，只要你真心地说“不”，让对方了解你的苦衷，你会达到成功拒绝别人的目的。

向领导说“不”，要拒而不绝

你已经忙得焦头烂额了，上司又给你分配了新的任务；明知道是不能完成的任务，上司还非要你完成；三天内不可能完成的计划书，上司却偏偏只给你三天时间……在工作中，你是否也会遇到类似这样的来自上司的不合理要求？

一天，公司经理指着厚厚一叠文件对刚到公司不久的秘书小刘说：“小刘，请你今晚把这一叠文件全部给我打一份出来。”小刘听到这话，看看讲稿，面露难色说：“这么多，能打得完吗？”“打不完吗？那就请你另觅轻松的去处吧！”恰巧经理正在气头上，于是小刘被“炒了鱿鱼”。

与小刘相同的是，小赵也曾遇到过上司这样的要求，但是小赵的拒绝方式不同，却得到和小刘不同的结果。

“小赵，你今晚务必把这一叠报告整理好。”主任指着厚厚一摞报告对秘书小赵说。

小赵看着厚厚一摞报告，心里非常为难。于是，他用充满内疚的眼神走到主任面前说：

“主任，对不起。我今晚恐怕没有时间完成这项工作，因我还有其他的重要文件需要处理，其中一些是你明天早上需要用的演讲稿。我都必须把它整理出来。所以，真的不好意思。”

主任听了，笑了笑说：“没关系的，这个也不急着用，你慢慢整理吧！等你整理好了，再把它拿给我好了。”

小赵没有直接拒绝主任说今天晚上完不成，而是让主任知道他的苦衷和难处，暗示自己今天晚上没有把握把报告整理出来。这就是很好的拒绝方法。

小刘的被“炒”实在令人惋惜。然而，像小刘这样生硬、直接地拒绝上司的要求，给上司的感觉是她不服从上司安排，完全不把上司的威信当回事，被“炒”也就难免了。

在工作中，当上司提出了一些明显不合理的请求时，这就需要我们认真考虑好，自己是否有能力去完成。把自己的能力与事情的难易程度以及客观条件是否具备结合起来考虑，如果认为自己不能接受，就要选择适合的方法加以拒绝。跟上司说“不”，确实不是一件简单的事，要会巧妙地运用各种技巧回避锋芒，避免与上司直接对抗。那么，怎样才能让上司听到了你的“不”以后而不会生气呢？

1. 理由一定要充足

首先，而应先谢谢上司对你的信任和看重，并表示很乐意为他效劳，再含蓄地说明自己爱莫能助的困难。比如，“现在我手里跟进的项目，全部都要月底才能完成。其他人对这几个项目都不熟，若是现在让我去接新的项目，这些项目可能会出问题。”这样，充足的理由、诚恳的态度一定能获得上司的理解。

2. 不可一味地拒绝

尽管你拒绝的理由冠冕堂皇，但是上司也许仍坚持非你不行。这时，你便不能一味地拒绝，否则，上司可能会以为你只是在推托，从而怀疑你的工作干劲和能力以至失去对你的信任，甚至在以后的工作中，也会有意无意地使你与机会失之交臂。

3. 提出周全的方法

如果上司仍然坚持让你去完成这项工作，这时，你要仔细考虑，千万不可因上司没有答应你的要求而怒气冲天，拂袖而去。你可以坐下来与上司共商计策，或者说：“既然这样，那么过一天，等我手头的工作告一段落，就开始做，您看怎么样?”你也可以向上司推荐一位能力相当的人，同时表示自己一定会去给他出点子、提建议。这样，你就能进一步赢得上司的理解和信任，也会为你以后的工作、生活铺开一条平坦的大道。

总的来说，拒绝上司意味着可能会得罪上司。人际交往尚且如此，若在工作上遇到类似事件，则可能造成更大麻烦。尤其对于年轻的职场新人来说，这是一个很让人头疼的问题。如果拒绝不当，可能令上司误会你是在逃避责任，或对自己能力的不确定。如果他今后不再安排什么任务给你，千万别沾沾自喜，以为自己走运了，因为公司永远不需要做不了大事的员工。长期以存在感超低的状态持续下去，不久就会被列入“留待察看”的行列。

因此，不管你拒绝的是公事还是私事，都需要很大的勇气。虽然，对上司说“不”不是令上司非常愉快的事情，但是如果能够掌握对上司说“不”的技巧，并在实践中有区别地加以应用，一定会“拒而不绝”，让上司在你的诚恳中理解你的不便之处，这样就不至于影响你的工作发展。

拒绝别人也要人情味十足

在人际交往中，我们常常会遇到一些难以答应的请求。但是，言辞生硬，直接回绝别人，往往造成不好的结果。而这时最好的方式就是委婉表达出自己拒绝的意思，让对方知难而退，这样既不伤朋友间的和气，也不违反自己为人处世的原则。

美国前总统富兰克林·罗斯福当海军助理部长时，有一天一位好友来访。谈话间，朋友问及海军在加勒比海某岛建立基地的事。

“我只要你告诉我，”他的朋友说，“我所听到的有关基地的传闻是否确有其事。”

这位朋友要打听的事在当时是不便公开的。罗斯福望了望周围，然后压低嗓子向朋友问道：“你能对不便外传的事情保密吗？”

“能。”好友急切地回答。

“那么，”罗斯福微笑着说，“我也能。”

这位朋友明白了罗斯福的意思，之后便不再打听了。

后来，罗斯福的这位朋友仍然和他交往着，感情并没有减淡，因为那人很清楚罗斯福做事一向是很有原则的。

在上面的故事中，罗斯福采用的是委婉含蓄的拒绝。在朋友面前既坚持了不能泄密的原则立场，又没有使朋友陷入难堪，体现了高超的语言运用能力。相反，如果罗斯福表情严肃，义正词严地加以拒绝，其结果必然是两人之间的友情出现裂痕甚至危机。拒绝对方，也要给对方留足面子。当我们用委婉的方式来表示拒绝，就不会使对方难堪了。

我们对别人说“不”，是维护自己权益的行为。但是在维护自己权益的同时，也应当尽量照顾到对方的感受。虽然拒绝要态度明确，但仍须通过各种语言的艺术，不要让对方感到难堪。

汉光武帝刘秀的姐姐湖阳公主在丈夫死后，看中了朝中品貌兼优的宋弘。有一次，刘秀招来宋弘，以言相探：“俗话说，人地位权利高了，就要改换自己结交的朋友；人富贵了，也可以改换自己的妻子，这是人之常情吗？”宋弘回答说：“我只听说‘患难之交不可忘，糟糠之妻不下堂’。这句话的意思是：无论人是在生活贫困、地位低下还是富贵、地位高权得高时候，都不能把朋友忘记，最初的结发妻子也不能让她离开身边。”

宋弘深知刘秀问话的言外之意。但他进退两难。应允吧，违背了自己的人品，也对不起贫贱相扶的妻子；含糊其词吧，还会招来麻烦，毕竟是一国之君；直言相告吧，也不得体，又有冒犯龙颜之患，所以他也引用古语来“表态”，委婉而又直截了当地表明了自己的态度与立场。

说“不”固然不太容易，但说话高手们总会让自己的拒绝明确而合理。不但能够在委婉的语言中让对方免于难堪，给对方一个台阶下，同时也明确地表达出自己的意思，对方知难而退从而达到拒绝他人目的。

不干脆的拒绝，只会让你陷入被动

很多人在拒绝别人的时候怕得罪别人而影响彼此的感情，总是喜欢含糊其词。听得懂的人自然还好，能够明白这是对方拒绝的说辞；没听懂的人自然就会会错意，然后等待着对方帮助。或许等到某天，见事还未办妥，便又来说起："你上次帮我办的事，怎么这么久都还没办好呢？"这时被求助的人可能会错愕："自己什么时候说过帮忙的？"

虽然拒绝别人真的很为难，但是你要记住，不明确地表达拒绝，只会给对方造成不必要的误会，让双方都受到损害。

小王和小张是一起长大的好朋友。但是小王从小就勤奋好学，所以一直念书念到了研究生毕业，工作也是一帆风顺，后来一家知名企业的部门经理。而小张呢，从小就调皮捣蛋，所以高中毕业便出去打工了。但是小张这人一直不长进，虽然在社会上混了那么多年，却也没混出个什么名堂。最近听说小王在某家大公司当经理，便想去谋个好职位。

小张找到小王说："小王，看在我们俩这么多年交情的份上，这个忙你可得帮我啊。"

小王其实很为难，因为他们公司有规定，学历至少是本科以上，但是鉴于好朋友，他又不好直接推脱，只好回答："这个事有点不好办。首先，你的学历不符合规定，难度比较大，何况招人的名额有限。不过，我会尽力争取，当然你不要抱太大希望。"

小张听小王这么说，只觉得可能是有点难，但是小王尽力的话，应该没问题，就没有多想，回家安安心心地等着上班。可是等了两个星期，也没有收到任何通知上班的邮件或者电话，小张再次找到小王：“你上次说帮我的忙，怎么还没消息呢？”

小王很为难地说：“哥们，不是我不帮你，是真的不行啊，你也知道你的学历不符合我们公司的要求的，我实在无能为力啊。”

小张一听，生气地说道：“你帮不了就帮不了啊，直接给句痛快话呀！浪费了大半天工夫，早干吗去啦？”

就这样，小张和小王闹掰了，二十几年的交情也因此没了。

因此就需要我们在拒绝的时候，不要因为过于照顾对方的颜面，而把话说得模棱两可。大多数人都不好意思直接说出拒绝别人的话，然而很多时候对方提出的某些要求很过分，不是我们自己力所能及的，这时拒绝的时候态度一定要坚决。何谓坚决？就是明明白白地告诉对方，这件事自己无法做到，让他另请高明。

“对不起，我真的帮不上忙”和“这问题恐怕很难解决”相比，后者显然会给被拒绝者带来更大的想象空间。当我们试图用一种很婉转的态度拒绝别人时，通常不会收到太好的效果。因为模棱两可、暧昧不清的拒绝，并不会让对方丧失希望，正所谓希望越大，失望越大。与其让对方抱着不切实际的幻想空等，不如在最初明确拒绝。

我们心里要明白，无论是坚决说“不”，还是委婉说“不”，最终要达到的目的都是相同的，即让对方知道自己的表态是决定性的，没有妥协余地。这种表态方法的差别仅限于语气上的软硬，而在表达的含义上需要准确无误。

总之，你的言语必须确实明白地表示出你自己的想法。很多事情虽一时能敷衍过去，但总有一天，当对方明白你以前所有的话都是托词时，就会对你产生很坏的印象。所以，与其如此，不如干脆一点儿，坦白一点儿，毫不含糊地讲“不”。

学会幽默地说“不”

我们都知道，幽默是可以化解尴尬的场面，幽默可以赢得陌生人的好感，幽默可以拉近陌生人之间的距离……幽默的语言总是有着神奇的作用，而在拒绝别人的时候，幽默也可以获得良好的效果。

现实生活中拒绝是一件令人遗憾的事，但却又是无法回避的事。有时候自己的至亲好友，从不开口求人，偶尔万不得已，求你一次，遭到拒绝，轻则失望，重则大发雷霆；有的患难之友，曾经在你困难时鼎力相助，如今有求于你，你心有余而力不足，但他不相信，指责你忘恩负义；有的恳求虽然合理，但迫于客观条件的限制，一拖再拖，始终无法得到解决。无论哪一种情况，拒绝别人都是一件难于启齿的事。一怕生硬地语言伤害打击到对方的心灵，二来又怕不恰当的拒绝破坏两人原本的关系。那么是否有一种两全其美的方法，既不会伤害别人的面子，还可以巧妙地拒绝呢？回答是肯定的。纵观中外历史，许多名人、伟人都善于使用特别的“语言武器”，很机智地拒绝对方，这种特别的“语言武器”就是“幽默”。

美国的有一位女士读过《围城》后，便给钱钟书先生打电话说，希望能够见一见钱钟书先生。但钱钟书先生向来淡泊名利，不爱慕虚荣，于是他就在电话中这样说道：“假如你吃了一个鸡蛋觉得不错的话，那你又何必要见那个下蛋的母鸡呢！”钱先生以其特有的幽默和机智，运用新颖、别致而又生动、形象的比喻，拒绝了那位美国女士的请求。

用幽默的语言拒绝对方提出自己难以接受的要求，不仅坚持了自己的原则，还能够保全别人的面子。这种幽默的语言，既不答应对方的不合理的要求，还避免了使对方尴尬，同时还可以营造一种轻松愉快的气氛，并且还可以显示出被提要求一方具有豁达大度的处世风格。

生活中，拒绝一个人是需要勇气的。因为拒绝就意味着将对方拒之门外，拒绝了对方的一片“好意”，有时会让对方很难堪。这时，我们要根据不同的场合和对象进行考虑，选择恰当的方法婉转地拒绝，不能因为自己的拒绝而伤害对方的情感。

拒绝不仅是一门艺术，更是一门学问，还可以很好地体现一个人的综合素养。当别人对你有所希求而你办不到，不得已要拒绝的时候，要学会幽默地拒绝他人。所谓婉言拒绝就是用温和曲折的语言，把拒绝的本意表达出来。同直接拒绝相比而言，幽默的拒绝更容易被接受。因为幽默的拒绝方式在很大程度上顾全了被拒绝者的颜面。

洛克菲勒是一个富翁，他在自己的一生中至少赚了10亿美元。但他深知，过多的财富会给他的子孙带来很多的麻烦，所以洛克菲勒将高达7.5亿美元的金钱都捐出去了。

然而，他总是会在捐钱之前，首先搞清款项的用途，从不随便捐钱。

有一天，在洛克菲勒下班的时候，在回家的途中被一个懒人拦住。那个拦路人向他诉说自己的不幸，然后恭维地说：“洛克菲勒先生，我是从20里以外步行到这里找您的，在路上碰到的每个人都说，你是纽约最慷慨的大人物。”

洛克菲勒知道这个拦路人的目的就是向他讨钱。但他并不喜欢他的这种方式，但又不愿意使对方感到难堪。怎么办呢？洛克菲勒想了一下，便对这个懒人说：“请问，待会儿您是不是还要按照原路回去？”懒人点了点头。

洛克菲勒就对懒人说："那就好办了，请您帮我一个忙，告诉刚刚碰到的每个人：他们听到的都是谣传。"

面对别人无理的要求，你想拒绝，但又为了避免使对方难堪，这时，你可以运用幽默委婉的语言拒绝。这样不仅表达了自己的拒绝意图，还会使对方易于接受。

幽默地拒绝别人是一种艺术。在拒绝别人的时候，我们可以引用一些名人名言、俗语或谚语的方式来作答，来表明自己的意思。这种拒绝的方式好处是很明显的，既增加了说话的权威性与可信度，还省去了许多解释和说明。

幽默的拒绝技巧体现了一个人灵活交际的能力，它有助于处理好人与人之间的关系，运用得好，可以达到文雅得体，幽然含蓄，弦外有音，余味无穷的奇妙境地。所以，在拒绝别人的时候，我们不妨试着用些诙谐、幽默的语言。

借“别人的意思”来拒绝

很多时候，拒绝的话总是让人难于启齿，甚至还要绞尽脑汁去想一些拐弯抹角的拒绝。其实，有时候拒绝别人你可以不用这么费神，关键是你要懂得借用“别人的意思”。

某造纸厂的销售人员去一所大学销售纸张，销售人员找到他熟悉的这所大学的总务处长，恳求他订货。总务处长彬彬有礼地说：“实在对不起，我们学校已同一家国营造纸厂签订了长期购买合同，学校规定再不向其他任何单位购买纸张了，我也是按照规定办事。”

这就是借“别人的意思”来拒绝。这个事件中，虽然是总务处长说出那些的话，但是执行的却不是总务处长的意思，而是“学校”，学校的规定，谁也无法违反，事情就这么简单。所以，借“别人的意思”来拒绝就是这么容易的。

以别人的身份表示拒绝，这种方法看似推卸责任，却很容易被人理解：既然爱莫能助，也就不便勉强。

一位和善的主妇说，巧妙拒绝的艺术使她一次又一次免受了推销人员的打扰。每当销售人员找上门来，她便彬彬有礼但态度坚决地说：“我丈夫不让我在家门口买任何东西。”这样，推销人员会因为被拒绝的并不仅仅是自己一个人而心理上得到了一点平衡，减少了被拒绝的不快。

人处在一个大的社会背景中，互相制约的因素很多，为什么不选择一个盾牌来挡一挡呢？比如说：有人求你办事，假如你是领导成员之一，你可以说，我们单位集体决定这些事情的，像刚才的事，需要大家讨论才能决定。不过，这件事恐怕很难通过，最好还是别抱什么希望。比如，某单位一位职工找到车间主任要求调换工种，车间主任心里明白调不了，但他没有直接回答，而是说："这个问题涉及好几个人，我个人决定不了。我只能把你的要求反映上去，让厂部讨论决定。"这就是表明并不是我不帮你的忙，而是我决定不了。对方听到这样的说服，自然也就只有知难而退了。

借"别人的意思"来表示拒绝的好处有：

1. 容易被人理解和接受；

2. 让对方觉得你很诚恳；

3. 表达出自己无法提供帮助的意思。

我们在生活或者工作中，有时候会遇到朋友向我们提出一些我们无法做到的要求，但又不能直接拒绝，这时，我们就可以用这样的方法来回绝朋友的要求。

张林在一家商场的电器部工作。一天，他的好朋友来买空调。把店里陈放的样品全部看完后，还觉得不满意，要求张林领他到仓库里去看看。张林面对好朋友，一时不知道该如何说"不"。忽然他灵机一动，笑着说："前几天经理刚宣布过，不准任何顾客进仓库，我要带你进去了，我就可能被责罚。"

张林借他人之口拒绝了朋友的要求，尽管朋友心中不大高兴，但毕竟比直接听到"不行"的回答要舒服些，也减少了几分不快。

第五章
麻烦别人，说出的话要中听

办同样的事，为什么有的人能一帆风顺，而有些人却屡次碰壁，弄得满鼻子灰？关键在于“怎么说”。大家都知道，语言是人们沟通的桥梁。想要别人帮助你，就必须掌握语言技巧。在求人办事的过程中，要运用巧妙的语言，把话说到对方的心里，为自己顺利办事凿开一条通道。

心想成事，首先得会张嘴

俗语说：一个好汉三个帮，一个篱笆三个桩。不论你是什么人，能人还是庸人，聪明人还是愚笨人，职位高还是职位低，现实生活中，有些事情仅仅依靠我们自己的力量去完成，是可望不可即的。这个时候就需要别人的帮助。求别人帮助，你就得具备一套过硬的嘴上功夫。“打鼓打在点子上”，这是我们经常听到的一句口头禅。不仅打鼓如此，说话亦如此。只要你能说人家爱听的、喜欢听的话，别人自然愿意为你“效劳”。

不难发现，同样的事，不同的人用不同的方法和语言表达出来，有的人能得到认可，有的人却只能被否定？办同样的事，为什么有的人能一帆风顺，而有些人却屡次碰壁，弄得满鼻子灰？所以，办成事的关键就在于“会说话”“说好话”。会说话的人，能通过其良好的谈吐，增进双方之间的友谊，缩短彼此间的距离。在办事的时候，会说话的人懂得用语言感动人、说服人，让对方接受自己的请求。只有语言动听得体，才能够打动别人。不要小看几句话的作用，有时候就是单凭几句话，就可以改变结果，使事情偏向对你有利的方面。

一天，一位老师傅开车带徒弟去乡下的河边拉沙子。乡下的路很难走，到处都是小石块。在回来的路上，“嘭”的一声，车胎爆了。他们虽然带了备用轮胎，却忘了千斤顶，没办法，师傅只好让徒弟向路边的人家借。

临走之前，师傅在徒弟耳边说了几句话，徒弟看了看师傅，半信半疑地朝路边的房子走去。果然，一会儿工夫，徒弟抱着千斤顶回来了，他高兴地对师傅说："师傅，一切都跟您说的一样，您太神了！"

原来，徒弟走到房子跟前去敲门，开门的是个中年男子，从他不耐烦的模样可以看出他并不是一个好说话的人，但徒弟还是按照师傅的吩咐，笑着说道："又有事要麻烦你帮忙。"中年人看了看这个陌生的年轻人，说："我想我并不认识你，你怎么说又需要我的帮助呢？"徒弟说："您家就在马路边上，尽管你没帮过我的忙，但也一定帮过不少人的忙，所以，对你来说，是又有事需要您帮忙了。"中年人听了徒弟的话，哈哈一笑，说："说吧，你有什么需要我帮忙的？"徒弟说："我们的车胎爆了，忘了带千斤顶。我想，肯定曾经有人也像我一样跟您借过千斤顶换轮胎，所以我也想跟您借一下千斤顶。"不过中年人并没有车，他也没有千斤顶，可他听了徒弟的话，觉得不帮忙似乎有点说不过去，于是放下手中的活说："虽然我没有，但是我知道哪儿有，走吧，我带你去借。"于是中年人骑上摩托车带他到一个朋友家借了个千斤顶。徒弟谢过中年人之后，便高高兴兴地捧着千斤顶走了回来。于是，也就出现了开头的那一幕。

事后，小徒弟问师傅说："师傅，为什么那个人本来没打算帮忙，但是因为我说了您教我的那几句话，他就那么尽心尽力地帮助我们呢？"师傅笑了笑，说道："这就是说话的艺术。如果你第一句话就问他'您有没有千斤顶，借我一下可以吗'，那肯定会被他拒绝的。但是如果你先称赞他助人为乐的精神，他自然也就不好意思将你拒之门外了。"

若想成就一番事业，求人办事是在所难免的，有时候，会说话在求人办事的过程中，起着不小的作用。大家都知道，语言是人们沟通的桥梁。想要别人帮助你，就必须有过硬的嘴上功夫。在求人办事的过程中，要用最巧妙的语言，把话说到对方的心里，为自己顺利办事凿开一条通道。

求人办事，要掌握好说话的时机

在现实生活中，我们常常会听到这一类的抱怨，“现在这个世界，办个事儿真难啊！唉！”。有些人在办事的过程中，既没有门路也没有关系——其实这也没什么，因为大多数人都是这样。关键在于有些人天生不善言谈，更不懂得看准时机。

求人办事本来也不是件容易的事，往往也要具备“天时、地利、人和”才能成功。谈话是一门艺术，有人谈起话来滔滔不绝，容不得其他人插嘴；有人为显示自己的伶牙俐齿，总是喜欢用夸张的语气来谈话，甚至不惜危言耸听；有人以自己为中心，完全不顾他人的喜怒哀乐，一天到晚谈的只有自己。上述这些人说话的内容可能很精彩，但却没有掌握好时机，是无法达到说话的目的的。因为听者的内心，往往随着时间变化而变化。因此，要想使别人愿意听你的话，或者接受你的观点，都应当选择适当的时机，时机对于说话时很关键的。

在某饭店工作的服务员王璐第一天上班，被分配在酒店 B 楼 4 层作台班。由于刚经过 3 个月的岗前培训，她自己对工作充满信心，自我感觉良好，一上午的接待工作也还算顺手。

中午的时候，电梯门打开，走出两位来自台湾的客人。王璐立刻迎上前去，微笑着说：“你好，先生。”看过客人的住宿证后，王璐边接过他们的行李，边说：“欢迎入住本饭店，请跟我来”。王璐领他们走进房间后，随手为他们倒了两杯茶，说：“先生请用茶”。

接着她便开始向客人介绍客房设备，这时一位客人说：“知道了。”但是王璐没有什么反应，仍然继续介绍着。还没说完，另一位客人在自己的钱包里拿出一张百元人民币，不耐烦地递给王璐。

“不好意思，我们不收小费的。”王璐嘴上说着，心里却想，自己是一片好意，怎么会被误解了。这使王璐觉得十分委屈，她说了一声：“对不起，如果您有事就叫我，我先告退。”

从这个例子中，我们可以看出，没有把握好说话的时机，即使说得再动听，也完全不能打动人，反而产生反效果。

我们常常看到这样的场景：一个推销人员，走进一家公司，但是大家都在埋头忙于自己的工作，可是推销人员没有办法，只能硬着头皮去打扰。结果如何呢？可想而知被拒绝了。说话时机不对只能自讨没趣，一个人要想把话说得恰到好处，把握住说话的时机非常重要。不该你说时你说叫急躁，该说时却不说叫隐瞒，不看对方脸色变化便贸然开口叫作闭着眼睛瞎说。在我们求人办事的时候，这些没有把握住说话的时机的行为，一定会成为失败的原因。

俗话说得好：“出门观天色，进门看脸色。”别在别人心情不好的时候麻烦人家帮你做事情。一定要注意对方所处状态，也要注意对方的情绪和心理需要，这就是时机。只有在合适的时候让别人帮你，别人才会帮你，你说话的时机不对，别人又怎么帮你呢？如果别人家正有不幸的事发生，你让人家帮你办事说一些开玩笑的话，别人会感觉你不尊重他们，是不可能帮你办事的。

因此，求人办事，一定要看准时机再开口。把握好说话的时机，说出的话自然贴切，能够引起人们的重视。不要以为只有在对方愉悦时的言语才有分量，有时抓住对方隐忍不发之机，坦诚直言，也可以有所收获。在适当的时间里，可以简洁、精准地表达自己完整意愿的能力，是把握说话时机不可或缺的一个要素。

你让别人帮忙办事时，在谈话当中你可以长时间保持沉默、仔细聆听，但最终你还是得开口说话。你必须创造机会发表自己的见解，让对方了解你的想法。在交谈中，说话的时机把握不好，再好的言语也是很难打动人心。

总之，求人办事一定要开动脑筋、注意观察，迅速找到双方的共同点，以此作为一种契机，并找到最佳的开口机会，与求助对象进行和谐投机的谈话。将最合适的言辞在最合适的时机下说出来，还有什么是不能成功的！

投其所好，营造好的求人氛围

无论是与人交谈，还是求人办事，“投其所好”是打动别人很好的方式。如果你能投其所好，说的话就能深入人心；反之，只会招来对方的厌恶，为自己带来一些不必要的麻烦。

例如，有位汽车推销员为了推销进口高级车，专程拜访一位企业家。可是，刚开始见面，他们并没有谈有关车的事，反而先拿出集邮册。原来他从企业家的秘书那里了解到，企业家的儿子迷上了集邮，于是企业家总是不辞辛劳，乐此不疲地替儿子搜集邮票。所以推销员就用这件事当话题，两人很快就有了共同语言，并且谈得很投机，最后在快要告辞时稍微提一下车子的事，当然很顺利地就把它卖出去了。

因此，与人交谈时，要尽量投其所好，否则就很难展开话题。有时因工作或生活的需要，我们必须与人对话或有求于人。用你的嘴说动别人的腿，要创造一种气氛，让对方无法回绝；勿贸然行事，让对方感到突然。求人办事，要想让人家痛痛快快答应，营造一种让人痛痛快快的气氛十分重要。而投其所好，就是营造良好气氛最好的方式。

老王为自己女儿安排工作时因一点小问题总也决定不下来，他知道有一个同事可以帮上忙，如让他出马事情便能顺利一些。但是，老王和这个同事关系很一般，要说这件事，他怕人家回绝；要不找人家，女儿的工作问题还会再耽搁下去。于是他便有意识和这个同事接近。这个同事和他有一个共同的爱好——下棋，他先不跟人家谈女儿的工作的事，而是先在一起共同探讨棋艺。在一次下棋两人都十分开心的氛围中，老王才向这个同事提起女儿工作受阻的事，同事一口答应帮忙。果然事情很快就办妥了。

有时候，为了达到自己的目的，要婉转地摸清对方的兴趣爱好，主动挑起话题，一步步深入话题，看时机成熟，然后话锋一转，把你真正目的亮出来。此时，对方跟你的距离早已在两人的交谈中越来越近，帮忙也就是情理之中的事了。

婴儿用品推销员大卫，很想在一家大型商场里举办一次婴儿用品促销活动。然而，他已经提出拜访商场主管八次了，眼看着距离自己预期的活动时间已越来越近，但商场主管还是没有理会自己，并且拒绝见他。万不得已之下，大卫只能寻求其他的接近商场主管的办法。经过多方打听，大卫得知这位主管是个超级篮球迷，并且还是凯尔特人队的忠实球迷。于是，大卫通过商场主管的秘书，递了一张纸条给主管："下周的比赛，肯定是马刺队大胜凯尔特人队。"

没曾想，五分钟不到，商场主管就让秘书请他进其办公室。

大卫一进门，商场主管就对他嚷道："马刺队怎么可能会赢！我认为一定是凯尔特人队大胜马刺队。"

大卫听主管讲完后才说出自己的见解，并且他坚持认为凯尔特人队下周肯定赢不了马刺队。

主管听得非常认真，兴致勃勃。这个时候，他们根本就没有谈促销的事情。在谈了两个多小时之后，大卫才起身告辞，并且拿出了一张门票递给主管说："票就在这里，抽个空，我们一起去看看这场比赛，看谁的预测准确，你意下如何？"

商场主管很高兴地收下了门票，并且还一个劲地坚持自己的判断肯定不会错。

临出门时，手上拿着大卫送的门票的商场主管忽然对大卫说："听说你准备在我的商场里举办婴儿用品促销活动？这样吧，我们一起策划一下。弄完了这事以后，我们再一起去看球赛，我要你和我亲眼看见凯尔特人队是如何狂胜马刺队的。”

这次的婴儿用品促销活动举办得很成功，大卫和主管也成了很要好的朋友。

许多有经验的人会想方法让对方喜欢、接受，使商谈获得成功。因为每一个人几乎都有这样的习惯：喜欢别人关注自己的事，谈论自己所关心的事。所以有必要多花心思研究谈话对象的喜好、品位，这样才能更容易达成目标。

投其所好的说话方式往往能够取得很好的效果，因为投其所好不但讨得对方欢心，还让两个人的关系走近了，这样别人自然愿意提供帮忙。

有求于人，不必低三下四

有些人觉得自己有求于人，感觉就比别人矮了一截，于是说起话来，低声下气。其实，求人的时候要想获得成功并不是靠卑躬屈膝。如果你是一个值得别人帮助的人，只要在言谈中表现出你的能力、实力，自然能够打动别人。

唐代诗人白居易 16 岁时到长安应试，向当时的名士也是著名诗人顾况求助，希望对方能推荐自己。

当时，白居易还只是一个无名小辈，地位已经很高的顾况自然有些瞧不起这个年轻人。一看见他姓名中的“居易”二字，顾况就嘲笑他说：“长安米贵，居不大易。”

言下之意是非常明显的，就是我为什么要帮助你这个无名小辈呢，帮助你在长安成名又有什么意义呢？但当顾况接着看白居易递上去的诗作，翻阅到其中《赋得古原草送别》一首，不由得精神一振：

离离原上草，一岁一枯荣。
野火烧不尽，春风吹又生。
远芳侵古道，晴翠接荒城。
又送王孙去，萋萋满别情。

这首诗写得极有气势，把自然界的草木荣枯与人生的离合悲欢联系起来。特别是“野火烧不尽，春风吹又生”二句，表现出一种饱受摧残，而仍然不屈不挠、奋发豪迈的精神。见此，顾况不由得击节赞叹，改口称赞说："有才如此，居亦易矣！"顾况认为白居易是个值得自己帮助的青年，于是答应了白居易的求助，帮助白居易广交长安名人雅士，并在仕途上助他一臂之力。

白居易以不卑不亢的态度，用过人的才华为自己赢得了顾况的赞赏，也为自己赢得了成功的机会。求人时，不妨想想你有什么地方值得让人帮助你：向人借钱，是不是该让人知道你有多少还钱的实力；向人求工作，是不是该让他知道你的工作能力能为他带来多少获益；向人求爱，是不是该让他晓得你有值得对方爱的优点？

有求于别人的时候，态度自然不能狂妄自大，但也用不着低声下气。如果你是求人时的强者，则完全没有必要摆出居高临下的样子，而应该表现出自己平易近人，开朗、热情、主动，目中有人，尊重对方，再配上微微一笑，使对方感到亲切而温暖。这样，就会给双方创造一种友好亲切的气氛，解除那种由于你的身份、你的权力与经济实力带给对方的沉重压力。总之，身为强者的你应该放下架子，以缩短双方的距离，激发双方思想感情上的共鸣，以谦和的态度赢得对方信任并达到自己求人成事的目的。

而作为地位比对方低的求人成事者，则应该不为对方的权势所动，不为对方的身份、地位所左右，克服畏惧、紧张、羞怯、遮掩的不良心态，大胆地表明自己的来意。先使自己振奋起来，以一种"人对人"的不卑不亢态度来与对方会谈，尽可能地展示自己的才华，这样才能在求人成事时获得成功。

循序渐进，把握好说话的节奏

有些时候，我们在求人办事的时候，对方总是会对我们说："你有什么事就不要拐弯抹角了，开门见山直接说吧。"然而，当你真的开门见山地说的时候，对方却露出为难的表情了。事实上，开门见山、贸然提出请求这种直接的方式在求人办事时很难取得好的成效。求人办事应循序渐进，一步一步针对性地消除对方的重重疑虑。

美国斯坦福大学社会心理学家弗利特曼和弗利哲两位教授，曾同学校附近一位家庭主妇巴特太太做了个有趣的实验。他们打了个电话给她："这儿是加州消费者联谊会，为具体了解消费者之实况，我们想请教几个关于家庭用品的问题。"

"好吧，请问吧！"

于是他们提出了一两个例如府上使用哪一种肥皂等简单问题。当然，这个电话，不单单只打给了巴特太太。

几天后，他们又打电话了："对不起，又打扰你了，现在，为了扩大调查，这两天将有五六位调查员到府上当面请教，希望你多多支持这件事。"

按理来说，这实在是件不太礼貌的事，但也被同意了，到底是为什么呢？其实原因很简单，就是因为有了第一个电话的铺路。相反，他们在没有打过第一个电话，而直接有第二个电话要求时，却遭到了拒绝。

由此可见，向人有所请托，应由小到大，由微至著，由浅及深，由轻加重才是，如果一开始就有太大的请求，一定会遭到对方断然拒绝。因此，一点一点引别人接受，一点一点诱别人上钩，是求人办事的一大成功法则。

心理学家查尔迪尼在1975年为慈善机构募捐时，只不过多说了一句“哪怕是一分钱也好”的话，便募捐到多一倍的钱物。查尔迪尼这样分析说：“对人们提出一个非常简单的要求时，人们难以拒绝，因为他们害怕别人觉得自己不通人情；当人们接受了这个简单的要求之后，再提出一个比较高的要求，人们一般会更易接受。这是因为，只要你接受了别人一个微不足道的请求后，对于更大的请求便不会觉得有多困难，或不好意思再拒绝别人的请求。”

求人办事时，我们可以先通过一些小事，来拉近对方的距离。等两人的关系更近的时候，再表明自己的意图，这样，成功的概率会大大提高。

循序渐进的说法，要注意几个问题。

首先，你要清楚你最终要说的是什么，而后在渐进的过程中，层层深入，也就是，你之前说的都是为了后面做铺垫的。

其次，在说的过程中，不要脱节，一下子就从这个问题跑到另外一个问题，脱离主题了。否则，最后想说回主题来都难了。有人本来是想去找对方帮忙，然后想先做个铺垫，去对方家里拜访了解一下口风。看到对方家的装修很特别，想赞美一番拉近距离，结果就和这家主人聊装修，一直聊到差不多该告别的时候，才想起来自己是带着“任务”而来的。可是，也不好意思逗留太久，于是就这样无功而返了。

正话反说，容易让人接受

在日常生活中，当人们在请求别人的时候，总是喜欢从这件事的正面意义来说服对方，比如你为什么要这么做，强调这件事的动机和好处。其实，这样做有时候反而不能达到目的，因为这么做会让人觉得是被迫接受的，而非是出于主观自愿。

你也许意识不到，在求人办事的过程中，表达方法的不恰当会让对方产生抵触心理，从而拒绝你，那么你想要通过沟通达到自己的目的也会化为泡影。

西方管理学认为，怎样做往往比做什么更重要。

唐太宗李世民有次要杀掉总是触犯龙颜的魏征，长孙皇后闻后十分着急。

如果用大道理劝说李世民，李世民不仅不容易接受，反而会使事情变得更糟。于是，长孙皇后觉得换一种方式来劝说李世民。

长孙皇后对李世民说："自古以来主贤臣直，只有君主贤明，当臣子的才敢立抒胸臆、有话敢讲，今魏征敢于立言劝谏，全赖圣上贤明。"李世民闻后龙颜大悦，打消了要杀魏征的念头。

试想，如果长孙皇后一个劲地劝说李世民，不要杀了魏征，像魏征这样敢于直谏的臣子是忠臣，你若杀了他，你就是一个昏君，诸如此类，一定会惹得李世民更加生气，因此更加下定要杀魏征的念头。

《史记》中记载，秦朝时，有个很有名的人叫优旃。有一次，秦始皇要大肆扩建御苑，多养珍禽异兽，以供自己围猎享乐。大臣们虽然知道这是一件劳民伤财的事，但谁也不敢阻止秦始皇。这时，优旃挺身而出，他对秦始皇说："好，这个主意很好，多养珍禽异兽，敌人就不敢来了，如果敌人从东方来了，可以下令麋鹿用角把他们顶回去，就不用士兵了。"秦始皇听了不禁破颜而笑，而且改变了扩建御苑的决定。

优旃的话表面上是赞同皇上的主意，而实际意思则是说如果按皇上的主意办事，国力就会空虚，敌人就会趁机进攻。

这样表面上赞同了秦始皇，同时也保全了自己，更为重要的是它促使秦始皇醒悟，从而达到了自己说服的目的。

很多时候，我们总是习惯从一件事的正面意义去说服别人，但是对方却往往不为所动，还以为是自己说得言辞不够正义，于是更加用心用情，却让对方越来越反感。这个时候不妨反其道而行之。

正话反说的方法是办事说话时的一种常用方法。反说出来的话能使本来也许是困难的交往变得顺利起来，让听者在比较舒坦的氛围中接受信息。例如巧用语气助词，把"你这样做不好!"改成"你这样可能会产生某种后果，这种后果……"然后让听者自己理解这种后果的严重性，自然也就接受了你的请求或意见。

第六章
良好的人际关系，离不开一张会说的嘴

一个人要被别人认识与了解，就离不开和别人的聊天和交谈。而会说话的人，可以更好地展示自己，那些成功人士之所以能够取得成功，与他们拥有非凡的才能不无关系。但更重要的是，他们能说会道的交谈能力以及优雅的谈吐，常常让他们在人际交往中左右逢源。

人缘好差，全在说话

我们常常看到这样的现象，在一个社交场合：总有那么一两个人在人群中谈笑风生，大家都会微笑着表示欣赏，或者很多人争相和某个人交流。这些人受欢迎的人，都是言谈灵活又有吸引力的人。如果你想扩展自己的人际关系网，拥有好人缘，就要把自己“嘴上的功夫”练好。

这是一个讲究人际沟通的时代，很多人都是通过能说会道给别人留下了好印象，为自己赢得人脉。

有一次沈玲和几个同事去参加省里的业务考试，走进考场时发现她的桌子有三个钉子分布成三角形在桌面上且冒出很高，如果不小心会刮到衣服不说，也会影响答题的速度。沈玲要求监考老师换桌子，监考老师不同意。沈玲很郁闷地说：“真倒霉，不考了。”

这时一位同事打圆场道：“几个钉子算什么？我还求之不得呢！”沈玲很纳闷：“什么意思？”同事说：“你太幸运了，这三个钉子暗示你板上钉钉，说明你的三科考试铁定了都能过关。”沈玲听了转怒为喜：“我要是通过了，一定请你的客。”一个月后，沈玲果然三科都顺利过关。

这位同事巧妙地把“板上钉钉”与三科考试联系起来，一来平息了沈玲的怒气，二来又起到给沈玲加油鼓气的作用。试想一下，你的身边若是有位这样的同事或者朋友，你会不喜欢他（她）吗？能说会道、善巧言辞，这样的人走到哪里不受到欢迎！

我们都知道，一个人的成功离不开别人的帮助。做人最宝贵的财富就是——好人缘。有道是：遇一知己，人生足矣。自古以来，得道多助，失道寡助。得人缘者定输赢，得人心者得天下。可见人缘与人生、人缘与事业都是不可短缺的。

好人缘是个人实力的证明。一个口才不好、谈吐无趣的人，不会招人们的喜爱。而一个谈吐幽默、言辞丰富的人，则一定是受人拥戴的。所以，如果一个人想为自己赢得好人缘，首先要成为会说话的人，将正确的说话技巧与圆通的处世方法有机地结合在一起。

口才是交往的工具，是才智的发挥。人缘若是花，口才便是叶，红花绿叶，相得益彰。语言木讷者不善于和他人沟通，要想赢得好人缘则自然十分困难。好口才不仅是伶牙俐齿，更是能打动人心；不仅是能言善辩，更是慧语良言；不仅是口若悬河，更是声情并茂；不仅是唇枪舌剑，更是风趣幽默。即使你才华横溢，也必须在交流中让人感知；即使你聪慧过人，也要在谈吐中让人了解。好口才是人生的必需，是事业的保证，也是广结好人缘的最有效的桥梁与纽带。

无论是什么样的场合，如果你能够表达清晰、用词简洁，再加上抑扬顿挫、娓娓道来的语调，就能够吸引听众、打动别人。这是你的秘密武器，可以在不经意中助你事业成功。假如你善于辞令，再加上周到的礼节、优雅的举止，在任何场合，你都会畅通无阻、受到欢迎。人们都喜欢和这样的人交往。

别尬聊，要快速搭上话

在人际交往中，我们都可能碰上尴尬的局面：聚会、商业谈判、新同事聚餐等，大家都不知道说些什么好，大眼瞪小眼，确实很尴尬。这个时候，怎么样才能快速和别人搭上话，打破这种尴尬呢？运用一些技巧，就能够轻松解决了：

1. 迈出第一步——伸出手去、微笑、准备好问候别人。当你迈出第一步的时候，你就创造了一些能量，并且让自己处于一个比较自信的位置。如果你对于这样做感到不自在的话，那么就需要一点练习，但是如果你能够掌握好这一点，那么就能够更好开始交谈，让谈话变得更轻松一些。

2. 迅速找到共同点，或者退出——共同点是我们和那些初次见面的人的生活交集。地理位置、教育背景、兴趣爱好、子女、体育运动队和其他的一些话题都是交谈中常见的开放式话题。这是我们和自己不认识的人接触的方式。建议在和别人的谈话中，最好通过不超过三次尝试就找到共同点。如果你们彼此没有交集，那么不要对此感到不安。他们也会知道。你可以礼貌地退出谈话，这是一种仁慈的行为。

3. 留下印象，但是不要过头——人们在紧张的时候，要么说得太多，要么太少。如果你希望给别人留下深刻印象，所以要在问题和意见的表达中注意保持适度。如果一半时间都是你在说，和你交谈的人就会认为你在独霸这场谈话。这只是在交谈中产生的一个不确切的印象。如果你给他们留下70%的时间，更多地参与谈话，他们就会认为你是一个有礼貌的人，而且擅长与人交谈。

4. 准备好三个好问题——你可能听说过，人们喜欢谈论自己。创造真正有趣的谈话，你需要准备有趣的问题。建议你准备这些类型的问题：观察变化：问问人们，过去一年里，他们在某个特定领域，例如商业、体育、电影或者其他主题上发现了哪些变化。这会引发一场谈话，而不是得到某个单一音节答案的审讯。最佳比较：在你的问题里使用“最佳”“最糟糕”“最”等词汇。通过这些问题，你会开始一场有比较的谈话，其中包含了一些紧张和激情。你可能不喜欢你得到的答案，但是你会提高对方的参与度，引发对方的兴趣。对未来的预测：问问他们认为针对某个特定主题在未来一年会发生什么情况。体育通常是个安全话题，而政治话题则充满风险。不过，这并不意味着你应该厚此薄彼。这里的关键在于创建对话，对未来的推测只是为了达到这个目标。

5. 让沉默为你做好铺垫——有人觉得必须填补任何长度超过2-3秒的沉默。这让他可能会陷入自己原本希望退出的谈话，但是却因为为了避免尴尬而重新加入。让沉默持续一小会，这样当你优雅地退出的时候，每个人都会理解你退出得正是时候。

6. 不着痕迹地退出——当谈话告一段落，正在进行的话题明显已经结束的时候，你可以伸出手，说，“很高兴和你共处的时间。我希望很快就能够再次见到你。”然后你就可以在房间里走动，去见别的人了。我们几乎所有的人都有一些社会责任，要参加一些我们并不热衷的活动。培养一些在这种情景下聊天的小技巧会给你更多的自信，并且能缓解你在这种场合下的不适。

气氛好坏，取决于第一句话

俗话说“万事开头难”，其实，与人交谈也是如此。开场第一句往往会让人为难，往往又是最重要的。有时候第一句话就能决定交谈的深度。一句悦人耳目的开场白，会让对方对你心生好感，很可能会使谈话双方成为无话不谈的知音；一句不中听的话，很可能会破坏交谈气氛，给对方留下一个不好的印象，从而打消了与你继续交谈的兴致，你就会失去一个结交朋友的机会。

与陌生人说话是交际中的一大难关。尤其是开场的第一句话，如果说得恰到好处，能够一见如故，相见恨晚；否则，就会冷场，不知该说些什么。在我们的日常生活中，最令人关心的，莫过于“如何与别人交往”这件事；而在人际交往的开始，最令人花费心思的，又莫过于“如何开始与人交谈”这件事。

社会交往是人生活动中的主要内容，与人初次见面的第一句话是留给对方的第一印象，这第一句话说好说坏，关系重大。其实，只要你注意一下，就可以有一个很棒的开端，以下几种开头方法可供你参考：

1. 打个好招呼。很多交谈都是由招呼开始的，没见哪个人不打招呼就说话的。人们对称呼的恰当与否，一般来说都很敏感。尤其是初交者，它在一定程度上影响着你这次交际的成败。

2. 说些幽默、有趣的事情。两个陌生人初次见面，难免会有些生疏，气氛也不会那么活跃，如果这个时候能够讲点幽默的话语，自然能够让气氛活跃起来，也能使对方心情放松。

3. 引起对方的好奇心。先把一些非凡事件的结果说出来，讲一些能引人注意的话题，挑起对方好奇心。

4. 提出一个问题，请对方帮助你共同思考，在取得共同认识的基础上，再进一步发挥你的话题。

5. 说一些与听者切肤相关的话。说好第一句话的关键是：亲热、贴心、消除陌生感。

说好第一句话，并不只限于与陌生人的交往中，还可以运用到朋友、同事、亲人的交往之中，这样便可增进大家的感情交流。

从“共同点”开始聊起

一般情况下，和别人初次见面，彼此都会感到紧张与尴尬。但只要双方能找到共同点，有共同的话题，就能很容易地拉近彼此的距离。比如说，双方都是背井离乡，外出求职的，但他们是同一所学校毕业，还认识共同的人等，在交谈过程中他们就会倍感亲切。再比如刚开始见面时，一方问对方：“请问你是哪里人？”或者是“你是哪所学校毕业的？”如果对方回答：“我是杭州人。”他就会接着说：“杭州啊！我去过。我记得当地最具特色的产品有……”这样用不了几分钟，两人便可以聊得非常热乎，仿佛是多年不见的朋友一样。

每个人在与别人的交往中都存在“物以类聚，人以群分”的心理。人人都希望得到一种认同，而不是走到哪儿都听到别人反驳他。所以你如果可以找到两个人的共同点——你和别人相似的地方，就可以继续下面的话题。不要怕和一个陌生人找不到相同的话题，只要你认真地去了解就可以找到。人与人之间的共同点是很多的，也许你们谈着谈着就发现你们是性格、生活态度相仿的人或者有着相似的经历。更广泛一些来说，你们也许对某种东西或者某种观点有着相同的看法，等等。当别人说的东西正符合你的意见，那么你来一句很简单的“对啊，我同意”或者说“太好了，你也喜欢啊”。只要这么简短的一句话就可以拉近你们的距离，找到你们的话题。

一个度假的大学生和一位在法院工作的同志，在一个共同的朋友家聚餐。经主人介绍认识后，两个陌生人谈了起来。慢慢地两人发现彼此对社会上不正之风的看法有共同点，不知不觉地展开了讨论。越谈越深入，越谈双方距离越短，越谈双方的共同点越多。事后双方都认为这次交谈对大学生认识社会，对法院同志了解外面的信息和群众要求、增强为纠正不正之风尽力的自觉性都是有益处的。

大学生表达了自己的观点，又得到了对方的认可，在法院工作的同志觉得这样一个初出茅庐的学生很有主见，是个值得一交的朋友。

其实两个人谈话最怕的就是找不到话题，当你谈起一个别人根本就不懂的东西时，对方想和你交流都没有办法。一个好的话题可以引出无数的话题。利用共同点开始就很容易找到别的共同点，尴尬的局面一下子就打破了。

因此，当你准备参加座谈会时，如果即将碰面的对象是陌生人，而你想和他初次见面就增加熟悉感，你就应该尽量找出彼此的共同点。先查阅一些有关对方的资料，或者向他人询问对方的相关背景，对他有个初步的了解。这样，当你向对方提问时，对方会因为你对他有所了解，进而对你产生好感，乐于与你谈话，你们的关系也就会水到渠成。寻找共同点的方法还很多，譬如面临的共同的生活环境、共同的工作任务、共同的行路方向、共同的生活习惯等。只要仔细发现，总会找到两人之间的共同点，这样，你们聊下去就是很容易的事了。

如何撩起对方的欲望

生活中的人人都渴望友谊，希望结交更多的朋友。但朋友都是由陌生人发展而来，有相当一部分朋友一开始是萍水相逢。在风光绮丽的景区、在行驶的汽车上或者在小型聚会上，凭一个会心的微笑、几句得体的幽默话、一个礼貌的动作等，都可以引起他人的注意，进而与他人相识。所以，与人交往关键是得找出交往的契机，主动伸出友谊之手，打开对陌生人关闭着的心灵之门。然而不是所有的人都是善谈的，有的人比较沉默寡言，虽然有交谈的欲望，却不知从何谈起。这就需要其中的一方改变态度，率先向对方发出友好信号，激起对方的谈话欲望，达到交流的目的。假若你的一个话题使对方产生了浓厚的兴趣，那么无论他是一个如何沉默的人，他都会发表一些言论的。因此你在谈话的停滞之中，一定要想办法寻找并且不断地激起对方的兴趣，使谈话能够一直持续下去。

当你对做父母的人称赞他们的孩子，甚至表示你对那孩子感兴趣时，那么孩子的父母很快便会成为你的朋友了。给他们一个谈论其孩子的机会，则他们就会很自然而又无所顾忌地滔滔不绝了。

对于那些腼腆的人，交谈者应主动寻找话题，消除对方的紧张感。朋友相交，重在交流。由陌生人到朋友，需要通过深入地交流才会相互了解。要达到深入交流的效果，就要在掌握交谈艺术的同时激发对方的谈话欲望，只有这样才能彼此加深了解，从陌生走向熟悉，进而成为朋友。

大家都知道，在我们第一次与别人交谈的时候，由于相互间不熟悉，往往会不知道从哪个话题谈论好。这个时候，就需要我们精心地去组织一些话题，丰富谈话内容。最开始可以从一些不会有什么意义但是可以让彼此之间产生交谈的话题开始。比如，最常见的就是谈论天气、周围的环境，简单地询问一下对方的情况等话题，让别人与自己联系起来，彼此间一旦找到共同的语言，以后的交流就变得轻松了。

在与别人交谈的过程中，千万要记住，不要总是把自己想说的话都说出来，就听见你一个人在那儿夸夸其谈，要说一些让对方感兴趣的话题，对方擅长的话题，让对方有话可说。众所周知，谁也不喜欢在交谈的时候插不上嘴，只是听着别人说话自己却只能当个收音机。恐怕这样的人遇上第一次就不想遇上第二次了。所以我们要善于激起别人说话的兴趣，让双方互动起来，这样的交流才有意思，才会让彼此都觉得愉快。

耶鲁大学教授威廉·菲尔普斯，八岁的他那时经常到姨妈家度周末。有一天晚上，有一位中年男子来拜访，跟姨妈寒暄完后，就和菲尔普斯聊了起来。那时菲尔普斯非常热衷帆船，对方似乎对帆船也很喜爱，一直以帆船为话题两人很快成了好朋友。客人走后，菲尔普斯对那位客人大加赞赏：“多么棒的人！他对帆船也如此感兴趣！”姨妈却告诉他：“他是纽约的律师，对帆船一点也不感兴趣。”“那他为什么一直都在谈帆船呢？”“因为他是一名君子，他觉得你对帆船感兴趣，就谈一些会使你高兴的事。”菲尔普斯这才恍然大悟。知道长大以后，他还时常想起那位律师。

可见，让对方能够侃侃而谈可以从对方感兴趣的话题开始，这样两人的交往就会非常顺利，并且大大增进个人的人际关系。

有时候，我们并不需要自己去寻找话题，当谈话的对方提出什么问题的时候，我们尽量回应他们，这样就会找到说话的话题了。即使你对别人说的东西不太懂，你可以让对方给你讲解，这样，你还可以学到东西，而且对方也愿意说自己的话题。等到说得差不多的时候，你也可以适时改变话题，去说一些更加广阔的东西。其实，很多人都是喜欢和别人交流的，但就是却不知从何开头。因此，我们要做一个主动者，积极去引起对方谈话的兴趣，引出两人能够愉快交谈的话题。

自嘲是化解尴尬的灵丹妙药

在人际交往中，我们常常免不了让自己陷入尴尬的场面。比如遇到处境窘困、不易处理的场面。在这种时候，人的感受恐怕比公开的批评还使人难受。

有时，对方也是有意制造尴尬的，依仗亲密的关系公开揭你的短，或讲述你过去的傻事。有时是无意的，不知不觉中说出了你的隐痛之处。如果真的动气，别人还会说你没有涵养。可见，尴尬是人在生活中不愿碰到还不能不碰到的，怎样应付尴尬才是最重要的。

自我解嘲是一种很奏效的方法，因为笑声总能够马上把人带入轻松的气氛。自我解嘲是人们心理防卫的一种方式，是生活的艺术，是一种自我安慰和自我帮助，也是对人生挫折和逆境的一种积极、乐观的态度。自我解嘲并非逆来顺受，不思进取，而是随遇而安，放弃可望而不可即的目标，重新设计自己，追求新的目标。

一个人要做到自我解嘲，重要的是要有一颗平常心，不为名利所累，不为世俗所扰，不以物喜，不以己悲。这不是很容易就能做到的。只有树立了正确的人生观、价值观，对名利地位、物质待遇等等采取超然物外的态度，才能心怀坦荡，乐观豁达，才谈得到自我解嘲，精神上才能轻松起来，才能活得潇洒自在、美好充实。

在陷入尴尬局面后，要学会自我解嘲，千万不要把时间花在思考对方抱有什么目的跟我过不去的上面，更不能假设有什么“深仇大恨”。让心情放松，把这种耍笑自己转移给大家。

自嘲是避免人际冲突，缓解紧张的灵丹妙药，不会给人们造成任何损失，不会伤及任何人或者事。萧伯纳有一次遇到一位胖得像酒桶似的牧师，他挖苦萧伯纳："外国人看你这样干瘦，一定认为英国人都在饿肚皮。"萧伯纳谦和地说："外国人看到你这位英国人，一定可以找到饥饿的根源。"

面对他人的嘲笑、讽刺、看轻、取笑，都要勇于直面自身的缺点以及存在的问题，这样才不会去介意一切言语的打击，而且还能在应付的时候利用自身的缺陷通过某种言词的解嘲，风趣横生。

自嘲是保持心理平衡的良方。对付尴尬和难看局面，摆脱窘境，就要及时调整心态，提得起，放得下，想得开，自我解嘲，平慰心灵，使自己不满的情绪得到平衡和缓解，为心灵增加一层保护，还能使别人对你有个新的认识。

学会自嘲，要掌握并运用好它，就需一个平稳而健康的心理，训练和提高自身素质，不为名利所累，不为世俗所扰，不以物喜，不以己悲，胸怀坦荡，乐观豁达，获取一副健康的体魄。

人生在世，尴尬的事总免不了。平庸的人老为自己的尴尬后悔不已，总不断回忆起那些尴尬的画面，并不住地唠叨："怎么搞的，丢死人了。"而实际上，其他人往往并不会怎么在意这件事。聪明的人往往幽默地自我解嘲一番，并思考下次怎么能更好地避免这类事情的发生。

巧打圆场，营造和谐氛围

在人际交往中，失言是不可避免的事。关键是懂得随机应变、设法缓和或化解因失言造成的尴尬与僵局。这就要求说话者必须调整思维，巧妙应答，用别出心裁的话语来为自己打圆场。这时，不要就事论事，而应换一个角度，尽力以新的话题和新的内容把原来的问题引开或转移，分散大家的注意力，但又不完全偏离原来的表达。

学会打圆场，可以淡化或消解矛盾，使气氛由紧张变为轻松、由尴尬变为自然。在生活中，我们更要学会帮别人打圆场。用巧妙的话语替别人解围、让别人下台阶，不但能缓和尴尬的气氛，还能顺便卖别人一个人情。

打圆场要讲究技巧，才能收到最佳的效果。用巧妙的言语去缓和气氛、调解人际关系。在此，不妨再看一则小故事：

从前，有个理发师傅，带了个徒弟。徒弟学艺三个月后，这天正式上岗。他给第一位顾客理完发之后，顾客照照镜子说：“头发留得太长。”徒弟站在一边不言语。师傅在一旁笑着解释道：“头发长使您显得含蓄，这叫藏而不露，很符合您的身份。”第一位顾客听罢，高兴地离去。

徒弟给第二位顾客理完发之后，顾客照照镜子说：“头发留得太短。”徒弟还是不言语。师傅笑着解释道：“头发短使您显得精神、朴实、厚道，让人感到亲切。”第二位顾客听了，欣喜地出门。

徒弟给第三位顾客理完发之后，顾客边交钱边嘟囔：“剪个头花这么长的时间。”徒弟无语。师傅马上笑着解释道：“为‘首脑’多花点时间很有必要。您没听说过：进门苍头秀士，出门白面书生！”第三位顾客听罢，大笑而去。

徒弟给第四位顾客理完发之后，顾客边付款边埋怨：“用的时间太短了，二十分钟就完事了。”徒弟心中慌张，不知所措。师傅马上笑着抢答：“如今，时间就是金钱，‘顶上功夫’速战速决，为您赢得了时间，您何乐而不为呢？”第四位顾客听了，欢笑着告辞。

故事中的这位师傅，真可算得上是能说会道。他机智灵活，巧妙地“打圆场”，每次得体的解说，都帮徒弟摆脱了尴尬，让对方转怨为喜，高兴而去。他成功地“打圆场”的经验，给了我们诸多启示。

那么，如何来打圆场呢？

1. 用动听的话去打圆场

用动听的话获得顾客的欢心，是师傅成功给徒弟解围的第一要诀。每个人都爱听好听的话。师傅正是利用了人们这一心理，在顾客抱怨时，有针对性地选择动听的话来讨人欢心，这样一来，就消除了顾客的不满和抱怨，让顾客满意地笑着离开了理发馆。

2. 用辩证的眼光去打圆场

任何事物都有它的两面性，其中的对与错、利与弊都是相对的。辩证地看问题，引导别人换个角度看问题，是打圆场的另一个技巧。师傅针对不同的情况，用巧妙的语言去解释，让顾客从一个新的角度去看原来的不满之处并体会到其中的妙处，从而高兴地接受师傅的观点。

3. 用幽默的语言去打圆场

幽默是化解尴尬最好的一剂良方。幽默的话语能够使人转怒为喜，开怀一笑。比如说，师傅使用的“首脑”一词就很幽默，将

“头”说成是“首脑”，调侃又不失文雅，庄重又不失风趣，还顺便“提升”了顾客的身份。顾客能不因此开心大笑吗？那一句“进门苍头秀士，出门白面书生”，也很诙谐幽默。那句“如今，时间就是金钱，‘顶上功夫’速战速决，为您赢得了时间，您何乐而不为”的解释，在幽默中又蕴含了“与时俱进”的含义，很有时代气息，这就大大增加了感染力和说服力。

打圆场也是一种说话的艺术。只有我们认真学习并掌握这种艺术，才能在特定的场合为自己或他人有效地摆脱尴尬和困境，同时展示出自己动人的谈吐。

第七章
这样说，会为你的求职加分

如果说，日常生活中的说话技巧不过是为生活增加一抹亮色，那么，在求职面试中的语言技巧则是一种竞争力了，这决定着你的前途命运。在面试时，你说出来的话，会直接决定着你能否叩开这家公司的大门，甚至影响你今后在这家公司里的前途。

自我介绍要有亮点

我们都知道，求职面试时，很多面试官首先会让求职者做一个简单的自我介绍。虽然，一个自我介绍可能只有短短几分钟，但是这几分钟却是非常关键的。根据很多人力资源经理的总结，一次面试的结果，往往在开始的两分钟之内就已经确定了。一段好的自我介绍，让面试有了好的开场白，自然会加分不少。成功的自我介绍往往能够打动面试官，给对方留下深刻印象，这样对你的求职来说也就成功了一半。

求职者自我介绍的根本目的，是让面试官对自己有个初步的、大概的了解。但是说起来容易，做起来就难了。在这短短一两分钟的自我介绍中，又要语言简练得体，又要内容丰富，还要有亮点。所以，我们一定要在面试时的自我介绍部分下功夫。如果你能利用好自我介绍，它就是你突出自己优势和特长、展现综合素质的好机会，给面试官留下一个很好的印象，迈出你获得这个工作机会的第一步。那么，什么样的自我介绍才能算是好的开场白呢？

首先要有礼貌。在做介绍前，要先对面试官打个招呼，道声谢。如："经理，您好，谢谢您给我这么好的机会，现在我向您做个简单的自我介绍。"介绍完毕后，要注意向面试官道谢，并向在场面试人员表示谢意。

其次要明确，自我介绍不是真的要做个自我介绍，让对方了解你。事实上，面试官并不想完全了解你，他也没有时间，并且在听你介绍前早已经看过了你的简历。就是说自我介绍只是个让面试官了解你表达能力以及临场应变能力的手段而已，所以你可以强调一下自己最突出的优势。明白了这一点，我们就能够有的放矢做好自我介绍。

然后主题一定要明确。有的人自我介绍头头是道，但是基本集中在学校活动并且讲了很多无关痛痒的话，这就变得非常的散，没有重点。自我介绍也跟文章一样，要有主心骨，要有层次和逻辑，才能让听的人有欲望。求职面试中的自我介绍宜简不宜繁，一般包括这些基本要素：姓名、年龄、籍贯、学历、学业情况、性格、特长、爱好、工作能力和工作经验等等。对于这些不同的要素该详述还是略说，应按招聘方的要求来组织介绍材料，围绕中心说话。假如招聘单位对应聘人的工作能力和工作经验很重视，那么，求职者就得从自己的工作能力及经验出发进行详细的叙述，而且整个介绍都是以这个重点为中心；假如你应聘的单位对应聘人的学历以及特长很重视，那么作为求职者就得从自己的学习情况以及你在所学专业里具备的特长做详尽的叙述。

最后，一定事实讲述。在自我介绍中，要尽量避免夸大其辞，一般不宜用“很”“第一”“最”等表示极端的词来赞美自己。事实胜于雄辩，在面试的时候，我们不能为了追求给面试官留下深刻印象，而去对自己的过往工作经验进行夸张的叙述，如“这方面的工作经验我已经很丰富了”“我的专业成绩一直都是最好的”等，其实这样一说，反而给面试官留下不好的印象，取得的效果也适得其反。

在自我介绍的过程中，不管你措辞多么恰当，内容多么丰富，语气一定要自信，说话的速度不要太快，口齿一定要清晰。别使面试官感到你的声音疲乏、胆怯。一旦你的声音中注入了活力和自信，对面试官的感染将是非常强烈的。如果你有优美的嗓音，一定要好好利用，那将是你最有利的武器。

一场面试就像一场谈话，如果开场白做得好，自然能够获得对方的好感，让这场“谈话”能够持久而愉快地进行下去。

别被面试官“牵着鼻子走”

当听到这次面试的面试官对他说了一句“你回去等消息吧，有消息我们会通知你。”杨鹏知道自己这次面试又“黄”了。

其实杨鹏是一个很有才华的人，但是就是每次面试都表现得非常糟糕，每次不是被面试官问得团团转，就是与面试官很快“相对无言”，最后沉默冷场，这样的面试结果就可想而知了。杨鹏知道是自己性格内向，所以更愿意接受面试官一问自己一答的面试方式。发现这种方式效果欠佳后，他就打算改用自己主动出击。积极与面试沟通，但又往往被面试官打破砂锅问到底，很多不想说的东西都问得像倒豆子一样，全盘托出，效果更糟糕。杨鹏真的很头疼，为什么不管提问还是被问，自己都这么被动，到底应该如何和面试官交谈呢？

其实像杨鹏这样有能力、做事踏实，却不善于表达自己的想法的年轻人大有人在。明明自身很优秀，却总是难以博得面试官的青睐。每次在面试的时候，如果面试官不提问，就不知道怎么交流，对方不说话，他也不说话。

虽然，面试看起来是面试官在考求职者，表面看起来求职者是处于被动的地位，但事实上，面试的结果却是取决于谁处于主动的地位。如果求职者被面试官“牵着鼻子走”，面试官问什么答什么，那么这次面试中的求职者自然是不能打动面试官的。

有这样一种情况，面试开始时，有的面试官并不说话，只拿眼睛注视着对方，这其实是一种无声的提问，他在等着应试者主动打破沉默。可是有些应试者却以沉默对沉默，你不开口，我也不开口，结果面试出现冷场。有的应试者虽然勉强打破沉默，可是词不达意、语调生硬，反使场面更显尴尬；或者面试官实在按捺不住，说道："你就没什么要说或者要问的吗？"这样的面试不论进行多久都是失败的，一个不善于主动表达自己的人，会被认为是缺少交际能力、缺少自信的人，自然也是无法在面试中获得成功的人。

一般的面试时间都是有限的，那么在这么有限的时间里，如何把你的专业才能、特长优势展现给面试官，如何在面试中为自己争取到主动的地位？有以下几种方式：

1. 主动提问

对于求职者来说，向面试官提问本就是一种表现自己的方式，一个好的提问，会让面试官刮目相看。适时的提出问题，这不但有助于主考官对你的印象能够加深，而且你也能趁此机会进一步了解这家公司的背景、企业文化是否适合你。可是有些应试者缺少发问的技巧，要么问一些与工作无关的愚蠢问题，要么在不该提问时突然打断面试官的话发问，要么面试前没有足够的准备，轮到有提问机会时，张口结舌提不出问题。这样就显得你很被动。

当然还要注意，不要提一些千篇一律的问题。比如某家公司以多而密的培训出名，问考官你这个职位能得到什么样的培训，保证对他的胃口。不过，也有这样一个笑话故事：不少应聘者揣着一本"面试指导"式的畅销新书去面试，开口就问人家："贵公司每年有6%的预算用于培训，如果我被招进来了，能获得怎样的培训呢？"结果考官一脸不耐烦："怎么又问这个？今天你是第6个了！"这就是弄巧成拙了。

2. 回答问题要慎重

有些人在面试的时候容易紧张，说话答话就不经大脑思考，面试官问什么就老老实实地答什么。比如，有一个人去面试，面试官问他：“你为什么想来我们公司？”这人不加思考地说：“你们公司福利好呗。”虽然事实确实也是如此，但是这样的回答恐怕没有那个面试官会喜欢。

3. 主动讨论一些专业问题

因为有些工作对专业性要求比较强，如果你个人本身专业就不错，而且又是自己擅长的，表达起来你也可以不那么紧张，更重要的是，也向面试官展现出了你的专业才能。

你靠什么打动面试官

应聘成功是每一位求职者的心愿。但一般来说，竞争同一职位的人肯定不止一人，经过审阅简历然后被通知面试的人也不止一个。而要想通过面试一关，口才无疑起着决定性的作用。有时候不光是你怎么说，更关键的是，你说了什么。

张浩大学毕业后决心自谋职业。一次，他在一家报纸的广告里看到某公司征聘一位具有特殊才能和经验的专业人员。张浩并没有盲目地去应聘，而是花费很多精力，广泛收集该公司经理的有关信息，详细了解这位经理的奋斗史。那天见面之后，张浩这样开口："我很愿意到贵公司工作，如果能在您手下做事，我会感到非常荣幸。因为您是一位依靠奋斗取得事业成功的人物。我知道您 28 年前创办公司时，只有一张桌子，一位职员和一部话机，经过您的艰苦奋斗，才有了今天的大业。您这种精神令我钦佩，我正是奔着这种精神才前来接受您的挑选的。"所有事业有成的人，差不多都乐于回忆当年奋斗的经历，这位经理也不例外。张浩一下子就抓住了经理的心理，这番话引起了经理的共鸣。因此，经理先生乘兴谈论起他的成功经历。张浩始终在一旁洗耳恭听，以点头来表示钦佩。最后，经理对张浩很简单地问了一些情况，终于拍板说："你就是我们所需要的人。"

张浩没有像一般的应聘人员那样把自己介绍得完美无缺，没有滔滔不绝大谈过去的辉煌历史，而是谈面试官的成就，谈自己对将来工作的想法。正是他这种口才的灵活运用，使得他能够脱颖而出，给对方留下深刻的印象。

很多人会对面试官说“我多么多么想进入贵公司发展，你就给我这个机会吧”，无论说得多么诚恳，却常常无法打动面试官。究其原因，这句话完全没有任何亮点，面试官也无法通过你这句话中看到你的诚意和实力。

面试官挑选人才，主要是从公司的角度出发，要么是一个各方面都很优秀的人，要么是专业能力很强的人，要么是很有潜力的人。第一种不用说，自然是能从众多求职者中脱颖而出，第二种和第三种人就只能通过自己的语言表达，让面试官觉得自己是一个可造之才。所以，面试的重点，就是在于说些什么才能打动面试官。

梁睿去应征一家橡胶厂的工作，他对该行业原是外行，但为了谋职，他预先调查好了国内橡胶产品的销售市场以及国外橡胶产品在国内市场上的比重，并对各家产品进行了比较分析。当他应征时，他对该行业的研究使面试官大感兴趣，在几十位应征者中独占鳌头，结果不用说，他如愿获得了这份工作。

所以，有时候打动面试官，可以准备一些使对方产生兴趣，同时又能表现你的才干的谈话资料，往往能帮助你获得成功。

一问一答，有技巧

尽管每个公司面试的程序和模式不尽相同，面试官的风格各异，但是提问却是所有面试必不可少的步骤。甚至有些问题，几乎所有的公司面试时都会问道，不管面试官出于什么目的问你，你能回答得巧妙，自然也能为自己加分。

1. 你为什么会离职

每个跳槽的应聘者，在面对面试官时，都会被问到离开原来单位的原因。当你遇到类似问题时，切不可漫不经心地回答。对于一些普遍性的原因，如“大锅饭”阻碍了自身的发展，上班路途太远，专业不对口，结婚、生病等都是人们可以理解的原因，可以如实道来。但是，有些原因在回答时一定要谨慎，千万不要随意地说出，这会给你的求职带来阻碍。

2. 为什么想进我们公司

“我来应聘这份工作，因为我相信我能为贵公司的发展做出贡献，同时，我也相信贵公司会为我提供实现个人价值的舞台。我在这个领域具有一些经验，而且我的适应能力使我确信，我能把这份工作做好。”当然，每个公司有不同的情况，在遇到类似问题时，要根据现场情况灵活变通，巧妙说话，这样会给面试官留下好的印象。

3. 你在这类工作方面的经验如何

这是展示你才能的最佳时机。但在你回答前，必须绝对清楚对于应试者来说什么是最重要的。如果你不知道你在该工作岗位最初的阶段将面对什么项目，你必须询问。你的认真思考和分析能力将得到尊重，你得到的信息将自然使你更加贴切地回答问题。但在描述你所取得的成绩时，要谦虚，切不可夸夸其谈。

4. 你认为自己最大的缺点是什么

回答这个问题时，绝对不要自作聪明地回答：“我最大的缺点是过于追求完美。”有人认为这样的回答会显得自己比较出色，但事实上，这样的回答会把你推向一个危险的境地。每个人都有缺点，这一点我们很清楚。

小徐到一家公司去面试。“请问，你认为自己最大的弱点是什么?”面试进行到一半的时候，对面的面试人员突然掷出这最具杀伤力的一招。到这儿之前，小徐曾经拜读过许多“面经”，经典的回答莫过于“我最大弱点是太勤奋太拼命了，以至于常常忘掉了休息……”，听他说完，面试官笑了笑，表示赞赏。

面试时，各种精心设置的“陷阱”往往不期而至，如果老老实实一五一十地回答——“我的英语没过六级”，“我性格内向不善与人交往”，“我学技术学得比较慢”，结局自然也就可想而知了。因此，当被问及这个问题时，你不妨说出几个你的缺点来，但是注意不要选择对你将来的工作有影响的缺点。

5. 你会如何与上司相处

“我重视的是工作和成果。我交际能力强，可以和任何人打交道。”你回答的主旨在于表现你交际能力强、心胸开阔，在处理与上司关系时，以服从公司利益需要为原则，绝不会因个人问题而斤斤计较。

6. 如果公司在职位方面有变动，安排一个与你应聘职位不同的工作，你能接受吗

“我会感到遗憾，不过我还是乐意服从分配。我是基于对贵公司

业务开展与工作作风的充分了解，才欣然前来应聘的，所以无论在哪个部门工作，我都会努力，况且我可以学到更多新东西。当然，如果今后有合适机会仍可以从事我所期望的工作时，我将很高兴。”当然，话不是绝对的，如果你觉得这样安排对你不适合，你可以委婉地说出自己的意图，让对方了解你对这个职位的向往，并且是最佳人选。

除了这些问题，有时候还会遇到一些比较刁钻的面试官，会故意问些其他方面的问题来考验你。如果你在面试过程中碰到不懂的问题，硬着头皮胡乱说一通，掩饰自己的无知，这是下策。因为资深的面试官很可能继续追问下去，应试者乱说只会出洋相，面试官即使不追问，也可能心中有数。还有些应试者企图回避问题，东拉西扯讲别的事情企图混过去，这也是非常不明智的。

最明智的应对措施是坦白承认：“我不懂，对于这个问题，我还认识不够，看来今后得加强这方面知识的学习。”没有人全知全能，什么都精通，你态度诚恳，反而会博得面试官的好感。有时候在面试过程中，面试官提出的问题，应试者不明白他想问什么。如果是没有听清楚，可以请求对方重复一次。

有时，明知主考官问得不妥当，也不应该当面指出“您的问题很模糊，我不知道您想问什么”，最好是婉转一点表示自己不大明白问题要求哪一方面的答案，可以尝试给出最可能接近的答案，说“不知道您想知道的是不是这个”之类。最重要的是态度诚恳，不可胡乱猜测、信口开河。

注意措辞，别把话说“大”了

有很多求职者，为了在面试时突出自己的优势，打动面试官，常常喜欢说一些表决心的豪言壮语。比如，在介绍自己的能力，或介绍自己的工作经验以及对工作的想法时，总是喜欢用非常肯定的口气：“我非常熟悉这项业务!”“我保证能让部门改变面貌!”这些话常常不经思考因为情绪冲动而说出来的，往往没有具体的事实证明，这样的话非但没能打动面试官，反而会引起面试官的反感。

如果遇到较为平和、内敛的面试官，也许他不会为难你，最多会在心里嘲笑你：“现在的年轻人都这么不知道天高地厚的吗?”但是如果遇到个性较强的面试官，他往往会这样问你：“那么你谈谈有些什么措施?”或者“这项业务最新发展动向是什么?”你必定会张口结舌，尴尬万分。因为情况是非常具体和复杂的，如果你硬着头皮去回答，那只能使场面更加尴尬，让自己很难下台。

有一位刚刚大学毕业的小伙子，为了进入某公司成为一名销售员，在通过了第一轮的面试和笔试后，他成功地进入了最后一轮的复试。小伙子胸有成竹地来到考场，在众多考官提问之后，他满以为自己能顺利进入公司，没想到在最后的阶段事情出现了逆转。一位一直沉默的面试官问道：“如果你成为公司的一员，你认为自己该如何发挥自己的特长?”

小伙子立即答道：“我一定会让自己的能力得到充分的发挥，让销售业绩在短期之内发生质的飞跃。”面试官听完他的一番慷慨陈词之后续问道：“那你自己准备如何做呢?说来听听。”小伙子一下子吞吞吐吐说不出来。因为他根本没有想到如何才能提高部门的业绩，只是心急想得到工作。结果可想而知，他失败了。

在这次应聘中，因为在最后一轮面试感的问话中，他没有具体地想过自己说出的话，只是为了表现自己的壮志决心而说“大话”，使自己陷入自相矛盾的尴尬境地。

豪言壮语谁都会说，但是做得到的人的确很少。特别是在面试的时候，你说这样的话，并不能显示出你有多大的本事，反倒给人一种不靠谱的印象。就算你真的有这么大的本事，你这样毫不掩饰地表示出来，也会让人觉得你这个人有些年少轻狂。所以，面试的时候，一方面要充分地展示自己，一方面又要注意自己的措辞。

谈薪水，要悠着点

薪水报酬问题是求职中很重要的一个问题，在面试的时候，除非该公司已经明确说明薪水报酬，否则不可避免地都会谈到薪水报酬问题。随着人们经济观念的不断增强，现在人们求职已经不像从前那样对于薪酬难以启齿了。甚至有的应聘者还没跟面试官聊几句，就马上很急切地谈论薪水报酬，好像他来面试一心就是为了薪水而来的。虽然很多人已经将薪酬作为求职的重要标准，甚至是第一标准，这本无可厚非。但是那种一开口就问“工资报酬多少，福利待遇如何”的求职者最令面试官反感。

求职者关心收入和待遇的心情是可以理解的，但八字未见一撇，一开口就讨价还价，是不成熟的表现，求职毕竟不是谈生意做买卖，“金钱第一”怎么说也容易让人产生反感。工作还没干就先提条件，是非常浮躁的表现。谈论报酬待遇，无可厚非，只是要看时机，一般在双方已有初步意向时再委婉地提出较好。

在面试谈论薪水的时候，个人的薪酬是与其能力、作用、表现和贡献等息息相关的。所以在回答薪资问题时，不能逞匹夫之勇乱答一气，要事前做好准备，要有策略。在用人单位尚未了解你的情况时，开价过高，难以被用人单位接受；开价过低，吃亏的是自己。所以在讲薪酬之前你必须做到以下几点：

1. 在面试前一定要了解该职位薪酬的普遍情况，了解该公司的政策。

2. 切勿盲目主动提出希望得到的薪酬数目。

3. 尽可能从言谈中了解，用人单位给你的薪酬是固定的还是有协商余地的。

4. 面试前设法了解该行业薪酬福利和职位空缺情况。

在明确了以上几点之后，你就要开始同用人单位讲薪酬了。那么，该如何同用人单位讲薪酬呢？

在与用人单位协商薪酬的过程中，如果用人单位要你开价，那么你可以告诉其大概的薪酬幅度。这就要求你对自己的薪酬要有个正确的估计，了解该职位大概薪酬标准，以便自己心中有数。同时别忘了，福利也是你应得的报酬，如医疗保险、养老保险、公积金、带薪休假等。

假如面试的时候，面试官问你原来的薪资是多少，这个问题你一定要谨慎回答。你最好告诉对方："过去的工资不重要，关键是我的工作能力。"如果你目前薪资太少的话，直接回答不会给你带来好处的。

薪资谈判不能像其他谈判那样，一味设法提高你的条件，而对方就只顾压低你的价钱。把原来和谐的气氛弄成敌对的局面，这对你实在没有好处。如果对方有心压低你的薪酬，就会将话题转移到你上任后有何计划、如何扩大市场占有率或如何降低产品成本等，这样原来那种紧张敌对的状态，很快便形成同心协力的局面。这时，你应该充分展示你的能力和对未来工作的设想，这样一方面可以给对方留下好印象，另一方面你也以据此提高你的薪酬要求。

在面试时候提到的薪水的数目往往并不是你在以后工作中的实际薪水数目，这不过是面试考题之一，需要你细心去体味，认真去回答，只有说法有理有据的人才会取得成功。

这些话，无论如何不能说

许多年轻人在面试的时候，总觉得面试官和你交谈甚欢是对你有好感，便自以为很平常地和对方说出很多话。你也许觉得这是真诚的表现，但是对方也会从这些话里捕捉到很多信息。这些信息也许会给你带来帮助，但也会给你带来阻碍。所以在和面试官交谈的时候，绝不能乱说话。下面给大家列举一些不能说的话题。

1. 关于前任公司的各种信息。前任公司的机密资料你不应该泄露，否则会让面试官认为你这个人不值得信任。他还会想："你可以泄露前任公司的机密资料，那以后也可以泄露我公司的资料，我可不敢用你，否则，不是自己花钱雇一个特务吗？"

2. 关于性别或种族的偏见。你或许以为面试官与你志同道合，因而大谈特谈。其实这样做如同自掘坟墓，很多公司尤其是外企都不容许性别和种族歧视存在。

3. 不要大肆夸奖自己的孩子。即使面试官桌上摆着自己的家庭照，你的口袋里塞满成叠小孩照片，但谈论关于孩子的话题，也颇不符合面试的场合。

4. 不要说为面试官取得某物或某种特殊商品的提议。比如说，"我能帮你买到批发价的智能手机"。或许这是事实，或换个场景会表现出你待人的热忱。可是在面试场合，这样则显得格格不入，而且会有你在贿赂他之嫌。

5. 不要说你如何的厌恶数学、物理等学科。虽然表面上看来似乎与此职位无关，但是擅长数理化等科目是能够表现一个人的逻辑能力的。

6. 不要总是提大人物名号以自抬身价。比如说，总是炫耀你前任老板是著名的经济学家，你曾协助他做过什么经济方面的规划。假使你真的与某些社交名流为友，留心别造成你在吹嘘自己的印象。因为你不知道面试官对于此事的态度到底如何。

7. 将面试官赞美得天花乱坠。即使你诚心佩服其人，在这种情况下，你的赞美可能遭到误解。当然，你可以这么说："与您面晤很愉悦，谢谢您。"

8. 不要说与面试单位的某人是熟人。例如，"我认识你们单位的某某"，"我和某某是同学，关系很不错"，等等。这种话面试官听了会产生反感。如果那人是面试官的上司或比面试官的职位高，他就会觉得你是在用上级来压他，这样，即使你被录用了，以后的日子也不会好过。如果面试官与你所说的那个人的关系不怎么好，甚至有矛盾，那么你这话引起的结果就会更糟。即使面试官与你所说的那个人毫无关系，他也会觉得你是想通过拉关系为自己赢得胜算，从而对你的信心和能力表示怀疑。

9. 不说不合逻辑的话。当面试官问："请告诉我，你的一次失败经历。""我想不起我曾经失败过。"如果你这样说在逻辑上是讲不通的。又如："你能干些什么工作呢?""我可以胜任一切工作。"这样的回答也不符合实际情况。

10. 不要说抱怨的话。千万不要在面试官面前抱怨。要知道，无论什么样的面试官，都不会喜欢一个满腹牢骚的人。

不管怎么说，面试也是件严肃的事，特别是在说话方面，哪些话可以说，哪些不可以说，应该仔细掂量一番。

第八章
优秀的业绩是“说”出来的

销售这项工作，充满了竞争和挑战。很多人投身其中，有的成功，有的失败。为何同样忙碌，结果却不一样呢？这跟销售员的会不会推销有关。

在推销的过程中，会说话的人懂得如何通过短暂的接触和谈话来博取对方的好感，也就是要充分展示自己的口才魅力，这是进行成功销售的一个必要前提。所以，语言交流是营销活动的开端，说话的好坏直接关系到营销的成败。

业绩好不好，全凭一张嘴

在当今充满竞争的社会，很多工作对个人的语言能力要求越来越高，尤其是销售工作。作为销售人员，最基本的日常工作就是要经常面对着形形色色的顾客，并时刻准备去应对各种各样的突发事件。不论是与顾客的接触，还是对突发事件的处理，都离不开双方的有效沟通，而这种有效沟通恰恰正是建立在销售人员出色的口才基础之上。

在销售过程中，除了用产品的特色吸引顾客外，最重要的还是用语言来打动顾客。如果我们连话都说不清楚，词不达意，与客户沟通起来总是说不到客户心坎，难以打动对方，甚至让客户感觉别扭，那么根本谈不上销售的成功。可以说，作为销售人员，口才的好坏直接关系到能否顺利将商品推销出去。

销售这项工作充满了竞争和挑战，很多人投身其中，有人成功，有人失败。为何同样忙碌，结果却不一样呢？

在生活中，话太多未必就是优点。但在推销商品时，能说会道却是真正的能耐。对于销售人员来说，语言是与顾客沟通的媒介，一切营销活动首先是通过语言建立起最初的关系，从而使营销活动不断进展，最终达到营销目的。

在某公司举办的化妆品展销会上，几位年轻的工作人员用十分专业的术语详细地向消费者介绍了公司产品的原料、配方、性能及使用方法，给人以业务精通的印象。他们在回答消费者提出的各种问题时表现出反应快，对答如流，既彬彬有礼又幽默风趣的谈吐，更给人留下难忘的印象。

消费者问：“你们的产品真的像广告上说的那样好吗？”一位工作人员立即答道：“您试过之后的感觉会比广告上说得好。”

消费者又问：“如果买回去，用过以后感觉不那么好怎么办？”另一位工作人员笑着说：“不，我们相信您会喜欢这种感觉。”

这次展销会获得了很大成功，不仅产品销量超过往常，更重要的是产品的品牌知名度也大大提高了。在公司召开的总结会上，公司经理特别强调，是销售人员语言训练有素促成了这次展销活动。他要求公司全体人员应该像销售人员那样，在“说话”上下一番工夫。

销售员要想成功地实现销售，一个至关重要的环节就是首先用自己的言谈来吸引客户的注意力，使客户对推销的产品产生兴趣，进而才有可能说服客户，并促使其最终做出购买的决定。在推销的过程中，应该想方设法通过短暂的接触和谈话来博取对方的好感，也就是要充分展示自己的口才魅力，这是进行成功销售的一个必要前提。所以，语言交流是营销活动的开端，直接关系到营销的成败。

语言的巧妙运用，是销售成功的法宝。只有掌握顾客的心理，运用亲和的语言，使顾客感觉你在为他着想，才会使得顾客愿意和你交流。所以，让你说出的每句话都带有亲和力，是销售人员必须掌握的技巧。当你所面对的准顾客在是否购买你的产品显示出犹豫的时候，你就要使用一些语言技巧，让顾客明白购买你的产品的必要性。所以说，好的语言是销售成功的必要条件。

成交从打招呼开始

都说“万事开头难”，事实上，确实如此。销售人员在推销自己的产品时，首先必须在几秒钟或几十秒钟之内将对方的注意力吸引到自己身上，使对方对自己、对商品感兴趣。可以引用一些普通的、对方听后感到愉快的话题，使对方对自己产生好感。使对方高兴、产生兴趣，放下他手中的事与你谈话或进一步与你预约时间来接待你。

与顾客第一次交谈，要注意打好招呼。有人说过：“有礼貌地打招呼是商谈成功的第一步”。这一点要做好看起来容易，实际上不容易。当然人人都会打招呼，但要做到完善、得体，还要做个有心人。有礼貌地打招呼，是与人交往、建立良好人际关系的一个不可缺少的因素。在西方国家，一般说来，即使是在非常亲密的朋友之间，打招呼也很讲究礼貌，父子之间、夫妻之间都是如此。对于推销员来说，所面对的顾客大多是第一次见面的陌生人，第一次打招呼给人的印象较为重要。因而特别需要注重礼节，要考虑周全。

在一般情况下，打招呼、点个头或者微微欠个身，就说得过去。但作为推销员来说就不够了。对方也许比较讲究礼节，他会想：“我可是某某大公司的总经理啊!”“这家伙毛毛草草，不懂礼貌，可能靠不住!”于是可能会改变原来本有的购买想法。对于这位推销员来说，可能就失去了这一重要机会。

每个人都希望得到对方的尊重，受到别人的礼貌接待。作为推销人员，应该理解人们的这种需要，并能主动地给予满足。打招呼是走向顾客的第一步，礼貌也应该从这里开始。一般来说，礼貌性地打招呼应注意以下几点：

1. 举止有礼，并且要适合场合情景。有时候推销是去顾客家里拜访，这时就应该是亲切有礼貌；有时候如果是商业活动上拜访，就应该表现出职业精神。

2. 精力集中地注视对方，握手，让对方感觉到你对他的尊重。有些销售人由于紧张，总是不敢注视对方，这样会给人不自信的感觉，别人又怎么相信你的产品呢？

3. 先主动向对方问候、问话。因为提问，可以对对方多一些了解，这样在做产品介绍时，也可以有的放矢。

4. 声音要带感情、有精神，要给人以精力充沛的印象。不管你已经多么疲惫或者烦躁，你也要有良好的精神面貌，因为这样的印象才能让别人对你产生好的印象，进而对你的产品有兴趣。

5. 称呼对方姓名，让对方感到亲切。事先可以对要拜访的人，进行一定的了解，这样在交谈的时候，别人可以感受到你的重视。

6. 面带笑容，消除对方的紧张情绪。都说“伸手不打笑脸人”，微笑是打动别人最简单的方式。

最后，要注意的一点是，眼睛是人的心灵窗户，是人们传达心意的渠道。注视对方的眼睛不仅是一种礼貌表示，也是一种尽快缩短彼此距离的沟通方式。作为推销员，打招呼应该以充满真诚且明亮有神的眼睛注视对方。通过这种交流，使对方在不知不觉之中打开心扉并对你产生信赖，从而容易接受你。如果做好了这一点，等于为推销成功地迈出了关键的第一步。

说得好听，顾客才愿意听

现实生活中有很多人不会说话，说出的话不中听，是因为他们不曾把说话当作一门艺术，不曾在这门艺术上下过功夫。他们不肯多读书，不肯多思考。他们言语粗俗，表达意思含混不清，不能将自己的意思用文雅、优美的语言表达出来。

相传，有一对父子冬天在镇上卖便壶（俗称“夜壶”）。父亲在南街卖，儿子在北街卖。不多久，儿子的地摊前就有了看货的人，其中一个人看了一会儿，说道：“这便壶大了些。”那儿子马上接过话茬：“大了好啊！装的尿多。”人们听了，觉得很不顺耳，便扭头离去。

在南街的父亲也遇到了顾客说便壶大的情况。当听到一个老人自言自语说“这便壶大了些”后，父亲马上笑着轻声地接了一句：“大是大了些，可您想想，冬天夜长啊！”好几个顾客听罢，都会意地点了点头，继而掏钱买走了便壶。

父子两人在一个镇上做同一种生意，结果却大不相同，原因就在于他们一个会说话，一个不会说话。其实，儿子说的话也不是不对，确实，便壶大装的尿多，他也是实话实说。但不可否认的是，儿子说的话没有水平，语言粗俗难以入耳，让听的人心里很不舒服。

本来，买便壶是很正常的事情，不俗不丑，但毕竟还有些私密的因素在内。人们可以拿着脸盆、扁担等大大方方地在街上走，但若拎个便壶走在街上，就多少有些不自在了。此时，儿子直白的大实话会使买者感到别扭。而父亲则算得上是一个高明的销售商。他先赞同顾客的话（“大是大了些”），以认同的态度拉近与顾客之间的距离，然后，又以委婉的话语说“冬天夜长啊”，这句看似离题的话说得实在太好了。它无丝毫强卖之嫌，却又富于启示性。其潜台词是：冬天天冷夜长，夜解次数多且又怕冷，不愿意下床是自然的，大便壶正好派上用场。这设身处地地善意提醒，顾客不难明白。卖者说得在理，顾客买下来也就是很自然的了。

儿子一句话砸了生意，父亲一句话盘活了生意，这不正说明了话说得好听不好听在销售中是很重要的。

要知道，大多数人都说倾向好听的说法，不光是在和别人谈话的时候，即使买东西的时候也是如此。

某条街上，有两家挨着的商店，明明卖的东西一样，却一家人满为患，一家门可罗雀。有人以为两家东西品质不一样，结果经对比是一样的。有人以为两家价格不同，经对比，门可罗雀那家反而价格还稍稍便宜些。那到底是什么呢，很多人都不明白是怎么回事？后来，经过调查那家的老客户发现，原来那家人满为患的老板，特别会说话。贵的东西他就说“有品质的东西，看起来自然有档次，所以，价随物涨”；便宜的东西就说“虽然这价格是比较实惠，但是物超所值呀”。而另外一家的老板，别人说东西贵，他就说“值钱的东西肯定贵啊”；别人嫌便宜的东西不太好时，他就说“这个价钱确实只能买这样的”……就这样，两家生意相差越来越大。

俗话说“物以类聚，人以群分”，谁都希望自己与有层次、有涵养的人在一起，而不希望和那些语言粗俗的人交往。在销售过程中，一定要注意自己语言的优化，不要用一些不雅的次。比如寿险行业，最好不要说道：“如果你死了，就可以……”这样的话一出口，必然会引起顾客的反感，你这次销售注定也就失败了。

在热聊前，别急着切入正题

很多人上门推销东西的时候，总是打个招呼就直奔主题，开始宣传自己的产品，其实这种做法是不明智的。

当你向顾客推销商品时，应选择适当的话题。缩短与客户之间的距离，使自己被客户接受，而后把话题引向自己的商品，从而开始商谈，这样才是成功之道。相反，如果打一个招呼就开始介绍自己的商品，迫不及待地反复强调自己的商品是如何如何好以及购买该商品有什么好处，这样往往事与愿违。

我们常常在电视上看到这样的场景：一个销售人员，敲开一家住户的门，说了句："您好，需要买×××吗？"然后就是一句："不需要！"然后砰的一声关上了门。推销的人常常会以为这是别人太冷漠，而事实上，是自己的销售方式不恰当。因而，有经验的推销商并不是一开始就切入正题的。

一个销售人员到一家商场推销产品，接待他的是商场副经理。对方一开口，这位销售人员马上说："听口音，您是北京人。"商场副经理点点头，问道："您也是北京人？"这位销售人员笑着回答："不，但我对北京很有感情，一听到北京口音就感到非常亲切。"商场副经理很客气地接待了这位销售人员，生意谈得也很顺利。

因此，成功的推销并不是一开始就切入正题的。在推销伊始，有经验的销售人员总是尽量从顾客的兴趣着手，往往能顺利地进入"正题"。因为对方最感兴趣的事，总是最熟悉、最有话可说、最乐于谈论的。例如，对方喜欢摄影，便可以此为题，谈摄影的取景，胶卷的选择，各类相机的优劣，钻研摄影艺术的甘苦等。如果你对摄影略通一二，肯定谈得投机。如果你对摄影不太了解，那也是一个学习的机会，可静心倾听，适时提问，借此大开眼界。

有一位著名的棒球运动员，他在球场上是一个难于攻破的堡垒。他在某保险公司销售人员的眼里也被当作是一个难于攻破的堡垒。因为他对保险、投保之类的事，根本就不感兴趣。他对喋喋不休的销售人员很反感。

有一天，销售人员杰克来拜访他。与别的销售人员不同的是，进门后，杰克没说那些令人生厌的老调，也没有对保险好处进行宣传，而是以一位相当在行的热心球迷身份来倾听对方大谈棒球。他的倾听、他恰当的插话、他的问题和那些简短的议论，都给这位职业球员留下了深刻印象。交谈在热烈的气氛中进行，在一个适当时刻，杰克向球手提出一个关键的问题：“你对贵队的另一位投手利里夫的评价如何?”

“利里夫，正是有了他，我才能放手投球的。因为他是我坚强的后盾，万一我的竞技状态不佳，他可以压阵。”

“请原谅我打个比喻，你想过没有，如果把你的家庭比做一支球队，你家庭里也有个利里夫。”

“利里夫，谁?”

“就是你。”杰克谈锋正健，“你想想，你的太太和两个孩子之所以能‘放手投球’，换句话说，能无忧无虑地生活，就是因为有了你。你是他们坚强的后盾和幸福的保证。所以你好比他们的‘利里夫’。”

“你的意思是……”

“请你原谅我的直率。我是说人有旦夕祸福，万一你有个不测，我们就可以帮助你、你的太太和孩子。这样，你就可以更放心地驰骋球场，绝无后顾之忧。所以，从这种意义上说，我们也是你的

‘利里夫’。”

至此，棒球运动员才想起他的对话者的身份，然而他被打动了，这笔生意当场就拍板定案。

在这个例子中，杰克就很善于选择交谈方式和谈话内容，没话找话，从对方的职业、爱好、家庭等方面入手，使对方容易接受，并缩短了彼此的距离，为他后来的拉顾客投保这一正题打开了方便之门。试想，如果他仍采取直截了当的方式，肯定又会不获而归。

多一点坦诚，少一些吹嘘

有的时候，我们在做销售工作时，不要总是把产品吹嘘得有多么好，这样不见得对方就会相信。在面对一些顾客的时候，我们可以把产品的缺点逐一地介绍出来。为什么要使用这样的方法呢？因为这样可以满足顾客的挑剔心理。

下面来看看这个流传很广的经典销售故事误打误撞出来的经验。

曾经有一个平凡的业务员，干了十几年的销售工作。突然有一天他对长期以来的编造假话、吹嘘商品等招揽顾客的做法感到十分厌恶，他觉得这是心灵上的一种压力。为了要摆脱这种压力。他决定要对人无所欺。因此，他下定决心今后要向顾客“讲真话”，即使被解雇也在所不惜。有了这个念头之后，他觉得心情轻松多了。

这一天，当一个顾客进店光顾时，顾客问他店中有没有一种可自由折叠、调节高度的桌子。于是，他搬来了桌子，如实地向顾客介绍。他说：“老实说，这种桌子不怎么好，我们常常接受退货。”

“啊！是吗？可是到处都看得到这种桌子，我看它挺实用的。”

“也许是。不过据我看，这种桌子不见得能升降自如。没错，它款式新，但结构有毛病，如我向您隐瞒它的缺点，就等于是在欺骗您。”

“结构有毛病？”客人追问了一句。

“是的。它的结构过于复杂，过于精巧，结果反倒不够简便。”

这时，他走近桌子，用脚去蹬脚板。本来，这里是要轻轻地踩，他却一脚狠狠踏上去。桌面突然往上撑起，撞到那位顾客的下巴。

“对不起，我不是故意的。”这时，客人反而笑了起来，脸上甚至露出喜悦的神色。“很好。不过，我还得仔细看看。”

“没关系，买东西不精心挑选是会吃亏的。您看看这桌子用的木料，它的品质并非上乘，贴面胶合很差。坦白地说，我劝您还是别买这种桌子。您到别家家具店看呀，那边的东西要好得多了。”

“好极了！”客人听完解说十分开心，也出乎意料地表示他想要买下这张桌子，并且要马上取货。顾客一走，这位售货员就受到了主管的训斥，并被告知他被辞退了，马上要他办理离职手续。

这时，突然来了一群人，走到他面前，争着要看这种多用桌，一下就买走几十张桌子，说他们是刚才那位买桌子的客人介绍来的。

就这样店里成交了一笔很大的买卖。这件事也惊动了经理，销售人员不仅没被辞退，经理还主动提出要与他再续约。而且，将他的工资提高三倍，休假时间增加一倍，还把他如实介绍商品的做法称为新型的售货风格，并要他继续保持下去。

通过上面的故事我们可以看到，大部分顾客在购买产品时，都希望能够了解产品的真实特性，所以，当我们面对顾客的疑问时，真实的回答顾客的疑问，可以满足顾客的需求，这样更能够使得销售成功。

最能推销产品的人并不一定是口若悬河的人，而是善于表达真诚的人。当你用得体的语言表达出真诚时，你就赢得了对方的信任，建立起了人与人之间的信赖关系，对方也就可能由信赖你这个人而喜欢你说的话，进而喜欢你的产品。

我们在讲解产品的过程中，尽量少用带“最”字的限制词。有的推销员很喜欢讲自己的产品最好、最结实等，急于表明商品的优点。其实，这样讲，往往容易引起顾客对商品的怀疑。再说，即使商品确实是市场上最好的，但在顾客没有亲眼见到，没有经过真实比较的情况下，推销员仅靠语言讲解来证明，是很难办到的，也是不能令人信服的。因此，避免使用最高级的限定词，可以减少对顾客购买决策时带来的不良心理影响。

多带着感情谈生意

大张和小王是两个做豆腐生意的。两个人年龄相仿，吆喝的腔调也一样，都是尾部带着悠长的余韵，但两人生意的红火程度却不一样。大张的生意比小王的好很多。开始时大家都觉得奇怪，一样白嫩的豆腐，都是给足的秤，这是为什么呢？

后来，人们逐渐发现了其中的奥秘。原来，同样是卖豆腐，大张比小王多说一句话。比如，张大妈去买豆腐，大张会边称豆腐边问：“身体还好吧？”；如果跑运输的赵师傅去买，还会说：“活儿多吧？”话语里透着理解和关心。时间久了，大家都把大张当成了朋友，即使不需要豆腐，听到他的吆喝，也要买一点放在冰箱里，就为了听一句充满温馨的问候。小王后来因生意清淡，无奈只好改行了。

主动与顾客说话，进行感情交流，让顾客感到，你不是在向他们推销业务，而是在关心他、想着他，要为人提供方便。这样，客户才会认可你的产品和服务。反之，如果待人接物总是缺乏热情，会让人十分扫兴。要知道，情绪是可以传染的。优秀的销售人员总是能够很好地向客户传递积极的情绪，用自己的热情感染对方，以促成交易。而那些业绩平庸的销售人员常常注意不到这一点，在不知不觉中因自己的消极情绪而影响了销售业绩，让许许多多的成交机会从身边溜走。

某公司的销售人员向客户推荐一款办公电脑，他多次给这位客户打电话，并开出非常优厚的条件，却还是被这位客户拒绝了。不料，几天之后，他听说另外一家实力不如自己的公司一次性卖给这位客户30台办公电脑。他百思不得其解，自己开出如此优厚的条件，另外一家公司绝对不会比他优惠，但是这位客户为什么会选择哪家公司而不是他们公司呢？

于是，他就打电话向那位客户询问原因。客户告诉他："你们公司的条件的确不错，但是你在电话里的语气冷冰冰的，而且商业味道很重，让我感觉非常不舒服；而那家公司的销售人员给我打电话的时候，他的语气让我觉得非常温暖！"

要知道，客户也是有血有肉的人，也是一样有感情的，他也有种种需要。因此，销售员如果一心只想着增加销售额，赚取销售利润，而没有感情在内，那就不必奢谈成交了。你应该首先用热情去打动客户，要让客户感到是在帮助他，而不是仅仅想赚他的钱。应该帮助他解决他真正的需要，做一个热心的参谋，帮他算账，帮他决策，时时让他切身体会到你的热情，从而感到可以相信你，与你达成协议。这样，你的销售额还愁不能成倍上升吗？

只有带着感情、充满热情才能唤起客户对你的信任和好感，这样，交易也能顺利完成。可见，推销并不仅仅只是商品的交易，也是带着感情色彩的交易。要想成为一个成功的推销员，就要懂得如何带着感情去推销。

人都是有感情的，在商业气息越来越重的现代社会，人们感情的交流和倾吐更显得可贵。对于充满商业气息的销售来说，如果能够抓住客户情感的心结，那么销售的成功概率无疑会大大提高。与冷冰冰的销售言辞相比，充满关爱的关怀有时更容易打动客户。有些销售员善于言辞，介绍产品时说得一套一套的，可在推销的过程中四处碰壁，就是因为他在推销过程中，满嘴的商业气息，让人一点购买的欲望都没有。

是让顾客先对你感兴趣

推销产品，难免会与顾客进行初次交谈。但是初次交谈时，推销员必须引起对方的注意和兴趣。一般来说，顾客都是带着各种疑问来的，如：“他的商品可靠吗?”“适合我的实际需要吗?”等。推销员应该在开始几句话中回答这样的一些疑问，使对方对你感兴趣，让对方感觉到你的话具有说服力，这就说明开头说几句话很重要。

演员们总是想方设法地使观众的注意力、目光集中在自己身上，作为推销员也应如此。只有这样才能走出交谈业务的第一步。“万事开头难”，开篇一席话，既要创造良好的谈话气氛，又要尽可能多地了解对方，洞察对方的内心世界，有针对性地开展推销活动，这是销售中的难点。所以，开场白的设计要简单，要用最简洁的话将你要说的核心内容表达出来。而一位专业销售人员总会准备好适宜的开场白，以收到成功的效果。当顾客问你：“为什么我应该放下手边的事情，100%地专心听你介绍你的产品呢?”这时候你的答案应该在30秒之内说完，而且能够让顾客满意，并且吸引他的注意力。

这是利用顾客的好奇心理达到接近目的的方法。在与顾客见面之初，销售人员可通过以下几种巧妙的方法来唤起其好奇心，引起其注意和兴趣，然后把话题转向推销品。

1. 以提问的方式开场。以这种方式开场，要小心提出的问题遭到对方“不”的回答。比如，“您希望你们家的冰箱比一般的冰箱省20%的电吗?”你可以连续向对方提出问题，以引起对方注意你的产品。你可以这样问：“您对我们公司的产品有一定的了解吗?”如果对方说不了解，你可以继续说：“不了解的话就先看看我们公司产品的介绍吧。”同时将样品向客户展示，接着说：“我们公司派我特地来拜访您。您觉得我们的产品怎么样？”

2. 以讲故事的方式开场。某些时候讲一个有趣的事或者笑话开场，也能收到很好的效果。但这样做时，你一定要明确自己的目的并不只是让客户笑一笑。你所讲的事必须与你产品的用途相关，或者能够直接引导客户去考虑你的产品。当然，还要注意，讲的故事一定要简练，不然太冗长的故事，不是让人失去耐心，就是让话题偏离销售的主题。

3. 以引用介绍人的方式开场。假如你能找到介绍你认识客户的人，那么你就可以这么说：“A 先生，您的朋友 B 先生让我来拜访您，跟您商谈一个您可能会感兴趣的问题。”这个时候，A 先生可能会马上想知道你所提到的问题，这样自然能引起对方的注意。

4. 以赠送礼物的方式开场。以赠送礼物作为开场白，所赠送的礼物一定要与所销售的产品相关，因为你完全可以在送礼物的同时，顺便提及公司的产品。

初次交谈的重要性对于销售人员来说是不言而喻的，好的开场白能够吸引住你的顾客，为你争取一次成功的机会。只有做到别人对你的话语感兴趣，说出别人爱听的，你的推销才算是成功了一半。这样也会为你之后的推销打下一个坚实的基础。

第九章
在办公室说话要“讲究”

我们每个工作日都和同事要待八个小时。这八个小时说什么，怎么说，什么话能说，什么话不能说，都很“讲究”。可以这样说，在办公室中“说话”更需要讲究。大多数情况下，有些人吃亏就是因为没有掌握住说话的艺术。而那些在办公室深得人心的人，是因为他们深谙办公室的说话之道。

会说话会减少他人的心理排斥

很多人面对新工作的时候最担心的问题是，当从一个环境转调到一个新环境中，面对的同事都是陌生的，但是现在很多工作都不是独立完成，需要和别人团结合作，如果不尽快融入群体之中，对开展工作也会有很大影响。

在人们的内心深处，对外来及新来的人多少都有些排斥心理，你如果聪明的话，首先应抛开自己对他人的陌生感、畏惧心、戒备心等。一方面多多拜访你的新同事。另一方面专注地投入你的新工作。这样的话，人们很快会适应你、接受你，因为你的拜访说明你对他们有兴趣，喜欢和他们结交、相识。同时你的专心投入工作，也使他们认为你是个很认真，并喜欢你的新职业的人，表明你在各个方面都力求和他们保持一致，所以他们会很快消除对你的排斥心理，愉快地把你作为他们中的一员。

有一次，某单位同时调进两个人——田华和王宇，其中田华是个性格开朗、爱说话的人，王宇则显得严肃而沉默寡言。

田华虽然看似开朗、爱说话，但似乎目中无人，来到新单位很久了，不但没有拜访过任何人，而且工作当中也从未向别人讨教过，也许他认为有能力干好自己的工作。大家认为，此人能调来本单位，一定是上面有什么人，看他那样子，也不像是个干好工作的料儿。我们干了这么多年这种工作，还免不了要互相请教、学习，可他新来的，不经过学习就能把工作干好？

相反，大家对那个沉默寡言的王宇却大力赞扬，认为他相当不错，有思想、有见解，对于工作方面的许多设想和看法都和自己不谋而合，因此从内心里接受他做朋友。

原来，爱说话的田华自从调来单位，除在办公室见面应酬之外，工余时间他从未和别人交谈过。王宇在办公室却很少寒暄，总是低头工作，而工作之余的时间，却逐家拜访、了解，打听新环境、新单位的一些情况，顺便也提出许多工作上的问题讨教，所谓“一回生，二回熟”，“人敬我一尺，我敬人一丈”。就这样，很快就融入集体中了。

虽然自古以来“君子之交淡如水”，但“礼尚往来，有礼有节”。人与人之间就是通过来来往往、反反复复地交谈、沟通增加彼此间的了解，同时也增进了友谊。

一个人在工作中是否有人缘，是否善于和同事们打交道，是否能够按照自已的愿望尽快地完成工作任务，达到所需目的，在较大的程度上主要取决于这样一个过程的顺利完成，即相互间思想、感情、意见的交流过程，心灵与心灵，精神与物质的沟通过程。

你也许不断地会有这样的困惑，自已明明性格开朗、活泼外向，为什么却在工作中经常性地倍感孤立与不顺？事实上，也许并非是同事故意孤立你，没准儿就出在你与他们亲疏远近的关系上。当然，相信不是你不想做得上下同心、左右逢源，只是过于忽视了人与人之间的交流、同事与同事之间的沟通技巧和重要性，所以自然是常感力不从心、事倍功半了。

身在职场中，如果你想搞好和同事间的关系，融入大圈子，最好的方法就是利用业余时间多和同事交流！多向他们学习、讨教，通过你的话语，要让人们知道，你需要他们的帮助，你需要他们的友谊。如果你能做到这些，那么还会有谁能拒绝你伸出的手呢？

一时口舌之快逞不得

有些人，争强好胜惯了，不论跟人争什么都喜欢赢。在日常生活中，争执可以说是到处都存在着，一场电影、一部小说、一个特殊事件、某个社会问题，甚至某人的习惯、发型或者服饰都有可能引起争执。有些人不管对方观点如何，都会坚持自己的观点正确的，也非说得对方哑口无言才肯罢休，甚至对方都哑口无言了，他还要添一句："看吧，我就说是这样的嘛。"你以为你赢了，你以为你占到便宜了，事实上呢？

看完下面这个故事，也许你就能明白了。

第二次世界大战刚结束的一天晚上，卡尔在伦敦学到了一个极有价值的教训。有一天晚上，卡尔参加了一场宴会。宴席中，坐在卡尔右边的一位先生讲了一段幽默的笑话，并引用了一句话。这位先生说了这句话的出处，但他错了。

卡尔知道正确的出处，一点疑问也没有，为了表现出优越感，卡尔一本正经地指出那句话应该是出自莎士比亚。那人立刻反唇相讥："什么？出自莎士比亚？不可能，绝对不可能！"

那位先生坐在卡尔的右边，卡尔的老朋友弗兰克·格蒙坐在他的左边。格蒙研究莎士比亚的著作已经有很多年了，于是他们都同意向格蒙请教。格蒙听了，在桌下踢了卡尔一下，然后说："卡尔，这位先生说的没错，他说的出处是正确的。"

那晚回家的路上，卡尔对格蒙说："弗兰克，你明明知道那句话出自莎士比亚。"

"是的，当然。"格蒙回答道："《哈姆雷特》第五幕第二场。可是，亲爱的卡尔，我们只是宴会上的客人，为什么要证明他错了？那样会使他更喜欢你吗？为什么不给他留点儿面子？他并没有问你的意见，他不需要你的意见，为什么要跟他抬杠？一个人应该永远避免跟别人正面冲突。”

在职场中，我们常常会和同事进行讨论，如果观点相同，倒是彼此愉快和谐地结束；如果观点相悖，这场讨论就会升级到争论，各自持着自己的观点非争个输赢不可。其实，无论谁输谁赢，这都是一场输的争论。即使你善于雄辩，每次都能把对方说得哑口无言，那也只能说明你只是嘴巴很厉害而已。而事实上，这样的人其实是不会说话的表现。因为一个人在口头上战胜了别人，反而会伤了对方的自尊，即使对方口服，但是心里可能不服，甚至心里会对你产生怨恨的情节。如此一来，你的职场人际关系反倒不好了。

永远记住办公室是办公的地方，在处理公事上难免有意见不合时，所以与同事意见不合时平心静气地就具体的问题商量讨论，站在对方的立场来着想，让对方想要与你合作，客观地说明利害关系，凡事以公司的利益为重。这样一来，别人自然会认为你公正又讲理，毫无顾虑地与你合作。假使你每次和同事意见不合，都非要用激烈的言辞说服对方，久而久之，大家都会对你产生好胜的印象，而不愿与你合作了。此外，在交谈中，我们还应当避免争论的话题，即使你对这个话题有坚定不移的立场，最好也不要提起，因为争论很容易造成敌对心理，争执双方很快会陷入“竞争状态”，舌剑唇枪，互不相让，很少有人能对敌对者的攻击采取温和的反应，所以最好不使善意的讨论变成争论。

实话不一定要实说

在工作中，我们常常少不了和同事们交流，但是这交流的过程是很讲究语言的艺术的。有些人在办公室常常不受大家欢迎，就在于常常不知道说话的艺术，总是喜欢实话实说。比如，你的同事穿了件新衣服，别人都称赞她的衣服非常漂亮，或者是穿上去变得越来越年轻一类的话，可当人家问你感觉怎么样的时候，假如你直接回答说："你身材太胖，不适合。"或者说："这件衣服的颜色不合适你的肤色，你穿上去一点都不漂亮。"这话一出口，不仅会使穿衣服的人不开心，而且连原先赞美她的同事也觉得很尴尬。尽管你说的是事实，但是缺乏艺术性以及技巧性。这种实话实说的方式，常常让你在不知不觉中得罪了很多人。

王芳在职场上已经"混"了好些年了，也遇到各种各样的人和事，本来应该也算是一个"职场老手"，但不知为什么，她总是很容易得罪人。她心里总搁不住事儿，有什么就说什么，从来不会隐瞒自己的观点。

有的同事把茶水倒在纸篓里，弄得一地是水，她会叫他不要这样做；有的人在办公室里抽烟，她会请他出去抽；有的人爱没完没了地打电话，她就告诉她不要随便浪费公司的资源……她这样做是好心，因为如果让经理看见了. 不是一顿责骂，就是被扣奖金。

可是，好心没好报，她这样做的后果是把同事们都给得罪了。每个人都对她有一大堆的意见，甚至大伙一起去郊游也故意不叫她。

有一次她实在气不过，就向经理反映，没想到经理也不怎么支持她，并没有批评有错误的人，反倒弄得她在公司里更加被动。她非常想不通，明明我是实话实说，为什么结局是这样的？难道做人就一定要虚伪做作吗？

王芳的这种情况其实是很普遍的。人们的日常生活离不开与人打交道，如果与自己的同事关系处不好，又要天天见面，的确叫人难受。从上述事例来看，对于同事的一些缺点，实话实说本身并没有错，心胸坦荡、为人正直这是许多人都赞赏的美德。但问题在于，实话实说也要考虑时间、地点、对象以及其他同事的接受能力。所以，有时说话过于直率，言辞过于生硬会产生不良效果，不但达不到善意的初衷，而且有时反而会起作用，给自己带来不必要的麻烦。如何才能避免这些情况的发生呢？

一般人都很爱面子，爱听赞扬的话，不妨为对方想想，不要只管自己说得痛快。尽管你是善意的，但是有些话也会伤害对方，有可能会造成对方的误解和怨恨。因此，在跟同事相处的时候，要反省一下自己是否说话不得体。如果是因为没有讲究方式方法，而造成同事关系的紧张，就要考虑自我调整，克服过于直率的毛病了。

对这一点，小李是深有体会的。刚上大学的时候，小李就是一个出了名的直肠子，宿舍的老三穿衣服勇于挑战色彩，有一天，她喜滋滋地穿了一件绿色的毛衣来问小李：“我穿这件衣服漂亮吗？”小李斜了一眼：“不，就像春天里的一棵大葱。”而老五的评价显然要比小李聪明得多：“非常的超前，我刚刚看过一本时尚杂志，某位著名设计大师说绿色将是他一季设计的主打色……”尽管对于老三穿这件衣服的评价，小李和老五都没有说谎话，但由于两人说话方式不同引发的效果也就是截然不同的。小李的审美眼光从此被老三列入“农民”的一类，而老五呢，却因此而成了老三的知音！

时间长了，小李慢慢地发现，有的时候说话的技巧比内容还要重要，即使学富五车，说话不得其法也是枉然。比如，人们其实只乐于聊自己感兴趣的话题，人们总希望自己的见解得到赞美和肯定，比起中规中矩、分毫不差的“科学性陈述”，人们更欣赏幽默话语……

我们在生活中，人与人之间交流这是避免不了的，同时说话的双方彼此都希望对方能对自己实话实说。但在某些特定的场合和情况下，这种实话实说往往会令人尴尬，或伤人自尊，或引发不必要的矛盾。因此，实话是应该说的，但更应该巧说。

管好自己的嘴，话不能乱说

在工作空隙阶段，聊天就成为办公室的人打发时间的主要形式，聊天的范围虽然不受限制，但它有时却显得非常关键。在办公室中，大家都处于竞争的状态，所以在说话的时候一定要注意，不要对什么事都打听，也不要胡乱说话。俗话说“祸从口出”，为了不给自己招惹麻烦，一定要管住自己的嘴巴，知道哪些话在办公室中不该说。

1. 薪水问题

探听别人的薪水，是每个公司的大忌。因为同事之间的工资往往都是有差别的，“同工不同酬”是老板常用的一种奖优罚劣的手法。但这个手段是把双刃剑，如果使用不当，很容易造成员工之间产生矛盾，而且最终会将矛头直指老板，这当然是他所不想见到的，所以他对好打听薪水的人总是格外防备。

有的人打探别人时喜欢先亮出自己，比如先说“我这月工资多少，奖金多少，你呢?”如果他比你薪酬多，他会假装同情，心里却暗自得意。如果他没有你收入多，他就会心理不平衡了，表面上可能是一脸羡慕，私底下往往不服，这时候你就该小心了。

首先你不要做这样的人，其次如果你碰上这样的同事，最好早点做好准备。当他把话题往工资上引时，你要尽早打断他，以公司的规定来使其闭嘴；如果他已经提了，就用幽默语言来处理。你可以说：“对不起，对这件事我不想发表任何言论。”有来无回一次，他下次就不会问了。

2. 人生理想

不要在办公室里谈你的人生和理想。既然你是在打工，那就安心打工吧，雄心壮志的话可以在你自己的私密空间和家人、朋友说。在公司里，不要没事时整天念叨“我要当老板，我要创业”，这样说，很容易被老板当成敌人，或被同事看作异己。

如果你在办公室里说，“在公司我的水平至少够副总”或是“35岁时我一定能干到部门经理”这样的话，很可能就将自己放在同事的对立面上。你公开自己的进取心，就等于公开向公司里的其他同事挑战。

做人要低调一点，是自我保护的好方法。你的价值体现在做多少事上。虽然现在的社会讲究表现自己，但是在该表现时表现，不该表现的时候就得低调做人。“胸有激雷而面如平湖者，可拜上将军”，所有成大事者都是低调的人。

3. 私人生活

如果你在生活中正在热恋或者面对失恋，你要隐藏你的情绪，千万不要把情绪带到工作中来，更不要把你的故事带进办公室。

虽然你的话题很容易引起大家的关注，但那只是一时痛快。当你在说自己的私事的时候，要知道说出口的话如同泼出去的水，再也收不回来了。日后如果遇到什么矛盾，你的这些隐私很有可能就是别人攻击你的把柄。

办公室中可以说风云变幻、错综复杂，把自己的隐私保护起来，不要在办公室中谈论，轻易不让办公室的人涉及你的私密世界，是非常明智的一招，是竞争压力下的自我保护。

同时也要注意，“己所不欲，勿施于人。”不在办公室说自己的私密，也不要打听别人的私事，更不要议论公司里的是非长短。你以为议论别人没关系，到最后很有可能引火烧身，等到火烧到自己身上，那时再“逃跑”就显得被动。

一定要牢记这句话：静坐常思自己过，闲谈莫论他人非。

4. 别人的隐私

我们都很讨厌别人知道自己的隐私，而且在生活中由于探听和泄露别人的隐私所引发的矛盾数不胜数。所以，那些热衷于打听别人隐私的人是令人讨厌的。

大家都知道，在西方人的礼节中，“探问女士的年龄”被看成是最不礼貌的习惯之一，所以西方人可以对女士毫无顾忌地大加赞赏，却不过问对方的年龄，这是“不能说的秘密”。

如果在工作中你打算向同事提出某个问题，最好先想一下，看看这个问题是否会涉及对方的个人隐私，如果涉及了，要尽可能地避免，这样对方不仅会乐于接受你，还会为你得体的问话与轻松的交谈而对你留下好印象，为同事间的交往打下良好的基础。

5. 不要炫耀

我们在社会交往和工作中要对别人坦诚相待，但是并不是说要无原则地坦诚，而是要分人和分事的。哪些话该说哪些话不该说，心里必须有分寸。就算你刚刚新买了车子或利用假期去欧洲旅游了一次，也没必要在办公室里炫耀。有些快乐，分享的圈子越小越好。被人妒忌的滋味并不好受，因为容易招人算计。

无论露富还是哭穷，在办公室里都显得做作。与其讨人嫌，不如知趣一点，不该说的话不说。

总之，我们要想在办公室这个纷繁复杂的环境中求生存，想要在激烈的竞争中立于不败之地，那就需要我们掌握更多的说话技巧。这些技巧需要我们在工作中不断积累，才能最终提高自己。

不做办公室里的“小喇叭”

不难发现，似乎每个办公室都会有那么一个人，消息特别灵通，不论是谁谈恋爱交朋友，还是谁要升职离职，他（她）总是最早知道消息的那一个。对于“小喇叭”来说，一个人最先知道了最新消息肯定是远远不够的，必须要在办公室传播开来才显得出其成就，结果就是——即使是办公室里消息最不灵通的人，也知道了。

但是有时候，明明一个很简单的事，被大家传来传去、添油加醋，最后完全变了味。比如，某办公室的小喇叭，看到公司的某经理和一个年轻姑娘在餐厅吃饭，然后跟同部门的同事一说。结果经过无数人的嘴，最后变成了“某经理和一个漂亮姑娘在餐厅里面吃饭，两人可亲热了”。事实上呢？只不过是这位经理的同学来找经理帮忙的事。

的确，在我们这个世界上，总是有很多人喜欢传播一些谣言、小道消息，并以此为乐。某个网站曾对上班族进行了一次问卷调查，竟然获得了一些使人啼笑皆非又颇值得我们深思的结果。其中，当被问到“什么是吸引你每天上班的理由”时，竟有相当一部分人在“不上班，就听不到许多小道消息、谣言、流言、传言和谗言”之后打了勾。

俗话说“人多口杂”，在办公室里，形形色色的人聚在一起，难免制造出流言蜚语。而且现在网络如此发达，通过电子邮件、MSN、QQ、微博、微信，什么消息立马就能在公司上上下下传播开来。有些小道消息作为茶余饭后的谈资，倒是可以让人在工作之余有个轻松的氛围。但是，在公司里、办公室中，这些消息是真是假、从何而来，基本上没有办法弄清楚的，特别是一些涉及个人隐私的，比方说男女关系、家庭婚变、人事变动等，更是传播速度接近光速，这些其实都是办公室里的不稳定因素，影响整个部门的团队凝聚力，所以领导还是非常忌讳这种言论的。

媛媛是一家知名企业的行政助理文员，公司里的大大小小的事都逃不过她的眼睛和耳朵，幼稚的她总觉得了解公司内幕多是很有成就感的事，每次她传播消息的时候，听到同事说：“媛媛，你消息真是太灵通了。”她就一股自豪感油然而生。

可有一次事情闹大了，事情关系到公司高层的名声，然后上面的人就派人来调查了。不用说，最后矛头都指向了媛媛。媛媛这时才意识到问题的严重性，但是，已经来不及了。公司不但开除了媛媛，她还因此给别人留下了极坏的印象。

办公室里难免会有各种各样的新闻，但是我们要学习守口如瓶，尤其在一些与领导、同事私生活有关的话题上。记住，滴水可以穿石，在关键时刻你必定会意识到同事们的信任有多么宝贵。如果你极其热衷于传播一些低级趣味的流言，至少你不要指望旁人同样热衷于倾听。那些“道不同不相为谋”的同事迟早会对你避而远之，更严重的是，如果被领导知道了，那些小道消息、流言蜚语总是来源于你，那你就会成为众矢之的了。别说是否还能在同事中有人缘，恐怕你的工作都保不住了。

理性面对流言蜚语

不可否认，流言蜚语在办公室内十分常见，总是有一些人喜欢搬弄是非。当你不幸成为流言蜚语的对象时，你必须要尽快解决这一麻烦。当然，当你听到有人在背后传播你的流言时，你很生气，很想马上揭露他的真面目。但是，你最好不要这样做，因为大家是同事关系，你若做出绝交的姿态，最后吃亏的一定是你。你这样做别人就会认为问题出在你的身上，还会给对方留下伤害你的话柄，这是非常不明智的。而且你们在同一间办公室工作，每天上班的时候都和对方冷眼相对，这是会影响工作的，同时还会影响其他同事的工作，到时候大家会把责任归到你的身上。更何况领导一般都不喜欢发生下属因私事交恶而影响工作的情况。

一般应对流言有两种方法。一种是正面消除流言，马上制止留言。有时候正面消除流言蜚语是十分必要的，有些谣言传播得太久，就会被他人误以为是事实，因此，你可以与散布谣言者正面交锋，与其单独谈谈这一问题。

你可以把最先传播这个消息的人约出来，进行一次私下的交谈；也可以请一个中间人，以缓和你们之间的气氛。如果事态确实很严重，你们私下的交谈也无法解决这一问题，那你只好跟自己的领导讲清楚："这是我觉察到正在发生的事，我希望大家能见个面，坐下来好好谈一下。"你还可以直接找到制造谣言者，当面对他说："我知道你曾经说过……"如果那个人心虚，不敢面对你，他可能会说："哦，没有。""谁，我？"或者"这怎么可能呢？"这时，你可以趁机回答："好，我很高兴你没有说，我也不希望再听到这些谣言。"

如果对方理直气壮，他也许会说：“是的，那又怎么样？”这时，你可以问问他：“你能给我说说你为什么会说这些话吗？”或者“我们能坐下很好地交换一下各自的想法吗？”这样，你们之间的问题也许可以得到解决，或缓解你们之间的冲突与矛盾。

第二种方法，就是以沉默应对流言蜚语，让流言不攻自破。路遥知马力，日久见人心，时间长了，谁是谁非自然也就不攻自破了。

张婷被北京总部派到上海开拓业务，很多谣言说她靠色相拿到了好的职位。张婷听了不懂声色，也没有理会那些谣言，她对自己定下的首要任务，就是尽快熟悉上海的环境，熟悉新的业务，好好工作。后来张婷的工作业绩和对爱情的执着，让大家明白了先前的流言只是因为有人嫉妒而为。结果不出三个月，这样的流言就消失了。

明枪易躲，暗箭难防。办公室里难免有混浊的空气，所以即使我们自己坚守“清者自清”“身正不怕影子斜”的人生格言，但是有时还是难免被“流言”“暗箭”击中。当你不幸被流言击中，千万要冷静。语言是操练自己耐心的一种本领，巧言应对，让自己免于流言的伤害。

批评别人，要照顾对方的感受

在工作中，大家或许都有过这样的经历，无论自己是否做错了，当你的同事严厉地指责你时，你的心里一定非常不服气，甚至在心里说：你自己做得也不怎么样，有什么资格说我呢！批评责备无论对谁来说，都不是一件让人愉快的事。但是，如果你能够掌握适当的批评技巧和语言方式的话，说不定能够取得更好的效果。

美国前总统柯立芝有一次批评他的女秘书说："你这件衣服很好看，你真是一个人一看就让人动心的小姐。但是我希望你打印文件的时候可以去注意一下标点符号，这样打印出来的文件才会像你一样好看。"女秘书对这次批评印象非常深刻，自此之后她打印文件的时候非常仔细。

不管是作为上司还是同级同事，只要我们记住：人非圣贤，孰能无过。在这个世界上，没有人不会犯错误。当我们面对一个总是不断犯错误的同事，在对其进行沟通的时候，一定要讲究方式，顾及对方的感受，委婉地表达你的想法，这样对方会很容易接受，还不会造成不必要的麻烦。我们也可以找一个恰当的机会，比如大家一起吃饭或聊天的时候，婉转地说出自己的想法，与当事人个别交换意见，也许更会得到对方的理解；或者用一个幽默来表达自己的看法，肯定有利于问题的解决。

每个人都可能在工作中犯错，这种过错有些时候可以被当事人发现并改正，而有些错误却是当事人在无知无觉的情况下造成的，这个时候，他就需要有人可以进行一些提示，或者说是指正。而人们又存在这样一种心理：不喜欢被人批评责备。那么，作为一个同事，在你的同事犯错需要你指正的时候，你该怎么做呢？说些什么，才能够当对方更好的认识到错误，并愉快的接受，进而改正呢？

1. 指出错误要选好场合

没有人喜欢自己被人指着自己哪里哪里做错了，尤其是在人多的场合。所以，在批评别人的时候，为了被批评者的“面子”，要尽可能地避免第三者在场。关上门，小声说，你的语气越“温柔”越容易让人接受。

2. 创造良好的氛围

做错事的一方一般都会本能的有种害怕被批评的情绪。如果一上来就开始你的“牢骚”，并且很快地进入正题，那么被批评者很可能会产生不自主的抵触情绪。很可能会造成他们口服心不服。所以，先创造和谐的气氛，先让他放松下来，然后再开始你的“慷慨陈辞”，这样才能达到很好的效果。

3. 对事不对人

谁都会做错事，做错了事，并不代表他这个人如何如何。批评时，一定要针对事情本身，不要针对人。一定要记住：永远不要批评“人”。因为错的只是行为本身，而不是某个人。

4. 找到解决问题的办法

当你批评某个人的同时，你必须要告诉他正确的做法，这才是正确的批评方法。不要只是“指手画脚”，一定要他明白：你不是想追究谁的责任，只是想解决问题。而且，你有能力解决。

做任何事情都是要讲方法的。就算是批评人也是要讲究一定的方法，要能够让别人心悦诚服地接受。来看下面一个例子，就很能说明这个问题。

有一家建筑公司的安全检查员，他的职责是督促工地上的工人戴好安全帽。刚开始，当他发现有不戴安全帽的工人时，立即很严肃地批评工人，要他马上戴好安全帽。结果，被批评的工人很不高兴，等他一离开，就马上脱下安全帽表示反感。于是，安全检查员改变了方式，当他遇见有工人不戴安全帽时，就问是不是帽子戴起来不舒服，或是帽子的大小不合适。并且用愉快的声调提醒工人，戴好安全帽是很重要的，最后要求工人在工作时最好戴上安全帽。结果，工人很乐意地戴上了安全帽。

所以，有时候，我们严厉指责同事的错误，而他完全不为所动，并非他是一个不愿改正的人，而是你指责的方式错误了。选择正确的方式，不但可以帮助别人改正错误，还可以让我们拥有更宽松、愉快的工作环境。

第十章
和领导说话要拿捏好分寸感

俗话说：会干的不如会说的。职场中，有些人默默无闻地做了很多事，但是却一直没有提拔的机会；有些人虽然工作未必有多勤奋，却能够在职场上平步青云。可见，会说话在职场中是多么重要。要想打动领导帮你加薪、升职，你就应该懂得如何说话，如果用语言打动你的领导。

汇报也是表达自己的一种方式

有很多人做自己的工作总是喜欢自己埋头苦干，等到完成的时候，才向领导汇报整个事件。对于某些领导来说，会觉得你是一个独立的人。但是某些领导就会觉得，你这是不尊重他的表现。如果你的工作完成得不错还好，如果有差错，恐怕等待你的就是领导严厉的批评了。

所以，为了表现出你对领导的重视，你应该勤于汇报工作。经常请示汇报工作，让领导知道你干了什么，效果如何，如果遇到困难和麻烦，领导还可在人力物力上支持你，比你埋头苦干要强上千百倍。

某市一家建材公司的王力从一个用户那里考察回来后，敲开了经理办公室的门。

“情况怎样？”经理劈头就朝王力问道。

王力坐定后，并不急于回答经理的问话，显得有些心事重重的样子。聪明的王力知道，他要汇报的情况，经理一定是不高兴的。经理从王力的表情已猜出了情况对该公司不利，于是改用了另一种方式问道：“真没有挽救的可能？”

“有！”王力这次倒是回答得很干脆。

“谈谈你的看法！”

王力开始把他考察到的情况娓娓道来：“我了解到，该用户之所以不用我们厂的产品，主要是已答应进另一乡镇建材厂的产品。”

“竟有这回事？”

“嗯。不过，我们的产品应该比乡镇企业的产品有优势，价格公道、质量好，在外已有一定的知名度。”

“对，一个小小的乡镇企业是无法和我们相比的。”经理打断了王力的汇报。

“所以说，我们肯定能变不利为有利，最重要的是，当地的建筑公司，多年来只认我们公司生产的建材，我们可以直接到每个乡镇去走访，在每一个乡镇找个代理商即可。”

“小王你想得真周到，不但找到了症结，还想到了解决问题的方法，要是厂里的职工都像你这样认真负责就好了。”

“经理您太过奖了，能为公司分忧，是我们应尽的职责。经理您工作忙，我就不多打搅了，再见!”

不久，王力就被调到了销售科，专搞产品推销。该公司的建材销量，比历年来都高。王力也越来越被重视了。

在向上司汇报工作的时候，不光是向他表述了整个工作的进度，同时还可以体现出你的办事能力。所以，汇报工作也是向领导表达自己的一种方式。你的说话水平决定了领导是否重用你、欣赏你，以及你的升职机会。

与领导要时常交流，让他知道你对工作的看法和建议。汇报工作是一种很好的交流方式。在向领导汇报工作的过程中要注意：

1. 语气要平和，态度要端正。你在向领导汇报工作时要表现出一种谦虚谨慎、不骄不躁的样子。在语气上，要用平缓的语气，应避免慷慨激昂。

2. 抓住重点。汇报之前，你应先拟好汇报的主要内容，不能太简单，也不能太啰唆，关键的话题要说到点子上。没有哪一个领导会喜欢啰唆而又政绩平平的汇报者。

3. 对汇报的内容做多方面的准备。任何一个上司，都不可能只听你汇报而一言不发。有的领导在你汇报工作时，喜欢向你提问，从而打断你的汇报。这时你应停下来，耐心地回答领导的提问，不要认为工作没汇报完，失去表现的机会。领导插问，也是对你重视的一种表现。须知，你面对的是领导，而不是你的下属。你耐心地回答了领导的提问，然后再巧妙地接上你未汇报完的部分。

赞美领导要不落俗套

每个人都喜欢得到别人的赞美，领导也不例外。但是赞美领导比别人更讲究技巧，如果你能很好地掌握其中的技巧，恰当且含而不露地赞美领导，会增加你与领导的感情，缩短与领导的距离。

说到称赞领导，可能有人会想到献媚讨好、阿谀奉承领导，其实这是两个截然不同的概念。我们在称赞领导的时候，是对他的能力、成绩及为人处世的态度的一种肯定，这是需要有一定事实根据的，而不能说谎话、说大话、脱离实际。只是在某些时候，为了能够起到更好的效果，可能会略微地做一些修饰，但这也应该在人们能够理解和接受的范围之内，不能过火。

某交通局局长喜欢开车，常常自己驾车，并乐于谈论车技。一次，他的司机老李不慎在驾车过程中扭伤了腰，局长让老李坐车，自己开车。当时正值下班高峰，路上交通拥挤，但局长的车开得稳而不慢，这时老李开口说："局长，想不到您的车技这么好，在这种情况下开得这么快，比专业司机还棒。"

这句由衷的赞美之辞使局长非常高兴，并夸老李很有眼光。从此，局长与老李之间的关系更加融洽了。

巧妙的赞美是下属与领导搞好关系的"润滑剂"，同时给自己工作也带来很多便利。赞美的妙用随处可见，但用错了却也会让你弄巧成拙。

某公司的总经理在抓好公司业务的同时，结合自己的工作实践撰写了一本《经商之道》的书稿。部门经理这样称赞道："您在企业工作真是一个错误的选择。如果专门研究经营管理，我相信您一定会成为商务管理的专家，会有更加突出的成果问世。”

总经理听完部门经理的一席话，不满地说：“你的意思是说我不适合做公司的总经理，只有另谋他职了。”见总经理产生了误解，本来想给总经理“戴高帽”的部门经理吓得头冒虚汗，连忙解释说：“不，不，不，我不是这个意思，我是说……”

还是秘书过来替部门经理打了个圆场，说道：“部门经理意思是说您是个多才多艺的人，不仅本职工作抓得好，其他方面也非常出色。”

总之，赞扬领导要适度，要因人而异。恰当地赞美领导，才能够让领导觉得自己很优秀，这样不但能够让领导乐于接受你的赞美，还能使领导记住你。

首先，赞美领导先要了解领导的个性心理。领导者首先是一个人，作为一个人，他有他的性格、爱好，也有他的作风和习惯。下属只有了解领导的个性心理，才能在赞美的时候恰到好处。不要认为这是为了“低俗”地迎合领导，其实这样可以更了解领导，可以更好地沟通。与领导交往时要永远记住，领导都希望下属恭维他、赞扬他。你要找出领导的优点和长处，在适当的时候给领导诚实而真挚的恭维。

其次，抓住领导的心理。虽说赞美是一件好事，却并非是一件简单的事。每个人都不会拒绝别人真诚的赞美，包括领导。但赞美的话一定要说得巧妙，不可过于流俗。

拿破仑对于奉承一向很反感，这一点他的士兵都知道。然而有一个聪明的士兵却对拿破仑说：“将军，您是最不喜欢听奉承话的，您真是位英明的人物！”拿破仑听后不仅没有斥责他，反而十分受用。这位士兵之所以能赞美成功，就是因为他了解拿破仑的脾气秉性，深知拿破仑讨厌奉承话，但他又很聪明，准确地赞美了拿破仑的“闪光点”。

现实生活中，有人精通赞美之法，有人却不会赞美别人。大文豪萧伯纳曾说过：“每次有人吹捧我，我都头痛，因为他们捧得不够。”可见，赞美人人都爱听的，关键是赞美的人能不能说得巧。

最后，赞美领导的话要有独到之处。对你的领导而言，可能有一些赞美是他经常听到的，这些赞美往往是针对他最突出、最明显的特点的，如外表看来比实际年龄更年轻、相貌英俊、气质不凡等。这些赞美话，对他而言已听过很多次，甚至已成为习惯了，再听到同样的赞美，其效果必然会很一般，容易被领导看成是常规的客套，而不再具有特定的意义，甚至还会因此认为你对他没有比较深入的了解。所以，要经过仔细观察总结，再来赞美领导，虽然花费的心思多一点，但是效果肯定不止好一点点。

和领导开玩笑要有分寸

在职场中，很多人都喜欢相互之间开开玩笑，这样不仅可以活跃气氛，还可以拉近彼此间的距离。但是同事之间相互开玩笑倒也还好，就是有些人和同事开玩笑开习惯了，面对领导也无所禁忌。殊不知，这种“没大没小”地对着领导开玩笑，说不定就成了自己职业发展的阻碍。

丹丹是某公司的报关员，更是个聪明活泼的女孩子。她脑子快、言辞犀利，并且还具有丰富的幽默细胞，是公司的一颗“开心果”。可是这么优秀的丹丹，在公司里却得不到经理的青睐。

丹丹工作相当认真努力，有时为了赶时间，一大清早就要赶到海关报关。满身疲惫回到办公室，经理不但不体谅她反而还不断地不分青红皂白地说她迟到、旷工，不管丹丹怎么解释都不行。丹丹委屈极了，就向有经验的人求教。有经验的人问她：“你是不是平时在言词上对他不敬啊？”

这么一问，丹丹就想起了一些的事情，自己平时就爱与同事开玩笑，后来看到经理斯斯文文，对公司里的员工总是笑眯眯的，胆子一大，就开起了经理的玩笑。一天，领导一身崭新地来上班了，灰西装、灰衬衫、灰裤子、灰领带。丹丹夸张地大叫一声：“经理，今天穿新衣服了！”经理听了咧嘴一笑，还未曾来得及品味喜悦的感觉，丹丹就又接着说了一句让领导十分不爱听的话：“像只灰耗子！”

又有一天，客户来找经理签字，连连夸奖经理：“您的签名可真气派！”这时，丹丹正好走进办公室，听了之后便一阵坏笑：“能不气派吗，我们经理可是暗地里练习了三个月了。”丹丹这句话说出口之后，经理和客户便同时陷入了尴尬的局面。

由丹丹身上所发生的事情可以得知：开玩笑确实可以拉近同事间的距离，缓和人际关系。但是同事之间相互打趣对方，大家也就不太在意。但是对于领导，被下属打趣会产生一种被冒犯的感觉。这就是丹丹虽然聪明能干、却得不到重用的原因。

你一定要记住这句话：领导永远是领导，不要期望在工作岗位上能和他成为朋友。即便你们以前是同学或是好朋友，也不要自恃过去的交情与领导开玩笑，特别是在有别人在场的情况下，更应格外注意。所以，不要随便开领导的玩笑。想和领导拉近距离，我们可以通过得体的语言或者巧妙的赞美，而不是通过这种冒犯领导的方式。

如果你在办公室工作，无论日后是想仕途得意平步青云，还是想就此默默无闻地过太平日子，都有必要在办公室这个无风还起三尺浪的地方注意开玩笑的艺术，哪怕是最轻松的玩笑话，都要注意掌握分寸。

永远不要替领导做决定

我们都知道，领导作为上级，就是做决定下命令的人。但是很多员工，却常常故作聪明，忘却了这一点。这样做的后果，不但你的决定会被领导的否决，还会因此得罪领导，就有你好看的了。

《三国演义》里有这样一则故事：曹操怒斩杨修。曹操屯兵日久，想进军被马超拦路，想退兵又怕蜀兵耻笑。这天，厨师送来鸡汤，曹操见碗中有鸡肋，恰好夏侯惇来请示夜间口令，曹操随口说："鸡肋，鸡肋。"夏侯惇传令，口令为"鸡肋"。行军主簿杨修就让手下军士收拾行李，准备回家。夏侯惇得报，问："你为什么收拾行李?"杨修说："因为听到今夜的口令，知道魏王不久就要退兵。鸡肋吃着没有肉，扔了又可惜。魏王进不能胜，退怕人笑，在此无益，不如早归。"夏侯惇众将都准备回家。曹操夜间巡营，见此情况，一怒命武士杀了杨修。原来，杨修才高，为人狂放，常犯曹操的忌讳，又与曹植关系密切，常教曹植难倒曹丕，甚至难倒曹操。曹操早想杀他，正好以扰乱军心的罪名杀了他。

由这则例子可以看出，曹操当时对进兵还是退兵犹豫不决，遂以"鸡肋"为号，但并未下令退兵，但杨修自以为洞察其真实意图，自作主张，视领导权威于不顾，是其罪名一也；大军初败，军心、士气为重，杨修扰乱军心，是其罪名二也。由此联想到，作为一名员工，不要以自己的看法、想法来替代领导的指令，自作聪明反被聪明误。

在与领导进行语言沟通时不要代替领导做出决定，而是应该引导领导，让领导说出自己的决定。

徐成年轻干练、做事踏实，入行没几年，职位便一路高升，很快成了单位里的主力干将。几天前，新领导走马上任，上任伊始，就把徐成叫了过去："小徐，你经验丰富，能力又强，这里有个新项目，你就多费心盯一盯吧。"

受到新领导的重用，徐成自然就干劲十足。恰好这天要去上海某周边城市谈判，徐成一合计，一行好几个人，坐长途公交车不方便，人也受累，会影响谈判效果；打车吧，一辆坐不下，两辆费用又太高；还是包一辆车好，经济实惠还方便。

主意定了，徐成却没有直接去办理。几年的职业生涯让他懂得，遇事向领导汇报一声是绝对有必要的。于是，徐成来到领导办公室。

"领导，您看，我们明天要出去谈判，"徐成把几种方案的利弊分析了一番，接着说，"所以呢，我决定包一辆车去。"

汇报完毕，徐成发现领导的脸不知道什么时候黑了下来。领导生硬地说："是吗？可是我认为这个方案不太好，你们还是坐长途车去吧。"

徐成愣住了，他万万没想到，一个如此合情合理的建议竟然被否决了。

"没道理呀，傻瓜都能看出我的方案是最佳的。"徐成大惑不解。

徐成凡事多向领导汇报的意识是很可贵的，可他错就错在措辞不当。徐成最后说的是"我决定包一辆车"。在领导面前说"我决定如何如何"是非常不明智的。如果徐成这样说："领导，我们现在有三个选择，各有利弊。我认为包车比较可行，但我做不了主，您经验丰富，帮我做个决定行吗？"领导听到这样的话，自然就会顺水推舟，答应这个请求。这样岂不是两全其美？

在职场中，聪明人永远不会代替领导做决定，而是让领导来决定。

别把“建议”提成“意见”

历史上，有很多将不如卒、君不如臣、忠臣义士常常被昏君打压谋杀的故事。在职场中也常常存在这样的现象，虽然职场中很多领导未必就是“昏将”“昏君”，但是他们也不是万能的，有些问题他们也可能解决不了，需要别人给他们建议。

对于那些强力相谏的人，领导头疼的不是他提的意见，而是意见的提出方式。

“经理，您刚才说的观点完全错了，我觉得事情应该这样处理……”或者“经理，您的办法我不敢苟同，我认为……”这些方式首先否定了经理意见的全部，作为领导来说自然会觉得脸上挂不住，不管你后面说得多么好、多么正确也无法打动他，因为他从一开始就产生了抵制下属意见的想法。

如果你能抓住领导意见中的某一处被你所认同的地方，来加以肯定，然后再提出相反的意见则易被接纳。因为你一开始肯定上司意见的某一处价值，就已打开了进入上司脑中意见库的大门。例如：“经理说得对，在产品质量方面，我们的确应当给予充分的重视，这是解决问题的前提之一，我认为除此之外，我们还应当……”后面提出观点，尔后重点在于论证过程，通过说理和举例指出不这样做的后果，让领导意识到你的观点从实践上更加可行。

结束发言之时，别忘了强调你提出相反意见的出发点。

“我想，如果真能这么做的话，排除这个问题是不费吹灰之力的，公司也能以更高的速度发展。”听了这话后，领导就会意识到你的一切意见的最终目的，都是为了公司的前途，也就是大家的前途。

实际上给领导提意见其目的无非是想让领导接受，既然这样就要提高意见被采纳的效率，也就更应该注意给领导提意见的方式、方法。历朝历代那些勇于进谏、善于进谏、精于进谏的人，不仅仅是因为意见正确，而是非常注重让领导能够听进去，能够说服领导采纳意见。所以，不是不能给领导提建议，而是要注意给领导提建议的方式方法。

首先，注意选择好时机和场合。如果你要提的建议有助于解决领导正在认真思考的问题，那么很显然，你在这个时候提出的建议一定会引起他的重视。而且，领导在情绪良好的时候一般更容易接受你的意见。还有，给领导提建议时，无人在场要比有人在场好，除非你有把握相信其他人会支持你的建议，并且领导对他们的支持反应良好。

其次，提建议的时候要尽可能避免打扰领导的日常工作。通常的方法是，事先做好大量与建议有关的工作。例如，如果你认为领导应该通知生产部门注意某些顾客对产品质量的抱怨，那么你可先试着为领导起草一份材料。如果你很了解领导的话，你在提建议的时候就可以把这份材料交给他。一般而言，让领导签字总比让他撰文要容易得多。

把握领导的自负心理，谦虚地提出你的建议和意见，才会让领导听进去，至于做不做那就是另外一回事儿了。

委婉地指出领导的错误

世界上没有人喜欢被人批评，尤其是作为领导，被自己的下属批评。但是没有“批评”就没有改正，如果我们发现领导错了而没有及时指出来，最终造成公司的损失，我们也还是脱不了责任。所以，很多时候，我们不得不批评对方，即使是自己的领导，或者是至尊无上的帝王。此时，若没有像魏征大丞相的胆识，就一定不要尝试严词力谏，还是应该巧妙地指出领导的错误，

战国时，甘罗的爷爷是秦朝的宰相。有一天，甘罗看见爷爷在后花园走来走去，不停地唉声叹气。

“爷爷，您碰到什么难事了?”甘罗问。

“唉，孩子呀，大王不知听了谁的挑唆，硬要吃公鸡下的蛋，命令满朝文武想法去找，要是三天内找不到，大家都得受罚。”

“秦王太不讲理了。”甘罗气呼呼地说。他眼睛一眨，想了个主意，说“不过，爷爷您别急，我有办法，明天我替你上朝好了。”

第二天早上，甘罗真的替爷爷上朝了。他不慌不忙地走进宫殿，向秦王施礼。秦王很不高兴，说:“小娃娃到这里捣什么乱！你爷爷呢?”

甘罗说；“大王，我爷爷今天来不了啦。他正在家生孩子呢，托我替他上朝来了。”

秦王听了哈哈大笑:“你这孩子，怎么胡言乱语！男人家哪能生孩子?”

甘罗说:“既然大王知道男人不能生孩子，那公鸡怎么能下蛋呢?”

虽然人人都知道公鸡是不能下蛋的，但是若有人据理力争，大骂秦王昏庸，恐怕后果就很严重了。有时我们指出领导的错误，不

见得非要义正词严，因为你要尊重领导，还要为领导的威严着想，顾及领导面子。中国人酷爱面子，视尊严为珍宝，还有“人活一张脸，树活一张皮”的说法，做领导的更爱面子。身为领导，要树立起权威，若不慎做了错误的决定或说错了什么话，下属直接指出领导的错误，无疑是向他的权威挑战，会让他很没有面子。相信一个最宽宏大量的领导也无法忍受。

金无足赤，人无完人，领导也有错了的时候。这时候，你要装作不知道，事后尽力去弥补就是了。有些人直言快语，肚子里放不住几句话，发现领导的疏漏就沉不住气。某公司召开年终总结大会，主任讲话时出了个错，他说：“今年本公司的合作单位进一步扩充，到现在已发展到46个。”话音未落，一个下属站起来，冲着台上的主任高声纠正道：“讲错了！讲错了！那是年初的数字，现在已达到63个。”结果全场哗然，主任羞得面红耳赤，情绪顿时低落下来。

领导有错时，不要当众纠正。如果错误不明显，不关大局，其他人也没发觉，不妨“装聋作哑”，等事后再予以弥补。不要在公众场合或同事的面前跟领导顶嘴，否则会弄巧成拙。因为有些领导极重“面子”即使明知自己错了，也拉不下脸当众承认，如果你穷追猛打，在大家面前让他出丑的话，吃亏的只会是自己。

而且，消极地给领导保面子不如积极地给领导争面子。如果发现领导有某种错误或不妥之处，可以在一对一的情况下，或下班后一齐娱乐时，委婉地向他提出，但要特别注意不可过分强调，以免引起他的反感。在交谈中要时刻注意他的反应，如果他表现出满脸的不高兴，或找出各种理由极力为自己辩解，你就要立即停止，不可再三提示他的错误。如果听完你的提示，他承认自己所犯的错误，并为此表示烦恼，你可以找出适当的借口为他开脱、打圆场，使他得到心理上的安慰，这样他会把你看作知心人，自然会对你加以重用。

巧妙表达升职加薪的愿望

对于在职场打拼的年轻人来说，勤勤恳恳地工作无非就是为了升职加薪。但是，有时候你的努力付出可能被领导看到，而获得你想要的嘉奖；而有的时候，你的辛勤付出并不一定就能被领导看到，更不会主动为你升职加薪。所以，假如你想升职加薪，仅靠消极等待是不可能实现的，必要时可采取积极、主动的方式向领导提出你的要求。但是，对于大多数年轻人来说，向领导要求加薪是一件非常难开口的事，担心要求被领导拒绝，在以后的工作中对自己刻意挑剔。

其实，向领导提出加薪的要求并没有大家想象中的那么难，只要你认为加薪是合理的，你就有权提出。但是，当你向领导提出加薪的要求时，要注意说话的方式，语言必须委婉慎重，学会以商量的口气说话。最好是巧妙地、有技巧地把自己的意图传达给领导，就算万一不被领导接纳，也不至于让双方陷入尴尬的局面，以致影响日后的相处。

张扬是某公司的行政助理，她已经在这个公司工作 4 年了。可是工资并不理想，她想让老板为自己加薪。于是在一个上午，她瞅准老板一人在办公室看报纸的机会，敲门走了进去："老板，我有个小小的要求，不知您是否会答应？"张扬一副微笑的面孔对着老板，缓缓说道。

"什么要求？说说看！"

"我……我现在已经是个老员工了，但由于生活所迫，经济压力较大。您看能不能给加一些工资？"

“可你对业务还不太熟悉，这恐怕不太合适吧。”老板面有难色。显然，这是老板的托词。一个人在一个公司工作 4 年，怎会对业务还不熟悉呢！

张扬不动声色，微笑着回答老板的疑问：“老板，业务我可以慢慢熟悉。如果您同意我这个请求，我会好好珍惜，一定不会让您失望。”

听张扬这么一说，老板面色缓和了许多，问道：“你希望工资上调多少呢？”

“我现在的工资是 1600 元，您看 2000 元合不合适？您放心，我一定不会让您失望的。”张扬很自信地回答道。

老板想了想说：“那你先试试吧。小张，我可是要见到你的工作成绩呢！”

“谢谢老板给我这次机会，我一定不会辜负您的期望！”张扬响亮地回答。

就这样，两个星期以后，张扬如愿以偿地拿到了自己所期望的工资。

以商量、倾诉的语气向领导陈述自己的意图，领导愿意聆听，并且询问你工作上遇到的问题，只要你工作出色，最终有可能会为你增加薪水。作为一名刚刚进入职场或在职场打拼几年的年轻人来说，要敢于向你的领导提出加薪或者升职的要求，要敢于争取自己的利益。

向领导提出加薪要求时，你应当语气平和，面带微笑地陈述你的主要理由。然后再委婉地提出你的要求，尽量多用征询的话。向领导提加薪要求时还要选准时机，最好是在领导心情愉快、较为空闲的时候，这时候你的要求被接受的可能性较大。

其实，现在很多公司都不会主动给员工升职加薪，除非有人表现得特别优秀，有人要来挖墙脚，公司为了留住人才才会给他（她）升职加薪。所以，当你觉得你个人的能力和付出，已经超出现有的工资和职位，大胆地向领导提出你想要升职加薪的想法吧。

沟通的艺术

所谓情商高就是会说话

刘文华　编著

中国出版集团
中 译 出 版 社

图书在版编目（CIP）数据

沟通的艺术．所谓情商高就是会说话 / 刘文华编著．-- 北京：中译出版社，2019.8（2019.11 重印）
ISBN 978-7-5001-6011-3

Ⅰ．①沟… Ⅱ．①刘… Ⅲ．①心理交往－语言艺术－通俗读物
Ⅳ．① C912.13-49

中国版本图书馆 CIP 数据核字（2019）第 175775 号

沟通的艺术

所谓情商高就是会说话

出版发行：中译出版社
地　　址：北京市西城区车公庄大街甲 4 号物华大厦 6 层
电　　话：（010）68359376　68359303　68359101
邮　　编：100044
传　　真：（010）68357870
电子邮箱：book@ctph.com.cn
总 策 划：张高里
责任编辑：顾客强
封面设计：青蓝工作室
印　　刷：河北远涛彩色印刷有限公司
经　　销：新华书店
规　　格：880 毫米 ×1230 毫米　1/32
印　　张：30
字　　数：550 千字
版　　次：2019 年 8 月第 1 版
印　　次：2019 年 11 月第 11 次

ISBN 978-7-5001-6011-3　　定价：149.00 元（全 5 册）

前　言

在现实生活中，你是不是也遇到过这种情况：因为一句无心之言而得罪人，别人越来越不喜欢和你说话，总是话刚一出口就后悔……每个人都会说话，但并非每个人都懂得像高情商者一样说话。语言是带情绪的，你所说的每一个字串联起来，有可能给人带去温暖，也可能给人带来伤害。

低情商者很容易情绪失控，他们不是出口伤人，就是句句带着牢骚。他们悲观厌世，自我价值感较低，经常生活在沮丧、压抑、愧疚中，对自己失去信心。

高情商者非常善于驾驭自己的情绪，而且也很懂得关心别人。他们说话、做事总是会表现出良好的状态与个人修养，知道怎么合理表达自己的情感和诉求，知道如何去洞察别人的内心世界。他们善于沟通，精于表达，有着不错的口碑与良好的人脉关系。情商不是与生俱来的，而是后天训练得来的。每一个人都可以通过学习、锻炼来不断地提高自己的情商。

正是因为认识到会说话的重要性，因此要做出改变，改变自己的态度、思想、生活方式，甚至是性格，结果，他们从不善表达，到会说话，再到能把话说得滴水不漏，整个人都发生了蜕变。

如今，不管从事什么行业，干什么工作，语言表达都是一项极其重要的能力。可以说，会说话的人，不论在人脉，还是事业方面，永远都比那些自闭、寡言的人收获更多。

从现在起，请张开你的嘴巴，控制好自己的情绪，练习好好说话吧。学会像高情商者一样说话，不但能成就自己，也能给予这个世界和身边的人最美好的善意和最温柔的守望。

目　录

第一章
高情商的人生，从会说话开始

古代常用“三寸不烂之舌”形容口才的高超及富有魅力。“欲审知其德，问以行；欲审知其才，问以言。”的确，说话就是这样的奇妙，你既看不见，又摸不着，但举手投足之间，可以令风云变幻，这就是说话的特有魅力及其非凡的作用。

不会说话，靠什么社交

说话在交际中的作用，毫无疑问是十分重要的，人类的交际场所，可以说是人类生活的舞台。应酬是成功者在生活的磨炼中所获得的能力。我们常见许多人会面的时候，开始类似下面的沟通谈话。

甲：哈哈，今天的天气很不错哪！

乙：是的，很好，哈哈！

甲：你好吗？

乙：托福，你呢？

这样的开场白，看起来很平淡，似乎没有什么交谈的内容，但是你注意一下他们之间的态度，他们的语调，这哈哈的两声，就表现出特殊的情感。这情感既不热烈，也不冷淡，而是从生活中磨炼出来的世故经验。一般人所说的阅历，就是指这个。

你和他人交往，你在社会上跟许多人交际、接触，自然你会衡量别人，而别人也衡量你。我不知道你是拿什么标准去衡量别人，但是我可以告诉你别人衡量你的标准。当人们一看见你的时候，他们的头脑中立刻起了一种印象，注意你的一切了，你无论笑一下，走动一下，或者微咳一声，人家都当作是你发出的信息，以此推测你是一个怎样的人。

但是要准确地了解你，必须与你直接交往，人们为了获得真实的结果，于是悄悄地走近你，含着微笑，一面用眼光不住地打量你，一面和婉地说：先生！您贵姓？您是……您这是……多有意思！他让你自己说出来，这里的答语就是衡量你的最厉害的尺度。如果你能从容不迫地向他还个礼，然后再和婉地回答他的问题，你介绍你自己，你再询问他的一切，这样，你将被他所重视、所钦敬。有些人被视为老练、持重，有些人被认为轻浮、狡猾，也有些人被认为连人情世故也不懂，这都是从口才上所显示出来的。

在社交场合，如果你留心观察，就可以看出社交圈中分三种人：爱说话的人，爱听人说话的人，不爱说话也不爱听的人。第一类爱说话的，最易应付，你要是轻轻用一两句话撩拨他，他便会一直说下去。你只要有忍耐的功夫，不管他说得有无趣味，仍能细细听着，那么他就大为满意，即使你一句也不说，也可能引你为知己。第二种爱听不爱说的，应付比较难了。这一种人对说话很感兴趣，生性虽不大好说话，但却爱听别人说话，人到万不得已时，话以少说为佳，因为听话容易，说话而能讨好却不容易，但如今碰到了对头，你若不说，这局面就不易维持下去，那么你就须小心从事了。

你可以从头说到尾，但你要牢记，你是说给对方听的，不是说给你自己听的。因此，说话不在于只图自己痛快，必须顾及对方的兴趣，你要为听者着想，要探出对方的兴趣，然后择其感兴趣者谈下去。别人愿意听你的谈话，是因为你有某一种值得听听的议论，或因你刚从某地旅行回来，或因你的事业经验值得注意，或因你知道了一些特殊的新闻，或因你对于某一问题具有独特的见解，所以他才愿意耐心听你说。当你探出他兴趣的焦点，就可以一直谈下去。你必须注意，即使是一个很好的题材，说时也要适可而止，否则会令人疲倦。说完一个题材之后，若不能引起对方发言，而必须仍由你支持局面，就要另找新鲜题材，如此才能把对方的兴趣维持下去。在谈话当中，对方的发言机会虽为你所操纵，你也必须时常找机会诱导对方说话，像说到某一节时可征求他对该事的评论，或在某种情形时请他谈谈自己的经验等，使对方不致呆听，才不失为一个善于说话的人。如话题转了两三次，而对方仍没有将发言机会接过去的话，或没有主动发言的要求时，你应该设法把一个谈话结束，即使你精神还好，也应让别人休息休息了。自己包办了大半的发言机会，是不得已时才偶尔为之的方法，如果一厢情愿地以为别人爱听自己的话，或不管别人有无兴趣便随意说下去，那就大错特错了。

在社交上，最好的谈话，是有别人的话在里面。那种看来不爱说也不爱听的人，常常坐在客厅的一个角落里。当他偶然听见另外的一小组哄然的笑声时，他会跟着一笑，但这种笑显然是敷衍的，因为笑容随即收敛，他的眼光已经移到墙壁上的另一张字画上去了。虽然这种人绝对不会单独来看你，但若在别人家里相遇，或在一个宴会里刚巧坐在你的身边，那么你就不能不想个办法了。首先你要明白，这种人大概在一群人当中年纪较大或较小，或学问兴趣较高，而同时在座的其他人比较俗气一点，谈天说地，问题无非是饮食男女，或出语粗俗，言不及义，使较有修养的人不屑一顾，因此他才独自躲在一角。只要你知道其症结所在，应付是不难的，你可以在几句谈话中探得他的学问与兴趣如何，然后再与他谈论下去。只要你有高明的问话技巧，就可以争取到一个增长你学识的机会。他见你谈吐不俗，易引你为知己，如此一来，僵局就打开了。年纪较大或较小的一类，亦因兴趣不同，故趣味不相投合，原则上可以运用同样的方法。

在社交上，说话恭敬，对人客气，是一种美德，但不分青红皂白的恭敬和过分的客气，就不合适了。假如你到一个朋友家里，你的朋友对你异常客气，你每说一句话，他只有唯唯附和，每和你酬答时，总是满口客套，唯恐你不高兴，唯恐得罪你。如此一来，你一定觉得如芒在背，坐立不安。这情形你大概经历不少，同时你就得想想，你曾如此待客人吗？虽然是客气，但这客气显然只会给人痛苦，“己所不欲，勿施于人”，请大家谨记。开始会面时的几句客气话倒不成问题，若继续说个不停就不太妥当了。谈话的目的在于沟通双方的情态，会增加双方的兴趣，而客气话，则恰恰是横挡在双方中间的墙，如果不把这墙搬走，人们就只能隔着墙作极简单的敷衍酬答而已。

朋友初次会面客套后，第二、第三次的见面就应竭力少用，否则真挚的友谊必难以建立。客气是表示你的恭敬或感激，不是用来敷衍朋友的，所以要适可而止，多用就流于迂腐、浮滑和虚伪。有人替你做一点小事情，譬如说递过一杯茶，你说声“谢谢”往往也就够了。说客气话的时候要充满真诚，把平时对朋友的客气话改为坦率一点，一定可以享受到友谊之乐，像背熟了似的冲口而出的客气话，最易使人讨厌。说话态度更要温雅，不可急促紧张。还有，说时要保持身体的均衡，摇头、摆身作态来帮助你说话的表情，并不是一件雅观的动作。

在社交上，缺乏真诚的客气话，必不能引起对方的好感。“久仰大名，如雷贯耳”“小弟才疏学浅，请阁下多多指教”。这些缺乏感情的、完全公式化的恭维话，若从谈话的艺术观点看来，非加以改正不可。言之有物是说一切话所必备的条件。说恭维赞美的话一定要切合实际，到别人家里，与其乱捧一场，不如赞美房子布置的别出心裁，或欣赏墙壁上的一张好画，或惊叹一个盆栽的精巧，要主人喜欢，你要一无成见地认同别人的兴趣。主人爱狗，你应该赞美他养的一条狗；主人养了许多金鱼，你应该欣赏那些鱼的美丽。赞美别人最近的工作成绩，最心爱的宠物，最费心血的设计，比说上许多无谓的虚泛的客气话要好得多。

对一种事物关心，除了欣喜之外还觉感激。“士为知己者死，女为悦己者容”，钟子期死后，伯牙终身不再操琴，其感恩知己所以如此之甚者，除了两人有相同的爱好外，子期能在他内心的深处，给他真挚的赞美。因此，善于说话的人，每每因一句赞美的话说得适当，就为他的前途奠下了一个基础，并非奇事。从内心说出来敬佩别人的话，才有意思。如果对方没有清楚地研究过，就不能盲目地恭维，不切实际的恭维是容易使人讨厌的。对一个有地位名望的人，赞美时所用的字词应当慎重考虑。首先要想到，一个名人之所以能够成为名人，一定是他在某一项工作上有特殊的贡献，而在他成名之后，恭维他工作的人一定很多，积久生厌，你依葫芦画瓢用别人所用过的话来恭维他，是不会使他开心的，这些他听得太多了。

有成就的人，对于他的工作已成习惯，你的恭维若不能别出心裁，一定不能打动他的心。对这种人，最好拣工作以外的事情去赞美他。要欣赏他那些不太为别人所知道的，却是他自以为得意的事情。你不要以为既然不去恭维，不怕得罪人家便乱说，那就错了。不由衷的话，很容易出问题。正如你不能随便看见女人就赞美漂亮，如她知自己实在是不漂亮时，心里也许会觉得你是浮滑。对女人，你不妨赞美她漂亮，或说她活泼，或说她苗条，或说她健美，或赞美她的聪明才智与幽默，或恭维她家务处理得井井有条，教育儿女有方等。同是女人，各有不同长处，虽是赞美，也要加以选择。因此，恭维话一不能乱说，二不能常常用同一方法，还有要注意的，就是不可多说。

在人际交往中，有些人不喜欢听取别人的意见，心目中只有自己，而且自以为比别人高明，事事要占上风，然而，即使你真的比别人高明，这种态度也是要不得的。你不为对方留一点余地，好像要把他窘迫到无路可走，才觉得满意。这种习惯使你自绝于一切的朋友和同事，没有人肯提供你意见，更不敢向你进一点忠告。首先你要明白，在日常谈论的十有八九没有绝对是非标准的问题当中，你的意见不一定是对的，你为什么每次都要反驳别人的呢？有这毛病却是聪明人居多数，想从自己的思想中提出更高超的见解，以为如此可使人敬服，但一些平凡的事实，是不必费心做更高深的研究，至少我们日常谈话的目的，是消遣多于研究的，又不是在严肃地讨论问题，何必在琐屑的事情上争执呢？因此，你要注意在轻松的谈话中不可以太认真。

谈话的目的在于想知道别人对某一件事情的意见是否和自己相同。他们希望别人也能和他们一样地对某一事物有同样的看法，同时他们发现你的意见和他们的略有出入或是大同小异时，他们也很有兴趣。如果谈话双方的意见一致，他们会感到一种同情的安慰，如果发现有差异时，他们也会感到这是一种刺激，能引起他们互相辩论。因此，当你听见别人的意见和你一样时，你要立刻表示赞同，不要迟疑。不要以为这样做，会被别人认为你是随声附和，就不出声了，这样，虽然不会被别人误解为随声附和，可是却容易使人误以为你并不同意。当你听到别人的意见和你不一致时，你也要立刻表示你什么地方不同意，不要迟疑。

成功者都是说话高手

从某种程度上说事业的成功和失败，往往和某一次的谈话有关，这话绝不是危言耸听，富兰克林的自传中，有这样一段话：“我在约束我自己的时候，曾有一张美德检查表，当初那表上只列着12种美德，后来，有一个朋友告诉我，说我有些骄傲，这种骄傲，常在谈话中表现出来，使人觉得你盛气凌人。我立刻注意这位友人给我的忠告，我相信这样足以影响我的前途，然后我在表上特别列上‘虚心’一项，以引起自己的注意，我所说的话，我决定竭力避免一切直接触犯别人感情的话，甚至禁止自己使用一切确定的词句，像‘当然’‘一定’‘不消说’……而以‘也许’‘我想’‘仿佛’……来代替。”富兰克林又说：“说话和事业的进行，有很大的关系，你如出言不慎，跟别人争辩，那么，你将不可能获得别人的同情，别人的合作，别人的帮助。”这是千真万确的，一件事情的成败，常会在一次谈话中获得效果。因此，你想获得事业上的成功，必须具有能够应付一切的说话能力。

在事业上，有些谈话是比较严肃的。谈话的目的，不只是一种社交上的需要，也不只是互相认识和了解一下。例如，你找一位朋友，请他参加一个团体，或是一个社区工作者出去调查一个家庭，或是买卖双方谈生意上的事情，这一类的谈话，究竟和一般社交性质的谈话有什么不同呢？有些方面，二者是一样的，如你要具有一般的谈话能力，你要能够适应对方，尽可能地了解对方的特点，你要有兴趣，态度要友好而又真诚等。有些地方却是不同的，就是这类谈话，每次都有一个特殊的目的。

要使别人瞧得起自己，先要自己瞧得起自己。无论目前生活如何困难，决不可露出乞怜的样子。你可以谦逊，但绝不可谄媚。不可单是唯唯诺诺，使人觉得你无一动人之处。当别人试探你的能力时，简单作答是必须的条件。发表意见时不可随意批判别人的工作方法，更不可告诉对方说你的计划一定成功，自诩如果雇用你时，必可使业务改良发展等语。这只能让对方心里称许，不应由自己说出的。说明你的能力而不流于自夸，得失仍应该让对方去评判。这样，即使你的见解不和他相符，希望仍不会失掉。自亏必连带着固执，这态度只有使人厌恶。去访问一个人，把目的简单地说出之后，你应该就可以走了。即使环境许可你逗留一些时间，也应该立刻把话题转到别处。只要让他知道你的目的、你的能力、你最低限度的报酬等，以后的事，让对方从容处置吧，不可啰唆地缠下去，没有人对这种事情发生长久的兴趣。如果机会有的话，它必属于那些讨人喜悦的人。

有一个人对商业广告极有研究，有一次，他以求职的目的去拜访一个大公司的经理，会面以后他始终没有把谋职的意思说出。他只和经理谈天，他在巧妙的谈话中尽量地把广告对于商业的重要和其运用的方法说出，他举了许多有力的例子，他丰富的学识引起了经理的兴趣，结果他没说出谋职，反而由经理主动请他替公司设计广告事务，他的目的达到了。这就是仅凭一席话给自己创造机会的人。他有才干，而且懂得怎样用巧妙的谈话去寻找他发展才干的职位。另外，还有一个青年应聘一家洗衣机厂的职位，他对于此原是外行，但为了去应征，他预先调查好了国内洗衣机厂的产品数量和销售市场，外国洗衣机在市场上的地位，以及各洗衣厂产品的比较，与各竞争厂家的营业情形等。当他应聘时，他对于洗衣机行业的研究广博使主持者大感兴趣，在几十个应聘者当中他脱颖而出，顺利地被录取。因此，预先准备一些能使对方发生浓厚兴趣，同时表现你对这种职业才干的谈话资料，往往能帮助你成功。

工作时间或应聘工作的洽谈，所需要的是你爽朗和冷静的一面。谋取工作的主要关键，在于你究竟多想谋取工作。应聘工作的洽谈，最重要的是展示自己的资格和能力，打肿脸充胖子的行为是不宜的，这只能瞒骗一时，如果应聘工作的洽谈令人胆战心寒，那也许是你深深地明白自己肚子里究竟有几滴墨水的缘故。工作洽谈不是社交拜会，不宜摆一副安逸的姿态。谈话的范围守在一定的界，不要谈办公室的陈设，不要谈对方的一身装束。应聘的洽谈时间有一定的限制，你必须把你的资格和能力，浓缩在一个很短的时间内交代清楚，所以准时就是你所受训练、教育及能力的最佳证明。

在工作中，不要摆一副冷面孔，尽量减少情绪上的困扰和不切实际的空想，谈谈工作上所需要的知识，谈谈工作上的经验，要诚心诚意的，不存任何的成见，与同事必须彼此敬重、礼貌、关心。当一个人略显慌乱或口吃的样子，其他的人应开口为他解围，及时帮他解脱窘境。不在工作场合卖弄风情，不在工作之时谈及他人的私生活。

有些人常不小心地制造难堪，比如当他们与胖子谈话时，不知怎的，他们就会把话题扯到甜食、肥胖的身材、脂肪等。有些人因害羞，则常遭受另一种的痛苦。对这些害羞的人，我们既不忽视他也不过分注意他，忽视会使他更不自在，过分注意又会使他更难过。如果这时对他说个笑话，弄得大家都乐，他也会说起笑话来的。

失言是常有的事，此时，不要虚张声势，除非你遭遇的情势已牵涉到别人情感的问题。你应该立即承认自己犯了错误。你认错就不致使情况更加恶化，而且你很可能还有所收获——现在有勇气说“我错了”的人已经不多，敢说我错了是能赢得敬重的。

高智商不等于高情商

小溥是某高中的学生，他的成绩一向都十分优异，初三时因成绩突出成为多所省级示范高中理科实验班争夺的对象。进入高中后，他用绝大部分时间和精力主攻数学，希望获得全国大奖走保送上名牌大学的捷径。

一年前，小溥代表全省参加全国中学生数学竞赛，获得了二等奖。他无法接受未拿一等奖的现实，从此一蹶不振，一次次向自己举起了利刃，一年内割腕、割颈十余次。幸好每一次都被身边的人及时发现并送医院。

对此，小溥的父亲痛心疾首。他介绍说，儿子会走到这一步，主要和家庭教育有关。儿子从小智力发展就很不错，有些自视过高，比较怕吃苦，父母对他也比较溺爱，儿子的要求从来都是尽力满足，这种以儿子为中心的教育方法也使得儿子很少顾及其他人的感受。最后，他总结说，没有重视儿子的情商培养，是他教育儿子过程中最失败的一点。

所谓情商，就是“情绪智商”，用以描述一个人对自己和对他人的情绪的认知和控制，被誉为除智商以外，人的另一个生命科学的参照元素。它表现了一个人的同情心、情感表达能力、自控能力、人际交往能力、适应性、独立性、受人欢迎的程度，是否善良、友爱、尊重他人，是否能承受压力、坚持不懈及自我激励能力等个性特征。它是一个人控制自我情绪和调节人际关系的能力，是一个人成功的关键因素之一。如果一个人性格孤僻、怪异、不易合作；自卑、脆弱，不能面对挫折；急躁、固执、自负，情绪不稳定，他的智商再高也不易有所成就。

传统观点认为，一个人能否在一生中取得成就，智力水平是第一重要的，即智商越高，取得成就的可能性就越大，但现在心理学家们普遍认为，情商水平的高低对一个人能否取得成功也有着重大的影响作用，有时其作用甚至要超过智力水平。20世纪30年代，美国最高法院大法官霍尔姆斯和时任美国总统罗斯福相识后，他就对美国总统有了一个非常有名的概括："拥有二流的智慧，一流的情商。"很多历史学家都很赞成这个观点，一致认为罗斯福的成功得益于他的情商。面对复杂的环境、利益的纷争和变化的矛盾等，情商的力量使得他们在其中游刃有余。

姜小姐和赵小姐同样在市场上经营服装生意，因为没有经验，她们没有选好进入市场的时机，她们开店的时候正赶上服装生意最不景气的季节，即正值服装销售淡季，结果不但自己店里的服装卖不出去，销量少，而且每天还要交房租和市场管理费，最后，她们的服装店不但没有盈利，反而天天赔钱。

初次经商的失败使姜小姐选择了退出服装行业，最后以赔了5000元钱的价格把自己的店转让了出去，并发誓自己从此不再做服装生意。而赵小姐却不这样想，经过一个季度的经营，赵小姐认真地分析了自己的情况，她觉得自己赔钱是正常的：一是自己刚刚进入市场，没有经营经验，抓不住顾客的心理；二是进入市场的时间不好，赶上服装经营的淡季，每年的这个季节，做服装生意的人都不赚钱，只不过是因为她们有丰富的经验，经营策略合理，才能够维持收支平衡罢了，自己再继续努力，很快也会像其他生意人一样盈利的。通过分析，赵小姐对自己很有信心，她知道自己适合做服装生意，因此照旧进货、经营店面。果然，度过服装业的淡季后，赵小姐的服装店开始盈利了。3年以后，赵小姐已成为当地有名的服装生意人，每年有6万元的红利，可谓事业有成。反观姜小姐，她在退出服装业后经过几次改行，每次都因为经商失败而退出，她从没有反思过自己的经历，因此仍然没有成功，对自己的事业依旧一筹莫展。

科学家研究发现，大脑控制情绪的部分（边缘系统）受损的人，可以很清晰和符合逻辑地推理和思维，但所做出的决定都非常低级。科学家因此断定，当大脑的思维部分与情感部分相分离时，大脑不能正常工作。人类在做出正常举动时，是综合运用了大脑的两个部分，即情感部分和逻辑部分。一个高情商的人是会综合利用大脑中的各个部位的，并在大多数情况下运用其大脑皮质部分。

下面，让我们来看看“高情商”“较高情商”“低情商”和“较低情商”的人的区别：

1. 高情商

尊重所有人的人权和人格尊严；

不将自己的价值观强加于他人；

对自己有清醒的认识，能承受压力；

自信而不自满；

人际关系良好，和朋友或同事能友好相处；

善于处理生活中遇到的各方面的问题；

认真对待每一件事情。

2. 较高情商

是负责任的“好”公民；

自尊；

有独立人格，但在一些情况下易受别人焦虑情绪的感染；

比较自信而不自满；

较好的人际关系；

能应对大多数的问题，不会有太大的心理压力。

3. 较低情商

易受他人影响，自己的目标不明确；

比低情商者善于原谅，能控制大脑；

能应付较轻的焦虑情绪；

把自尊建立在他人认同的基础上；

缺乏坚定的自我意识；

人际关系较差。

4. 低情商

自我意识差；

无确定的目标，也不打算付诸实践；

严重依赖他人；

处理人际关系能力差；

应对焦虑能力差；

生活无序；

无责任感，爱抱怨。

本事小，脾气就不要太大

没本事，还爱发脾气的人，说到底，还是情商不行！很多人，明明管理不好自己的情绪，却把自己的牢骚、抱怨，甚至是谩骂当作真性情。

谁没有觉得压抑的时候，谁没有受伤的时候？所谓脾气好的人，就是指有能力处理自己的负面情绪，并反思自己的问题，然后能理智地面对生活的人。通常，他们有了不良情绪，会想办法去化解，或是通过某种方式发泄，而不是看什么都不顺眼，见谁都想唠叨几句，肆意发泄自己的不满，抑或把坏情绪带到生活与工作中。

而情商低的人，经常会不经任何处理，简单粗暴地把坏情绪传递给别人，甚至是自己的亲密伴侣，或者说，他根本没有自我克制的意识，只要自己有一点不爽，就要发泄出来，就要让所有人都知道：我遭受了“不公正”的待遇，我很生气，我有很多“道理”要讲……其实，这是自私，是为自己想得太多，为别人想得太少。

台湾学者南怀瑾先生的《论语别裁》中一段关于脾气的文字，十分精彩有趣：上等人有本事没脾气，中等人有本事有脾气，下等人没本事有脾气。以本事将人分高下，早已有之，但从脾气维度来品评人物，则别出心裁，足见脾气与人的雅俗高下颇有关系。心理学家则更细致地从脾气上把人化分成四等，依次排为：有本事没脾气，有本事有脾气，没本事没脾气，没本事有脾气。

生活中，第一等人是绝对的高情商。大多数人属于第二等人，即有本事，有个性，也有脾气。有的人貌似第一等人，平时基本不发脾气，一旦发起脾气来却更疯狂，这说明他的情商还是不够高，不发脾气，说明他一直在隐忍。忍对身体不利，要么把火发出来，要么争取做第一等人。对第二等人来说，等他们什么时候豁达了，做事也就没那么急躁了。而第三等人中，经常会有一部分人蜕变成第四等人，没本事的人被生活压力所折磨，渐渐就有脾气了，而且会变得越来越暴躁！细心观察，你肯定会发现，自己的朋友、同事也主要是由这四种人组成。多与第一种人相处，往往本事见长，脾气渐小。

越是有本事的人，说话办事越会表现出较高的情商，你见过哪位高级领导人会随便发脾气？你见过哪位知名学者对人讲粗话吗？几乎没有，因为他们不只有水平有胸怀，而且有非常高的情商。

如果以为有本事有地位了，就可以发脾气，那就大错特错了。比如，你又升职、加薪了，或者是公司的技术骨干，或者是企业负责人，这说明你有些本事，有两下子，这是好事，但不能说，你就是一个高情商的人，甚至连发脾气都带着高情商。

有一位老板很能干，但就是事业做不大，原因就是爱发脾气。平时，员工在工作中出现一丁点问题，他也要进行批评教育，而很少会鼓励、纠正，他的口头禅就是：

“这点小事都做不好，你还会做什么？”

“要么给我好好干，要么给我滚蛋！”

“这件事让我很生气，你们必须做出检讨。”

……

许多时候，使他非常生气的都是一些鸡毛蒜皮的小事。例如，员工手机没有调成静音；上卫生间的时间超过 10 分钟；或者多用了一张打印纸。

生活中像这样的人有很多，他们缺少心胸，没有气量，永远看不到别人的付出与努力，眼中只有麻烦与问题，心中只有脾气，说到底还是情商不够高。越是成功的人，越会看到别人为自己做出的努力和牺牲。正如《十五的月亮》中唱到的那样：“丰收果里，有你的甘甜，也有我的甘甜；军功章啊，有我的一半，也有你的一半。”

当然，也不能说一个常发脾气的人，他的情商就一定很低。因为情商高并不等于压抑情绪，不发脾气。曾经有一部热播的电视连续剧《亮剑》，故事中的主角李云龙有一个特点，就是爱发脾气，但是，他能别人所不能，常常能够出奇制胜。李云龙发完脾气，马上就会打一场漂亮仗，让敌人闻风丧胆。看似他是个性情中人，做事冲动，其实，他所做出的每一个决定都是经过深思熟虑的，绝非意气用事。

对于下属，李云龙赏罚分明，而且会利用一切机会将能干的下属介绍给自己的上司，当着上下级的面称赞下属，或是主动推荐，让下属有更好的晋升机会。因此，士兵们觉得跟着他打仗痛快，而且很有奔头。

可见，发脾气也不全是坏事，也不能说明情商低，关键是你得有发脾气的资本：为什么发脾气，在什么情形下发脾气，发脾气达成了什么目的，发脾气的目的能否让人服气、明理，能否鼓舞士气。如果不论场合乱发脾气，或者只是为了发泄负面情绪而发脾气，那就是典型的低情商。

一定不要让人生输给了心情。无论你有多么聪明、多么富有、多有权势，永远不要让脾气大于本事——如果你是对的，你没必要发脾气；如果你是错的，你没资格去发脾气。

善于控制自己的情绪

达到完满人生的首要条件是健康，因此，精神和身体的健康都要依靠适度的自我调节。我们的饮食、思想和情感塑造了我们的身体，或者增加或者减少了身体的力量和活力，这是一条公认的法则。因此，一个人要保持良好的身体状况，除了有节制的饮食外，还必须控制自己的情绪，特别是要节制负面的思想感情。

自制不仅是一种策略，而且可以说是一种美德。有人对美国各监狱的16万名成年犯人做过一项调查，发现了一个事实：这些不幸的男女犯人之所以沦落到监狱中，有百分之九十的人是因为缺乏必要的自制，未能把他们的精神用在积极有益的方面。缺乏必要的自制，不仅巨大的逆境会将你压垮，而且一个人——不管是有教养的绅士还是一个目不识丁的人，都能够轻易地将你打败。

有了较强的自制力，可以使人具有良好的人格魅力，增强自己的亲和力，更容易得到别人的认同，拥有更多的朋友和知己，使自己的交际范围更为广泛，在与朋友的交往中学习别人的优点，吸取别人的教训，进一步完善自我。

自制力可以使我们激励自我，从而提高学习效率；也可以使自己战胜弱点和消极情绪，从而实现自己的理想。怎样培养和增强自制力呢？从理论上讲可以从以下几个方面进行。

1. 认识自我，了解自我，深入自己的内心

人最大的敌人不是别人，而是自己。只有正确认识自我，在取得成绩时，才能保持平常的心态，不会因此而骄傲自满，对自己的能力进行过高的估计；只有正确认识自我，在遇到挫折和失败时，才不会被其击倒，一如既往地为着自己既定的目标而努力，不会对

自己进行过低的评价。任何人都不可能一帆风顺地就成功了，也没有任何事情是不需要付出努力就能完成的。当我们遇到挫折时，当我们因为各种原因而后退时，我们就必须重新认识自我，只有在正确认识自我的基础上，我们才能重新找回自己的航行坐标，朝胜利的方向前进。

我们随便找几个人问他们了解不了解自己，得到的回答一般说来都是肯定的。很多时候，人们总是认为自己对自己最为了解，其实，你真的了解自己吗？不，其实很多人根本不了解自己，根本不能正确地认识自己。

很多时候，我们总认为自己是对的，但当事情有了结果之后，我们才发现自己的错误，我们常常以为自己完全了解自己，其实我们是被自己蒙蔽了，或者说我们自己不愿意去正确地认识自己，我们情愿被自己的表象所麻痹。

怎样才算是认识自己了呢？认识自我，就是对自己的性格、特点、长处、短处、理想、生存目的、价值观、兴趣、爱好、憎恶、心理状态、身体状态、生活规律、家庭背景、社会地位、交际圈、朋友圈、现在处于人生的高峰还是低谷、长期或短期目标是什么、最想做的事是什么、自己的苦恼是什么、自己能做什么、自己不能做成什么等方面做出正确全面的综合评估。

2. 学会控制自己的思想，而不是任由思想支配

人的具体活动，都是由思想进行先导，每个行为都受着思想的控制，有的是无意的，有的是有意的。但是，思想是构建在肢体之上的，它必须起源于我们的身体。在思想控制活动之前，我们就一定要先主动积极地对其进行正确地引导，或者控制，修正其中的错误，发出正确的行动指令。这样，我们的行为才会减少冲动因素，使我们的情绪更为稳定，能更为理性地看待问题。

要想控制思想，让其受我们自身的驾驭，就要知道自己想做什

么，能做什么，不能做什么。当明确了这些之后，我们在思想上就可以为自己的行为定下一个准则，利用这个准则来指导自己该做什么，不该做什么。

要想掌控自己的思想不是件容易的事情，在活动进行的过程中，我们原先为自己定下的准则会时不时地受到各种因素的影响，使得我们所坚持的准则开始动摇甚至坍塌，所以，在活动进行的过程中，我们要时常检讨自己的行为，思考自己的得失，减少冲动、激进的心理，这样才能重新夺回思想的控制权，使自己的行为更为理性。

3. 树立远大的目标

一个有远大目标的人，不会理睬身边的嘈杂而专注前行。勾践因为有复国雪耻的目标，因此不会因为夫差的羞辱而冲动。

因为有了努力的方向，所以不会盲目行动；因为身负重任，所以心无旁骛地前行。有了自己最想完成的目标，我们的思想和行为或多或少都会受其影响，在一定程度上可以矫正我们的思想和行为，将会对自制力的增强起到积极的作用。

测一测：你会说话么

在本章的最后，让我们检测一下自身的说话能力，然后有的放矢，不走弯路，用最少的时间，且最有效的方法使自己成为说话高手。

以下的测验能帮助你真正了解自己的表达能力与说话技巧。不管你对自己的说话多么有信心，都建议你先向自己挑战，诚实回答以下的测验。

第一部分的测验有30题，请仔细阅读每一题的叙述，“4”“3”“2”“1”“0”分别代表你与上述情况相似的程度，“4”表示此叙述非常类似你的情况，“0”则表示一点也不像你的情况，依次类推，做完题目并统计得分后，再参阅后面的解释。

1. 人们常称赞我口才好，非常会说话。

2. 我总是能很自然地和初次见面的人侃侃而谈。

3. 我曾仔细地分析与研究自己的说话方式，以及谈话时的优缺点。

4. 我曾很认真的思考要用什么方式增进我的表达能力与说话技巧。

5. 我非常喜欢待在说话场合，并且总是能清楚地表达我的看法与意见。

6. 我在谈话时，总是让人觉得我很有诚意。

7. 在谈话的过程中，我总是能找出一些话题，让相谈甚欢。

8. 有我的场合，很少会有尴尬的冷场，因为我很会引导谈话。

9. 我总是很认真聆听对方说什么。

10. 在我的谈话过程中，总是很容易吸引别人的注意力。

11. 我总是能察觉谈话对方的情绪，来选择最适当的谈话内容和方法。

12. 每次说话时，我总是很有自信地，不疾不徐地说出我要说的话。

13. 每次说话时，我总是清楚地知道自己要说什么，而且能清楚地让别人明白我要表达的意思。

14. 我说话时，总是非常有组织和条理，不会东说一句，西说一句。

15. 说话时，我总是注意自己的表情、眼神、肢体语言、声音和语调。

16. 人们总是说当我在谈话时，很能设身处地地替对方着想。

17. 能和别人畅谈各种话题。

18. 在叙述故事或经历时，我总是会用各种手势与表情来加强我表达的效果。

19. 我常常运用我良好的说话能力留给别人深刻的印象。

20. 我觉得我的“口才”是我极大的优势之一。

21. 无论在班上或办公室，人们总是很习惯由我代表发言或起来说话。

22. 因为我的幽默感，所以有我在的地方总是充满欢笑。

23. 我很清楚什么样的说话特质会受人欢迎，而我也拥有这些特质。

24. 我总是能在任何时间、任何地点自然轻松地赞美我身边的每一个人。

25. 我可以从别人的肢体语言中了解他的想法。

26. 我是个非常有说服力的人。

27. 当我讲话的时候，自然会有一种魅力散发出来。

28. 我说话时，有很独特的个人风格。

29. 当我站在众人面前做报告或演说时，总是觉得轻松和自在。

30. 我有很强的分析与归纳能力。

第二部分的测验共有10道问句，每个问句有4个答案，请您根据每个问题，在4个问答中选出你状况最符合的一个；请注意，答案是单选，所以你必须慎重考虑每个答案，选出和你情况最契合的一个。

1. 当别人谈到我的表达能力与口才时：

a. 总是说我是个口才相当好，非常会说话的人。

b. 觉得还不错，可以将意见与看法清楚表达。

c. 比以前有进步，但是还要多加油。

d. 总是说口才是我最大的弱点，应该要努力加强。

2. 当我在表达快乐或哀伤等情绪的时候，周围的人：

a. 很容易受到我的情绪感染，而跟我产生同样的情绪。

b. 或多或少会受到我的影响，而且影响的程度不轻。

c. 受到我的影响，但影响的程度很小。

d. 完全不会受到我影响。

3. 当我有机会要开始谈话时，我会：

a. 先想清楚谈话的目标以及自己要说的话，然后找机会说出来。

b. 大概想一下要说什么话后说出来。

c. 想到什么就说什么，没机会就不说了。

d. 尽可能地避免在别人面前开口说话。

4. 当我临时被指派上台说话，我会觉得：

a. 哇！太棒了，一定要借这机会好好表现一下。

b. 还不错，刚好给自己练习的机会。

c. 糟糕了，我一定会紧张得不得了。

d. 找尽理由与借口逃避，因为我最怕的就是上台演说。

5. 当我在一个陌生的社交场合的时候，我通常：

a. 主动地去认识新朋友，并向他们做自我介绍。

b. 遇到必要的时候，才和别人认识并介绍自己。

c. 能避免就避免，顶多就是点头微笑。

d. 躲在角落里，不跟别人接触。

6. 每次在重要场合说话时，我都：

a. 表现得非常得体，也总是知道什么时候要说什么话。

b. 应对的还不错，不会出现什么大的错误。

c. 勉强上阵，然后发觉自己的说话技巧真是该好好加强了。

d. 常常手足无措，恨不得找个地方躲起来。

7. 当我在说服别人某件事或某个观念时：

a. 别人总是很容易把注意力放在我身上，而且在不知不觉中被我说服。

b. 花了一番功夫，别人才会被我说服。

c. 常常会说服不了对方，而跟对方发生争执。

d. 常常在不自觉中，反而被对方给说服。

8. 关于如何自我训练，以提升我的口才，我：

a. 知道该怎么做，而且已经采取行动了。

b. 大概知道该怎么做，但还没有开始行动。

c. 知道要加强，但是并不清楚要怎么进行。

d. 从来没有警觉与想过这个问题。

9. 当我在和别人谈话时，我总是：

a. 很能设身处地地替对方着想，发挥“同理心”。

b. 尽可能的注意对方，并且表现得很专心的样子。

c. 常常没有耐心听下去，或是常常不能专心。

d. 常常顾着自己说话，而忽略对方的感受。

10. 对于谈论我不熟悉的话题时，我通常：

a. 先听听别人怎么说，然后很快便能举一反三，说出自己看法。

b. 要一段时间，才能渐渐抓到主题，发表一些看法。

c. 直到一定要我说话，我才发表意见。

d. 绝对不发表任何意见，以免出丑。

以上“自我体验”共40道测验，第一部分30题，每一题为0—4分，请根据你的回答将总分加起来，第二部分10题，每题a的选项为4分，依次序递减，然后将两部分的总分加起来，就是你目前的“说话能力指数”：150分以上表示你的表达能力与说话技巧已属上乘，建议你考虑运用你自己良好的口才多做发挥。

第二章
举止优雅，身体是最会说话的

肢体也是语言的一种，它们是塑造“你是一个什么样的人”的重要成分，高情商的人懂得沟通中非语言的力量，也会因地制宜地监测和调整自己的肢体语言。肢体语言往往直接体现了一个人的气质、性格、修养与能力。谈吐优雅，有品位的人，他们的肢体语言往往具有很强的亲和力。

身体是一张不会说谎的嘴

实验证明，一个人向外界传递信息时，只有8%是通过语言传递的，另外的37%是通过声调、语气等来表达，剩余的55%是通过肢体语言等信息来传达的。在传达信息时，肢体语言是人们下意识的举动。姿势是无声的语言，人们的身体语言虽然各具特色，而且这些姿势大都是无意识中显现出来的，但是从这些肢体语言中，却能读出人的心理活动。

肢体语言是人们内心活动的一种反映，不同的语言表示着不同的信息。要想了解一个人的内心，不妨读懂这些语言，这对了解一个人的内心是很有帮助的。

随着时间不经意的流逝，焦阿美觉得结婚就像一道美味的佳肴，吃得久了，便吃不出什么味道来了，焦阿美开始厌烦这样的生活。在这个时候，她遇到了一个男人，较之于丈夫的单薄和寡味，她看到了一个除丈夫之外全新的世界，她为自己能拥有这个世界而心动不已。

焦阿美终于下定决心，和现任不懂风情的丈夫离婚，和自己心爱的男人结婚。

可是，新的婚姻并没有给焦阿美带来长久的幸福，她很难相信，这个男人是个十足的坏蛋，不仅在外拈花惹草，还动不动施以家庭暴力。半年不到，她已经受够了欺辱。

这天，焦阿美又被打得遍体鳞伤，她顾不得漫天大雪逃了出来，无助的她只能求救于那个单薄而寡味的前夫。

前夫把她接到家中，两个人只是坐在客厅的沙发上长时间地沉默。沉默中，她拿出随身的小剪刀开始修理指甲，或许这把小剪刀用的时间长了，有些钝，不大好使。

“你把茶几上的那把新剪刀递给我用用，这把旧的不好使了。”她说。

前夫微欠起身子把剪刀拿在手里，转身递给了她。她突然大哭起来，就在前夫给她递来剪刀的时候。

她想起了半年前，她去见他的那个男人。两个人坐在客厅里开心地聊。

“吃个苹果吧。”男人很殷勤，在给她削苹果。

看到男人笨拙的样子，她说：“我来吧。”

男人把刀递给了她，可是，就在她接过刀的时候，她的手指碰到了锋利的刀口，手被划破了一个小小的口子，血流了出来。

男人表示很歉意，很心疼的样子。她心里觉得很温暖。

就在那一天，她背叛了自己的丈夫。

今天，前夫在递剪刀给她的时候，刀柄冲着自己，刀尖是冲向他的。而那一天，那个男人是将刀柄冲着自己，刀尖是冲向她的。

“你怎么这样递剪刀呢？”她问。

“我一直都是这样递剪刀给你的，”前夫说：“你总是那么大大咧咧，刀尖要是冲着你，你随手一接，还不把手给划破了。”

“是吗，我以前怎么没注意到？”她说，心蓦然像被什么东西又狠刺了一下。

“或许是太平常了吧……”前夫微扬起头故作轻松地笑，但最终还是低下头去。

时间仿佛凝固在了这一刻，她止不住泪如泉涌。是的，前夫一直是这么爱她的，前夫给予她的一直是刀柄之爱，不让她受到任何伤害。

递刀的方式不同，男人对她的态度也有所不同。人的肢体会说话，可以反映真实也可以揭露谎言。焦阿美要是早些注意两个男人的这些行为细节，或许就不会犯下这辈子难以弥补的错误。的确，不管一个人如何舌绽莲花，他的身体不会说谎。因此，在解读他人心意的时候，不要只听对方说了些什么，更要紧的是应有意识地观察对方的肢体语言，才能够较为真实地洞悉其内心。

不怕人掩饰，他的肢体会说话。聪明人应该注意人的肢体语言，从中解读人的内心世界。那么，该怎么看人的肢体语言呢？其实，解读人的肢体语言并不难，比如，人眉头皱起，目光专注，可能表示不悦、不赞成或者是表示关注、思索；紧紧地抿住嘴唇，往往表现出意志坚决。如果紧抿嘴唇，且避免接触他人的目光，可能表明他心中有某种秘密，此时不想透露。嘴唇常不自觉地张着，呈现出倦怠疏懒的模样，说明他可能对自己，对自己所处的环境感到厌烦。手臂交叉放在胸前，有时是因为觉得很冷，有时是因为过分的紧张或害羞，但也可以理解为“你所说的事情对我产生一种莫名其妙的威胁，使我拒绝再继续听下去”。人在说谎的时候总是不自觉的做出一些小动作来掩饰自己内心的不安，比如，如果一个同你谈话的人，常伴有掩嘴的手势，说明他也许正在说谎话。

另外，“出门观天色，进门看脸色”，面部表情是人类心理活动、情绪变化的晴雨表。在与人交往时，万不可对别人脸上的表情视而不见，而应该多份心，注意察看对方的表情变化，以快速地获悉对方的心理状况与情绪变化。

我们不要只听人说了些什么，更要紧的是要学会“破译”别人的肢体语言，才能够较为真实地洞悉人的真实意图和内心世界，才能够巧妙回应，打动对方。

最后，需要提醒的是，由于任何一种肢体语言都可能有多种意味，因此，在“破译”他人的肢体语言时不能孤立地，而应综合地去理解，才能够较为真实地洞悉一个人的真实意图和内心世界。

暴跳如雷，你完蛋了

人类是情绪化的动物，也可以称之为感情动物，这是与任何其他动物的一个很明显的不同。其实动物也是有感情的，我们之所以讲人和动物不同，原因之一是人类的感情较之动物要复杂得多，并不是因为我们是人就要抬高自己的身价，表现的与众不同，就是万物之灵长了。

情绪是可控的，如果不然，我们就不用花那么多的心思去了解微表情的知识。只要人的情绪体现的是内心真实的感受，那么这个问题就很好解决，只要好好看看，感受一下这个情绪是什么样，就能知道他在想什么，不是简单得多吗？不过这也只能想想而已。

人是有感情，有情绪的物体，但是人的大脑更是积极能动的，人的能动性也是所有动物里最好的，人的学习能力，模仿能力都是生物界的骄傲。

当一个人慢慢成长起来，就开始将自己的内心情绪隐藏，或者干脆用另外一种截然相反的情绪、感情来表示自己的想法，目的就是为了保护自己，因此单单从这个情绪本身出发来破解这时的内在心理，自然得不到正确的解答。对于解读一个人的性格和心理而言，这种伪装无疑增加了难度，但对于在社会的实际交往过程中而言，伪装也好，隐藏也罢，都是对社会的一种妥协，也是一种自我生存能力的一种提升。

从这个角度来讲，它是有积极意义的。年轻人如果在控制自己情绪方面做得不是很完美，还有能说过去的理由，如果入社会多年还是被自己的情绪控制，就会被别人当成是另类，或者被认为性格有缺陷。尤其需要说明的一点就是发怒，暴怒，这种状态是情绪失控的一种表现，人完全站在不理智的状态下将自己最真实，或者是最粗野的一面暴露无遗，不单单是给人留下不成熟、缺乏教养的印象，同时也等于是给别人留下了自己的短板。

从发怒本身来讲，它一般要经过几个过程。首先就是被激怒。可能是一句话，或者是一个行为，或者是一个眼神，一种态度，这些行为本身在别人那里可能并不至于达到让自己发怒，或者是怒火很大的地步，但他就忍不住。此时情不自禁地“怒打心头起，恶向胆边生”，破口大骂，或者是言辞犀利，或者是肢体冲突都有可能。这个时候别人的劝告基本上是没有任何作用的。

第一个阶段，他就往一个地方想，思路就在一个方向上，一条道跑到黑，不到黄河不死心，可能到了黄河也不一定就死心。往死了钻牛角尖，别人的劝解他都认为是替对方打掩护，在为对方辩解。这时候可能矛头不单单是针对之前的那个“对方”，谁搅和进来，他都有可能和谁干起来。

第二个阶段，开始变身成为“祥林嫂”，逢人就说，诉苦也好，咒骂也罢，就是不停地讲。听来听去，核心思想只有一个，他受了委屈，别人没有一点道理，理全在他这边。不管是家里人，还是亲戚、朋友、熟人，逮到谁是谁，只要能讲就好，就是为了发泄。由于在诉说的过程中，别人不可能像他一样没有理智，因此在听他讲的同时，也会用比较客观的态度和他分析事情的来龙去脉，然后说明如果碰到类似的情况应该怎么处理，不能如此贸然大动肝火，对解决事情没有好处，很有可能还丑化了自己的形象，但是他还是听不进去。虽然别人和他讲的时候可能提到了一些具体的实例，但是他心里坚持认为自己的情况和你们所讲的不一样，我是特殊的。

第三个阶段，这时候他开始反思了。不是因为自己的觉悟到了，而是前一个阶段自己和别人聊到这个问题的时候，他们的说法总是不能和自己的一致，这就是问题所在。难道是自己真的错了，错在哪儿了呢？人只要开始反思，开始理智，客观地面对事情，面对问题，很多道理根本就用不到别人来教导，很容易就明白了，毕竟生活中的事情复杂的并不多。反思中发现自己原来很可笑，很荒唐，怎么能接触这样的事情呢，简直不可思议。

第四个阶段，悔恨阶段。因为一开始自己就有问题，只是当时没有正确面对而已，所以对不起当事人，自己的熟人、朋友、亲人可能都得罪了，以后该怎么见人呢，还不如找个地缝钻进去得了。

第五个阶段，总结经验教训。不是所有的人，知道自己前面的行为过于幼稚，不可理喻，错误基本在自己一方，后面就不能再犯类似的错误，一定要改正等。就是这一类的想法。其实这个阶段总结的虽然很好，但如果下次再碰到类似的情况，十有八九他会再次动怒，原因是没有接受过更大的来自外界的教训。只有有一天，他因为这个问题吃了亏才会慢慢地改正，性格才会逐渐的转变。

对于那些暴跳如雷的朋友，对于微表情的分析都是多余的了，你在发怒的时候，其实别人已经完全控制了局面，因为他是理智的，你不是。你成了情绪的奴隶，他在驾驭情绪。从这个角度讲，你吃亏了，而且还很大，说你完蛋了，并不是没有道理的！

你的站姿，就是你的“问题”

仔细观察周边的人，你会发现每个人的站立姿态都有他们自己的特点。除了男女之间的区别之外，每一个人都有自己的鲜明特征。这个特点就像是一个人的外号一样，虽然这个外号不是他本来的名字，但已经和这个人有了深度关联，成了代表他的另外一个符号。

这种比较特殊的站姿不是个人故意做出来的，而是经过长久的时间养成的一种自己都不知道的行为方式。美国夏威夷大学的心理学教授认为，这些站姿和这个人的性格有一些非常紧密的联系。通过解读这些站姿，就能对性格做深度的剖析和挖掘。

第一，将两只手或者一只手放于臀部。这种人最典型的特征是顽固不化。而且这种性格将会伴随他的一生，很难改变，非常固执。而且对事情的看法很主观，不是客观的就事论事的类型，如果碰到不同意见，通常会说“反正我是这么看的……”；但是他们做事很稳重，绝对不会轻易地做出任何决定，一旦做出决定，必定是经过深思熟虑的。自主意识很强，他们有很好操控能力，有驾驭全局的本领。

第二，习惯性将两只手放到口袋中。他们属于内向型性格的人，很保守，你很少能听见他吐露自己的心声，哪怕是最要好的朋友也不例外。不过这类人一般城府很深，他人很难猜得到他们到底在想什么。多疑是这类人比较好的一张名片，如《三国演义》里的司马懿。他们做事讲究的是步步为营，稳扎稳打，而不是冒险求胜。他们的警觉性高于普通人很多，所以，如果你想骗这类人还是小心的好，说不定他早已经将你的心计看得一清二楚了。

第三，双手叉腰。这是很典型的一种站立姿势，这类人总是能给我们留下深刻的印象，他们开放、外向、自信，对自己有非常高的评价。这是一个开放型的姿势，说明他们在精神上有一定的优越感。同时这个姿势也表明，他对自己目前所处的环境感到很安全、舒适，或者说他对面临的问题有绝对的信心，不然是不会出现这个姿势的。

第四，气宇轩昂型。看上去就很有气势，有点古代将军出征的感觉，双目平视远方，腰背挺得直直的。这种站立姿势的人很开朗，外向型性格，也是非常有自信的一类人，看上去给人的感觉似乎这个人永远都那么开心，快乐。

第五，佝偻身体，腰弯下来。这种姿势多见于上了一定年纪的人，一般 30 岁以前的人很少有这种站立姿势。这是一种防卫性很强的姿势，如果年纪不是很大的人有这种站姿，说明此时他缺乏安全感，没有信心，很封闭，此时的生活态度也比较消极，似乎惶惶不可终日，可能是生活的压力太大，也可能是面临着重大的精神压力。

第六，两条腿交叉站立。这是一种轻微拒绝对方的表现。出现这种站姿说明这个时候对方对你的态度是有所保留的，并没有完全对你放开，所以，此时如果想得到对方的认可或者是想做更进一步的交流，那么就要想办法先让对方认可你，接受你。不过这种姿势也说明此时他缺乏自信，也可能是很拘束，对自己所处的环境并不是很习惯。

第七，背着手。这种站姿是一种典型的“领导者”心态。他很想作为一个领导人的姿态出现在众人的面前，很有自信心，对自己的成就（不一定是功成名就，一些小的成就也算）感到很满意。如果某人在一定的场合中背着手站着，就说明此时，他的居高临下的心态很严重，也可能他就是这个场合的主角。

第八，靠着墙站。有这种习惯的人并不是很常见，如果见到一个人很习惯这样站着，那么这个人很可能是生活非常不得意的一个人。要么是到处碰壁，要么是自己的目标很少有能达成的时候。在生活中，他们一直是失意者，自己也觉得很少有人像自己一样。他们一般很诚实，很坦白，对人没有太多的防卫，很容易接近，也很容易接受别人。

第九，有的人站在那里一直不断地改变自己的站姿，并不是因为自己很累，就是一种长期以来的习惯。这种人的性格特点鲜明，脾气暴躁，很容易就动无名之火。这类人一般生活中多压力，经常会有身心俱疲的感受。他们很喜欢接受挑战，并且思想并不稳定，经常改变自己的一贯想法，别人看起来很不适应，但是在他那里是常有的事。

一个人的性格体现在不同的方面，穿衣打扮、吃饭走路都有一定的讲究，经常研究、仔细琢磨，就会发现每个人的与众不同之处，从这些独特的微表情能解读对方的内心世界。

话可以慢说，头不能乱摇

日常生活中就点头与摇头这两个动作而言：一般来说点头是表示肯定的意思，摇头是表示否定的意思，但由于文化不同、地域不同，各地会产生差别。

保加利亚人在表示肯定时是左右摇头，让对方看见耳朵，否定时则先将头后仰，然后向前弹回；而在叙利亚，肯定时头先向前倒，然后弹回，否定时头先向后仰，然后弹回。点头除表示“是”“肯定”之外，有时仅是向说话者表示“应和”的意思。认真的、有节奏的“应和”，是向对方表示“我正在注意倾听你的说话”。若是机械地应和，频频点头，至多表示形式上的敬意和礼貌，实际上对说话的内容不感兴趣。这个动作实际上表示对方对你的谈话主题不感兴趣。如果你此时还继续你原来的话题，对方就会频繁地变换架腿的动作，表示不耐烦了。

摇头表示一种否定，这种否定可以是针对他人，也可以是针对自己，然而，否定并不代表一切已经结束。也许它正是希望的开始！与置之死地而后生的意思相同。我们常说，世界上只有相对的事物，绝没有一定或肯定的事物。因而，否定也可以创造出肯定。

据研究表明：摇头是人们出生后学会的第一个动作，起源于襁褓中的哺乳时期，婴儿在吃饱之后，用来拒绝奶水或者其他食物。很显然，人们从孩童时候就已经开始用摇头来表达“不”了，因此，看到摇头的动作，人们很自然就会觉得那是拒绝、否定的意思。其实，这种理解很片面，轻则会让我们犯经验主义的错误，重则会耽误了我们的社交大事。

昨天，小李又遇见了上次在饭局上结识的王老板，王老板劈头就问："小李，你不是说要找我帮忙，怎么一直也没见你来呢？我可是一直在等着你的出现呢！"

听他这么一说，小李立马"晕了"，他不知道王老板葫芦里到底卖的是什么药，上次他在向王老板提及让其帮忙的事时，明明看见人家冲他摇了摇头，怎么这次又主动提出要帮自己的忙，这到底是怎么回事？难道王老板是在说客套话？但看他一脸真诚的样子，又不像是在敷衍自己。

他疑惑不解地问了王老板一句："王老板，我想问一下，您是真的想帮我的忙吗？"

被他这么一问，对方显然不高兴了，脸色阴沉地回答道："你看你这小伙子，我这么大个人了说话还能不算话？我是确实想帮帮你们这些有志气的年轻人啊！"

小李听到这里，索性把事情弄个明白，就又问了句："那我上次和您商量帮忙的事情时，怎么见您冲我直摇头啊，我还以为您是在拒绝我，只不过没有口头上说出来而已，所以，我就知难而退，没有再去找过您。您当时难道不是在拒绝我吗？"

王老板终于弄明白是怎么回事了，只听他大笑着说："你不知道，摇头是我的习惯性动作，我不光在拒绝的时候摇头，有时候，我希望别人继续讲话时也会摇头，吃到好吃的东西时也会摇头。这么看来，你这个小伙子是不懂心理学了，你可以翻翻心理学方面的书籍，那上面对摇头的含义做出了不同的解释，相信看过之后你就不会再那么单一地去看待我的摇头动作了。"

小李终于明白了，原来是他理解错了王老板的意思，这一错不要紧，白白地耽误了他这么长时间，要不然的话，他恐怕早就得到了王老板的帮助，渡过如今的难关了。

看来，思维定式真是害死人，要不是一味地将"摇头"当成是拒绝的意思，要是当初小李能多了解点心理学方面的知识，恐怕当时就不会对王老板的摇头动作做出主观臆断，认为是拒绝自己的意思，也就不会把自己找对方帮忙的计划给搁浅了，说不定，他的事业现在已经在王老板的帮助下上了一个新台阶了。

当我们将“摇头”具体到不同的场合，还会有不同的意义，因此，我们不能以偏概全，必须做到具体问题具体分析。心理学上，大致有以下几个方面的解释：

第一种情况：明显拒绝的意思。这时候，人们的头部动作会左右摇晃得十分明显，频率特别高，暗含着对对方所说的话非常不耐烦的意思，所以，这种拒绝的方式也最容易被我们识别。

第二种情况：虽然也是摇头，但是摇晃的幅度非常小，频率非常低。这实际上并不代表否定意味，反而还带着一种暗示，是听话者在暗示谈话人把话题继续下去，而他自己暂时没有发话的打算。甚至有些人在默许别人的一些话时，也会做出类似的动作。

第三种情况：密切注意那些口头上对你大加赞赏的人，注意他们有没有摇头行为，如果他们一边摇头一边对你说“我一定会考虑你”“我很欣赏你的作品”“我们会合作得很愉快”，那么不管他们的态度多么诚恳，他们的摇头动作都是他们内心消极态度的体现，这对你来说并不是什么好兆头，所以，你一定要对他们多留点儿神。

第四种情况：有些人会在得意的时候摇头晃脑，比如唱歌唱到高潮部分时，不自觉地会摇头，或者在品尝美食的时候，会一边吃，一边不断地摇头说：“噢，真不错，真是美味。”

人生充满了太多的不确定性，但这一切的不确定中并没有绝对的否定与肯定，个中不乏蕴含的机遇与选择。重要的在于我们是否把握住了丝丝痕迹，是否懂得了摇头并不一定就是否定这一游戏变动的规律。

不经意的动作最能出卖你

一些不经意间所做出的肢体行为也为我们传达着某些真实的讯息!

之所以是不经意的动作，是因为经常容易被我们所忽视，被我们认为是很普通的动作，没有什么可以值得研究分析的，对于微表情来说，这是一种错误的观念。很多不经意的动作里面包含着很多不为人知的真实信息。日常生活中，有一些动作需要我们去注意。

1. 爱边说边笑的人

这种人与你交流时你会感到气氛十分的轻松愉快。他们阳光有朝气、性格开朗，对生活从不苛求，他们懂得“知足常乐”，富有人情味。感情专一，对感情格外珍惜。人缘口碑都不错，喜爱平静的生活。

2. 爱掰手指节的人

这种人总是有意无意地把自己的手指掰得咯嗒作响。他们精力较常人来说旺盛一些，和很多人都能谈得来，喜欢钻“牛角尖”。为人对事物较挑剔，对于自己喜欢做的事情，会不择手段、不遗余力地去干。

3. 爱腿脚抖动的人

这种人总是无意识地通过脚或脚尖使整个腿部抖动，他们很自私，很少为他人考虑，凡事功利性很强，做人也小气，对自己的认识却很清楚。勤于思考，能发现很多有建设性意义的观点。

4. 爱拍打头部的人

这个动作通常是表示懊悔和自我谴责。他们待人苛刻，但对于事业有高瞻远瞩、改革创新的优势。这种人心直口快，也容易得罪人，为人真诚，有同情心，爱帮助他人，但经常祸从口出、守不住秘密。

5. 爱摆弄饰物的人

这种人一般多为女性！性格比较内向，对于感情封闭的很严实。她们的另一个特点是心思缜密、做事认真踏实！

6. 爱耸肩摊手的人

这个动作表示了无所谓的意义。这种人为人热情积极，真切诚恳，富有想象力、创造力，喜欢享受生活，心胸开阔，努力追求幸福，渴望生活在和睦、舒畅的环境中。

7. 爱抹嘴捏鼻的人

习惯于抹嘴捏鼻的人，喜欢与别人开玩笑，却又不是一个勇于担当的人，沉溺于哗众取宠。这种人喜爱被人支配，渴望有所依赖，行事做人犹豫不决，不懂的抓住机会，选择时常拿不定主意。

肢体语言无疑是人类生产生活中的第二语言，其通过一定的行为可以传递较为明确的信息，在情感上、思维上传达一种心理行为的状态。

我们的手也是会说话的

我们可能见过，当父母训斥小孩子时，小孩子往往用小手揉揉眼睛，生气地噘起小嘴巴，有时还会低下脑袋避开父母的眼睛，但对有些父母来说，这种揉眼低头的动作会使他们更加激愤。有的父母面对孩子的谎言无计可施，但又想让孩子“坦白交代”，因此，就声色俱厉地对孩子喝道：“看着我的眼睛！说，你到底干什么去了?”其实，父母的这种逼问只能增加孩子的恐惧心理，恶化他（她）的消极态度，最后迫使他（她）溜出家门。事实证明，这种训斥孩子的方式只能适得其反。其实，小孩子在父母面前揉眼和低下脑袋的姿势动作已经说明他（她）在撒谎或有难言之处，如果他（她）的父母换一种方式，耐心对待，那么，想撒谎的小孩子很可能会向父母道出真情。

在人类的历史上，张开的手掌从来都是同真实、诚实、忠诚和顺从联系在一起的。许多宣誓的场合都是：宣誓人把手掌放在心口上。

在日常的交往中，人们常采取两个基本的手掌姿势。第一个是：手掌的掌心向上，乞丐讨钱要饭，就是采取这样的姿势；第二个是：手掌的掌心向下，表示向下压或者克制。

有一个最好的方法来发现某人是否坦诚，那就是看看他的手掌姿势。狗打架时，向胜利者露出喉咙，表示投降或顺从。人类这种高级动物也是这样，他（她）用自己的手掌表示类似的态度或感情。例如，当一个人想表示自己的坦率和诚实时，他（她）会把一个手掌或两个手掌向对方摊开，并说“我对你是完全开诚布公的”。像大多数身体语言一样，这完全是一种下意识的动作。它使你感觉到对方是在讲真话。当一个孩子撒谎或者隐藏什么东西的时候，他（她）总是把手掌放在背后。如果一个丈夫同孩子们在外面过了一夜，但是却不想把自己过夜的地方告诉妻子，那么，当他做解释时，他同样也把手掌藏在口袋里或者把手臂交叉起来。这样一来，藏手掌的动作可能使他的妻子感到他没有讲真话。

经理们常常告诉推销人员，当顾客解释他为什么不买这个产品时，要看看他的手掌，因为只有张开手掌时，他才会讲出真实的理由。

1. 故意利用手掌的姿势进行欺骗

有人也许会问："你的意思是不是说，如果我摊开手掌讲谎言，人们将会相信我？"回答既是肯定的，也是否定的。如果你摊开手掌撒谎，你仍然会使对方感到你不是真诚的，因为你说真话时其他动作不见了，而说谎时的一些负面动作不知不觉地会显露出来，这同摊开手掌的姿势是不一致的。上面已经说过，惯于撒谎的人和职业骗子形成了一种使他们的身体语言信号补充其语言谎言的特殊艺术。职业撒谎家越能有效地使用身体语言的伪装成诚实姿势，那么，他（她）的职业就越能获得成功。

当然，你可以练习张开手掌的姿势，使你在同别人交谈时显得比较可信。如果在交谈时，把张开手掌的姿势变成习惯性的，那么，撒谎就变得容易了。有趣的是，大部分人发现很难张开手掌撒谎。实际上，使用手掌信号，有助于制止别人可能提供的某些虚假信息，并鼓励他们对你坦诚。

2. 手掌的威力

最不被人们注意，但却是最有力量的身体语言信号就是手掌的姿势。手掌姿势如果运用得正确，可以赋予它的使用者一定的权威，对别人实行无声的控制。

命令的手掌姿势主要有三个：手掌向上、手掌向下和攥拳头。我们用下面的例子来说明这三个姿势的不同之处。如果你命令别人把一个箱子从房间的一处搬到另一处，你的声调是一样的，所用的词汇和面部表情也是一样的，唯一改变的是手掌的姿势。

手掌向上，用以表示顺从、无可奈何、没有威胁性的姿势，它使人想到街头乞丐乞讨的姿势。被要求搬运箱子的人不会感到有压力。

如果手掌向下，你将具有权威。被你要求的那个人会觉得，你是在命令他（她）搬运箱子，因而会产生敌对情绪；如果他（她）是跟你具有同等地位的同事，他（她）可能拒绝你的要求；如果你采取手掌向上的姿势，他（她）也许会答应你的要求；如果他（她）是你的下级，手掌向下的姿势也是可以接受的，因为你有权这样做。

手掌攥拳，伸出一个手指，好像一根大棒，迫使听话的人屈从于他（她）。伸出一个手指的姿势，最令人恼火。如果你习惯于这样做，最好练习一下手掌向上和手掌向下的姿势。这样会营造一种比较缓和的气氛，对别人产生较好的效果。

第三章
别输在说话上，表达要让人舒服

人与人之间交往，表达太重要了，一个善于表达的人，往往能在人群中轻松赢得别人的信任和好感。心理学界流传这样一句话：你的内心世界是怎样的，你的外在就是怎样的。为了表达而表达，会给人一种虚伪、不值得信任的感觉。

如果你没有高情商，不懂得如何恰当地表达你自己的想法，那就学会真诚。

理性地表达你的愤怒

人们总是被告知要避免愤怒，因为，据说发怒是非常有害的。事实上，愤怒是人际交往中的一种不可避免的情绪。关键是要采取适当的方式表达自己的愤怒。

愤怒是人在受到侵犯、威胁或者受到攻击时，为了保护自己而做出的自然反应。这其实是在警告你："小心，有危险。"这个时候，你的肾上腺激素加速分泌出来，身体里有一股热流涌动，你甚至感到你的脖子后面的肌肉都绷紧了，整个身体随时准备行动。愤怒经常是身体在发出信号，告诉我们需要划定某个界限，照顾好自己。愤怒并不意味着我们要攻击或是责备别人，而是意味着我们清楚地知道自己的感受是什么，从而能够采取恰当的行动。

正确表达你的愤怒有两个充足的理由：第一，可以发泄不愉快的情绪，这种沮丧感如果蓄而不发，可能会导致不公正的报复行为；第二，这是敦促对方改正的方法。

美国学者卡罗尔·塔佛瑞斯指出：说出愤怒对双方来说都可以是一种修正性体验，但要选择成熟的表达方式——愤怒的表达不是为了让某一方狼狈不堪。愤怒可以转变为口头表达烦恼、不快或委屈。谈论某次错误行为，其首要目的是消除任何受伤情绪，并确保下不为例。如果未能谈论自己的愤怒，就不会修正过错方的行为，那么我们讨厌的行为或言语还会重演。

总之，健康的发怒是一种机制，但一定要保证不让自己受到伤害，也不要伤害别人。其实发怒和攻击行为并不能相提并论，发怒是心理正常的反应，而攻击行为却是一种过度的反应，往往会带来不可预料的后果。

加州心理学家和婚姻咨询师乔治·巴哈博士曾接待过几对以消极方式表达愤怒的夫妇，他们采用非身体性攻击手段发泄愤怒。巴哈博士得出结论，不会正确表达愤怒并因此不公正地还击的夫妇，通常关系不好。乔治·巴哈及其他专家认为，愤怒一类的消极情绪可以通过正确渠道排解。他们呼吁人们学习“创造性争吵”，表达愤怒但不贬损对方或伤害对方的自尊。这个方法要求双方在不损害双方关系的基础上，坦诚表达各自的情绪。当然，如果“创造性争吵”不合你的口味，你可以采用其他方法。

你还可以这样表达愤怒或者其他感情：一定不要说“你让我感到很愤怒”等笼统的话。事实上，我们之所以愤怒，是因为对方说了什么或者是做了什么。因此，将你产生愤怒的原因说得具体一些，是非常重要的。比如，你可以说：“上个星期二你没有给我打电话，我很生气。”“你和小英有了那种关系，我对此感到很愤怒。”“在我们的关系中，你在财力方面没有做出任何的贡献，我对此感到很愤怒。”

用适当的方式表达自己的愤怒是一个需要时间、需要判断、需要不断学习的过程。在你开始认识自己的愤怒并学着将它表达出来的时候，你可能觉得有些笨拙，特别没有技巧，或者没有任何动力，最后的结果是小声地嘟囔出来或者是低声抱怨。其实，跟其他任何事物一样，用适当的方式表达愤怒需要反复地实践和锻炼，才能够慢慢地掌握。

一定要将愤怒与狂怒区别开来：狂怒一般都是由于羞耻心所引发的。羞耻心是深深埋藏在心底的一种时刻围绕在自己周围的自卑感。如果我们不愿意正视自己的羞耻心，它就会经常地转化为狂怒的情绪。整个过程是这样的：有某个东西触动了一根情感的神经，于是我们感到自己被暴露了出来，并认为自己很坏、很蠢或者是认为自己错了。我们不断地告诉自己有这样的感觉是不行的，这就导致我们感到羞耻。为了逃避这种可怕的感觉，我们就借助于狂怒来发泄，或是对别人大声地狂喊、尖叫，或是羞辱别人、责备别人，甚至对别人进行身体上的攻击。

狂怒是十分不适当的情感表达方式，因为它会让别人难过、伤心，会伤害别人。狂怒是对另外一个人精神领域充满毒害性的侵略，而且它并不能够实际地解决问题。如果有人不幸被狂怒的情绪所袭击，最好的方式就是立刻远离这片怒火。一定不要试图与这样的人讲道理，因为此时他们心情的起伏波动与一个两岁的小孩子毫无二致，或者说他们现在就像是一只受伤的动物在寻求保护一样。

无论是愤怒还是狂怒，都是消极的情绪。为了减少它们的发生，我们应该选择那些可亲近的人做朋友，学习与人亲密相处的技巧，说出自己真实的感受，拥有激情。那样，你就会发现能够引发愤怒的时机已经越来越少了。这样做并不意味着我们不再会时时怒火袭来，而是说我们将能够在怒火升起的时候站稳脚跟，正视它，而不是让怒气把自己打倒，导致自己做出许多冲动性的行为，伤害别人或者自己。的确，我们仍然会感到愤怒，但是这种愤怒永远不会让我们失去理性，失去谨慎考虑的能力。

我们需要建立这样一种形象：既强硬又有礼貌；既能够在适当时候表达不满，又不失温柔；既和蔼，又有尊严。

有语没气，别说你会说话

文学作品的感情色彩表现在辞章文采上，说话者的思想感情则表现在声音气息上，即语气上。语气是说话人的口气和态度。语是指通过声音表现出来的语句；气是指朗读、演讲时支撑有声语言的气息状态。语气，既包含有内在的感情色彩，又有外在的高低、强弱、快慢、虚实的声音形式。

在说话的时候，我们会过多地关注谈话的内容，而忽略了说话的方式。而在说话的方式当中，最容易被忽视的就是语气。一个人说话的语气，隐藏着对对方的态度。尤其是高情商的人，非常善于将自己的观点不露声色地隐藏在语气中。

很多人都见过，或是经历过这样的事情：不管两个人谈什么事情，千万不要提高嗓门去说，一旦讲话的声音大了，对方就会问："你什么态度？"于是，不管之前讨论的是什么问题，这之后双方关注的焦点都会集中到对方的态度上。

积极的语气，会让对方感觉到被尊重和重视；消极的语气，会让对方感到被怠慢，从而产生距离感。高情商的人很少会在这方面犯错误，给别人造成误解，或是给自己带来麻烦。

那么，哪些说话的语气会给别人糟糕的感受呢？

1. 少用反问的语气

"难道我之前没有告诉过你吗？"

"这么简单的事你现在才会？"

类似这样的话，我们听过的不在少数。事后仔细一想，会发现，凡是以这种口气说话的人，情商都高不到哪里去。为什么？很简单，你可以做一个换位思考，如果有人用上面的语气对你说话，你会觉得“真爽，我就喜欢这种感觉”吗？当然不会，至少心里不舒服。因为当一个人用反问的语气和你说话时，会让你感觉对方是在蔑视和嘲讽你。

反问也是一种反驳，它传递的是这样一种信息：笨蛋，事情能这么做吗？而且还有一层意思——不仅说你错了，还觉得你错得可笑。所以说，这种语气对别人的杀伤力是相当大的，只有低情商的人才会用这种口气说话。

2. 不用命令的语气

“喂，把你的东西给我用一下！”

“来来来，给我朋友圈点个赞，快点儿！”

如果一个人既不是你的上级，也不是你的长辈，只是一般朋友，在请求你去帮忙做一些事情的时候，习惯用命令的语气和你说话，你又做何感想呢？

也许你会觉得莫名其妙，抑或是愤怒。

3. 慎用不耐烦的语气

“算我错了，行了吧？”

“你要是这么想，我还能说什么。”

不耐烦的语气是在说：你是一个麻烦制造者，你本身就是一个问题，你让我很不爽。这是一种非常有攻击性的表达方式。虽然有的人表面上是在妥协，但是一旦用不耐烦的语气表达的话，就会给对方一种事实并非如此的感觉。

不耐烦的语气最容易给人一种言行不一致的感觉。当一个人一边对你说“行了！行了！”，一边满脸的不耐烦时，你记住的只会是对方的不耐烦。不耐烦表达的是一种嫌弃，没有人喜欢被嫌弃，所以不要轻易使用不耐烦的语气。

上面谈到的三种语气，之所以说它们缺少情商，是因为它们只会产生消极暗示，给别人带来消极情绪，说到底，是对他人缺少应有的尊重。

可以说，经常使用这些语气的人，要么过于自我，缺少同理心，只在乎自己是否痛苦，而不在乎别人的感受；要么过于在乎事情，而忽略了接受者是一个感性的人，从而不知不觉中伤害了别人而不自知。不管是哪一种人，都算不上情商高。

语气很细微，但是很重要，语气不同，说话的效果也会有很大的不同。如果你在和别人交谈的时候，使用的都是信任、尊重和商量的语气，想让别人不喜欢你也很难。因此，语气不但会影响说话的效果，也会影响你的人缘。

说出的话要有层次感

高手说话习惯“一二三”排开，不是为了模仿领导做派，而是为了表达更清晰——先说主干思想，再展开论述。同时，说话严谨，有逻辑，能经得起推敲，可以自圆其说，不会给人胡言乱语的感觉。

层次分明，条理清楚，能让对话者更快速地理解你要表达的想法，让对话的效率更高。所以说，从一个人讲话内容的层次方面，可以看出他的思维与情商，同样，也能判断出他的层次。

这里的“层次”，有以下三层意思：

1. 说话条理清楚，分层次

说话有条理的人，一句话说清楚的，不用两句，很少讲空话、废话，而是言之有物、有始有终，有重点。因为他们有意识地运用简单化表达顺序，比如第一，第二，第三；过去，现在，未来；昨天，今天，明天；最重要，次重要，等等。再就是，他们能够掌握说话的“语言框架”，如时间关系、空间关系、因果关系、递进关系、并列关系、对比关系、总分关系。

比如，高情商的领导讲话经常采用“1-3-3-3-1”模式。即在开头使用一个总起句，结尾使用一个小结句，中间分三个分论点，每个分论点由三个句子组成的结构。这种结构听起来思路清晰，重点突出，可以给听众留下非常好的印象。采取“1-3-3-3-1”结构时，只须对中间的分论点进行丰富，更易于从整体上布局，不致头重脚轻。

2. 说话有水平，上层次

说话的水平也是有层级之分的。

第一个层级，叫能说。即，基本上可以应付日常的一些工作，说话基本不会跑调，如汇报工作、开会讨论题等。

第二个层级，叫善辩。也就是说，你的语言充满趣味性，会让人爱听，你基本上可以应付各种大大小小的场面。

第三个层级，叫智言。达到这个层次的人，非常善于表达，经常能让别人对他的观点产生强烈的认同和共鸣。

3. 社会地位高，有层次

说话最能反映一个人的能力、水平，以及社会层次。有些人看着很端庄，形象也不赖，但是一开口，就叫人大跌眼镜——“情商如此感人”。他说出的话与他的形象、身份、气质不符，这个时候，对方宁愿相信他的话更能代表他的个性与能力。相反，有些人其貌不扬，但说话很有水平，那别人就会对他高看一眼。

不同社会层次的人，想在一起愉快交流，那各方要懂得“迎合”对方。如果与某方面的专业人士交流，可以使用一些专业术语，但面对小学生时，那就多些童趣；如果面对的是普通的听众，那就通俗一点。

所以说，不管是高情商者，还是低情商者，他们一开口，就会暴露自己的层次。说话必须要有层次——中心突出，逻辑显明的话语更入人心。

高情商地表达，须让声音亮起来

高情商的人很少会传递负能量，即使他们没有出众的音色，说话也并非字正腔圆，但我们还是能从他们的表达中感受到正能量的气息。我们都有过这样的经验：初次给一个人打电话，或是接听一位陌生人的电话，我们根据一段简短的对话，就可以在脑海中勾勒对方的形象——是积极乐观的高情商者，还是消极悲观的低情商者，抑或就是一个骗子。许多时候，这种感觉大体还是正确的，如果我们的经验足够丰富，还能从这种声音中听出更多信息。

可见，声音也是一张名片，有时它比相貌更有益于我们对一个人的性格做出判断。因此，我们不但要懂得说话，还要注重说话的声音。

有一个年轻人，非常敬业，话也不多。每次开会的时候，他总是会挑最靠边的座位坐下，汇报工作的时候，他用时不会超过一分钟，而且声音非常低。他说话的时候，甚至大家记录的声音都能听到。起初，领导会对他说："小赵，声音能不能高一点啊，你不是在说悄悄话吧？"听领导这么一说，他会变得有些紧张，但声音还是那么低。一次二次过后，领导也不想为难他，随便他在会上怎么讲，不管他讲什么，领导都会在他讲完后，说："下一个。"而其他员工在介绍完工作后，领导会进行点评。小赵因此被老板冷落，不受重视。其实不然，因为领导实在没有听清楚他在说什么，不好做出评价，只能事后再找他了解情况。被领导"特殊"对待，小赵觉得没面子。

其实，领导一直都比较重视他，只是他不善于交际，语言表达能力也很差，说话声音更是像蚊子叫。平时他说的话，不管大家听懂没有，都不会追问，因此，也与同事间产生了一些误会。

像小赵这样的人，说话有气无力，甚至有些老气横秋，完全让人看不到活力。事实上，他也是一个很消极悲观，情商很低的人，其实他可以提高嗓门说话，但是，他缺少自信，大声说话对他来说，也是需要勇气的。

有人认为，说话只要内容足够实用，其他则是次要的。此话不完全正确，说什么固然重要，但内容是通过声音直接表现出来的，声音直接影响听众的体验。好的内容再加上好的声音表现，才会体现出语言的作用，这就好像你文章写得很好，同时字也写得非常漂亮一样。

在现实生活中，要像高情商者一样说话，须先让自己的声音亮起来，在表达的时候，特别要注意以下几个方面：

1. 声音要积极，句尾常扬

声音不积极，给人感觉萎靡不振。声音不积极的主要表现，就是每一个句子的句尾语调呈下降趋势，给人感觉说话没有底气，话说的头重脚轻。声音要积极，必须“句尾常扬”，也就是说，句子不要落下来，而是扬上去，有一种被提起来的感觉。

2. 声音要震撼，充满能量

有震撼力的嗓音，音色更强，声音更有力，充满了能量和活力。如果你说话时有力量、有自信，熟知自己所讲的话题，认为自己所阐述的观点非常重要，那么听众也会相信你所说的话并接受你的观点。因此，要让自己话有分量，必须先让声音充满能量，尤其是在各种演讲中，本身它们就是“激情的对话”，演讲者一定要通过声音向大众显现出自己的能量。

3. 声音要响亮，底气十足

声音不响亮，有两方面的原因：一是底气不足造成声音不响亮。

提升底气的最好办法，就是加强小腹、横膈膜的力量，可以向远处连续、均匀、坚实地发“hei hei hei”；另一方面口腔开得过小，或唇舌无力，为此可以练练“咬苹果”，将握拳的手想象成苹果放在嘴巴前面，尽量张开嘴欲吞下苹果，反复练习张嘴的动作，这对提高声音的响度、清晰度、流畅度效果相当明显。

4. 声音要悦耳，吸引听众

声音太单调、沉闷，会给人一种老气横秋的感觉。如果在说话过程中，句子在升降、轻重、快慢、停连等方面长时间没有变化，就很难抓住听众的心。声音的艺术美就体现在变化上，声音应如高山流水，有汹涌澎湃，也有风平浪静；有波澜起伏，也有停停连连，当然这种变化不是想怎么变就怎么变，必须根据内容而定。

除此之外，声音还要有穿透力。不论有多少听众，演讲时都要做到：让声音能传达到离自己最远的那一个人的耳朵里。这样，你就会吸引每个人的注意力。再就是，说话不仅仅靠喉咙，力量不能只集中在嗓子一处，而应让身体的各个部位、器官都积极地参与到其中，全身心地投入到说话中。

避免说错话，表达要清楚到位

人说话时所常犯的毛病之一，就是有杂音。有些人谈话风度很好，只是在他语言之间，有了许多无意义的杂音。例如，鼻子总是一哼一哼地，或是喉咙里好像老不畅通那样，轻轻地咳着，或是在每句话开头常常加一个拖长的唉声，好像每一句都要迟疑了一阵才讲出，或是说完一句，总加一个“啊”，好像每句都怕人没听清楚的样子，诸如此类的毛病都是要加以改正的。这些杂音使你的语言好像玻璃蒙上了一层灰尘一样，大大地减少了原有的光彩。

有人喜欢在谈话当中，用太多的不相干、不必要的口头禅。例如，什么地方都加上一句“自然啦”，或“当然啦”这类的词句。又有人喜欢加了太多的“坦白地说”“老实说”；有的人喜欢老问别人“你明白吗?”“你听清楚了吗?”有的人又喜欢老说“你说是不是?”“你觉得怎么样?”习惯性地在每一句话的语尾，加一句“我给你讲!”“你说可笑不可笑?”我还记得在大学时，有个新来的教授向我们讲话，开头第一句就是“不过我今天来以后”，到处都是“不过”。像这一类的小毛病，可能你自己平时一点也察觉不到，要问一问你的朋友们，请他们替你注意一下，有则改之。

有人特别爱用某一个词，来表达很多的意思，不管这个词本身有没有那么多的含义。例如，有人喜欢用“伟大”这个词，于是乎在他的话中，什么都“伟大”了起来，“你真太伟大了!”“这文章太伟大了!”“今天吃一餐伟大的午饭，”“这批货物卖了一个伟大的价钱!”最妙的是有一个朋友喜欢用“那个”代表一切的形容词，你听他说的是些什么吧，“今天太那个了!”“他这个人很那个，是不是?”“我觉得这点事未免有点那个。”这一类的毛病，大概由于偷懒，不肯去动脑筋找一个恰当的词。要多记一些词语，才能生动而恰当地表达你的思想。

比如，“好”这个字，有精彩、优美、善良、出色、美丽、愉快、呱呱叫及许多其他的表现方法，不要那么简单地说：他是一个好人，这个茶杯很好，这篇文章写得太好了。

他是一个好人，不错，可是他怎样的好法呢？从最伟大的人，到普普通通，没有犯大过的人都可以说是一个好人。他可以是一个心地善良的人，他可以是一个热心服务的人，他可以是老老实实的人，他也可以是力求上进的人，他可以是一个劫富济贫的强盗，他也可以是一个拾金不昧的乞丐，到底他是一个怎样的好人呢？同样的，你说这个茶杯很好，是样子好，是颜色好，还是质料好，还是价钱便宜好，还是最合你的需要？

口才好的人，说的话精确而细腻，丰富而活泼。不要像 3 岁小孩子那样，翻来覆去，只有几个极简单的字：我走到门外，猫一看见我，就走到树上，树上的鸟都走开了，树上的苹果也走到地上来了。

谚语本来是很富于表现力的，不过不要三句话里就有一个谚语。用太多的现成说法，会使人听了觉得油滑，而且也易使人眼花缭乱。好像一个美丽的女人，戴了满头满身的珠宝，不但淹没了她原来的美丽，反而使人觉得累赘之极。偶然地，在适当的地方，用一两句谚语，就显得很生动而有趣。

有些时候，某些名词流行起来，在文学上、口头上被普遍地应用，这种词句也最容易被一般人不加选择地乱用一番。例如，原子这个名词便被滥用了，什么都“原子”起来：原子牙刷，原子字典，甚至于捉老鼠的器具也誉之为原子金刚猫！原子这，原子那，原子得使人莫名其妙。其他，如真棒，真帅，迷你等也都是曾经被滥用的字眼。

夸张的语气会产生一种引人注意的效果，不过，如果太喜欢用，或是用得不恰当，反而使人不注意或是不相信。你不可能每次说的都是非常重要的消息。也不可能每次都讲最动人的故事，或是最可笑的笑话。你所看的书，不可能每一本都是最精彩的，你所认识的好朋友，不可能个个都是最可爱的。不要到处地、随时地都用最、极、非常、特别，否则，如果在你这无数的最终，有一个真正的最，你怎样表示呢？难道你要这样说，这件事对我是最最重要的吗？如果你真是这样说，别人听了也无动于衷，因为他们会认为你是一个喜欢夸张的人。

把自己的经历讲得太琐碎，是不明智的，自己的经历，最容易讲得生动、精彩，很多人都喜欢听别人讲他自己的亲身经历。在新闻报道上，目击者和当事人的讲述，也是最吸引人的。有很多以亲身经历为题材的小说，拥有广大读者，甚至于改编成电影，也很卖座。

可是并不是每一个人都很会讲故事，所以当许多人讲自己经历的时候，自己一味地起劲，对自己的经历，样样都觉得有味道，都觉得有讲的必要，结果反而使听的人，茫无头绪，索然无味。这是犯了什么毛病呢？在这种场合，最容易犯的毛病是引用的对话太多：如你说你自己什么人，以下就是他说……后来我又说……他又说……那么我就说……他的太太这时就说，所以我说……像这样说，听的人一下子就被你搞糊涂了。

用废话提问得到的一定是废话

顾名思义，废话就是没有用的话，多余的话，惹人烦的话，但是，在每天的生活与工作中，我们又离不开废话，甚至毫不夸张地说，我们大部分时间都在说废话。离开了废话，生活也会变得无趣，交际也会出现障碍。

比如，每天和同事见面后，张口就是废话："来的够早的啊！""吃早餐了吗？""这天真够热的啊！"……这是有用的废话，目的不在于交流，只是礼貌性地打招呼，可以说，我们在一天的生活与工作中，说得80%的话，都是这样的废话。

废话又是相对的，同样的话，你对这个人说是废话，对那个人说，就算不上废话，说不定还能让他受益匪浅呢。比如，你是一家公司的技术主管，需要告诉每一个员工：程序的格式要怎么弄，代码要控制在多少行，每个人都该负责什么……这样的话，你可以一周强调一次，如果每天都要说一遍，别人就会当废话。

提问也是这个道理。有些问题一听就没有技术含量，全是废话，回答吧，挺无聊的，不回答，场面又过不去，所以只好应个声，算是给个面子。也就是说，你用废话提问，得到的一定是废话。用废话提问，暗含了三层意思：首先，问题可问可不问，问了不如不问；其次，问题很幼稚、肤浅，没有一定的深度；再次，答案就在问题里，自问自答就可以了，讲出来多此一举。

有个实习记者，想写一篇关于某女演员的稿子，为了约到这位演员，她费尽周折。结果访谈只持续了10分钟。这位实习记者是怎么采访的呢？

一上来，她就问对方："拍了这么多戏，你最满意的是哪一部呢？”

“下一部。”

“我看你的作品都偏向戏曲，想不想尝试一下喜剧呢？”

“嗯。”

“目前你还是单身？”

“是。”

“是不是因为工作太忙，没有时间谈恋爱呢？”

“是的。”

“那有没有比较欣赏的异性？”

“我爸。”

“除了拍戏，你还有什么爱好呢？”

“看书。”

采访到这里，女演员有些不耐烦了：“我今天状态不是很好，抱歉，咱们下次再聊。”

实习记者赶忙说：“好的，那我可以问最后一个问题吗？”

“只能一个。”

“每次拍完戏，你最想做什么？”

“我不是说过了嘛，看书。”

在这个案例中，可以说实习记者提的全是“三无问题”：无趣味、无内容、无深度。问题不吸引人，怎么能撩起对方的兴趣？当你用废话提问时，即使对方有心认真回答，也不知道从何说起，因为他会觉得：作为提问者，你都敷衍，我何必认真。案例中，实习记者总问一些在演员看来，自己已回答过无数次，而且地球人都知道的问题——她对这些没有感觉，认为完全不值得回答。这就像你和巴菲特一起吃午餐，总是问他“牛排好不好吃？”“老爷子，你的西服是从哪买的？”“都说你很有钱，这个数有吗？”那人家会觉得你这个人没品位，层次低。在他看来，这些问题完全是废话。

可见，越是与有层次的人沟通，问的问题越要有深度、有水平，你把本该问闺蜜的问题拿来问老板，问客户，就显得没水平，说出的来话也显得毫无价值。

避免用废话提问，或是你的问题被当作废话，一定要注意以下几个方面：

首先，要问实质性的问题。

在提问中，多问些实质性的问题，比用一连串的废话去多次提问要强得多。也就是说，提问不需要多，但要问到点上。那些真正会提问的人，往往都是三思而后提，虽然提的问题少，但每次都说到点上。

其次，要了解提问的对象。

当一个人用废话提问时，往往是没有考虑到对方的心理、感受、理解力等方面，当然有时还可能忽略了场合。对待不同的提问对象要有不同的提问方式，如对方性格较为豪爽，那么你提的问题就该豪爽点；如对方较为内向，那么提问就要注意措辞严谨；另外也要根据提问对象的专业来提问，在提及对方专业领域的问题时，要小心谨慎，以免给对方留下“关公面前耍大刀”之感。

再次，要避免浅薄无趣。

提问时，如果言辞单调、词汇匮乏，那么很容易就会往废话那方面跑。如果不确定提问是否属于废话式提问，那么你把自己当作提问对象，然后问自己这个问题，站在对方角度，这样你就能明白这个问题是不是属于废话式问题。

有些问题是绝对属于废话的，一些很明显的事情或者不需要思考就能得到答案的问题都属于此类，如“外面打雷，是要下雨了吗？”提问时学会撇弃废话吧，那只会徒然浪费时间和精力，做些无用功而已。

当你发现自己已经用废话去提问，并且对方也回答了一些废话时，那么就要适可而止，要学会从当前的对话中，因势利导，找出真正有价值的问题来。

当然，不要用废话提问，不是说故作高深、咬文嚼字，也不是旁敲侧击、遮遮掩掩，而是不要提一些无意义或答案明显的问题。

问话适可而止，舌头长了惹人烦

问话是门艺术，就像童话故事《小女孩与三只熊》里，小熊那碗冷热适中的麦糊一样，问话语气也必须“不温不火”。

适当的问话口气不可过于尖锐、涉及隐私、咄咄逼人、失之武断或大而无当，同时也不可追根究底。

记住，我们是在谈话，不是做益智竞赛。听到一大串问题时，我也会竖起戒心，怀疑问话者的动机。

1. 好奇使人尴尬

某次跟同事用晚餐时，我发现有位远方来的客人一直受到某位同事的“拷问”，对他的私人问题“穷追猛打”，使我很不好意思。尽管问话的人很客气，问题却过于私人化，与这次商业餐会相去甚远。

虽然对方面对一连串的问题显得有点尴尬，却仍礼貌地回答这些与在座人士不相干的问题。其实，他太可笑着告诉问话的人：“噢，那已经是陈年往事了，我倒是对你的事比较感兴趣（新工作、车子、电脑、度假、登山旅游、销售计划）。”更过分的是，这位勤于发问的同事竟然掌控了整个晚上，其他几个人连插话的余地都没有。

好奇是很好的特质，但好奇过了头，就有点不识时务的感觉了。

2. 莫不闻不问

朋友贝丝在描述某晚跟前男友谈话的情形时，她觉得，这个男人实在搞不清何谓谈话、何谓质问：

我迟迟不敢回他电话，因为最近两次跟他在一起的时候，实在是太无聊了，他整晚都在谈自己的生意经跟口腔手术！对我和我的生意毫无兴趣。我好不容易逮到机会谈谈自己的心事，他却开始追根究底，向我质询，好像自己是心理医生或办案的调查员似的，要我公开自己的隐私。

从另一个角度看，我们若真的关心对方，发问确实是一种不错的表示。“不闻不问”与打破砂锅问到底一样令人头痛。

苏珊这么说：

我自己一直过了3年才发现，原来我的读者兼新“朋友”对我的生活其实从来不感兴趣，虽然我对她的事了若指掌，她却对我一知半解。

当我跟另一位朋友玛西在电话上聊到这件事时，还替她辩解：“她的优点是不会窥探别人的隐私。”

聪明的玛西回答：“苏珊，这哪叫优点？都3年了，做朋友的总该对你有点了解吧，我看她不是不窥探，是根本不在乎。”

没问题、没答案、没兴趣，这样如何交心谈话？如果你要发问，切记保持中庸与细心，千万别在问题中掺入个人的评判。

3. 莫飞短流长

三姑六婆的言论很可能会成为某人的“灵通消息”。我很同意一种说法：“如果你没什么好话要说，就乖乖坐在旁边吧！”

老实说，与人分享资讯和消息必须承担相当的风险，我们必须非常谨慎，千万不可：

诋毁他人；

传播流言；

即使负面讯息确有其事，也不应广为传播。

其实，诋毁他人并不能抬高自己，只会显得自己口德很差，而且还缺乏自信与能力，因为从容自信的人绝对不会踩在他人身上来抬高自己。

有些人则是太习惯于负面思考，对自己的失言毫无所觉。

大部分情况下，我们可以用“第一人称”的表达方式，让对方知道自己的反应。与其用批判式的“但是”，不如用“而且”。例如，“文章很好，可是需要修改”最好改成“文章很好，而且还需做点修改”。

提醒爱挖苦人的毒舌派，最好擅用幽默来掩饰自己，否则遇到道高一丈的高手，你就会吃不了兜着走！

对话并非立足于贬损；“贬损”他人也算不上对话。

第四章
以幽默开道，到哪儿都是“主场”

一个具有幽默感的人，能时时地发掘事情有趣的一面，并欣赏生活中轻松的一面，建立起自己独特的风格和幽默的生活态度。这样的人，容易令人想去接近；这样的人，使接近他的人也分享到轻松愉悦；这样的人，更能增添人生的光彩，更能丰富我们生活的这个社会，使生活更具魅力，更富艺术。

懂幽默的人到哪儿都受欢迎

马克·吐温曾经说："让我们努力生活，多给别人一些欢乐。这样，我们死的时候，连殡仪馆的人都会感到惋惜。"马克·吐温的话既有幽默感，又富有哲理。

法国作家小仲马有个朋友的剧本上演了，朋友邀请小仲马同去观看。小仲马坐在最前面，总是回头数："一个，两个，三个……"

"你在干什么？"朋友问。

"我在替你数打瞌睡的人。"小仲马风趣地说。

后来，小仲马的《茶花女》公演了。他便邀朋友同来看自己剧本的上演。这次，那个朋友也回过头来找打瞌睡的人，好不容易也找到一个，说："今晚也有人打瞌睡呀！"

小仲马看了看打瞌睡的人，说："你不认识这个人吗？他是上一次看你的戏睡着的，至今还没醒呢！"

小仲马与朋友之间的幽默是建立在一种真诚的友谊的基础之上的，丢掉虚假的客套更能增进朋友之间的友谊。可见，交朋友要以诚为本。朋友之间要以诚相待，互相关心，互相尊重，互相帮助，互相理解。爱人者人恒爱之；敬人者人恒敬之。关心别人，才会得到别人的关心；尊重别人，才会得到别人的尊重；帮助别人，才会得到别人的帮助；理解别人，才能得到别人的理解。

在家庭生活中，男人常常会因为自己的妻子为赶时髦去购买时装而产生烦恼，免不了一番发泄，但这往往会伤害夫妻情感。如果你是一个有修养的男子，面对这种窘境，即使是批评，也应采取一种幽默的方式，既消除矛盾，又不伤感情，并给生活增添一份情趣。

妻子："今年春天，不知又流行些什么时装？"

丈夫：“和往常一样，只有两种，一种是你不满意的，另一种是我买不起的。”

这位丈夫的幽默，一般通情达理的妻子均能接受，两个人此时都会为之一笑。

谁不喜欢富有幽默感的人呢？即便是没有幽默感的人，对于幽默的人大概也是欣赏与喜欢的吧？因为任何人的内心都喜欢阳光与欢乐，而具有幽默感的人，他们身上散发着阳光与欢乐的气息。

人们已经厌倦了腥风血雨，已经厌倦了指桑骂槐，已经厌倦了人与人之间的指责与谩骂。现代生活中的幽默，也就是与人为善，它追求的是人与人之间的和谐以及人的发展与完善。麦克阿瑟将军，他在为儿子所写的祈祷文中，除了求神赐他儿子“在软弱时能自强不屈；在畏惧时能勇敢面对自己；在诚实的失败中能够坚忍不拔；在胜利时又能谦逊温和”之外，还向上帝祈求了一样特殊的礼物——赐给他儿子“充分的幽默感”。可见，幽默是人生多么值得拥有的天分。

不同的历史时期，都有那个时期特定的幽默。它对于生活中古旧的一切、虚妄的一切，宣告了它们末日的来临。我们正在迎接这一时代！

幽默会增加你的亲和力

上司与下属的关系，首先是一种领导与被领导的关系，但是除此之外，双方还应该建立友爱合作的关系。作为下属，在恰当的时间、场合，和上司开一个富有幽默感的玩笑，在搞好同上司的关系方面，可以收到非常好的效果。

不过，俗话说：伴君如伴虎。在个人关系上还需要主动与上司保持合适的距离，距离太远了不好，距离太近了也可能会很糟。

其实，让老板笑口常开不仅仅是找到工作之后的事情，在找工作的过程中，求职者就可以运用幽默的力量逗得老板开怀大笑。

找到一份称心如意的工作，是求职者最大的心愿，但求职不易，有时我们在苛刻挑剔的雇主面前一筹莫展。这时，何不借助幽默的魅力让面试你的老板笑一笑，这对你取得面试的成功必然会有助益。

一个人在外面找工作，他来到麦当劳。面试者问他会做什么，他说："我什么都不会，不过我会唱歌。"面试者说："你就唱一首试试。"于是他就开始唱了："更多选择更多欢笑就在麦当劳……"面试者一听就乐了，接着问了他一些对麦当劳有什么了解之类的问题，最后，他被顺利录用了。

上面的例子中，求职者在面试中借助了幽默的力量，他首先就以唱歌的方式说出了麦当劳的广告语，表明了自己对麦当劳是很关注的，也有一定的了解。他在博得面试者一笑的同时，获得了面试者的好感。

工作太累的时候，难免会偷懒，这时候如果被老板看见了，你该怎么办呢？

有一个建筑工人在工地里搬运东西，每次只搬一点。工头不得不开口问他原因，工头以纠正的口吻对他说：“你想你是在做什么？你看看别人搬那样重的东西！”

“嗯哼，”工人说，“如果他们要懒到不像我搬这么多回，我也拿他们没办法。”

老板被他逗笑了。

工人以幽默的口气为自己的偷懒行为辩解，老板即使会批评他，也会比较随和，责罚也会比较轻。假如你对于装疯卖傻的演技颇有心得，无妨也在对您颇有微词的老板面前，以若无其事的态度告诉他下面的小笑话，且看他的反应如何。

“幸好我正经娶老婆了。”当然，你的老板无法了解你这一句话的意思，必定会一副茫然的样子，莫名其妙地看着你！就在这时候，你可以不声不响地像自言自语地对自己说：“所以我现在才习惯别人对我的唠叨了……”

如果你能够微笑着说话，你的老板也必会露出会心的一笑！而就在你表现出沉着的大家风范，且老板又似乎对你有所改观时，就正好有机会使他改变对你以往的不良印象。

让你的老板笑口常开，你的工作就能进行得更加顺利。

想要幽默，先学会自嘲

自嘲幽默法是一种最高层次的语言艺术，也是最有效的幽默方法之一，具有很高的实用性。

自嘲有两种：一是嘲笑自己的短处，如自己的长相；还有一种就是嘲笑自己做过的蠢事。

在社交生活中，自信可以说是人的一种生存要素，因为我们很难想象一个猥猥琐琐、顾影自怜的人，怎么能以一种独立的人格面向社会。而且幽默本身就体现一种不为命运所折服的自信，这种自信体现最突出的表现就是自嘲。

自嘲，表现了一个人对自身价值和所处的环境有自知之明，这是一种可贵的内省精神，具有很强的内聚力，能够促使人们完成从相斥到相容到互补的转化。

因此，想幽默，从自嘲做起。

现已退休的老许，虽然年事已高，却老当益壮。一天友人来访，问道："你看来完全没有变，你的长寿秘诀是什么？"

"没有秘诀，我一向乐观。"老许回答说："天塌下来我也不怕，因为有高个子先顶着。"

这个幽默，是从日常生活中的一句大俗话转化过来的，是不是还能产生幽默效果？那要看什么人说，在什么场合运用了。至于老许对个子比他高的友人说这番话，那就更加耐人寻味了，这是一个"国际"玩笑。

而我们从这个快人快语中会不会觉得充满了自嘲精神？往深处想，还会发现一个敢笑自己矮的人，他的心灵自由度一定很高。

自嘲幽默法不是故意贬低自己，哗众取宠，而是为了真实地再现自己的价值和高度。

喜马拉雅山最高，也被登山运动员踩在脚下；烈士墓很低，人们反而投去敬仰的目光。嘲笑自己的缺点比嘲笑他人的缺点的高明之处在于把自己的珍爱和对自己的贬抑结合起来，以主动贬抑体现自己心灵的纯净，而对别人的调笑却没有这么强的珍爱和贬抑的反差，因而达不到理想的效果。

如今的家庭里不和睦的原因很多，重要的原因之一就是谁都想维护自尊，统治家庭。因此，夫妻的矛盾最为突出，如果矛盾得不到调解，彼此的心理距离就会拉远，要缩短这种心理距离，就必须放弃指责对方的弱点，而主动表现自己的弱点，这种方式就是自我嘲弄。尽量摆脱自我，这样彼此的心灵就会接近。

有一对夫妇吵得很凶，后来丈夫觉得后悔，就把妻子带到窗前，去看对面两匹马正拖着一车货沿路往山上爬。

“为什么我们俩不能像马那样齐心协力，一起走上人生的山顶?”

“我们不可能像两匹马一样一起拉，”妻子说，“因为我们两个之中有一个是驴子!”

“那一定是我这头公驴子。”丈夫马上接口说。

当妻子说到“两个之中有一个是驴子”时，有两种可能，一种是妻子自己承认是“驴子”；另一种是说丈夫是“驴子”，而丈夫在这里为进一步消除与妻子的心理距离，就不让妻子说出第一种可能，抢先主动说自己是头“公驴子”，间接地说明是自己的脾气不好。这就是自嘲幽默之妙。

戏谑的幽默，会增加你的亲切感

所谓戏谑的幽默，就是带有很强的攻击性，或表面攻击性强，其实是无攻击性的幽默；越是亲近的人攻击性越强烈，越是疏远攻击性就要越弱。简言之，就是开的玩笑是带有机智、哲理的玩笑，目的是为增加你与对方的亲切感。

抗日战争胜利后，著名国画大师张大千要从上海返回四川老家。行前，他的学生糜耕云设宴恩师饯行，梅兰芳等社会名流出席了这次宴会。

宴会一开始，张大千便首先向京剧大师梅兰芳敬酒，说："梅老板，你是君子，我是小人，我先敬你一杯。"

梅兰芳不解其意，忙含笑问："此作何解？"

大千先生笑着答道："你是君子，动口（指唱）；我是小人，动手（指画）。"

张大千先生的幽默引得宾客为之大笑。

张大千的敬酒辞开始确实攻击性很强，一下子让人无法承受，也令梅兰芳不解其意，等到大千先生一解释，大家心里猛然放松，不禁为之一笑。这正是戏谑幽默法的成功之处。

中国有句名谚："出门观天色，进门观脸色。"戏谑幽默法要注意适合时宜。在某些特定场合能发挥的戏谑幽默，在其他场合效果可能就差得多。特别是对不太了解或完全陌生的人，把握时宜更显得重要。

由于戏谑幽默的自我保护性强，面对攻击仍然钝锋为笑，解脱困境，因此它需要智慧、修养和超越精神。

有一个人很有幽默感，而且擅长恭维。一天，他请了几位朋友到他家一聚，准备施展一下自己的专长。他临门恭候，等朋友们接踵而至的时候，靠近问道：“你是怎么来的呀？”

第一位朋友说：“我是坐巴士来的。”

“啊，华贵之至！”

第二位朋友听了，一皱眉头打趣道：“我是坐飞机来的！”

“啊，高超之至！”

第三位朋友眼珠一转：“我是坐火箭来的！”

“啊呀，勇敢之至！”

第四位朋友坦白地说：“我是骑自行车来的。”

“很好啊！朴素之至！”

第五位朋友羞怯地说：“我是徒步走来的。”

“太好了，走路可以锻炼身体，健康之至呀！”

第六位朋友故意出难道：“我是爬着来的！”

“哎呀，稳当之至！”

第七位朋友讥讽地说：“我是滚着来的！”

主人并不着急，说：“啊，真是周到之至啊！”

众人一齐大笑。

主人的戏谑幽默是自我保护性的，几乎无攻击性，既戏谑了朋友，又没有伤害朋友，表现了他触景生情，即兴与诙谐的才智。

可见戏谑幽默法主要是把握分寸，在你的社交之中要有过人而精致的感觉能力、洞察能力和应变能力，要才思敏捷、妙语如珠，否则，就不能登堂入室去幽默地戏谑你的朋友或其他人。

幽默的妙处就是拉拢人心，将自己的幽默情趣传染给对方，达到消烦去恼、摆脱困境，一齐欢笑的目的。

何谓暗示幽默法？即对事物表示自己的看法，不是通过直说，而是通过种种可能来曲说，并达到幽默效果的方法。曲说可理解为从各个侧面。

有一对夫妇，丈夫做错了一件事，妻子不但不理解，反而更加唠叨，令人生厌，于是，丈夫火气十足地说："请别这样唠唠叨叨了好不好，不然，我要在桌上痛打10巴掌了。"

"关我屁事，打呀，打。"想到肉痛的不是她自己，妻子反而火上加油。

"但是，"丈夫道："经过这10巴掌的锻炼，第11巴掌打在肉上可就有些功夫了。"

妻子戛然而止。大概她领会了丈夫内心的火气，不想让脸作为丈夫练功夫的沙袋吧！

在这个幽默里，丈夫打了10巴掌，第11巴掌要打在什么地方，就是一种暗示。这个暗示包含了如下意思：我心里很火、很烦，需要理解和清静。现在我得不到这些，反而遭受另一种折磨，我有点忍无可忍了。为此，你最好住口，否则就别怪我不客气了。"功夫"一词，则承担了幽默的任务，这就是暗示幽默法。

在恋爱中，我们也可以使用暗示幽默法。

有一对情人在恋爱，一天晚饭后，他们一起出去散步，来到了青青的河边上，看见有一头牛在默默地吃草，缓缓地移动。男孩指着牛说："看那头牛多好呀！悠然自得，乐不思蜀。"

女孩微微一笑说："那头牛好是好，但也有不尽如人意的地方。"

男孩说："怎样才能尽如人意？"

女孩道："要是这头牛吃了晚饭，把碗筷统统端进厨房洗了就尽如人意了。"

男孩不好意思地笑了，显然是接受了女孩这幽默的暗示，记起自己在未来的岳母家吃了饭便把碗筷一丢的毛病，这可能会使岳母不高兴吧。

交际中我们照样可以使用暗示幽默法。

如果你知道一个同事在背后说了你的坏话，你可否这样对他说：

“我妻子今天吃了大亏了。”

“怎的？”他必然会问。

“她在背后说了一个邻居的坏话，以为人家不知道，可是‘要想人不知，除非己莫为’，结果，人家还是知道了，两个人演了一出‘全武行’，我妻子亏就亏在她的两颗门牙全是假的。”

一笑之余，那位同事准会面红耳赤吧！

事事可幽默，时时可幽默，只要你努力，任何困境都可以用暗示幽默法来应对。

巧设譬喻，通过叙事明理

譬喻是主要的修辞手法之一，使用率很高。古今中外，言谈话语，撰文赋诗，都离不开它。它或以形象的事物包蕴幽渺之理，或以生动的故事传达深奥之意。

古代有一个政治家叫惠施，他谈话总以比喻叙事明理，久而久之，形成了一种语言模式。甚至有大臣向大王说，如果您不让惠施说话时打比方，他就不能说话。

一次惠施拜见大王，刚一开口就被止住了，大王叫惠施说话不许打比方。面对这种人为障碍，惠施毫不气馁妥协。

他当场设喻说："禀告大王，有一种兵器叫作'弹'。"

什么叫'弹'呢？如果说：'弹就是弹，您能明白吗？'"

大王说："不明白。"

惠施接着说："假如我说弹的样子与弓相似，只是用竹子作弦。这样您能明白吗？大王。"

大王说："能明白。"

于是惠施向大王请命："既然如此，请大王恩准我今后说话仍能打比方。"至此，大王只好批准了他的"专利"。

由此可见，惠施是深谙设喻的智者，因为他知道，就事论事往往徒费唇舌，而巧譬妙喻则能事半功倍。

假若在语言的使用上趋于山穷水尽之时，巧妙设喻便能辟出一片柳暗花明的境界。这是一种在语言的困顿中仍用语言拓展出沟通空间的方式，这是变通的智慧。

庄子是战同时期著名的思想家，他一生过着清贫的隐居生活。

一次，他们一家老小又饿了好几天了，庄子不得已只好到他的好朋友监河侯家借粮食。

不凑巧的是，到了朋友家，监河侯正忙着收拾行装准备外出，听了庄子的来意，监河侯匆忙说：“借粮之事好商量。我正要进城收租金，等我收完租金回来，再借给你一些粮食，好吗？”说完便要出门上路。

庄子听了监河侯的回答，心里又气又急，心想，你到城里来回一趟，要半月之久，等你回来，我一家人还不早饿死了？

怎么办？死皮赖脸缠住他吗？庄子不愿这么做；斥骂一通拂袖而去吗？庄子不能这么做。

好在庄子是远近闻名的说话高手，他略一思索，对监河侯说：“仁兄且慢，天热路长，何不饮足茶水再走呢？再说，仁兄此去，半月方回，兄弟以茶代酒，诚祝一路顺风啊！”

监河侯见庄子言语殷切，态度诚恳，自然不好拒绝，只好又坐了下来。庄子一面喝茶，一面对监河侯说：

“我刚才在来你处的路上，听到一种奇怪的呼救声，我四处寻找，最后在路旁的一条曾经积过水的干水沟里，发现一条快要干死的小鱼，正张着大嘴呼救呢！

小鱼见了我，忙说：‘我快干死了，你能不能给我一小桶水，救我一命？’

我回答它说：‘要水吗？这好办。你等着，我去见越国、吴国的大王，请他们设法堵住西江的水，然后，把西江的水引来迎接你回东海，好吗？’

那小鱼听了很生气：‘我在这沟里快要干死了，只要一小桶水就能活下来。如果照你的打算，等到西江水引来，你就只能在鱼摊上见到我了。’”

听到这里，监河侯羞得满脸通红，他立即喊来家人，到粮仓装了满满一袋粮食，借给庄子。

原来，庄子拐弯抹角地说了一通，正是运用比喻的方法，借由凭空虚构的寓言故事，巧妙地让朋友去领会言外之意。

在进退两难的处境中，既保持了朋友之间的和气，又达到了借粮的目的。这一切，不能不说是比喻的功劳。

夸张渲染，来点善意的嘲讽

毫无疑问，幽默感是与可笑联系在一起的，越是使人发笑，越有幽默的效果，但你要明白，发出笑声是听众的事，而不是你这个说出幽默语言的人的事。可以说，有一条这样的规律：在你发挥幽默时越是沉不住气，越表现出惊奇，流露出笑容，越是会减少语言的效果。

王华和陈广去四川旅游。一天，他们在一个小客栈里歇下了。吃晚饭时，王华把刚端上来的调料舀了一匙偷吃了，结果辣得淌下了眼泪。

陈广抬头见好友在掉泪，忙问：“哎，老兄，你干吗哭呀？”

王华说：“我想起了含冤被整死的父亲。”

过了一会儿，陈广也舀了一匙吃了，同样被辣得流出了眼泪。王华故意问道：“兄弟，那你哭什么呀？”

“我感到遗憾，你怎么没跟你爸爸一起被人整死！”

王华不露声色叫陈广上圈套，而上了圈套的陈广也是转个弯不动声色地回敬了王华，因此，就产生了并且加强了幽默的功能。

尽管他俩都被辣出了眼泪，但对他们的这次旅游来说，这也许是最愉快的一件事。如果王华不设“圈套”，开始就把“真相”说出，那王华一定是不知幽默之趣的人，也不会有陈广的幽默之辞。

人们在日常社交场合中为什么这么努力也没有理想的幽默效果？往往是因为沉不住气，自以为是。很多人在看出对手的可笑、愚蠢时，或者感到自己受到不公平评价时，不是自作聪明地笑起来，就自以为是地发火，而这一笑、一火，幽默感就被破坏得无影无踪了。

夸张渲染法是对生活中丑因素的极力夸大、渲染，来揭示生活中的某些不合理与不和谐的现象，来对自己和他人的某些无伤大雅的缺点、毛病进行善意的嘲讽和规劝，从而产生幽默的效果。

运用夸张渲染法来制造幽默，离不开丰富的想象力。只有那些具有卓越的想象力，方能使夸张这种很平常的修辞方法，产生出令人惊叹的高级幽默来。

同样是拿自己的肥胖逗乐，这里就有两个高品位的幽默：

一位著名的美国女演员说："我不敢穿上白色的游泳衣去海边游泳，我一去，飞过上空的美国空军一定会大为紧张，以为他们发现了古巴。"

另一位英国作家济斯塔栋曾风趣地说："我比别人亲切3倍，因为我要是在公共汽车上让座，那位子可以坐下3个人。"

这两个幽默都用了夸张渲染法，但由于他们各自丰富的想象力，所以毫不雷同，且各具魅力。听到这种绝妙的夸张，往往能使人忽略了他们身体肥胖臃肿的一面，而能从他们这种雍容自信中感受到一种享受人生的乐观生活态度，这样，"丑"便在这种健康的心灵关照中变成了美。

此外，"顺竿爬"也是夸张渲染法中一种简单易行的幽默方法。"顺竿爬"就是根据现有条件进行"合理想象"和似是而非的逻辑推理，将结果极力夸张、渲染、变形，产生忍俊不禁的效果。

一个女孩因失恋而茶饭不思，形容憔悴，她的一个女友这样安慰她："看你，越来越瘦，你再这样瘦下去，我就把你挂在晾衣绳上，给我当衣架子。"说得她破涕为笑，心里轻松了许多，这位女友就是由她的"瘦""顺竿爬"了一下，竟让她瘦成一副衣架子，这显然是一种巧妙的夸张。

只要笑看人生，笑看自己，你便会体会到幽默的精义。

将错就错，歪理就要歪推

将错就错法是不要立刻纠正对方的荒谬，而是模仿他的推理方法，使戏谑味升级的一种说话技巧。

一位小姐与一位先生正在聊天。小姐认为世界上最锋利的是这位先生的胡子。这位先生不解。小姐说：“你的脸皮这么厚，但你的胡子居然还能破皮而出。”

这显而易见是戏谑性的，因为其原因加结果之间的关系是荒谬的。与其说显示先生的脸皮之厚，不如说显示了小姐的口齿之伶俐。在戏谑性的相互攻击中，戏谑性要递增，但方向要恰恰相反。正如中国古代书上所说的以子之矛攻子之盾。

然而，这位先生却将错就错，将这位小姐的荒谬往更荒谬处推演。

他反问：“小姐，你知道吗？你为什么不生胡子？”小姐自然不知道。

“因为你脸皮更厚的缘故，连尖锐、锋利的胡子也无法刺破。”

这位先生反攻小姐的根据并不是另行构思的，而是从小姐攻击他的逻辑引申出来的，即：我有胡子是因胡子尖利透了皮肤，而你没有胡子则是因为你的脸皮更厚，再尖利的胡子也无用，同样的前提取得相反的结论，指向不同的目标。

这种以谬攻谬法的幽默特点是后发制人。关键不在于揭露对方的错误，而是在荒谬升级中尽享幽默之趣。而要达到这个目标，得有模仿对手推理错误的能耐。

在通常辩论中，愈是将对方的错误迅速地加以指出，愈是有水准。而在戏谑性幽默中则不然，不但不能揭穿它，反而要去模仿它。

要沉得住气，才能制造语言效果，沉不住气，只是小聪明而已，所谓不动声色，大智若愚者，上也。

模仿荒谬推理能力的大小，取决于类比能力的大小。对方在这一件事上荒谬，你把荒谬回敬给对方，但这时不一定要后发制人，也可以先发制人，关键是抓住类比。

谬上加谬法是一种把荒谬极端化或者把荒谬性层层演进的说话技巧。它要求人不但有幽默感，还要使幽默感的程度加大。这就要求说话高手把微妙的荒谬性扩大为显著的荒谬性，把潜在的荒谬性提高明显的荒谬性。

我国古代有个笑话：一个人非常吝啬，从来不请客，有一次别人问他仆人他什么时候请客，仆人说："要我家主人请客，你非等来世。"主人在里面听到了，骂出声来："谁要你许他日子。"

本来说："来世请客"，已经由于来世的不存在而不可能了，也可以说彻底否定了，说的人和听的人都很清楚，没有任何疑问。从传达思想来说这种极端已经足够了，但是从构成幽默效果来说，还不够，因为它太平淡了，不够极端，幽默感所要求的荒谬，得有点"绝"才成。

这里的主人"绝"就"绝"在明明来世请客是永远不请客的意思，否定的意思，他却认为不够，因为从形式上来说来世请客，句子是肯定的，还没有达到从内容到形式绝对否定的程度；在他看来哪怕是否定请客的可能性，只要在字面上有肯定的样子也都是不可容忍的。正是这种绝对的荒谬产生了幽默感。

有一个古罗马时期传下来的故事是这样的：有一个人想要安安静静地工作，就吩咐仆人，如有来访者就说他不在家。这时有一个朋友来了，远远看到他在家中，虽然他不相信仆人所说的话，仍然回去了。这里没有什么极端化的成分好像很平淡，也没有什么可笑的地方。要让笑意不由自主地产生，就得往极端上推。

故事接下去这样说：

第二天，这个拒绝接客的人，去拜访他的朋友，他的朋友出来对他说：“我不在家，我不在家！”

这已经够荒谬了，明明自己出来了，却说不在，但是还不够绝，因为这种荒谬还带着赌气的可能，纯赌气则不属于幽默之列，它与轻松的笑无缘（除非是故意假赌气），客人表示大惑不解。他说：

“你这人太过分了，昨天，我都相信了你仆人的话，而今天，你居然连我亲口说的话也怀疑。”

这话真叫绝了。

绝就绝在一句话中包含着多层次的荒谬，第一个层次，明明在，却说不在；第二个层次，你昨日明明在，却让仆人说不在，这成了我今日说不在的前提；第三个层次，我明明知道你仆人说谎却相信了，因为我比你仆人的地位更高，你更应该相信。

强化幽默效果的方法除了把荒谬推到极端外，还可以将多种荒谬集中在一个焦点上，成为复合的荒谬，我们把它叫作谬上加谬或谬上叠谬。

谬上加谬的特点是它只管一条路往荒谬的结果上推演，歪理歪推才有强烈的幽默感。

来点儿调侃，做一个有趣的人

学会调侃，不仅可以营造愉悦的社交氛围，把严肃的谈话变得活泼轻松，使枯燥的话题富有情趣，也增加了彼此之间的亲和力和认同感，从而一扫精神上的羁束紧张，减轻了生活的压力，有益于身心健康.

调侃并非无聊的戏谑、矫情的卖弄，不是刻意地去制造一些令人生厌的庸俗笑料，它有别具一格的语言特色，它能让诙谐、幽默、妙趣横生的话题更有趣味。高明的调侃并不容易，需要常识，需要涵养，需要语言功底，需要独到的见解和有创意的思维，需要广博的阅历和丰厚的生活积淀。

在生活中，如能换一种心态，调侃一下生活，生活就会变得很快乐。会调侃的人还懂得如何给生活添加作料，受到不公平待遇也会泰然处之，即使心情郁闷，也能通过开玩笑的方式给别人传达某种信息。

在网络上，有人这样调侃：

漂亮点吧，太惹眼，不漂亮吧，拿不出手；学问高了，没人敢娶，学问低了，没人要；活泼点吧，说招蜂引蝶，矜持点吧，说装腔作势；会打扮，说是妖精，不会打扮，说没女人味；自己挣钱吧，男人望而却步，男人养吧，说傍大款；生孩子，怕被老板炒鱿鱼，不生孩子，怕被老公炒鱿鱼。唉，这年月做女人真难，所以要对男人下手狠点。

帅点吧，太抢手，不帅吧，拿不出手；活泼点吧，说你太油，不出声吧，说你太闷；穿西装吧，说你太严肃，穿随便一点吧，说你乡巴佬；会挣钱吧，怕你包二奶，不挣钱吧，又怕孩子断奶；结婚吧，怕自己后悔，不结婚吧，怕她后悔；要个孩子吧，怕没钱养，不要孩子吧，怕老了没人养。这年头做女人难，做男人更难。男人，就要对自己好一点！

这是一种快乐的调侃，虽然没有太多深刻的含义，但调侃终归是调侃，有点道理、有点情趣，能博人一笑就行了，因为生活需要这样的快乐。

在人际交谈中，如何能调侃一下自己和别人，不但能增加谈话当趣味，还能获得一份好心情，我们看这个例子：

在小区活动室玩牌的老张好久都没出现了。今天他一来，牌友老刘就问：“老张啊，怎么这几天都没看见你啊？”

老张装出一本正经的样子说：“别提了，我被‘双规’了！”

老刘吓了一跳，忙问：“啊？贪污了？不会吧！”

老张这才嘿嘿笑道：“哈哈，我儿子、儿媳妇找我谈话喽，宣布我必须在规定时间、规定地点接送小孙子上幼儿园。”

说到这里，众人才恍然大悟，气氛一下子变得轻松融洽。

调侃不仅能增加谈话当趣味，还能躲避一些敏感的话题和一些不能正面回答的问题。在调侃中，你转移了别人对某个问题的关注，让紧张的气氛变得轻松。

我们再看这个例子：

冬冬在路上邂逅多年未见的女同学，对方激动得手舞足蹈，这一情景被冬冬的老婆看在眼里，心里很不是滋味。事后，老婆就问冬冬那个女同学是他以前的恋人吗，冬冬一脸无辜地解释说：“老婆大人，小的冤枉啊！我素来都有惧内的优良传统，从来都是你指东我不敢指西，哪敢做出有违圣旨的事啊？再说我这种一不高，二不帅，外加一个空口袋的人，她怎么会看上我呢？也就你看我一个人孤苦伶仃怪可怜的，出于人道主义收留我，我感恩戴德还来不及呢！”

冬冬的调侃使老婆笑开了怀，使劲地捶了他一拳说："哼，叫你贫嘴！疼不疼?"

冬冬就接着说："痛并快乐着。这就叫执子之手，与子偕老!"

面对老婆的怀疑，冬冬用诙谐的语言调侃自己，成功转移了话题，还博得了老婆的欢心，两人关系更加亲密和谐。所以说，严肃的事轻松表达，伤心的事玩笑表达，别人也会从你的调侃中感受到你深深的智慧。

此外，"篡改"一些脍炙人口的经典语句，让人乍听起来感觉熟悉但是细听才发现意思不同，也会起到很好的调侃效果。一些经典名句、熟语、歌词、广告，等等，是这种借鉴式调侃的最佳原料，比如：

钱不是问题，问题是没有钱。

钻石恒久远，一颗就破产。

水能载舟，亦能煮粥。

一山不能容二虎，除非一公和一母。

这个世界本没有路，走的人多了，有路也没有用了。

丑媳妇迟早见上帝。

洛阳亲友如相问，一手好牌愣没胡。

众里寻他千百度，蓦然回首，那人却在，结婚登记处。

喝八宝粥、吃八宝饭，品八宝茶、睡八宝山。

思想有多远，你就给我滚多远。

适当的调侃能增强谈话的趣味，能巧妙地转移话题，但调侃也不能过度，否则也会引发别人的怀疑，以为你不尊重他，说在嘲笑他。因此，调侃要看时间、地点、对象，说话要分轻重，这样才能使调侃为你的口才增添光彩。

第五章
赞美的话要亮，句句体现着情商

为人处世时，不要以为一味地赞美就能赢得他人的心，因为陈词滥调或者不着边际的赞美只会惹人生厌。赞美的直接目的是让对方高兴，如果你不想让对方出现审美疲劳的话，赞美的话一定要有新意，切忌老调重弹。

喜新厌旧是人们普遍具有的心理，所以赞美他人时要尽可能有些新意。陈词滥调的赞美，会让人觉得索然无味，而新颖独特的赞美，则会令人回味无穷。

赞美要带着情商

心理学家威廉·杰姆斯说："人性最深层的需要就是渴望别人欣赏。"心理学研究发现，人性都有一个共同的弱点，即每一个人都喜欢别人的赞美。一句恰当的赞美犹如银盘上放的一个金苹果，使人陶醉。

赞美人并不是一件容易的事，正如水能载舟亦能覆舟一样。适当的赞美之词，恰如人际关系的润滑剂，使你和他人关系融洽，心境美好；而肉麻的恭维话却让人觉得你不怀好意，从而对你心生轻蔑。

古时有一个说客，说服别人的功力堪称一流。他曾当众夸口道："小人虽不才，但极能奉承。平生有一志愿，要将一千顶高帽子戴给我遇到的一千个人，现在已送出了999顶，只剩下最后一顶了。"一长者听后摇头说道："我偏不信，你那最后一顶用什么方法也戴不到我的头上。"

说客一听，忙拱手道："先生说得极是，不才走南闯北，见过的人不计其数，但像先生这样秉性刚直、不喜奉承的人，委实没有！"长者顿时手持胡须，扬扬自得地说："这你算说对了。"听了这话，那位说客哈哈大笑："恭喜先生，我这最后一顶高帽已经戴到先生头上了。"

这个故事生动地说明了，再刚正不阿的人，也无法拒绝一个说到他心坎上的赞美。

很多人都说自己并不喜欢听到别人对自己的赞美，那只是他们不喜欢听到重复、老套、空洞的赞美。高情商的人赞美别人的时候，往往会让人听"上瘾"。

那什么是高情商的赞美？来看两段对话。

有个女生买了一个包包。你可以这样说："哟，这个包包真漂亮，从哪里买的？我前段时间也看上这款了，记得很贵的，怎么也得四五千元。”

对方说：“没有啦，也就1000多点。”

“不会吧，完全看不出来，你就骗我吧。”

这是通过物贵来赞美，当然，也可以通过“人贱”来赞美。

遇到一个锻炼身体的老人，你可以说：“您老人家这腿脚，这身子骨，有55了吗？”

“哪有，早过了，今年78啦。”

“不会吧，看上去至少要年轻10岁啊。”

想必老人听了，心里会乐开了花。

可以说，每个人身上都可以找到值得夸赞的地方，只要你的情商足够高，就会发现不同的赞美点。

在居民小区的早点铺子里，有两位顾客都想让老板给他添些稀饭。一位皱着眉头说：“老板，太小气啦，只给这么一点，哪里吃得饱？”结果老板说：“我们稀饭是要成本的，吃不饱再买一碗好啦。”无奈这位客人只好又添钱买了一碗稀饭。另一位客人则是笑着说：“老板，你们煮的稀饭实在太好吃了，我一下子就吃完了。”结果，他拿到一大碗又香又甜的免费稀饭。

两个人两种说方式，得到两种不同的结果，可见会说话是多么的重要。在我们的生活中，人人都需要赞美，赞美不一定要把人夸得心花怒放，许多时候，它是一种社交礼仪、素养、情商的体现。

比如，我们到菜市场买菜的时候，有的摊贩嘴很甜：

“这位帅哥，要来点什么，都便宜处理了。”

“这位美女，想买点什么，今天特价。”

见到一位女士就是“美女”，对方听了，也会欣然接受：既然这么热情，谁家都是买，就买你家的吧。结果，嘴甜的商贩生意特别好。

所以说，人人都喜欢被赞美，但是，与矫揉造作、阿谀奉承，这种拍马屁式的赞美不同，高情商地赞美别人，一定要表现出一种诚意，一种胸怀，一种发自内心的欣赏。

赞美的话要适可而止

几乎每个人都喜欢美食，但即使是自己最爱吃的东西，吃得太多也会觉得腻。赞美也是如此。虽然人人都爱听好话，但是对他人赞美的话语并非就是多多益善。有时候，赞美的话说得过了头，反倒会弄巧成拙。

下面给大家讲一个日本超级保险推销员原一平刚开始运用赞美时，赞美过分的故事。

原一平到一位年轻的小公司老板那里去推销保险。进了办公室后，他便赞美年轻老板："您如此年轻，就做上了老板，真了不起呀，在我们日本是不太多见的。能请教一下，您是多少岁开始工作吗？"

"17 岁。"

"17 岁！天哪，太了不起了，这个年龄时，很多人还在父母面前撒娇呢。那您什么时候开始当老板呢？"

"两年前。"

"哇，才做了两年的老板就已经有如此气度，一般人还真培养不出来。对了，你怎么这么早就出来工作了呢？"

"因为家里只有我和妹妹，家里穷，为了能让妹妹上学，我就出来干活了。"

"你妹妹也很了不起呀，你们都很了不起呀。"

就这样一问一赞，最后赞到了那位年轻老板的七大姑八大姨，越赞越远了。最后，这位老板本来已经打算上原一平的保险的，结果也不买了。

后来，原一平才知道，原来那天自己的赞美没完没了，本来刚开始时，那位老板听到几句赞美后，心里很舒服，可是原一平说得太多了，搞得他由原来的高兴变得不胜其烦了。

恰到好处、恰如其分的赞美，才是得到事半功倍的效果的关键，过多的赞美就适得其反了。在办公室里，常常有这样一群人，他们总是喜欢对着谁都是一阵吹擂，尤其喜欢向上司大献殷勤，以为这样就能够博得上司的好感，从而获得升迁。事实上，这可能一点作用也没有起到，说不定还起了反作用。

某公司有一个特别爱拍马屁的人，只要一看到他们部门经理，就马上赞美一番。无论是经理的发型、领带、衣服、裤子、鞋子等，从头到脚都被他夸奖了一番。他自以为这样就能给经理留下好印象，殊不知，经理每次都被他夸张的赞美弄得很烦，但因为其他同事在场不好发作。

有一次，公司的一个重要的方案交给这个人做，做完后他自我感觉良好。交上去就一直等待着被经理表扬。经理果然喊他到办公室一趟，他以为他终于要被表扬了，说不定还要被提拔，心情很放松。进入办公室，他还没等经理开口，又开始夸赞经理的办公室布置得如何的好，经理这时脸色冷清地说："你嘴皮子的功夫倒是比你做方案的功夫好多了，看看你做的方案，出了这么多错！"

说赞美的话也有学问，并非是人人都能把赞美的话说到恰如其分。赞美也要适可而止，注意技巧，既能使对方欣然接受，不觉得赞美之言过火而心生烦躁，而且还要赢得对方对自己的好感，以达到其真正的赞美效果。赞美的语言是对别人言行举止，或者身上的某个细节，或者做事成效的一种表扬，要使用得当、恰到好处，并非是越多越好，过分的语言，不切合实际的赞美，那就过犹不及了。

赞美其实是一门奥妙无穷的学问，"赞美"的实质是能够抓住所赞美事物的实质。生活中，有些人经常会犯一些错误，就是见了什么都说好，信马由缰、天花乱坠、不懂装懂，本来的赞美之言，听起来倒像讽刺。作为一个赞美者，赞美不适度，反而会适得其反。因此，赞美别人一定要适可而止。赞美的尺度掌握得如何，往往直接影响赞美的效果。记住，恰如其分、点到为止的赞美才是真正的赞美。使用过多的华丽辞藻，过度的恭维、空洞的吹捧，只会使对方感到不舒服，不自在，甚至难受、肉麻、厌恶，其结果肯定是不尽人意。

赞美用词要优雅得体

抓住一个人的独特之处进行委婉地赞美，最能赢取人心，调节气氛。要有敏锐的观察、机智的应变能力才能达到的境界。

《红楼梦》中有这样的描述：史湘云、袭人劝贾宝玉为官宦，走仕途之路，贾宝玉大为反感，对着史湘云和袭人赞美黛玉道："林姑娘从来没有说过这些混账话！要是她说这些话，我早就和她生分了。"凑巧这时黛玉正好来到窗外，无意中听到这番话，使她不觉又惊又喜，又悲又叹。这之后，贾宝玉和林黛玉之间的感情更加深厚了。

赞美别人，不单单是甜言蜜语，还要根据对方的文化修养、性格、心理需求、所处背景、语言习惯乃至职业特点、个人经历等不同因素，恰如其分地赞美对方。

张之洞任湖北总督时，适逢新春佳节抚军，谭继恂为了讨好张之洞，设宴招待他，不料，席间谭继恂与张之洞因长江的宽度争论不休。谭继恂说五里三，张之洞认为是七里三，两人各持己见，互不相让。眼见气氛紧张，席间谁也不敢出来相劝。

这时位列末座的江夏知县陈树屏说："水涨七里三，水落五里三，制台、中丞说得都对。"这句话给俩人解了围，俩人拊掌大笑，并赏陈树屏 20 锭银子。

陈树屏巧妙且得体的言辞，既解了围，又使双方都有面子。这种赞赏就充分考虑了听者的心理和当时的情况。

人的素质有高低之分，年龄有长幼之别，因而特别的赞美比一般的赞美能收到更好的效果。老年人总希望别人不忘他当年的业绩与雄风，同其交谈时，可多称赞他引以为豪的过往；对年轻人，不妨语气稍微夸张地赞扬他的创造才能和开拓精神，并举出几点实例证明他的确能够前程似锦；对于经商的人，可称赞他头脑灵活、生财有道；对于有地位的干部，可称赞他为国为民、廉洁公正；对于知识分子，可称赞他知识渊博、宁静淡泊。当然这一切要依据事实，切不可流于虚情假意与浮夸。

在生活中，并不是人人都有好口才，许多人的赞美往往“美”不起来。有的人说话不自在、不自然、不连贯，甚至面红耳赤，自己别扭，别人听了更别扭。还有的人因为不能恰当地运用赞美的语言，以致词不达意，反令被赞者极为尴尬。

一次，小刘的几位中学同学到自己家玩。刘妈妈对人非常热情，同这些当年的“小毛头”亲切地交谈起来。

听到大家都大学毕业了，工作也都不错，刘妈妈眼里流露出既高兴又羡慕的神色，摇着头叹息说：“你看你们，是多好的孩子！一个个油光满面，到哪都讨人喜欢。俺那个崽，不会来事，三脚踹不出个屁来，到现在还没找到工作呢。”

一句话差点儿让大家背过气去，笑也不是，怒也不成。老太太本是好意，想夸奖他们一下，也许想说一句“春风满面”，但却用了一个“油光满面”意思来了个180度的大转弯。大家虽然都知道她老人家是一位文化不高的农村妇女，不知从哪里捡来一个连她自己也弄不懂的词语，但让人无言以对。

笨拙的讲话就像一架破烂不堪的录音机，使赞美这本该美妙动听的旋律变得刺耳难听，不能打动人、感染人，反而会损伤人的情绪，扭曲原意。

在一次管理层会议上，一位报告人登台时，会议主持人介绍说：“这位就是吴女士，几年来她的销售培训工作做得非常出色，也算有点儿名气了。”

这末尾一句话显然是画蛇添足，让人怎么听都觉得不太舒服，什么叫也算有点儿名气呢？称赞的话如果用词不当，会让对方感觉不像赞美，倒更像是贬低或侮辱。因此，在表扬或称赞他人时一定要谨言慎行，注意措辞，尤其要把握好以下几条原则：

（1）列举对方身上的优点或成绩时，不要举那些无足轻重的内容。比如，向客户介绍自己的销售员时说他“很和气”或“纪律观念强”之类与推销工作无关的事。

（2）赞美中不可暗含对方的缺点。比如，一句口无遮拦的话：“太好了，在屡次失败之后，你终于成功了一回！”

（3）不能以你曾经不相信对方能取得今日的成绩为由来称赞他。比如，“真想不到你居然能做成这件事”，或“能取得这样的成绩，你恐怕自己都没想到吧！”

总之，称赞别人时在用词上要再三斟酌，千万不要胡言乱语。

赞美的话要说到点子上

赞美要有点专业精神，大而泛的“真好啊”“真美啊”之类的赞美，虽也属于赞美，但让人感到乏味与空洞，受到你赞美的人也激不起多少惬意。如果碰上多心或不够自信的人，说不定还会引起困惑或不安：会不会是故意这样说的呢？难道……

打个比方，别人要你看一篇他发表的文章。你看完后，只知道说“好啊，好啊”的，很难取得赞美的效果。好在哪？视角独特？结构严谨？行文雅致？字字珠玑？难道是因为在他的文章中找不到半点此类优点，才不得不空泛地说好？

邹忌在赞美齐威王琴艺时，是这么说的：“……大王运用的指法十分精湛纯熟，弹出来的个个音符都十分和谐动听，该深沉的深沉，该舒展的舒展，既灵活多变，又相互协调，就像一个国家明智的政令一样……”

邹忌的赞美恰到好处，让人听了不会觉得他在故意逢迎，而是真心的赞美，但要恰到好处，多少需要一点专业知识，也就是说要“懂行”。懂行的话，你就能抓住需要赞美的事和物的本质，不会说乏味肤浅的空话。许多人常犯外行的错误，见了什么都说好，见了谁都说高，有的是不懂装懂，有的是只知其一，不知其二，语言不到位，说不到点子上，切不中要害，缺乏力度。

当然，世上的行业多如牛毛，我们不可能成为一个全才或通才。很多事物我们都没有拥有足够的知识去品味。这需要我们在平时有空时多学习，扩大知识面。同时，对于你不具备基本知识的事物，在主动赞美时就应该避开。而在别人请你鉴赏或评论时，也可以实实在在地说明自己不懂，然后以外行的眼光简单地赞美也无可厚非。

有一次，我和几个朋友去拜访一位作家，谈到他新发表的中篇小说，有的说：“写得真感人！”还有的说：“我恐怕一辈子也写不出这么优秀的小说出来了。”其中有一位朋友说得有点特色：“常言道，文如其人。您的这个小说，全文大开大合，显示了您为人的大气；行文洗练，和您做事干脆利落的风格一致；对小人物的细腻刻画中，又见您善良悲悯的人文情怀；写的虽是悲剧但没有过多地沉浸于伤感，而是将视角抬升到了产生悲剧的原因，说明您对社会有着深刻的思考。”夸文赞人，在行在理，独辟蹊径，巧妙地换了个新角度，令人耳目一新。他的赞美与众不同，技高一筹。

可见，见解深刻的赞美是多么与众不同，不仅能让人对你刮目相看，更重要的是，能让被赞美者产生真实的认同感，能让他产生与你积极沟通与交流的愿望。

赞美要有新意，忌老调重弹

为人处世时，不要以为一味的赞美就能赢得他人的心。因为陈词滥调或者不着边际的赞美只会惹人生厌，赞美的直接目的是让对方高兴，如果你不想让对方出现审美疲劳的话，赞美的话一定要有新意，切忌老调重弹。

有这么一个故事。

一位将军听说有人称赞他漂亮的胡须，非常高兴，因为之前，几乎所有人都会称赞他的英勇善战及富于谋略的军事才干。作为一个军人，不论在这方面怎样赞美他，他都很少会产生自豪感，而赞美他胡须的那个人，他的聪明之处在于，在他的赞美词中增加了新的条目，使他的赞美让人耳目一新。

由此可见，有新意的赞美是多么重要。

有新意的赞美之所以让人印象深刻，是因为它反映了赞美者较高的情商，以及他对被赞美者的深入了解和独具匠心的观察。因此，在赞美别人的时候，要花一些心思，多添加一些新鲜的元素，这样会提升赞美的效果。

1. 配合一个小礼物进行赞美

一次，王经理过生日的时候，收到下属的一件礼物，是一条领带。这个礼物选得有品位，又不夸张。更有意思的是，下属还对王经理说了这样一句话："谢谢您一直以来的信任，希望您继续领着我、带着我，一起成长和进步。"

哪个领导会拒绝这样送来的"领带"呢？可以看得出来，这位下属不只是嘴上说说而已，私下他是用了心的。所以说，如此的赞美，自然难以让人拒绝。

2. 适当赞扬他人的缺点

赞扬缺点？那不是反讽，或是挖苦对方吗？当然不是，这要看你的情商与话术了。应用这种方式赞美他的人原理是：对于优秀的人来说，被他人赞扬是很常有的事，所以如果你仍然赞扬对方的优点，很难给对方造成深刻印象，这时，可以从他的缺点入手进行赞美。比如，一位身材很好的女生，皮肤稍黑，你再说她身材好，很难能给她留下深刻的印象，因为有太多的人说过她身材好，那你可以说："你的肤色看上去非常健康，一看你就经常运动。"

当然，赞扬他人的缺点也有相当大的风险，操作起来难度较大，很容易让对方觉得你是在"讽刺"他，因此，使用这种方法一定要考虑双方的关系，说话的场合等。

3. 利用第三者进行赞美

如果你跟对方有不少的共同朋友，则非常适合使用这个方法。比如：

"小何曾跟我讲过，他觉得你做事很靠谱，很实在。"

"说实话，无论是长辈，还是我的一些朋友，当他们谈及你的时候，都对你赞赏有加。"

接着，你感受一下下面的两说法，哪种更好一点。

"你读书真的很用功。"

"张老师跟我说过，你读书真的很用心。"

这两者的区别。我们有时潜意识认为，眼前和我聊天的这个人，可能会因为利益而讨好我、说好话。而转述第三者的赞美就不一样了，让人感觉更加真实，不做作。

这里需要注意的是，你在赞美对方时提到的"第三者"最好是对方比较信赖或是看重的人。有时，我们说对方如何如何，对方不一定会相信，当你通过第三者之口赞美时，可信度更高。

4. 公开场合进行赞美

很多时候，在公开场合赞美，要比私下赞美更有说服力。比如，你和老王一起跟领导汇报工作，你说："李总，我们小组这次项目之所以能够顺利地完成，很大程度也是因为有老王的帮助。他给我们提供了非常详细的数据，讲解时也很耐心，真的很不错……"这时，老王定会向你投来感激的目光。公开赞美不仅表示出了你的诚意，也让其他人对他有更多积极的了解。你既表示出了自己真诚的品质，也提高了他在圈子内的名声，对方有什么理由不喜欢你呢？

5. 加一点善意的谎言

当一个人身上不具备某些优势时，适当的赞美也可以让其信心倍增。出于这样的善意，高情商的人在赞美别人的时候，也会点缀一点谎言。

鼎鼎大名的音乐家勃拉姆斯是个农民的儿子，由于因家境贫寒，从小没有接受过良好的教育，更别说系统的音乐训练了，因此勃拉姆斯很自卑，音乐变成了他遥不可及的梦想。

一次勃拉姆斯认识了音乐家舒曼，并且受到舒曼的邀请去做客。勃拉姆斯坐在钢琴前弹奏起自己以前创作的一首C大调钢琴鸣奏曲，弹奏的有些不顺畅，舒曼则在一旁认真地听。一曲结束后，舒曼热情地张开怀抱，高兴地对比拉姆斯说："你真是个天才呀！年轻人，天才……"

勃拉姆斯有些惊讶地说："天才？您是在说我吗？"他简直不敢相信自己的耳朵，因为从来没有人这样的夸奖过他，从此，勃拉姆斯消除了自卑感，并拜舒曼为师学习音乐，改写了自己的一生。

其实，伯母拉斯的演奏水平还没有那么高，但是舒曼却用善意的谎言为他坚定了信心，使勃拉姆斯变成了一个有激情、自信的人。因此，用善意的谎言赞美别人，可以激励对方，让他的生出信心和勇气。

喜新厌旧是人们普遍具有的心理，所以赞美他人时要尽可能有些新意。陈词滥调的赞美，会让人觉得索然无味，而新颖独特的赞美，则会令人回味无穷。

寓鼓励于赞美之中

不是任何赞美都会产生正面效应，任何事情都要有个“度”。对学生、下属、晚辈等表示赞美，如过分使用溢美之词则可能会助长对方骄傲、自满、浮躁的情绪，不利于对方学习、工作、做人等的进一步发展。如一位母亲赞美孩子：“你是一个好孩子，你这种刻苦的精神让我很感动。”这种话就很有分寸，不会使孩子骄傲，但如果这位母亲说：“你真是一个天才，在我看到的小孩中，没有一个人赶得上你的。”那就会使孩子骄傲，把孩子引入歧途。

这就要求我们在赞美这类人时应当把握好分寸，适可而止。少一些华丽的不切实际的溢美之词，多一些实实在在的引导、肯定和鼓励，既满足对方自我价值实现的心理，又令其感受到肩上的责任和期冀，从而更加努力上进。

丰子恺考入浙江第一师范大学后，李叔同教他图画课。在教写生课时，李叔同先给大家示范，画好后，把画贴在黑板上，多数学生都照着黑板上的示范画临摹起来，只有丰子恺和少数几个同学依照李叔同的做法直接从石膏上写生。李叔同注意到了丰子恺的颖悟，一次，李叔同以和气的口吻对丰子恺说：“你的图画进步很快，我在南京和杭州两处教课，没有见过像你这样进步快速的学生。你以后，可以……”李叔同没有紧接着说下去，观察了一下丰子恺的反应。此时，丰子恺不只为老师的赞扬感到欢欣鼓舞，更意识到在老师没有说出的话当中包含着对他前程的殷切希望。于是，丰子恺说：“谢谢！谢谢先生！我一定不辜负先生的期望！”李叔同对丰子恺的赞扬，激励他走上了艺术道路。丰子恺后来说：“当晚李先生的几句话，确定了我的一生……这一晚，是我一生中的一个重要关口，因为从这晚起，我打定主意，专门学画，把一生奉献给艺术，几十年来一直没有变。”

将鼓励寓于赞美之中，一定要注意赞美须具体、深入、细致。

抽象的东西往往很难确定它的范围，难以给人留下深刻印象；而美的东西应该是看得见、摸得着的，感受得到的，像前面的母亲夸孩子刻苦，这很具体。如果要称赞某人是个好推销员，可以说：“老王有一点非常难得，就是无论给他多少货，只要他肯接，就绝不会延期。”所谓深入、细致就是在赞美别人的时候，要挖掘对方不太显著的、处在萌芽状态的优点，因为这样更能发掘对方的潜质，增加对方的价值感，赞美所起的作用就更大。

譬如说，有人送你一个花瓶，你说一句感谢话自然是必需的，但称谢的同时，再加以对花瓶的称赞，赠送者一定会更高兴。“这花瓶的式样很好，摆在我的书桌上是再合适不过了。”称赞中要隐喻对方的选择得宜，他听了一定很高兴，说不定他下次还有另外一件东西送给你呢！

“好极了，这张唱片我早就想买了，想不到你送来了。”如果真是你渴望了许久的东西，你应该立即告诉送给你的人。

“对我来说这收音机再合适不过了，以后每天我们都可以有一个愉快的下午了。”直接把你打算如何使用这礼物说出来，是一个很好的赞美方法。

“我从来不曾有过这么漂亮的手帕。”把最大的尊荣给予赠送者，他一定会感到很高兴的。

感谢和称赞，是有密切的连带关系的。“承蒙你的帮助，我非常感谢。”这仅仅是感谢，如果再加上几句：“要不是靠你的帮助，一定不会有这么好的结果。”加上了这样一句话，就觉得完美多了。

学会高情商地嬉笑怒骂

在球场上，我们经常听到踢球或打球的小伙子们用粗俗的语言来赞美对方，大家不仅不觉得刺耳，反而觉得有一种十分朴实、真挚的情谊隐于其中，而受到夸奖者也不以粗话为不敬，相反，往往更加得意、十分快活，有时还会用粗话还击，将对方着实地再夸上一番。在一场足球赛中，一个小伙子截到球后，快速出击，左躲右闪，连过数人，飞起一脚攻破对方大门。只见胜方的队员们个个大喜，一个小伙子冲上去就给那位破门勇士一拳，大叫着："真是'牛'脚。"两人哈哈大笑。

看来，只要骂得得体，同样会有夸奖的效果。大概这正反映了男人们渴望挣脱枷锁、追求野性力量的一种心态吧！真实，嬉笑佯怒又何尝不是赞美之法呢？

赞美一个人，并不是做报告或谈工作，没必要十分严肃。赞美贵在自然，它是人际交往活动中在一定场景下的真情流露。僵硬、虚夸、做样的赞美，即使是出于真心实意，也会让人反感、提防，甚至将你归于阿谀小人之列。赞美的方式是多种多样，而且是千变万化的，在嬉笑怒骂间常可收到出奇的效果，从而增进你与朋友的友谊。

有位大学生，成绩总是第一，大家打心眼儿里佩服他、尊敬他。一次，他又考了第一名。在饭后的"侃大山"中，好几位同学都夸了他，却没有一位是用直接赞美的方式。一位同学故作心痛，手捂胸口，叹息道："既生我，何生你。"引得众人大笑。另一位作嬉皮笑脸状："今晚跟我去看录像吧，既然我赶不上你，把你拉下马也成。"而另一位同学则一副怒不可遏的样子："这日子没法过了。"惹得同学们一阵欢笑。那位成绩第一的同学也跟着大伙笑，并真诚地表示自己一定会尽全力帮助别人。他在同学们中的形象更好了。

嬉笑怒骂皆赞美是要讲究对象、场合和方式方法的。如果不顾及你与对方的关系、所处的环境而滥用此法，别人就会觉得你不庄重、不真诚、俗不可耐，不但不能收到赞美对方的效果，反而会影响自己的形象。

一般来说，嬉笑怒骂应用于非正式的场合，如在聊天、锻炼、娱乐中，在比较正式的场合，特别是大庭广众之下，切忌这些太随便的方式。

另外，嬉笑怒骂用于青年人中间，特别是同学、朋友间比较合适。对话人之间应彼此熟悉，关系较为亲密。一般的朋友或初次见面时，则不宜采用此法。在有上、下级关系或长、晚辈关系的人之间，更不宜用嬉笑怒骂的方式来赞扬对方。

嬉笑怒骂还不宜使用得过于频繁，因为这种正话反说、随随便便的赞美方式本身就有一定的冒犯他人的性质，如使用过滥，不仅会使赞美串了味，使对方误以为你是在挖苦他，而且你个人的形象也会因此受到极大的损害。

高情商者善于背后夸人

我们都知道，在背后说一个人的坏话是会传到当事人的耳朵里，但是却很少想过，在背后赞美一个人也是会传到对方耳朵里。常常，我们为了讨好别人，朋友、同事或者上司，总是拼命地想尽办法想说出些打动他们的话，但是很多时候却没看到什么效果。殊不知，在背后的赞美往往会有奇效。

有一家公司的经理，是一个很有才能的人，但是脾气比较古怪。由于经理对公司的经营有方，使得公司赢利丰厚。因此，经理难免飘飘然，希望多听到下属对自己的称赞和恭维。

刚开始，每当经理谈成一笔生意的时候，下属们都交口称赞，经理也很得意，心花怒放，可是时间久了，经理感觉这样的赞美太单一，也觉得这样的称赞缺乏诚意，有些索然无味了。就算有人当着他的面，把他夸上了天，他也显露不出一丝的满意。因此，当着经理的面，大家都不知道该赞美好呢，还是默不作声好。

有一次，经理又成功地谈成了一笔大生意，非常开心地和下属们开庆祝会。公司里新来的小彭一直都很景仰经理，这次更感觉经理是商业上的天才，因此，忍不住向身边的同事赞美起了经理，并表示能跟着这样的经理做事，真是受益匪浅，还说要以经理为目标。

后来，经理从别人的口中听到了小彭对自己的夸赞，心里十分开心，他满意地对大家说："像小彭这样工作努力又谦虚的员工，才是我们公司要培养的目标啊。"

很快，小彭就受到了经理的重用，职场生涯也因此平步青云。

因此，某些时候，如果你要赞美一个人时，背后说的效果往往比当面说的效果不知道要好多少，因为，当面夸赞一个人，别人也许会以为你是在讨好他，可能不会放在心上，而背后赞美一个人，往往让别人觉得你特别真诚，他也会打心底高兴，对你产生好感。换个角度想，如果有人告诉你，某某在背后说了你很多好话，你是不是也会特别高兴呢？所以，这样方式对每个人都是受用的。

在日常生活中，如果我们想赞扬一个人，不便对他当面说出或没有机会向他说出时，可以在他的朋友或同事面前，适时地赞扬一番。

据国外心理学家调查，背后赞美的作用绝不比当面赞扬差。此外，若直接赞美的度不足会使对方感到不满足、不过瘾，甚至不服气，过了头又会变成恭维，而用背后赞美的方法则可避免这些问题。因此，有时不适合当面赞扬时，不妨通过第三者间接赞美，这样的效果可能会更好。

每个人都认为“天生我材必有用”，工作中的每一点成绩都将使自己有一种自豪感。因此，在工作中恰到好处地赞美合作者所付出的才智、汗水、努力和作用，会使对方感到自己在工作中的价值，获得心理上的满足，使合作双方的关系更融洽。

搔痒要搔到痒处

搔痒要搔到痒处，这是一个很浅显的道理。同样，赞美的话要说对方心里。口才高手的赞美，高就高在能够发现平常人所未注意到的痒处，用语言作为搔痒的搔子，搔得别人神清气爽，五体通泰。

人云亦云的赞美虽然也是赞美，但也最多是聊胜于无的赞美而已。口才高手会努力地去发现、去挖掘别人所看不到的地方。你要是赞美袁隆平对于水稻培育甚至对于人类做出了多么大的贡献，虽然说的是事实，但他一定不会怎么在乎，因为这一块早就被众多高官、媒体及千万张嘴赞过了，早就结了厚厚的茧子，你的这一下搔过去，铁定没有任何感觉。口才高手的赞美就会不同，会发掘他不为大众所知的一面来赞美，比如夸他摩托车技术好，赞他饭菜做得好。这样效果一定会好很多。爱因斯坦就这样说过，别人赞美他思维能力强，有创新精神，他一点都不激动，作为大科学家，他也听腻了这样的话，但如果赞美他的小提琴拉得不错，他一定会兴高采烈。巧的是，袁隆平也爱好拉小提琴，并且技术也不错，在公开场合有过即兴表演，或许从这个角度来赞美，是会有不错的效果的。

对于任何一个人而言，最值得赞美的，不应是他身上早为众所周知的明显长处，而应是那蕴藏在他身上，既极为可贵又尚未引起重视的优点。正如安德烈·毛雷斯曾经说过的："当我谈论一个将军的胜利时，他并没有感谢我，但当一位女士提到他眼睛里的光彩时，他表露出无限的感激。"

有一位非常精明强干的大商业家叫沃普尔，吉斯菲尔伯爵对他评价道："他的才干是无须别人赞美的，因为对于这一点，他自己知道得很清楚。他喜欢周旋于美女之间，有风流浮滑的名声，因此他愿意别人谈他温文尔雅。他在这一点上是极易被人赞美恭维的，这也是他常常爱好与人交谈的话题。由此可以证明，这是他的弱点所在。”

于是，我们可以寻找一把钥匙来打开他人的渴望赞美的隐秘之门，只要你观察他们最爱谈的话题便可，因为言为心声，他们心中最希望的，也是他们嘴里谈得最多的。你就在这些地方去赞美他，一定能搔到他的痒处。

几句恰到好处的赞美，之所以能起到金石为开的作用，皆因能找到不同的典型人物所偏爱的赞美。一个叫凯雷的人对赞美的妙处总结道：“有一回，我得到机会对身居最高法院大法官的博罗使用赞美术。你知道，大法官总是铁面无私的一副面孔，其内心世界隐藏得很深，一般人想赞美他，恐怕马屁会拍到蹄上了呢。那时，博罗刚好在西部某大学做完演讲。我很明白，如果我对这位老先生说一些关于他的演讲的话，是不会讨好他的，因为演讲对他来说，已经是老调了，可以说犹如锦囊探物一般有把握。于是我对他说：‘大法官，我真想不到一位主宰最高法庭的人，会这样富有人情味。’他立刻对我发出会心满意的微笑。”

“有不少人，他们喜欢听相反的话；更有许多的人，喜欢别人把他们当作有理智的思想家。有一回，我与一个人讨论一件颇有争议的社会问题，我对他说：‘因为你是这样的冷静、敏锐，因此我想知道，我们究竟应该站在什么立场？’他听了我的话，立刻表现出满面春风的样子，并详细地对我说了他对此事的立场态度。原来此人是愿意人家说他是敏锐、冷静的。”

吉斯菲尔还告诉我们：“几乎所有女人，都是很爱美的，这是她们最大的虚荣，并且常常希望别人赞美这一点，但是对那些有沉鱼落雁之容、闭月羞花之貌的倾国倾城的绝代佳人，那就要避免对她容貌的过分赞誉，因为她对于这一点已有绝对的自信。如果你转而去称赞她的智慧、仁慈，如果她的智力恰巧不及他人，那么你的称赞，一定会令她芳心大悦，春风满面的。”毫无疑问，吉斯菲尔的话，能启发我们赞美的思路。

相对搔在长了厚茧的麻木处来说，搔到别人疼处就更加失败与倒霉透顶了。大李去老吴家拜访，见墙上挂着一幅照片，照片上是一个十七八岁的女孩。大李问：“这是……”老吴回答：“哦，我女儿。”大李一阵猛夸孩子长得漂亮乖巧，赞老吴命好，却没有得到老吴多少回应。后来，大李才在偶然之中，从别人口里得知老吴的女儿在几年前因为车祸离开了老吴。虽说不知者无罪，但大李要是警醒一点的话，或者会话水平高一点，是不至于发展到拼命夸赞，甚至说什么命好之类的话去伤害老吴的。

赵总今年 40 岁，但看起来比较显老。一天，来了一名新员工，在办公室聊天，新员工说赵总显得年轻。赵总就让他猜猜他的年龄，新员工说：“您最多 50。”赵总很失望地摇摇头，周围的老员工也忍不住在偷偷地笑。新员工连忙问：“那我猜的与您的年龄相差多少呀？”赵总说：“10 岁。”新员工兴奋地说：“您真显年轻，说您 60，我还真不信。”看看，又是一个蹩脚的“赞美大师”，老总长得太显老不是你的错，你眼拙猜错了 10 岁也就算了，无法更改了。为什么不在听说相差 10 岁时，把年纪往小 10 岁来说呢？“哎呀，您原来是 40 岁，您看我真笨，猜得太离谱了！”管他到底是 40 还是 60，反正就该往好的地方说。

由上面的两个例子可见，没有把握的事情，切不可随意贸然行事、放肆赞美。如果一定要赞美，不妨先尽量来点火力侦察，探探底，摸摸情况再作是否深入的定夺。

第六章
批评没效果？是你情商不够

用善意的话去述说一件自己不喜欢的事情，这不仅是一种高情商的表现，更是一种为人处世的方法。尤其是我们必须“批评”别人的时候，一定要把握住分寸，照顾对方的接受能力。有些情商低的人不注意的这一点，只会尽情指责与发泄，只会批评批评再批评，却不曾考虑对方的接受能力，结果往往会让对方很难堪，甚至引发更大的冲突。

看人不顺眼，是因自己情商不够

“如果你指挥不了自己，就无法指挥别人。”许多时候，当你带着个人好恶、感情来评价一个人时，往往会夸大对方的优点或缺点。而当你习惯看到别人的缺点，并借以表示自己的客观、正确，甚至高尚时，往往不是那个被评价的人有问题，而是你的情商不够。

在生活或工作中，经常见到这样的人：对身边的某个人怎么看都不顺眼，逢人就说：“你看那个谁谁，怎么那么讨厌啊！”今天讲这个，明天说那个，总觉得身边越来越多的人都不顺眼，看谁都有“毛病”，看谁都来气，但他们很少反思自己，其实，自己才是那个最让人看不顺眼的人。

小陈名校毕业，有学问有闯劲，是工作中的一把好手，但就是有一个缺点：个性太强。刚到单位第一天，就与同事发生了几次不愉快。他说：“虽然我很尊重老同事，但他们的水平确实不行，混吃混喝也就算了，还倚老卖老，看着真闹心。”平时，他觉得这个人会拍马屁，那个人爱装糊涂，时间一久，同事都忌讳与他交往。领导也曾委婉地提醒过他，看事情要积极，不要破坏单位的工作氛围，但他根本听不进去，私下说领导是个饭桶，只会抢别人的功劳，只会做和事佬。

可以想见，小陈很难与同事处好关系，没有融洽的关系，怎么能做好工作？尤其是在职场，要谨慎批评他人，或是发表一些贬损同事、领导的言论。许多时候，即使你的看法没错，对方就是来混日子的，就是一个草包，但他之所以能在老板眼皮子底下混下去，必然有他的独门绝技。何况，你能看出来的问题，难道同事、老板就看不出来吗？为什么要急匆匆地表达你的牢骚与不满呢？你以为领导会因此给你加薪升职吗？

很明显，这是一种低情商的表现，原因有三：

其一，别人的不顺眼之处，自己身上多半也有。看别人不顺眼背后的心理动因，就是自我嫌弃，不喜欢自己内在的某些倾向。比如，不喜欢自己的自私自利，就会关注别人自私自利的举动；自己很势利，喜欢利用别人，往往就会特别敏感，讨厌被别人利用。人们通过否定别人身上这些“自己的缺点”，来重塑自我形象。

其二，别人的不顺眼之处，可能是自己欠缺的。看到新来的同事笑脸迎人，嘴上说着“只会拍马屁”，内心深处却是在责骂自己不会来事儿。自己在某些方面不如别人，就会心生嫉妒，下意识地避开人家身上的优点，把注意力集中在“缺点”上，也就越看越不顺眼。

其三，童年或有过被至亲的人嫌弃、打骂、过度贬低等经历。有过这种经历的人，内心自卑，容易在潜意识里形成一种莫名的怨恨，投射到身边大部分人身上，仿佛人人都是自己的敌人。从小被娇惯或成绩一向优秀的人，如果失去宠爱、恭维，巨大的心理落差会引发嫉恨心和失落感，逐渐看谁都不顺眼。

因此，当看别人不顺眼时，一定要先自省：是不是自己的修养不够，或是情商有问题。你有多不喜欢对方的某个方面，就有多讨厌自己内心的“缺陷”。只要你能认出它来，就已经踏上了成长之路。一般来说，要把看不顺的人看顺眼了，需加强三项个人修炼：

一是改变“衡量别人的尺子”。自己看“不顺眼的人”，其实也有很多好朋友。之所以看他不顺眼，是因为站在自己的角度，按自己的标准去看待、评价别人。衡量别人的尺子是我们自己设定的，不妨摆脱自我中心的位置，试着用大众标准去看待对方，往往能很快释然。

二是别用挑剔的眼光看人。“金无足赤，人无完人”，用欣赏的目光取代挑剔目光，或许更能看到别人身上值得称道的一面。

三是学会原谅和包容他人，即使对方先不敬，言辞间伤害了自己，也要尽量克制、忍让。人人都会出错，只有不去计较别人的对与错，才能得到别人的敬重与谅解。生活中，许多非原则性的事不妨糊涂点、马虎点、健忘点。

人生在世，不免有看不惯的人和事。庄子说："物固有所然，物固有所可。无物不然，无物弗成。"但是，事事看不惯，一定是情商太低：看上级不顺眼，是自己能力不够；看老板不顺眼，是自己梦想不够；看同事不顺眼，是自己胸襟不够；看朋友不顺眼，是自己眼力不够；看自己不顺眼，是自己修炼不够；看别人不顺眼，是自己修养不够。

从世俗的角度讲，经常"毒舌""看不惯"他人，不仅是胸怀窄、情商低的表现，而且会让旁观者唏嘘，坏了自己的名声，甚至会与人结怨，或是招致仇根。

即便批评，也要让人如沐春风

所谓的高情商，就是会沟通。沟通最重要的，就是说话方式。人生的困扰，十之八九的问题都出在人际关系，而人际关系的困扰，十之八九都是因为沟通出了问题。很多时候，一句话换一种方式去说，事件就会拥有另外一个更好的结局。

生活中，拥有好人缘的人，情商一般都很高，不是因为他们有多聪明，而是因为他们会说话。他们从来不会与人发生争吵，即使是讨厌，他们也可以用最善意的话去表达。

用善意的话去述说一件自己不喜欢的事情，这不仅是一种高情商的表现，更是一种为人处世的方法。尤其是我们必须“批评”别人的时候，一定要把握住分寸，照顾对方的接受能力。有些情商低的人不注意这一点，只会尽情指责与发泄，只会批评批评再批评，却不曾考虑对方的接受能力，结果往往会让对方很难堪，甚至引发更大的冲突。

曾经，有段视频在朋友圈被疯狂转载：

一位乘客在高铁上吃泡面，结果引起了一位女士的反对与斥责。视频中的男乘客一直在忍耐，压抑着心中的怒火，而女子不顾形象，破口大骂：“不让你吃泡面你还没完没了了是吧!？见过这么不要脸的人吗？不骂你骂谁？就你这种败类以后别上高铁了……”

可以说，句句都带有很强的攻击性。她骂人的理由是，自己家孩子对泡面过敏。就这么大一点事，就让她如此暴躁，且不说谁对谁错，只看她的处理方式，就知她是一个情商非常低的人——典型的骂街泼妇。如果这位女士可以换一种劝阻方式，提醒男子不要在高铁上吃泡面，事情或许会是另外一种结果，但这仅限于“如果”，因为她的情商决定了她不会采用我们“如果”的那种方式去解决问题。

遇到问题就喋喋不休，而且得理不饶人，不但会显得自己没素质、没修养，也会暴露自己的低情商。为什么？究其根源，是因为一个人不善于控制自己的情绪，喜欢用批评来发泄自己的不快，以这种方式去解决问题，只会激化矛盾。正所谓：“好言一句三冬暖，恶语伤人六月寒。”

情商处处体现在人们的言语中。真正高情商的人，从来都不会让别人难堪，更不会恶语伤人。如果他们一定要批评别人，也会采用较理性的方法，尽量避免产生对抗。具体来说，他们批评别人时会采用如下一些方法：

姿态不会高高在上，声音也不会太高亢。

对事不对人，不会点评对方的人格。

先赞扬后批评，批评后又赞扬。

尽可能缩小批评范围，让对方去领悟。

只说眼下的事，不会去翻旧账。

如果可行的话，会做自检讨，并说“让咱们一起进步”。

……

总结上面的方法，会发现它们有两个特点：

1. 批评人需要换位思考

批评中的换位思考，要考虑对方的条件跟你的条件是不一样的，如学历的不同、见识的不同、背景的不同、职位的不同等，这样做事过程中产生的结果也是不同的；要考虑批评的环境，如你不希望在公众场合被批评，那么别人也同样不希望在公众场合被批评，因此，尽量不要在人多的时候批评。

2. 批评人需要把握好度

兔子急了也会咬人，过于严厉地去批评别人，就算当时不撕破脸，以后也不会有好的结果。被批评者的自信心、自尊心会受到打击，有可能带来怠工、离职、报复等后果，那么这样一次“批评”反倒成了恶性事件的导火索了。

表达批评的方式有千千万万，情商低的人永远都是选择最不中听的语言；情商高的人，说话都会顾及他人感受，即使是批评，也能让他人如沐春风。高情商不是虚伪，不是油嘴滑舌，而是为人处世时，保持善意，维持自己的修养。因此，在批评他人的时候一定要谨记，错误的批评方式等于在打自己的脸，等于在告诉别人“我的情商很低哦”。

批评的话不要说得太满

古人云："处世须留余地，责善切戒尽言。"为人处世，切不可说极端的话，做极端的事，而是应该充分认识到事物的各种可能性，以便有足够的条件和回旋余地采取机动的应对措施。任何时候都不要把话说绝了，所谓"话到嘴边留三分"，说话要留有余地，不把话说死，才能进退自如。

在人际关系中，出于各种原因，有时我们会驳别人的面子，这种事情如处理不当，便容易得罪人，结仇家。别人有愧于你，也应该"得饶人处且饶人"，但"饶人"时又不能生硬。通常，争辩中占有明显优势的一方，千万别把话说得过死、过硬，即使对方全错，也最好以双关影射之言暗示他，迫使对方认错道歉，从而体面地结束无益的争论。

有一个顾客在一家餐馆就餐时，发现汤里有一只苍蝇，不由大动肝火。他先质问服务员，对方全然不理；后来他亲自找到餐馆老板，提出抗议："这一碗汤究竟是给苍蝇的还是给我的，请解释。"老板只顾训斥服务员，却全然不理睬他的抗议。他只得暗示老板："对不起，请您告诉我，我该怎样对这只苍蝇的侵权行为进行起诉呢？"老板这才意识到自己的错处，忙换来一碗汤，谦恭地说："你是我们这里最尊贵的客人！"

在这个故事中，这个顾客的情商很高。虽然他理占上风，但是没有对老板纠缠不休，而是借用所谓苍蝇侵权的类比之言暗示对方："只要有所道歉，我就饶恕你。"这样自然就十分幽默风趣又十分得体地化解了双方的窘迫，同时也委婉地表达了不满。

一般说来，要想不把批评别人的话说绝，有以下几种方法可供借鉴：

1. 提出柔中带刺的难题

在双方激烈的争论中，占理的一方如果认为说理已无法消除分歧时，不妨采取一种外强中干的警示性言语来中止争论，结束冲突。

一次生物学家巴斯德在实验室工作时，突然一个男子窜进来，指责他诱骗了自己的老婆，并要和他决斗。清白的巴斯德完全可以将对方赶出门去，但是那样并不能解决问题。于是他沉着地说："我是无辜的……如果你非要决斗，我就有权选择武器。"对方同意了。巴斯德指着面前的两只烧杯说："你看这两只烧杯，一只盛有天花病毒，一只盛有净水。你先选择一瓶喝掉，我再喝余下的一瓶，这该可以了吧?"那男子害怕了，只好尴尬地退出了实验室。

无疑，是巴斯德提出的柔中带刺的难题，最终使决斗告吹。

2. 不说"势不两立"的话

任何时候，都不可口出恶言，或说一些"势不两立"的话，那样，只会把事情逼向绝路。

王兰和同事因为某些工作上的小事而起了争执，搞得很不愉快，王兰向她的同事说："从今天起，我们断绝所有的关系，彼此毫无瓜葛……"说完话还不到两个月，她的同事就晋升为她的上司，然而王兰因为当时话讲得过重，处境非常尴尬，最后只能另谋他职。

不管什么事情，即使自己再有傲人的资本，也不要口出恶言，把话说得太满，否则，等于自绝后路，更何况，事情永远没有你想象的那样简单，它们总会出现多种可能。

3. 不要盲目下定论

如果别人做错了事，一时没有找出问题所在，就不要盲目下结论，无端地把一些责任推给对方。比如，你是公司的领导，在开早会的时候，有一个员工迟到半小时，他给出的理由是："路上堵得厉害。”你可能会说：“为什么别人就不会迟到，就你堵车吗？不要总是拿堵车说事，早起半小时什么问题都解决了。”其实，这样的批评很难让人服气，而且很情绪化。说不定，这位员工起得也很早，有许多事情要处理，再加上路上很堵，迟到也在所难免。因此，你不能下定论说“你起得不够早”，或是“别人就不堵”。

如果自己拿不准，要尽可能说得含糊一些，如“如果是这样”，“我也不太了解”等。比如，一些领导在面对记者的提问时，都偏爱用诸如“可能、尽量、或许、研究、考虑、评估……”这些字眼，表明了发言者的成熟和慎重。

人与人之间的相处是微妙的，切不可像有些人那样说起话来直来直去，做起事来一根筋。做人要有弹性，说话、做事也要留有余地，这才是高情商的体现。尤其是在批评他人的时候，想使人更加信服，一定要记住“话不要说得太满”。这样既给别人留了余地，也给自己留了后路。

斥责下属，少掺杂个人感情

斥责是一件非常不容易的事。大声激烈地将自己的感情向对方发泄，只会惊吓对方，无法达成说服的目的。因此，如果斥责不能达成警告和对对方有所帮助的话，是没有任何意义的。

斥责的结果如果只让对方信心丧失，感到："我真没有用。""我又做错了。"或在心里有这样的反感"你以为你是谁啊！讲了一大堆，也不想想自己是什么样子！"对自己或对方都没有益处。有效的斥责，必须是心中有爱，让对方由衷地感受到自己的言行的确不恰当。没有包含着爱的斥责，只能称为怒骂。为避免此一情形的发生，就必须熟记以下的各种技巧：

1. 冷静地处理

盛怒时，多数人都是面红耳赤、颈暴青筋。过度的生气，往往会使人失去理性，不是会冲出一些严重伤害对方的话，就是不需要说的话也会说出来，这些都值得我们警惕。怒气冲冲时，不可因情绪激动而破口大骂，应冷静并选择有效的斥责技巧，才是正确的方法。

一位幼儿园的老师曾经说过："以声音来惊吓小孩，是非常不明智的举动。"当小孩受到惊吓后，为了防止再受伤害，会逐渐地把一些失败或不良行为转明为暗。好不容易才养成的健全身心，会产生变异。因此，当家长因某事而盛怒时，不妨先握紧拳头并放入口袋中，数一、二、三……，当怒气平歇下来之后，便能以理性来处理了。

被人批评："笨蛋！""教了就忘，你跟那些饲料鸡有什么不同？""教你做事，害我晚上都睡不着。"相信你也会想："既然如此，一开始就不要叫我做。”“你是垃圾，你家人也一样。前几天打电话去，那是什么礼貌啊！”“看一个人的生活起居，就可以知道他是什么样的人。因此，我知道当你失败的时候，一定会找借口推脱。”伤害他人自尊心的话，不加思考就讲出来，对谁都没有好处！应该冷静地分析什么应该说、什么不该说之后，再平心静气地向对方说明。

2. 明确地指出重点

大家都知道，没有一件事会比听人说教更难过，尤其是一开口便是这个也讲、那个也骂，到最后仍然使人弄不懂到底是做错了什么。因此，斥责对方时，必须针对错误的事项，提出自己的想法与意见，其余的一些小问题都可暂时不予理会，而就重点斥责。这也是能令对方印象深刻的最佳方法。冗长的说教，除了功效不佳之外，最后还有可能造成双方的不和。

3. 因人而异地斥责

斥责的方式，必须要先看对方是属于什么类型的人之后，再下决定。个性较温和的人遭人大声怒吼时，只会一味地退缩和保护自己，无法专心听人说教；而个性刚烈的人，则往往会因对方的斥责而亢奋，无法忍气吞声。结果，通常都会采取强硬的反驳手段，或因而更奋发图强。

“笨蛋！你到底在想些什么？不要以为是新人就可以不负责任，拿回去重写！”

遭到上司斥责的 A 先生，心想：“有什么了不起！”于是下定决心奋发图强：“有一天等我超越你之后，再看你怎么斥责我。”所谓强将手下的人各个精明能干，就是这个道理。一再遭到他人的斥责，却不愿认输投降的，往往都是斗志高昂的人。而斗志不充足或是遇上麻烦就习惯性地退缩者，通常在此阶段就遭到淘汰的命运。

也有些人是属于工作效率高，但个性柔弱的，那么此时就该采取温和式的斥责。例如，将手轻搭在对方的肩上："喂！最近表现欠佳，好好加油！"以不惊吓到对方的程度给予警告性的斥责。

就如以上所说，斥责要谨慎又谨慎，先考虑对方是属于何种类型的人后，再决定应该采取的方式。

4. 场所的考虑

是在众人面前还是采取一对一的方式给予斥责？个性温和、柔弱的人，如果在众人面前受到斥责的话，通常都会觉得非常丢脸而把工作辞去。

曾经听过一位主管级的朋友说，某日公司的一位主管在众人面前大声地斥责了一位个性温和的新进职员："既然是男人，就应该挺起胸膛，不要畏首畏尾的像个女人，难道不觉得丢我们男人的脸吗？"在众人面前遭到斥责的A职员，低着头往办公室外走去，主管想他或许是去洗手间，但是过了许久却仍不见踪影。四处找了又找后，终于发现他在屋顶，手靠着围墙正往下看。主管见状，不禁心中起了一阵凉意："最近一些神经衰弱、身心不健全的人，经常做出出人意料的事，或许自己想得太多，不过从今以后，一定要先分析对方的类型之后，再选择斥责的方式。"

批评过后，别忘了“安抚”

谁都不愿意被人批评，但是被批评一定是有原因的，而其原因，往往是自己不当的行为所造成的结果，所以要将这个结果当作是自己的错误，接受他人的指责。

对于批评，无论是被批评或是批评别人的一方，都不会因此而得到快感。必须认清的一点是，批评对方的人，一定对于对方有着一份内疚。没有爱就没有忠告，没有爱也就没有批评。

如果不是爱的话，无论你怎么做，对方都无所谓，也不会批评你。彼此之间不会因为不满而起冲突，彼此之间的要求与考虑也就很淡薄，如此一来，谁都不可能因此而受益。因为对方希望你能够早日成熟和独当一面，所以你一旦有不当的行为发生，必定会比他人更严厉地批评你。而其最终目的，无非是希望你能回答：“是的，知道了，今后会更加小心。”

被批评的人应该注意，不可因他人的指责而意气用事。以下的例子，就是最好的借鉴：

有一次，B 科长看见 A 小姐率性地挂了客户的电话，于是向 A 小姐问明事情的原因。

“虽然他是客户，也不能命令我去做这个、做那个。还说如果不高兴的话，准备将契约解除。我气不过，所以跟他说虽然我不该向客户说出这么任性的话，但是如果想解约的话就解约，我们不会在乎的。”

“对方是我们公司的客户，你随便将契约解除，是很不妥当的一件事。”

“他的态度我没有办法接受，难道我做错了吗？”

“我想说的不是这个。”

“那么是什么？”

像A小姐这般激昂的情绪，不论是谁说的话都是听不进去的。况且她不断地使用各种借口来保护自己，只会让对方放弃继续谈话的意愿。

不能诚心接受对方建议的人，往往会被批评为“顽固”或“不通情理”。

至于A小姐的情况，其实也可以等她心情稍为平静之后，再找机会给予警告，或许效果更佳。

批评，不是要让对方灰心、失望，相对地应该是要使对方再燃起：“以后更要再加油！”的决心。

以下是批评过后的安抚方法：

1. 给对方台阶下

当对方说：“笨蛋！明天起你不用来了！”虽然非常清楚自己犯了什么样的错误，想要改进，但对方却说出这样的话。第二天早晨上班前，难免心存芥蒂：“不是叫我不用去了吗？”但是，对方也没明白地说出要我辞职，真伤脑筋。到底该不该去？如果是说：“笨蛋！还是早点把行李打点一下回家种田吧！这里不需要像你这样没有干劲的人。如果你不这么认为的话，明天早上6点就来公司等我。”相信对方会马上提起精神回答：“知道了！”第二天早晨6点到了公司后，也一定比往常更加地努力。

经常会听到有人批评说：“事情到了这种地步，你说该怎么办？”对方或许会想，要是知道该怎么办的话，也不会到了这种地步。于是赌气地回答：“为了负责，我辞职好了。”只知一味地批评对方的人，是没有资格去批评他人的。真正可以使对方发奋图强的批评，是当对方诚心诚意地道歉时，问他：“到底是怎么一回事？”“对不起，因为我的疏忽，所以……”“如果你真的觉得不对的话，那么先到客户那里道个歉，取得对方的谅解之后，明天再开始加倍地努力工作！”如此，不但不会伤害对方的自尊心，还可有效地提升其斗志，使之更加努力。

2. 批评后不忘夸奖

因批评而使对方感到心灰意冷时，必须找出其优点给予夸奖，以安抚他低落的情绪。

“如果你已经了解我说的话，明天起就小心一点行事。另外，前一阵子部长夸奖你签下的那份契约，说你是个有用的人才，因此，以后不要再做那些无聊的事。”

“真抱歉。”

“加油！全看你的了。”

这样的说法，可以有效地使对方铭记于心，时时注意及反省自己做过的事。

如果对方说：“既然还会那么认真地听，表示还有救！我了解你的斗志比任何人都强，而那也正是你最好的财产，好好地珍惜！”听者不得不继续加油吧？

3. 批评前先找出对方的优点

被批评时心灰意冷，被夸奖时则兴高采烈。有效地利用人类这种单纯的心理，可达到最有效果的批评。首先，设法将对方拉进正在讨论的话题中，并设法改变其对事情的看法。

“喂，A 先生，大家都说你的工作既快速又精准，但是怎么连这么简单的工作都会犯错？是不是情绪低迷？最近老是觉得哪儿不对劲，不像人家叫你电脑神童，加油！”

或许经过这一番话之后，对方会恍然大悟，进而奋发图强。

另外一个非常不错的实例，内容是关于一位报社组长对新进摄影师的批评。

“我不相信我要的东西拍不出来，我看人从来不曾走眼。如果还想干的话，拿回去重拍。”

当自己发现在别人心目中，是多么地受到期待的话，无论受到怎样的批评，都不会丧失斗志。因此，唯有知道如何善用促使对方再燃起斗志、继续奋斗的批评方式，才是我们所敬佩和期望的好上司。

4. 以眼神批评

如果真的为了对方着想的话，其实只要用眼神批评便已足够了。曾经有人说过，眼部所能表达的内容是仅次于口部而已，事实也确是如此。因此，在批评对方时，只需专注看着对方的双眼即可。

一位有名的禅师说过：“批评的时候并不需要言语，先以提醒的方式告知对方做了哪些事之后，专注地注视，此时对方通常都会低头回避，然后再说，如果你觉得抱歉的话，就看着我的眼睛。不久之后，对方就会自然而然地低头认错。”

眼神可以充分表现出个人的人生经验及诚意，但是其他，如心中的打算及自满方面，则无法从眼神中了解。

5. 诚心的批评

与眼神有相同的功用，从心中说出的话，也具有举足轻重的分量，并也与说服力相同。心中没有诚意，说出来的话不但不具说服力，反而会让人感到龌龊，被批评的当事人最能体会。往往接收到那些虚伪的批评后，都想回一句：“废话！”

只做表面功夫的话，不可能轻易地达到目的。如果不对自己说过的话负责，对方也不可能会反省或改变。

指挥别人，嘴不能瞎说

指挥他人是一件很困难的事。如果领导被认为总是言行不一，即使再怎么指挥也无法达到预期的目的。其他方面，不听人家意见而一意孤行者，也是无法指挥他人的，反而有时会造成对方的反感。

指挥的重点如下：

1. 明确表达自己的想法

除了要将自己的想法让对方清楚地了解之外，还有另外一个目的是在于激发对方的积极性。

无论是谁，都不喜欢受人指使。需要依赖他人或指使他人做事时，并不须将事情的原委作详细的说明，只须清楚地将重点及需求的最低限度向对方交代，并鼓励对方发表想法与意见。当部属或同仁提出“我认为应该这么做”或“我觉得应该采取这种方式解决”时，虽然自己事先早已知道，也要装作好像初次听到这种想法或意见的心态赞扬对方：“啊！有这么好的意见，真是一大发现！”

这样的话，能够让对方产生“我提的方案被肯定了”或“嗯，我一定要使计划成功”的想法而全力以赴，因为对方始终认为这是他自己想出来的点子，所以在执行时，只须稍微给予暗示和建议，便能完全依照我们当初推测的方向进行。

2. 给他荣誉感

主要在于满足对方的满足感及荣誉心，因为人有时会怀着“我被捉弄了”或“买到贵而不实的东西”等被骗的感觉。

当对方完成某件事的时候，如果几句：“动作这么快！”“做好了？真不可思议！”“感谢你的帮忙。”“太麻烦你了。”等感谢和激励对方的话，便可有效地让对方以为自己有很重要的价值，进而斗志高昂，做起事情精神饱满、活力充沛。这些都是荣誉感的作用所产生的功效。

3. 时间、场所、人际关系的考量

谈话的时机及人际关系，对双方谈话的气氛有极大的影响力。

谈话时，必须注意时间与场所。相信大家都知道，在人家工作繁忙或在公共场所，应该避免谈论个人隐私或其他毫不相关的话题。

求人帮忙时，如果不考虑人家方不方便就提出要求的话，势必造成对方的左右为难，尤其是提出要求时，说明又不够充分，表现的方式也有欠周详，都有产生相反效果的可能。

例1：上司向部属要求。

“喂，A先生，这是急件，赶快做好。”

B部长向A先生要求时，A先生正忙着做其他资料的整理与编排。

“部长，非常抱歉，我手边的资料必须在下午4点以前交出，所以……”

“杂事先摆在一边，有空再做，你先把这个完成。”

“但是……”

“不要那么不干脆，少啰唆！快去做好。”

A先生无可奈何地接下了部长的要求，回到办公桌。

一丝不苟整理的资料，却被部长说成“杂事”。可想而知，A先生必定无法以稳定的情绪，将B部长所托付的事做好。而部长的强人所难，也只会让A先生的工作效率大幅的降低。如果B部长说：“A先生，现在忙不忙？”当遭到拒绝时，再进一步地说：

“抱歉，因为人力不足，公司里又只有你对这方面特别的熟悉。

如果你能帮忙，一定很快就可以完成的。至于手边的工作，我来替你想办法，好吗？”有了某种程度的赞扬之后，我想他肯定会这么说：“是吗？好吧，我试试看。”绝不会有其他拒绝的意思。

例2：因为有很多繁杂的工作，想要其他同事帮忙。碰巧C先生工作刚好做完，部长说：“C先生你有空吗？唉！虽然对你来说有点困难，不过你拿去做。要多用点心，不能办砸了，知道吗？”当着同仁的面被部长数落的C先生，面红耳赤地想说：“这种事不必在同仁面前说吧？你如果认为我做不来就不必叫我做，你自己做不行吗？”如此一来，非但工作效率无法提升，还可能出现严重的错误。如果改口说：“C先生，这件事虽然有点麻烦，但是没有关系。小心一点，不会出什么错的，我相信你。”想必C先生会觉得被重视，因此做出了意想不到的效果也说不定。

“好了吗？出人意料！先放着，我有空再看”等“浇冷水”的说法，可能将C先生的满腔激情全部浇灭。

如果说：“啊！这么快就做好了吗？真了不起。还好没有找错人，希望你继续维持，继续加油！”经过B部长的鼓励，C先生定能燃起旺盛的斗志，分内的工作也必能出色地完成。

当自己的行为受到他人肯定或比自己预期的更受到肯定时，所鼓起的信心及斗志，更有助于工作或人际关系上的突破。就因最后一句赞赏的话，C先生对于工作抱持的态度，竟然有了180度的转变。

例3：同事。

A先生有非常重要的事情，必须亲自到客户的公司去一趟。手上的工作，想委托B先生代办。

A先生：“喂！看你很悠闲的样子，帮我把这些弄好，我去拜访客户。”

也许A先生的工作效率的确比B先生高，但听了A先生这般的请求，B先生不由得想说："什么！我又不是你的助理或打杂的。用这种口气要我帮忙，没门！"

B先生会说："抱歉，我有很重要的事要办，你找别人吧！"原因不用多做解释，大家都很清楚。

如果A先生说："抱歉，我非得要去×××客户那边一趟，而手边的工作你最内行。我知道你很忙，但是可以抽空帮一下吗？"相信B先生会说："反正只抽个空而已。再说你也的确分不开身，做做又何妨。"

例4：女性职员。

每家公司都会经常发现上司指使女职员去端茶或拿报纸。她们大都会心里一边想着："当初又不是来应征做这些杂事的，岂有此理。"一边板着脸，不情愿地中断工作，去端茶或拿报纸。

但是，如果用"A小姐，麻烦你泡杯茶可以吗？"想必A小姐会很乐意帮忙。如果说："女性本来就应该做这些事，不用别人多说，以后主动一点！"很容易引起反感。"我们的工作并不比男性职员轻松，为什么我们女性就必须做这种杂事？"因此，无论对方是什么性别，是不是属于分内的工作，都应采取温和的语气拜托。

4. 听清楚指示

对上司或同事的指示，必须仔细地听清楚每一个细节及内容。充分了解整个内容之后，向对方确认："你所说的×××，我是这么认为……，不知道有没有错？"对方觉得没错时，才接下指示去执行。如果一直点头说"是"，之后全靠自己的直觉或想法去做的话，多少会出现与指示者所想的有所出入。

最好的方法是，听到别人的指示后，经过整理再提出："你说的也是好办法，但我是如此认为……，你觉得如何？"设法再找出对方真正的想法及最终目标，这样，才能更清楚别人所给予的指示。而"是、是"的回答方式，除了自己无法充分的了解之外，对方会怀疑："他听懂我说什么吗?"因此，当别人提出指示时，必须再以自己的了解程度向对方进行确认，才可清楚地知道彼此之间是否存有误会或沟通上的障碍。

处理分歧，要避免情绪对抗

我们无时无刻都需要与“人”共事、合作，在这个过程中，不可避免地会产生观点、思想的碰撞，甚至会被误解，或遭到批评。不管是你的错误，还是别人的问题，当你感到很不爽，想发泄自己的不满时，想没想过话要怎么说，对方才更容易接受？

不可否认，有些人智商很高，能通过察言观色，以及合理的推理，察觉出问题所在，但是情商低者，在表达的时候，非但不能消除误解与分歧，而且会带来新的麻烦，甚至是情绪对抗。

小张在一家公司做市场运营。一次，他想出了一个很好的点子，和上司沟通时，却被一口否定。当时，在场的其他同事都跟着上司一起摇头说“行不通”。看着上司坚定的眼神和决绝的态度，小张本打算用调查得来的数据资料证明自己的观点，转念一样，这样即使证明自己是对的，那岂不也是打上司的脸，让他感到难堪吗？于是，他点头说：“你说的有道理。”

几个月后，他看到了一位同事用了他提出的方案，而且很成功。他很后悔自己当时没有勇气说服领导。

后来，在会上他又向领导提了一个方案，还是被搁置了。这次，他再也不想沉默下去，而是选择为自己辩驳。由于一时控制不住自己的情绪，他说了许多抱怨的话。其他同事听后都不敢应声，后来，有些话传进了领导的耳朵，领导私下对人说：“小张头脑灵活，很有想法，如果不改变自己臭脾气的话，难有作为啊。”

因此，小张与领导的关系也变得很微妙。

尤其在职场，当我们有话想说的时候，经常在“不说出来把我自己憋死”和“说出来会把你气死”的死结里纠结、徘徊，自己也不知道到底该说还是不该说，怎么说。很多时候，最后选择做了“国王的新衣”里的臣子：明明有自己的想法或知道真相，却不愿说出来惹对方不高兴，于是选择了曲意逢迎。

因为我们的预期是，选择实话实说，没有任何胜算。那除了曲意逢迎或实话实说，有没有一种两全其美的方法，既让对方接受，又能充分表达自己的意思呢？

在意见不合，或是情绪比较激动的时候，高情商的人一定会先让自己冷静下来。他们不会带着情绪去和别人谈问题，去“推销”自己的观点，或是干脆对别人说“你错了”。否则，你再怎么努力，之前的功课也都是白做，而且容易激化矛盾，以后再想让对方接受你的观点更难。

不只是在职场、商界，即使在日常生活中的夫妻、情侣、朋友间，在处理分歧的时候也要学会高情商的表达。比如，和朋友因一事意见不合，结果产生言语吵架，到后面已经忘了最初是在吵什么，只记得生气，从此感情雪崩。

在向他人表达不同的意见时，要避免情绪对抗，把握好以下几点：

首先，要分享你的想法。

把你内心剧场的演变过程和想法讲出来，也就是把自己的那套逻辑拿出来，让对方探个底，这样，对方就会解开心结，避免产生一些多余的想法。

其次，询问对方的观点。

真心地询问对方的想法，重复和重述自己的理解，确保信息理解正确，并适当地抛出不同的假设来引导对方分享自己的信息；根据对方的需求，问出对方背后的真正目的。例如，对方不同意你的要求，你可以询问他的真实想法，以及他的顾虑有哪些。

再次，要表示理解。

如果对方分享了自己的想法，要表示理解，在此基础上再进一步讲出你的不同观点。也就是，首先在对方的观点上表示认可和理解，其次抛出自己知道的而别人也许不知道的信息，来补充说明自己判断的根据和观点。

最后，要求同存异。

当双方都表达过自己的观点后，要从中寻找彼此的共同点——或者找到共同目标，或共同创建一个新的目标，让双方都满意，然后再寻找解决方式。在此基础上，双方一起决定下一步：如何找到相关信息、谁是决定人、谁会被影响，并一起记录下结论。

低情商者之所以不能很好地与人共事，很重要的一个原因就是，经常会带着情绪处理与别人的分歧。比如，会因为别人的拒绝、反对而失态，即使遇到小问题，情绪起伏也会较大，在不确定的事实面前，习惯猜测；导致他们说出的话总是很情绪化。

高情商的人，不但善于化解由于观点不同可能带来的尴尬，而且能够了解对方的心理，说出的话、做出的事让对方很舒服，所以，即使他与别人之间存在很大的分歧，也不会让它影响到双方的情感。

错了，就勇于接受批评

美国总统林肯说过“世人都喜欢赞扬”，但我们在学习、生活、工作中，因种种原因谁都难免一辈子不受批评。这样，我们就会面临一个问题——怎样对待批评？

古人云：良药苦口利于病，忠言逆耳利于行，意思是说，特苦的药往往是最好的药，它虽然味苦，但有利于治病，别人的忠言也许有些逆耳，却有利于修正自己的不良行为，别人的批评就是苦味的良药，逆耳的忠言，我们千万不可小觑。如何对待别人的批评不仅可以体现出一个人的襟怀，还可以检验一个人的处世原则和综合素养。

抗日战争期间，昆明接纳了西南联合大学，闻一多、沈从文等四方宾客云集昆明，昆明出现了历史上少见的文化盛宴，昆明的文化对中国科学与文化发展产生了巨大的影响。在来昆明的众多宾客中，有一位宾客不被云南人所欢迎，他就是被施蛰存称之为“被云南人驱逐出境”的李长之。他是山东利津人，曾就读于北京大学预科，后就读于清华大学，1936 年留清华大学任教，1937 年秋到昆明经人介绍到云南大学任教。李长之是个才子，一天可写一万五千字左右的长文，外加两篇随笔，其专著有获学术界高度评价的《中国文学史略稿》《批判精神》等。年少气盛的李长之在来昆明不到半年的时间就“被云南人驱逐出境”，是因其写了一篇短文《昆明杂记》。《昆明杂记》在学术界一登台亮相，可谓一石激起千层浪，掀起了轩然大波，昆明人在《昆明杂记》中根本找不到恭维、夸耀昆明人如何热情好客和云南民族文化如何丰富多彩的字眼，也找不到赞美昆明的气候如何好的文字，《昆明杂记》对昆明提出了指责和严厉的批评。《昆明杂记》惹得云南人大为光火，“且事为龙主席所闻”“据云绥公署欲请去谈话”。当时昆明大小报纸对李长之群起而攻之，“李乃大恐，或云坐飞机离滇，或云坐长途汽车他往”，三十六计走为上，实事求是提出批评意见的才子李长之不得不逃之夭夭。

时隔数年，余斌先生在《西南联大在蒙自》中对李长之事件的看法是：“李长之尽管恃才傲物，话说得偏激一些，虽有了以偏概全之嫌，倒也非凭空捏造，昆明人那时不知为什么竟有点儿反应过度。”曾在李长之事件期间担任云南大学校长的楚光南先生后来也针对“李长之事件”在《云南文化的新阶段与对人的尊重和学术的宽容》中写道：“来到云南的学者名流，对于云南的批评，总是冠冕堂皇的一套恭维，如云南天时气候如何，人民性质如何，社会秩序如何之类，照他们说来，云南真好得像天堂一样了，但情况并非完全如此。云南固有得天独厚之处，也有许多不足。真有自尊与自信者，就不应讳疾忌医，害怕批评，哪怕批评很严厉，有些过火”。针对当时云南人喜欢恭维和赞美，不喜欢批评的现状，楚光南先生还在其论著中写道：“那只是反映了云南社会落后、幼稚、无知，才有着这种需要，需要表面的恭维，无论真也好，假意也好，至少反映了云南还不能容纳真实的批评，至诚的谏诤，无论是在极细微的地方。也就是云南还没有对人尊重和对学术宽容的雅量”。著有《西南联大·昆明记忆》的余斌先生，对当时云南人爱听恭维，也很有感触地说：“你爱夸耀云南是什么什么王国，人家就送你一项又一项‘王国’的金冠，你说云南民族文化丰富多彩，人家就说确实丰富多彩。但你能听懂人家的话背后的意思吗？这王国那王国，不就是些资源吗？所谓丰富多彩，不就是色彩斑斓下面的落后吗？”余斌先生虽然已经透过恭维这一表面现象看到了恭维后面所暗藏的是侮辱和欺骗，但令人遗憾的是，李长之已“被云南人驱逐出境”了。

其实，批评和表扬一样，是使人健康成长、获得成功不可缺少的因素。表扬能给人以鼓舞，也能使人飘飘然；批评使人一时受挫，但更能使人体会到跌跤的滋味，在清醒和自省中成熟。陈毅同志说："难得是诤友，当面敢批评。"可以这么说，批评本身就是一种爱，而且是一种高层次的爱，"小批评小进步，大批评大进步，不批评就退步"讲的就是这个道理。能得到他人的批评不是一件坏事，说明他人对你寄予厚望，他人的"逆耳忠言"，无非是希望你尽快成熟起来。从批评者的角度讲，真正要做到"拉下脸"去批评一个人、批评一件事，并不是件很容易的事，甚至要经过激烈的思想斗争和深思熟虑，同时也说明他是一个心怀坦荡的人，是一个富有责任感的人，是你人生中的良师和益友。因此，我们必须真诚欢迎，不能虚以应付。

俄国文学家托尔斯泰说过："只有什么事也不干的人，才不至于犯错误。"因此，对每个人来说，都有一个如何坚持真理、修正错误的问题。批评就好比医生给病人治病，是针对人们思、言、行上存在的"病灶"进行的，目的是要把病治好。有缺点毛病的人受到批评后，就会在思想上引起震动，促使其认识错误、吸取教训、改掉毛病，进而变成一个健康的、有益于社会的人。

因此，我们如果有了过错，受到批评甚至处分后，不要一蹶不振，要用自己的善意对待别人的批评，要勇于承认错误、改正错误，并从错误中接受教训，振作精神，以最好的状态重新投入到生活、工作中。

第七章
求人办事，先在话上打开一条通路

办同样的事，为什么有的人能一帆风顺，而有些人却屡次碰壁，弄得满鼻子灰？关键在于“怎么说”。大家都知道，语言是人们沟通的桥梁，想要别人帮助你，就必须有过硬的嘴上功夫。在求人办事的过程中，要用最巧妙的语言，把话说到对方的心里，为自己顺利办事凿开一条通道。

要想办成事，首先得会张嘴

俗语说：一个好汉三个帮，一个篱笆三个桩。不论你是什么人，能人还是庸人、聪明人还是愚笨人、职位高还是职位低，现实生活中，有些事情仅仅依靠我们自己的力量去完成，是可望而不可即的，这个时候就需要别人的帮助。

求别人帮助，你就得具备一套过硬的嘴上功夫。“打鼓打在点子上”，这是我们经常听到的一句口头禅。不仅打鼓如此，说话亦如此。只要你能说人家爱听的、喜欢听的话，别人自然愿意为你“效劳”。

不难发现，办同样的事，不同的人，用不同的方法和语言表达出来，有的人能得到认可，有的人却只能被否定？有的人能一帆风顺，而有的人却屡次碰壁，弄得满鼻子灰？因此，办成事的关键之一就在于“会说话”“说好话”。会说话的人，能通过其良好的谈吐，增进人与人之间的友谊，缩短彼此间的距离。在办事的时候，会说话的人懂得用语言感动人、说服人，让对方接受自己的请求。只有语言动听得体，才能够打动别人。不要小看几句话的作用，有时候就是单凭几句话，就可以改变结果，使事情偏向对你有利的方面。

一天，一位老师傅开车带徒弟去乡下的河边拉沙子。乡下的路很难走，到处都是小石块。在回来的路上，“嘭”的一声，车胎爆了。他们虽然带了备用轮胎，却忘了带千斤顶，没办法，师傅只好让徒弟向路边的人家借。

临走之前，师傅在徒弟耳边说了几句话，徒弟看了看师傅，半信半疑地朝路边的房子走去。果然，一会儿工夫，徒弟抱着千斤顶回来了，他高兴地对师傅说："师傅，一切都跟您说的一样，您太神了！"

原来，徒弟走到房子前去敲门，开门的是个中年男子，从他不耐烦的模样可以看出他并不是一个好说话的人，但徒弟还是按照师傅的吩咐，笑着说道："又有事要麻烦你帮忙。"中年人看了看这个陌生的年轻人，说："我想我并不认识你，你怎么说又需要我的帮助呢？"徒弟说："您家就在马路边上，尽管你没帮过我的忙，但也一定帮过不少人的忙，所以，对你来说，是又有事需要您帮忙了。"中年人听了徒弟的话，哈哈一笑，说："说吧，你有什么需要我帮忙的？"徒弟说："我们的车胎爆了，忘了带千斤顶。我想，肯定曾经有人也像我一样跟您借过千斤顶换轮胎，所以我也想跟您借一下千斤顶。"不过中年人并没有车，他也没有千斤顶，可他听了徒弟的话，觉得不帮忙似乎有点说不过去，于是放下手中的活，说："虽然我没有，但是我知道哪儿有，走吧，我带你去借。"于是中年人骑上摩托车带他到一个朋友家借了个千斤顶。徒弟谢过中年人之后，便高高兴兴地带着千斤顶走了回来。于是，也就出现了开头的那一幕。

事后，小徒弟问师傅说："师傅，为什么那个人本来没打算帮忙，但是因为我说了您教我的那几句话，他就那么尽心尽力地帮助我们呢？"师傅笑了笑，说道："这就是说话的艺术。如果你第一句话就问他'您有没有千斤顶，借我一下可以吗'，那肯定会被他拒绝的，但是如果你先称赞他助人为乐的精神，他自然也就不好意思将你拒之门外了。"

若想成就一番事业，求人办事是在所难免的，有时候，会说话在求人办事的过程中，起着不可小觑的作用。大家都知道，语言是人们沟通的桥梁。想要别人帮助你，就必须有过硬的嘴上功夫。在求人办事的过程中，要用最巧妙的语言，把话说到对方的心里，为自己顺利办事凿开一条通道。

求人办事，要掌握好说话的时机

在现实生活中，我们常常会听到这一类的抱怨，“现在这个世界，办个事儿真难啊！唉！”有些人在办事的过程中，既没有门路也没有关系——其实这也没什么，因为大多数人都是这样。关键在于有些人天生不善言谈，更不懂得看准时机。

求人办事本来也不是件容易的事，往往也要达到“天时、地利、人和”的境界才能成功。谈话是一门艺术，有人谈起话来滔滔不绝，容不得其他人插嘴；有人为显示自己的伶牙俐齿，总是喜欢用夸张的语气来谈话，甚至不惜危言耸听；有人以自己为中心，完全不顾他人的喜怒哀乐，一天到晚谈的只有自己。上述这些人说话的内容可能很精彩，但却没有掌握好时机，是无法达到说话的目的的。因为听者的内心，往往随着时间变化而变化，所以，要想使别人愿意听你的话，或者接受你的观点，都应当选择适当的时机，时机对于说话时很关键的。

在某宾馆工作的服务员王璐第一天上班，被分配在酒店 B 楼 4 层坐台班。由于刚经过 3 个月的岗前培训，因此她自己对工作充满信心，自我感觉良好，一上午的接待工作也还算顺手。

中午的时候，电梯门打开，走出两位来自台湾的客人。王璐立刻迎上前去，微笑着说：“你好先生。”看过客人的住宿证后，王璐边接过他们的行李，边说：“欢迎入住本饭店，请跟我来。”王璐领他们走进房间后，随手为他们倒了两杯茶，说：“先生请用茶。”

接着她便开始向客人介绍客房设备，这时一位客人说：“知道了。”但是王璐没有什么反应，仍然继续介绍着。还没说完，另一位客人在自己的钱包里拿出一张百元人民币，不耐烦地递给王璐。

“不好意思，我们不收小费的。”王璐嘴上说着，心里却想，自己是一片好意，怎么会被误解了。这使王璐觉得十分委屈，她说了一声：“对不起，如果您有事就叫我，我先告退。”

从这个例子中，我们可以看出，没有把握好说话的时机，即使说得在动听，也完全不能打动人，反而产生反作用。

我们常常看到这样的场景：一个推销人员，走进一家公司，但是大家都在埋头忙于自己的工作，可是推销人员没有办法，只能硬着头皮去打扰。结果如何呢？可想而知被拒绝了。说话时机不对只能自讨没趣，一个人要想把话说得恰到好处，把握住说话的时机非常重要。不该你说时你说叫急躁，该说时却不说叫隐瞒，不看对方脸色变化便贸然开口，叫作闭着眼睛瞎说。在我们求人办事的时候，这些没有把握住说话的时机的行为，一定会成为失败的原因。

俗话说得好：出门观天色，进门看脸色。别在别人心情不好的时候麻烦人家帮你做事情。一定要注意对方所处状态，也要注意对方的情绪和心理需要，这就是时机，只有在合适的时候让别人帮你，别人才会帮你，你说话的时机不对，别人又怎么帮你呢？如果别人家中正有不幸的事发生，你让人家帮你办事时说一些开玩笑的话，别人会感觉你在嘲笑他，是不可能帮你办事的。

因此，求人办事，一定要看准时机再开口。把握好说话的时机，说出的话自然贴切，能够引起人们的重视。不要以为只有在对方愉悦时的言语才有分量，抓住对方隐忍难发之机，坦诚直言，则别具一番人微言重的味道。在适当的时间里，利用有限的几个语句、充分地表达自己完整意愿的能力，是把握说话时机不可或缺的一个要素。

你让别人帮忙办事时，在谈话当中你可以长时间保持沉默、仔细聆听，但最终你还是得开口说话。你必须创造机会发表自己的见解，让对方了解你的想法，这才是最有说服力的做法。在交谈中，说话的时机把握不好，再好的言语也很难打动人心。

总之，求人办事一定要开动脑筋、注意观察，迅速找到双方的共同点，以此作为一种契机，并找到最佳的开口机会，与求助对象进行和谐投机的谈话。将最合适的言辞在最合适的时机下说出来，还有什么是不能成功的！

投其所好，营造好的求人氛围

无论是与人交谈还是求人办事，投其所好是打动别人很好的方式。如果你能投其所好，说的话就能深入人心；如果反其所好，只会招来对方的厌恶，为自己带来一些不必要的麻烦。

看过美国总统罗斯福传记的人都会惊讶于他何以全知全能。无论是牧童、农民、劳工，还是政治人物、商业巨子，都能和罗斯福谈得很投机，这其中到底存在什么秘诀呢？

其实也是很简单的，罗斯福是个历史上相当成功的政治人物，他深知获取人心的捷径，就是谈论他以为最值得谈的事。罗斯福无论接见任何人，无论地位高低，在前一晚肯定要预先阅读使对方有兴趣的谈话资料，所以，所有见过他的人，每一个人都会对他有很好的评价。

当然，不仅仅是政治人物需要这样，就算是个推销员，也该知道要怎样投顾客所好。例如，有位汽车推销员，为了手上的进口高级车，专程拜访一位企业家。可是，刚开始见面，他们并没有谈有关车的事，反而先拿出儿子的集邮册。原来他从企业家的秘书那里了解到，企业家很喜欢他的儿子，他的儿子迷上了集邮，于是企业家总是不辞辛劳，乐此不疲地替儿子搜集邮票。他就用这件事当话题，两人很快就有了共同语言，并且谈得很投机，最后在快要告辞时稍微提一下车子的事，当然很顺利地就把它卖出去了。

因此，与人交谈时，要尽量投其所好，否则就很难展开话题。有时因工作或生活的需要，我们必须与人对话或有求于人。用你的嘴说动别人的腿，要创造一种气氛，让对方无法回绝；勿贸然行事，让对方感到突然。求人办事，要想让人家痛痛快快地答应，营造一种让人痛痛快快的气氛十分重要。而投其所好，就是营造良好气氛最好的方式。

老王为自己女儿安排工作时，因一点小问题总也决定不下来，他知道有一个同事和可办成此事的掌权者是老同学，如让他出马事情便能顺利一些，但是，老王和这个同事关系很一般，要说这件事，他怕人家回绝；要不找人家，女儿的工作问题还会再耽搁下去。于是他便有意识和这个同事接近。这个同事和他有一个共同的爱好——下棋，他先不跟人家谈女儿工作的事，而是先在一起共同探讨棋艺。在一次下棋两人都十分开心的氛围中，老王才向这个同事提起女儿工作受阻的事，同事一口答应他跟老同学说一下，后来事情很快就办妥了。

有时候，为了达到自己的目的，要婉转地摸清对方的兴趣爱好，主动挑起话题，一步步诱其深入，看时机成熟，然后话锋一转，把你真正的目的亮出来。此时，对方跟你的距离早已在两人的交谈中越来越近，帮忙也就是情理之中的事了。

婴儿用品推销员大卫，很想在一家大型商场里举办一次婴儿用品促销活动。

他已经提出拜访商场主管 8 次了，眼看着距离自己预期的活动时间已越来越近，但商场主管还是没有理会自己，并且拒绝见他。

万不得已之下，大卫只能寻求其他的接近商场主管的办法。经过多方打听，大卫得知这位主管是个超级篮球迷，并且还是凯尔特人队的忠实球迷。于是，大卫通过商场主管的秘书，递了一张纸条给主管："下周的比赛，肯定是马刺队大胜凯尔特人队。"

没曾想，5 分钟不到，商场主管就让秘书请他进其办公室。

大卫一进门，商场主管就对他嚷道："马刺队怎么可能会赢！我认为一定是凯尔特人队大胜马刺队。"

大卫听主管讲完后，才说出自己的见解，并且认为凯尔特人队下周肯定赢不了马刺队。

主管听得非常认真，兴致勃勃。这个时候，他们根本就没有谈促销的事情。在谈了两个多小时之后，大卫才起身告辞，并且拿出了一张门票递给主管说：“票就在这里，抽个空，我们一起去看看这场比赛，看谁的预测准确，你认为意下如何？”

商场主管很高兴地收下了门票，并且还一个劲地坚持自己的判断肯定不会错。

临出门时，手上拿着大卫送的门票的商场主管忽然对大卫说：“听说你准备在我的商场里举办婴儿用品促销活动？这样吧，我们一起策划一下。办完这事之后，我们再一起去看球赛，我要你和我亲眼看见凯尔特人队是如何狂胜马刺队的。”

很快，这次的婴儿用品促销活动得以圆满举办。大卫和主管也成了很要好的朋友。

许多有经验的求人成事者，会想方法让对方喜欢、接受，使商谈获得成功。因为每一个人几乎都有这样的习惯：喜欢听别人提及自己的事，谈论他本人所关心的事，所以求人成事者有必要多花心思研究对方，对他的喜好、品位有所了解，这样才能顺水推舟。

投其所好的说话方式往往能够取得很好的效果，因为谁也没有义务帮助别人，而投其所好不但能讨得对方欢心，还让两个人的关系走近了，这样别人自然会愿意帮忙。

有求于别人，不必低三下四

有些人觉得自己有求于别人，感觉就比别人矮了一截，于是说起话来，低声下气。其实，求人的时候要想获得成功并不是靠卑躬屈膝，如果你是一个值得别人帮助的人，只要在言谈中表现出你的能力、实力，自然能够打动别人。

唐代诗人白居易 16 岁到长安应试，向当时的名士也是著名诗人顾况求助，希望对方能推荐自己。

当时，白居易还只是一个无名小辈，地位已经很高的顾况自然有些瞧不起这个年轻人。一看见他姓名中的“居易”二字，顾况就嘲笑他说：“长安米贵，居不大易。”

言下之意是非常明显的，就是我为什么要帮助你这个无名小辈呢？帮助你在长安成名又有什么意义呢？但当顾况接着看白居易递上去的诗作，翻阅到其中《赋得古原草送别》一首，不由得精神顿时清爽起来：

离离原上草，一岁一枯荣。
野火烧不尽，春风吹又生。
远芳侵古道，晴翠接荒城。
又送王孙去，萋萋满别情。

这首诗写得极有气势，把自然界的草木荣枯与人生的离合悲欢联系起来。特别是“野火烧不尽，春风吹又生”两句，表现出一种饱受摧残，而仍然不屈不挠、奋发上进的豪迈精神。见此，顾况不由得击节赞叹，改口称赞说：“有才如此，居亦易矣!”顾况认为白居易是个值得自己帮助的青年，于是答应了白居易的求助，帮助白居易广交长安名人雅士，并在仕途上助他一臂之力。

白居易以不卑不亢的态度，用过人的才华为自己赢得了顾况的赞赏，也为自己赢得了成功的机会。求人时，不妨想想你有什么地方值得让人帮助你：向人借钱，是不是该让人知道你有多少还钱的实力；向人求工作，是不是该让他知道你的工作能力能为他带来多少利润；向人求爱，是不是该让他晓得你值得对方爱的优点？

有求于别人的时候，态度自然不能狂妄自大，但也用不着低声下气。如果你是求人时的强者，则完全没有必要摆出居高临下的样子，而应该表现出自己平易近人，开朗、热情、主动，目中有人，尊重对方，再配上微微一笑，使对方感到亲切而温暖。这样，就会给求人与被求双方创造一种友好亲切的气氛，解除那种由于你的身份、你的背后的权力与经济实力加在对方头上的沉重压力。总之，身为强者的你应该放下架子，以缩短双方的距离，激发双方思想感情上的共鸣，以谦和的态度赢得对方信任并达到自己求人成事的目的。

而作为地位比对方低的求人成事者，则应该不为对方的权势所动，不为对方的身份、地位所左右，克服畏惧、紧张、羞怯、遮掩的不良心态，大胆地表明自己的来意。应使自己振作起来，以一种“人对人”的不卑不亢态度来与对方会谈，尽可能地展示自己的才华，这样才能在求人成事时获得成功。

以退为进，赢得对方的信任

在求人办事的过程中，有时候我们正面相求或者据理力争说这样做的好处，不如“以退为进”更能打动人心。很多时候，我们过分强调自己的目的，过分坚持自己的想法并不一定能够取得预想的效果，相反，如果采取一种“退”的策略，有时反而更容易达到目的。

某镇的镇政府秘书有个计划要实施，必须经书记同意。对于这个计划，镇长是比较愿意的，并同意帮助秘书劝说书记。当他们到了书记的办公室，秘书做了大致的陈述后，书记思考片刻，就问镇长：“你觉得这个计划如何？”而镇长的回答却令秘书很失望：“还应当再探讨一下！”镇长明明答应支持秘书，为什么变了呢？于是书记只答应“我再考虑一下”，这样计划当时就没有通过。“镇长怎么这样呢”，秘书心里嘀咕着。

几天来，秘书心里一直不是滋味。过了一个星期，让秘书感到意外的是，书记同意了他的计划。原来镇长在他们交谈后，说服了书记。试想，假如镇长和秘书一起说服书记，书记会做什么决定还不得而知。

很多时候，我们在拜托别人帮忙的时候，总是一个劲地想说服对方，让对方接受我们的请求，对方反而会有些不情愿，因为很多人都会有种怀疑精神，凭什么你说好我就一定要相信呢，反而会觉得你一个劲地说好是不是为了掩饰什么呢？

有一次，在费城举行宪法会议的时候，会议中分为赞成派和反对派，讨论相当激烈。由于出席者有着人种、宗教等方面的差异，利害关系各异，因此会议充满了火药味和互不信任的气氛。出席者的言辞都非常尖锐，甚至还有人身攻击。

眼看会议即将决裂，在这个时候，持赞成意见的富兰克林适时地站了出来，他不慌不忙地对人们说："事实上，我对这个宪法也并非完全赞成。"

此话一出，会议纷乱的情形立刻停止了，反对派人士都用怀疑的眼光看着富兰克林。富兰克林停了一会儿，继续说道："对这个宪法，我并没有信心，出席本会议的各位，也许对这些细则还有些异议，但不瞒各位，我此时也和你们一样，对这个宪法是否正确抱有怀疑态度，我就是在这种心情下来签署宪法的……"

经富兰克林这一说，反对派的激动和不信任态度终于平静下来，他们反而想让时间验证一下它是否正确，这样，美国的宪法终于顺利通过。

对于一件事情，如果一味地强调好的一面，那么对方对于你所说的话，就会存有不信任的潜在心理。这时不如利用人类潜在的"逆反心理"，采取以退为进的方法来取得对方的信任。富兰克林就是利用了这个技巧，先说一些对自己不利的话，使对方产生了信任感，再顺势达到自己的目的。

循序渐进，把握好说话的节奏

有些时候，我们在求人办事的时候，对方总是会对我们说："你有什么事就不要拐弯抹角了，开门见山直接说吧。"然而，当你真的开门见山地说的时候，对方却露出为难的表情了。事实上，开门见山、贸然提出请求这种直接的方式在求人办事时很难取得好的成效。求人办事应循序渐进，一步一步针对性地消除对方的重重疑虑。

美国斯坦福大学社会心理学家弗利特曼和弗利哲两位教授，曾同学校附近一位家庭主妇巴特太太做了个有趣的实验。他们打了个电话给她："这儿是加州消费者联谊会，为具体了解消费者之实况，我们想请教几个关于家庭用品的问题。"

"好吧，请问吧！"

于是他们提出了一两个如府上使用哪一种肥皂等简单问题。当然，这个电话，不单单只打给了巴特太太。

几天后，他们又打电话了："对不起，又打扰你了，现在，为了扩大调查，这两天将有五六位调查员到府上当面请教，希望你多多支持这件事。"

按理来说，这实在是件不太礼貌的事，但也被同意了，到底是为什么呢？其实原因很简单，就是因为有了第一个电话的铺路。相反，他们在没有打过第一个电话，而直接有第二个电话要求时，却遭到了拒绝。

由此可见，向人有所请托，应由小到大，由微至著，由浅及深，由轻加重才是，如果一开始就有太大的请求，一定会遭到对方断然的拒绝。因此，一点一点引别人接受，是求人办事的一大成功法则。

心理学家查尔迪尼在1975年为慈善机构募捐时，只不过多说了一句“哪怕是一分钱也好”的话，便多募捐到一倍的钱物。查尔迪尼这样分析说：“对人们提出一个非常简单的要求时，人们难以拒绝，因为他们害怕别人觉得自己不通人情；当人们接受了这个简单的要求之后，再提出一个比较高的要求，人们一般会更易接受。这是因为，只要你接受了别人一个微不足道的请求后，对于更大的请求便不会觉得有多困难或不好意思拒绝别人的请求。”

求人办事时，我们可以先通过一些小事，来拉近对方的距离。等两人的关系更近的时候，再表明自己的意图，这样，成功的概率会大大提高。

循序渐进的说话，要注意几个问题。

首先，你要清楚你最终要说的是什么，而后在渐进的过程中，层层深入，也就是，你之前说的都是为了后面做铺垫的。比如，选择对方最关心的话题切入！怎样切入话题？这里就讲到沟通的四字真言：“夸”“问”“听”“讲”。

(1) 夸：任何一次谈话开始三分钟肯定从夸对方开始，说对方喜欢听的话 。

(2) 问：关心对方，问对方关心的话题，如父母、孩子、工作、生意……

(3) 听：先听后说，多听少说，听了才知道要说什么。

(4) 讲：顺着对方的话语来说，能说出打动对方心坎的话题，能说出对方没听说过的话语。这样就会逐步建立起双方的初步信任，为进一步的沟通做好准备。

其次，在说的过程中，不要脱节，一下子就从这个问题跑到另外一个问题，脱离主题了，最后想说回主题来都难了。有人本来是想去找对方帮忙，然后想先做个铺垫，去对方家里拜访了解一下口风。看到对方家的装修很特别，想赞美一番拉近距离，结果就和这家主人聊装修，一直聊到差不多该告别的时候，才想起来自己是带着“任务”而来的，可是，也不好意思逗留太久，导致无功而返。

正话反说容易让人接受

在日常生活中，当人们在请求别人的时候，总是喜欢从这件事的正面意义来说服对方，比如你为什么要这么做，强调这件事的动机和好处。其实，这样做有时候反而是不能达到目的，因为这么做会让人觉得是被迫接受的，而非是出于主观自愿。

你也许意识不到，在求人办事的过程中，表达方法的不恰当会让对方产生抵触心理，从而拒绝你，那么你想要通过沟通达到自己的初衷也会化为乌有。

西方管理学认为，怎样做往往比做什么更重要。

唐太宗李世民有次扬言要杀掉总是触犯他的魏征，长孙皇后闻后十分着急。

如果用大道理劝说李世民，李世民不仅不容易接受，反而会使事情变得更糟。于是，长孙皇后换了一种方式来劝说李世民。

长孙皇后对李世民说：自古以来主贤臣直，只有君主贤明，当臣子的才敢直抒胸臆、有话敢讲，今魏征敢于立言劝谏，全赖圣上贤明。李世民闻后龙颜大悦，打消了要杀魏征的念头。

试想，如果长孙皇后一个劲地劝说李世民，不要杀了魏征，像魏征这样敢于直谏的臣子是忠臣，你若杀了他，你就是一个昏君等等，诸如此类的说法，一定会惹得李世民更加生气，因此更加下定要杀魏征的决心。

秦朝时，有个很有名的人叫优旃。

有一次，秦始皇要大肆扩建御苑，多养珍禽异兽，以供自己围猎享乐。大臣们虽然知道这是一件劳民伤财的事，但谁也不敢阻止秦始皇。

这时，优旃挺身而出，对秦始皇说：好，这个主意很好，多养珍禽异兽，敌人就不敢来了，如果敌人从东方来了，可以下令麋鹿用角把他们顶回去，就不用士兵了。秦始皇听了不禁破颜而笑，而且改变了扩建御苑的决定。

优旃的话表面上是赞同秦始皇的主意，而实际意思则是说如果按秦始皇的主意办事，国力就会空虚，敌人就会趁机进攻。

这样表面上赞同了秦始皇，同时也保全了自己，更为重要的是它促使秦始皇醒悟，从而达到了自己说服的目的。

很多时候，我们总是习惯从一件事的正面意义去说服别人，但是对方却往往不为所动，还以为是自己言辞不够正义，于是更加用心用情，却让对方越来越反感。这个时候，不妨换个角度，反其道而行之。

正话反说的方法是办事说话时的一种常用方法。反说出来的话能使本来也许是困难的交往变得顺利起来，让听者在比较舒坦的氛围中接受信息，如巧用语气助词，把“你这样做不好！”改成“你这样可能会产生某种后果，这种后果……”然后让听者自己理解这种后果的严重性，自然也易接受你的请求或意见。

第八章
“丑话”要巧说，别让不好意思害了你

如果你在工作时间，或是你正想休息一下的时候，突然有一个人前来缠住你，唠叨不休地向你借钱，或要求为他谋一份职业，或是请你帮个忙，并不管你愿不愿意，他一定要求你答应下来，或者一定要你买他的产品，你会觉得痛苦吗？

相信你会感到头痛，但是有没有办法避免这些困扰呢？这就要看你会不会高情商地拒绝了。

情商低，也只能硬着头皮说“不”

拒绝别人是有讲究的。拒绝得法，对方便心服情愿，如果拒绝不得法，会使人感到不满，甚至对你怀恨在心。许多时候，当你硬着头皮说出“不”字，在伤对方面子的同时，也是在赤裸裸地表达你的低情商。

有一次，一家保险公司的所谓“代理人”到一位编辑的办公室来做销售，整整谈了一个上午，这位编辑始终用“不”字来拒绝，结果那位“代理人”只好怏怏退出了。

几天之后，这位编辑的同事来告诉他，一个胖胖的年轻人在外面口口声声地在破坏他的名声。这位编辑非常惊奇，因为在工作中或工作以外他并没有仇人。直到同事说那个青年人的下巴上有颗痣，这才恍悟，原来是那天被他拒绝的那个“代理人”。

拒绝人家不得方法，实在会带来很多麻烦。例如，一个信誉不良的朋友向你借钱，你明知道把钱借给他就像肉包子打狗一样有去无回。一个相识的商人向你推销商品，你明知买下就会亏本……诸如此类的事你必定加以拒绝。可是拒绝之后，就有可能断绝交情，引人恶感，被人误会，甚至种下、埋下仇恨的祸根。

要避免这种事情发生，唯一的方法是要运用聪明智慧。学习拒绝的方法要注意下列几项原则：

你应该向对方解释拒绝的理由；

拒绝的言辞最好用坚决果断的暗示，不可含糊不清；

不要把责任全推到对方身上；

注意不要伤害他的自尊心，否则定会迁怒于人；

让对方明白你的拒绝是万不得已，并表示抱歉。

有时为了拒绝别人，含糊其词地去推托，如“对不起，这件事情我实在不能决定，我必须去问问我的父母”，或者是“让我和孩子商量商量，决定了再答复你吧”。

这种方法太不干脆了。有些人可能认为这是拒绝的好办法，既不伤害朋友的感情，又可以使朋友体谅你的难处。这种敷衍的结果是对方会再三来缠绕你，当他终于发觉这是你的拒绝，以前的话全是敷衍、骗人的推托之词时，不但会怨恨你，而且也暴露了你致命的弱点：懦弱和虚伪。

如果换一种情况，你的上司或主管对一项措施征求你的意见时，你出于对此负责的目的，必须表明你是反对还是赞成时，你又该怎么办呢？

让我们来举一个例子：

美国一家贸易公司的经理设计了一个商标，开会征求各部门的意见。

经理报告说：“这个旭日很像日本的国旗，日本人看了一定会购买我们的产品。”

然后他征求各部门主任的意见。营业主任和广告主任都恭维经理构思的高明。最后轮到代表出口部主任的青年职员发表意见，他说：

“我不同意这个商标。”全场的人都瞪大了眼睛看着他。

“怎么？你不喜欢这个设计？”经理吃惊地问他。

“我不喜欢这个商标，”年轻人直率地回答。其实从艺术的观点来说，这位年轻人的确有点讨厌那个红圈圈，他明白和经理辩论审美观是得不到什么效果的，所以他只是说：“我觉得它太好了，恐怕不合适。”

经理笑了起来，说：“这倒使我不懂了，你解释一下看看。”

“这个设计鲜明而生动自然是毫无疑问的，因为与日本的国旗相似，无论哪个日本人都会喜欢的。”

“是啊，我的意思正是如此，这我刚才已经说过了。”经理有些不耐烦地说。

“然而，我们在远东还有一个重要市场，那就是华人社会，包括中国大陆和香港地区，以及东南亚国家，这些国家和地区的人们看这个商标，也会想到日本的国旗。尽管日本人喜欢这个商标，但是由于历史的原因，这些国家和地区的人们就不一定喜欢，甚至可能产生反感。这就是说，他们会拒绝我们的产品，这不是因小失大吗？照本公司的营业计划，是要扩大对中国和东南亚国家及地区贸易的，但用这样一个商标，结果是可想而知的。”

“天哪！我怎么没有想到这一点，你的意见对极了！”经理几乎叫了起来。

这位年轻人如果也是和其他人一样地对经理恭唯从命，让旭日做成商标，将来产品销到远东之后，生意清淡，无法收到订单，那时即使意识到其原因是商标问题，也无可挽回了，况且那位代表出口部出席那次会议的青年能推卸责任吗？

要向一位有权威的人表示反对意见或拒绝，你必须要有充分的理由，更要说得使他完全信服。因此，技巧的运用不能不讲究。你看上述例子中，那位青年一句开场白先满足了经理的自尊心，同时也不会使他产生不悦，然后，你再陈述充分的理由，经理也就不会因此觉得难堪了。

记住：不要损伤他人的自尊心，不要使他人感到你低人一截。你虽然拒绝了他，还是让他仍然自满和得意吧！

做一个习惯说“不”的高情商者

人际交往中，每个人都会碰到一些不合理的要求，或是自己不愿意接受的事情，直截了当地拒绝别人，会觉得太伤颜面，不拒绝又委屈了自己。因此，如何巧妙地拒绝别人，如何巧妙地说“不”便成了一门艺术。

很多人为了息事宁人，自己强忍着，宁愿当个“烂好人”。还有的人从来不拒人于半里之外，他们觉得说“不”难免伤感情。不敢说“不”的人，他们的目标是被别人来喜欢和爱，但代价却是牺牲自我。

周五晚上，好友梅梅又在电话里向好友抱怨，说女儿的芭蕾课要考试，答应周六陪她去舞蹈学院排练一上午，下午要陪小姑子挑选婚纱，晚上同事给老公搞生日派对，她满口答应去帮厨……唉，成天为别人的事忙碌，多累多不情愿多烦啊……恨不能有孙悟空的本领，来个分身术！

“谁让你逞强，应下一大堆事儿？”好友抢白了她一句。

“没办法呀，既然别人开了口，我怎么好意思拒绝呢？”

好友太了解她了，梅梅正是那种有求必应的热心人，只要别人开了口，她总碍于面子，怕惹别人不高兴，心里再不情愿也要硬撑着答应下来。“不”字从她嘴里蹦出来，似乎比登九重天还难，到头来，往往搞得自己心力交瘁，疲惫不堪……

梅梅在办公室也是如此，担心自己不承担所有交代下来的工作，就会惹上司不高兴，于是有求必应，从来不去考虑自己的承受能力，结果分内的工作都给耽误了。拒绝别人最让她头疼，在婚姻中也不例外，“不管老公想干什么，我都会让步，还是少惹他不开心的好，他的工作压力已经够大了。就让我当天底下最不开心的那个人吧。”梅梅挺有献身精神地说。

在生活中，面对明知不可为的事情，要相信自己的判断，要勇敢地说“不”。为了一时的面子而勉强行事，是最不明智的行为。俗话说：死要面子活受罪。如果拿不出勇气来拒绝别人，最后受委屈、吃亏的只能是自己。

说“不”固然代表“拒绝”，但也代表“选择”，一个人通过不断的选择来形成自我，界定自己。因此，当你说“不”的时候，就等于说“是”。你“是”一个不想成为什么样子的人。勇敢说“不”，这并不一定会给你带来麻烦，反而能替你减轻压力。如果你想活得自在一点、原则一点，就请勇敢地站出来说“不”。记住，你不必为拒绝不正确的事情而内疚，因为那是你的权利，也是你走向成熟必上的一课。

当然在你勇敢地说“不”的时候，你不能硬邦邦地回绝别人，给人造成颜面上的难堪和心里的不快，而要懂得把握拒绝的艺术，那么在说“不”的时候，你要注意哪些呢？

（1）确定别人对你的要求是否合理，不要看别人是否觉得合理。如果你犹豫或推脱，或者你觉得为难或被迫，或者你觉得身体内紧张压迫，那可能意味着这个要求是不合理的。

（2）在完全弄明白别人对你的要求之前，不会让自己说“是”还是“不”。

（3）说“不”时要清晰肯定。简单地说出“不”是很重要的，不要让它成为一个充满着借口和辩解的复杂表述，你不想这么做只是因为你不想做，这就够了。你在拒绝的时候，只要简单明了地解释一下你的感受就行了。直接的解释是一种果断的自信，间接的误导或借口是一种优柔寡断，会给你将来留下更多的麻烦。

（4）在拒绝的时候不说“对不起，但是……”。说“对不起”

会动摇你的立场，别人可能会利用你的负疚感。当你认真地估计了形势，决定拒绝的时候，你用不着觉得抱歉。

（5）在业务来往中，如果对方给你提出超规范的要求，如直接说“不”，断然回绝。其结果，往往是你处在有理有利的地位，反而把双方关系搞僵了，从而导致其他工作不能顺利开展，影响极大。这时候，你就要把未出口的“不”改成“我尽力”“我考虑一下再给你电话”等，然后将话题岔开，对方会感到你很给他面子，比较容易接受。事后，如对方再仔细考虑的话，也就会觉得自己的要求“是不是太过分了”，于是他会自觉放弃，事情就会迎刃而解。

一个人如果不懂得保护自己、尊重自己和自己的需求，别人也不会对你这样做。在需要拒绝的时候，要敢于拒绝任何人、任何事，只有这样你的生活才会过得洒脱。

拒绝别人也要人情味十足

在人际交往中，我们常常会遇到一些难以答应的请求，如言辞生硬，直接回绝别人，往往造成不好的结果。这时最好的方式就是委婉地表达出自己拒绝的意思，让对方知难而退，这样既不伤朋友间的和气，也不违反自己为人处世的原则。

罗斯福当海军助理部长时，有一天一位好友来访。谈话间朋友问及海军在加勒比海某岛建立基地的事。

“我只要你告诉我，”他的朋友说，“我所听到的有关基地的传闻是否确有其事。”

这位朋友要打听的事在当时是不便公开的，但是好朋友相求，如何拒绝呢？

罗斯福望了望周围，然后压低嗓子向朋友问道：“你能对不便外传的事情保密吗？”

“能。”好友急切地回答。

“那么，”罗斯福微笑着说，“我也能。”

这位朋友明白了罗斯福的意思，之后便不再打听了。

后来，罗斯福的这位朋友仍然和他交往着，感情并没有减淡，因为那人很清楚罗斯福做事一向是很有原则的。

在上面的事例中，罗斯福采用的是委婉含蓄的拒绝。在朋友面前既坚持了不能泄密的原则立场，又没有使朋友陷入难堪，体现了高超的语言运用能力。相反，如果罗斯福表情严肃，义正词严地加以拒绝，其结果必然是两人之间的友情出现裂痕甚至危机。拒绝对方，也要给对方留足面子。当我们用委婉的方式来表示拒绝，就不易使对方难堪了。

我们对别人说“不”，是维护自己权益的行为，但是在维护自己权益的同时，也应当尽量照顾到对方的感受。虽然拒绝要态度明确，但仍须通过各种语言的艺术，不要让对方感到难堪。

汉光武帝刘秀的姐姐——湖阳公主的丈夫死后，看中了朝中品貌兼优的宋弘。有一次，刘秀召来宋弘，以言相探：“俗话说，人地位权利高了，就要改换自己结交的朋友；人富贵了，也可以改换自己的妻子，这是人之常情吗？”宋弘回答说：“我只听说‘患难之交不可忘，糟糠之妻不下堂’。这句话的意思是：无论人是在生活贫困、地位低下，还是富贵、地位高的时候，都不能把朋友忘记，最初的结发妻子也不能让她离开身边。”

宋弘自然深知刘秀问话的言外之意，但他进退两难。应允吧，违背了自己的人品，也对不起自己的结发妻子；含糊其词吧，还会招来麻烦，毕竟是一国之君；直言相告吧，也不得体，又有冒犯龙颜之患，因此他引用古语来“表态”，委婉而又直截了当地表明了自己的态度与立场，也是一个良好的拒绝他人的办法。

说“不”固然不太容易，但说话高手们总会让自己的拒绝明确而合理，不但能够在委婉的语言中让对方免于难堪，给对方一个台阶下，同时也明确地表达出自己的意思，让对方知难而退，从而达到拒绝他人目的。

真心说“不”，倒出你的苦衷

不管是在生活还是职场中，我们常常都会遇到这样的问题：一位朋友或者同事突然开口，让你帮个忙。问题在于，这个事情对你来说，已经有些超出个人的能力范围。答应下来，自己忙上忙下，还不一定能够圆满完成；如果直接拒绝，面子上又实在抹不开，毕竟大家都相熟已久了。此种情况应该怎么说，才能既不得罪人，又能达到拒绝的目的呢？

有人会直接对他说：“不行，真的不行！”如果你真这么说了，当然拒绝的目的是肯定达到了，但是你可能因此失去一位朋友，甚至还会影响到你在这个圈子的口碑。有人会推托说：“我能力不够，其实某某更适合。”那你有没有想过：当朋友或同事把你的这番话说给某某听时，他会做何反应？有人会不好意思地说：“我真的忙不过来。”这个理由还算不错，可是只能用一次，第二次再用时，朋友或同事一定会用疑惑的眼光来看你。

那么，到底应该怎样说出那个重要的“不”字来呢？

1. 不妨先倾听一下，再说“不”

在工作中，往往每个人都会遇到这种情况，当你的朋友或同事向你提出要求时，他们心中通常也会有某些困扰或担忧，担心你会不会马上拒绝，担心你会不会给他脸色看。因此，在你决定拒绝之前，首先要注意倾听他的诉说，最好的办法是，请对方把自己的处境与需要，讲得更明了一些，自己才知道如何帮他。接着向他表示你了解他的难处，若是你易地而处，也一定会如此。

“倾听”能让对方产生自己被尊重的感觉，在你婉转地表明拒绝他人的立场时，也要避免伤害他，还要避免让人觉得你只是在应付他。如果你的拒绝是因为自己有一定工作负荷或者压力，倾听可以让你清楚地界定对方的要求是不是你份内的工作，而且是否在自己的能力范围内。或许你仔细听了他的请求后，会发现协助它有助于提升自己的工作能力与经验。这时候，你在兼顾自己的工作原则下，牺牲一点自己的休闲时间来帮助对方，对自己的发展也是有帮助的。

“倾听”还有一个好处是，虽然你拒绝了他，但你可以针对他的情况，建议如何取得适当的支援。若是能提出更好的办法或替代方案，对方一样会感激你。甚至在你的指引下找到更适当的方法，这样也会事半功倍。

2. 温和而又坚定地说“不”

当你仔细倾听，明白朋友或同事的要求后，并认为自己确实无能为力，只能拒绝的时候，说“不”的态度即要温和又要坚定。好比同样是药丸，外面是一层糖衣的药，就比较让人容易入口。同样，委婉表达拒绝，也比生硬地说“不”让人更容易接受。

例如，当你的同事的要求不合公司或部门的有关规定时，你就要委婉地表达自己的工作权限，并暗示他如果自己帮了这个忙，就超出了自己的工作范围，违反了公司的有关规定。拿自己工作时间已经排满而爱莫能助的前提下，要让他清楚自己工作的先后顺序，并暗示他如果帮他这个忙，就会耽误自己的工作，会产生一些不必要的麻烦，也和公司的利益有冲突。

一般来说，同事听你这么说，一定会知难而退，而再去想其他办法。

3. 说明拒绝的理由

拒绝在某种意义上，其实就是一种辩论。别人会想尽办法试图说服你接受，而我们则必须利用各种理由“反击”，向他说明自己不能接受的原因。如果我们要让对方心服口服，就必须说出一个值得信服的理由。当然，选择权在我们手上，即使没有理由，我们也可以选择拒绝对方；只是这样的结果，会让对方感到不悦，毕竟遭受毫无理由的拒绝，任谁都不会开心的。

4. 不要过多地解释

有些拒绝者为了抚慰对方“受伤的心灵”，往往在拒绝之后，说出一大堆安慰的话，或为自己的拒绝说出一连串冠冕堂皇的理由。其实，这些都是画蛇添足，因为太多理由，反而让别人觉得你是在借故搪塞。因此，拒绝的理由只要说清楚就行了，不要解释过度。

在说“不”的过程中，除了技巧，更需要有发自内心的耐心与关怀。若只是随随便便地敷衍了事，对方其实都看得到。这样的话，有时更让人觉得你是一个不诚恳的人，对你的人际关系伤害更大。

总之，只要你真心地说“不”，对方也会了解你的苦衷，而且你也能成功地达到拒绝别人的目的。

拒绝的话不宜模棱两可

很多人，在拒绝别人的时候怕得罪别人而影响彼此的感情，总是喜欢含糊其词。听得懂的人自然还好，能够明白这是对方拒绝的说辞；没听懂的人，自然就会会错意，然后默默地等待着你的帮助。等到某天，见交代你这么久的事还未办妥，便又来说起：“你上次帮我办的事，怎么这么久都还没办好呢?”这时你才错愕地回答他：“我什么时候说过帮你的忙?”……然后，这时把话说开，对方才领悟过来，你觉得自己很无辜，对方更多的却是埋怨，从此，两人关系便开始越走越远。

虽然拒绝别人真的很为难，但是你要记住，滥用你的委婉，不明确地拒绝别人，只会给大家造成不必要的误会，让双方都受到损害。

小王和小张是一起长大的好朋友。因为小王从小就勤奋好学，所以一直念书念到了研究生毕业，工作后也是一帆风顺，现在已经是一家知名企业的部门经理。而小张呢，从小就调皮捣蛋，所以高中毕业便出去打工了。小张这人一直不长进，虽然在社会上混了那么多年，却也没混出个什么名堂。最近听说小王在某家大公司当经理，便想去谋个好职位。

小张找到小王说：“小王，看在我们俩这么多年交情的份上，这个忙你可得帮我啊。”

小王其实很为难，因为他们公司有规定，学历至少是本科以上，但是鉴于好朋友，他又不好直接推脱，只好回答：“这个事有点不好办。首先，你的学历不符合规定，难度比较大，何况招人的名额有限。不过，我会尽力争取，当然你不要抱太大希望。”

小张听小王这么说，只觉得可能是有点难，但是小王尽力的话，应该没问题，就没有多想，回家安安心心地等着上班。可是等了两个星期，也没有收到任何通知上班的邮件或者电话，小张再次找到小王，并问道：

“你上次说帮我的忙，怎么还没消息呢？”

小王很为难地说：“哥们，不是我不帮你，是真的不行啊，你也知道你的学历不符合我们公司的要求的，我实在无能为力啊。”

小张一听，生气地说道：“你帮不了就帮不了啊，直接给句痛快话呀！浪费了大半天工夫，早干吗去啦？”

就这样，小张和小王闹掰了，二十几年的交情也因此没了。

上述所讲到的结果当然我们每个人都不希望遇见。我们在拒绝别人的时候，不要因为过于照顾对方的颜面，而把话说得模棱两可。大多数人都不好意思说出拒绝别人的话，然而很多时候对方提出的某些要求很过分，不是我们自己力所能及的。这就出现了如何拒绝他人的问题，因为硬撑着导致的结果更糟。

拒绝的时候态度一定要坚决。何谓坚决？就是明明白白地告诉对方，这件事自己无法做到，让他另请高明。

“对不起，我真的帮不上忙”和“这问题恐怕很难解决”相比，后者显然会给被拒绝者带来更大的想象空间。当我们试图用一种很婉转的态度拒绝别人时，通常不会收到太好的效果。因为模棱两可、暧昧不清的拒绝，并不会让对方丧失希望，正所谓希望越大，失望越大。与其让对方抱着不切实际的幻想空等，不如在最初便狠心地拒绝，或许会帮助他找到更好的解决方法。

我们心里要明白，无论是坚决说“不”，还是委婉说“不”，最终要达到的目的都是相同的，即让对方知道自己的表态是决定性的，没有妥协余地。这种表态方法的差别仅限于语气上的软硬，而在话语的指向上需要准确无误。

总之，你的言语必须确实明白地表示出你的想法。很多事情虽一时能敷衍过去，但总有一天，当对方明白你以前所有的话都是托词时，就会对你产生很坏的印象。因此，与其如此，不如干脆一点儿，坦白一点儿，毫不含糊地讲“不”。

幽默一点，不要板着脸说“不”

我们都知道，幽默是可以化解尴尬的场面，幽默可以赢得陌生人的好感，幽默可以拉近陌生人之间的距离……幽默的语言总是有着神奇的作用，而在拒绝别人的时候，幽默也可以获得良好的效果。

现实生活中拒绝是一件令人遗憾的事，但却又是无法回避的事。有时候自己的至亲好友，从不开口求人，偶尔万不得已求你一次，不幸遭到拒绝，轻则失望，重则大发雷霆。有的患难之友，曾经在你困难时鼎力相助；如今有求于你，你心有余而力不足，但他可能不相信，指责你忘恩负义。有的恳求虽然合理，但迫于客观条件的限制，一拖再拖，始终无法得到解决。无论哪一种情况，拒绝别人都是一件难于启齿的事。一怕生硬的语言伤害打击到对方的心灵，二怕不恰当的拒绝破坏两人原本的关系。那么是否有一种两全其美的方法，既不会伤害别人的面子，还可以巧妙地拒绝呢？回答是肯定的。纵观中外历史，许多名人、伟人都善于使用特别的“语言武器”，很机智地拒绝对方，这种特别的“语言武器”就是“幽默”。

美国有一位女士读过《围城》后，便给钱钟书先生打电话说，希望能够见一见钱钟书先生，但钱钟书先生向来淡泊名利，不爱慕虚荣，于是他就在电话中这样说道：“假如你吃了一个鸡蛋觉得不错的话，那你又何必要见那个下蛋的母鸡呢！”在此，钱先生以其特有的幽默和机智，运用新颖、别致而又生动、形象的比喻，拒绝了那位美国女士的请求。钱钟书先生的这番话不仅维护了美国女士的自尊，还使自己避免了不必要的麻烦。

用幽默的语言拒绝对方提出的自己难以接受的要求，不仅坚持了自己的原则，还能够保全别人的面子。这种幽默的语言，既不答应对方的不合理的要求，还避免了使对方尴尬，同时可以营造一种轻松愉快的气氛，并且还可以显示出被提要求一方具有豁达大度的处世风格。

生活中，拒绝一个人是需要勇气的，因为拒绝就意味着将对方拒之门外，拒绝了对方的一片“好意”，有时会让对方很难堪。这时，我们要根据不同的场合和对象进行考虑，选择恰当的方法婉转地拒绝，不能因为自己的拒绝而伤害对方的情感。

拒绝不仅是一门艺术，更是一门学问，还可以很好地体现一个人的综合素养。当别人对你有所希求而你办不到，不得已要拒绝的时候，要学会幽默地拒绝他人。所谓婉言拒绝就是用温和曲折的语言，把拒绝的本意表达出来。同直接拒绝相比，幽默的拒绝更容易被接受。因为幽默的拒绝方式在很大程度上顾全了被拒绝者的颜面。

面对别人无理的要求，你想拒绝，但又不能用明确的语言来拒绝，这样会令人难堪。这时，你可以运用幽默委婉的语言拒绝，不仅表达了自己的拒绝意图，还会使对方乐于接受。

幽默地拒绝别人是一种艺术。在拒绝别人的时候，我们可以引用一些名人名言、俗语或谚语的方式来做答，来表明自己的意思，或佐证自己的观点。这种拒绝方式的好处是很明显的，既增加了说话的权威性与可信度，还省去了许多解释和说明，更能增添语言的生动性与感染力。

幽默的拒绝技巧体现了一个人灵活交际的能力，它有助于处理好人与人之间的关系，运用得好，可以达到文雅得体，幽然含蓄，弦外有音，余味无穷的奇妙境地。因此，在拒绝别人的时候，我们用些诙谐、幽默的语言委婉地拒绝对方，更容易被人接受和理解，还帮助自己免去了很多麻烦。

不要等被逼无奈再说“不”

生活中的你，是不是常常有这样的经历：明明想对别人说“不”，却硬生生地把这个“不”字吞到肚子里去了，而违心地从嘴里蹦出来个“是”字？可是后来又越想越不对劲，心里说着“我其实当时应该拒绝他的”“这个忙我根本就帮不了”“我自己的事情都没有做完，怎么办”……于是你开始自责不已、悔不当初，最后一边为应承下来的事儿忙得焦头烂额，一边为自己不懂得拒绝而深深懊恼。

不懂得拒绝的人，无论是面对上司的命令、顾客的要求、同事的请托及工作中的任何突发状况，似乎都只能默默承受。他们觉得，如果自己说“不”，可能会面临一连串的麻烦：上司的不满、顾客的投诉、同事的怀恨在心……于是，为了维护自己的人脉，为了提升自己在同事间的口碑，为了让自己在工作上少一些阻碍，许多人在面对各式各样的请托和要求时，选择了接受，让自己陷入了难堪的局面。

只是，这样做正确吗？不妨看看以下案例再做判断。

张涛和李辉大学毕业后同时进入一家通信公司实习。这家公司可以说是全球无线通信行业的霸主，几乎在世界各地都有它的制造厂。能够进入这家公司，是莘莘学子的梦想，因此张涛和李辉两人都十分重视这次的实习机会。按照惯例，这家公司会从每一批实习的人员之中选择最优秀的一位留下来。

在进入这家公司之前，张涛便做足了准备，他觉得想要留在这家公司，上司的推荐和同事的口碑应该十分重要。因此，在进入这家公司之后，他为了笼络人心，对于所有同事都有求必应，诸如帮同事跑腿、帮经理助理打印……虽然常常因此耽误自己的工作，但是他每次得到同事的赞美，觉得这样也值了。大家见这小伙子那么热心，便也逐渐不客气了：甲让他帮自己带早餐、乙请他帮忙接孩子……哪怕这些是与工作毫不相干的事情，张涛全都接受，毫无怨言。

而李辉却截然相反，有人请他帮忙的时候，他似乎总以自己的事情还没做完为借口推托，渐渐地，请他帮忙的人越来越少。因此，大家对张涛的评价越来越高。

三个月的实习时间很快结束了，转眼就到了宣布最终结果的时候。看着被叫进经理办公室的李辉，张涛暗自欣喜：“谁教你不注意人际关系，只顾着埋头做事，能留下来的人一定是我。”

半个小时后，李辉从经理办公室走出来，带着平静的表情开始收拾自己桌上的东西。张涛正准备上前安慰他一下，却猛然发现情况似乎有些不对劲。原来，李辉在收拾完自己的东西之后，并没有离开，而是把这些东西放在另一张配有电脑的工位上，而那个工位正是为留下来的那个人所准备的。

就在张涛愣神的时候，有人拍了拍他的肩膀，示意他到经理办公室去一趟。怀着惴惴不安的心情，他来到经理办公室。

“张涛，这三个月来，你的表现大家都看在眼里。你很热心，同事们对你的口碑很好。说实话，站在朋友的立场，我很想留下你。可是，站在公司的角度考虑，我们需要的是能在工作上做出成绩的人。在这段时间里，我很遗憾地看到你的主要精力并没有放在本职工作上，因此，我只能祝福你在新的公司一切顺利……”

生活中的你，是否有也过这样的经历：对于他人的要求，有时出于面子，有时为了不得罪人，不好意思拒绝，而只好勉强自己，违背自己的意愿，做了很多不是自己份内的事，还因此耽搁了自己应该做的事。

其实，很多人都有过这样的经历。实际上，拒绝别人并不代表你对他不友善，也不代表你冷酷无情，没有人情味。不管对谁，只要你不想做就有权利说不。否则，你的生活和工作会因此压力重重，这样会累坏自己的。

总之，要懂得在适当的时候说“不”，拒绝别人不一定是件坏事。如果你没有时间，没有能力帮助别人，那么拒绝别人的请求是你正确的选择。否则，问题拖下去只会越来越难解决。很多时候，正是因为你不懂得说“不”，才让自己陷入“被逼无奈”的窘境当中。更重要的是，这种草率的决定还会打乱自己的计划和安排，使自己的工作与生活陷入被动。长此以往，你将无法享受给予和付出所带来的真正快乐，正常的人际交往与互动都会沦为一种负累。

笼络人心对职场人士来说固然重要，但这并不代表我们在任何时候都不能拒绝。其实，根据实际情况，适当地对周围的人说“不”，更有助于自己顺利地完成本职工作，正如李辉那样，善于分辨什么是自己应该做的，拒绝那些对自己不利的干扰，这才是真正懂得工作的人所应具备的正确态度！

拒绝是小，保全面子是大

在实际生活、工作中，人们时常会遇到别人向自己提出要求，提要求的人有的是你不喜欢的，有些人又恰恰提出了你难以接受的要求，处于这种尴尬的情况之中，你将如何处理。我认为，遇到以上情况，我们没必要“有求必应”，而必须“拒绝”。

拒绝也是一门艺术，所以我们不但要学会拒绝，而且还要学会掌握这门艺术。在人们生活交往上过于生硬的回绝显得不近人情，婉言谢绝则显得彬彬有礼且不失面子。总之，拒绝并没有什么固定的模式或套路，至于如何拒绝才能取得最佳效果，那只能因事、因人、因地、因时而异了。

清代郑板桥任潍县县令时，曾查处了一个叫李卿的恶霸。

李卿的父亲李君是刑部天官，听说儿子被捕，急忙赶回潍县为儿子求情。他知道郑板桥正直无私，直接求情不会见效，于是便以访友的名义来到郑板桥家里。郑板桥知其来意，心里也在想怎样巧拒说情，于是一场舌战巧妙地展开了。

李君四处一望，见旁边的几案上放着文房四宝，他眼珠一转有了主意：“郑兄，你我题诗绘画以助雅兴如何？”

“好哇。”

李君拿起笔在纸上画出一片尖尖竹笋，上面飞着一只乌鸦。

目睹此景，郑板桥不搭话，挥毫画出一丛细长的兰草，中间还有一只蜜蜂。

李君对郑板桥说：“郑兄，我这画可有名堂，这叫‘竹笋似枪，乌鸦真敢尖上立？’”

郑板桥微微一笑：“李大人，我这也有讲究，这叫‘兰叶如剑，黄蜂偏向刃中行’！”

李君碰了个钉子，就换了一个方式，他提笔在纸上写道：“燮乃才子。”

郑板桥一看，人家夸自己呢，于是提笔写道：“卿本佳人。”

李君一看心中一喜，连忙套近乎：“我这‘燮’字可是郑兄大名，这个‘卿’字……”

“当然是贵公子的宝号啦！”郑板桥回答。

李君以为自己的“软招”奏效了，心里别提有多高兴了，当即直言相托：“既然我子是佳人，那么请郑兄手下留……”

“李大人，你怎么‘糊涂’了？”郑板桥打断李君的话，“唐代李延寿不是说过吗……‘卿本佳人，奈何做贼’呀！”

李天官这才明白郑板桥的婉拒之意，不禁面红耳赤，他知道多说无益，只好拱手作别了。

以上即是以其人之道，还治其人之身。

不是不好意思直接说情吗？那就以“托物言志”这种打哑谜式的方式对话——针对李君以势压人的暗示，郑板桥还以颜色，将违法必究的道理借助“一丛细长的兰草和其间的一只蜜蜂”这样的画，以及“兰叶如剑，黄蜂偏向刃中行”这样的话表达出来，对方自然心知肚明；最后，既然古人说过“卿本佳人，奈何做贼”的话，那就不是我郑板桥不接受你李君的说情，而是古人在拒绝你。

拒绝是一门学问，能够体现出个人品德和修养，使别人在你的拒绝中，一样能感觉到你是真诚的、善意的、可信的。在拒绝的过程中，如果还想和对方保持良好的关系，就要采取换位的思路、同情的语调来处理。

事可以不帮，但情分不能伤

“拒绝”一词，词典上注释极其简单，就是“不接受”的意思。如果从社会人生的角度上挖掘，这个词又有较丰富的内涵。君子可以拒绝小人的险恶，小人也可以拒绝君子的美德。

拒绝，生活中并不鲜见。作为正直男子，你可以拒绝歪风邪气的侵蚀；作为貌美女郎，你可以拒绝来自社会的种种盲目追求；作为一方百姓，你可以拒绝贫穷与愚昧的蔓延，从而挺身走出苦难的误区。你要有充分的自由热情关怀尽善尽美的事物，决不要糟蹋了你自己的高雅趣味。

拒绝不等同于六亲不认式的无情无义，也不等同于失去理智后的一意孤行。在特定条件下，拒绝是人格与个性完美的结合，它既是人类个性的一种体现，又是人格精神锻造下所产生出来的一种意志力量。

明确而直言的拒绝，有时自己感到过意不去，也令对方感到尴尬。这就需要采用一些巧妙委婉的拒绝方式，既表达了自己的愿望，又将对方失望与不快的情绪控制在最小范围内，不影响彼此之间的人际关系。

唐宪宗元和年间，大将李光颜屡立战功，有个叫韩弘的将领非常嫉妒他。为了争名夺功，韩弘设了一计，他不惜花费大量财物，派人物色了一些美貌女子，并教会她们歌舞演奏等多种技艺。他特地将这些美女送给李光颜，希望李从此沉湎于女色而懈怠军务。李光颜当众对送美女的使者说：“您的主公怜惜光颜离家很久，赠送美妓给我，实在是大恩大德，然而光颜受国家恩深，与逆贼不共戴天，更何况数万将士，皆远离妻子儿女，为国尽力死战，我怎么能独自以女色为乐呢?”一席拒绝之辞攻破韩弘的诡计，既令使者叹服，又使部属拥戴。

有人说：平生最怕拒绝别人。这似乎让我们看到人性的温柔与纯善，但在现实生活中，不拒绝未必为善事，学会拒绝也未必不是好事。

人们要懂得如何拒绝，其中最重要的拒绝是拒绝为本人做某事或拒绝为他人做某事。有些活动并不太重要，徒耗宝贵的时间。而更坏的事情是只忙于一些鸡毛蒜皮的事，这比什么都不干还要糟糕。要真正做到小心谨慎，只是莫管他人闲事还不够，你还得防止别人来管你的闲事。不要对别人有太强的归属感，否则会弄得你自己都不属于你自己了。

有时，我们不得不狠下心来拒绝别人，正如我们所遇到的别人给我们的拒绝一样，因为在是于否之间，我们不能优柔寡断，我们更不能左右逢源。其实，能平和地接受拒绝是一种洒脱、一种大度、一种成熟与豁达。它更需要勇气与磨砺，它也许是一种痛彻心扉的难忘经历，更是一种丰富多彩的人生成长。

应该在有的事情面前勇敢地说不。我们不能因为害怕拒绝而忘记去叩门。生活就是这样，往往一念之差，就会使人失之交臂而抱憾终身！如果对方是非分的祈求，请不要迁就，也不能凑合，你要拿出勇气来拒绝——轻轻地说声“对不起”，我无意去伤害一颗渴望的心灵，但也不能因此而失去自我。

学会拒绝也是一门学问，拒绝该拒绝的！当别人有求于你而你又无能为力时，不要急于把“不”说出口，不要使对方感到你丝毫没有帮助他解决困难的诚意。

“身在曹营心在汉”这一成语，基本上家喻户晓。凡是长篇历史小说《三国演义》的读者，无不为关公的“义”而啧啧赞叹。曹操爱才心切，对栖身曹营的关公，要官爵不下于侯，要银两不下于万，要美女应有尽有。而他的非凡之处便在于拒绝，并且是毫不犹豫地挂印封金，护送皇嫂，过五关斩六将，千里走单骑，完成他流芳百世的人格精神塑造。

拒绝，可以包括正反两个方面：一是拒绝苦心；一是拒绝诱惑。并不是所有的拒绝都能得到社会承认，都能成为人类文明的千古绝唱。当别人向你提出不合理的要求时，不要简单地拒绝他，而应该让他明白他的要求是多么荒唐，从而自愿放弃它。一位业绩卓著的家装设计师声称，对于用户的不合实际的设想，他从不直截了当地说“不行”，而是竭力引导他们同意他希望他们做的事情。

生活中，不可能不拒绝别人，但每次拒绝都带来隔阂，带来仇视敌意，那最后必将成为“孤家寡人”。因此，学会婉转拒绝是人生的必修课。学会拒绝，也许会为你的人生锦上添花；学会拒绝，也许你的事业能披金挂银。